# はじめに

本書は、「大学入学共通テスト」（以下、共通テスト）攻略のための問題集です。

共通テストは、「思考力・判断力・表現力」が問われる出題など、これから皆さんに身につけてもらいたい力を問う内容になると予想されます。

本書では、共通テスト対策として作成され、多くの受験生から支持される河合塾「全統共通テスト模試」「全統共通テスト高2模試」を収録しました。

解答時間を意識して問題を解きましょう。問題を解いたら、答え合わせだけで終わらないようにしてください。この選択肢が正しい理由や、誤りの理由は何か。用いられた資料の意味するものは何か。出題の意図がどこにあるか。たくさんの役立つ情報が記された解説をきちんと読むことが大切です。

こうした学習の積み重ねにより、真の実力が身につきます。

皆さんの健闘を祈ります。

# 本書の使い方

①＝目標点を設定する

②＝指定された時間に合わせて解答する

③＝解答後、解答・採点基準にしたがって自己採点する

④＝解説をよく読み、考え方・知識のどこが間違っていたかを整理・理解する

⑤＝弱点分野を確認し、学習対策を練る

（場合によっては、再度同じ問題にアタック）

→次回に進む

◎次に問題解法のコツを示すので、ぜひ身につけてほしい。

## 解法のコツ

1、問題文をよく読んで、正答のマーク方法を十分理解してから問題にかかること。

2、すぐに解答が浮かばないときは、明らかに誤っている選択肢を消去して、正答を追いつめていく（消去法）。正答の確信が得られなくてもこの方法でいくこと。

3、時間がかかりそうな問題は後回しにする。必ずしも最初からやる必要はない。時間的心理的効果を考えて、できる問題や得意な問題から手をつけていくこと。

4、時間が余ったら、制限時間いっぱいまで使って見直しをすること。

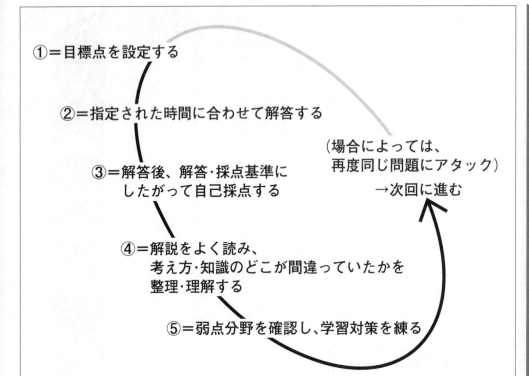

目次

# 出題傾向と学習対策

## 現代文

二〇二四年度の大学入学共通テスト・国語の**第1問**は、「『鑑賞』のまなざし」の変化について論じた評論文（渡辺裕『サウンドとメディアの文化資源学――境界線上の音楽』）から出題された。二〇二二年度・二〇二三年度の**第1問**が、異なる著者によって書かれた同じテーマの二つの文章（**【文章Ⅰ】**と**【文章Ⅱ】**）からの出題だったのに対して、今年度は、二〇二一年度と同様に、一つの文章だけからの出題だった。そして、最後の**問6**では、二つの文章を関連づけて答える問題は出題されず、二〇二二年度・二〇二三年度の追試験の**問6**を踏襲し、本文を読んで生徒が書いたとされる**【文章】**の表現を修正し、結論を書き加える問題が出題された。

なお、二〇二四年度・追試験の**第1問**では、二つの評論文（大塚英志『江藤淳と少女フェミニズム的戦後』と西兼志「コミュニケーションのvectorとしての〈キャラ〉――indi-visualコミュニケーション」）から出題され、最後の**問6**では、二つの文章を関連づけて答える問題が出題された。

**第2問**は、一六歳の高校生である「イチナ」と演技者である八歳年上の「おば」との関係をテーマとした小説（牧田真有子「桟橋」二〇一七年発表）から出題され、最後の**問7**は、従来通り、小説と他のジャンルの文章を関連づけて答える問題であった。昨年度が小説と「広告」との組み合わせであったのに対して、今年度は小説と演技について論じた文章（太田省吾「自然と工作――現在的断章」）との組み合わせであった。

なお、二〇二四年度・追試験の**第2問**の**問7**は、小説（野呂邦暢「鳥たちの河口」一九七三年発表）と二人の生徒が小説の表現や内容について自分の考えをまとめた文章との組み合わせであった。

設問では、**第1問**・**問1**の漢字問題では、二〇二二年度と二〇二三年度に出題された漢字の意味を問うものは出題されず、傍線部と同じ漢字を選ぶ従来型のものだけが出題された。**問2**から**問5**は、大学入試センター試験の設問を踏襲した、傍線部の内容や理由や文章の構成・展開を問うものであった。**第1問**のマーク数は12であり、二〇二三年度と同様であった。

なお、二〇二四年度・追試験の**第1問**では、本試験同様、漢字の意味を問う問題は出題されず、マーク数も12であったが、**【文章Ⅱ】**に載っている図の記号の説明として不適当なものを選ぶという新傾向の問題（**問4**）が出題された。

**第2問**では、二〇二二年度と二〇二三年度には出題されなかった、語句の意味を問う問題（**問1**）が復活した。**問**2から**問**6は、傍線部の内容や理由、主人公の心情、本文の表現や描写について問うものであり、大学入試センター試験で出題されてきたのと同様の設問である。**第2問**のマーク数は10であり、二〇二三年度よりも二つ増えた。

なお、二〇二四年度・追試験の**第2問**では、語句の意味を問う問題は出題されなかった。マーク数は9であった。

**第1問**の文章量は、本文と**問**6の文章をあわせて約四四〇〇字であり、昨年度よりも一〇〇〇字近く増えた。**第2問**の文章量は、本文と**問**7の文章をあわせて約三四〇〇字であり、四〇〇〇字以上あった昨年度と比べると減少した。

二〇二五年度は、二〇二四年度までとは異なり、これまでの**第1問**（論理的文章）と**第2問**（文学的文章）に加えて、新たに**第3問**（実用的文章）が現代文の問題として出題されることになっている。**第1問**と**第2問**については、これまで確認してきた「出題傾向」を踏まえて、二〇二五年度の「出題傾向」を予想していこう。**第3問**については、公表された二つの「試作問題」（**第A問・第B問**）を踏まえて、二〇二五年度の「出題傾向」を予想していこう。

最初に確認しておきたいのは、新たに**第3問**（実用的文章）が追加されることで、「国語」の解答時間が10分延びて90分になるが、「試作問題」を見る限り、**第3問**はとても10分で解ける程度のものではないということである。そこで、**第1問**（論理的文章）、**第2問**（文学的文章）、**第4問**（古文）、**第5問**（漢文）の文章量や設問数がこれまでよりも少し減少すると予想される。

**第1問**（**論理的文章**）

「大学入学共通テスト問題作成方針」には、「学習の過程を重視し、問題の構成や場面設定等を工夫する」、「問題の作成に当たっては、題材の意義や特質を生かした出題とするとともに、大問ごとに一つの題材で問題を作成するだけでなく、異なる種類や分野の文章などを組み合わせた、複数の題材による問題を含めて検討する」と書かれている。二〇二四年度までの本試験・追試験では、**第1問**の最後の問い（**問**5ないし**問**6）は、「大学入学共通テスト問題作成方針」通り、「異なる種類や分野の文章などを組み合わせた、複数の題材による問題」になっている。また、「学習の過程を重視し」た「問題の構成や場面設定」として、本文を読んだ生徒が**【ノート】**や**【メモ】**や**【文章】**を作成するという形式や**話し合う**という形式がとられている。このような**第1問**の最後の問いがセンター試験とは異なる共通テスト固有の設問である。

したがって、**二〇二五年度の第1問も、二つの評論文から出題される**（二〇二二年度・二〇二三年度の本試験、二〇二四年度の追試験のケース）**にせよ、一つの評論文から出題されて設問のところで「異なる種類や分野の文章」が提示される**（二〇二一年度の第一日程、二〇二

**二年度・二〇二三年度の追試験、二〇二四年度の本試験のケース）にせよ、最後の問いでは、「複数の題材」を関連づけて解答する問題が出題されると予想される。**

**その際、文章の内容をよく理解するために生徒が作成した【ノート】や【メモ】や【文章】、生徒による話し合いが提示され、その空欄箇所を補う設問や文章を修正したりそれに加筆したりする問いが設定されることも予想される。**

最後の問い以外は、漢字問題、傍線部の内容や理由を問う問題、本文の表現や構成について問う問題など、センター試験でも出題されてきた問題になると予想される。

**〈学習対策〉**

**〔出題傾向〕**のところで確認したように、センター試験と異なる共通テストの特徴は、「複数の題材による問題」、つまり複数の題材を関連づけて解答する問題にあるが、共通テストの**第1問**でこの種の問いが出題されるのは、最後の問いだけである。それ以外の問いは一つの題材（評論文）から出題されている。二〇二二年度と二〇二三年度の本試験のように二つの評論文（**【文章Ⅰ】・【文章Ⅱ】**）が取り上げられている場合も、二つの評論文を関連づけて解答する最後の問い以外は、それぞれの評論文から出題されている。また、最後の問い以外は、漢字問題、傍線部の内容や理由を問う問題、本文の表現や構成について問う問題など、センター試験でも出題されてきた問題である。

したがって、一つの論理的文章（評論文）の内容を的確に読み解く力を養成することが重要になる。「複数の題材」を関連づけて理解する場合にも、それぞれの題材の内容が的確に理解できていなかったら、その理解は不十分なものにしかならないだろう。そこで、**まず、一つの論理的文章（評論文）を読み解く練習を十分に行い、その上で複数の題材を関連づけて理解する練習を行えばよいだろう。**

一つの論理的な文章（評論文）を読み解く練習は、センター試験の過去問などでも行うことができる。また、複数の題材を関連づけて理解する練習は、実際の共通テストの問題や共通テスト用の模擬試験の問題および共通テスト用の問題集などで行えばよいだろう。

**第2問（文学的文章）**

二〇二五年度の第2問は、二〇二四年度までの本試験・追試験と同様に、一つの小説から出題され、最後の問いで、小説とそこで提示されている「異なる種類や分野の文章」とを関連づけて解答する問題が出題されると予想される。「異なる種類や分野の文章」としては、批評文や俳句・短歌・詩や随筆や広告文など様々な種類の文章が考えられる。また、「学習の過程を重視し」た「問題の構成や場面設定」としては、生徒が作成した【ノート】・【文章】（二〇二二年度・二〇二三年度の本試験、二〇二四年度の追試験のケース）や提起された問題について生徒たちが話し合っている会話文（二〇二二年度の追試験、二〇二四年度の本試験のケース）が提示され、その空欄箇所を補うよ

**うな問題が出題されると予想される。**

二〇二二年度の本試験と追試験、二〇二三年度の本試験、二〇二四年度の追試験では語句の意味を問う問題が出題されなかったが、二〇二三年度の追試験と二〇二四年度の本試験では出題された。ということは、どちらの可能性もあるということである。

**第2問**でも、最後の問い以外は、傍線部の内容や理由を問う問題、主人公や登場人物の心情を問う問題、小説の表現について問う問題など、センター試験でも出題されてきた問題になると予想される。

**〈学習対策〉**

共通テストの**第2問**でも、「複数の題材」を関連づけて解答する問題は最後の問いでしか出題されていない。それ以外の問いは、傍線部の内容や理由を問う問題、主人公や登場人物の心情を問う問題、小説の表現について問う問題など、センター試験でも出題されてきた問題である。

したがって、一つの文学的文章（小説）を読み、その内容と同時に登場人物の心情や表現の特徴を捉える力を養うことが重要になる。そこで、論理的文章と同様、**まず、一つの文学的文章（小説）を読み解く練習を十分に行い、その上で複数の題材（小説と批評文・随筆・詩など）を関連づけて理解する練習を行えばよいだろう。**

一つの小説を読んで、その内容や登場人物の心情や表現の特徴などを捉える練習は、センター試験の過去問などでも行うことができる。また、複数の題材を関連づけて理解する練習は、実際の共通テストの問題や共通テスト用の問題集など、センター試験の過去問などで練習しておくとよいだろう。
（原文）

すでに指摘したように、語句の意味を問う問題も出題される可能性があるので、センター試験の過去問などで練習しておくとよいだろう。

**第3問〈実用的文章〉**

**第3問**の「試作問題」を踏まえると、**共通テストの第3問は、一人の生徒が、あるテーマについて、複数の資料（複数の図表と複数の文章）を参照しつつ、レポートを作成するという形式をとることが予想される。**

そして、**①図表から読み取れる内容について問う問題、②文章と図表との関係について問う問題、③複数の資料にわたる内容について問う問題、④レポートに対する助言や補足の内容について問う問題などが出題されることが予想される。**

**〈学習対策〉**

共通テストの**第3問**の対策としては、公表されている「試作問題」の**第A問**と**第B問**、共通テスト用の模擬試験の問題および共通テスト用の問題集などで、①図表から読み取れる内容について問う問題、②文章と図表との関係について問う問題、③複数の資料にわたる内容について問う問題、④レポートに対する助言や補足の内容について問う問題などを解く練習をしておくとよいだろう。

**第3問**を解くときの注意点としては、①図表を読み取るとき、見た目だけで判断するのではなく、数字や文字などの情報も踏まえて慎重に判断すること、②レポートやレポートの目次、構想などが提示され、そこに設定された空欄を補うとき、文章や図表などの資料だけでなく、空欄前後の文脈も踏まえて、各選択肢が空欄を補うのに適当か否かを判断すること、があげられる。

# 古　文

'21年度からはじまった大学入学共通テストにおいて、それまでのセンター試験と大きく変わった面は、大学入試センターの発表した「令和3年度大学入学者選抜に係る大学入学共通テスト問題作成方針」（以下「方針」）に沿った出題形式にある。まず、'23年度までの特徴と出題例を次にあげる。

A　「異なる種類や分野の文章などを組み合わせた、複数の題材による問題を含めて検討する」（方針）とあるように複数の問題文が出題され、その形式は次の二つのパターンで出題された（年度がないものはその形式が行われず、センター試験と同様の形式であった）。

①　**【文章Ⅰ】【文章Ⅱ】**という形で二つの出典の本文が最初に提示される形式

↓'22年度本試験

②　設問の中に本文とは別の出典の文章が引用される形式

↓'21年度第1日程（現代語の説明文と和歌）・'22年度追試験（現代語の説明文と古文の文章・和歌）・'23年度本試験（現代語の説明文と古文の文章・短連歌）・'23年度追試験（現代語の説明文と古文の文章・和歌）

B　「言語活動の過程を重視する」（方針）とあるように、授業において、生徒が古文を学習する場面などを設定した問題が出題され、その形式は次の二つのパターンで出題された。

①　設問の中で、生徒と教師の話し合いの場面を設定して、本文のより深い理解へと導く。

↓'22年度本試験・'23年度本試験

②　設問の中で、教師の「学習プリント」と、生徒が話し合ってまとめた「ノート」と称するものを設定して、本文のより深い理解へと導く。

↓'23年度追試験

ところが、実施四年目の'24年度本試験は以上とは異なったパターンであった。まず、Aについて、別の出典の文章は一切出題されなかった。また、Bについて、②のパターンに近いが、'23年度追試験のように別の出典の文章は出題されず、現代語で記された本文を解説した文章（九〇〇字以上に及ぶ長文）が掲載され、その解説文を読むことで、本文をより深く理解するという設定である。出題者は、この解説文をAの出題形式と考えたようである。

本文は、『車中雪』という題で創作された江戸時代の擬古物語（平安時代の物語を模した作品）であった。主人公が従者とともに、桂（京都市西京区の地名）にある別邸に向かう場面と、別邸に到着した場面が描かれているが、設問でも取り上げられているように、平安時代に成立した『源氏物語』がいたるところに踏まえられ、それが設問に関係していた。

設問については、**問**4を除いて四年間の共通テストを踏襲しており、大きく変更した設問はなかった。**問**1は短い語句の解釈問題で、'23年度本試験と同じ形式、設問数も同じく三つであった。（'21年度第2日程・'22年度追試験は二つ）。**問**2の語句の表現に関する説明問題は、傍線部についての、文法や語句の意味・内容に関する設問で、'23年度本試験と形式的に同じである。'22年度以前は、傍線部がひと続きの長い語句であったが、'23年度本試験では短い語句で、離れたところにある五箇所に傍線が引かれており、'24年度本試験はそれを踏襲していた。傍線の引き方に違いがあっても問うていることは同じである。このタイプの設問が新傾向の一つで、四年連続していることからも定着したものと思われる。さらに、'23年度本・追試験では文法色の強い設問になっていたが、今年度も同じでそれぞれの選択肢にかならず助動詞・助詞・敬語などの文法事項が含まれていた。**問**3は本文中の二首の和歌についての表現と内容についての設問で、'23年度本試験と同じように和歌修辞が解答吟味のポイントになっていた。**問**4が新傾向の問題で、本文中にある「桂」という言葉に注目して解説した現代語の文章を読みながら、その中にある空欄に適する選択肢を入れるものであった。具体的に(i)は、本文中の和歌の下の句の解釈、(ii)は、本文20〜22行目の内容把握、(iii)は、本文23〜26行目の内容把握の三点である。'23年度に続き、和歌修辞が直接問われたことは要注意である。

四年にわたる共通テストをみると、これまでのセンター試験と設問設定には大きな変化が見られるが、内容的には**大きくセンター試験の流れから外れるものではなかった**。よって、共通テストの古文については、これまでのセンター試験と同じように古文の総合的な力が試されると言ってよい。つまり、重要古語の習得、文法の理解、古典常識の理解、本文内容読解である。よって、これらの力を身につけるには過去のセンター試験も利用して学習することが一番効果が上がる方法といえる。以下にこれまでのセンター試験の特徴も含めて述べるので、それを踏まえて過去のセンター試験も解いてほしい。それに加えて、前述した共通テストの特徴を具体的に知ることも必要である。'24年度本試験、'23年度本・追試験、'22年度本試験と'21年度第1・第2日程の問題が解説付きで掲載されているので、それによって共通テストの特徴を知り、さらに**〈学習対策〉**を利用して共通テスト対策を行ってほしい。

センター試験や共通テストの国語の各科目の難易度は解く順番などに影響されるので一概にはいえないが、河合塾で集計した本試験のデータを見る限り、難度に相当なばらつきがある。この10年間において、古文の難度を河合塾のデータから難しい順に並べると、'22年度『増鏡』『とはずがたり』、'23年度『俊頼髄脳』、'21年度第1日程『栄花物語』、'15年度『夢の通ひ路物語』、'18年度『石上私淑言』、'20年度『小夜衣』、'19年度『玉水物語』、'17年度『木草物語』、'24年度『車中雪』、'16年度『今昔物語集』となっている（'21年度第2日程はデータなし）。'24年度の古文は、易しい方から2番目で'23年度よりかなり易しかったことが判明した。

そこで、学習対策を立てる場合、目標を最初から'22年度『増鏡』『とはずがたり』などの難度の高いところに置くのではなく、センター試験や共通テストの中では比較的易しいレベルの問題である'16年度『今昔物語集』、'24年度『車中雪』、'17年度『木草物語』、'19年度『玉水物語』などに置くのがよい。それには、まず助動詞・助詞を中心に**古典文法**を習得し、同時並行して三五〇語程度の**重要古語**を習得することである。これら古文の基本はできるだけ早い時期に一気に進める方がよい。その上で、古文の標準的な文章を読みながら**古文常識**（その時代の生活習慣）などにも少しずつ理解を深めながら、内容読解の力を高めていくことである（詳しくは後述の**〈学習対策〉**参照）。

出典の時代・ジャンルに関係なく、センター試験や共通テストの古文に見られた顕著な傾向の一つに、**和歌を含む文章が多く**、問題文に和歌があれば、**必ず**設問にされるということがある。この10年間の本試験において、まったく和歌が出題されなかったのは、センター試験では'16・'18・'20年度だけである。共通テストでは、'24年度が本文に和歌三首、'23年度が本文に和歌の一部、設問に一首（短連歌）、'22年度が本文に一首、'21年度第1日程が本文・設問で計五首、第2日程が本文に二首、センター試験では、'15年度・'17年度・'19年度は二首（'19年度の一首は短連歌）あり、それらはほぼすべてが設問にもなっていた。ということは、**和歌に慣れ、その読解力を養う**必要があるということである。掛詞や序詞といった和歌の修辞について一通りの勉強をしておくべきだし、何よりも和歌を解釈できるようにすることが一番の課題である。

設問は、短い語句の解釈が三つ、助動詞・助詞の識別や敬語、品詞分解などの文法問題が一つ、というのがほぼ定番であった。共通テストになってからは、文法の単独問題は出題されなくなった。主たる設問は、内容・理由・心情の各説明問題や本文の趣旨を問う問題であり、そのほか、主語判定問題、ある程度長い部分の要約問題、本文内容合致問題などもある（配点は部分に関わる設問より本文全体に関わる設問の方が、当然高くなる）。また、文章の表現の特徴や、文章の構造といった、問題文の内容だけでなく、その文章自体の表現や全体の構造などを問う問題も出題されている。'01・'02年度の本・追試験に文学史の問題が出されたが、そのあと本試験では文学史に関する設問はなかった。ところが、'08年度本試験では本文の表現にからめて、江戸時代の作者と作品名が問われた。暗記をするだけで解ける単純な文学史の問題は高校側の批判もあるが、共通テストでは文学史は出さないとは明言していない以上、今後も出題される可能性はある。ちなみに、共通テストでは文学史に関連する問題は出題されていない。

最後に、センター試験本試験の古文の文章の長さを指摘しておこう。以前は一一〇〇字から一五〇〇字ほどであったが、'09年度は一七〇〇字以上、'10年度は一六〇〇字以上、'11年度は一八〇〇字弱、'12年度は一一五〇字、'13年度は一二〇〇字、'14年度は一二七〇字、'15年度は一二三〇字、'16年度は一七〇〇字、'17年度は一四〇〇字、'18年度は一三〇〇字、'19年度は一七〇〇字、'20年度は一二八〇字ほどであった。'19年度は本文が読みやすかったこともあって'17年度同様長かったが、'20年度はかなり短くなっていた。当然一般の入試問題よりは相当長い。これだけ**本文が長い**上に、各設問の選択肢の文もそれなりに長いが、それを二十分で解かなくてはならない。となると、どうしても速く読むことが要求される。これはすぐにできるものではない。訓練が必要である。最初はゆっくりじっくり読むことから始めるしかないが、そのような初心者の読み方から、時間を決めて取り組むなどの練習を重ねて、素早い実戦的な読みに向けて、自分の読み方を発展させていかなくてはならない。これは、大変なことだが、避けては通れない道である。

ちなみに、共通テスト本試験では、'21年度第1日程は本文九一七字、和歌の引用二八字、第2日程は一一六三字、'22年度は本文一一四八字、'23年度は一三三一字、'24年度は一三三一字であった。センター試験と比べると、短い方だといえよう。ただ、前述したように一般の入試問題よりは相当長い。

**〈学習対策〉**

## Ⅰ　共通テストに対応する古文の総合的な学力を身につけるために

### ①　やさしい古文からはじめよう。

本書の古文問題を一題でもやってみて、その古文がほとんど読めない、問題が解けない、という受験生は、もう少し易しめの問題集からはじめるべきである（例えば、河合出版の『マーク式基礎問題集　古文』など）。それでも難しいと感じる人はもっと入門的な古文問題集からはじめることだ。いきなり本番レベルの問題集をやってみて、これは自分にはできるものではないと思ってしまうのが一番よくない。正しい段階を踏めば必ず、共通テストの古文は読めるし、解けるようになる。今の自分のレベルに合った古文問題集からはじめること、そして、それなりの力がついた人は本書で実戦的な対応力を養ってほしい。

### ②　古典文法を習得しよう。

助動詞・助詞の基本的な意味用法がわかっていなくては、正確な読み方はとてもできるものではない。どんなスポーツにも基本練習というものがあるように、これが身についていてはじめて、試合という実戦の場に出ることができる。基本の鍛錬はあまり面白いものではないが、これをいいかげんにはできない。ぜひとも「文法問題集」を一冊はやってほしい（例えば、河合出版の『ステップアップノート30　古典文法基礎ドリル』『ステップアップノート30　古典文法トレーニング』など）。

**③　重要語句や慣用句をしっかり覚えていこう。**

古文の覚えるべき単語は英語のように数千ではない。数百である。古文の問題を一題やると、そこにいわゆる重要語句というのは三十～四十は出てくる。それを確実に覚える努力をしていけば、数箇月で数百はおのずから蓄えられる。それともう一つ、便利な「古文単語集」というものもある（例えば、河合出版の『春つぐる　頻出古文単語480』など）。これでさらに補強するとよい。

**④　登場人物を押さえ、文の主語を確認しながら読み進めよう。**

古文の大きな特徴は、英語のように主語がいつも明示されているわけではないということである。そこで、明示された主語を手がかりに、明示されていないところの主語を確認しながら読むことが求められる。一文の主語が誰かということを常に意識しながら読み進めること。これは古文の内容を読解するには欠かせない訓練である。

**⑤　たくさんの問題を解いて本格的な読解力をつけよう。**

古文の問題を一題一題確実にやっていくことがもちろん最も大事なことだが、問題を解いた経験が乏しくては、ちょっと新傾向の問題などが出されるともう歯が立たない。内容も文体も違う多くの問題を解いていく中で、単語力も古文常識も増し、様々な設問に対応する幅もでき、そして読むスピードも速くなってくる。そこで、本格的な読解力が培われるのだ。ためらわず常に新たな問題に挑戦し続けてもらいたい。

## Ⅱ　共通テスト対策のために

**共通テストに準拠した予想問題をたくさん解こう。**

前記の共通テストの特徴に合わせた演習が必要であるが、過去のセンター試験問題だけでは十分とはいえない。よって、前記の特徴を踏まえた予想問題を利用した演習が必要になる。例えば、河合出版から『マーク式基礎問題集　古文』や『大学入学共通テスト対策パック』などが順次刊行される予定なので、これらを利用して演習量を増やそう。

# 漢　文

本年は、宋の蔡正孫《さいせいそん》の『詩林広記《しりんこうき》』から、【詩】として唐の杜牧《とぼく》の「華清宮《かせいきゅう》」と【資料】Ⅰ～Ⅲとしてその関連資料、南宋の程大昌《ていだいしょう》の『考古編』から、【資料】Ⅳとして「華清宮」の関連資料が出題された。「華清宮」の主題は唐の玄宗皇帝の楊貴妃に対する情愛であり、「茘《れい》枝《し》の献上」にまつわる逸話が読解の鍵となっていた。【資料】Ⅰ～Ⅳは【詩】の読解・考証の手がかりとして提示されている。【詩】と【資料】Ⅰ～Ⅳという体裁で複数の問題文が取り上げられており、「複数の題材による問題」「多面的・多角的な視点」という共通テストの出題方針に沿ったものになっている。

本文の内容については、硬質な評論文から、随筆、さらには人物のエピソード、漢詩を含む文と、さまざまなジャンルのものが採用されてきたが、今後もこの方向に変化はないと思われる。これまで出題された素材の時代は、先秦から清に至るまで様々であり、今後も特別に限られた時代のものだけが採用されるということはないと予想される。取り上げられる文章が複数であればなおのこと、様々な時代の詩や文章が用いられるはずである。

設問については、共通テスト漢文を特徴づける問題として複数の問題文を対照して解答する問題が出題されたが、それ以外は、語の意味の問題、解釈の問題、返り点と書き下し文の問題と、これまでの出題と本質的に大きな変化はなかった。また、複数の問題文相互に関わる設問も、結局はそれぞれの文章の内容を的確に把握できているかどうかが肝要であり、内容の把握ができていれば確実に得点できる問題である。句法や重要語、そして漢詩の知識などをもとに内容を精査していけば正答を得られる問題ばかりであり、この傾向は続くと考えられる。したがって、語句の読みや意味の問題、熟語の問題、書き下しの問題、解釈の問題、内容説明の問題、理由説明の問題、趣旨や主張に関する問題、漢詩の出題の場合には押韻や対句を絡めた問題など、漢文として一般的な設問が大半を占めると想定される。

**〈学習対策〉**

共通テストに向かって特別な対策をする必要はない。入試漢文に要求される基礎力の向上を図ればよい。もちろん出題される形式にある程度慣れておくに越したことはないが、やはり読解力を養い思考力を養成することが何よりも大切である。つまり、句形、重要表現の習得と錬成に努め、漢詩を含む基礎事項の習熟に励むのが最も有効な手立てである。

基礎事項をふまえて一つ一つの文の意味を正しく理解し、筆者が伝えようとしている内容を把握することができるようになれば、どんな問題が出題されても適切に対処することができるはずである。高得点を目指すには、これら基礎的な要件を踏まえた上で、問題演習を行うことである。問題に取り組むにあたっては、以下の点に留意してほしい。

**① 漢文の基本構造を習得する。**

漢文はもとより中国語であるから、日本語のセンスだけに頼って読むのは危険である。訓読の問題でつまらないミスを犯さないためにも、問題文を復習する際には、語順に注目して文の構造に留意し、主語、述語、目的語などの位置関係を確認しながら読むことを心がけよう。

**② さまざまなジャンルの文章に多くあたる。**

本番でどういう文章が出題されるかを予測するのは困難である。漢詩を含め、どんなタイプの文章が出題されても対応することのできるように、様々なジャンルの文章にあたり、読解力を養成しよう。

**③ 本文の大意の把握につとめる。**

要は設問が解ければよいのである。多少わからないところがあってもそこで立ち止まらず、論理の展開やストーリーを大づかみにとらえよう。また、選択肢で迷った場合などには、文章全体の大意をもう一度確認してみるのも効果的である。

**④ 設問は必ず本文中に根拠を求めて解く。**

文中に根拠を求めずに選択肢ばかりを漫然と眺めているようでは、どんなに多くの問題を解いても確実に高得点を得られるようになることは困難である。傍線部や設問として問われている箇所自体の意味と、その前後の文脈、そして全体の趣旨や大意などに根拠を求めて選択肢を検討するように心がけよう。

**⑤ 本文中の句形や重要表現、さらに日常使われる漢字を確認する。**

句形の知識や、重要表現などの知識が問われることが少なくないが、さらに現代の日常生活で普通に用いられる漢字の意味などが問われることも少なくない。問題演習の際には、解答と全文解釈を確認するだけでなく、文中に使われている句形や重要表現、そして日常使われる漢字の意味などについても確認しておこう。

河合出版の『入試必須の基礎知識 漢文ポイントマスター』は句形や重要語の用法だけでなく、重要表現、漢詩の規則など、漢文の基礎知識が要領よくまとめられ、漢文学習必携の本としてぜひおすすめしたい。

# 出題内容一覧

## 現代文

### 〈論理的文章〉

| 設問内容 ＼ 年度 | | '16 | | '17 | | '18 | | '19 | | '20 | | '21 | | '22 | | '23 | | '24 |
|---|---|---|---|---|---|---|---|---|---|---|---|---|---|---|---|---|---|---|
| | | 本試 | 追試 | 本試 | 追試 | 本試 | 追試 | 本試 | 追試 | 本試 | 追試 | 第1日程 | 第2日程 | 本試 | 追試 | 本試 | 追試 | 本試 |
| 基礎知識 | 漢字 | 1 | 1 | 1 | 1 | 1 | 1 | 1 | 1 | 1 | 1 | 1 | 1 | 2 | 1 | 2 | 2 | 1 |
| | ことわざ・四字熟語・慣用句 | | | | 1 | 1 | | 1 | | | | | | | | | | |
| | 語句の意味 | | | | | | | | | | | | | | | | | |
| 文法 | 文の構造 | | | | | | | | | | | | | | | | | |
| | 品詞・用法の識別 | | | | | | | | | | | | | | | | | |
| 修辞 | 表現の使い分け・表現意図 | | 1 | 1 | 1 | 1 | | 1 | 1 | 1 | 1 | | | 1 | | | | |
| 読解力 | 指示語 | | | | | | | | | | | | | | | | | |
| | 空欄・語句の挿入 | | | | | | | | | | | 4 | | 2 | | | | 1 |
| | 理由説明(因果関係の把握) | 1 | | 1 | 1 | 2 | 1 | 1 | 1 | | 2 | | | | | 1 | 1 | 2 |
| | 内容理解・内容説明 | 2 | 3 | 3 | 2 | 2 | 2 | 2 | 2 | 3 | 1 | 3 | 3 | 3 | 3 | 3 | 3 | 1 |
| | 論理展開 | 1 | 1 | 1 | 1 | 1 | 1 | 1 | 1 | 1 | 1 | | 1 | | 1 | | | 1 |
| | 論旨・趣旨判定 | 1 | 1 | | 1 | | 1 | 1 | 1 | 1 | 1 | | 1 | | | | | |
| | 複数の題材の関連付け | | | | | | | | | | | 3 | | 2 | 3 | 3 | 2 | 3 |

### 〈文学的文章〉

| 設問内容 ＼ 年度 | | '16 | | '17 | | '18 | | '19 | | '20 | | '21 | | '22 | | '23 | | '24 |
|---|---|---|---|---|---|---|---|---|---|---|---|---|---|---|---|---|---|---|
| | | 本試 | 追試 | 本試 | 追試 | 本試 | 追試 | 本試 | 追試 | 本試 | 追試 | 第1日程 | 第2日程 | 本試 | 追試 | 本試 | 追試 | 本試 |
| 知識 | 語句の意味 | 1 | 1 | 1 | 1 | 1 | 1 | 1 | 1 | 1 | 1 | 1 | 1 | | | | 1 | 1 |
| 文法 | 文の構造 | | | | | | | | | | | | | | | | | |
| | 品詞・用法の識別 | | | | | | | | | | | | | | | | | |
| 修辞 | 比喩・擬人法など | | | | | | | | | | | | | | | | | |
| 読解力 | 指示語 | | | | | | | | | | | | | | | | | |
| | 空欄・語句の挿入 | | | | | | | | | | | | 1 | 1 | | | | 2 |
| | 理由説明(因果関係の把握) | | | | 1 | 2 | | 1 | | | | 1 | | 1 | 1 | 1 | 2 | 1 |
| | 内容理解・内容説明 | 1 | 2 | 1 | 1 | | 3 | | 2 | 2 | 3 | 2 | | 1 | 2 | 2 | | 1 |
| | 心情説明 | 3 | 2 | 3 | 2 | 2 | 1 | 3 | 2 | 2 | 1 | 1 | 4 | 4 | 2 | 3 | 2 | 1 |
| | 場面の構成 | | | | | | | | | | | | | | | | | |
| | 複数の題材の関連付け | | | | | | | | | | | 2 | | 2 | 2 | 2 | 2 | 2 |
| 解釈力 | 表現の効果・特徴(鑑賞) | 1 | 1 | 1 | 1 | 1 | 1 | 1 | 1 | 1 | 1 | | | | 1 | | 1 | 2 |
| | 人物像 | | | | | | | | | | | | | | | | | |

## 〈論理的文章〉テーマ別出題一覧

| テーマ＼年度 | '16 | | '17 | | '18 | | '19 | | '20 | | '21 | | '22 | | '23 | | '24 |
|---|---|---|---|---|---|---|---|---|---|---|---|---|---|---|---|---|---|
| | 本試 | 追試 | 本試 | 追試 | 本試 | 追試 | 本試 | 追試 | 本試 | 追試 | 第1日程 | 第2日程 | 本試 | 追試 | 本試 | 追試 | 本試 |
| 哲　学 | | | | | | | | | ○ | | | | ○ | | | | |
| 文　学 | | ○ | | | | | | | | | | | | | | | |
| 学　問 | | | ○ | ○ | | | | | | ○ | | | | | | ○ | |
| 文　化 | ○ | | | | ○ | | | ○ | | | ○ | ○ | | | ○ | | |
| 言　語 | | | | | | | ○ | | | | | | | | | | |
| 芸　術 | | | | | | | | | | | | | | | | | ○ |
| 社　会 | | | | | | ○ | | | | | | | | ○ | | | |
| 人　生 | | | | | | | | | | | | | | | | | |
| 環　境 | | | | | | | | | | | | | | | | | |

## 〈文学的文章〉テーマ別出題一覧

| テーマ＼年度 | '16 | | '17 | | '18 | | '19 | | '20 | | '21 | | '22 | | '23 | | '24 |
|---|---|---|---|---|---|---|---|---|---|---|---|---|---|---|---|---|---|
| | 本試 | 追試 | 本試 | 追試 | 本試 | 追試 | 本試 | 追試 | 本試 | 追試 | 第1日程 | 第2日程 | 本試 | 追試 | 本試 | 追試 | 本試 |
| 恋　愛 | | | | | | | | | | | | | | | | | |
| 病　気 | | | ○ | | | | ○ | | | ○ | | | | | | | |
| 老い・死 | | | | | | | | | ○ | ○ | | | ○ | | | | |
| 動　物 | | | | | | | | | | | | | | | | | |
| 故　郷 | | | | | | | | | | | | | | | | | |
| 事　件 | | | | | | | | | | | | | ○ | ○ | ○ | ○ | |
| 少年・少女 | | | | | | ○ | | | | | | | ○ | | | | |
| 家　族 | ○ | ○ | ○ | | ○ | | ○ | ○ | ○ | ○ | | | | | | | ○ |
| 人　生 | | | | ○ | | | | | | | ○ | ○ | | ○ | ○ | ○ | |

※テーマがまたがっているものは複数○を付している。

# 古文

数字は問題数で，（　）の中はマーク数。

| 設問内容＼年度 | | '16 本試 | '16 追試 | '17 本試 | '17 追試 | '18 本試 | '18 追試 | '19 本試 | '19 追試 | '20 本試 | '20 追試 | '21 第1日程 | '21 第2日程 | '22 本試 | '22 追試 | '23 本試 | '23 追試 | '24 本試 |
|---|---|---|---|---|---|---|---|---|---|---|---|---|---|---|---|---|---|---|
| 語句・文法に重点のある設問 | (1)語句・短語句訳 | 1(3) | 1(3) | 1(3) | 1(3) | 1(3) | 1(3) | 1(3) | 1(3) | 1(3) | 1(3) | 1(3) | 1(2) | 1(3) | 1(3) | 1(3) | 1(2) | 1(3) |
| | (2)文・長語句訳 | | | | | | | | | | | | | | | | | |
| 文脈の読み取りに重点のある設問 | (3)主語判定・人物判定 | | | | | | | | | | | | | | | | | |
| | (4)指示内容・語句の内容 | 1 | | 1 | | 語句の内容2 | | | 引き歌の説明1 | | 「心得」の内容説明1 | 語句・表現の説明1 | 語句・表現の説明1 | 語句・表現の説明1 | 語句・表現の説明1 | 語句・表現の説明1 | 文法・内容の説明1 | 語句・表現の説明1 |
| | (5)理由説明 | 心情の理由の説明1 | | | 1 | | 2 | 1 | | | | 1 | 1 | 1 | 1 | | | |
| | (6)心情説明 | | 主語と心情1心情2 | 1 | 発言内容の説明2 | | | 2 | 2 | 3 | 2 | | 行動や心境1心境1（2） | 院の言動1 | | | 1 | |
| | (7)文・語句補充 | | | | | | | | | | | | | 話し合いの中の空欄3 | | (話し合いの中の空欄3) | (ノートの中の空欄2) | |
| | (8)和歌の解釈・説明 | | | 1 | | | 1 | | 短連歌のやり取りの説明1 | | 六首の和歌のやりとりの説明1 | 三首の和歌の説明1 | | | (本文・資料の和歌の内容1) | (連歌の修辞・内容の説明1) | (本文・引用文の和歌の内容1) | 二首の和歌の説明1 |
| | (9)要旨 | 2（※1） | 内容合致1 | 人物の説明1 | 内容不合致1 | 内容の要約2 | 内容と表現1 | 主人公の姿1 | | 内容の説明1 | | 登場人物の説明1 | 「月」が描かれた場面1 | (話し合いの中の空欄3) | 段落内容1（2）・心情1・詞書と段落1 | 話し合いの中の空欄3 | 人物1・段落1・心情1（3） | 解説文中の空欄1（3） |
| 知識を問う設問 | (10)文法・修辞 | 「の」の識別1 | 「む」の識別1 | 「ぬ」「に」「ね」の識別1 | 品詞分解と敬語1 | 品詞分解1 | 敬意1 | 敬意1 | 「に」の識別1 | 敬意1 | 敬意1 | | | | (文法と内容の説明1) | (連歌の修辞・内容の説明1) | (文法と内容の説明1) | (和歌の修辞・内容の説明1) |
| | (11)文学史 | | | | | | | | | | | | | | | | | |

（※1）事のあり様の内容1・内容1

# 漢文

| 設問内容＼年度 | '16 本試 | '16 追試 | '17 本試 | '17 追試 | '18 本試 | '18 追試 | '19 本試 | '19 追試 | '20 本試 | '20 追試 | '21 第1日程 | '21 第2日程 | '22 本試 | '22 追試 | '23 本試 | '23 追試 | '24 本試 |
|---|---|---|---|---|---|---|---|---|---|---|---|---|---|---|---|---|---|
| 語の読み | | 2 | 2 | | | 2 | 2 | | 2 | | 2 | | | | | | |
| 語の意味 | 3 | 2 | 2 | 2 | 1 | | | 2 | | 2 | | | 3 | 2 | 3 | | 2 |
| 熟　語 | | | | | | | | | | | | | | | | | |
| 句・文の読み | 1 | 1 | 1 | 1 | 1 | 1 | | 1 | 1 | | 1 | 1 | 2 | 1 | 1 | 1 | 1 |
| 句・文の解釈 | 2 | 1 | | | 3 | 1 | | 1 | | | 4 | 3 | 1 | 2 | 1 | 3 | 2 |
| 読み・解釈 | | | | | | | 1 | | | | | | | | | | |
| 読みと主張 | | 1 | | 1 | | | | | | | | | | | | | |
| 内容説明 | 1 | | | 1 | 2 | 1 | 3 | | 1 | | | 1 | 1 | 1 | 2 | 2 | 1 |
| 原因・理由説明 | | | 2 | 1 | 1 | 1 | | 2 | | 1 | | | | 1 | | | |
| 修辞法・表現・文法 | | | | 1 | | 1 | | | 1 | 1 | | 1 | | | | | |
| 指示内容 | | | | | | | | | | 1 | | | | | | | |
| 主語指摘 | | | | | | | | | | | | | | | | | |
| 内容特定 | | | | | | | | | | | | | | | | | |
| 比喩の説明 | | 1 | 1 | | | | | | | | | | | | 1 | 1 | |
| 空欄補充 | | 1 | | 1 | | | | | 1 | | 1 | 1 | 1 | 1 | | 2 | |
| 空欄補充と書き下し | | | | | | | | | | 1 | | | | | 1 | | |
| 心情・心境説明 | | | | | | | 1 | 1 | 1 | | | | 1 | | | | |
| 内容合致 | | | | | | | | | | 1 | | 2 | | | | | |
| 趣旨・主題・主張 | 1 | | | | | 1 | 1 | 1 | | | 1 | | | | | | 1 |
| 構成・段落分け | | | | | | | | | | | | | | | | | |
| 文学史 | | | | | | | | | | | | | | | | | 1 |

# 第 1 回

## 問題を解くまえに

- ◆ 本問題は200点満点です。
- ◆ 問題解答時間は90分です。
- ◆ 問題を解いたら必ず自己採点により学力チェックを行い，解答・解説，学習対策を参考にしてください。
- ◆ 以下は，'23全統共通テスト高２模試の結果を表したものです。

| | |
|---|---|
| 人数 | 115,019 |
| 配点 | 200 |
| 平均点 | 100.5 |
| 標準偏差 | 32.0 |
| 最高点 | 200 |
| 最低点 | 0 |

## 第1問　次の【文章Ⅰ】【文章Ⅱ】を読んで、後の問い（問1～5）に答えよ。なお、【文章Ⅱ】には、【文章Ⅰ】の一部が引用されている。（配点　45）

**【文章Ⅰ】**

「ポスト・スポーツ」と呼びうる状況が、私たちの目の前に姿を現している。ビッグデータ[注1]はいまやスポーツの実践を(ア)スイコウする主体の位置を獲得しつつある。あるいは「ブレードランナー」と呼ばれた南アフリカのスプリンター[注2]、オスカー・ピストリウス[注3]のように、最先端テクノロジーに接続されたアスリートの身体は、長い間スポーツが維持し続けてきた「人間性」や「生身の身体」という理想を突き破りはじめている。これまでスポーツを規定し、スポーツを再生産してきた「物語」や「神話」が解体されつつあるようだ。

これまで企業は、アスリートの身体やチームが持つイメージに投資することによって、そのブランド力を高めてきた。だが「ポスト・スポーツ」の時代においては、企業が積極的なかたちで競技する身体や戦略それ自体に影響を及ぼしはじめている。企業が開発する新しいテクノロジーや集積し分析するビッグデータが、選手やチームの競技力に直結し、従来の競技のあり方を変えている。

こうしていま私たちが目の当たりにしているのは、スポーツにもたらされる新しい論理や構造である。ここに出現する「ポスト・スポーツ」とは、ビッグデータと先端テクノロジーによってアスリートの身体を制御し、調整する権力であり、Aスポーツを革新し続けていく資本の不可逆的なムーヴメントである。それは、長い間この世界に君臨してきた既存のスポーツの終焉《しゅうえん》を示すような、決定的に新しい形を持ったスポーツの主体の出現を意味している。

事実、エリート・スポーツやパラリンピックの世界では、義体技術が導入された身体や高度なテクノロジーによって強化された身体が活躍している。また、GPS端末を介してネットワークに常時接続された選手たちの身体運動や生体のデータは、AIによって精密に分析され、リアルタイムで選手のプレーに反映されている。このように、スポーツが理想とする人間性を保証してきた「自然な身体」は、(イ)著しく人工的なものに加工されている。

　このようにして、ポスト・スポーツという新しいパラダイムにおいては、人間性、自然な身体等を介さずとも、スポーツは成立している。ところがＩＯＣ(注4)などの国際的なスポーツ統括組織は、いまもなお「人間性」という神話を維持しようと躍起になっている。だが、こうしたスポーツ組織は、従来のスポーツに根差す人間性を理想に掲げ続けることで、かえって多くの人々を競技から締め出すという矛盾に突き当たることになる。すでにサイボーグ化された身体や人工的に強化された人間たちが新しいアスリート像を可視化しているにもかかわらず、旧来のスポーツの考え方は、「自然な身体」を公平性の原理として召喚し、人間性を理想化し続けているのだ。

　現代のスポーツは「ドーピングとの闘い」というお馴染《なじ》みの儀礼を通じてのみ、なんとか「自然な身体」という理想を掲げることができる。もはやドーピングを禁止することが目的ではなく、「人間性」というスポーツの神話を維持するために、ドーピングとの闘いが延々繰り返されているかのようだ。したがって、ロシアが国家ぐるみのドーピングによってオリンピックから締め出されたところで、私たちはそれほど大きな驚きをおぼえはしない。競争原理を肥大化させたスポーツが、国家の威信とグローバル企業の市場拡大に飲み込まれて以降、ドーピングという現象はスポーツに必然的に内在するものとなった。

　ポスト・スポーツの時代にあって、**B**人間性という神話は、テクノロジー競争を突き進む資本主義によってさらなる窮状へと陥ることになる。ピストリウスが参加資格をめぐる難しい議論を経て、カーボン繊維製の義足を両足に装着して二〇一二年のロンドン・オリンピックの舞台で走ったことは記憶に新しい。機械《マシーン》に接続されて強化した身体は、二足を生まれた時から持つ「自然な身体」と見事に競り合った。ピストリウスが実現した機械と協働するスポーツの身体は、身体がなしうることの新しい状況を作り上げ、現代社会を生きる多種多様な人々の可能世界を提示した。

　ところが、ピストリウスとは違ってドイツの陸上選手マルクス・レーム(注5)は、右脚の膝下に装着されたカーボン繊維製の機械が、スポーツの「公平性」に(ウ)テイショクするとして国際大会から排除された。また、南アフリカの黒人女性スプリンターのキャスター・セメンヤ(注6)は、自身の「自然」な「女性」の身体が、テストステロン（男性ホルモン）を高める働きをするアンドロゲンの数値が高いという理由から「女性ではない」と判断され、人工的な治療を施してテストステロンの数値を下げることを強いられた。このように彼女は「不自然」な身体となることによって「公平性」を認められ、競技への参加を許されるのである。

このように私たちが「スポーツ」と呼んできた概念は、その内側に矛盾を含みながら、ひとつの理想に収まることができずに分散させられている。人工物との直接的な接続によって強化された身体の競い合いが今後スポーツの主流になるにせよ、セメンヤのように化学的・医学的に弱体化されるにせよ、これまでスポーツをスポーツたらしめてきた「身体」「生身」「自然」「人間」といった概念は深刻に脱中心化され、いままで通りではいられないものになっている。このようなスポーツの変化は、危惧と歓喜の両面を示しながら、ポスト・スポーツとしか呼びようのない状況へと私たちを運んでいく。

（山本敦久《やまもとあつひさ》『ポスト・スポーツの時代』による）

**【文章Ⅱ】**

現代スポーツは著しく変わってきている。山本敦久は、テクノロジーやデータを駆使してトレーニングされプレイされるスポーツを「ポスト・スポーツ」と呼び、その特徴を次のように述べている。

「事実、エリート・スポーツやパラリンピックの世界では、義体技術が導入された身体や高度なテクノロジーによって強化された身体が活躍している。また、ＧＰＳ端末を介してネットワークに常時接続された選手たちの身体運動や生体のデータは、ＡＩによって精密に分析され、リアルタイムで選手のプレーに反映されている。このように、スポーツが理想とする人間性を保証してきた『自然な身体』は、著しく人工的なものに加工されている」。

確かにエリートスポーツのプレイ場面だけをみれば、鍛えられた身体によってではなく、インターネットとデータに身体が置き替えられたプレイによって競われるスポーツの時代が到来しているのかもしれない。スポーツをプレイの様相に限定して

「スポーツとは何か」という問題設定で考えるのであれば、テクノロジーの成果を消費しつつ変わりゆくスポーツや競技者について語る態度でよいであろう。しかし、それだけではわれわれの世界が「善く、美しい」ものになりうるのかどうか。そして、このように考える理由は二つある。

一つは現代スポーツにおける競技者のあり方が多元性を持つということ。それは、現役時代の競技者としてのあり方に留まらず、競技者のセカンド（注７）キャリアやデュアルキャリアの問題が語られていることにも表れている。もう一つは生涯スポーツ、大衆スポーツの時代にあって、人々はスポーツを行うだけではなく、見たり、ボランティアとして参加するなど、スポーツに参加する度合いが多元的になってきている点である。

たとえアスリートの身体が「ビッグデータと先端テクノロジーによって」制御されるとしても、C「多元的」に生きる競技者には身体に基づく人間性が残る。それは道徳の意味ではなく持って生まれた「生身の身体」というレベルでもない。それは、自分のライフステージを自覚する「自己」である。その自己による自覚は、「何をなすべきか」を自分の意志で選択決断する。たとえば、競技者であるならば若い時の身体で競技スポーツとどうかかわるか、競技を引退し普通の仕事をしながら、さらには衰えた身体で、というように。老いた身体状況であれば、自覚的にスポーツ活動を制限することで怪我をしない生活が可能になる。まさに、人生の優先性、プラン、原理はライフステージで変わるのである。

メダルを獲得した瞬間の喜びは誰にも否定できない。けれども、のちにステロイドを使用したドーピングによって自分の身体に変調をきたし、望む人生を送れなくなったとしたら、若い時の勝利の歓喜は人生の悲しみを消してくれるのだろうか。遺伝子（注８）ドーピングが競技者本人ではない他者の願望（コーチ、さらには「人類の夢」など最終的には責任の主体ではない）を満たしてくれたとして、そのことが競技者本人の望む人生でありうる保証はない。ドーピングのような科学技術は時に勝利をもたらしてくれる。しかし、競技者がどのような人生を歩めばいいのかを示すことはできない。機械という技術に対する自己意識についてのガダマー（注９）の次の言葉が思い起こされる。「問題は人間が自己の能力によって何を望むかということである」。今後われわれが手に入れることのできる新たなテクノロジーによってスポーツは変わるであろう。その時、われわれがスポーツに対して何を望むかは、テクノロジーの側ではなく未だわれわれの側に残されている。

（関根《せきね》正美《まさみ》「スポーツの意味と哲学」による）

（注）1 ビッグデータ――人間では全体を把握することができないほど莫大なデータのこと。

2 スプリンター――陸上競技における短距離選手のこと。

3 オスカー・ピストリウス――南アフリカ共和国出身の陸上選手（一九八六～）。先天性の障害により生後すぐ両足を切断し、義足を着用して競技に参加した。

4 ＩＯＣ――国際オリンピック委員会（International Olympic Committee）。

5 マルクス・レーム――ドイツ出身の走り幅跳びの選手（一九八八～）。義足を着用して競技に参加した。

6 キャスター・セメンヤ――南アフリカ共和国出身の陸上選手（一九九一～）。

7 セカンドキャリアやデュアルキャリア――「セカンドキャリア」は、アスリートの引退後のキャリアをさす概念。「デュアルキャリア」は、アスリートが、スポーツのキャリアとそれ以外の進学や就職などのキャリアとを並行することをさす概念。

8 遺伝子ドーピング――薬物などを利用するドーピングと異なり、遺伝子改良などを行って運動能力を向上させるドーピングのこと。

9 ガダマー――ドイツの哲学者（一九〇〇～二〇〇二）。

問1 次の(i)・(ii)の問いに答えよ。

(i) 傍線部(ア)・(ウ)に相当する漢字を含むものを、次の各群の①～④のうちから、それぞれ一つずつ選べ。解答番号は 1 ・ 2 。

(ア) スイコウ 1

① 軍隊をトウスイする
② 業務をカンスイする
③ 音楽にトウスイする
④ 原因をルイスイする

(ウ) テイショク 2

① 業績がテイメイする
② カイテイを探索する
③ 隠されてきた矛盾がロテイする
④ 不合理な改革にテイコウする

(ii) 傍線部(イ)と同じ意味を持つものを、次の①～④のうちから一つ選べ。解答番号は 3 。

(イ) 著しく 3

① 著ショ
② 著メイ
③ メイ著
④ 著ジュツ

問2　傍線部A「スポーツを革新し続けていく資本の不可逆的なムーヴメント」とあるが、これについての説明として最も適当なものを、次の①～⑤のうちから一つ選べ。解答番号は 4 。

① 現代のスポーツでは、競技で優位に立つためにアスリートやチームがビッグデータや最先端技術を必要としており、スポーツが企業の技術開発やイメージ戦略に大きな影響を及ぼすことが当然になっているということ。

② 現代のスポーツでは、生身の身体に依拠して競争すべきだという従来の理念が失われてしまい、企業は人間の尊厳を無視して選手の身体を管理するためのテクノロジーの開発に日々いそしむようになっているということ。

③ 現代のスポーツでは、企業が膨大なデータとともに身体を管理し制御する新技術を選手やチームに提供することで、自然な身体に基づくとされた従来の競技の様相を変容させる方向に進まざるをえなくなっているということ。

④ 現代のスポーツでは、選手やチームのイメージに投資することで自らのブランド力を高めてきた企業が、競技の内容にも積極的に介入するようになり、スポーツが企業主体のものに変えられてしまっているということ。

⑤ 現代のスポーツでは、選手の自然な身体を維持するためにも身体運動を分析してデータ化しており、企業がそのための技術開発に躍起になっているという風潮は後戻りできないところにまできているということ。

問3　傍線部B「人間性という神話は、テクノロジー競争を突き進む資本主義によってさらなる窮状へと陥ることになる」とあるが、「人間性という神話」が陥っている「さらなる窮状」とはどのような事態か。その説明として最も適当なものを、次の①～⑤のうちから一つ選べ。解答番号は［5］。

① スポーツでは生得的な身体を重視すべきだという理念が、テクノロジーによって強化された身体を、スポーツの本来の姿に反するとしてひとしなみに排除してしまうという事態。

② スポーツにおける公平な競争が精神性を高めるという理想が、テクノロジーに依拠したアスリートたちの出現によって動揺させられ、もはや維持できないものになりつつあるという事態。

③ スポーツでは生身の身体によって競争すべきだという考えが、勝利を絶対視する選手たちによって裏切られ、テクノロジーの濫用による不公平が生じてしまうという事態。

④ スポーツは個々人の持つ多様な身体的特徴に配慮すべきだという志向が、逆説的に、多様な身体のありようを否定し、多くの人々を競技から疎外してしまうという事態。

⑤ スポーツは自然な身体に依拠すべきだという信念が、テクノロジーの進歩によって脅かされるなか、その自然な身体そのものの輪郭が不明瞭になってしまうという事態。

問4　傍線部C「『多元的』に生きる競技者には身体に基づく人間性が残る」とあるが、どういうことか。その説明として最も適当なものを、次の①～⑤のうちから一つ選べ。解答番号は 6 。

① テクノロジーによって制御された身体によって勝利を得たとしても、その栄光は長続きしないと悟った競技者は、スポーツは生身の身体で行うべきだという考えに回帰していくということ。

② 引退後も含めた多様なキャリアについて考えざるを得ない競技者は、個々人が多様な身体を持っているという事実をあらためて確認した上で、他とは異なる人生を倫理的に選び取っていくということ。

③ 競技者だけでなく観客やボランティアとしてスポーツに関わる経験を積んだ競技者は、その過程で勝利の喜びを相対化することを学び、スポーツに勝利とは異なる多様な価値を見出していくということ。

④ 長い人生において様々なかたちでスポーツに関与することになる競技者は、年齢とともに変わっていく身体のありようを顧慮しつつ、自らの人生の意味を自律的に選び取っていくということ。

⑤ 他者の願望を満たすことではなく、自分自身の人生を豊かにすることが大切だと自覚した競技者は、引退後のキャリアも見据えて仕事と両立できるスポーツ活動を模索していくということ。

**問５**　次に示すのは、授業で**【文章Ⅰ】**と**【文章Ⅱ】**を読んだ後の、話し合いの様子である。これを読んで、後の(i)・(ii)の問いに答えよ。

生徒Ａ――**【文章Ⅰ】**と**【文章Ⅱ】**は、両方とも現在のスポーツの状況について論じられていたね。
生徒Ｂ――**【文章Ⅱ】**には、**【文章Ⅰ】**の文章の一部が引用されているけど、これは何のためだろう。
生徒Ｃ――**【文章Ⅱ】**は**【文章Ⅰ】**を踏まえて書かれたもので、**Ｘ**ためじゃないかな。
生徒Ａ――ところで、**【文章Ⅰ】**も**【文章Ⅱ】**にも、ドーピングの話題が出てくるね。
生徒Ｂ――でも、ドーピングについての論じ方は違っているな。
生徒Ａ――そうだね、**【文章Ⅰ】**と比べて**【文章Ⅱ】**の方が、筆者の主張が明確に書かれているように思うよ。
生徒Ｃ――うん。**【文章Ⅱ】**の主張を踏まえて**【文章Ⅰ】**で述べられている内容について考えると、**Ｙ**と言えるんじゃないかな。
生徒Ｂ――こうして二つの文章を読みくらべながら話し合ってみると、いろいろ気づくことがあるね。

(i) 空欄 **X** に入る発言として最も適当なものを、次の①～④のうちから一つ選べ。解答番号は 7 。

① 先行研究を紹介し、自分の主張がそれに従ったものであることを示す

② 議論の前提を確認しつつも、そこで見落とされている点を明らかにする

③ テクノロジーの現状を積極的に肯定している文章を示し、読者を啓蒙《けいもう》する

④ スポーツの歴史を解き明かした文章を提示し、読者の理解を助ける

(ii) 空欄 **Y** に入る発言として最も適当なものを、次の ①～④ のうちから一つ選べ。解答番号は 8 。

① 現代のスポーツでは、アスリートの身体を最先端のテクノロジーによって改良し競い合うことが常態となっており、スポーツが一部のエリートのものになりつつあるけれど、競技者のあり方や競技との関わり方が多様性を持っていることに注目することで、スポーツを大衆に開かれたものにすることができる

② 現代のスポーツでは、社会にはびこる競争原理のもとで、人間性を毀損するドーピングのようなテクノロジーがスポーツをする人々の身体をむしばんでいるけれど、薬物が後の人生に及ぼす悪影響を考慮するならば、人間の自然な身体に何らかのテクノロジーを導入するということ自体を慎まなくてはならない

③ 現代のスポーツでは、資本主義の展開と軌を一にした科学技術の進歩によって生身の身体が人工的に加工されるという状況にあり、そうしたあり方は今後加速していくかもしれないけれど、そこには新たな可能性もはらまれており、今後スポーツをどのようなものにしていくかを決めるのは私たち自身である

④ 現代のスポーツでは、身体に介入する科学技術の発達によって、人間性や生身の身体の意義が見失われているけれど、多くの人がそうしたスポーツの現状を正しく知り、スポーツ本来の姿に立ち戻ってスポーツを自分の人生の中で位置づけ直すことができれば、本来的な身体を基盤とした人間性も回復していく

## 第2問

次の文章は、俳人石田波郷《いしだはきょう》の生涯を描いた辻井喬《つじいたかし》の小説『命あまさず』(二〇〇〇年発表)の一節である。昭和十七年の初夏、主人公の山田秋幸《あきゆき》(石田波郷)は、友人の中村金鈴と鈴木東海雄の仲介により縁談の相手として汲田《くみた》明子と言葉を交わす機会を持ち、そのとき俳句を創る理由を聞かれて、うまく答えられなかった。その後、秋幸は明子と正式にお見合《みあい》をすることになった。これを読んで、後の問い(問1～5)に答えよ。(配点　45)

なぜ俳句を創るようになったのか、それも職業として、と聞かれて、A明快に答えられなかったことに秋幸はこだわっていた。それは、結婚して一家を構え、俳人として暮らしていく上で、まずはっきりさせておかなければならない事なのだと思った。趣味で俳句を作っているというのなら、ただなんとなく好きだったから、でいい。しかし俳人という職業を選んだのだとすれば、それでは済まされないと秋幸は考えた。自分の人生に責任を持つ男なら当然職業についても見識を持つべきだという内面の声は、時おり汲田明子と向《むか》い合って坐《すわ》っている部屋の沈黙《しじま》に聞《きこ》えた葭切《よしきり》(注1)の啼声《なきごえ》のように秋幸を脅かした。

彼が生《うま》れた愛媛県の松山は俳句のメッカと言われている土地柄であった。舟が大きな交通手段であった江戸時代の終《おわ》りの頃までは、先進国であった朝鮮半島の国々から山陰、北陸地方に伝えられた文化は、陸地を通って京大阪に辿《たど》りつき、瀬戸内海の交通網によって四方八方に運ばれ、発酵し、成熟したのであった。そこへ正岡子規が現れ、明治になって虚子が生れ、近代俳句が興《おこ》った。

松山の町のなかにも郊外にも、こうした先人たちの足跡がそこここに残されていた。秋幸が通った小学校もその例外ではなく、校庭の隅には〝今月の生徒の俳句〟という掲示板が作られていたのである。

そういった環境が秋幸を俳句に馴染《なじ》ませ、彼は中学生になると文芸部に所属して俳句を作るようになった。だから自然に俳句の世界に入ったと言えるのだけれども、秋幸の心のなかには、自分の選択として俳句の道に入ったのだと言えなければ本物ではないという想いがあった。それは汲田明子を結婚の相手に選ぶのも、周囲の薦めでただなんとなくというのでは相手に失礼だと思う気持《きもち》にも通じていた。

彼女に、

「秋幸さんの句集、とても素晴《すば》らしいと思いました。どうして俳句をおやりになるようになったのですか」

と言われた時、秋幸は自分をも彼女をも納得させられるような答えを口にすることができなかったのである。その時彼は、

「そう言われると、全く何時《いつ》の間にかそうなっていたという感じなんです。そういうのはいけないのかもしれませんが」

と言い、

「才能がおありだから、皆さんが放って置かなかったんですわ、きっと。そういう点、羨《うらやま》しいと思います。でも、それなりに別の悩みもあるのかしら」

「さあ、自分では俳句、下手だと思っています。厭《いや》になるくらいです。別の言い方をすれば、定型と、たくさんある表現したいこととの戦いに敗《ま》けているのかもしれません」

秋幸は明子の前で、自分が素直になろうとしているのが分《わか》った。装わずに、ありのままを、というのは彼のいつもの姿勢だったのだけれども。

この日、明子に会うために教わったとおりに葛西橋を渡って、会合を用意してくれた鈴木東海雄の家に行く途中、秋幸はなにもかも正直に話して、それで駄目なら仕方がないではないか、と決心したのだった。新緑の蔵王の宿で、長髪を切って坊主頭になってしまったことを、明子がどう思うか気になったが、それは今更どうしようもなかった。

秋幸の心配は、彼女が自分を戦争に心酔している青年将校のように思うのではないかということであった。実状はむしろ逆で、今までの自堕落な生活を心機一転、切り換えたいと思ってのことなのだったが、それを、まだゆっくり話し合ったことが一度もない明子に正確に説明するのは、とても困難なことのように思われた。下手に解説すれば、明子の意を迎えるために阿《おも》ねている言葉のようになるし、そうではないと言い切ってしまえば、突発的衝動的に行動を起こす男のように誤解されかねない。

考えが決《きま》らず、とつおいつしている秋幸の目に、橋の下をゆっくり流れて海に向う江戸川が見え、彼は松山の生家のすぐ近くの重信川と石手川が合流する地点に架かっているので、出合橋と呼ばれている橋の上から見た風景を思い出した。鈴木東海雄の二階の部屋からも江戸川の流れはよく見えた。家のすぐ傍《そば》は一面の蓮田《はすだ》でその先には見渡す限りの葦原《あしはら》が拡《ひろ》がっていた。

秋幸が着いた時、その部屋には一代で材木商としての名声を築いた汲田明子の父親と母親がもう来ていた。その固い雰囲気は、夫婦で娘の夫になるかもしれない青年の人物鑑定をしてやろうという姿勢が感じられた。幸い秋幸には沽券《こけん》意識のようなものが弱かったから、鑑定したいのなら自然体で値踏《ねぶみ》してもらおうという態度をとることができた。それで低く見られても、だから自分の〝沽券にかかわる〟ということはないとゆったりしていられそうであった。

そんな秋幸の性格は、身分序列を重んじ、結社(注2)の長として大勢の同人を率いていく上では短所として現れることもあった。石川桂郎なども、

「そういうところがあんたの作風にもつながっていると思うし、俺の好きなところなんだけど、世間はなかなかそうは通してくれない場合がある。時には威張ってみせることも必要なんじゃないかな」

などと言ったりした。中村金鈴や鈴木東海雄が今度の縁談を熱心に薦めてくれるのも、自分を大きく見せようとしない秋幸に肩入れしたい気持からのようであった。秋幸はそうとはっきり認識した訳ではなく、ただ有難いことと思いながら、心のどこか奥の方では、いくらか迷惑な気分も動くのであった。それを自覚すると、それは申し訳ない自分の悪い性格だと彼は内心で恐縮した。

今度の話の救いは、相手の汲田明子の態度動作が礼儀正しく、しとやかに見えながら話し合ってみると意見がはっきりしていて、自分でも〝深川っ子〟って言うのかしら、と笑うように男の子のような気性であることだった。俳句作品の理解に才気が感じられることも秋幸の気分を引立《ひきた》てるのである。

雨が近付いているからだろうか、ⓐ青々と茂っている葭原《よしはら》の方からしきりに「ギョッ」「ギョッ」と聞える啼声を葭切が立ててい

るのが聞えた。

入っていった秋幸の顔を見るなり、金鈴が「おっ、頭、苅《か》っちゃったね」

と言い、秋幸は相手が金鈴だったので気楽に、それでも、

「ええ、こういう時節ですから暮《くら》しをきちんとしようと思って」

と、句会(注3)の時よりは丁寧に答えた。やがて配られた膳には、幕の内弁当と日本酒の小瓶が一本ずつ載せてあった。それから、主に中村金鈴と鈴木東海雄が話し、明子の父親は商売をしている人らしく、

「俳句っていうのは収入になるんですか」

というような質問をした。金鈴が、

「普通はなりません。しかし秋幸さんのような才能のある俳人には教わりたいという人がたくさんいますから暮しは立つんです。これは年齢や身分には関係なく、実力の世界ですから」

と、そこまで言って、

「あんたが主宰する句会に集まる人の平均年齢はいくつぐらいだろう」

と、秋幸に話題を振ってきた。

そう聞かれて彼は咄嗟《とっさ》に、はじめて明子と挨拶した、空襲直後の句会の光景を思い出して、

「四十歳ぐらいですかなあ。もっとも若い人が戦争に征《い》ってしまっているということがありますが」

その秋幸の言葉に乗って明子が、

「いい句と駄目な句というのは、直観的に分るものですか」

と聞いた。

「明子さん、あなた作るの？」

そう鈴木東海雄が聞き、

「いえ、そういうことではなく、でもやはり興味があるから」

「それがむずかしいんです。句会などではたくさんの句を一気に読まなければなりませんから、見落《みおと》しということがあります。句を選ぶというのは、だからこちらが教えられるという側面がとてもあります」

ⓑまた、葭切がしきりに啼《な》き出した。雲が動いていた。やがて、

「じゃあ、我々はここいらでちょっとお先に失礼しますかな」

鈴木東海雄はそう言い、金鈴は彼に続いて立上《たちあが》りながら秋幸に〝しっかりやれよ〟というように目くばせをし、ひとりで二度ほど頷《うなず》いてみせた。秋幸はなんだかおかしくなり、おかしくなったことで心にもう一度ゆとりができたようだった。

「僕は、ずっと家を離れてひとりで暮してきたので、あんまり家庭的な人間ではないかもしれません。自分では冷たい男のつもりはないんだけれども、あなたから見たらどうか自信はありません」

二人きりになると、すぐ、秋幸は率直に言った。妹の真由子と一緒に暮していた時、

「お兄ちゃんは冷たい」

と言われたのが彼の頭にあった。それは彼女の甘えの表現なのだろうと思ってはいたのだけれども。

「父も母も厳しかったので、私も一度も家を飛び出したりして、ですから親は私のことをどう思っておりますか」

と明子も率直に普通の娘なら見合の席では口にしないようなことを話して微笑している。この女《ひと》は微笑がいい、と秋幸は感じた。

B彼女の方も、秋幸さんは嘘をつけない人らしいと思ったが不安もあった。

この日、彼は前に会った時と同じ木綿の紺の絣《かすり》を着ていた。その着物に包まれた坊主刈りの頭、背筋を伸ばしてにこにこ笑っている眼鏡の目などは書生という雰囲気で好感は持てるのだが、一緒になって食べていけるだろうかという点はやはり気懸かりであった。父親も、

「なんでまたアパート暮しの男のところに嫁に行く気になったんだ」

と、きかん気の娘が結婚する気になったのを内心ホッとしながらもぶつぶつ言っていたのである。

結婚に気持が前向きになってから、明子は自分にはもともと幸福を約束されたような暮しより、努力して運命を切り拓《ひら》いていく生活の方が生き甲斐も感じられ、性格に合っていたのではないかと思うようになっていた。勿論《もちろん》、一緒に暮していく人と心が通い合っているなら、ではあったけれども。

さいわい母親は、

「お前の思うようにやってごらん。若いうちは若さなりの無茶もするけど、それがまたいいんだから」

と言ってくれたのであった。

それだけに、今日の秋幸が、両親にどんな印象を与えたかが彼女は気になった。

秋幸の方は、結婚する以上は生活に責任を持たなければならない、収入もできるだけ安定させる努力をしなければと考えていた。

結婚するとなると必要になってくるであろう、いろいろなことを早送りの映画のように頭に浮《うか》べながら、秋幸は明子と向い合っていた。

「秋幸さんがなんでもお話し下さいましたので、私からお願いしておかなければならないことがございます」

明子が坐り直すように身じろぎをし、秋幸は緊張した。

「私はよくも悪しくも気の強いところがございまして、自分を抑える修養は不充分だと思っております。お気に入らないことがあった場合ははっきりお叱り下さいませ」

明子はそう言って、それまで抽象的に口にしていた家出の経緯を口にした。

彼女はどうしても自立したくて、父親に内緒で横山町の衣料問屋に就職し、蒲団《ふとん》一組と柳行李《こうり》一つ持って家出したこと、それに似たことがもう一度あり、しかし世の中がだんだん窮屈になってきて、女一人で生きてゆくことが無理だと悟り、両親にあまり心配をかけてもいけないと考えて、ここ数年は家にいたこと、両親は早く結婚させようと、いくつか結構ずくめの話を持ってきてくれたが、自分の果《はた》す役割がどこにも残されていないような結婚には気が進まず、身のほどもわきまえずに断り通してきたことなどを、手短に、ほとんど形容詞を混《ま》じえずに語った。

語り終えてから、明子はまっすぐに秋幸を見て、

「でも、今度のお話は違います。私の方があなた様にお会いすると言い出したのでございます」

と両手をついた。

「ふつつか者でございますが、こんな者でよろしければ、よろしくお願いいたします」

そう言われて秋幸はあわてて坐り直し、

「今のお話は、しかと伺いました。駄目なのは僕の方に違いありません」

そして、同じように両手をついて、

「よろしくお願いします」

と言った。

C それは、「言ってしまった」というのに近い部分を含んでいたが、不思議に秋幸のなかに悔いはなかった。彼女の〝深川っ子〟というか、江戸っ子らしい感じが、通奏低音のように響いていたからかもしれない。そのあいだを縫うように、ⓒ葭切の「ギョッ」「ギョッ」と聞える啼声が、透明になりすぎる音色に歯止めをかけるかのように、間歇《かんけつ》的に遠くで、また意外に近くで聞えていた。

（注） 1 葭切――スズメ目ウグイス科に含まれる鳥の総称。中国南部から夏鳥として渡来する。そのぎょうぎょうしい鳴き声から「行々子《ぎょうぎょうし》」ともいう。

2 結社――ここでは俳句の結社のこと。一人の指導者のもとに結集した俳人の組織。

3 句会――俳句を作ったり、批評し合ったりする集まり。

**問１**　傍線部**A**「明快に答えられなかったことに秋幸はこだわっていた」とあるが、それはなぜか。その理由の説明として最も適当なものを、次の①～⑤のうちから一つ選べ。解答番号は［９］。

①　結婚して一家を構えるうえで、職業として俳句を選んだ理由を明確に説明できなければ、人生に対して無責任なばかりか、俳句で身を立てる自信が揺らいでくるように思えたから。

②　俳句を本職として所帯を持つにあたって、俳句の世界に入った機縁は自らの意志によると明言できなければ、俳句だけでなく結婚する相手に対しても誠を欠くように思えたから。

③　縁談の相手に俳人という職業を選んだ事情を納得させることができなかったことで、俳句への思い入れの足りなさを痛感すると同時に、結婚への不安が募ってくるように思えたから。

④　俳人として一本立ちしている自分に、なぜ俳句の道を選んだのかと問いかける縁談の相手の真意をはかりかねたが、生活への不安から出た仕方がない問いなのかもしれないと思えたから。

⑤　俳句の世界に入ることを主体的に選んだと返答できなかったのは、俳句が盛んな土地に生まれた自分にとって、俳句との結びつきが自らの意志を超えていることが理由だと思えたから。

**問2**　傍線部**B**「彼女の方も、秋幸さんは嘘をつけない人らしいと思ったが不安もあった。」とあるが、このときの「明子」の説明として最も適当なものを、次の①～⑤のうちから一つ選べ。解答番号は 10 。

① 自らを偽らず率直に語る秋幸に愚直にしか生きられない自分と同じ性格を見出し、この人となら一緒に生きていけると確信できたが、人が良くても書生っぽさが抜けない秋幸を両親がどう思うかを忖度《そんたく》している。

② 自分の仕事と真剣に取り組み、自分の気持ちを正直に語る秋幸となら、貧しくとも互いを理解し合いながら暮らしていけると思ったが、世間知らずの自分がどこまで秋幸と苦労をともにできるか心許《こころもと》なくなっている。

③ 秋幸の実直そうな人柄も好ましく、心を通わせ自分たちの力で人生を築いて行けるなら多少の苦労は厭《いと》わないつもりであったが、家財が乏しいなかで俳句の収入だけで糊口《ここう》を凌《しの》いでいけるのかと心細くもなっている。

④ 俳人の夫とともに自らの運命を切り拓いていける人生は、俳句好きで自立心が強い自分には合っていると思っていたが、生活の先行きを心配する両親の姿を目の当たりにするにつけ、将来への不安を隠しきれずにいる。

⑤ 頭を丸め柔和な笑みを浮かべる秋幸の風貌から、まじめで正直そうな人柄が伝わり好感を抱いたが、家出を繰り返した過去を思えば、自分の気性の激しさが秋幸を傷つけることになりはしまいかと懸念してもいる。

問３　傍線部Ｃ「それは、『言ってしまった』というのに近い部分を含んでいたが、不思議に秋幸のなかに悔いはなかった。」とあるが、このときの「秋幸」の説明として最も適当なものを、次の①～⑤のうちから一つ選べ。解答番号は 11 。

① 自立するために苦労を重ねてきた明子に一緒になることを肯《うべな》ったものの、それは、明子の境遇への同情からではなく、あくまで明子の朴訥《ぼくとつ》な人柄に魅力を覚えたからであると自分を言い聞かせようとしている。

② 互いに腹蔵なく話し合うにつれ、空威張りするところを含めよく似た性格であることが分かり、いきなり明子の方から結婚を申し出たときに即座に受け入れたのも、心が寄り添うなかでの自然な成り行きであったと得心している。

③ 勝ち気そうに見えた明子が両手をついて結婚を懇願する姿にとまどい、我知らず申し出を受け入れたものの、はじめて会ったときの明子のしとやかさを思い出すにつけ、自分の応答もその印象があってのことだと思い返している。

④ 意地っ張りなところがある性格を明け透けに語ってみせる明子に気圧《けお》され、結婚に同意してしまったことに自尊心が損なわれたが、しがない俳人である自分には明子のようなしっかり者がふさわしいと思い直している。

⑤ 自分の性分を包み隠さず語り、その場で直ちに結婚を承諾する明子に、後先を踏まえる間もなく応じたが、それも、自己をしっかりと持っている明子の気《き》っ風《ぷ》の良さに惹《ひ》かれてのことだとそれなりに満ち足りた思いでいる。

問4　波線部ⓐ～ⓒの表現についての説明として最も適当なものを、次の①～⑤のうちから一つ選べ。解答番号は 12 。

① ⓐは、見合いに向かう秋幸の高揚感を、ⓑは、秋幸の期待通りに見合いが進んでいることを、ⓒは、秋幸と明子の明るい将来をそれぞれ象徴的に表している。

② ⓐとⓑは、見合いに臨んだ秋幸の穏やかならぬ心情を示唆しつつ次の場面への節目をなし、ⓒは、結婚を決めた秋幸が抱える複雑な内面を暗示している。

③ ⓐは、秋幸の内省から見合いへと場面を切り替える役割を果たし、ⓑとⓒは、見合いが進むにつれて秋幸と明子の心が次第に寄り添っていくさまを如実に示している。

④ ⓐとⓑは、その間に時間が経過したことを示し、ⓒは、互いの愛を確かめえた秋幸と明子が時間が止まったように感じている様子を巧みな比喩を用いて表している。

⑤ ⓐは、空模様が怪しくなっていくさまを、ⓑは、見合いの雲行きが怪しくなっていくさまを、ⓒは、見合いが首尾良く終わり秋幸の心が晴れていくさまを示している。

問５　Ｗさんのクラスでは、授業で本文を読んだ後、石田波郷の人と俳句について考えることになり、教師からは、石田波郷『波郷句自解』と山本健吉《やまもとけんきち》「石田波郷の俳句」の一節が【資料】として配布された。Ｗさんは、【資料】を参考に石田波郷の人と俳句について考察するための【構想メモ】を作り、【文章】を書いた。このことについて、後の(i)・(ii)の問いに答えよ。

【資料】

●石田波郷の人と俳句を考える――辻井喬『命あまさず』をきっかけに

Ⅰ　石田波郷『波郷句自解』より

葭雀《よしすずめ》二人にされてゐたりけり

昭和十七年五月、中村金鈴氏と葛西の吉田勳司氏を訪ね、鳴《なき》とよむ葭切の声の中で饗応《きょうおう》された。席に馬酔木《あしび》句会で一度会った吉田安嬉子あり、頃合《ころあい》をみて二人きりにされた。

Ⅱ　山本健吉「石田波郷の俳句」より

石田波郷の俳句は、今日の多くの俳句のなかで、かくべついさぎよさに輝いている。それはなぜかと考えてみると、どうも波郷だけが文学否定の心を抱いて、俳句を作っていたからだと思えてくる。

彼は俳句に何か新しげな文学的、芸術的よそおいをほどこすことを、徹底的にこばみぬいた作家だった。すべてのもの欲しげな近代人の意識を洗い落して、その果てに俳句に残るものだけを残らしめようとした。

だから、俳句を作るということは、彼にとってほとんど芸術的行為とは言えないのである。それは生きることそれ自身である。俳句もまさに作品なんだから、そんなことは不合理なはずなのだが、あえてその不合理な考えの上に立ってみなければ、どうにもならない世界もあるのだ。

**【構想メモ】**

(1) **【資料】**からわかること

・本文が石田波郷の実際の経験をもとに描かれていること。

・石田波郷は俳句に新しい意匠を凝らすことを拒むような作家であったこと。

(2) **【文章】**の展開

① **【資料】**と本文の共通点

・二人きりになった見合いの場面

・石田波郷の生きようと俳句とのつながり

↓

② **【資料】**に引用された石田波郷の俳句の理解

↓

③ 俳人としての石田波郷の人間的な魅力のありか

【文章】

【資料】のⅠに引用されている俳句は、付記されている石田波郷の自解からもわかるように、自らのお見合いの経験を詠んだものであり、本文ではその経験を核にして物語が展開されている。主人公の人となりが本文には具体的に描かれているが、【資料】のⅡで触れられていたように、石田波郷の俳句は石田波郷その人の生きようと深く結びついている。たとえば、【資料】のⅡを踏まえれば、「葭雀」の俳句は、 X だと理解することができる。また、そうした俳句の源泉である俳人としての石田波郷の人間的な魅力は、本文と【資料】のⅠ・Ⅱを参照すると、 Y にあると言える。

(i) 空欄 X に入るものとして最も適当なものを、次の①～④のうちから一つ選べ。解答番号は 13 。

① 技巧を凝らすことなく人間の孤独の深さをそのまま詠んだ句
② ありのままの生を詠むことで俳句の芸術性を高めようとした句
③ 人間生活に根ざしたいのちのありようを着飾らずに詠んだ句
④ 平俗な言葉を用いることで近代芸術に立ち向かおうとした句

(ii) 空欄 Y に入るものとして最も適当なものを、次の①～④のうちから一つ選べ。解答番号は 14 。

① 人情の機微に人一倍敏感な感受性を持ち合わせ、それを巧みに俳句で表現できるところ
② 俳人としての自己の生を厳しく問い詰めながら、人には誰彼なしに優しく接するところ
③ 経済的なことにはこだわらない鷹揚《おうよう》さを持ち、何事にも一途に突き進もうとするところ
④ ときに不器用と思われるほど実直で、その生の表現を俳句の創作に賭しているところ

# 第３問

ノゾミさんは、他者とのコミュニケーションにおいて何が重要なのかを調べ、「望ましいコミュニケーションに向けて」という題で自分の考えを**【レポート】**にまとめた。**【資料Ⅰ】**～**【資料Ⅲ】**は、**【レポート】**に引用するためにアンケート結果や参考文献の一部を、見出しを付けて整理したものである。これらを読んで、後の問い（**問１～４**）に答えよ。（配点　20）

**【レポート】**

私たちが生きていくうえで他者とのコミュニケーションは不可欠である。そして、他者とのコミュニケーションを円滑に進めるためにどのような言葉を用いればよいのか、ということは重要な問題である。それは私のような高校生でも例外ではない。**【資料Ⅰ】**は国語に関する意識を調査したものだが、［　X　］ことがわかる。パソコンやスマートフォンに親しんでいる私たちの世代にとっても、対面的なコミュニケーションでの言葉遣いは大きな関心事なのだ。

他者とのコミュニケーションの大切さを考える上で、**【資料Ⅱ】**で述べられている「ポライトネス」が参考になるのではないだろうか。「ポライトネス」とは、「円滑な人間関係を築き、衝突を避けるためのことばの使い分けや言語行動」を意味する。「ポライトネス」には、「ポジティブ・ポライトネス」と「ネガティブ・ポライトネス」がある。それらの具体例を挙げてみよう。

［　Y　］。

もっとも、相手に対する言葉遣いに注意すれば、コミュニケーションがすべてうまくいくわけではない。**【資料Ⅱ】**と**【資料Ⅲ】**の双方を踏まえると、［　Z　］。聞き手は、話し手が発した言葉を単に受け取るだけの存在ではない。コミュニケーションは「話し手と聞き手双方による相互行為」としてとらえるべきなのである。

以上から、他者とのあいだで望ましいコミュニケーションを行うためには、コミュニケーションとは「話し手と聞き手双方による相互行為」であることに注意し、そのなかで「ポライトネス」を実践していくことが重要だと思われる。私自身も、日頃からそうしたことを心にとめて、周囲の人たちと良好なコミュニケーションを図っていくようにしたい。

**【資料Ⅰ】　国語に関する世論調査**

〔質問〕

（「国語に関心があるか」という質問に対して「非常に関心がある」、「ある程度関心がある」と答えた人（全体の81.8%）に対して）国語のどのような点に関心がありますか。

**関心がある点（年齢別）**　　n=2,929

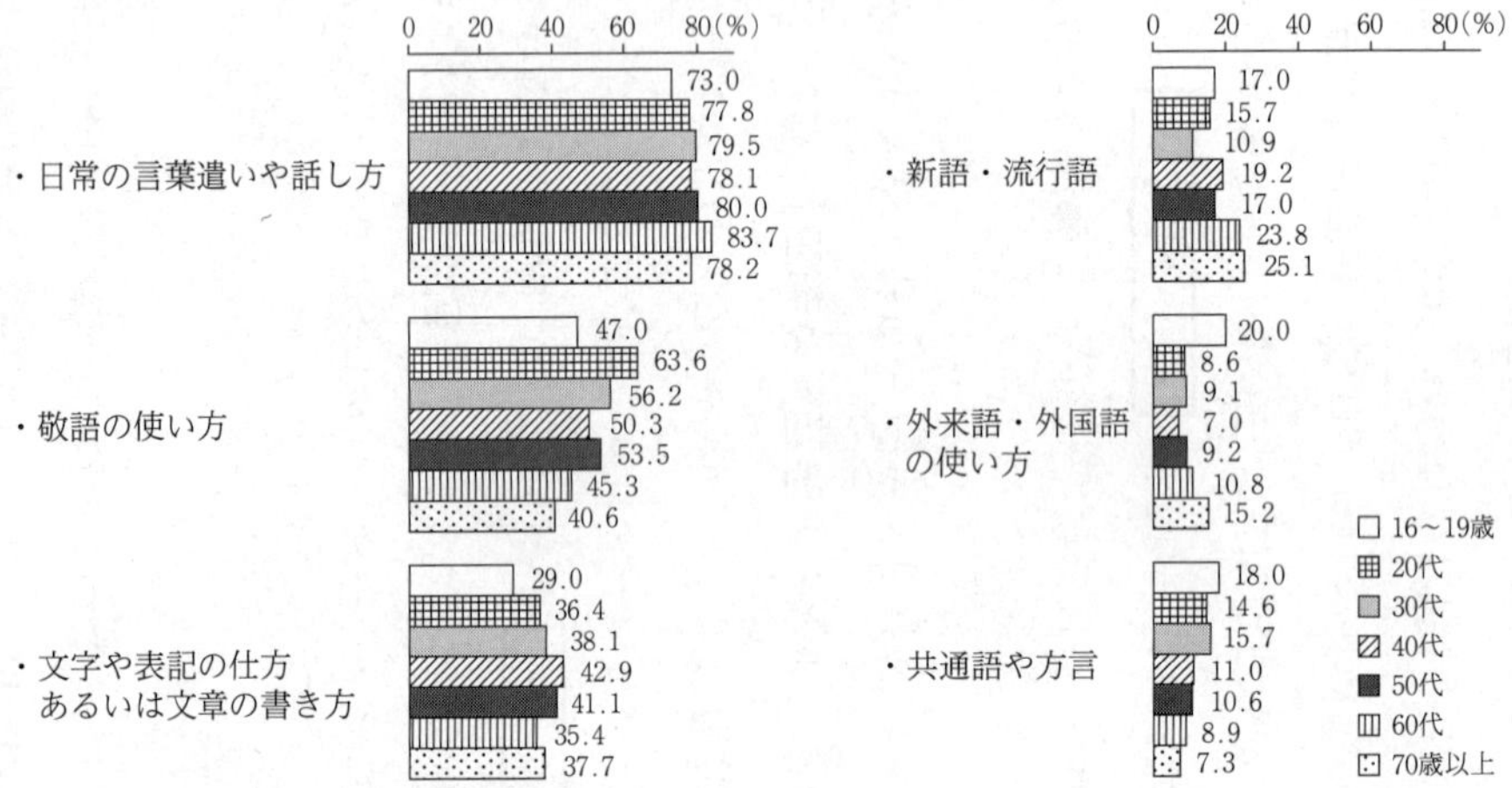


〔質問〕

あなたは、言葉や言葉の使い方について、自分自身に、課題があると思いますか。それとも、そうは思いませんか。

**言葉や言葉の使い方について**
**自分自身に課題があると思うか（年齢別）**

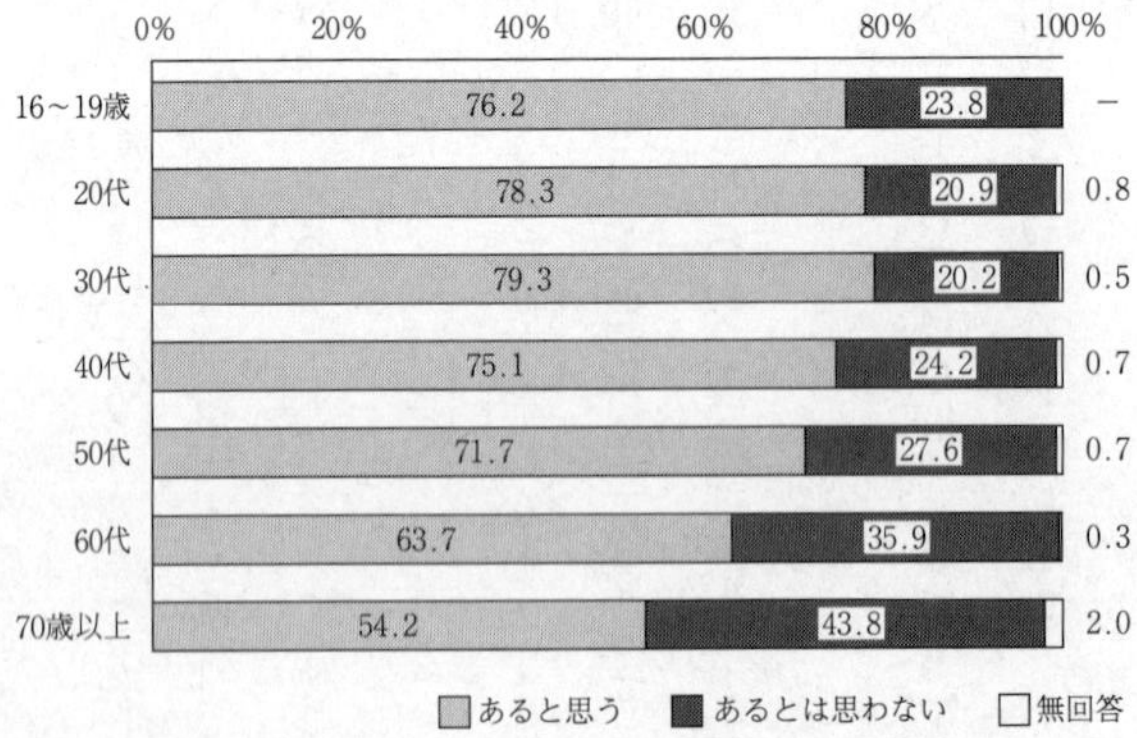


（令和３年度「国語に関する世論調査」による）

**【資料Ⅱ】　ポライトネスとは何か**

ポライトネスは、円滑な人間関係を築き、衝突を避けるためのことばの使い分けや言語行動のことを言います。たとえば、先生に何かお願いをする場合には、間違っても「レポート添削しろ」といったような命令形は使わずに、「先生、お忙しいところ大変申し訳ないのですが、レポートの添削をお願いできますでしょうか」といった間接的な表現を使うでしょう。このような間接的な表現だけでなく、ファーストネームで呼んだり、親しい先輩には敬語をあえて使わないといった、相手に親しみを表すようなことばの使い分けもポライトネスに含まれます。

ポライトネスにおいてカギとなる概念が、フェイスです。フェイスとは、社会の成員であれば誰でもがもつ社会的自己像で(いわゆる日本語の「面子《めんつ》」とも近い)、言い換えると、対人関係上の基本的な欲求であり、そこには二つの相反する側面があるとされます。一つは、他者に立ち入られたくない、自分の行動を妨げられたくない、といったような「他者と距離を置きたい」という欲求であるネガティブ・フェイスで、もう一つは、誰かに理解されたい、仲間として認められたいといった「他者との距離を縮めたい」という欲求であるポジティブ・フェイスです。

言語学者のペネロペ・ブラウンとスティーヴン・レビンソンが提唱したポライトネス理論では、この対人関係に関わる正反対の(相矛盾する)フェイスに対応して、ポジティブ・フェイスに配慮した言語行動をポジティブ・ポライトネス、ネガティブ・フェイスに配慮した言語行動をネガティブ・ポライトネスとします。

①親しくない(心理的距離が大きい)上司に、明日打ち合わせの時間を取ってほしいと依頼する場合と、②一緒に食事をしている親しい友人のそばにあるタバスコを取ってほしいと依頼する場合を考えてみましょう。どちらの方が、より間接的な表現、どちらが直接的な表現を使うでしょうか？　①は「お忙しいところ大変申し訳ないのですが、明日打ち合わせのお時間をとっていただけないでしょうか」で、②は、「そのタバスコ取って」といった表現になるのではないでしょうか。

日本語は、相手と距離を置くための言語ストラテジーである敬語が体系として確立しているため、まず思いつくのがネガティブ・ポライトネスですが、「親しみ」を表す言語表現、つまり相手のポジティブ・フェイスに配慮した言語的ふるまいも、円滑な人間関係の構築・維持に重要な役割を担っています。

(村田和代《むらたかずよ》『優しいコミュニケーション』による)

**【資料Ⅲ】　コミュニケーションにおける聞き手の役割**

コミュニケーションをとらえるための古典的モデルは「話し手が情報を伝え、聞き手がそれに反応する」といった話し手中心モデルでした。これは、コミュニケーションにおいて重要なことは情報伝達であると考えられてきたことにも起因するでしょう。

聞き手行動も視野に入れた研究においては、従来受動的にとらえられてきた「聞き手」の在り方とは正反対に、聞き手の会話への積極的な関与や、創造的で活動的な側面について言及されるようになってきました。たとえば、社会言語学者のデボラ・タネンは、聞き手が聞いたり理解したりする行動は「受動的な受信ではなく、むしろ積極的な解釈が必要とされるため、対話的な行為である」と指摘しています。では、聞き手行動から何がわかるのでしょうか?

聞き手の行動に着目して会話を観察してみてください。頷《うなず》きや微笑《ほほえ》み、相槌《あいづち》など、様々なシグナルを送ることによって、聞き手が話し手に継続的に応答していることがわかるでしょう。これらのシグナルは、多層的な情報を伝えています。聞き手の様々な応答シグナルは、聞いていることを示すだけでなく、聞き手のアイデンティティ、主観や心的態度など「指標的な情報」を提示します。

たとえば、「パーティの招待状に、出席者はスーツ着用って書いてあるんだけど、サウナスーツでいいのかな?」という発言に対して、聞き手が、「なんでやねん!」と応答した場合を考えてみましょう。ボケとツッコミについて理解している関西弁話者という聞き手のアイデンティティが読み取れます。また、「明日の会議でこの間話してた新しい企画について提案しようと思ってるの」という発言に対する「絶対採用間違いないよ」という応答からは、聞き手は話し手とすでに提案内容を共有していることや、その提案に対して好意的であるという聞き手の心的態度が読み取れます。

加えて、聞き手の応答は、会話参加者がお互いに協力して会話の運営を管理するストラテジーに含まれます。そして、これらは対人関係機能面に関わるストラテジーでもあります。つまり、聞き手行動は「優しいコミュニケーション」につながっているのです。

聞いているというシグナルや多層的な意味の提示を通して、聞き手が話し手に反応し、それにまた話し手が反応するといったような相互的な応答反応が発生することによって、話し手と聞き手双方による相互行為が達成されます。したがって、聞き手がコミュニケーションの中で果たす役割は絶大なものとしてとらえられるのです。

(村田和代『優しいコミュニケーション』による)

問１　【レポート】の空欄 X には、【レポート】の展開と【資料Ⅰ】を踏まえた説明が入る。その説明として最も適当なものを、次の①～⑤のうちから一つ選べ。解答番号は 15 。

①　16～19歳の世代では「日常の言葉遣いや話し方」や「敬語の使い方」に関心がある割合が、「文字や表記の仕方あるいは文章の書き方」に関心がある割合の二倍以上であり、そうした点で他の世代と同じである

②　16～19歳の世代において「外来語・外国語の使い方」や「共通語や方言」に関心がある割合は全世代の中で最も高く、「言葉や言葉の使い方について自分自身に課題があると思う」割合も全世代の中で最も高くなっている

③　16～19歳の世代において「日常の言葉遣いや話し方」に関心がある割合は、他の項目に比べて高いが、20代・30代に比べると低く、「言葉や言葉の使い方について自分自身に課題があると思う」割合についても、20代・30代に比べると低い

④　16～19歳の世代において「日常の言葉遣いや話し方」に関心がある割合は高いものの、20代以上の他の世代に比べると若干低く、その点では「言葉や言葉の使い方について自分自身に課題があると思う」割合についても同じである

⑤　16～19歳の世代では「日常の言葉遣いや話し方」に関心がある割合は、他の世代よりやや低いものの、他の項目に比べるとかなり高く、「言葉や言葉の使い方について自分自身に課題があると思う」割合も30代・20代に次いで高い

問2　**【レポート】**の空欄 **Y** には、「ポジティブ・ポライトネス」と「ネガティブ・ポライトネス」の例が入る。その説明として**適当でないもの**を、次の ① ～ ⑤ のうちから一つ選べ。解答番号は **16** 。

① 仲の良い友達にくだけた言葉遣いをするのは「ポジティブ・ポライトネス」だが、初めて出会った人に失礼のない言葉遣いをするのは「ネガティブ・ポライトネス」である

② ショップの店員が顔なじみの高校生と若者言葉を交えて会話するのは「ポジティブ・ポライトネス」だが、目上の客に敬語を交えて話しかけるのは「ネガティブ・ポライトネス」である

③ 雑談が好きな人に積極的に話しかけるのは「ポジティブ・ポライトネス」だが、一人でいるのが好きな人に必要最低限のことしか話しかけないのは「ネガティブ・ポライトネス」である

④ 同じ地方の出身である相手にその地方の方言で話しかけるのは「ポジティブ・ポライトネス」だが、相手が誰であっても標準語で話しかけるのは「ネガティブ・ポライトネス」である

⑤ 悪い事をした友人を親しみを込めた言葉で注意するのは「ポジティブ・ポライトネス」だが、ごみを路上に捨てた通行人を丁寧な言葉で注意するのは「ネガティブ・ポライトネス」である

問３　【レポート】の空欄 Ｚ に入る説明として最も適当なものを、次の①～⑤のうちから一つ選べ。解答番号は 17 。

① 相手のポジティブ・フェイスに気をつかって会話を実践するだけでなく、場合によっては相手のネガティブ・フェイスにも気をつかって会話を実践しなければならない

② 相手との心理的距離に配慮して言葉を発するだけでなく、相手が発した言葉を聞き取る自分の態度や返答がどのような意味をもつのかにも十分に配慮しなければならない

③ 相手の面子に心を配ったうえで適切な言葉を発することも必要だが、それ以上に表情や仕草にも注意して相手の言葉の真意を聞き取ろうとすることのほうが重要だ

④ 相手を敬う言葉や親しみを表す言葉を頻繁に用いるだけでなく、相手が発した言葉に対して頷きや微笑み、相槌などのシグナルをつねに送り続けなければならない

⑤ 相手に向けて一方的に情報を伝えるだけでなく、相手が表情や態度を通じて無意識のうちに自分に向けて伝えている多層的な情報にも目を配らなければならない

問4　ノゾミさんは、コミュニケーションについての自分の考えを理解してもらうために、【レポート】に具体的な説明を補足しようと考えた。その内容として最も適当なものを、次の①～⑤のうちから一つ選べ。解答番号は 18 。

① 日本では伝統的に相手の言いたいことを察するという聞き手の役割が重視されてきたことを示し、そうした点で日本の文化は、自分の考えや思いを明確に言葉で伝えるという話し手の役割を重視する欧米の文化よりも優れていることを補足する

② まちの活性化という共通の目標に向かって参加者が議論するまちづくりの話し合いの様子を具体的に示して、話し手と聞き手との間で同じ価値観を共有することが円滑なコミュニケーションを実現するうえで最も大切であることを補足する

③ 人びとの多様性を尊重することが叫ばれる昨今の日本社会の風潮にもとづいて、コミュニケーションの場においては、相手がどのような言葉で話しかけてきたとしても、それを真摯に受けとめる優しさが聞き手の態度として求められることを補足する

④ クラブ活動の部長として他の部員から信頼されている友人を例示して、部員に指示するだけでなく、部員の意見を「そうだね」「確かに」といった理解を示す表現で受けとめる彼女のあり方が、部内の連帯感を高めていることを補足する

⑤ 若い世代においては敬語や丁寧語の使い方への関心が十分に高まっていないことを指摘して、少子高齢化が加速することが予想される今後の日本社会では、正しい敬語や丁寧語を身につけることがこれまで以上に重要になることを補足する

# 第４問

次の文章は『撰集抄《せんじゆうしよう》』の一節で、ある僧が、江口の遊女との出会いを語ったものである。これを読んで、後の問い（問１～５）に答えよ。なお、設問の都合で本文の段落に 1 ～ 3 の番号を付してある。（配点　45）

1　過ぎぬる長月二十日余りの頃、江口（注1）といふ所を過ぎ侍りしに、家は南北の河岸にさしはさみ、心は旅人《りよじん》の往来《ゆきき》の船を思ふ遊女（注2）のありさま、**a** いとあはれにはかなきものかなと、見立てりしほどに、冬を待ちえぬむら時雨（注3）の冴《さ》え暮らし侍りしかば、怪《け》しかる賤《しづ》（注4）が伏屋《ふせや》に立ち寄り、晴れ間待つ間の宿を借り侍りしに、主《あるじ》の遊女、許す気色の見え侍らざりしかば、なにとなく、

**A**　世の中を厭《いと》ふまでこそ難《かた》からめ仮の宿りを惜しむ君かな

と詠みて侍りしかば、主の遊女、うち笑ひて、

**B**　家を出《い》づる人とし聞けば仮の宿に心とむなと思ふばかりぞ

と返して、急ぎ内に入れ侍りき。ただ、時雨のほどのしばしの宿とせんとこそ思ひ侍りしに、この歌のおもしろさに、一夜の臥所《ふしど》とし侍りき。

2　この主の遊女は、今は四十あまりにやなりぬらん、みめことがら、さもあてにやさしく侍りき。(ア)よもすがら、なにとなく事ども語りし中に、この遊女の言ふやう、「(イ)いとけなかりしより、かかる遊女となり侍りて、年ごろ、そのふるまひをし侍れども、いとびんなく覚えて侍り。女はことに罪の深きと承る（注5）に、このふるまひさへし侍る事、げに前《さき》の世（注6）の宿習《しゆくしふ》のほど、思ひ知られ侍りて、うたてしく覚え侍りしが、この二三年はこの心いと深くなり侍りしうへ、年も長《た》け侍りぬれば、ふつにそのわざ（注7）をし侍らぬなり。同じ野寺の鐘なれども、夕べは物の悲しくて、そぞろに涙にくらされて侍り。このかりそめのうき世には、**b** いつまでかあらんずらんと、あぢきなく覚え、暁《あかつき》には心のすみて、別れをしたふ鳥の音なんど、ことにあはれに侍り。しかあれば、夕べには、今夜過ぎなばいかにもならんと思ひ、暁には、**c** この夜明けなば様《さま》をかへて思ひとらんとのみ思ひ侍れども、年をへて思ひなれにし世の中とて、雪山《せつせん》（注8）の鳥の心地して、今までつれなくてやみぬる悲しさ」とて、しやくりも

あへず d泣くめり。この事聞くに、あはれにありがたく覚えて、墨染《すみぞめ》の袖 e絞りかねて侍りき。夜明け侍りしかば、名残《なごり》は多く侍れども、再会を契《ちぎ》りて別れ侍りぬ。

3 さて帰る道すがら、貴《たふと》く覚えていくたびか涙を落としけん。今さら心を動かして、草木を見るにつけても、かきくらさるる心地し侍り。(注9)狂言綺語《きやうげんきぎよ》の戯《たはぶ》れ、讃仏乗《さんぶつじよう》の因とはこれかとよ。「仮の宿をも惜しむ君かな」といふ(ウ)腰折れを、我、詠まざらましかば、この遊女宿りを貸さざらまし。しからば、などてか、かかるいみじき人にもあひ侍るべき。この君故《ゆゑ》に、我もいささかの心を(注10)須臾《しゆゆ》のほど発《おこ》し侍りぬれば、(注11)無上菩提《ぼだい》の種をも、いささか、などか萌《きざ》さざるべきとうれしく侍り。

(注) 1 江口――大阪市東淀川区。淀川と神崎川の分岐点にあった場所で、平安時代から西海と京とを結ぶ河港として栄えた。
2 遊女――歌舞などを演じ、客の遊興の相手をする女。
3 むら時雨の冴え暮らし侍りしか――冷たい時雨がひとしきり降ったことをいう。
4 賤が伏屋――小さくみすぼらしい家。
5 承る――ここでは仏教の教えとして聞いているということ。
6 前の世の宿習――前世で身につけ、現世でも身を離れない習慣。
7 そのわざ――遊女としての生業《なりわい》。
8 雪山の鳥――ヒマラヤ山脈に住むという想像上の鳥。なまけて善根を積まず、悟りを求めない人のたとえ。
9 狂言綺語の戯れ、讃仏乗の因――「狂言綺語」は「道理に合わない言葉と飾った誠意のない言葉」の意で、詩歌などの文学を指し、仏教では否定されるその詩歌のような言葉の弄《もてあそ》びが、逆に仏道への機縁となることもあるという意味。
10 須臾のほど――ほんのわずかの間。
11 無上菩提――最高の悟り。

問1　傍線部(ア)〜(ウ)の解釈として最も適当なものを、次の各群の①〜⑤のうちから、それぞれ一つずつ選べ。解答番号は 19 〜 21 。

(ア)　よもすがら　19
① 折を見て
② 深夜まで
③ 宵の頃
④ 一晩中
⑤ 互いに

(イ)　いとけなかりしより　20
① 道理も弁《わきま》えなかったので
② 幼かった時分から
③ 貧しい生活を送るより
④ 前世からの因縁で
⑤ 聞き分けがなかったため

(ウ)　腰折れ　21
① 失礼な和歌
② まずまずの和歌
③ 気取った和歌
④ 難解な和歌
⑤ お粗末な和歌

**問2** 波線部**a**～**e**について、語句と表現に関する説明として最も適当なものを、次の①～⑤のうちから一つ選べ。解答番号は 22 。

① **a** 「いとあはれにはかなきものかな」は、「かな」が詠嘆の終助詞で、眼前の情景を僧が感慨深く思う表現になっている。

② **b** 「いつまでかあらんずらん」は、「ず」が打消の助動詞で、遊女が長く生きられないことを示唆する表現になっている。

③ **c** 「この夜明けなば」は、「ば」が順接の確定条件の接続助詞であり、状況が定まったことを意味する表現になっている。

④ **d** 「泣くめり」は、「めり」が伝聞推定の助動詞で、泣き声がよく聞こえることを示す表現になっている。

⑤ **e** 「絞りかねて侍りき」は、「侍り」が丁寧語であり、僧から遊女への敬意を込めた表現になっている。

問３　1 段落のA・Bの和歌についての説明として最も適当なものを、次の①～④のうちから一つ選べ。解答番号は 23 。

① 和歌Aの「世の中を厭ふ」は、僧が俗世を嫌って出家したことを表しており、思いのほか仏道修行の旅は疲れるので、雨が止むまでの間でよいから、宿で休ませてほしいと僧が遊女に頼んでいる。

② 和歌Aの「仮の宿り」は「むなしい現世」を表しており、僧は、この世は「仮の宿り」に過ぎないのだから、たとえ困難な道であるとしても、出家して仏道修行をするようにと遊女に勧めている。

③ 和歌Bの「家を出づる人」は、訪れた人物が出家者であることを表しており、一時的なこととはいえ、出家者を遊女の家に入れるのは、世間の目もあり具合が悪いことなのだと遊女が拒んでいる。

④ 和歌Bの「仮の宿」は、「一時の宿」とともに「かりそめの現世」をも表しており、僧がはかないこの世に執着してはいけないという思いから、宿を貸そうとしなかったのだと遊女が答えている。

問4　2 段落についての説明として最も適当なものを、次の①～⑤のうちから一つ選べ。解答番号は 24 。

① 遊女は、すでに四十歳をいくつか過ぎているようで容色は衰えていたものの、たいそう上品で優美な人柄であった。

② 遊女は、自分が仏教において罪深いとされる女であるうえ、遊女として過ごしていることを、情けなく思っていた。

③ 遊女は、夕暮れには出家を決意するものの、朝を迎えると迷ってしまうので、どうしたらよいのかと僧に相談した。

④ 遊女は、これまでの暮らしを思うと、出家後の修行に堪えられるかどうか不安で、尼になる決心がつかないでいた。

⑤ 僧は、遊女の話を聞いて心の底から感動したものの、先を急ぐ身なので、夜が明けるやいなや遊女のもとを去った。

**問5** 次に示すのは、授業で本文を読んだ後の、話し合いの様子である。これを読んで、後の(i)・(ii)の問いに答えよ。

教　師――本文の[3]段落の内容をより深く理解するために、次の『後拾遺和歌集』所収の和歌を読んでみましょう。

書写《しよしや》の聖（注1）、結縁《けちえん》経《ぎやう》供養《くやう》（注2）し侍りけるに、人々あまた布施《ふせ》（注3）送り侍りける中に、思ふ心やありけん、しばし取らざりければ詠める。

遊女宮木

津の国（注4）のなにはのことか法《のり》（注5）ならぬ遊び戯れまでとこそ聞け

（注）1　書写の聖――姫路市にある書写山円教寺の開祖性空上人《しようくうしようにん》。
2　結縁経供養――仏縁を結ぶために経文を書写し供物《くもつ》を捧《ささ》げる法会《ほうえ》。
3　布施――ここでは僧に施す金銭や品物のこと。
4　津の国――摂津国（現在の大阪府北部と兵庫県東部にわたる地域）の古名。
5　法――ここでは仏法のこと。

教　師――詞書《ことばがき》と合わせて、この和歌について話し合ってみましょう。

生徒A――詞書によると、性空上人は、結縁経供養をした時に、人々がお布施をした中で、宮木のお布施はしばらく受け取らなかった、ということだね。

生徒B――どうしてだろう。宮木が遊女であることと関係しているのかな。

生徒C――詞書では「思ふ心やありけん」ってあいまいに書いているけど、そういうことかもね。

教　師――それに対し、宮木の和歌はどういうことを性空上人に詠みかけているのでしょう。この和歌の内容を考える時には、前に授業で取り上げた「掛詞《かけことば》」に注目してみると良いですよ。

生徒A――掛詞は一つの言葉に二つ以上の意味を持たせる技法だったよね。そうすると、この和歌は、**X** のかな。

生徒C――なるほど。なんだか本文で僧が感じる「狂言綺語の戯れ、讃仏乗の因」と通じる感じがするね。

教　師――良いところに気がつきましたね。ところで、同じような僧と遊女の関係でも、本文の僧と江口の遊女の場合はどうでしょう。

生徒A――3段落を見返してみると……。本文の僧の場合は、**Y** ということだよね。

教　師――遊女に対する僧の接し方や感じ方が一様ではないことがわかりましたね。良い学習ができました。

(i) 空欄 **X** に入る発言として最も適当なものを、次の①～④のうちから一つ選べ。解答番号は 25 。

① 「なには」には津の国の地名である「難波」と「名には」が掛けられていて、遊び戯れて日々を過ごす遊女の私でも、高名な僧の教えを聞いて仏法に触れることができ、ありがたいと感激している

② 「こと」には「事」と「琴」が掛けられていて、由緒ある摂津の国の難波の遊女は、仏事で披露される歌舞音曲もたしなむので、私の布施を受け取ることが功徳になるのだと説得している

③ 「なには」には津の国の地名である「難波」と「何は」が掛けられていて、遊びや戯れでもすべてのことが仏法につながると聞くから、遊女である私の布施も受け取ってほしいと求めている

④ 「こと」には「子と」と「事」が掛けられていて、難波では、子どもでも仏事を大切にするのに、私は遊女ゆえに仏事をおろそかにしていると思われて、布施を拒まれるのかと嘆いている

(ii) 空欄 Y に入る発言として最も適当なものを、次の ①～④ のうちから一つ選べ。解答番号は 26 。

① たまたま遊女に和歌を詠みかけなかったならば、遊女が自分に触発されてすぐさま出家しようと考えることはなかっただろうにと、その出会いを不思議に思った

② 遊女と和歌のやりとりをした結果、遊女の前世の罪障を取り除くことができたうえ、みずからの功徳を積むこともでき、より高い仏の悟りを得られそうだと満足した

③ 軽い気持ちで和歌のやりとりをしたが、それが縁で出家を目指すすばらしい遊女の存在を知り、遊女というものに偏見を持っていた自分のことを深く恥じた

④ 和歌を詠みかけたおかげで、遊女でありながら仏道を志す人物と語り合うことができ、自分もより高い仏の悟りに近づけるだろうと、その巡り合いに心打たれた

## 第5問

次の【問題文Ⅰ】は唐代の人・陸象先《りくしょうせん》に関する話であり、【問題文Ⅱ】は同じ唐代の人・帰登《きとう》に関する話である。これらを読んで、後の問い（問1～6）に答えよ。なお、設問の都合で返り点・送り仮名を省いたところがある。（配点 45）

### 【問題文Ⅰ】

蒲《ほ》(注1)州刺史陸象先ハ政(1)尚ニ二寛簡ヲ一。A吏(注2)民有レバレ罪、多ク暁(注3)諭シテ遣ヤル(注4)レ之ヲ。州ノ録(注5)事言ヒテ二於象先ニ一曰ハク、「B明(注6)公不レバレ施サ二箠《すい》(注7)撻《たつ》ヲ一、何ヲ以テ示サンヤトレ威ヲ。」象先曰ハク、「人情不レバレ遠カラ、此ノ属《やから》豈ニ不ランレ解セ二吾ガ言ヲ一邪。C必欲箠撻以示威、当従汝始。」録事暫《はヂテ》而退ク。

（司馬光《しばこう》『資治通鑑《しじつがん》』による）

（注）
1 蒲州刺史――「蒲州」は地名、「刺史」は州の長官。
2 吏民――官吏と庶民。
3 暁諭――わかりやすくさとす。
4 遣――釈放する。
5 録事――州の属官。

6　明公――あなた様。地位がある人に対する敬称。
7　箠撻――むち打ち。むち打つ。

## 【問題文Ⅱ】

登有リ二文学一、(2)工ニ二草(注8)隷一ニ。寛博ニシテ容《い》ルレ物ヲ(注9)。嘗テ(ア)使二僮《どう》ヲシテ(注10)飼ハ一レ馬ヲ。馬蹄《てい》(注11)踶《てい》ス。僮怒リテ撃二折ス馬ノ足ヲ一。登知リテ而不レ責メ。晩年頗《すこぶ》ル好ム二服(注12)食ヲ一。有リ下餽《おく》ル二金(注13)石之薬ヲ一者上、(イ)且云フ、「先ヅ嘗《な》メタリトレ之ヲ矣。」登服シテレ之ヲ不レ疑ハ。薬発シテレ毒ヲ幾《ほとん》ド死セントシテ、方《はじ》メテ訊《と》フニ、云フ「未ダト二之ヲ嘗メ一」。他人為ニレ之ガ怒ルモ、登視テレ之ヲ無シ二慍《いか》ル色一。常ニ慕フ二陸象先之(3)為レ人ト、議スル者以テ為スレ近シトレ之ニ。

（劉昫《りゅうく》等『旧唐書《くとうじょ》』による）

（注）8　草隷――草書と隷書という二つの書体。
9　物――他の人。
10　僮――召使い。

## 第1回

11　蹄踶——蹄《ひづめ》で蹴る。

12　服食——道家の養生法として、丹薬(不老不死の薬)を服用する。

13　金石之薬——鉱物で作られた薬。

問1　波線部(ア)「使」、(イ)「且」のここでの意味と、最も近い意味を持つ漢字はどれか。次の各群の①～⑤のうちから、それぞれ一つずつ選べ。解答番号は 27 ・ 28 。

(ア)「使」 27

① 被
② 雖
③ 令
④ 将
⑤ 用

(イ)「且」 28

① 固
② 蓋
③ 忽
④ 必
⑤ 又

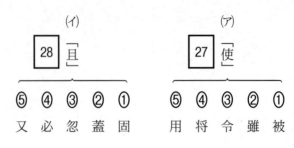

問２　波線部(1)「尚」、(2)「工」、(3)「為レ人」のここでの意味として最も適当なものを、次の各群の①～⑤のうちから、それぞれ一つずつ選べ。解答番号は 29 ～ 31 。

(1) 「尚」 29
① 念願する
② 重視する
③ 誇示する
④ 嫌悪する
⑤ 排除する

(2) 「工」 30
① 練習する
② 固執する
③ 改良する
④ 巧みである
⑤ 熱心である

(3) 「為レ人」 31
① 見識
② 才能
③ 人望
④ 業績
⑤ 人柄

問3　傍線部A「吏民有レ罪、多暁諭遣レ之」とあるが、陸象先はなぜこのようにしたのか。その説明として最も適当なものを、次の①～⑤のうちから一つ選べ。解答番号は 32 。

① 罪を犯した者をむち打つのではなく、教えさとして正しい道に導くことで自分の寛大さを示し、人心をつかむことが大切だと考えたから。

② 罪を犯した者も生まれながらの悪人ではなく、つい出来心で罪を犯したにすぎないので、教えさとすことで更生させることができると考えたから。

③ 罪を犯した者を心から反省させるには、むち打ってその罪を責めるよりも、優しい言葉で心に訴えかける方がずっと効果的だと考えたから。

④ 罪を犯した者の心も自分とそれほど違いはないはずなので、自分が言葉で教えさとせば、理解して罪を悔い改めるに違いないと考えたから。

⑤ 罪を犯した者にはそうせざるを得なかった事情があるので、むち打って責めるのではなく、それを汲《く》み取って情けをかけるべきだと考えたから。

**問４**　傍線部**B**「明公不㆑施㆓箠撻㆒、何以示㆑威」の解釈として最も適当なものを、次の①～⑤のうちから一つ選べ。解答番号は［33］。

① あなた様が罪を犯した者をむち打たなくても、長官としての威光を示す方法が何か他にあるはずです。
② あなた様が罪を犯した者をむち打たないなら、どうして長官としての威光を示すことができましょうか。
③ あなた様は罪を犯した者をむち打たずに、なんとかして長官としての威光を示さなければなりません。
④ あなた様が罪を犯した者をむち打たないなら、長官としてどのような威光を示すつもりですか。
⑤ あなた様は罪を犯した者をむち打たずに、どんな方法で長官としての威光を示そうとしているのですか。

**問5** 傍線部**C**「必欲筆撻以示威、当従汝始」の返り点の付け方と書き下し文との組合せとして最も適当なものを、次の①～⑤のうちから一つ選べ。解答番号は 34 。

① 必欲二筆撻以示一レ威、当レ従二汝始一
必ず筆撻して以て威を示さんと欲すれば、当に汝の始めに従ふべし

② 必欲二筆撻一以示レ威、当二従レ汝始一
必ず筆撻せんと欲して以て威を示せば、汝より始むるに当たる

③ 必欲二筆撻以示一レ威、当二従レ汝始一
必ず筆撻して以て威を示さんと欲すれば、当に汝より始むべし

④ 必欲二筆撻一以レ示レ威、当レ従二汝始一
必ず筆撻せんと欲して威を示すを以てすれば、汝の始めに従ふに当たる

⑤ 必欲二筆撻一以示レ威、当二従レ汝始一
必ず筆撻せんと欲して以て威を示せば、当に汝に従ひて始めんとす

問６　**【問題文Ⅰ】**と**【問題文Ⅱ】**を踏まえた帰登の説明として最も適当なものを、次の①～⑤のうちから一つ選べ。解答番号は 35 。

① 帰登は、ある人が贈ってくれた薬を飲んでも何の効果もなく亡くなったが、息を引き取るまで恨み言を述べることはなかった。彼はいつも陸象先を尊敬していたが、世の論者は、罪を犯した人にも穏やかな態度で接した陸象先以上に温厚な人物だと彼を評価した。

② 帰登は、ある人が毒見を済ましたと偽って贈った薬を飲んで危うく命を落としそうになったのに、その人に対して怒った表情を見せることがなかった。彼はいつも陸象先にあこがれていたが、世の論者は、陸象先と同様に度量の大きい人物だと彼を評価した。

③ 帰登は、彼を恨む人が毒を入れた薬を贈ってきた時何のためらいもなく服用して死にかけたが、その人を疑うことはなかった。彼は陸象先を理想の人物と考えていたが、世の論者は、人を信じて疑わない陸象先に匹敵する善良な人物だと彼を評価した。

④ 帰登は、恨みを抱いた人が彼を殺害しようとして贈った毒薬を飲んでもう少しで死にそうになったが、彼の罪を責めようとはしなかった。彼は陸象先をいつも慕っており、世の論者は、彼は人の罪を責めなかった陸象先の行動を手本として振舞ったのだと考えた。

⑤ 帰登は、ある人が毒見をしていないのに毒見をしたと言って贈った薬を飲んで命を落としたが、死ぬまで怒りの気持ちを外に示さなかった。彼は寛大な人物であると評判の高い陸象先にあこがれており、世の論者は、彼は陸象先と同様の評判を得たかったのだと考えた。

MEMO

# 第 2 回

(90分/200点)

◆ 問題を解いたら必ず自己採点により学力チェックを行い，解答・解説，学習対策を参考にしてください。

## 配点

| 設 問 | 配点 |
|---|---|
| 第1問 現代文（論理的文章） | 45点 |
| 第2問 現代文（文学的文章） | 45点 |
| 第3問 現代文（実用的文章） | 20点 |
| 第4問 古 文 | 45点 |
| 第5問 漢 文 | 45点 |

**第1問**　次の**【文章Ⅰ】**は、民俗学者の柳《やなぎ》田國男《たくにお》（一八七五～一九六二）の著した『遠野《とおの》物語』について考察したものであり、**【文章Ⅱ】**は、『遠野物語』について**【文章Ⅰ】**とは別の観点から考察したものである。どちらの文章にも『遠野物語』からの引用が含まれている。これらを読んで、後の問い（**問1～6**）に答えよ。（配点　45）

**【文章Ⅰ】**

『遠野物語』がどのようにして生まれたのか。その成立の過程は、すこしややこしいものです。筆者は柳田國男ですが、その前に、この物語を筆者に語って聞かせた人がいるからです。柳田による序文を読んでみましょう。

この話はすべて遠野（注1）の人佐々木鏡石《きょうせき》君より聞きたり。昨明治四十二年の二月頃より始めて夜分をりをり訪ね来たり、この話をせられしを筆記せしなり。鏡石君は話上手にはあらざれども誠実なる人なり。自分もまた一字一句をも加減せず感じたるままを書きたり。

明治四十一年十一月四日（柳田は日付《ひづけ》を勘違いしている）、当時東京に住んでいた遠野の人佐々木喜善《きぜん》は柳田邸を訪れ、**A**遠野に伝わる話を語って聞かせました。鏡石というのは、泉鏡花（注2）に憧れ、作家を目指していた喜善のペンネームです。喜善は「お化け話」を語ったつもりでした。しかし、柳田の方はその夜にはすでに『遠野物語』をつくりたいという思いを抱いていたようです。息と、生身の身体が(ア)カナでる。肉声。それは心の動きにも直結する、たいへん掴《つか》みどころのないものです。声は、その持ち主と同時に生まれ、変容し、共に死すものでもあります。声による語りを、柳田が文字にして姿を与えたことで、遠野の物語は新たな生命を得ました。

『遠野物語』のなかには、百十九の話が入っています。神話、伝承、伝説、昔話、歌謡、村落での人間関係、家の盛衰、事件、世間話のようなもの、それら多様な次元の話がフラットに並べられ、一緒くたに語られています。死者との邂逅《かいこう》など、普通だったら受け容《い》れ難い話が、地勢や村の中での事件などと同列に並べて語られることにより、なんだか事実らしく感じられてくる、それも『遠野物語』の面白いところです。さまざまな次元の話が織り交ぜられていることにより、読者のなかの物語世界も異様な広がりを獲得していく。あたかも語り手であった喜善、その人のなかに広がる伝承の心象世界を覗《のぞ》き込むような豊かな体験が、この読書には潜んでいるのです。

戸籍に名の載ってあるような現実の人々が、物語の語り手になったり、あるいは事件の当事者になったりして、その名を顕《あら》わにしているということも『遠野物語』の特徴です。

例えば、私の好きな人物に、和野村の佐々木嘉兵衛《かへえ》という人がいます。この人は長年山の中に暮らしていた猟師でした。猟の最中に幾度も不思議に遭ったといいます。恐ろしい経験をしてその度に震え上がりますが、それでも懲りることなく山に入る、猟を止めることもできません。山の生活からは離れられない生来の魂を持っているのでしょう。

芳公《よしこう》馬鹿と呼ばれる、一昨年まで生きていたという男の話も印象的です。この人は、物の匂いを「にこにことしてをりをりこれを嗅ぐ」というへんな癖の持ち主ですが、男が石を投げて火事だと叫ぶ時、その投げつけられた家は火事を逃れることができないといいます。ある種の予知能力を備えた人、村落の暮らしはこのような人間をも抱擁していました。

一方で、村に嫌われたらしい家もあります。山口の旧家、山口孫左衛門がそうです。その家にいた童女の(注3)ザシキワラシ二人が別の家へ移っていき、その後この家の主従二十幾人が茸《きのこ》の毒に当たって一日のうちに死に絶え、家財なども持ち去られ、一朝にして跡形もなくなったとあります。さらに兇変《きょうへん》の前兆として、この家で蛇殺しが行われていたこと、孫左衛門の変人ぶりまでもが語られます。狐《きつね》と親しくなって家を富ます術を得ようと油揚げを毎日欠かさず備えていたらしいと笑い者にされているのです。

これらの物語が語られた背景にある村人の心理は明らかだと思います。閉鎖的な村落で、人々は目を光らせて互いの言動を見張っている、その息苦しさを破るように物を語り合い、気持ちを晴らしたり、これを安心や笑いの種ともしたのでしょう。あるいは、この話は戒めとして姿を整えてきたとも読めます。村落に埋もれる古層の社会の記憶が物語の底には横たわっています。

孫左衛門の話がどのようにして現在の形になったのか、そのことを思ってみて改めて気付かされるのは、誰かが何かを語りはじめるには必ずや「動機」があるだろうということです。そもそも語られる何かというのは、それが語られた時点で純然たるノンフィクションではなくなる。語るうちに無意識的にも混ざってくるフィクションこそ、語り手の感情の真実をあらわしているのではないでしょうか。物語には、語る人のものの見方、感じ方が投影されます。その意味内容は人の語りよう、聞きようによっても、変化してやまないでしょう。言葉の技とはかくも不安定で、生きたものなのだと心得る必要があります。語り手と聞き手の心情をうつして変容していくということにこそ、物語の生命があるとも言えるのかもしれません。

柳田は強靭《きょうじん》な文体で、エピソードを巧みに重ね、実名と物語を繋《つな》げる手法にも心を砕きました。これら話の群れが、決して昔々の絵空事ではないということを読み手に意識させるための工夫を惜しまなかったのです。その成果として、B『遠野物語』は見事な姿を得、百年以上も生き続ける文学となりました。

（近衛《このえ》はな「声と文字のあいだに目を凝らす」による）

【文章Ⅱ】

「言」と「文」の一致、すなわち文章の口語化の必要が、明治の知識人のあいだで広く認識されるようになるのは、一九世紀末の明治二〇年代である。

とくに日清戦争（明治二七―二八年）を機に発展した資本主義経済は、それまでの労働・生産関係を一変させ、前代以来の家産制にもとづく社会関係を急速に過去のものにした。

新しい日常の現実を記述する文体のモ(イ)サクは、不可避的に、それまでの文章作法からの離反となる。明治二〇年代までの文章の主流は、漢文訓読調ないしは雅俗折衷体の文章だが、それらの文章を構成した漢詩文や和歌・俳諧に由来する成句・成語は、前近代の社会関係をささえた倫理、または一種の法である。そうした定型的なレトリックによって表象される共同体のあり方が、しだいに近代の新しい現実とはそぐわないとみなされたのだ。

前近代の文章規範との決別は、そのまま前近代的な社会関係との決別でもある。家社会・村社会の共同体規制が急速に失われてゆく明治三〇年代は、近代の都市社会に誕生した大衆が、国民《ネーション》という新たな共同体へ編制されてゆく時代でもある。近代のナショナルな大衆の成立と、この時期の自然主義の文学者たちによって孤独な「個人」が主題化されたことは、C一つの現象の表と裏だった。

ところで、明治三〇年代に成立した近代小説の言文一致体を特徴づけるのは、語りの視点の固定性である。それは、世界を意味づける固定項として、「自分」(私)という意識主体が発見されたことを意味する。そのような文体の成立に決定的な影響をおよぼしたのは、西洋小説の翻訳文体である。

とりわけ二葉亭四迷《ふたばていしめい》(注4)が明治二一年に翻訳・刊行したツルゲーネフの小説、『あひゞき』と『めぐりあひ』は、次世代の文学者たちに多大な影響をあたえた。

二葉亭の翻訳文体から多くを学んだという独歩《どっぽ》(注5)の『武蔵野《むさしの》』には、その執筆動機を述べた箇所に、武蔵野の「詩趣」について書くことで「自分を満足させたい」、「自分の見て感じた処《ところ》を書いて自分の望《のぞみ》の一少部分を果《はた》したい」とある。

「自分の見て感じた処《ところ》」を「自分」のことばで書きつづるのだが、「自分」という主語を明示し、主体と客体との位置関係がまぎれないことに意を用いたこのような文章が書かれることを一つの階梯《かいてい》として、近代の言文一致体の文章は成立した。

そこに自我と外界、人間と自然といった世界の二項的な切り分け(分節化)の図式も成立する。既存のレトリックや「技巧」を排して、外界の「事実」を大胆かつ露骨に描写するという文章観が成立するのだが、それは柳田國男が『遠野物語』を発表した明治四三年当時、文壇や論壇の主流になっていた文章観だった。

『遠野物語』がその独特の文語体で記すのは、遠野の人佐々木鏡石氏が見聞した「目前の出来事」であり、「現在の事実」である。「自然派小説」が記述・描写する「事実」は、遺伝や(ウ)カンキョウなど近代科学によってその客観性が担保されるような「事実」であり、それはたしかに、二〇世紀の言文一致体の文章で記されるのがふさわしい「事実」だろう。

だが、そのことは同時に、D「自然派」の小説で語られる「事実」とは、要するに近代の言文一致体で語られ得る程度の「事実」でしかないということだ。

『遠野物語』の序文にいう「現在の事実」は、遠野という土地に生きた人びとにとっての「現在の事実」であり、それは言文一致体(という近代の言説編制)がつくりだす事実と虚構、現実と非現実といった世界の二項的な切り分けを前提とした「事実」なのではない。

佐々木喜善の語りを「筆記」した経緯について、『遠野物語』の序文はつぎのように述べている。

この話はすべて遠野の人佐々木鏡石君より聞きたり。昨明治四十二年の二月頃よりはじめて夜分をりをり訪ね来たり、この話をせられしを筆記せしなり。鏡石君は話し上手にはあらざれども誠実なる人なり。自分もまた一字一句をも加減せず感じたるままを書きたり。

文学志望の青年の語る「話」は、当時の「奇談」ブームに便乗したような脚色もあったろう。そんな文学青年の語る奇談を「一字一句をも加減せず」に筆記した。

たとえば、『遠野物語』に収められた百余話のなかでも、よく知られた話の一つに、第八話の「サムトの婆《ばば》」がある。たそがれ時に神隠しに遭った若い娘が、三十年後に老いさらばえたすがたで帰ってきたが、すぐにまた跡をとどめずに行き失せた。その日は大風の吹く日だったので、風の騒がしい日は、村人は、サムトの婆が帰ってきそうな日だと語り伝えているという。

この話を記す柳田は、神隠しという不思議についての解釈も、当の娘=老婆のその後も語らない。なぜ、どうして、という問いをはさむ余地もなく、遠野という土地の「現在の事実」が語られる。

ことばは、自我や外界を記述・描写するための、たんなる媒体(道具)ではない。ことばによって(ことばとして)構成されるこの世界は、均質な時空間などではありえない。

二〇世紀初頭の明治四三年に刊行された『遠野物語』は、二一世紀を生きるわたしたちに、人間（ホモロクエンス＝ことばを持つヒト）にとって「現在」とは何か、「事実」とは何かという根源的な問いを投げかけている。

（兵藤裕己《ひょうどうひろみ》「『遠野物語』の文体」による）

（注）1　遠野――岩手県遠野市。
2　泉鏡花――小説家（一八七三―一九三九）。
3　ザシキワラシ――東北地方の旧家に住むと信じられている家神。小児の形をして顔が赤く、髪を垂れているという。いたずらもするが、居なくなるとその家が衰えるという。
4　二葉亭四迷――小説家、翻訳家（一八六四―一九〇九）。
5　独歩の『武蔵野』――小説家の国木田独歩《くにきだどっぽ》（一八七一―一九〇八）の著作『武蔵野』のこと。明治三一年に発表された。日常の風景を口語体で描いた作品であり、のちの自然主義文学の先駆けとされる。

**問1** 傍線部(ア)～(ウ)に相当する漢字を含むものを、次の各群の①～④のうちから、それぞれ一つずつ選べ。解答番号は 1 ～ 3 。

(ア) カナでる 1

① 天皇にソウジョウする
② 室内をソウショクする
③ 事件をソウサする
④ 期待をソウケンに担う

(イ) モサク 2

① 時代サクゴの考え
② 情報をケンサクする
③ 経費をサクゲンする
④ 貧しい人々から金をサクシュする

(ウ) カンキョウ 3

① 道路がカンボツする
② 忠告をトウカンに付す
③ ユウカンに戦う
④ 悪ジュンカンにおちいる

問２　傍線部Ａ「遠野に伝わる話」とあるが、筆者はそれをどのようなものと捉えているか。その説明として最も適当なものを、次の①～⑤のうちから一つ選べ。解答番号は 4 。

① 遠野に実在した人物が日々の生活の中で実際に体験した出来事を、伝説や昔話として記述したもので、古来より継承される遠野の人々の記憶や暮らしぶりを今に伝えるものである。

② 突拍子もないような話もあるが、そこには閉鎖的な村落の中で生きる人々の心理や深層にある記憶が反映されており、語り手や聞き手の思いとも絡み合いながら脈々と語り継がれてきたものである。

③ お化け話のような他愛ない話が多いが、その中に遠野ならではの伝説や昔話、事件や世間話などが盛り込まれており、遠野特有の民俗を研究するために格好の資料となるものである。

④ 緊密な人間関係の中で生じた閉塞感を吹き払う役割を担っており、異質な能力を持つ者を排除しつつ互いに結びつくことで存続してきた村落のありようをうかがわせるものである。

⑤ 遠野の内外で現実に起こった出来事を題材にしているが、そこに語り手のものの見方や感じ方が加えられ虚構としての性質を有することで、時代を経るにつれ物語としての完成度を高めていったものである。

**問3** 傍線部**B**「『遠野物語』は見事な姿を得、百年以上も生き続ける文学となりました」とあるが、そのように言えるのはどうしてか。その説明として最も適当なものを、次の①～⑤のうちから一つ選べ。解答番号は 5 。

① 『遠野物語』は、遠野の出身である佐々木の語りを、柳田が強靭な文体で、当時その土地に実在した人物や事件と結びつけながら実証的に書き記したことで、その土地や当時のことを知らない現代人が読んでも理解しやすいものになっているから。

② 『遠野物語』は、佐々木の心のこもった語りを、柳田が強靭な文体で、佐々木の内面をもすくい取るように書き記したことで、読み手がその物語に共感しやすくなるとともに、人間の心理は今も昔も変わらないという真実が伝わるものになっているから。

③ 『遠野物語』は、作家を志していた佐々木の流暢《りゅうちょう》な語りを、柳田が強靭な文体で、さまざまに工夫をしながら書き記したことで、それらの物語が単なる昔の絵空事ではないという印象を読み手に与え、文学として魅力的なものになっているから。

④ 『遠野物語』は、遠野の人である佐々木の語りを、柳田が強靭な文体で、多様な次元の話を織り交ぜながら現実ともつながるように書き記したことで、その物語世界に独特の実在感が生まれ、読み手に豊かな読書体験をもたらすものになっているから。

⑤ 『遠野物語』は、遠野にまつわる佐々木の語りを、柳田が強靭な文体で、他の地域や時代の物語と巧妙に融合させながら書き記したことで、一地方の昔話にすぎないという印象を払拭し、多くの読者の心を動かす普遍性を有するものになっているから。

**問４**　傍線部**Ｃ**「一つの現象の表と裏」とあるが、それはどういうことか。その説明として最も適当なものを、次の①～⑤のうちから一つ選べ。解答番号は 6 。

①　明治日本において、近代的な都市社会が成立したり、近代的な自然主義の文学者たちが登場したりしたが、その一方では、前近代的な労働や生産関係が崩壊し資本主義経済が急速に進展するという事態が起きたということ。

②　明治日本において、都市の中に従来のような共同体を再生しようとする大衆や、孤独な個人を描き出そうとする文学者たちがあらわれたが、彼らはともに前近代的な家社会や村社会が失われるなかで生まれた人々だということ。

③　明治日本において、都市に生活する国民という西洋近代的な大衆が注目されたが、その裏では、西洋の自然主義の影響を受けた文学者たちが、近代的な都市の中で次第に孤立を深めていくという皮肉な事態が生じたということ。

④　明治日本において、西洋的な近代国家が成立したが、そのことは、当時の文学者たちが漢文訓読調ないしは雅俗折衷体で表される前近代の文章規範と決別し、西洋の自然主義文学を取り入れる動きに大きな影響を与えたということ。

⑤　明治日本において、人々は国家の一員として位置づけられたが、そのことと、個としての人をテーマとする文学が成立したことは、ともに前近代的な共同体にもとづく社会関係が失われていく中で生じたことだということ。

**問5**　傍線部**D**「『自然派』の小説で語られる『事実』とは、要するに近代の言文一致体で語られ得る程度の『事実』でしかない」とあるが、筆者がこのように言うのはどうしてか。その説明として最も適当なものを、次の①～⑤のうちから一つ選べ。解答番号は［7］。

①　「自然派」の小説家は、現実と非現実を巧みに融合させながら「事実」を大胆に描写しようとするが、「事実」という概念やそれを言葉で表現するあり方は必ずしも一様ではないから。

②　「自然派」の小説家は、科学的に裏付けられた「事実」を西洋小説の文体で表現しようとするが、「事実」を表現するのにふさわしいのは既存のレトリックに則《のっと》った文体の方であるから。

③　「自然派」の小説家は、虚構を排した外界の「事実」を自分という主語を明示して描写しようとするが、小説において本来描くべきものは「事実」ではなく虚構の世界であるから。

④　「自然派」の小説家は、主体という特定の視点を見出し、その視点から対象化された「事実」を描き出そうとするが、人間にとっての「事実」をそうしたものに限定することはできないから。

⑤　「自然派」の小説家は、近代科学によって担保された客観的な「事実」を文学の言葉で書き表そうとするが、近代文学と近代科学は根本的に相容れない性質を含みもっているから。

**問６** 次に示すのは、授業で**【文章Ⅰ】【文章Ⅱ】**を読んだ後の、話し合いの様子である。これを読んで、後の(i)〜(iii)の問いに答えよ。

生徒Ａ――**【文章Ⅰ】**と**【文章Ⅱ】**は、両方とも柳田國男の『遠野物語』について論じられていたね。
生徒Ｂ――どちらの文章も同じ題材を扱っているけれど、それを論じる観点には少し違いがあると思う。
生徒Ｃ――そうだね。**【文章Ⅰ】**では述べられていないけれど、**【文章Ⅱ】**では、『遠野物語』について、［ X ］。
生徒Ｄ――**【文章Ⅰ】**にも**【文章Ⅱ】**にも『遠野物語』の序文が引用されているけれど、序文についても、それぞれの文章でその用いられ方は異なるんじゃないかな。
生徒Ｂ――確かに、引用されている『遠野物語』の序文は、［ Y ］。
生徒Ａ――そのように考えることができるね。でも、言葉についての見解は、**【文章Ⅰ】**と**【文章Ⅱ】**で大きく異なるものではないように思うな。
生徒Ｄ――なるほど、**【文章Ⅰ】**で述べられていることと**【文章Ⅱ】**で述べられていることから考察すると、［ Z ］と言えると思うよ。
生徒Ｃ――『遠野物語』や言葉についての理解が深まったね。

(i) 空欄 X に入る発言として最も適当なものを、次の ①～④ のうちから一つ選べ。解答番号は 8 。

① 明治の日本において、西洋文学の影響を色濃く受けたものであったということが述べられている

② 当時の日本で主流になっていた文学とは異なるものであったということが述べられている

③ 明治の日本の文学において、次の主流になるべきものであったということが述べられている

④ 当時の日本の文学者たちに要請されて生まれたものであったということが述べられている

(ii) 空欄 Y に入る発言として最も適当なものを、次の ①～④ のうちから一つ選べ。解答番号は 9 。

① 【文章Ⅰ】では、筆者の考えを導くための前置きとして役立っているけれど、【文章Ⅱ】では、ここまで述べてきた筆者の考えを否定するために取りあげられている

② 【文章Ⅰ】では、読者に必要な知識を提供するものになっているけれど、【文章Ⅱ】では、読者がそうした知識を持っていることを想定したうえで用いられている

③ 【文章Ⅰ】では、論を展開するに当たって導入的な役割を果たしているけれど、【文章Ⅱ】では、筆者がそこで主張している内容を補強するものになっている

④ 【文章Ⅰ】では、本題に入る前の端書きとして位置づけられているけれど、【文章Ⅱ】では、話題が大きく変わる際の契機として位置づけられている

(iii) 空欄 Z に入る発言として最も適当なものを、次の①～④のうちから一つ選べ。解答番号は 10 。

① 言葉は人間が周囲にある自然や事物を描写するための手段であり、言葉をより適切に用いるためにはまず外界を正確に把握することが必要である

② 言葉はそれを用いる人の思いや社会の規範が含みこまれたものであり、そうした言葉によって作られている対象や世界は決して普遍的なものではない

③ 言葉は時代によってその意味内容が移り変わっていく捉えどころのないものであり、言葉によって現実を表現できるなどというのは思い込みにすぎない

④ 言葉はそれぞれの社会にふさわしいレトリックを発達させながら進歩を続けてきたのであり、今日においても日々変容していくという点で生きたものである

## 第2問

次の文章は、林《はやし》芙美子《ふみこ》「夜福」（一九四七年発表）の一節である。久江は夫の大吉郎と別れた後、露月町《ろうげつちょう》（現在の東京都港区の一角）で小さい宿屋を営みながら、息子の清治を育て上げた。大学卒業後会社勤めをしていた清治が出征してからは母と二人で暮らしていたが、清治は戦死してしまう。これを読んで、後の問い（**問**1～6）に答えよ。（配点　45）

風のない暖かい陽気が二三日続いた。

久江は地下鉄で浅草まで行き、松屋(注1)のそばから馬道《うまみち》の方へ這入《はい》って行った。二天門《にてん》(注2)から観音様の境内へはいって、行くと、平内《へいない》様を拝んでそれから暫《しばら》く群れている鳩《はと》を眺めていた。

清治を連れてよくこの鳩を見に来たものだったがと、今日、別れて久しい良人《おっと》に会うことが、久江にはあんまりいい気持《きもち》ではなかったのだ。

四十七にもなって、女が世間を迷い歩くということは、あまりみっともいいことではないと思いながらも、清治のいなくなったいまでは妙に気持が弱くなってしまっていて、まるで十七八の小娘のように他愛のない女心になっているのが久江には口惜しかった。

十二時半の約束までには、まだ四十分ばかりも時間があった。

久江は何時《いつ》ものようにおみくじを二つ引いて帯の間にしまうと、また二天門の方へ復《かえ》って行った。歩きながらも、いまさら御用でもあるまいと苦笑するのであった。

二三日前から、一度逢《あ》いたいという電話が大吉郎からあった。相変《あいかわ》らずのしゃがれ声で、出先《さ》きからでも掛けているような気楽なものの、いいかたである。――別れてからも二年に一度位は何かの偶然で逢ってはいたけれども、こうして自分から電話をくれるのは始めてであった。

亡くなった清治がお化けになって、大吉郎をさそいに行ったのかも知れない。お母さんも淋《さび》しいのですから、何とかよりを戻して下さい。そんな風に久江は電話の声から空想したものである。

「逢いたいって、別に、いまさら、あなたにお逢いしたところで何も用事はないはずですし、清治が戦死したことだって、あなたはかまったことじゃないでしょう、……あんな厭《いや》な別れかたをしているンですし、清治だって、あなたをしっかりうらんでいるはずです。出征の時だって、あなたのお神さん(注3)が、おせんべつを持って来られたンじゃ、何ともいいようがありませんしね。――まア、気の小さいいいかたですけど、いまさら仏様もないでしょう?」

そのまま向《むこ》うの返事も待たずにがちゃりと大吉郎からの電話を久江は切ってしまったのだった。

その電話から二三日して、また昨夜の電話である。

「何も彼《か》もあやまるよ、男が頭をさげてたのむのだから、いっぺん来てくれてもいいだろう、浅草の金田(注4)で待っている。――ぜひ話があるンだよ、十二時半、これなら、君の商売にもさしつかえないだろう……じゃ、先きに行って待ってるから……」

久江は歩きながら、昨夜の電話に吊《つ》られて臆面もなく出て来た自分が後悔されたけれども、また何事も別れていた良人にいまさら逢うのも、死んだ清治の頼みなのだろうと、A自分でいろんな理屈をつけてみるのであった。

大吉郎は、奥まった部屋の唐敷畳へ胡坐《あぐら》をくんでいた。漆喰《しっくい》の円窓《まるまど》から噴水だの、池だの、赤松だのが見える。

「忙しいンだろう……」

昔からハンカチをつかったことのない大吉郎は、きちんと折った新しい手拭《てぬぐい》で額を拭きながら久江を見上げた。

「別に忙しくもないンですけど、このごろは人手もないもンで弱っています……」

坐《すわ》るなり久江は眼《め》を外《そ》らした。

大吉郎はもうだいぶ禿《は》げあがった酒焼けのした額で、子供のように眼をしばたたいていた。結城(注5)の鉄無地(注6)の揃《そろ》いを着て、きどったなりをしている。こうして差し向《むか》いに坐ってみると、二人とも妙に白けてしまって、何から話し出していいのか、そのくせ、二人は気忙《ぜ》わしそうに両手を焦々《いらいら》ともてあましている。

「お酒は?」

「いや、昼酒はくれないンだそうだ。おしきせ(注7)で食べるンだそうだよ」

鶏皿《とり》や茶碗《ちゃわん》を運んで来た小女(注8)が笑っている。

小さい茶袱台《ちゃぶだい》の横に白木のふちのついた七輪が来た。鍋に割下《わりした》をついで鶏を入れるのは珍《めず》らしいことに大吉郎がこまめにしてくれている。久江は、へえ、この人も変《かわ》ったものだと、昔の意張屋《いばり》だった大吉郎と考えくらべていた。

「お母さん元気かい?」

「ええ、お蔭《かげ》様で……」

「あのひとは小食だから、体も丈夫なンだね。——清治は何ヶ月になるかねえ、もう……」

「三ヶ月ですよ」

「遺品のようなものは何か来たのかい?」

「え、この二日に、部隊の方から送って来ました……」

鶏が白く煮えて来た。

久江は、生麩《なまふ》がきらいだった。大吉郎はそれをまだ覚えていたのか、紅《あか》い生麩が来ているのに、その小皿は茶袱台の下へ置いたままだった。

「実はねえ、清治のことなんだけど、ねえ……」

「へえ……」

「お前さんにはまことにいいづらいンだけど……」

「何ですの?」

「清治に子供があるンで、その話なンだがね」

「まア!」

「いや、そう、きっと、吃驚《びっくり》すると思った。——清治のことは、お前さん一人が一生懸命骨を折っていたンで、こんなことはいえたことじゃないンだが——大学の頃から、ちょくちょく俺の方へ来てくれててねえ——家のおそのの親類に福という娘がいて、まア、清治といい仲になったわけだ……」

　そのというのは大吉郎を久江からうばった女である、柳橋《やなぎばし》(注9)の待合《まちあい》(注10)の女中(注11)をしていたことのある女だとかで、久江は色の白いそのという女を一度、大吉郎が連れて歩いていたのを見たことがあった。

「御冗談でしょう！　――そんな、あのひとは、何だって私に相談していましたし、それはまア、あなたのところへ清治が遊びに行ったかも知れませんけれども、――でも、それはおそのさんのいいがかりのようなンで、お芝居じゃありませんか。出征する時だって、あのひとは満一(注12)のことまでちゃんといいおいて行ったのですからねえ――その時だって、あなたのことなんか一言もいわないンですし、おそのさんがおせんべつ持って来て下すった時も、ただ素直に貰《もら》っておいただけの話で……そんな、そんな莫迦《ばか》なことを今ごろになって……」

　久江は腹が立って来て指がぶるぶる震えている。

「B いや、そんなに、あんたが怒るのも無理はないさ、無理はないけれど、話は話だ」

　清治と福が出来たのを知ったのはそのであったが、そのは大吉郎には長い間知らせなかった。久江との問題さえなければ、清治と福の間をうまくまとめてやりたいと思っていたのだった。

「何か、そんな証拠でもあるンですか？」

「うん、度々清治から俺のとこだの、福のところへ手紙が来ているンだよ――清治も、俺とお前さんのことをよく承知しているものだから、一人で今日までがんばって来たお母さんへこんなことをいうのは辛《つら》いのだったろうし、といって、福はどうしても女房にしたいから、何とか、自然な方法でお母さんに話してくれないかといって来ているンだよ。――戦死をきいた時、私もねえ、よっぽど子供と福を連れて行こうかと思ったンだが、そんな時に行けば、かえってとりこんでるあんたの気持を怒らすようなものだと黙ってこらえていたンだ。――それだのこれだの福は気を病んで二ヶ月ほど寝込んでしまうし、まア、今日まで引延《ひきのば》していたンだが、何でも露月町じゃ家を売ってしまうというような話も出てるンだとかで、このさきはどんな風になるのか、俺も妙に心配だったし、まア、まア、一応逢って、とっくりと相談して、どうにでもお前さんの気の済むようにと、今日はまア、厚かましい話を聞かせるンだがねえ……」

「ほんとですかねえ……信じられませんねえ、そんなこと……」

大吉郎は風呂敷の中から、自分や福に来た清治の手紙を出して久江の前に置いた。久江はそれを手にとって、一つ一つ中味を抜いて読んでいった。正真正銘の息子の字なので、久江は胸の中が熱くなって来ている。(あなたの血を引いているから……)そうも眼の前のひとに心で怒ってみたりしたけれども、これほどまでに、自分に遠慮していたのかと、C清治の気持が何ともいじらしくて仕方がない。

翌《あく》る朝、大吉郎との約束どおり、福という女が、赤ん坊を子守《こもり》におぶわして久江を訪ねて来た。久江のように小柄で、美人ではなかったけれども、人好きのする柔和な顔《かお》だちをしていた。二十三だそうだけれども十八、九にしか見えない。裾《すそ》みじかに矢羽根(注13)のお召《めし》を着て、白い足袋のさきがすっきりしている。羽織《はおり》は紫しぼり(注14)の中々こったものを着ていた。

「さア、こっちへいらっしゃい。——おばあさん、このひとがお福さんですよ」

昨夜、年寄りには何も彼も話してある。年寄りは、早くその男の子を見たいといった。何も彼もすぎてしまったことだし、清治が自分達に子供を形見に遺《のこ》してくれたことは有難いことだと年寄《としより》はよろこぶのであった。

昨夜、久江は話しながら涙をこぼしていた。自分に対しては、まるで腫物《はれもの》にでもさわるようなあつかいかたをしてくれた清治の思いやりに、久江はいやいやと頭を振りうごかしている。

昨夜はまんじりともしなかったけれども、兎《と》に角、一晩たったということは、福へ対しての怒りを、ほどよく冷ますのに十分であった。

今、眼の前に見るお福という女は、久江にはきれいに見えた。赤ん坊もよくふとって、清治に生《いき》うつしである。

富士山のように盛りあがった小さい唇に、蟹《かに》のようにつばきをためながら、青く澄んだ眼を久江へ呆《ぼ》んやり向けた。久江が思わず手を出すと、赤ん坊は思いがけないあどけさで両の手を久江の方へのばして来るのである。

福は仏壇の前へ行きたくて仕方がないような赤い顔をして襖《ふすま》のそばへきちんとかしこまっていた。

久江は両手を出してる赤ん坊をそのまますくいあげるように抱きあげて、

「まア、一寸《ちょっと》、お仏さま拝んで下さい。今日は甘いものをあげようと思ったンだけど」

そういって、床の間のとこに坐っている赤いちゃんちゃんこのおばあさんの処《ところ》へ、赤ん坊を抱いて行ってみせるのであった。

福はしずかに仏壇の前へ行ってお線香に火をつけている。襟足が初々しくて、しぼ(注15)の太い白い襟から、首すじの皮膚がうすあかく匂っていた。

福はしばらく畳に額をつけて拝んでいた。

「昨夜もねえ、清治の学生のころの日記を出してみたら、あんたのことが書いてあったのよ、十二月のところなンか、毎晩のように、夜福々々って書いてあるンだけど、あの頃、何だか、毎晩用事があって、十二時近くでなきゃ戻って来なかったけど……あのひとらしいと思って、夜、福さんのとこへ行ったたって意味なンだろうね……」

D久江は、福を笑わせるつもりだったが、福は黙って畳に額をすりつけたまま静かに泣いていた。

赤ん坊は乳臭くて可愛《かわい》かった。

大森(注16)に住んでいた頃、こんな風に清治を抱いて海を見に行ったことがあったっけと、久江は赤ん坊の頬に、長い髪の毛のくっついているのを唇で吹いて取ってやりながら、

「ねえ、お福さん、坊やの名前は何ていうの……」

と優しく尋ねた。

廊下の処へおしめカヴァーをさげて坐っていた子守が、

「清太郎さんておっしゃいます」

と教えてくれた。

久江は子供の柔《やわら》かい頬に自分の額を押しつけてみたが、不意に、E何とも名状しがたい熱い涙が湧くように、赤ん坊の着物に沁《し》みていった。

おばあさんは何かいいたそうに唇をもぐもぐさして、畳の上に落ちている赤いセルロイドのがらがらをひらって(注17)、それをにぶく振りながら子供のように呆んやり眺めている。

(注)
1 松屋――東京の浅草にある百貨店。直後の「馬道」「二天門」も浅草にある場所の通称。
2 観音様――浅草にある浅草寺の通称。直後の「平内様」は、寺の中にある久米平内堂の通称。
3 お神さん――おかみさん。商家の女主人や他人の妻を指す語。ここでは大吉郎の現在の妻である「その」のこと。
4 金田――浅草にあった鶏料理の老舗。
5 結城――結城紬《つむぎ》。絹織物の一種。
6 鉄無地――鉄色の糸で織った無地の織物。主に男ものの羽織に用いる。
7 おしきせ――おきまり。決まっている料理。
8 小女――年若い給仕の女性。
9 柳橋――現在の東京都台東区にある地名。花街として知られていた。
10 待合――待合茶屋。客が芸妓《げいぎ》を呼んで遊興する茶屋。
11 女中――給仕をする女性に対する当時の呼称。
12 満一――万一。
13 矢羽根のお召――矢の端につける鳥の羽の形を用いた模様の着物。
14 紫しぼり――紫色をした絞り染めの布地。
15 しぼ――糸の撚《よ》り具合によってあらわれる、織物の表面の凹凸。
16 大森――現在の東京都大田区の一角。
17 ひらって――ひろって。

**問1** 傍線部**A**「自分でいろんな理屈をつけてみるのであった」とあるが、このときの久江の心情の説明として最も適当なものを、次の①～⑤のうちから一つ選べ。解答番号は 11 。

① 元夫に懇願されてつい逢う約束をしてしまったが、とうの昔に別れた夫婦が再び顔を合わせることは許されないことなので、亡くなった息子が二人を逢わせようとしているのだと理由をつけようとしている。

② 自分や息子より他の女性との生活を選んだ元夫への恨みを忘れたわけではないが、戦死した息子の最後の願いである以上、過去を水に流してもう一度関係を築きなおすべきではないかと考えようとしている。

③ 別れて以来顔すら合わせていない元夫が、突然電話で謝りの言葉を口にし、逢いたいと懇願してきたことを不審に思ったが、亡くなった息子が夫をそう仕向けているのだと思い込もうとしている。

④ ひどい別れかたをした元夫にいそいそと逢いに行こうとしている自分に嫌気もさすが、これも亡き息子のはからいであるのなら、それに従うのもいいのではないかと自分に言い聞かせようとしている。

⑤ 自分や息子に不義理な態度をとってきた元夫に逢うのは気が進まないが、息子を失った今となっては頼れる者は元夫だけなのだから、直接逢って今後のことを相談するしかないと思い直そうとしている。

**問2** 傍線部**B**「いや、そんなに、あんたが怒るのも無理はないさ、無理はないけれど、話は話だ」とあるが、このように言う大吉郎の心情の説明として最も適当なものを、次の①～⑤のうちから一つ選べ。解答番号は 12 。

① 久江にとっては酷な話であり、その話を聞いて憤るのは当然だろうと承知してはいるものの、事実は事実なのだから、残された者たちのこれからのためにも、久江にはなんとか聞き分けてもらいたいと思っている。

② おそのが息子と親類の娘との仲を取り持ったことへの怒りに震える久江の気持ちもわかるが、息子が亡くなった今となっては詮ないことであり、久江にはおそののことを大目に見てやってほしいと思っている。

③ 見ず知らずの娘と子供をもうけた息子の行動を嘆く久江には気の毒だが、娘と一緒になりたいという思いと母を思いやる気持ちの板挟《ばさ》みになっていた息子のことも考えて、久江に落ち着いて話を聞いてほしいと思っている。

④ 驚くようなことをいきなり聞かされて戸惑う久江には同情するが、永年切り盛りしてきた露月町の宿屋を売ることを思いとどまらせるために、亡き息子に忘れ形見がいることを久江に知らせた方がいいと思っている。

⑤ 自分の過去の行いについて久江が怒るのはもっともなことだが、一人息子が戦死した今、その息子が遺した子供は自分と久江にとって大切な存在なのだから、久江には最後まで話を聞いて一緒に考えてほしいと思っている。

問3　傍線部C「清治の気持が何ともいじらしくて仕方がない」とあるが、ここに至るまでの久江の心の動きはどのようなものか。その説明として最も適当なものを、次の①〜⑤のうちから一つ選べ。解答番号は 13 。

① 息子に子供がいることも信じがたかったが、それを息子が亡くなった今になって知らせてくる元夫やおそのに対して震えるほどの怒りを覚え、息子が生前書いた手紙を読むにつけ、息子が生きている間に自分が何もしてやることができなかったと悔やんでいる。

② 息子のことなら何でも知っていると思っていたのに、息子が自分に内緒で元夫やその家族を頼って子供をもうけていたことに衝撃を受け、息子が書いた手紙を読むにつけ、自分に対しては心から打ち解けていたわけではなかったのだと実感し、寂しく思っている。

③ 苦労しながら育てた息子が見知らぬ娘と子供までもうけていたと知って腹が立ったが、見覚えのある息子の字で書かれた手紙を目にし、今は亡き息子が生前最後にその娘と一緒になることを望んでいたのなら、二人のことを許してやりたいという気持ちになっている。

④ 息子に親類の娘を引き合わせたおそのが、元夫のみならず息子まで自分のもとから奪ったことに怒りがこみあげたが、手紙を読むと、こうなったのも息子が元夫の血を引いているせいだと合点がいき、自分に遠慮して言い出せなかった息子の気持ちを思いやっている。

⑤ 息子が元夫やその家族と以前から通じており、あまつさえ子供がいると知らされ、初めは作り話だと憤ったが、懐かしい息子の筆跡で書かれた手紙を読み、母親の心痛を慮《おもんぱか》って本当のことをなかなか打ち明けられずにいた亡き息子の胸中を思い、切なくなっている。

問4　傍線部**D**「久江は、福を笑わせるつもりだったが、福は黙って畳に額をすりつけたまま静かに泣いていた。」とあるが、ここでの久江と福についての説明として最も適当なものを、次の①～⑤のうちから一つ選べ。解答番号は 14 。

① 久江は福の心根を理解し、ようやく福を許す気持ちになったが、久江に申し訳ないという気持ちを強く持つ福は、久江に対して詫《わ》びる言葉を探しあぐねている。

② 久江はこれまでのいきさつを水に流して福をこの家に迎えようとしているが、恐縮しきっている福は、久江を前にひたすら頭《こうべ》を垂れ、許しを乞うている。

③ 久江は福のためにあえて楽しげなことを口にし、福の緊張をほぐそうとしているが、久江に対して含むところのある福は、そうした久江の真意を理解することができずにいる。

④ 久江は福の気持ちを思いやってあたたかい言葉をかけるが、清治がまつられた仏壇を拝んだ福は、こみあげる気持ちもそのままに、深くその場に伏している。

⑤ 久江は福に対する憤りを隠して福に配慮を示すが、そうした久江の複雑な気持ちに気づくことのない福は、清治を亡くした悲しみに浸りきっている。

問５　傍線部Ｅ「何とも名状しがたい熱い涙が湧く」とあるが、ここでの久江についての説明として最も適当なものを、次の①～⑤のうちから一つ選べ。解答番号は 15 。

① 亡くなった息子が残した赤ん坊が、自分に向かって両手をのばす姿が可愛らしく、思わず抱き上げてその頬の柔らかさに触れているうちに、亡くなった息子にそっくりであることに気づいて嬉《うれ》しくなっている。

② 自分を裏切った清治と福に対する鎮めがたい怒りを覚えていたが、赤ん坊が亡き息子の名前の一字を用いて命名されたことを知ってわだかまりが消え、息子の代わりにこの母子を見守っていこうという気持ちになっている。

③ 清治によく似た赤ん坊を抱くうちに幼かった頃の息子との思い出をよみがえらせるが、息子の名前の一字を継ぐ赤ん坊の頬に触れたこともあってか、息子をめぐるさまざまな思いに襲われ、いわく言いがたい気持ちになっている。

④ 気持ちの優しい福とあどけない清太郎を前に、二人を守り続けることを亡き清治に誓うが、それと同時に清治と福の仲を邪魔し続けた自分の短慮さを悔い、はじめて福に対して申し訳ないという気持ちになっている。

⑤ あどけない赤ん坊とその赤ん坊を優しく見守る母親を見ているうちに、父親である息子も本来ここにいるはずだったのだと思い至り、赤ん坊を自分の腕に抱くことのできないままに亡くなった息子の無念さに思いを馳《は》せている。

問6　Aさんのクラスでは、本文の理解を深めるために、教師から戦時下の郵便についての**【資料】**が提示された。Aさんは、**【資料】**を参考に**【構想メモ】**を作り、**【感想文】**を書いた。このことについて、後の(i)・(ii)の問いに答えよ。

**【資料】**

**▼軍事郵便について**　『日本大百科全書(ニッポニカ)』小学館

戦時または事変の際に戦地またはこれに準ずる所にある軍人・軍属などから発信する郵便、また、それらの人にあてた郵便の総称。日本では一八九四年(明治二七)日清戦争の始まる直前に軍事郵便取扱細則が定められた。原則として軍人・軍属が差し出す郵便物は無料で取り扱われ、逆に軍人・軍属あてに出すものに対しては正規の郵便料金が徴収された。陸上だけでなく、海上にある軍艦などの郵便もこれに準じた。(中略)第二次世界大戦後、一九四六年(昭和二一)二月をもって軍事郵便の取扱いはすべて廃止された。

妹《いもうと》に孝行《かうかう》頼《たの》む
征兄《あに》の文《ふみ》(薬子)

**戦時下に作られた川柳**
雑誌『青年』(一九四〇年一二月一日発行)に掲載

**【構想メモ】**

(1) **【資料】**からわかること

・戦地と日本国内との間の郵便物のやりとりは、制度として確立され、一部無料で取り扱われていたこと。

・戦地にいる人は遠く離れた故郷を思って手紙を書き、国内にいる人は戦地から届く手紙を心待ちにしていたこと。

(2) **【感想文】**の展開

ⓐ 軍事郵便の持つ意味について（**【資料】**に基づく）

↓

ⓑ 出征した清治が送った手紙について

↓

ⓒ 小説「夜福」から読み取れること

【感想文】

【資料】から、戦時下においても戦地と日本国内の郵便物のやりとりは制度として確立していたことがわかる。川柳とは一般に［Ⅰ］と言われているが、【資料】の川柳は、戦地から届く孝行息子からの手紙を喜ぶ家族の姿を詠《よ》んだものであり、軍事郵便が出征兵士と家族をつなぐ重要な回路であったことがわかる。本文「夜福」には、出征した清治が大吉郎や福に宛てた手紙を久江が読む場面があるが、これもおそらく軍事郵便だと考えられる。久江にとって、自分を気遣う優しい息子の筆跡が残されたそうした手紙は、息子の恋愛が事実であることを示す証拠ともなったが、送られた大吉郎や福にとっては、大事な形見となっただろう。もちろん、久江にとっても自分に宛てて書かれた清治の手紙は大切な形見ではあるだろう。ただし、久江にとっては、もっと大切な形見といえるものがあるのではないか。それが［Ⅱ］だと考えたとき、そうした形見の存在が、愛する我が子を亡くした久江のその後の人生にともる明かりとなるような気がした。

(i) 空欄［Ⅰ］に入るものとして最も適当なものを、次の①～④のうちから一つ選べ。解答番号は［16］。

① 俳句のような制約がなく、人生の機微や世相を滑稽に描写するもの
② 世界最短の定形詩であり、季節の風物を詠むことを得意とする
③ 狂句とも言い、切れ字を用いて読者に余韻を感じさせる作品が多い
④ 文語体を用いることが多い点で、口語体を用いる俳句と異なる

(ii)　空欄 **Ⅱ** に入るものとして最も適当なものを、次の①～④のうちから一つ選べ。解答番号は 17 。

① 清治と大吉郎と久江の三人で宿屋を切り盛りした懐かしい日々
② 清治の面影を宿す清太郎と、その母であり清治が心から愛した福
③ 清治の死が機縁で夫婦として復縁することになった、大吉郎との新しい関係
④ 清治が生前見せてくれた隠し立てすることのない真率な心ばえ

**第3問**　ひかるさんは、地球温暖化についてのレポートを作成するために資料を集めているときに、「人新世（ひとしんせい、または、じんしんせい）」という言葉に出会い、興味を持った。次の**【資料Ⅰ】**（文章、図1～図3、グラフ1）と**【資料Ⅱ】**（文章、グラフ2・グラフ3、図4）は、ひかるさんが注目した資料の一部である。これらを読んで、後の問い（問1～3）に答えよ。（配点　20）

**【資料Ⅰ】**

**文章**

「人新世（注1）——概念的および歴史的な視座」という論文で、人新世は次のように定義される。「グローバルな環境におよぶ人間の痕跡があまりにも巨大で活発になり、地球システムの作動におよぼすその影響が自然の巨大な諸力に匹敵するものになった」。その例は、二酸化炭素排出による温暖化である。「二酸化炭素のような、色がなく匂いもないガスの莫大《ばくだい》な量の排出が、地球の表面のエネルギーバランスに影響を及ぼすことがある。このことへの自覚が、人間活動は人間および（その他の）生命を支えるエコシステムのサービスに広範な影響を与えることができるという確信を、いっそう強化することになる」。だが、この論文によると、二酸化炭素と温暖化は氷山の一角である。「窒素、リン、硫黄のような物質の循環を変える」、「水の流れを変える（ダム、河岸工事など）」、「都市開発にともなう土地造成や埋め立て」、「動植物の絶滅」といったことも、人新世的状況を例証する具体的な事例である。問われるのは、次のような問いである。人間が環境に巨大な痕跡を刻み込んでしまっていることをどう考えたらいいのか。人間が環境のあり方を変えてしまった結果、環境における人間生活のあり方も変えられようとしていることをどう受けとめたらいいのか。人間が生活しているところについてのイメージをいかなるものとして描き直したらいいのか。

＊

ディヴィッド・アーチャーは、次のように述べている。「化石燃料鉱床（注2）には一億年の歴史があるが、これがわずか数世紀で使い尽くされ、気候への数億年もの長きにわたる影響を残すことになるだろう」。デペッシュ・チャクラバルティは、この見解を踏まえ、さらに次のように述べる。「(注3)気候問題に関する文献においては、認識と行動のあいだに重大な溝が開いている。それはつまり、私たちが気候問題にかんして科学的に知るとき(その人間的でない、あるいは非人間的ともいえる規模の広大さ)と、私たちでも対処可能な人間的な手段で操作しうる問題としてあつかいつつそれを考えているときの間に生じている溝である」。人新世をめぐる議論が興味深いのは、科学的に明らかにされようとしている現実像を本気で受け入れようとするならば、従来型の現実像にもとづく解決策(二酸化炭素削減のために炭素税を課すなど)ではもはや対応できず思考もできないところにまで私たちの生きているところが変わりつつあることを認めざるを得ないといわれているからである。ティッピング・ポイントという言葉がある。すなわち「(注4)それを超えるなら、グローバルな温暖化が人間にとって破局的なものとなりうる点」である。破局を潜在的なものとして抱え込んでしまった状況において私たちは生きるようになった。これをどう考えたらいいのか。

(篠原雅武《しのはらまさたけ》「人新世」による)

(注) 1 Will Steffen, Jacques Grinevald, Paul Crutzen and John McNeill, "The Anthropocene: conceptual and historical perspectives," による。

2 David Archer, The Long Thaw による。

3 Dipesh Chakrabarty, "The Anthropocene and the convergence of histories," In The Anthropocene and the Global Environmental Crisis: Rethinking modernity in a new epoch による。

4 3と同一の出典による。

**図1**

地球環境問題の広がり

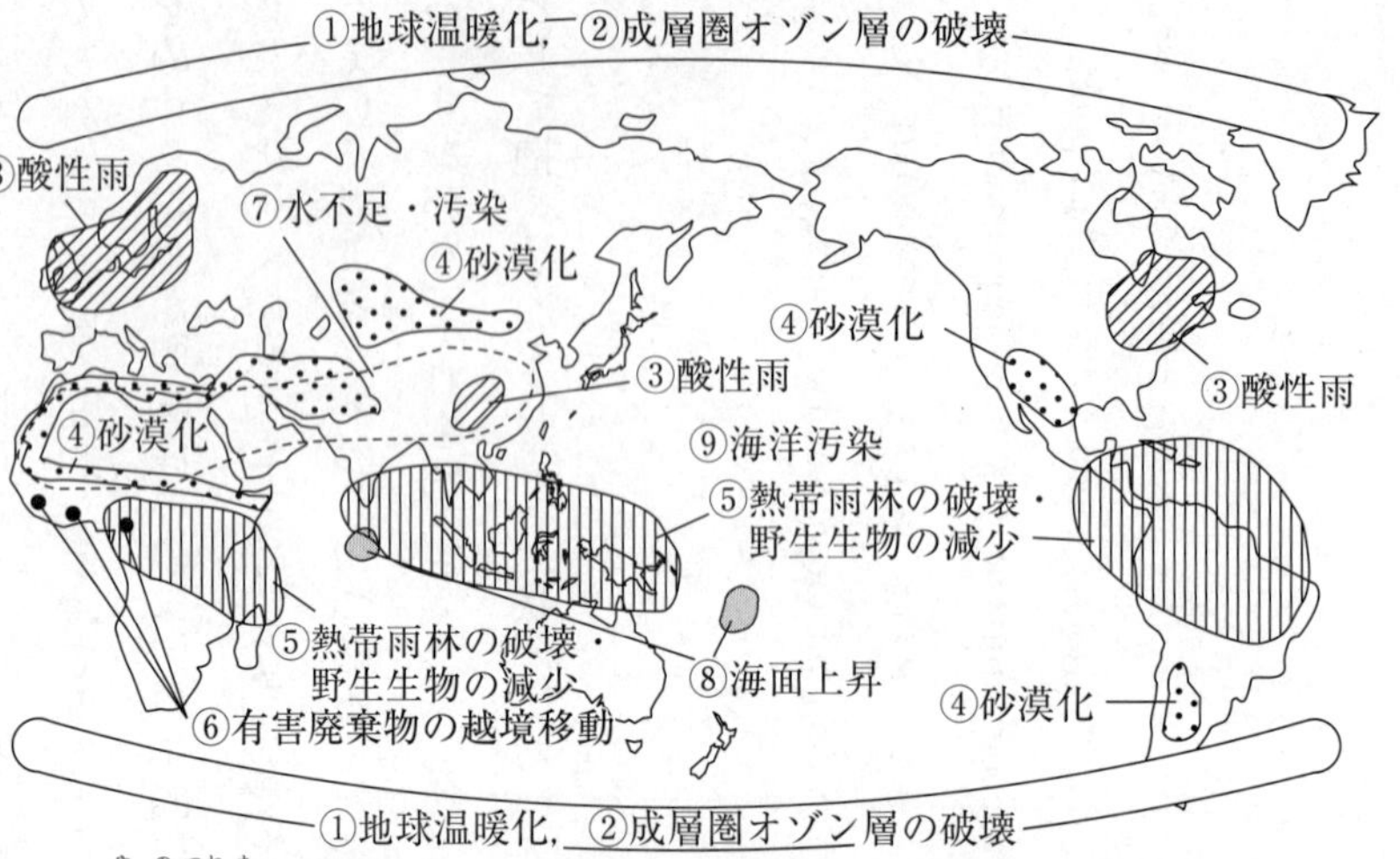


資料：矢野恒太《やのつねた》記念会編「1992-93世界国勢図会」国勢社に加筆.

**図2**

地球温暖化とその影響

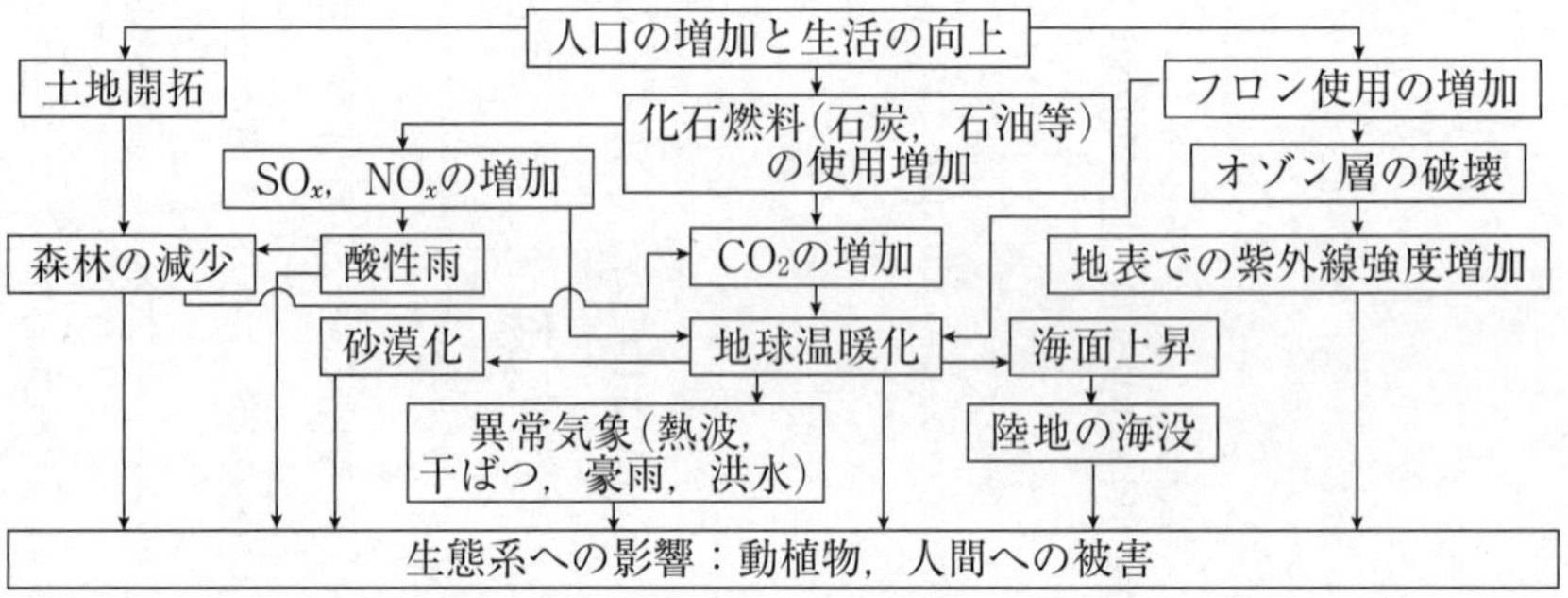


注：$SO_x$(硫黄酸化物)、$NO_x$(窒素酸化物)、$CO_2$(二酸化炭素).

資料：大和総研「地球環境問題と関連企業」産業・技術展望 vol.16, 1992年をもとに修正.

(**図1**、**図2**は宮崎《みやざき》 勇《いさむ》・田谷《たや》禎三《ていぞう》『世界経済図説　第四版』による)

図3　気候変動による将来の主要なリスク

出典：IPCC 第5次評価報告書

（全国地球温暖化防止活動推進センター HP による）

グラフ1　大加速時代における人間活動と地球システム

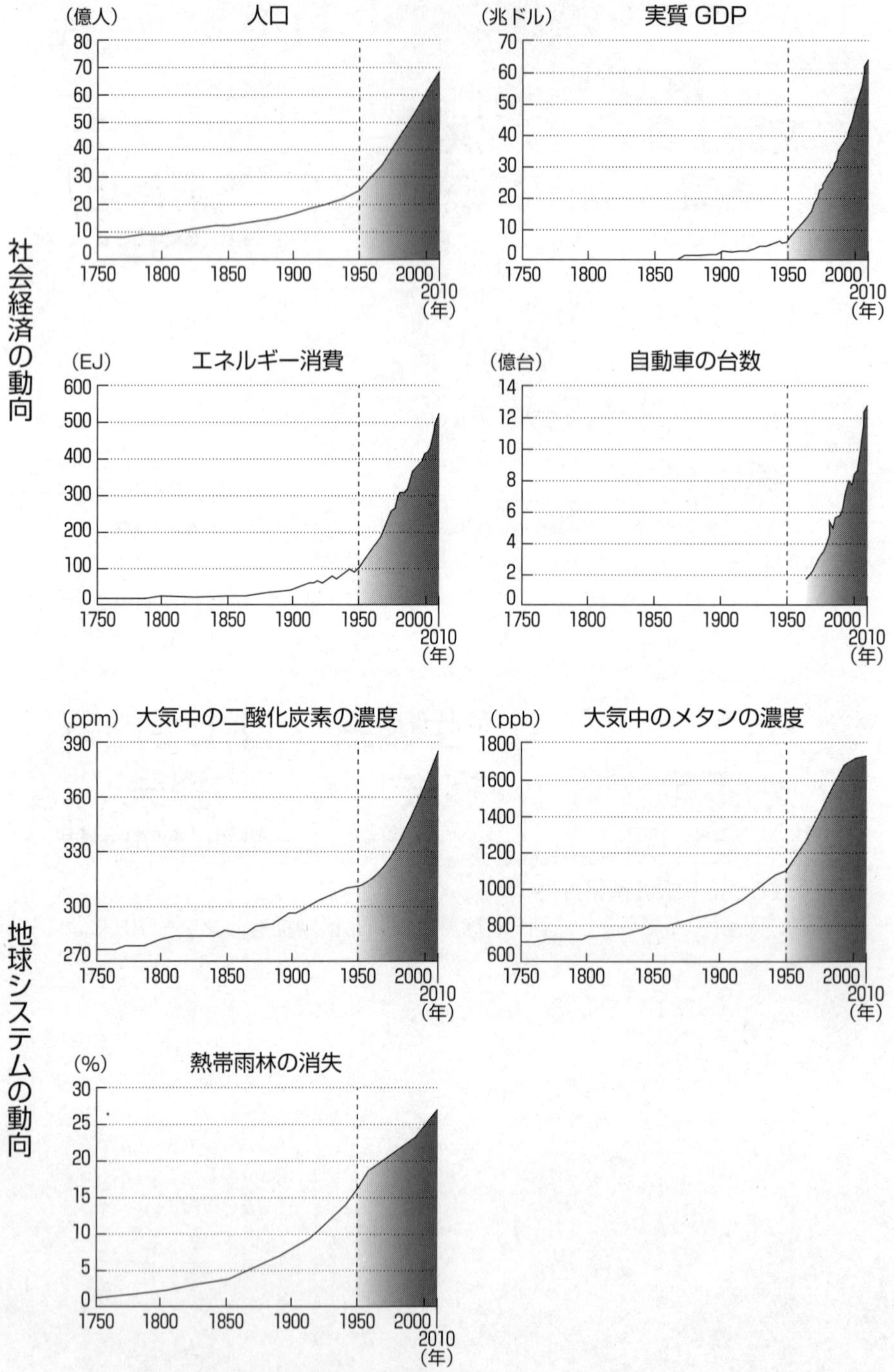


Will Steffen et al., "The trajectory of the Anthropocene: The great Acceleration," *The Anthropocene Review*, 2, no. 1 (2015)をもとに作成

（斎藤幸平《さいとうこうへい》『人新世の「資本論」』による）

【資料Ⅱ】

文章

幸いにも、合理的でエコロジカルな都市改革の動きが、地方自治体に芽生えつつある。なかでも、世界中から注目を浴びているのが「フィアレス・シティ(恐れ知らずの都市)」の旗を掲げるスペイン・バルセロナ市とともに闘う各国の自治体である。「フィアレス・シティ」とは、国家が押しつける新自由主義的な政策に反旗を翻す革新的な地方自治体を指す。国家に対しても、グローバル企業に対しても恐れずに、住民のために行動することを目指す都市だ。

なかでも、最初に「フィアレス・シティ」の旗を立てたバルセロナ市政の取り組みは野心的である。その革新的な姿勢は二〇二〇年一月に発表されたバルセロナの「気候非常事態宣言」にも表れている。

この宣言は、「気候変動を止めよう」という薄っぺらいかけ声だけに終わるものではない。二〇五〇年までの脱炭素化(二酸化炭素排出量ゼロ)という数値目標をしっかりと掲げ、数十頁《ページ》に及ぶ分析と行動計画を備えたマニフェストである。大都市とはいえ、首都でもない地方自治体のこの政策策定能力の高さにまずは驚かされる。しかも、宣言は、自治体職員の作文でもなく、シンクタンクによる提案書でもない。市民の力の結集なのだ。

行動計画には、包括的でかつ具体的な項目が二四〇以上も並ぶ。二酸化炭素排出量削減のために、都市公共空間の緑化、電力や食の地産地消、公共交通機関の拡充、自動車や飛行機・船舶の制限、エネルギー貧困の解消、ごみの削減・リサイクルなど、全面的な改革プランを掲げている。

ここには、経済成長ではなく、市民の生活と環境を守るという意志がはっきり読み取れる。

宣言の「経済モデルの変革」の項目には、脱成長社会を目指す姿勢が色濃く出ている。

既存の経済モデルは、恒常的な成長と利潤獲得のための終わりなき競争に基づくもので、自然資源の消費は増え続けていく。こうして、地球の生態学的バランスを危機に陥れているこの経済システムは、同時に、経済格差も著しく拡大させている。豊かな国の、とりわけ最富裕層による過剰な消費に、グローバルな環境危機、特に気候危機のほとんどの原因があるのは、間違いない。

このようなラディカルな主張が、市民のなかから生まれ、支持を集め、市政を動かすまでになっている。この一連の流れには、未来への希望がある。

では、いよいよこの野心的な気候非常事態宣言のなかで、最も画期的な部分についても触れていこう。バルセロナはこう強調する。先進国の大都市が、気候変動に与えている甚大な影響をはっきりと認めなければならず、その是正こそが「気候正義」を実践する第一歩であると。

気候正義(climate justice)という言葉は、日本語としては耳慣れない言葉かもしれないが、欧米では毎日のようにメディアを賑《にぎ》わせている。気候変動を引き起こしたのは先進国の富裕層だが、その被害を受けるのは化石燃料をあまり使ってこなかったグ(注)ローバル・サウスの人々と将来世代である。この不公正を解消し、気候変動を止めるべきだという認識が、気候正義である。

そして、気候正義にかなう経済システムに変化していくためには、被害を最も受けやすいグローバル・サウスの女性から届けられる声をくみ上げていかなくてはならない、と宣言はいう。

そのうえで、先進国の大都市は、「協働的なケア労働」や、他者や自然との「友愛的関係」を重視して、「誰も取り残されない」社会への移行を先導する責任があるとバルセロナの宣言は、はっきりと表明している。もちろん、その費用を担うのは、「最も特権的な地位にある人々」であると訴える。

バルセロナが呼びかけた「フィアレス・シティ」のネットワークは、アフリカ、南米、アジアにまで広がり、七七もの拠点が参加している。

「フィアレス・シティ」が恐れ知らずに挑戦することができるのは、市民間の相互扶助だけでなく、都市間の協力関係があるからである。

（斎藤《さいとう》幸平《こうへい》『人新世の「資本論」』による）

（注）　グローバル・サウス――発展途上国のこと。そうした国のほとんどが、南半球に位置することによる呼称。

グラフ２

各国の二酸化炭素排出量
（2017 年）

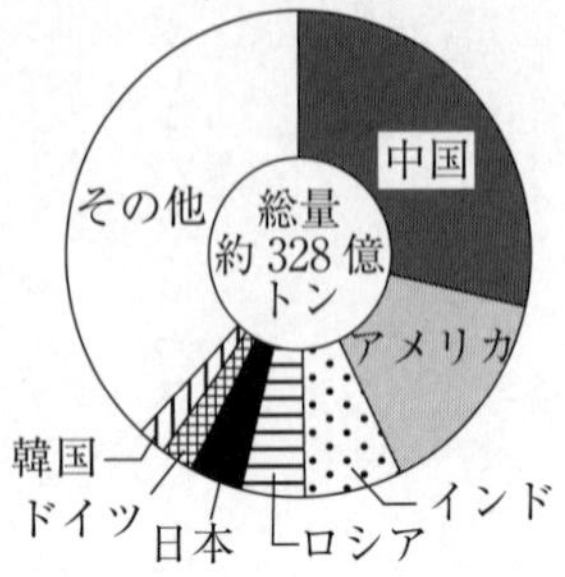


国別１人当たり二酸化炭素排出量
（2017 年）

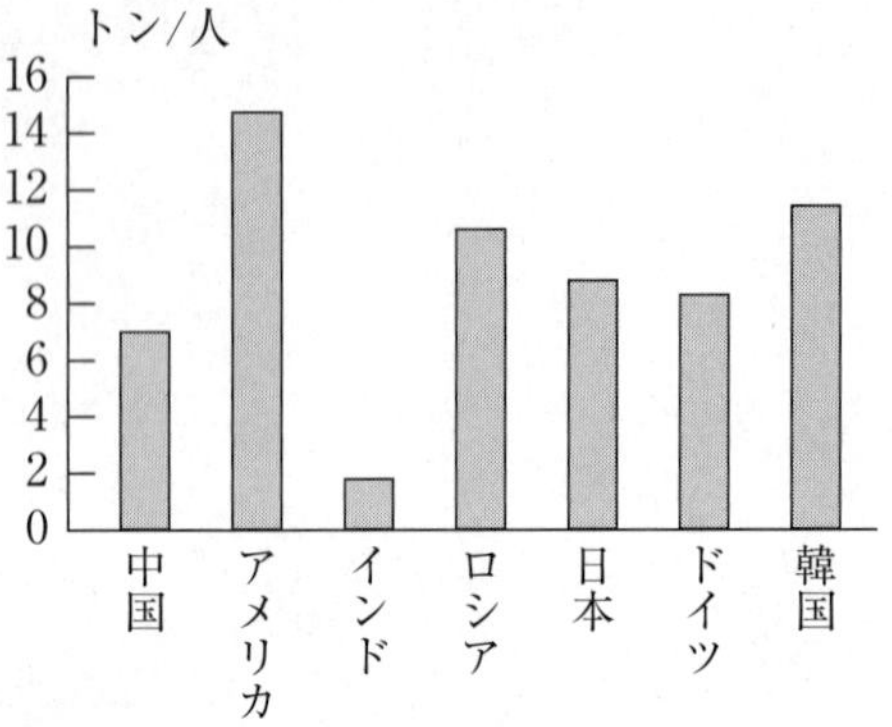


資料：全国地球温暖化防止活動推進センター HP
（宮崎勇・本庄《ほんじょう》 真《まこと》・田谷禎三『日本経済図説　第五版』による）

グラフ３

地域別の１人当たり排出量（2019 年）

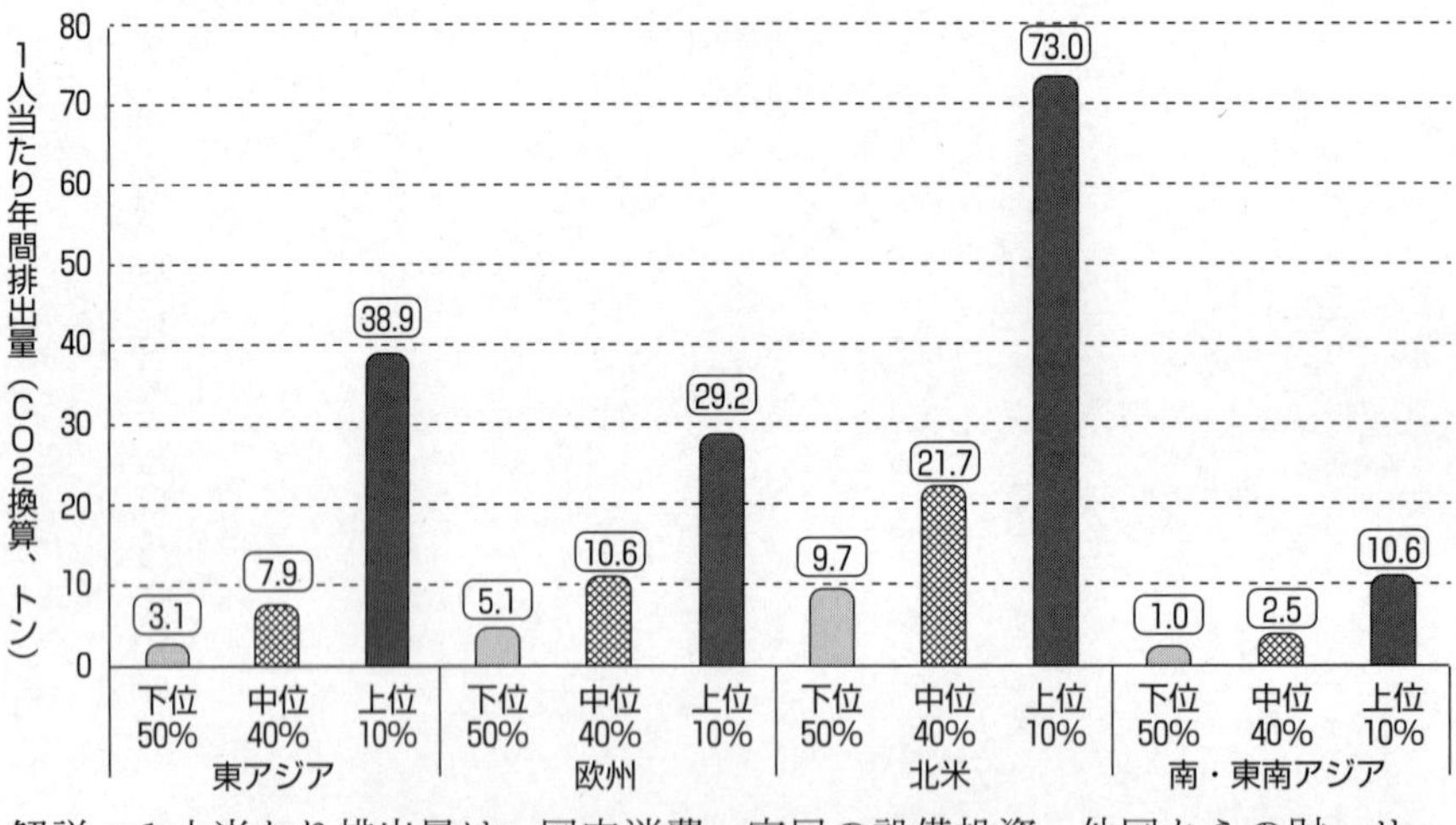


解説：１人当たり排出量は、国内消費、官民の設備投資、他国からの財・サービスの輸入で構成される。推計モデルは納税データ、家計収支調査データを体系的に統合し構築した。世帯内での排出量は均等分布とした。

資料：wir2022.wid.world/methodology et Chancel(2021)
（トマ・ピケティ著 村井《むらい》章子《あきこ》訳『自然、文化、そして不平等 —— 国際比較と歴史の視点から』による）

**図4** SDGs の17の目標

目標1［貧困］
あらゆる場所あらゆる形態の貧困を終わらせる

目標2［飢餓］
飢餓を終わらせ、食料安全保障及び栄養の改善を実現し、持続可能な農業を促進する

目標3［保健］
あらゆる年齢のすべての人々の健康的な生活を確保し、福祉を促進する

目標4［教育］
すべての人に包摂的かつ公正な質の高い教育を確保し、生涯学習の機会を促進する

目標5［ジェンダー］
ジェンダー平等を達成し、すべての女性及び女児のエンパワーメントを行う

目標6［水・衛生］
すべての人々の水と衛生の利用可能性と持続可能な管理を確保する

目標7［エネルギー］
すべての人々の、安価かつ信頼できる持続可能な近代的なエネルギーへのアクセスを確保する

目標8［経済成長と雇用］
包摂的かつ持続可能な経済成長及びすべての人々の完全かつ生産的な雇用と働きがいのある人間らしい雇用（ディーセント・ワーク）を促進する

目標9［インフラ、産業化、イノベーション］
強靭（レジリエント）なインフラ構築、包摂的かつ持続可能な産業化の促進及びイノベーションの推進を図る

目標10［不平等］
国内及び各国家間の不平等を是正する

目標11［持続可能な都市］
包摂的で安全かつ強靭（レジリエント）で持続可能な都市及び人間居住を実現する

目標12［持続可能な消費と生産］
持続可能な消費生産形態を確保する

目標13［気候変動］
気候変動及びその影響を軽減するための緊急対策を講じる

目標14［海洋資源］
持続可能な開発のために、海洋・海洋資源を保全し、持続可能な形で利用する

目標15［陸上資源］
陸域生態系の保護、回復、持続可能な利用の推進、持続可能な森林の経営、砂漠化への対処ならびに土地の劣化の阻止・回復及び生物多様性の損失を阻止する

目標16［平和］
持続可能な開発のための平和で包摂的な社会を促進し、すべての人々に司法へのアクセスを提供し、あらゆるレベルにおいて効果的で説明責任のある包摂的な制度を構築する

目標17［実施手段］
持続可能な開発のための実施手段を強化し、グローバル・パートナーシップを活性化する

（https://www.un.org/sustainabledevelopment/）

問1　【資料Ⅰ】（文章、図1～図3、グラフ1）について、次の(i)・(ii)の問いに答えよ。

(i)　【資料Ⅰ】の図1～図3とグラフ1の内容や表現の説明として**適当でないもの**を、次の①～⑤のうちから一つ選べ。解答番号は 18 。

① 図1は、地球環境問題全体の現状を俯瞰《ふかん》的に把握できるように、砂漠化や海面上昇など、各地域でさまざまな問題が生じていることを図示している。

② 図2は、人口の増加と生活の向上に端を発するさまざまな要因とその影響に関して、多岐にわたる複雑な連関があることを示している。

③ 図3は、気候変動の影響を、生態系へのリスクとともに日常生活や健康の面における具体的なリスクまで簡潔に示している。

④ 図1～図3は、いずれも地球温暖化に焦点を絞ることで今後のリスクを示し、グラフ1は、経済成長と生態系の動向を比較するなど、複数の観点で現状を示している。

⑤ グラフ1は、人口や経済活動に伴うエネルギー消費などの加速度的な増加と、地球環境の急激な変化との連関を推測させる組合せとなっている。

(ii)　次のア～エの各文は、ひかるさんが【資料Ⅰ】を根拠としてまとめたものである。【凡例】に基づいて各文の内容の正誤を判断したとき、その組合せとして最も適当なものを、後の①～⑤のうちから一つ選べ。解答番号は 19 。

【凡例】

**正　し　い**――述べられている内容は、正しい。
**誤っている**――述べられている内容は、誤っている。
**判断できない**――述べられている内容の正誤について、**【資料Ⅰ】**からは判断できない。

ア　南米や東南アジアなどにおける熱帯雨林の破壊によって、気候変動をより加速し、アフリカのみならず世界全体が砂漠化しつつある。
イ　一九五〇年以降における、世界全体のエネルギー消費の増加は、世界全体の実質ＧＤＰが増加する割合をはるかに超えている。
ウ　気候変動は、自然環境のみならず、社会生活を支える資源や制度、さらには私たちの健康にも大きな影響を与える。
エ　世界の人口の増加に伴うエネルギー消費の正比例的な増加は、人間社会や地球環境全体に回復不能な崩壊をもたらすことになる。

①　ア　誤っている　　イ　誤っている　　ウ　正しい　　エ　判断できない
②　ア　誤っている　　イ　判断できない　　ウ　誤っている　　エ　正しい
③　ア　正しい　　イ　誤っている　　ウ　正しい　　エ　判断できない
④　ア　正しい　　イ　判断できない　　ウ　誤っている　　エ　誤っている
⑤　ア　判断できない　　イ　正しい　　ウ　判断できない　　エ　誤っている

問2　ひかるさんは、レポートをまとめる前に、級友に**【資料Ⅱ】**を示して、話し合いをしてもらった。**【資料Ⅱ】**の内容に即した発言として**適当でないもの**を、次の①～⑤のうちから一つ選べ。解答番号は 20 。

① Aさん　二酸化炭素の排出量を議論するとき、排出量の多い中国とアメリカの二国が注目されますが、中国の一人当たりの排出量はアメリカの半分くらいで、日本よりも少ないですね。そうすると、**【資料Ⅱ】**で挙げられている他国以上に、排出量削減の努力を中国の個々人に求めるのは簡単ではないですね。

② Bさん　個々人の排出量に注目すると、北米では、上位一割の人が他の九割の人々の倍以上の排出をしていますね。欧州や、日本と中国を含む東アジアでも似た傾向があります。排出量が極端に多い一割の人々には、そうした自覚があるのでしょうか。

③ Cさん　これまで一人当たりでの排出量を考えたことがないので、グラフ2・グラフ3を興味深く見ました。ただ、どちらもアフリカなど新興国のデータが含まれていないのが残念です。統計に使用する資料が集計できなかったようですね。

④ Dさん　それはそうと、バルセロナ市の「気候非常事態宣言」は、たしかに未来への希望を示していますね。バルセロナ市政による宣言や行動計画には、図4のSDGsの目標と重なり合うものがたくさんありますね。持続可能な社会の実現と気候変動対策に取り組むことは密接不可分だと思いました。

⑤ Eさん　たしかにバルセロナ市の「気候非常事態宣言」は私たちも参考にすべきだと思います。けれども、先進国の大都市が気候変動に対する責任を自覚しそれを是正すれば、気候変動が止まると述べているこの宣言は楽観的すぎると思います。すべての国が全力で取り組むという協調的な姿勢が不可欠だと感じました。

**問3**　ひかるさんは、**【資料Ⅰ】**と**【資料Ⅱ】**を踏まえてレポートを書くことにした。次の メモ は、全体の構成を考えるために記したものである。これについて、後の(i)・(ii)の問いに答えよ。

メモ

Ⅰ　**「人新世」という概念と気候変動の問題**

・「人新世」とは、人間活動が自然環境に対して巨大な痕跡を残し、その影響によって地球環境や人間の生活のあり方まで変化している時代のこと。その顕著な例が、気候変動。

↓

・地球全体における気候変動によって、［　X　］ことになる。

Ⅱ　**気候変動に対する地方自治体の試み**

・世界では、気候変動に対して意欲的に取り組んでいる地方自治体のネットワークがある。その先駆けともいえるバルセロナ市の「気候非常事態宣言」では、次のような提言がなされている。

・気候変動により、グローバル・サウスと呼ばれる地域や将来の人々が多大な被害を受けることになる。

↓

・［　Y　］である。

(i) 空欄 **X** に入る内容として最も適当なものを、次の ① ～ ⑤ のうちから一つ選べ。解答番号は 21 。

① 対応可能な一部先進国以外の諸国に破局的な災害が頻発する
② 地球上における全ての生命体の消滅という事態は避けられない
③ 想定しうるリスクの深刻さと人間の対応能力との乖離《かいり》に直面する
④ 地球全体規模での災害に備えたインフラ機能の強化を喫緊の課題とする
⑤ 世界のエネルギー消費量を一九五〇年代のレベルに戻すという難問に向き合う

(ii) 空欄 **Y** に入る内容として最も適当なものを、次の ① ～ ⑤ のうちから一つ選べ。解答番号は 22 。

① 世界中の都市が、「フィアレス・シティ」のネットワークに参加すべき
② 先進国のすべての都市は、脱炭素化の包括的で具体的なプランを実行すべき
③ ＳＤＧｓの目標を、先進国や大企業が率先して実行することを義務化すべき
④ 気候変動の責任は、エネルギーを過剰かつ莫大に消費する先進国の富裕層が負うべき
⑤ 各国政府や諸個人は、二酸化炭素排出量の多寡に応じて気候変動対策の費用を分担すべき

**第4問** 次の文章は平安時代後期の歴史を記した『今鏡』の一節で、崇徳天皇（退位後は上皇）の寵愛《ちようあい》を受け、第一皇子を生んだ女房兵衛佐《ひようえのすけ》に関する逸話である。これを読んで、後の問い（**問1～5**）に答えよ。なお、設問の都合で本文の段落に 1 ～ 6 の番号を付してある。（配点 45）

1 讃岐院《さぬきのゐん》(注1)の一の御子《みこ》と聞こえ給《たま》ひしは、重仁《しげひと》親王と申しけるなるべし。その御母、院に具し奉りて遠くおはしたりける、帰り上り給へるとぞ聞こえ給ふ。

2 帝、位におはしましし時、后《きさい》(注2)の宮、一の人の御娘にておはしますに、内《うち》(注3)の女房にて、かの御母、宮仕へ人にて候《さぶら》ひ給ひしが、ことのほかに時めき給ひしかば、后《きさき》の御方の人は、(ア)めざましく思ひあひて、人の心をのみはたらかし、世人も、あまりまばゆきまで思へるなるべし。さりとて、御後見の強きもおはせず、ただ大蔵卿行宗《おほくらきやうゆきむね》(注4)とて年七十ばかりなるが、歌詠みによりて親しく仕《つかうまつ》り馴《な》れたるを、親など言ひて、兵衛佐などつけ申したるばかりなれば、さるべき方人《かたうど》もなし。まことの親(注5)は、男にはあらで、紫の袈裟《けさ》など賜《たまは》りて、白河の御寺の司《つかさ》なりけり。それも失せて年経《へ》にけり。しかるべき人の子なりけれど、男ならねば、かひなかるべし。されど、類《たぐひ》なき御心ざしをさりがたき事にて過ぐし給ふほどに、男君生み出《い》だし給へれば、中宮にはまだかかる事もなきに、いとめづらしく、(イ)いとどやすからぬつまなるべし。御傅《めのと》(注6)は刑部卿《ぎやうぶきやう》などいひて、大弐《だいに》の御乳母《めのと》の男と聞こゆ。御子も親王の宣旨などかぶり給ひて、御元服などせさせ給ひぬ。

3 かくて年月 a過ぐさせ給ふほどに、位《くらゐ》去らせ給ひて、新院とておはしますにも、世に類なくて過ぐさせ給へば、后の宮、殿の御わたりには心よからず、(ウ)うとき事にてのみおはします。本院(注7)の御ままなれば、世を心に任せさせ給はず、内(注8)、中宮、殿などに一つにて、世の中すさまじき事多くておはしますべし。かやうなるにつけても、b私物《わたくしもの》に思ほしつつ過ぐさせ給ふに、法皇かくれさせ給ひぬる後、世の中に事ども(注9)出で来て、讃岐へ遠くおはしましにしかば、やがて御船に具し奉りて、かの国に年経給ひき。

4 一の御子も御髪《みぐし》おろし給ひて、仁和寺《にんなじ》大僧正寛暁《くわんぎやう》と申ししにつかせ給ひて真言《しんごん》など習はせ給ひけるに、さとくめでたくおはしましければ、昔の真如《しんによ》親王（注10）も **c** かくやと見えさせ給ひけるに、御足の病《やまひ》重くならせ給ひて、一年《ひととせ》失せさせ給ひにけり。御年、二十二、三ばかりにや **d** なり給ひけむ。讃岐にも、御嘆きの余りにや、御悩み積もりて、かれにてかくれさせ給ひにしかば、宮の御母も上り給ひて、頭《かしら》おろして、醍醐（注11）の帝の母方の御寺のわたりにぞ住み給ふなる。

5 かの院（注12）の御匂ひなれば、ことわりと申しながら、歌などこそ、いとらうありて詠み給ふなれ。上り給ひたりけるに、ある人のとぶらひ申したりければ、

君なくて帰る波路にしほれ来《こ》し袂《たもと》を人の思ひやらなむ

と侍りけるなむ、さこそはと、いとかなしくなむ **e** 推し量られ侍りし。

6 その遠くおはしましたりける人の、まだ京におはしけるに、白河に池殿（注13）といふ所を人の造りて、「御覧ぜよ」など申しければ、渡りて見られけるに、いとをかしく見えければ、書きつけられけるとなむ、

音《おと》羽《は》川《がは》堰《せ》き入れぬ宿の池水も人の心は見えけるものを

とぞ聞き侍りし。

（注）1 讃岐院――崇徳《すとく》天皇。後に退位して上皇。保元の乱に敗れて讃岐国（現在の香川県）に配流されたことから、このように呼ばれた。後出の「院」「帝」「新院」も崇徳天皇（上皇）を指す。

2 后の宮――中宮。ここでは、崇徳天皇（上皇）の中宮聖子を指す。関白藤原忠通《ただみち》の娘。

3 内の女房――天皇に仕えている女房。

4 大蔵卿行宗――源行宗。兵衛佐の養父で、「兵衛佐」という呼び名の由来は、行宗の役職による。

5 まことの親――兵衛佐の実父。京都の白河にあった法勝寺《ほっしょうじ》の、寺務を統括する僧であった。

6　傅——養育係。乳母の夫が務めることが多い。重仁親王の傅は、刑部卿の平忠盛《たいらのただもり》であった。
7　本院——ここでは、鳥羽法皇を指す。
8　内、中宮、殿などに一つにて——鳥羽法皇が、崇徳天皇(上皇)を排除し、近衛天皇とその中宮呈子と関白藤原忠通らを中心にして政治を行ったことを言う。
9　事ども——保元の乱。
10　真如親王——高岳《たかおか》親王。平安時代前期の親王で、東宮だったがその地位を追われて出家し、真言宗に深く帰依《きえ》した。
11　醍醐の帝の母方の御寺——現在の京都市山科区にある勧修寺《かじゅうじ》を指す。
12　かの院の御匂ひ——崇徳天皇(上皇)のご影響。崇徳天皇(上皇)は歌人としても著名であった。
13　池殿といふ所を人の造りて——池殿という邸宅をある人が建築して。「人」は、ここでは、刑部卿平忠盛を指す。

〈主要人物関係図〉

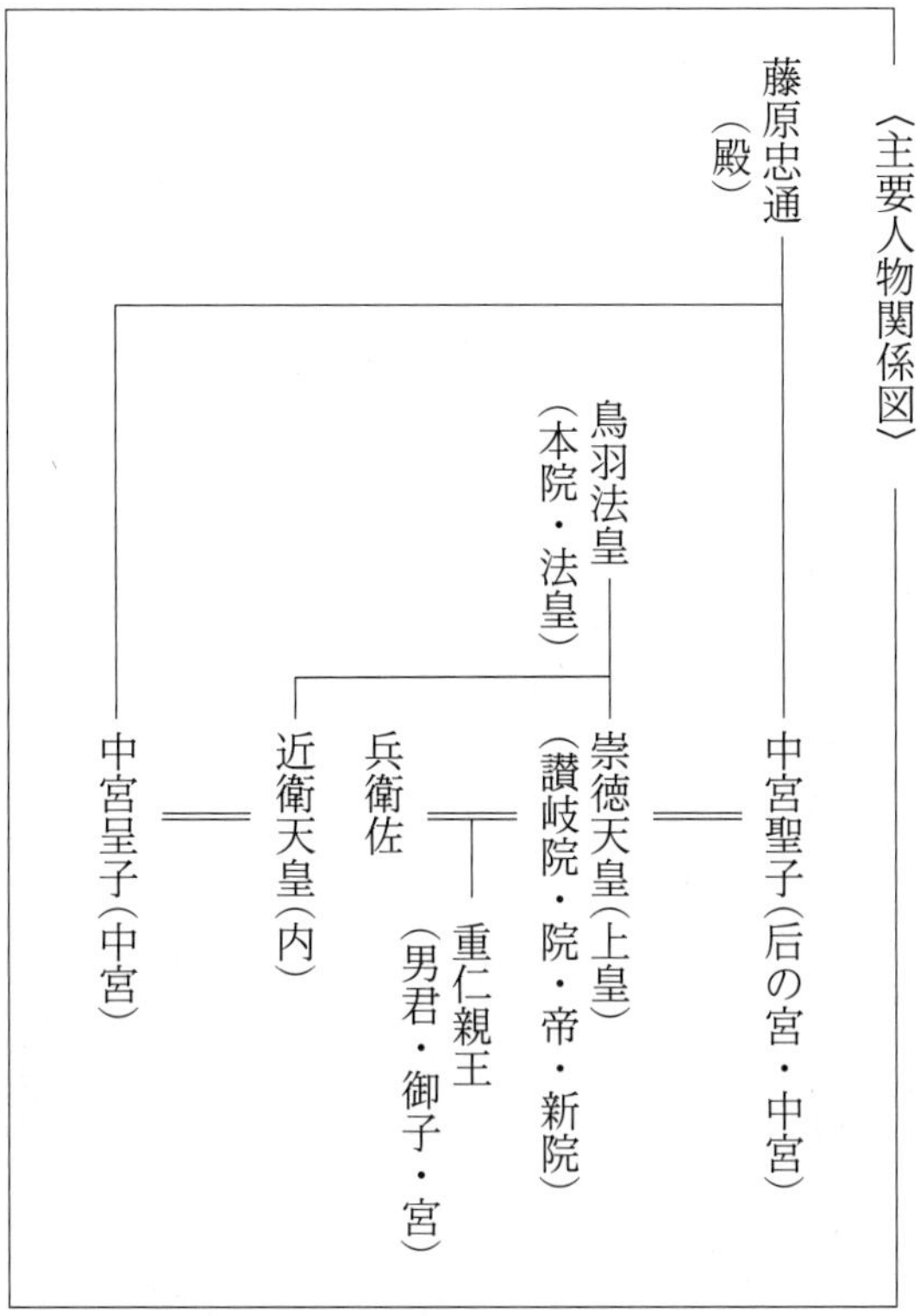

問1　傍線部(ア)～(ウ)の解釈として最も適当なものを、次の各群の①～⑤のうちから、それぞれ一つずつ選べ。解答番号は 23 ～ 25 。

(ア)　めざましく 23
① 輝かしいことだと
② うらやましいと
③ 心外なことだと
④ 面倒なことだと
⑤ やりきれないと

(イ)　いとどやすからぬつま 24
① 決してたやすいとは思わないこと
② いっそう心遣いのなくなった間柄
③ なんとも心が落ち着くことのない頃
④ いつまでも安心でいられないと思う妻
⑤ ますます心穏やかでないと思うきっかけ

(ウ)　うとき事 25
① 疎遠な状態
② 情けない有り様
③ 避けがたい関係
④ 意地悪な態度
⑤ 不安定な状況

**問２**　波線部**a**〜**e**について、語句と表現に関する説明として最も適当なものを、次の①〜⑤のうちから一つ選べ。解答番号は［26］。

①　**a**　「過ぐさせ給ふ」は、「させ」が尊敬の助動詞であり、「給ふ」とともに用いて崇徳天皇（上皇）を深く敬う表現になっている。

②　**b**　「私物に思ほしつつ」は、「思ほし」が尊敬語であり、崇徳天皇（上皇）を愛した兵衛佐への敬意を込めた表現になっている。

③　**c**　「かくや」は、「や」が反語の係助詞であり、真如親王が重仁親王同様に経験した苦悩を強調する表現になっている。

④　**d**　「なり給ひけむ」は、「けむ」が現在推量の助動詞であり、眼前の出来事を現実感を込めて語る表現になっている。

⑤　**e**　「推し量られ侍りし」は、「れ」が自発の助動詞であり、兵衛佐の嘆く様子が自然と思い浮かぶという表現になっている。

問3 1・2段落の登場人物に関する説明として最も適当なものを、次の①～⑤のうちから一つ選べ。解答番号は27。

① 重仁親王は、いったんは崇徳天皇(上皇)や兵衛佐とともに讃岐国へ下ったものの、まもなく一人だけ都に戻って来ると噂《うわさ》された。

② 后の宮は、崇徳天皇(上皇)の愛情を一身に受けていたが、崇徳天皇(上皇)が兵衛佐を寵愛して冷淡になったため、兵衛佐を恨んだ。

③ 后の宮の母は、かつて天皇に仕える女房であったが、娘が入内することになり、その娘の世話役として改めて宮中に上った。

④ 後に大蔵卿になる行宗は、歌人として崇徳天皇(上皇)に仕え、その寵愛を受ける兵衛佐を養女にしてさらに出世しようと考えた。

⑤ 兵衛佐は、実父が僧であるなど後ろ盾に恵まれず不安定な立場であり、崇徳天皇(上皇)からの寵愛を頼みにせざるをえなかった。

問４　[3]～[6]段落の内容に関する説明として最も適当なものを、次の①～④のうちから一つ選べ。解答番号は[28]。

①　崇徳天皇（上皇）が退位させられ、鳥羽法皇が権力を振るうようになると、関白や后の宮にとっては不本意なことが多くなった。

②　崇徳天皇（上皇）が讃岐で亡くなった後、兵衛佐も重仁親王も出家したが、重仁親王は、それから間もなく若くして亡くなった。

③　兵衛佐はすぐれた歌人で、崇徳天皇（上皇）が亡くなって泣きながら都に上る悲しみをわかってほしいと、掛詞を用いて詠んだ。

④　兵衛佐は、讃岐から都へ帰り、勧修寺に入る前に、我が子の養育係だった忠盛の邸《やしき》に招かれ、昔を懐かしんで訪問した。

**問5** 次に示すのは、授業で本文を読んだ後の、話し合いの様子である。これを読んで、後の(i)・(ii)の問いに答えよ。

教　師――本文の 6 段落の和歌を理解するために、次の【資料Ⅰ】【資料Ⅱ】を読んでみましょう。どちらも和歌集の一部で、【資料Ⅰ】は、平安時代前期の歌人伊勢《いせ》の和歌、【資料Ⅱ】は、平安時代後期の歌人周防内侍《すおうのないし》の和歌を、その和歌が詠まれた事情を説明する詞書《ことばがき》とともに記したものです。

**【資料Ⅰ】**

ある大納言(注1)、比叡坂本《ひえさかもと》(注2)に、音羽といふ山の麓《ふもと》にいとをかしき家つくりたりけるに、音羽川を遣水《やりみづ》(注3)に堰《せ》き入れて、滝落としなどしたるを見て、遣水の面《つら》なる石に書きつく、

音羽川せきれて(注4)落とす滝つ瀬に人の心の見えもするかな

（『伊勢集』による）

（注）
1　ある大納言――藤原敦忠《あつただ》。平安時代前期の公卿・歌人。
2　比叡坂本――比叡山の西の麓。
3　遣水に堰き入れて――堰き止めて庭園の水路に水を引き入れて。
4　せきれて――「堰き入れて」と同じ。

【資料Ⅱ】

権中《ごんちう》納《な》言《ごん》通俊《みちとし》（注1）、『後拾遺』撰《えら》び侍りける頃、「まづ片端もゆかしく」など申して侍りければ、「申し合せてこそ（注2）」とて、まだ清書《きよがき》もせぬ本を遣はして侍りけるを見て、返し遣はすとて、　周防内侍

浅からぬ心ぞ見ゆる音羽川堰き入れし水の流れならねど

（『新古今和歌集』による）

（注）1　権中納言通俊——藤原通俊。平安時代後期の公卿・歌人。勅撰和歌集である『後拾遺和歌集』の撰者《せんじゃ》。

2　申し合せてこそ——「あなたと相談申し上げて撰びましょう」の意。

教　師——【資料Ⅰ】【資料Ⅱ】の和歌には、[6] 段落の和歌と同じ「音羽川」という地名が詠み込まれています。これらを参考にして、[6] 段落の和歌についてみんなで話し合ってみましょう。

生徒A——「音羽川」だけでなく、「堰き入れ」とか、他にも共通している言葉があるね。伊勢の方が昔の人のようだから、周防内侍の歌は、伊勢の歌を参考にしているのかな。

教　師——よいところに気づきましたね。伊勢は有名な歌人ですし、この歌も知られていたのでしょうね。

生徒A——じゃあ、[6] 段落の歌も、伊勢の和歌を踏まえているんだね。それから、三首とも「心が見える」というような内容が詠まれているよね。この「心」ってどういう心なのかな。

生徒B——【資料Ⅰ】の和歌は、詞書の「をかしき家つくりたりけるに」に注目すると、「心」の内容がわかるんじゃないかなあ。

生徒C——だったら、【資料Ⅱ】も詞書に注目するといいね。

生徒A――そうだね。【資料Ⅱ】の和歌は【資料Ⅰ】の和歌と同じように「心が見える」って言っているけれど、違う「心」を詠んでいるんだ。それぞれの「心」は、X を表していると思うよ。

生徒B――じゃあ、6 段落の和歌も、【資料Ⅰ】の和歌を踏まえて詠まれているのだよね。和歌の前に「いとをかしく見えければ」とあるから、この歌の「心」は池殿のすばらしさと関係するのかもしれないけれど、(注13)を見ると、この邸を造ったのは刑部卿平忠盛だということだから、この和歌は、Y というようにも解釈できるよね。

教　師――よく考えましたね。文章を読む際、ほかの資料をもとにより深く理解しようとすることも重要です。これからの古文の勉強に役立ててください。

(i) 空欄 X に入る発言として最も適当なものを、次の ①～④ のうちから一つ選べ。解答番号は 29 。

① 【資料Ⅰ】ではすばらしい邸宅を訪れた感激、【資料Ⅱ】では友人を思いやる心の温かさ

② 【資料Ⅰ】では滝を作った人の心の高潔さ、【資料Ⅱ】では人の意見を気に掛ける謙虚さ

③ 【資料Ⅰ】では招待してもらった喜び、【資料Ⅱ】では草稿を見せてくれたことへの感謝

④ 【資料Ⅰ】では庭に趣向を凝らす風流心、【資料Ⅱ】ではよい和歌集を作ろうとする熱意

(ii) 空欄 **Y** に入る発言として最も適当なものを、次の①～④のうちから一つ選べ。解答番号は 30 。

① 敦忠の邸宅と違って、音羽川の水を堰き止めて庭に落とし入れてはいないが、清らかな池の水に、忠盛の重仁親王に寄せる思いが見えることだ

② 敦忠が音羽川の水を堰き止めて庭に落とし入れて庭園を造ったように、贅《ぜい》を尽くして邸宅を築いた忠盛の権勢が池の水に映って見えるようだ

③ 敦忠は邸宅に音羽川の水を堰き止めて導き入れたが、忠盛は新築の邸に自分と重仁親王を招き入れた、その忠盛の心遣いが庭の様子にも見えることだ

④ 敦忠と違い、音羽川の水を堰き止めて庭に落とし入れてはいないけれど、忠盛に守られる重仁親王の輝かしい未来が池の水に映って見えるようだ

## 第5問

次の文章は、唐の末期に黄巣《こうそう》が起こした反乱について記した【史料】と、それについて宋《そう》の学者范祖禹《はんそう》が論じた【論評】である。これを読んで、後の問い（問1～7）に答えよ。なお、設問の都合で返り点・送り仮名を省いたところがある。（配点　45）

**【史料】**

黄巣入リ二長安一ニ、縦《はな》チテレ兵ヲ大イニ掠《かす》メ、焚《や》キ二市肆《しし》（注1）一ヲ、殺シテレ人ヲ満ツレ街ニ。(ア)尤モ憎ミ二官吏一ヲ、得ルレ之ヲ者ハ皆殺スレ之ヲ。

（注）　1　市肆――市場。

**【論評】**

祖禹曰ハク、揚《やう》（注2）雄《いう》有リレ言、曰ハク、「秦《しん》（注3）之有（注4）司ハ、(イ)負二秦之法度一ニ。秦之法度ハ、負二聖人之法度一ニ。」A先王患フル二徳之不ルヲレ達セ二於下一ニ也。(ウ)故ニ挙ゲ二仁賢一ヲ而任ズレ之ニ。上ニ有リテスラ（注5）二恵沢一、下吏猶ホ或イハ不レ能ハ二究（注6）宣スルコト一。而ルヲ況ンヤ君為サバ二聚《しう》（注7）斂《れん》刻《こく》急《きふ》之政ヲ一、則チ其ノ臣阿（注8）意希旨シ、B 必ズ有リ二甚ダシキ者一矣。故ニ秦之末、郡県皆殺シテ二其ノ守（注9）令ヲ一而叛《そむ》クハ、蓋シ怨《ゑん》（注10）疾《しつ》之久シケレバ也。唐之盗賊、尤憎ムコト二官吏ヲ一、亦タ若キレ秦ノ而已《のみ》矣。『詩（注11）』ニ曰ハク、「C 豈《がい》（注12）弟《てい》タル君子ハ、民之父母ナリト。」夫レ為リテレ吏而使メバ三民ヲシテ愛スルコトレ之ヲ如クナラ二父母ノ一、則チ愛スルコト二其ノ君ヲ一 X レ知矣。苟クモ使メバ三民ヲシテ疾《にく》ムコトレ吏ヲ如クナラ二寇《こう》（注13）讐《しう》ノ一、D 則其君豈得不危亡乎。

（范祖禹『唐鑑《とうがん》』による）

（注）
2 揚雄――前漢の学者。
3 秦――秦王朝。厳格な法律による統治を行ったため、末期に反乱が起こった。
4 有司――役人。
5 恵沢――恩恵。
6 究宣――世の中に広く浸透させる。
7 聚斂刻急之政――税を厳しく取り立てる非情な政治。
8 阿意希旨――君主の意向に迎合する。
9 守令――郡や県の長官。
10 怨疾――怨み憎むこと。

11　『詩』――儒家の経典『詩経』のこと。

12　豈弟――安らかで温和なさま。

13　寇讎――仇《かたき》。

問１　波線部(ア)「尤」、(イ)「負」、(ウ)「挙」のここでの意味として最も適当なものを、次の各群の①～⑤のうちから、それぞれ一つずつ選べ。解答番号は［31］～［33］。

(ア)　尤　［31］
① いつも
② とりわけ
③ かつて
④ むやみに
⑤ もともと

(イ)　負　［32］
① 詳しかった
② 従った
③ 頼った
④ 逆らった
⑤ 敗れた

(ウ)　挙　［33］
① 登用して
② 批判して
③ 逮捕して
④ 冷遇して
⑤ 派遣して

**問2** 傍線部**A**「先王患三徳之不レ達二於下一也」の解釈として最も適当なものを、次の①～⑤のうちから一つ選べ。解答番号は 34 。

① 古代の聖天子は仁徳のある人物が民間にいないことを嘆いた。
② 古代の聖天子は自分の恩徳が人民まで届いたことを喜んだ。
③ 古代の聖天子は人民が仁徳を身につけられるように励ました。
④ 古代の聖天子は仁徳のある人物を民間に探し求めようと努めた。
⑤ 古代の聖天子は自分の恩徳が人民まで届かないことを心配した。

**問３** 傍線部**B**「必 有二甚 者一矣」はどういう意味を表しているのか。その説明として最も適当なものを、次の①～⑤のうちから一つ選べ。解答番号は 35 。

① 君主が寛大な政治を心がけても、役人は苛酷な統治を行って人民を苦しめるということ。

② 君主が圧政を行おうとしても、役人は寛大な統治を行って人民を救おうとするということ。

③ 君主が寛大な政治を心がけるのは、役人に苛酷な統治をさせないためであるということ。

④ 君主が圧政を行おうとすれば、役人は苛酷な統治を行って人民を苦しめるということ。

⑤ 君主が寛大な政治を心がければ、役人も寛大な統治を行うよう努力するということ。

問4　傍線部C「豈弟君子、民之父母」は、「君子」と「民」のどのような関係に着目して引用されているのか。最も適当なものを、次の①～⑤のうちから一つ選べ。解答番号は 36 。

① 「君子」は「民」を厳しく統制するべきだという点。

② 「君子」は「民」を思いやって教え導くべきだという点。

③ 「君子」は「民」を差別せず公平に扱うべきだという点。

④ 「君子」は「民」を尊重して自由にさせるべきだという点。

⑤ 「君子」は「民」を対等な相手として接するべきだという点。

問５　空欄 **X** に入る語として最も適当なものを、次の①～⑤のうちから一つ選べ。解答番号は 37 。

① 非
② 自
③ 雖
④ 未
⑤ 可

**問6** 傍線部**D**「則 其 君 豈 得 不 危 亡 乎」の返り点の付け方と書き下し文との組合せとして最も適当なものを、次の①～⑤のうちから一つ選べ。解答番号は 38 。

① 則 其 君 豈 得 不㆓危 亡㆒乎　　則《すなは》ち其の君豈に得るも危亡せざるや

② 則㆓其 君㆒豈 得 不 危 亡 乎　　其の君に則《のつと》るも豈に得ずして危亡せんや

③ 則 其 君 豈 得㆑不㆓危 亡㆒乎　　則ち其の君豈に危亡せざるを得んや

④ 則㆓其 君㆒豈 得 不㆓危 亡㆒乎　　其の君に則りて豈に得て危亡せざるかな

⑤ 則 其 君 豈 得㆓不 危 亡㆒乎　　則ち其の君豈に危亡するを得ざるや

問7 【史料】に記されているような事態を引き起こさないためには、君主と役人はどうすればよいか。筆者が【論評】の中で述べている考えの説明として最も適当なものを、次の①～⑤のうちから一つ選べ。解答番号は 39 。

① 反乱が起こるのは、君主と役人の悪政が人民の激しい怒りを引き起こすことが原因である。したがって、君主と役人は善政を行うことで人民の支持を得られるように努めなければならない。

② 反乱が起こるのは、役人が君主を信頼しないために君主の掲げる政策が人民に行き渡らないことが原因である。したがって、君主は日頃から役人に信頼されるように励まなければならない。

③ 反乱が起こるのは、君主が役人を軽視することで人民が役人の命令に従わなくなることが原因である。したがって、君主が率先して役人を尊重するように心がけなければならない。

④ 反乱が起こるのは、君主が人民の犠牲を顧みず他国への侵略を繰り返すことが原因である。したがって、君主は領土拡大の野心を捨てて人民の生活が安定するように力を注がなければならない。

⑤ 反乱が起こるのは、君主が役人の管理を怠ったために盗賊が野放しになっていることが原因である。したがって、君主は役人が治安の維持に努めるように厳しく管理しなければならない。

MEMO

# 第 3 回

（90 分/200 点）

◆ 問題を解いたら必ず自己採点により学力チェックを行い，解答・解説，学習対策を参考にしてください。

## 配点

| 設　問 | 配点 |
|---|---|
| 第 1 問　現代文（論理的文章） | 45点 |
| 第 2 問　現代文（文学的文章） | 45点 |
| 第 3 問　現代文（実用的文章） | 20点 |
| 第 4 問　古　文 | 45点 |
| 第 5 問　漢　文 | 45点 |

**第1問**　次の【文章Ⅰ】【文章Ⅱ】は、いずれもドイツの哲学者ハンナ・アレント（一九〇六―一九七五）の思想について考察した文章である。これらを読んで、後の問い（問1～6）に答えよ。（配点　45）

【文章Ⅰ】

アレントの『人間の条件』（一九五八年）は、彼女の政治理論が最も体系的に示された著書である。アレントの人間論のなかで最も重要なのは、人間は複数の人びとのなかで生き、互いに異なっているが相互に理解可能だという複数性の概念である。政治とは、複数性の領域における人間の公的な営みである。全体主義権力は、一人の意志によって動かされるという点で、複数性とは反対の性格を具《そな》えていたが、本来あるべき政治は、政治的共同体を一者化せず、あらゆる多様性をもつ個人個人の相互行為として展開していくのである。

『人間の条件』のなかでアレントは、政治を活動として理解しているのだが、彼女の「活動」概念は、ほかの行為形態である「労働」と「仕事」との対比のなかで明らかにされる。つまり、彼女は、そのなかで「われわれが行なっていること」を、「労働」・「仕事」・「活動」に三区分している。それによれば、労働は、生命を維持していくための営みであり、消費するものの生産であり、あとに残らないという意味で虚《むな》しさが付きまとっている。また、「労苦」ということばに示されるように、苦しい、単調な作業である。仕事は、耐久性のあるものの制作であり、孤独な作業だが、完成したときに充実した喜びを味わうことができる。活動は、常にことばを伴い、他者と協力して行《おこ》なう営みであり、その過程において行為者は自己のユニークさを示し、卓越への欲求を充足させることができる。

**A**アレントが活動と仕事を労働より高く位置づけているのは、世界性の有無による。「世界」という概念は、彼女の思想の鍵概念《キー・コンセプト》であるが、それは、彼女が、有限な人間が自分の生命を超えるものを地上に残したり、他者と喜びを共有したりすることができることに価値を置くからである。この世界で限られた生を送る人間は、不死なるものを希求し、多くの場合、子どもを産み育てることによって充足するのだが、仕事によってフ(ア)キュウの作品をつくったり、活動によって人びとの記憶に残り、記録され、物語られたりすることによって世界をつくることもできるのである。

活動の場合、仕事の助けを借りて、記録や歴史や物語として残され、人間の生命を超えることができる。人びととともに構成する人間世界があるから出来事が起こるのであり、人間の生命を超えるものの象徴として世界が理解されているからでもある。つまり、労働は、消費を目的とするものを生産する営みであり、人間が生命維持のためにせざるをえない営みであるのに対し、仕事は「物の世界」をつくり、作者の生命を超える作品を世界に残すことも可能である。活動は、人びととの協力なくしてはなしえず、人間は活動しているあいだ、「人間関係としての網の目」としての公的関係を構成している。この公的関係は人間世界であり、活動は、結果としてよりよき世界を残していくことにもつながっていく。

アレントは、活動がつくり出す世界のことを「人間関係の網の目」と呼び、重視している。というのも、そのような関係のなかで生きることによってのみ、人間は自分のユニークさを表すことができるからである。アレントは人が直接見たり聞いたりすることのできる、触知しうる（感覚的に捉えられる）現実のことを「リアリティの世界」と呼んでいるが、このようなリアリティの世界を実感できるのが、活動の喜びである。アレントは公的領域の価値を強調したが、人間の生活には隠された側面があるから生活の深みを保つことができるのだと考えていた。つまり、完全に公的な場所で送られる生活は(イ)センパクであり、隠された私的領域が存在するおかげで、われわれは、世界の問題に多様なかたちで関わることができるのである。公的世界が重要なのは、出来事を語り合いの対象とすることによって人間的であることを学ぶことができるからであり、それとともに、一人ひとりの人間がかけがえのない個人だからである。

活動には、他者と出会う場が必要であり、あらゆる多様性に開かれた空間が必要である。それこそが公的空間であり、人びとが見知らぬ他者の前に現れ、ことばや行為によって自己を開示する「現れの空間」である。

（寺島《てらじま》俊《とし》穂《お》『ハンナ・アレント再論』による）

【文章Ⅱ】

アレントは古代のギリシアのポリスという政治的な空間を実例として示しながら、人間の活動性には三種類の活動と、それが展開される領域があることを示した。しかしこの領域は、古代ギリシアだけに存在するものではない。

わたしたちが言論と活動によって人々の目の前に登場するとき、つねに「現《あら》われの空間」が生まれるのであり、公的な領域が作りだされているのである。たとえば、個人的な問題ではなく、人々に共通する問題を話し合うために集会が開かれたとしよう。町の自治会でも、学校のＰＴＡでも、個人の私的な利益についてではなく、すべての当事者にかかわる問題を検討する集まりであれば、それは公的な集会だと考えることができるだろう。

B その公的な集会において、あなたが挙手して発言したとしよう。そのときにあなたは議論されている問題にたいして自分の意見を述べることになるだろう。ここで何が起きているのだろうか。まずあなたは公的な問題について関心をもっていて発言する意思があることをその挙手で示したということである。

次にあなたはその自分の発言によって、その集会における議論に影響を与えようとしていることになる。もちろん自分の見《み》栄《え》のために発言する人もいるだろうが、それでもその意見は議論に影響するのである。こうした発言は、他者を言葉によって説得することを目指している。

さらにあなたはその発言によって、自分がどのような存在であるかを暴露している。発言することによって、あなたはこの集会の場で他者の注目を集める。いわば舞台の上に登場して、スポットライトが当たっているのである。他者はあなたに注目し、あなたの発言に傾聴すると同時に、あなたがどのような人柄であるかを暗黙のうちに計るだろう。この発言によって、「行為者は、自分を活動する者として認め、自分が何をするのか何をしたか、何をするつもりであるかということを知らせる」のである。

そしてあなたはこのように発言することによって、他者の批判をうける用意があることを示したことになる。発言するという行為は、他者を説得しようとする試みであると同時に、その人がどのような人であるかを暴露する。その人は発言することで、「暴露の危険をみずから進んでおかしている」のである。発言するということは、そのようにその人の人格とアイデンティティを作りだすと同時に、それを他者の面前にさらけだす行為である。発言はみずから危険をおかすことであり、その危険を引き受けようとする勇気を示すことである。

またこのように発言することは、他者から反論されることを引きうけることである。他者を説得するという行為は、ほぼ確実に他者からの反論をうけ、批判されるということを想定している。それはみずからへの攻撃を招く危険性を引きうけることである。そして他者を説得するためには、他者からの反論に対処し、その反論に反論をするか、新たな議論の地平を示すことによって、その反論をうけいれながらも、それを乗り越える姿勢を示す必要がある。発言するということは、みずからを露呈する勇気を示すことで、他者との間に関係を構築することを引きうけるということである。

そのためには、集会に参加している他の人々が、自分と平等で自由な人々であるということ、そして意見は多様なものであるということを前提としなければならない。こうした発言は、「人間の多数性」を前提とするものであり、しかもそれぞれの個人が自分に独自の意見を、他者と異なる意見をもつユニークな存在であることを明らかにするのである。

この「現われ」の空間は、公的な領域において人々の注目を集め、スポットライトを浴びるという「明るさ」のうちで初めて可能になる。「この明るさは公的な領域だけに存在する」のである。閉ざされた部屋での密議ではなく、人々の集まりにおいて発言することで、あなたはこの明るさのもとに立つ。そして発言とそれへの反論とさらにその反論への反論を通じて、あなたはそこに出席する人々の間に一つの関係の網の目を作りだす。この関係の網の目は、「わたしたちが共通して目に見ている物の世界と同じリアリティをもっている」のである。

あなたは「現われの空間」としての集会において発言することで、このようなさまざまなことを実現するのであり、そこにはつねに公的な領域が生まれるのである。そしてこの公的な領域は、たんに社会における市民的な活動の分野だけではなく、政治の核心的な領域でも実現されるものである。議会における発言がそのような公的な意味をもつのは明らかであるが、アレントはこうした公的な領域が政治的な分野で重要な役割をはたした実例として、一九五六年のハンガリー革命を挙げている。この革命では、市民の間で自然発生的に評議会が形成され、その評議会が地域ごとにまとまった上位の評議会を形成し、それが全国的な評議会の形成にいたり、革命の権力を(ウ)ショウアクしたのである。

一九三〇年代のドイツで失われていたのは、まさにこのような公的な領域だった。人々が大衆としてではなく、市民として発言するための場が失われていたのである。ハンガリー革命のように、こうした公的な領域が成立していたならば、全体主義によって大衆が組織されることはなかっただろう。アレントが古代ギリシアのポリスを例にあげてこうした公的な領域と活動の意味を示したことの背景には、Cそうした現代的な差し迫った動機が控えていたのである。そのことは『全体主義の起原』(注)においても、大衆におけるこうした公的な領域の欠如が、重要な問題として指摘されていたことからも確実であろう。

(中山元《なかやまげん》『アレント入門』による)

(注)『全体主義の起原』――ハンナ・アレントが一九五一年に著した書物。

**問1** 傍線部(ア)・(ウ)・(エ)に相当する漢字を含むものを、次の各群の①～④のうちから、それぞれ一つずつ選べ。解答番号は 1 ～ 3 。

(ア) フキュウ 1
① 病気でキュウガクする
② キュウシキの機械
③ 会議がフンキュウする
④ ロウキュウ化した建築物

(イ) センパク 2
① 武力で他国をセンリョウする
② 愛情のシンセンを測る
③ センセンを布告する
④ ピアノの美しいセンリツ

(ウ) ショウアク 3
① イショウを凝らした建築
② 仏像に向かいガッショウする
③ ショウミ期限が切れる
④ 戸籍ショウホンを取り寄せる

問2　傍線部**A**「アレントが活動と仕事を労働より高く位置づけている」とあるが、アレントが「活動と仕事」を「労働」よりも「高く位置づけている」のはどうしてか。その説明として最も適当なものを、次の①～⑤のうちから一つ選べ。解答番号は［4］。

①　消費を目的とするものを生産する「労働」は、人間が生命を維持するための営みであるのに対して、長く世に残る作品を制作する「仕事」や、ことばを用いて他者と協力する「活動」は、それぞれが自《おの》ずと歴史や物語となって記録されるような、人間の生命を超える営みであるから。

②　苦しく単調な作業が強いられる「労働」は、人々の多様性を抑圧する全体主義的な世界につながりやすいが、他者と協力し合う「仕事」や、作品の完成に喜びを味わう「活動」は、人々の多様性に開かれた本来あるべき世界につながりやすいから。

③　人間が自らの生命維持のために行う「労働」は、公的な営みであり、苦しく単調なものでしかないが、「物の世界」を自らつくり出す「仕事」や、それぞれの人間が自己のユニークさを示す「活動」は、私的な営みであり、個々の喜びにつながるものだから。

④　生命の維持に不可欠な「労働」は、生産したものを消費すればあとに何も残らないが、耐久性のあるものをつくる「仕事」や、ことばを介して他者と協力する「活動」は、人間の生命を超えるものを世界に残すことや、よりよい世界をつくることにつながるから。

⑤　生命を維持するのに必要な営みである「労働」は、労苦をともなう画一的なものにならざるをえないが、耐久性のあるものを制作する「仕事」や、ことばを用いて他者と協力する「活動」は、自己のユニークさを示すことを可能にする営みだから。

問3　傍線部B「その公的な集会において、あなたが挙手して発言したとしよう。」とあるが、そうした場で発言することについての説明として最も適当なものを、次の①～⑤のうちから一つ選べ。解答番号は 5 。

① 公的な集会で他者を説得しようとして発言することは、自分のアイデンティティを示すことでもあるが、それは他者からのさまざまな反論を招くことにもなるため、それらの反論の誤りをそのつど指摘して自分の発言の正当性を保つ勇気が必要とされる。

② 公的な集会で他者を説得しようとして発言することは、他者からの反論を認める用意があることを示すことでもあり、人々が他者との間で忌憚《きたん》のない意見を交わしあうことで、人間は自由で平等であるという普遍的な理念が導き出されていく。

③ 公的な集会で他者を説得しようとして発言することは、他者との関係において自分がどのような存在であるかを示すことであるため、人間の多様性を前提とした集会を実現させるには、参加者のすべてがそのような発言をすることが必要となる。

④ 公的な集会で他者を説得しようとして発言することは、自身を恐れずさらけだすことだが、そのとき発言者は、他者からの反論と向き合うなかで自己の独自性とも向き合っており、そうした議論のなかから人間同士の新たな関係が作られていく。

⑤ 公的な集会で他者を説得しようとして発言することは、そこで議論されている公的な問題に対して強い関心をもっていることを示すことでもあり、私的な利益よりも社会全体の利益を優先するべきだという自分の考えを他者に表明することにつながる。

**問4** 傍線部**C**「そうした現代的な差し迫った動機」とあるが、それはどういうことか。その説明として最も適当なものを、次の①～⑤のうちから一つ選べ。解答番号は 6 。

① 全体主義に支配されたかつてのドイツと同様に、平等な市民が自由に発言することができる政治的な場が失われつつあるという現状を、重要な問題として著作のなかで指摘しなければならないということ。

② 国家のために人々を抑圧するような政治体制が再び成立することを回避するために、多様な人々の自由と平等にもとづいた協議の場を、政治的な領域で何としてでも実現しなければならないということ。

③ 古代ギリシアのポリスと同様、人々が自由な市民として発言できる場を作りだすために、人々を大衆として組織する全体主義的な近代国家を改革し、市民を中心とした新しい国家を建設していかなければならないということ。

④ 市民が自ら形成した評議会を基盤として達成されたハンガリー革命にならって、国民を大衆として組織する全体主義に陥っているドイツにおいても、人々の間で自発的に革命が成し遂げられなければならないということ。

⑤ 人々の自由と平等を前提とした社会の成立を目指して、そうした社会の基盤となる公的な領域を政治的な分野で形成しようとしても、それは不可能でしかないということを、人々に警告しなければならないということ。

問5　【文章Ⅰ】【文章Ⅱ】に関する説明として**適当でないもの**を、次の①～⑤のうちから一つ選べ。解答番号は 7 。

① 【文章Ⅰ】では、理想とする政治についてのアレントの考えが、一人の権力者によって人々が支配されてしまう全体主義と対比して述べられている。

② 【文章Ⅰ】では、アレントの著作を踏まえて、彼女が考える政治とは、「労働」・「仕事」・「活動」から構成される包括的な営みであることが述べられている。

③ 【文章Ⅱ】では、アレントの思想において、言葉によって他者との間に形成される世界が、物理的な世界と同様のリアリティをもつものであることが指摘されている。

④ 【文章Ⅰ】【文章Ⅱ】のいずれにおいても、人間や政治をめぐるアレントの思想が、彼女が実際に用いたさまざまな概念をまじえて詳細に説明されている。

⑤ 【文章Ⅱ】では、アレントの重視する公的な空間が政治的な場面で実現した具体的な事例が挙げられているが、【文章Ⅰ】では、そうした例は挙げられていない。

**問6**　次に示すのは、授業で**【文章Ⅰ】【文章Ⅱ】**を読んだ後の、話し合いの様子である。これを読んで、後の(i)～(iii)の問いに答えよ。

生徒A――**【文章Ⅰ】**と**【文章Ⅱ】**では、「人間関係の網の目」「現れの空間（現われの空間）」など、アレントの思想に関する印象的な言葉が出てくるね。

生徒B――それらの言葉について**【文章Ⅰ】**と**【文章Ⅱ】**では、何か違いはあったかな。

生徒C――「現れの空間」とは公的な領域を意味する言葉のようだけど、［ X ］。

生徒A――**【文章Ⅱ】**では、町の自治会や学校のＰＴＡが「現れの空間」の例として挙げられていたね。

生徒B――そうした集会でのやりとりは**【文章Ⅰ】**を踏まえれば、［ Y ］と捉えることができるよ。

生徒C――僕たちのクラスで行う学級会についても、アレントの考えに即して見直すことができそうだね。

生徒B――そう考えると、哲学者の一見難しそうな思想も身近なものに思えるよ。

生徒A――これまで政治というと国家や政治家の問題だと思っていたけど、二つの**文章**を読むと、［ Z ］というところにアレントの思想の特徴があると言えそうだね。

生徒C――なんだか興味がわいてきた。アレント本人が書いた著作も読んでみたくなったよ。

(i) 空欄 X に入る発言として最も適当なものを、次の①～④のうちから一つ選べ。解答番号は 8 。

① 【文章Ⅰ】では、「現れの空間」において生産されたものが「人間関係の網の目」を通して人々に共有され消費されるということが説明されているのに対して、【文章Ⅱ】では、そうした生産と消費については説明されていない

② 【文章Ⅰ】では、「現れの空間」とは異なる場においても「人間関係の網の目」が形成されるということが述べられているのに対して、【文章Ⅱ】では、そうした「現れの空間」と「人間関係の網の目」の違いは述べられていない

③ 【文章Ⅰ】では、公的な領域における活動が多様で充実したものになるためには、私的な領域の存在が不可欠であるということが述べられているのに対して、【文章Ⅱ】では、そうした私的な領域の重要性は述べられていない

④ 【文章Ⅰ】では、公的な領域での活動においては、人々が互いに異なるユニークな存在であることが強調されているのに対して、【文章Ⅱ】では、人々が互いに平等で均一な存在であるということが強調されている

(ii) 空欄 Y に入る発言として最も適当なものを、次の①～④のうちから一つ選べ。解答番号は 9 。

① アレントの言う「仕事」とは異なり、恒久性とつながるものだ

② アレントの言う「労働」とは異なり、虚しさとは無縁な営みだ

③ アレントの言う「リアリティの世界」を唯一つくり出すことができる

④ アレントの言う「物の世界」とは対立する、言葉の世界を生み出すことができる

(iii) 空欄 Z に入る発言として最も適当なものを、次の ①～④ のうちから一つ選べ。解答番号は 10 。

① 人々の目を政治に向けるには、自分の考えを身近な出来事に即して具体的に説明するしかないと考えた

② 国家の政治体制のあり方が、言葉を用いた市民の活動にいかなる影響を与えるのかということに関心を注いだ

③ 望ましい政治のあり方を考える上で、人間の基本的な行為を分析し、言葉を介した日常的な営みに立ち戻ろうとした

④ 政治の問題を国家や政治家に関する議論に還元せず、経済や文化との関わりにも目を向けて考えようとした

## 第2問

次の文章は、柏原兵三《かしわばらひょうぞう》「星ヶ丘年代記」の一節である。これを読んで、後の問い（問1〜6）に答えよ。（配点　45）

A

私は新制高校（注1）の一年になったら、自分も生徒大会に於《お》いて積極的に発言し、大いに活躍し、学校の歴史作りに参加しようと思っていた。私は将来政治家になって、この焦土と化した日本の再建に一身を捧《ささ》げようという熱意に燃えていた。それでこの小共和国の議政壇上で獅子吼《ししく》することは、政治家として活躍する時のためにもきっと役立つだろうと思われた。議長になってみるのもいいと思った。私の司会のうまさはクラスではすでに定評のあるところであった。私はそれをこの生徒大会というより大きな場合に於ても通用するか確かめてみたかった。そしてもしそれが生徒大会で適用するものならば、更に大きな機会、そしてその上更に大きな機会にも適用するに違いない、と思われた。つまり私が日本の未来を背負う政治家として活躍する機会にもそれは力を発揮するであろうし、私が国際場裡《り》に活躍し、世界の平和のために貢献するために政治活動を展開する際にも同じことが言えるだろう、と思われたのである。

もっとも私はこの希望を心に深く蔵《しま》っていて誰にも明《あか》していなかった。私がこの希望を最初に打明《うちあ》けたのは、それは結局最初で最後ということになってしまったのだが、親友両角《もろずみ》純ただ一人であった。

中学一年から二年にかけての両角は作曲に熱中し、将来は作曲家になるのだといって、独学で和声学までかじっていた。私は何度か彼の家に遊びに行って、彼の作曲になる小曲をピアノで彼が、一本指でだったが、弾くのを聞かせてもらったことがある。そうした点では、両角は、二年あたりから徐々に私の学年の多くの者たちが熱に浮かされるように浮かされ出した創造熱の先駆的存在であった。

B

二年の夏から彼は詩に転向し、詩を書いては私に読ませてくれるようになった。すでにその前から彼は自分で作詞もしていたから詩にも親しんでいたわけだったが、夏から俄然《がぜん》詩に熱中し出したのは、その夏彼が恋に陥り、恋の悩みを歌った詩を数多く作らないではいられなくなったからである。そしてある時彼は作曲家になるのを止《や》め、詩人になることを私に誓ったのだった。

私は専ら歴史、評伝などの読書に親しんでいて、詩はおろか小説の類《たぐ》いも読んでいなかったので、詩を読んだのは、教科書以外には彼の詩が初めてだった。そして自分では説明できなかったが、私は彼の詩にひどく惹《ひ》きつけられるものを感じ、詩人としての彼の才能の豊かさを認めないではいられなかった。そんな私の態度が彼にはよい刺戟《しげき》となったのであろう、彼は今後自分が書くすべての詩作品は君の目に触れさせる、ということを私に誓った。そしてまたいつの間にか、私は彼の影響を受けて、彼が推奨する詩人の詩集や詩論、それから小説の類いを読むようになり、稀《まれ》にではあったが自分でも詩を作り、時には彼の批評を仰ぐことさえあった。

C個性の伸長、という言葉が合言葉《あいことば》のようになっていた。民主主義と個性の伸長とは双生児のような言葉だった。個性を完全に伸長させることができる人間というのが私の理想像だった。そして私は自分の個性は政治家になることによってまったき伸長を遂げさせることができる、と信じ、私のすべては政治家になるための修業として役立つものに傾けられるべきだ、と心ひそかに考えていた。

将来政治家として立つ時の演説の草稿がすらすらと書けるように、新聞や雑誌に寄稿を依頼されても、自ら立派な論文が書けるように、私はよく論文を書いた。社会科の宿題に論文が出ると、私は制限一杯の枚数で書いた。そしてそのほかに自分で主題を選んでは一ケ月位資料を漁《あさ》って勉強し、三四十枚の論文をものにしては、「社会」の谷先生に批評を仰いだ。彼は京都大学で国史を専攻し、卒業するとすぐ赴任して来た先生だったが、情熱を籠《こ》めて「社会」の授業の運営にあたり、多くの生徒たちから鑚仰《さんぎょう》されていたのだ。彼は私がほとんど毎月提出する論文を丹念に読んでくれ、誤字を訂正し、朱筆で綿密な批評を書いてくれた。私が書いた論文の題名を記せば、「中国の前途」だとか、「日本再建の道」だとか、「農業立国論」だとか、「国際連盟と平和」だとか、「移民立国の可能性」だとか、いったものであった。

両角は私の政治家志望を聞くと、私の意図を壮としてくれ、大いに激励してくれたが、私が書くそうした論文についてはまったくといっていい程関心を示さなかった。彼は自分の世界と自分の好みに恐るべく忠実であった。そして私に彼がなろうとしている詩人が住もうという国、すなわち詩の世界、広義には文学の世界の広さと深さについて倦《う》むことなく語り、しかも私を飽きさせなかった。

十月の末に行《おこ》なわれた文化祭に、私は水彩画を出品した。一年生の時に描いた焼跡《やけあと》の写生画を絵の先生にひどく褒められたのが機縁で、私は絵にかなりの情熱を傾けるようになったのだった。私は絵の好きな友人二人と共に、絵の同好会を作って、焼野原《やけのはら》を描きに出かけたり、静物画を競作したりしてかなりの数の絵を仕上げていた。その中の幾つかを選んで私はその二人の友人、岡本と森下と共に出品した。

私は自分が文化祭に参加し、自分の存在の徴《しる》しを文化祭に留《とど》めることができたと信じられることで満足していた。すべて創造的な、未来に向かって進む活動には積極的に参加し、自分の内なる宇宙を拡《ひろ》げ、自己を限りなく伸ばして行こう、というのが私のゆるぎない生活の原理であった。

両角は岡本の絵を認めていた。彼は私の絵を余り高く評価しなかった。色の感覚はすぐれているが、デッサンの力が岡本より数等落ちるというのであった。森下はデッサンがすぐれているが、全体に弱々し過ぎて生命力が稀薄《きはく》で余り感心できない、というのが両角の批評であった。私は彼の批評を概《おおむ》ね認めた。そして自分が岡本のように画家を志していないことを幸いに思った。なぜなら、もしそうだとしたら、私がその感覚に信を置いている両角の批評は私にとって大きな打撃とならずにはおかなかったろうから。岡本が自己実現の道を画家になることにおいて求めようとしているのに対して、私はそれを政治家たることに求めているのだったから。

文化祭が終《おわ》ってしばらくすると私の誕生日だった。その一週間前に、D両角は私に、君の誕生日に、誓書を交換しよう、つまり将来の理想の実現を文書に記して誓い合おうではないか、と提言した。私はそれを私の誕生日に取り行なおう、といってくれた彼の友情に感激した。

誕生日の当日放課後、彼は私にくるくると丸めて赤いリボンで縛った三枚の紙に書かれた誓書を手渡してくれた。戦前のものらしい、厚地の上等の紙に次のような言葉が、ペンで、彼独特の大きな字で書かれていた。

極秘

誓書（右拇印《ぼいん》）

昭和二十二年十一月十日心友安西氏に次の事項を固く誓ふ。神も見よ、人も知れ、絶対にこの事を変へないことを。

主イエスの名によりて――

一、僕は詩人、または芸術家として、真の芸術と文化日本の為《ため》死を賭して戦ふ。単にこれは少年の夢ではない、空想ではない……神のみぞ知る。

一、若し僕がどんなに富豪にならうとも、又いかに貧しくとも、絶対に安西君と心友として交際すること、以上のこと絶対にまもること。

僕の若き血は高貴なる芸術の為燃えてゐる……

僕は絶対芸術家にならう、絶対……芸術の為にも、文化国日本の為にも……

僕達が大学へ行く頃になると、これらのことを単なる少年の夢にすぎなかったとするのではなからうか、それを僕は恐れる。

安西君、その時君は僕に高き理想――芸術の灯をつけてくれ給《たま》へ。僕も君の為に出来るだけの事をしよう……いやする。

以上の事絶対に厳守する。

昭和二十二年十一月一日

両角純　印（僕は君がこの誓書を笑ふことを恐れてゐる）左拇印

大いなる高きイエスよ、冀《こひねがは》くばこの誓書に永遠の生命を与へんことを。

読み終って、私は自分の誓書がひどく簡単な形式のものであったことを、両角に対して恥ずかしく思った。この誓書の仰々

第3回

しさが、両角の真心の詩人らしい反映であることが分《わか》り過ぎる程分ったからである。私の誓書は、巻紙《まきがみ》に筆で、満十四歳の誕生日にあたって、親友両角純君に、自分が将来政治家として、文化国家日本と世界の平和のために一身を挺《てい》することを誓う旨を月並な文句で書き記したものに過ぎなかった。それが私には両角に対して、彼の真率さに自分が充分応えていない表《あら》われのように思われて、羞《はず》かしくてならなかったのである。

二年から三年になる時の春休みに、私は両角から電話をもらった。姉が愈々《いよいよ》文学座の舞台を踏むことになったから君と岡本の二人を招待したい、というのである。

当日私は岡本と渋谷で待合《まちあ》わせた。驚いたことに岡本は頭を刈上《かりあ》げにして来ていた。

「伸ばすつもりかい」と私がいうと、

「そうだよ」と彼は笑って答えた。

まだ二年生で頭を伸ばしている生徒は一人もいなかった。もしかすると岡本は二年生の中で初めて髪の毛を伸ばしたという栄光の所有者となるかも知れなかった。私は彼の勇気に感心した。実は私もまたひそかに髪の毛を伸ばす時期を狙っていたからである。

岡本は頭を刈り上げにして来ただけではなかった。彼は今までに着たことのない背広を着、しかも赤いネクタイを締めて来た。もちろんズボンには真直《まっす》ぐ一本折目《おりめ》が入っていた。私のズボンについていた折目はもう消えていた。そればかりか膝がふくらんで不恰好《ぶかっこう》なズボンになっていた。私が「貴公子」のように見えないことは確実だった。ただ私が誇っていいことは、私が星ヶ丘中学の生徒だということだった。それは世間に私が星ヶ丘の「秀才」であることを裏書きしてくれる筈《はず》だった。私は単に星ヶ丘中学の生徒であるだけではない。私は星ヶ丘中学で、クラスの自治委員をしているのだ。私の帽子についている徽章《きしょう》と、作った当時の面影はないがともかく星ヶ丘中学の制服に違いない服が私がその名門校の生徒であることを語ってくれる筈であった。残念なのは私が自治委員であることを示してくれるような徽章、バッヂの類いがないことだった……

私は電車に乗ってから岡本が帽子をかぶっていないことに気がついて驚いた。帽子をかぶって来ない生徒が殖え出していたが、二年生にはまだ一人もいなかったのだ。すると彼は帽子をかぶらない生徒の仲間入りをすることに意を決したのだろうか。私は校長先生が月曜日の朝の朝礼の話の中で屢々《しばしば》触れる注意のことを思い出した。校長は帽子をかぶって来ない「不逞《ふてい》な生徒」についてたびたび触れ、みなが学業を本分とする中学生徒にふさわしい身なりを守ることを、屢々警告していたのだった。

岡本が髪の毛を、ポマード（注2）できちんと七三に分けたら、映画で見るフランスの中学校の生徒のように見えるかも知れない、と私は思った。彼は二年生の春からアテネ・フランセ（注3）に通ってフランス語を習っていた。中学卒業までにフランス語をマスターして、パリに絵を修業に行くというのが彼の夢だった。そして彼は彫りの深い顔立ちをしていて、色が白かった。だから彼が髪の毛を七三に分けたらフランスの中学生のように見えるのは確実だった……。私は彼が帽子を脱いで自分を匿名的な存在に置いている勇気に心ひそかに敬服しないではいられなかった。**E**何といっても僕は弱いのだ、と私は思った。僕は裸の僕自身をして世界に僕と対置させることができるような存在に自分を育て上げなくてはならないのだ。私は自分も髪の毛を伸ばし、髪の毛をポマードで七三に分け、帽子を自分の意志で捨てる時のことを想像した。その想像は私の自尊心に快く訴えかけるものがあり、そして冒険に富み、スリルに満ちていた……

（注）1　新制高校――旧学制下の高等学校に対し、昭和二二年（一九四七年）に公布された学校教育法に基づく高等学校の呼称。新制の高等学校は、公布後、一年間の準備期間を経て、昭和二三年度から発足した。主人公は五年制の旧制中学校に通っているが、三年修了とともに新制高校一年への編入が決まっている。

2　ポマード――油性の整髪料。髪の毛を左右どちらか片側から七対三に分ける「七三（分け）」などのように、髪を固定する髪型に適する。

3　アテネ・フランセ――一九一三年創立の語学専門学校。

**問１**　傍線部**A**「私は新制高校の一年になったら、自分も生徒大会に於て積極的に発言し、大いに活躍し、学校の歴史作りに参加しようと思っていた。」とあるが、こうした「私」についての説明として最も適当なものを、次の①～⑤のうちから一つ選べ。解答番号は［11］。

① 政治家として名をあげたいという夢を持つ「私」は、その夢を実現させるためにはどんな些細《ささい》なことにでも取り組み、人間としての幅を広げることが何よりも大切だという気持ちになっている。

② 焦土と化した日本を再建したいという熱意に燃える「私」は、新制高校の生徒会で活躍することが、日本を再建するための大事な一歩になると信じ、そうした自分の思いを臆することなく公言している。

③ 世界の平和に貢献したいという高邁《こうまい》な理想に燃える「私」は、そのために何をなせばよいか熟考した末に、まずは手近なところから始めるしかないという結論に達している。

④ 日本の未来を担う政治家になりたいと思っている「私」は、旧態依然とした新制高校の改革に取り組むことで、自分に政治家としての資質があることを証明したいと考えている。

⑤ 政治家になって大いに活躍したいと願っている「私」は、そのために有益だと思われることにはどんどん挑戦し、自らの理想に近づいていきたいと前のめりになっている。

問2　傍線部B「二年の夏から彼は詩に転向し、詩を書いては私に読ませてくれるようになった。」とあるが、こうしたことについての説明として最も適当なものを、次の①～⑤のうちから一つ選べ。解答番号は 12 。

① 音楽に熱中していた両角は、熱烈な恋に陥ったことがきっかけとなって詩作に耽《ふけ》るようになったが、「私」は両角が詩人に転向したということを歓迎する一方で、転向した理由については違和感を払拭できなかった。

② 創造に対する熱意が誰よりも強かった両角は、音楽から詩へと興味の対象を移したが、音楽家としての両角の才能を深く愛する「私」は、両角を応援しつつも、彼が音楽を捨てたことに一抹の寂しさを感じずにはいられなかった。

③ 作曲家となるための努力を続けてきた両角は、恋をしたことを契機に詩を書くことに熱中するようになったが、両角に一目置いている「私」は、両角の作る詩に強い魅力を覚え、それをきっかけに文学の世界に目覚めることになった。

④ 作曲家になるはずだった両角は、恋に悩んで詩人となる道を歩むことになったが、両角に絶大な信頼を置いていた「私」は、そうした両角の転向を認めたばかりか、自分も詩人となることをひそかに夢想するようになった。

⑤ 音楽家になる夢を抱いてきた両角は、恋をしたためにあっさりとその夢を捨て、詩人となることを夢みるようになったが、両角の親友を自認する「私」は、より困難な道を進もうとする両角をどこまでも支えていくことを心に誓った。

**問3** 傍線部**C**「個性の伸長、という言葉が合言葉のようになっていた。」とあるが、ここでの「合言葉」についての説明として最も適当なものを、次の①～⑤のうちから一つ選べ。解答番号は 13 。

① 民主主義と切っても切り離せない言葉として戦後の日本で流行した言葉であり、政治家になることこそが自らの個性を伸ばす最良の手立てになると「私」に思わせたが、そうした思いは周囲の友人たちにも共有されることになった。

② 民主主義と対になるものとして戦後の日本で多くの人が口にした言葉であり、誰もが夢中になったが、その内実に対する検討を欠いたまま支持される傾向が強く、社会の情勢に流されやすい青少年に悪影響を与えかねなかった。

③ 民主主義と同じく、戦前の日本の風潮に対する反省から生まれた言葉であり、「私」にも大きな影響を与えたが、政治家となることによってしか個性の伸長は望めないという偏狭な考えを「私」に植えつける原因にもなってしまった。

④ 民主主義と深く結びついた言葉として戦後の日本を席巻《せっけん》した言葉であり、多感な時期の「私」の生き方を決定づけ、政治家の道を歩ませることになったが、周囲の友人たちに対してはそれほど強い影響を与えることはなかった。

⑤ 民主主義同様、戦後の日本においてもてはやされた言葉であり、「私」もそうした言葉に心酔し、人として求めるべきありかただと信じ切っていたが、そうしたことは「私」の周囲の友人たちにおいてもおおむね言えることだった。

問4 傍線部D「両角は私に、君の誕生日に、誓書を交換しよう、つまり将来の理想の実現を文書に記して誓い合おうではないか、と提言した」とあるが、こうしたことについての説明として最も適当なものを、次の①～⑤のうちから一つ選べ。解答番号は 14 。

① 両角の真情あふれる誓書を読んだ「私」は、抑制のきいた文体で綴《つづ》られた壮大な夢に感嘆するが、それとともに自分の書いた誓書が両角のそれに遠く及ばないことを実感し、両角に対して申し訳ない気持ちに襲われた。

② 親友である両角が書いた誓書を読んだ「私」は、主イエスに誓うという形式の誓書を初めは大仰だとしか思わなかったが、やがてそこに込められた両角の真率な気持ちがわかり、自分の書いた月並な誓書を恥じる気持ちになった。

③ 両角の誓書を読んだ「私」は、彼の自分に対する熱い友情に感謝するとともに芸術家を志す強い意志に感動すら覚えるが、それとともに、そうした友に比べて自分がいかに平凡な人間であるかを嘆かずにはいられなかった。

④ 両角の友情あふれる誓書を読んだ「私」は、そこに隠しようのない才能を見て驚嘆し、彼の詩人としての成功を確信するが、その一方で、自分の誓書が月並な文句を並べたつまらないものでしかないことを恥ずかしく思った。

⑤ 両角のものものしい誓書を読んだ「私」は、そこに包み隠しのない思いがあふれていることを痛感すると同時に、そうした両角に対して、通り一遍のことしか書けなかった自分を面目なく思い、彼に合わす顔がないと思った。

問５　傍線部Ｅ「何といっても僕は弱いのだ、と私は思った。」とあるが、なぜ「私」はそう思ったのか。その理由として最も適当なものを、次の①～⑤のうちから一つ選べ。解答番号は［15］。

①　自分が誇りに思っている星ヶ丘中学校の自治委員であるということなど世間の人から見れば何ほどのことでもないという事実を、身一つで世界と対峙《たいじ》している岡本の存在が知らしめてくれたから。

②　自分が自分であるということだけでは自信を持つことができずに、世間が認めるような権威に寄りかかってしまっている自分のちっぽけなあり方を、それとは対照的な岡本の存在によって突きつけられたように思ったから。

③　学校や世間が強いる学生らしさに辟易《へきえき》としていたものの、取り立てて何もできずにいる自分とは違って、そうした権威的なものに対して公然と反旗を翻し、学校や世間の方を変えようとしている岡本が、まぶしく感じられたから。

④　新しい時代にふさわしい人間になりたいと思ってはいるものの、その一方で自分が変わることを恐れている臆病な自分にとって、軽やかに変わり続ける岡本は、自分を奮い立たせてくれる存在だったから。

⑤　自分のスタイルを確立したいと思いつつも、なかなかそれを実現できずにいる自分自身に忸怩《じくじ》たる思いを抱いていたが、そうしたことをやすやすと実行できている岡本の存在を目の当たりにして、嫉妬に駆られたから。

**問6**　Wさんのクラスでは、本文の理解を深めるために教師から作家の**【年譜】**と**【資料】**が提示された。Wさんは、これらを参考にし、本文で描かれた主人公の学生生活を考察し、**【文章】**を書いた。このことについて、後の(i)・(ii)の問いに答えよ。

**【年譜】**

昭和八年
　十一月　千葉市に生まれる。
昭和十五年(六歳)
四月　渋谷区立千駄谷小学校入学。
昭和十九年
四月　縁故疎開のため、父の郷里、富山県下新川郡入善町上原小学校へ転校。昭和二十年八月終戦となり帰京。
昭和二十一年(十二歳)
四月　府立一中入学。
昭和二十七年(十八歳)
三月　都立日比谷高校卒業。

(『柏原兵三作品集　第七巻』収録の「年譜」より一部抜粋)

**【資料】**

小学生時代の柏原は、競争心が強く、学習に熱心で、統率力もあり、気負いに満ちた少年であったそうだ。死後出版された『柏原兵三の人と文学』に、彼の担任をした先生が、彼は「アジア十億の民の指導者になるのだ」という途方もない望みをたぎらせていた、と書いている。必ずしも時代の影響ばかりではないであろう。私はそこに、大らかに育てられた少年の一典型を見るような気がする。彼の幼児感覚は、そうした幸福感と、常に緊密に結び付いていたような気がする。

幼い柏原が、ひっそりと鎮まった住宅街の小路《こみち》を歩いて行くさまを、私はたやすく想像する事が出来る。紺色の学童服に、午後の陽《ひ》が暖《あたたか》く沁《し》みていただろう。緑の生垣に左右を区切られた小路に人影はなく、足許《あしもと》の砂礫《されき》の軋《きし》む音がはっきり聞《きこ》えただろう。そういう感覚を大切に抱きながら、彼は、『卵の殻』や『星ヶ丘年代記』のような、回想記風の作品を、次々に書いて来たのだったろう。

（『柏原兵三作品集　第二巻』収録の高井有一「解説」による）

【文章】

【年譜】によれば、柏原が府立一中に入学したのは、昭和二十一年。本文の（注1）にあるようにその翌年には学校教育法が公布され、昭和二十三年度からは新制の高等学校が発足するのだから、柏原自身の青春期は終戦直後の激動の時期に重なっているといえるだろう。

【資料】によれば『星ヶ丘年代記』は、「回想記風の作品」だということになるが、それをそのまま信じれば、『星ヶ丘年代記』は、柏原自身の青春が色濃く投影された小説だということになる。たしかに、『星ヶ丘年代記』の主人公安西は、［ Ⅰ ］。ただし、『星ヶ丘年代記』の作品としての魅力は、そうした主人公の造型だけにあるわけではない。それに加え、［ Ⅱ ］もこの小説の大きな魅力の一つとなっている。

(i) 空欄 Ⅰ に入るものとして最も適当なものを、次の①〜④のうちから一つ選べ。解答番号は 16 。

① 【資料】で紹介された小学生時代の先生から見た幼い柏原の姿をどこかにとどめつつも、世故に長《た》けたところのある人物として造型されている

② 日本を自らの手で立て直すという壮大な夢を抱いた、覇気のある人物であり、【資料】で紹介された、小学生時代の先生から見た柏原のあり方と通じるところがある

③ 自らの理想に燃え、次々と改革を起こす果断な人物として造型されており、【資料】で紹介された、小学生時代の先生が見抜いた柏原の資質が、戦後大きく花開いたことがうかがえる

④ 【資料】で紹介された小学生時代の先生から見た柏原のあり方とは異なり、敗戦後の日本の姿とどこか重なるような悄然《しょうぜん》とした姿を見せている

(ii) 空欄 Ⅱ に入るものとして最も適当なものを、次の①〜④のうちから一つ選べ。解答番号は 17 。

① 主人公と彼を取り巻く個性豊かな友人たちとのありようが、新時代の息吹のようなものを伝えている点

② 友人たちとの間に起こる軋轢《あつれき》とその後の和解が、戦中から戦後への時代の変化と重ねられている点

③ 主人公の視点だけでなく、友人たちの視点が加わることで、奥行きのある回想記風の作品になっている点

④ 国のためではなく、自分自身のために生きたいと願う青少年たちの群像劇になっている点

## 第3問

Kさんは、公共図書館について無料で本を借りるか、新聞・雑誌を読むか、あるいは受験生が自習室として使うかといったイメージしかなかったが、【資料Ⅱ】の 文章1 を読んで、「図書館が大きく変化、もっと言えば、進化している」ことを知った。そこで、公共図書館についていろいろ調べてレポートを書くことにし、【レポートの構想】を立てた。なお、【資料Ⅰ】・【資料Ⅱ】はKさんが見つけた資料の一部であり、【資料Ⅲ】・【資料Ⅳ】はKさんが調べて作成したものである。これらを読んで、後の問い（問1～4）に答えよ。（配点　20）

【レポートの構想】

1　【資料Ⅰ】の図表と【資料Ⅱ】～【資料Ⅳ】の文章とを対照することで読み取れることを指摘する。

2　【資料Ⅱ】～【資料Ⅳ】を踏まえ、「大きく変化、もっと言えば、進化している」（文章1）と言われる最近の公共図書館の特徴について指摘する。

3　【資料Ⅰ】の 表1 から確認できるように、公共図書館の予算は1998年をピークとしてそれ以後は削減され続けているのに、【資料Ⅰ】の 図1 から確認できるように、図書館の数は増加し続けている。その理由として考えられることを【資料Ⅱ】～【資料Ⅳ】を踏まえて指摘する。

4　【資料Ⅰ】～【資料Ⅳ】を踏まえて、今日の公共図書館の課題はどのような点にあるかを指摘する。

第３回

【資料Ⅰ】

図１　図書館（同種を含む）数の推移

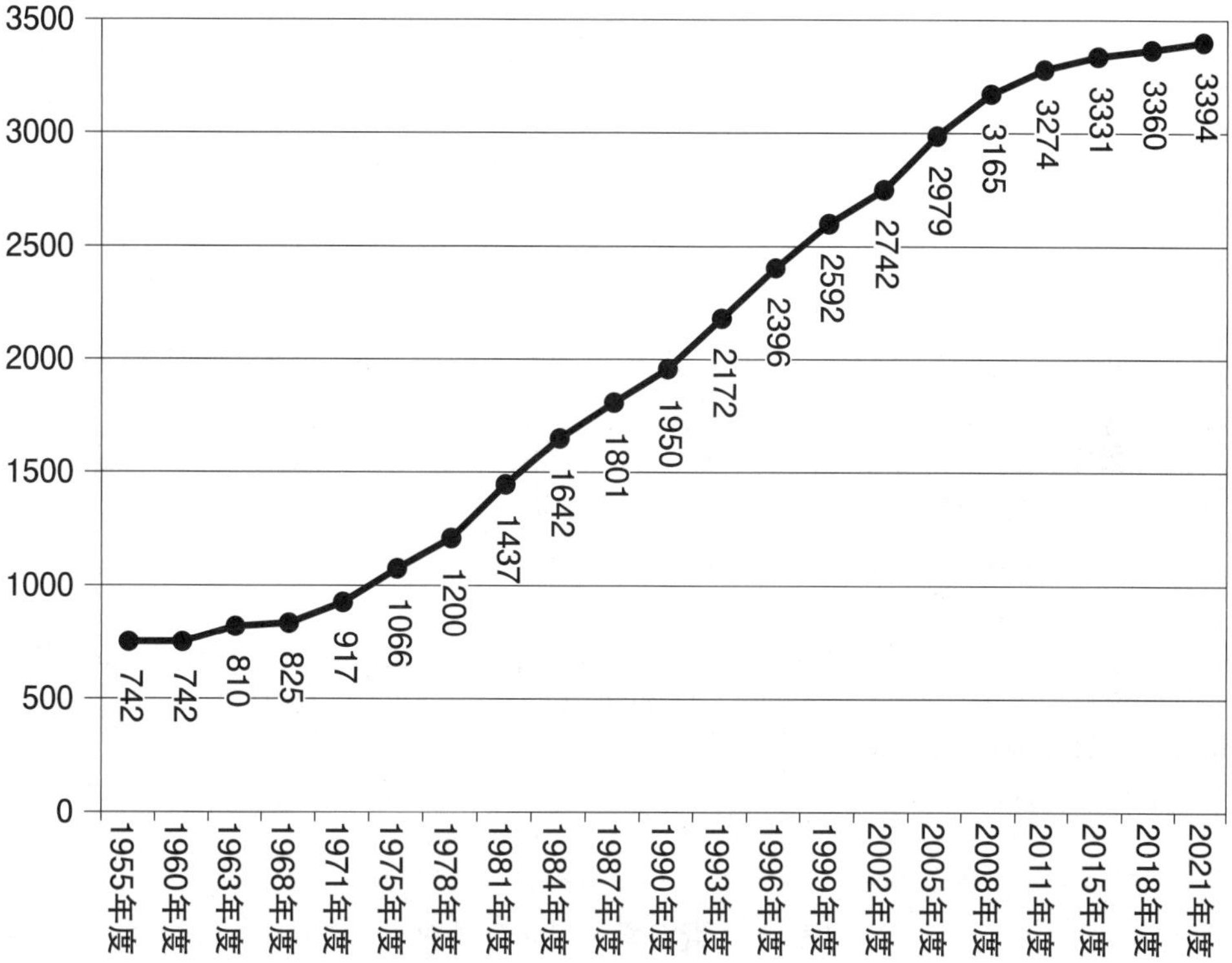


図２　施設利用者数の推移

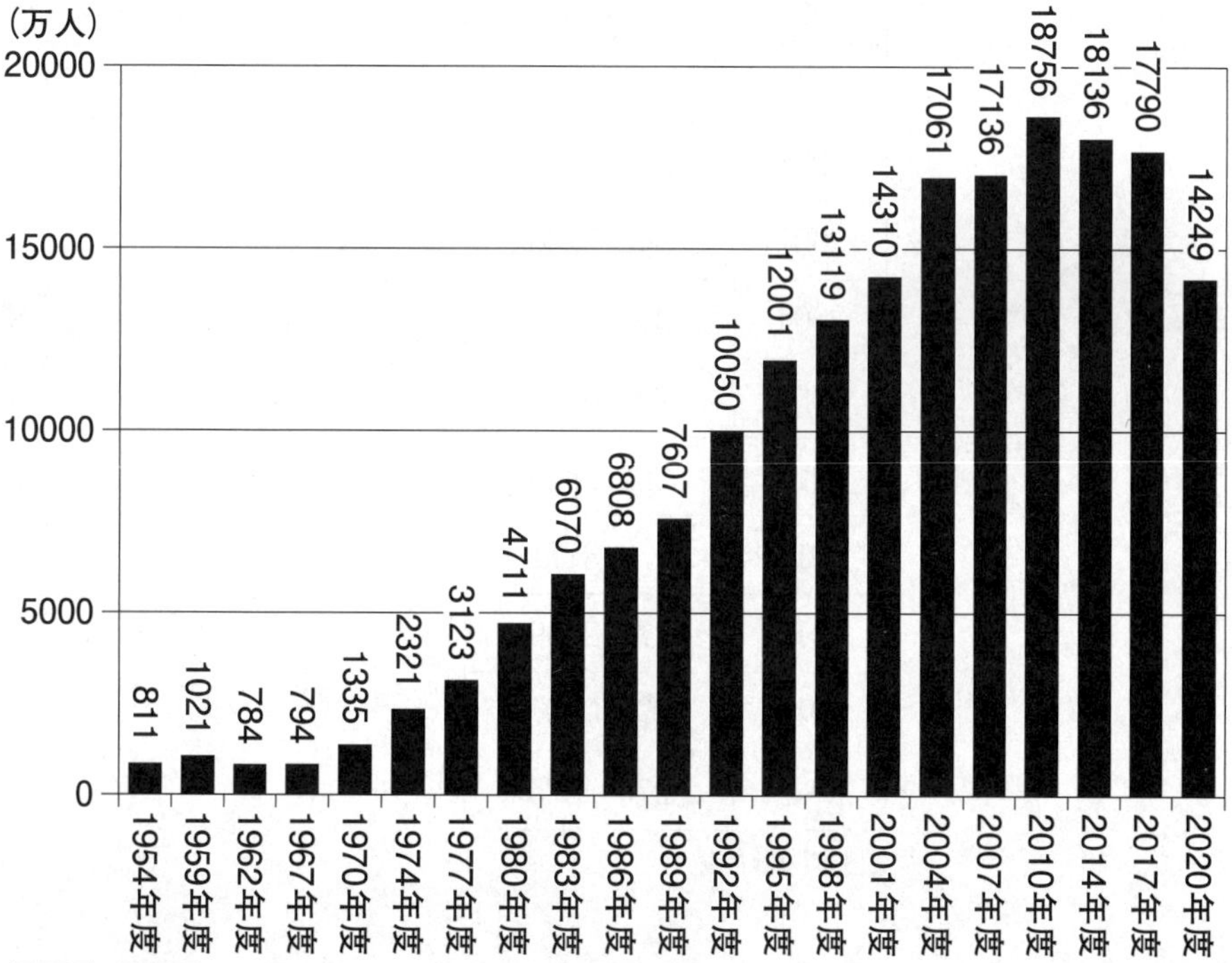


（図１、図２ともに文部科学省がほぼ３年おきに実施している「社会教育調査」をもとに作成）

図3　図書館職員数の推移

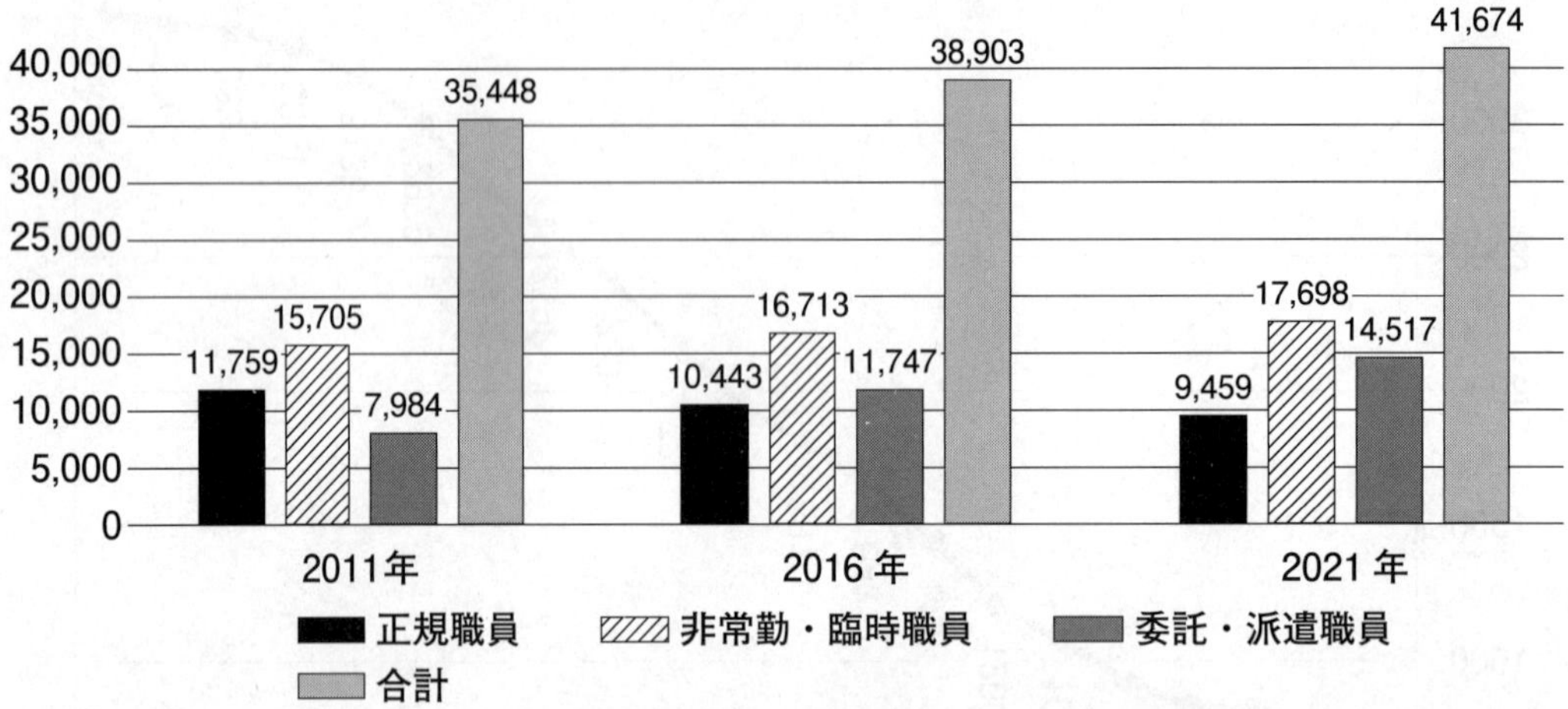


※「非常勤・臨時職員」、「委託・派遣職員」などの非正規職員は、正規職員と比べて雇用が不安定であり、賃金が低く、キャリアアップが難しいと言われている。
（日本図書館協会「日本の図書館統計」をもとに作成）

表1　資料費・当年度予算

| 年 | 予算（億円） |
|---|---|
| 1992 | 291.4363 |
| 1995 | 328.5222 |
| 1998 | 350.7383 |
| 2001 | 342.3836 |
| 2004 | 318.7244 |
| 2007 | 299.6510 |
| 2010 | 284.1626 |
| 2013 | 279.3171 |
| 2016 | 279.2309 |
| 2019 | 279.0907 |
| 2022 | 276.4325 |

（日本図書館協会）

## 【資料Ⅱ】

**文章1**

最近、図書館に足を運んだことがあるだろうか。「本はあまり読まない」「自分には関係ない施設」と思っている人にこそ、耳を傾けてほしい。今、図書館が大きく変化、もっと言えば、進化しているのだ。

もともと図書館は、開放された「知のネットワーク」の一端を担う存在だ。特に地方では、その地方ならではの資料が集まって先人の知恵や歴史が蓄積されていく、ローカリティーの拠点でもあった。私自身も地方紙の新人記者だったころ、社宅の近くにあった島根県立図書館に週末ごとに通って県の風土や歴史に関する本を読みあさった。

変化のきっかけは、1990年代後半、米ニューヨーク公共図書館（注1）による企業や商品開発、技術開発などへの手厚いビジネス支援が日本で紹介されたことだと言われている。2000年に国内で「ビジネス支援図書館推進協議会」が発足して流れが加速した。その後も個人の課題解決の後押しなどに幅が広がっている。

その代表格とも言えるのが、鳥取市にある鳥取県立図書館（注2）。従来の図書館のイメージにとどまらない取り組みを進めている。

図書館への期待の高まりは、その数にも表れている。日本図書館協会のまとめでは、（注3）2021年の全国の公共図書館の数は3316館で、10年前より106館、30年前と比べるとなんと1332館も増えている。

（田中輝美《たなかてるみ》「進化する図書館へ足を」朝日新聞2023年3月2日による）

（注）1　米ニューヨーク公共図書館――観光名所としても名高い本館を含む計92の図書館からなる世界最大級の知の殿堂。ビジネスだけでなく、芸術、教育、研究、言語などさまざまな分野で課題を抱えている人々の支援も行うと同時に、移民、障害者、高齢者、子どもなどあらゆる種類の人々を対象にした幅広いサービスも提供している。独立法人であり、財政的基盤は市の出資と寄付によって成り立っている。

2　鳥取県立図書館――【資料Ⅲ】の鳥取県立図書館の項を参照のこと。

3　2021年の全国の公共図書館の数は3316館――【資料Ⅰ】の 図1 では2021年の図書館数は3394館になっているが、この差は「同種を含む」か否かの差だと考えられる。

文章2

わが国の図書館が、市民が自由に書架を行き来して借りたい本を取り出し、貸出利用ができるようになって、わずか五十年あまりである。一九七〇年代以降の公共図書館は、本がある「場所」であり、その「機能」は、資料提供であった。その基本はいまだに変わらない。しかし、図書館建築の歴史を振り返れば、その「機能」の多様化に沿うように「場所」としての設計が変化を遂げてきたことがわかる。

一九五〇年代、(注1)図書館建築は、整然と並んだ閲覧机と、受付カウンターによって隔絶された、利用者が立ち入ることのできない書架室で構成されていた。七〇年代以降、図書館は「本を借りるところ」であるとする考えが設計思想の前面に現れた。つまり、できるだけ書架を多く配し、閲覧スペースに割かれる面積は最低限に絞られる平面計画となる。図書館の本は、借りて帰って読むものだから、図書館に閲覧スペースは不要である。

一九九〇年代に入ると、「滞在型図書館」という設計思想が出始めてくる。高度経済成長を遂げ、GDP(国内総生産)が世界第二位となったわが国は、バブル景気に沸いた。趣味や余暇の過ごし方が多様化し、図書館にも潤いがある時間を過ごせる「居場所」が求められるようになった。

二〇〇〇年代に入ると、市民の交流の場として図書館が注目され、「出会いの場」という機能が社会教育施設の図書館に期待されるようになった。

そして二〇一〇年代、図書館の機能はますます多様化の様相を呈する。「地域活性化」や「にぎわい創出」というキーワードはすでにあったが、何といっても大きな事件は、佐賀県武雄《たけお》市のいわゆる「ツタヤ図書館」(注2)の開館だろう。外資系カフェが入った東京・代官山のオシャレな蔦屋《つたや》書店が、図書館という機能を身につけ、人口五万人の地方都市に新たな公共空間を作り出したとして話題になった。武雄市図書館は一躍、地域活性化の成功事例としての評価を得ることになったのである。

(嶋田《しまだ》学《まなぶ》『図書館・まち育て・デモクラシー』による)

（注）１　一九五〇年代——一九五〇年代から六〇年代までの図書館は「図書の保存と管理の場所」であった。
２　ツタヤ図書館——蔦屋書店を経営する企業ＣＣＣ（カルチュア・コンビニエンス・クラブ）を指定管理者とする武雄市図書館のこと。
武雄市図書館については**【資料Ⅲ】**のその項を、指定管理者（制度）については**【資料Ⅳ】**を参照のこと。

**【資料Ⅲ】**

**斬新な図書館の例**

1　**鳥取県立図書館**

・2004年からビジネス支援に取り組む。公共図書館きってのビジネス支援図書館。

・鳥取市の企業が「シャッターガード」を開発するにあたって、シャッターの市場動向や台風に関するデータなど基礎的な資料を提供するだけでなく、鳥取県産業技術センターの研究員や国民生活金融公庫の融資課長など、商品開発や起業を手助けしてくれる人を紹介した。「シャッターガード」は2013年に特許庁長官賞を受賞する。

・図書館の資料を使った調べものをサポートする「レファレンス」も充実している。

2　**千代田図書館**(東京都)

・2007年５月のリニューアル開館以後、指定管理者制度を導入する。

・近隣で働くビジネスパーソンが利用しやすいように設計されている。

・平日は夜10時まで開館しているので、仕事帰りでもゆっくりと滞在できる。

・貸出し中で探しにきた本がなかった場合、コンシェルジュがその本を近隣の神保町の書店や古書店のデータベースで探して案内してくれる。

3　**武蔵野《むさしの》プレイス**(東京都武蔵野市)

・図書館を核とし、生涯学習支援、市民活動支援、青少年活動支援と４つの機能を備える公共「複合機能施設」として、駅前の一等地に2011年に開館した。

・「市民の居場所」をめざして設計されており、オープンスペースにあるカフェには雑誌を持ち込むことができる。

・指定管理者として運営を任されているのは「公益財団法人武蔵野文化生涯学習事業団」である。

4　**まちとしょテラソ**(長野県小布施《おぶせ》町)

・2004年に「新図書館構想」の公約を掲げて当選した町長が、町民を巻き込んで勉強会を立ち上げた。新図書館の建設が決まった後、2007年に町民が中心となって「図書館建設運営委員会」を発足し、館長を公募で選んだ。その後、何回もの会議を経て、2009年にこの「町民が主役の図書館」がオープンした。

・デジタルアーカイブを活動の軸のひとつとしており、町に伝わる文化財や美術作品はもちろん、高齢の町民のオーラルヒストリーまでデジタルアーカイブ化している。

5　**武雄市図書館**(佐賀県)

・2013年、市長の強い指揮のもと、蔦屋書店などを経営する企業CCCを指定管理者とする、「代官山蔦屋書店」のコンセプトを取り入れた図書館として、リニューアル・オープンした。

・スターバックスカフェや蔦屋書店が入っており、自動貸出機を利用して本を借りると、利用カード(Tカード)にポイントがつく。

・開館時間が従来の午前10時から午前９時に早まり、閉館時間も午後６時から午後９時まで延長している。

・全国放送のニュースでも取り上げられ、県外からも来館者を呼び起こすことになった。その話題性と集客力に、全国の自治体関係者の視察が相次ぎ、その影響でCCCを指定管理者とする公立図書館がいくつか現れた。

・絶賛から批判まで毀誉褒貶《きよほうへん》にさらされている。

6　**飯能《はんのう》市立図書館**(埼玉県)

・これまでの図書館が老朽化し、新しい図書館がほしいという市民の要望から2013年にスタートした図書館である。

・図書館横断検索で知られる「カーリル」が開発した「カーリルタッチ」を採用することで課題解決型図書館を実現している。本棚の100か所にカーリルタッチのタグがあり、そのひとつにスマートホンをかざすと、カーリルタッチのポータブル画面が開き、国立国会図書館が提供するデータベースなどにアクセスできる。

7　**紫波《しわ》町図書館**(岩手県)

・図書館の運営費を民間資本によって建てられた複合施設である「オガールプラザ」の家賃(オガールプラザ内には、医院や塾、市場などが賃貸で入居している)でまかなっている。

・公民連携で地域再生を進めるオガールプロジェクトの一部として、町民との200回を超える対話の末に2012年にオープンした図書館であり、農業支援を中心に町民のためのさまざまな支援を行っている。

## 第3回

**【資料Ⅳ】**

**指定管理者制度**

2003年9月の地方自治法の一部改正により指定管理者制度が実施されることになった。この制度は、公の施設に民間の能力を活用しつつ住民サービスの向上を図るとともに、経費の節減等を図ることを目的とし、国や自治体が管理する施設の管理、運営を民間企業やNPO法人などに代行させることができるというものである。

指定管理者制度を導入した公共図書館は、2004年度には3館だったが、長引く不況で自治体の財政が悪化し、図書館の予算が軒並み削減されるなか、運営コスト削減のため指定管理者制度を導入する図書館は年々増えており、2021年度には647館となり、全体の約19%を占めるに至っている。

しかし、指定管理者制度を導入しながら、自治体の直営に戻される事例もいくつか出てきている。

問1　【資料Ⅰ】の図表と【資料Ⅱ】～【資料Ⅳ】の文章とを対照することで読み取れること（【レポートの構想】1）として最も適当なものを、次の①～⑤のうちから一つ選べ。解答番号は 18 。

① 図書館数は2021年度まで増え続けているのに、利用者数が2010年度以後減少に転じることになったのは、2003年から指定管理者制度が導入されたことと関係がある。

② 1970年から1980年にかけて、図書館数の増加傾向よりも利用者数の増加傾向の方が著しいのは、1970年代から図書館が貸出利用を重視するようになったことが関係している。

③ 2002年度から2005年度にかけての3年間で図書館数が最も多く増えているのは、米ニューヨーク公共図書館によるビジネス支援が日本に紹介されたことが大きく影響している。

④ 図書館の予算が1998年をピークにそれ以後は減り続けていることの理由の一つは、公共図書館が指定管理者制度を導入し、民間の力に頼ることができるようになったことである。

⑤ 2011年から2021年の10年間で図書館の職員数は増加しているのに、正規職員の数が減少しているのは、図書館の業務が非正規職員でも担えるものに変わってしまったからである。

**問2** **【資料Ⅱ】**〜**【資料Ⅳ】**を踏まえ、「大きく変化、もっと言えば、進化している」（**文章1**）と言われる最近の公共図書館の特徴（**【レポートの構想】**2）の説明として**適当でないもの**を、次の①〜⑤のうちから一つ選べ。解答番号は 19 。

① 行政主導で作られる図書館ではなく、市民との協働で作られる市民中心の図書館が生まれている。

② 指定管理者制度を導入した図書館を中心に、開館時間が増えて、市民が利用しやすくなっている。

③ 図書館のあり方が資料提供を重視する貸出型から居心地のよさを重視する滞在型に大きく変化している。

④ 資料のデジタル化を促進することで、市民が情報にアクセスしやすい環境を作り出している図書館も現れている。

⑤ 企業や個人が課題を解決することを支援する、レファレンス機能の充実した図書館が増えている。

**問3**　公共図書館の予算は削減され続けているのに、図書館の数は増え続けているのはなぜだと考えられるか（**【レポートの構想】**3）。**【資料Ⅱ】**〜**【資料Ⅳ】**を踏まえ、その説明として最も適当なものを、次の①〜⑤のうちから一つ選べ。解答番号は 20 。

① 情報発信の場であり、市民の交流の場である図書館には、地域活性化や地域再生の中核になってくれるという期待が高まっているから。

② 指定管理者制度の導入によって、経費の節減と市民へのサービスの向上を両立させることができる見通しが立つようになったから。

③ 信用できない行政に代わって、図書館には地域の人々が抱える問題を解決する手助けをしてくれるという期待が寄せられているから。

④ 米ニューヨーク公共図書館が紹介されたことで、日本でも各地に図書館を作り、それらを連携させようという機運が高まっているから。

⑤ 図書館に資料提供という機能だけでなく、市民が居心地よく滞在することができる居場所としての機能も求められるようになったから。

**問４**　今日の公共図書館の課題はどのような点にあると考えられるか（**【レポートの構想】**４）。**【資料Ⅰ】**～**【資料Ⅳ】**を踏まえ、その説明として最も適当なものを、次の①～⑤のうちから一つ選べ。解答番号は 21 。

① 利用者を増やすために図書館を居心地のよい場所にすることに力を注いだ結果、ビジネス支援などのサービスが手薄になっている点。

② 図書館の運営や管理を民間の企業などに委託することは、市民のためのものという公共図書館の理念に反することになるという点。

③ 図書館が多様な機能を担うようになった結果、資料の収集・保存・提供という本来の機能がないがしろにされるようになったという点。

④ このまま正規職員が減り非正規職員が増え続けていくと、図書館に期待される充実したレファレンスサービスの実現が危ぶまれる点。

⑤ 資料をデジタル化してどこからでもアクセス可能にすることがデジタル時代の図書館の使命なのに、デジタル化が少しも進んでいない点。

## 第4問 次の文章は『苔《こけ》の衣』の一節である。大将（殿）は、最愛の北の方を病で亡くし、密かに出家を決意した。北の方との間にもうけた姫君は、北の方が生前、大将の姉である中宮（宮）に世話を託していたため、中宮のもとに引き取られることになっていた。これを読んで、後の問い（**問1～5**）に答えよ。なお、設問の都合で本文の段落に 1 ～ 4 の番号を付してある。（配点 45）

1 中宮へ姫君渡しきこえ給《たま》はんことは、同じくは我が見る折にもと思《おぼ》しなりて、中宮にも、「八月ばかりに」など **a** 申し給へば、いとうれしと思す。

2 渡り給はんこともいと近くなりけるに、対《たい》の前の前栽《せんざい》やうやうひもとき渡して（注1）見所あるを、姫君見給ひて、「母の、『よくつくろひて、(ア)あなかしこ、枯らすな。時々は仏に奉れ』とのたまひしものを。去年《こぞ》のに劣りたるにや」とて折りて、殿の向かひ給ひたる仏に参らせんと営み給ふがあはれにて、中将の乳母《めのと》（注2）も(イ)しほたれゐたる所へ、おはして姫君をかき抱きつつ、端近く居給ひて眺め出《い》だし給へば、色々の花の中に萱草《くわんざう》（注3）のいとはなやかに咲き出《い》でたるを、名には変はりたる心地して、

**A** 見るからにしのぶぞ茂るいにしへを忘るる草と誰か言ひけん

と、しのびてのたまへば、中将の乳母、

忘るとは悲しきことをかくばかり思はぬ人や言ひはじめけん

とて、いとあはれと思ひたる気色を、げにいかに心細く思ふらんと聞き給ふ。中にも女郎花《をみなへし》の、露重げにて風に片寄るを、起き伏しわづらひ給ひし気色《けしき》に(ウ)思しよそへられて、いとど **b** 押し当てられ給ひぬ。姫君をかく常に見慣らひて、宮へ渡しなば、さすがに心安くもえあるまじきぞかしと、**c** それさへ心細くおぼえ給ふ。

3 かくて中宮へ参り給ふべき日になりぬれば、日ごろ馴《な》れ奉りつる女房などのさのみ参るべきならねば、かたへはこれに留《と》まりなどするを、いとど何に慰まんと心細くぞ思ひつつ寄り居たるも心苦しう思さる。参る人々は、この古里をさへかけ離れ

んことを、いとあはれに思ひたり。姫君はいとうつくしく仕立てられ給ひて、ことの外におとなび給ふままに、あやしきまで母上にいとよく似給へるに、いとど忍びがたくてしほたれ給ひぬる。宮には待ち見きこえ給ふに、限りなくうつくしう思されて、ただ我が御かたはら去らずもてなし奉らせ給へば、上(注4)も御覧じていとあはれに思ひきこえさせ給ふ。女君などもおはしまさねば、宮々の御妹背《いもせ》(注5)とぞもてなし給へる。

4 大将殿は、上(注6)の御果てもむげに近くなりぬれば、羊の歩み(注7)の心地してさすがに心細く思さる。限りの御事と思せば、dいかならんことを尽くさんと思しいそぎたり。日に従ひては一筋に思し立たるれば、御物の具《もののぐ》(注8)などやうやうしため給ふ中に、事の折節につけて、をかしき戯《たはぶ》れ事など書きすさび給ひしが、見所ありし限り選《え》り留め給へる、ものの中より取り出でられたるに、ただそれにこそと見給ふよりかきくらさるる心地しつつ、はかばかしうもえ見給はず。まして、「e越ゆる道(注9)をば」と書き給へりし畳紙《たたうがみ》を見給ふに、ただ御顔に押しあてて、ためらひやり給はねば、このことによりいたく心弱げにのみ見ゆるも人目つつましくて、何となく押しやり給ひて、

　見る度に悲しきものは死出の山越えにし人の水茎《みづくき》の跡

とぞ独り言《ご》たせ給ふ。いとど心憂さまさり給へば、「罪深きさまにのたまひしに、いか(注10)でかく思はじ」と思して、やがて破《や》らせ給ひつつ料紙《れうし》(注11)になして、御経書かせ給ふ。

(注)
1 ひもとき渡して —— 一面に花が咲いて。
2 中将の乳母 —— 姫君の養育係。
3 萱草 —— 別名「忘れ草」という。
4 上 —— 帝。
5 宮々の御妹背と —— 帝と中宮の間に生まれた皇子たちの妹のように。

6　上の御果て――ここでは「上」は北の方を指す。「御果て」は一周忌のこと。
7　羊の歩みの心地して――人の寿命のはかなさが思い知られて。
8　御物の具――ここでは、出家に必要な道具をいう。
9　越ゆる道をば――大将が北の方の死後見つけた、北の方の歌「後れじと頼めし人も死出の山越ゆる道をばえこそ慕はね」の一節。
10　いかでかく思はじ――北の方への未練を断とうとする大将の気持ちをいう。北の方は、生前、出家せずに亡くなることを罪深いと言っており、また、亡き後、大将の夢に現れて、大将の未練が自分の往生を妨げていると告げていた。
11　料紙になして――紙片をもとに新たな紙に作り直し、それを用紙にして。

〔主要人物関係図〕

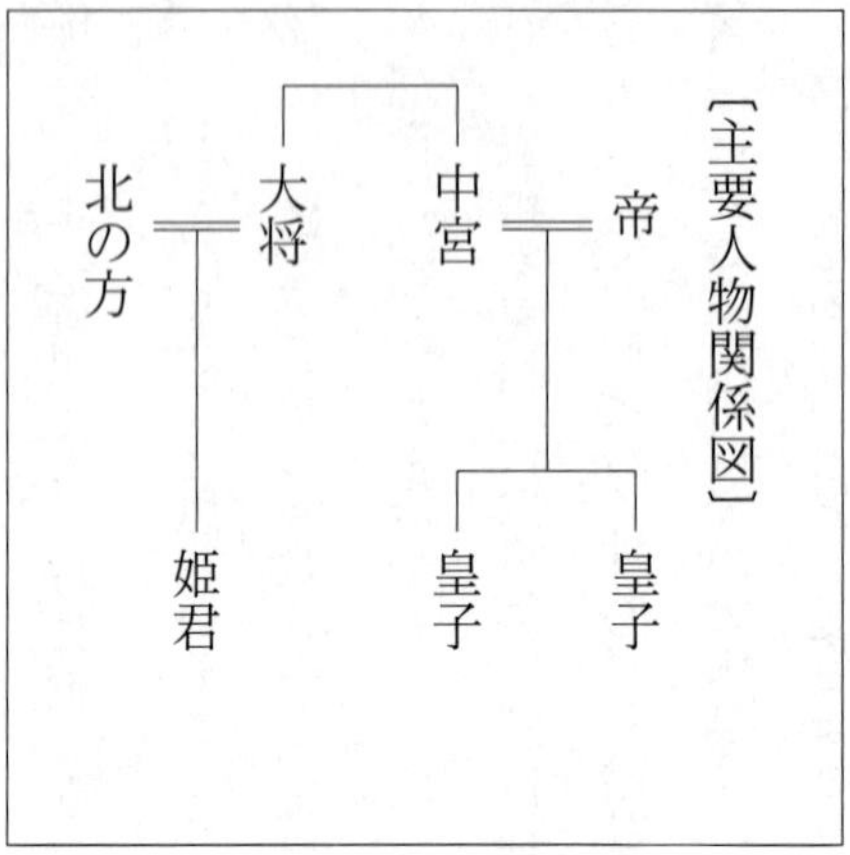

**問1** 傍線部(ア)～(ウ)の解釈として最も適当なものを、次の各群の①～⑤のうちから、それぞれ一つずつ選べ。解答番号は 22 ～ 24 。

(ア) あなかしこ 22
① けっして
② ああいやだ
③ ほんとうに
④ すぐには
⑤ なんとかして

(イ) しほたれゐたる 23
① 手伝っている
② 花を摘んでいる
③ 思い出にふけっている
④ 涙を流している
⑤ いとしく感じている

(ウ) 思しよそへられて 24
① 似ていると感じてしまって
② 記憶がよみがえりなさって
③ 思い出さずにはいられなくて
④ なぞらえることができて
⑤ つい思い比べなさって

問2　波線部 **a** ～ **e** について、語句と表現に関する説明として最も適当なものを、次の ① ～ ⑤ のうちから一つ選べ。解答番号は 25 。

① **a**　「申し給へば」は、「申し」が謙譲語であり、大将から中宮への敬意を込めた表現になっている。

② **b**　「押し当てられ給ひぬ」は、「ぬ」が打消の助動詞であり、大将の失望感を強調する表現になっている。

③ **c**　「それさへ」は、「さへ」が添加の副助詞であり、不安に感じることが他にもあることを示す表現になっている。

④ **d**　「いかならんこと」は、「らん」が現在推量の助動詞であり、大将の現在の心情を思いやる表現になっている。

⑤ **e**　「越ゆる道をば」は、「る」が完了の助動詞であり、北の方が自らの死を想定している表現になっている。

問3　次の【資料】は、鎌倉時代の歌合《うたあわせ》である『千五百番歌合』の「今はさは心に茂れ忘れ草憂きをば耐へて忍ぶものかは」という歌についての判詞《はんし》（歌の優劣を判定することば）の一節で、「忘れ草」と「しのぶ草」について述べている部分である。これを読んで、後の(i)・(ii)の問いに答えよ。

【資料】

「忘れ草」と「しのぶ草」と、ひとつ草の名なりと申す事侍り。「萱草」と書きて『万葉』(注1)には「忘れ草」と読めり。そのゆゑに、順《したがふ》(注2)が『和名《わみやう》』には「また忘憂草と言へり」など言へり。「憂へを忘る」と申す心なり。また、「垣衣」(注3)と書きて「しのぶ草」と読めり。「垣もしは屋の上などに生ひたり。苔の類なり」(注4)と侍るは、「軒のしのぶ」など詠むにこそ。されば、これは「萱草」と「しのぶ草」と同じことにはよも侍らじ。
「軒のしのぶ」などを「忘れ草」と申す事の侍るにこそ。『伊勢《いせ》物語』にいはく、「ある御局《つぼね》(注5)より、忘れ草を『しのぶ草とや言ふ』とて出だされたりければ、男たまはりて、

忘れ草生《お》ふる野辺とは見るらめどこはしのぶなり後《のち》も頼まん」

と申せりける。この返事に、ひとつと言ふことは出できて侍りけるにや。

（注）1　『万葉』――『万葉集』。奈良時代に編纂《へんさん》された歌集。

2　順が『和名』――『和名類聚抄《るいじゆしよう》』。平安時代に源順によって編纂された辞書。

3　「垣衣」と書きて「しのぶ草」と読めり――「萱草」とは別の項目についての、『和名類聚抄』にある説明。

4　「垣もしは屋の上などに生ひたり。苔の類なり」――「垣衣」についての、『万葉集』や『和名類聚抄』とは別の書物にある記述。

5　ある御局より――ある高貴な女性の部屋から。

(i) 【資料】の内容の説明として最も適当なものを、次の①～④のうちから一つ選べ。解答番号は 26 。

① 「忘れ草」と「しのぶ草」は、『万葉集』や『和名類聚抄』などの記述をもとに考えると別の草だと思われるが、『伊勢物語』で、「これをしのぶ草だと言うのか」と、忘れ草を差し出された時に、主人公の男が詠んだ歌によって、その両者を混同する考え方が生じた。

② 「忘れ草」と「しのぶ草」は、『万葉集』では同じもの、『和名類聚抄』では別のものと説明されており、二つの考え方があったが、『伊勢物語』で主人公の男が詠んだ歌が広く知られるようになり、それ以後の時代には同じ草であると理解されるようになった。

③ 「忘れ草」と「しのぶ草」は、『伊勢物語』で、主人公の男が詠んだ歌がきっかけとなり、もとは『万葉集』や『和名類聚抄』で「しのぶ草」と呼ばれていた草が「忘れ草」と呼ばれるようになり、逆に、「忘れ草」だったものが「しのぶ草」と呼ばれるようになった。

④ 「忘れ草」と「しのぶ草」は、『伊勢物語』で、主人公の男が草の名前を尋ねられて、「これは忘れ草でなくしのぶ草だ」と言ったという話から、別のものとして扱われるようになったが、もともと『万葉集』や『和名類聚抄』では同じ草の異称とされていた。

(ii) 【資料】の内容を踏まえて、和歌Aの説明として最も適当なものを、次の①～④のうちから一つ選べ。解答番号は 27 。

① 萱草を見ると、「しのぶ草」という萱草の別名の通りに、亡き妻のもとに人目を忍んで通っていた頃のことが忘れられない、と昔を懐かしんでいる。

② 「忘れ草」と呼ばれている萱草を見ても妻のことが忘れられず、悲嘆に暮れたまま俗世で生き続けるのは我慢できない、と出家することを示唆《しさ》している。

③ 萱草は昔を忘れる草だと言われているが、自分には「しのぶ草」だとしか思われず、萱草を見るにつけ、亡き妻のことが思い出される、と嘆いている。

④ 昔の悲しみを時とともに忘れさせてくれるという萱草を見ることで、妻を亡くしたつらさを今はじっと耐え忍ぼう、と自分に言い聞かせている。

問4 [1]〜[3]段落についての説明として最も適当なものを、次の①〜⑤のうちから一つ選べ。解答番号は[28]。

① 大将は、自分が出家するまでは少しでも長く姫君と一緒にいたくて、中宮のもとへやるのを引き延ばしていた。
② 中将の乳母は、母の遺言を忘れずに庭の草木の手入れをしている姫君の姿を見て、しみじみと胸を打たれた。
③ 姫君の供をして宮中へ行く女房は、住み慣れた邸を離れることを寂しく思ったが、新しい生活への期待もあった。
④ 中宮のもとへ行く日に着飾った姫君の様子は、おとなびていて、大将の涙を誘うほど北の方にそっくりだった。
⑤ 中宮と帝は、幼い娘と引き離される大将を気の毒に思い、姫君を実の子と同じように大切にすると大将に伝えた。

**問5** 4段落の大将の行動や心境についての説明として最も適当なものを、次の①～④のうちから一つ選べ。解答番号は 29 。

① 北の方の一周忌が近づいても茫然《ぼうぜん》としていて、周囲の人から、無事に法要を執り行うためには急いで準備をしなければならないと促されるまで、何も手につかなかった。

② 出家のために身の回りのものや北の方の遺品を整理する中で、北の方が大将の手紙を大切に保管していたのを見て、さらに北の方への思いが募り、つらさが増した。

③ 北の方が書き付けたものを見ると、悲しみのあまり心を静めることもできないが、他人がそんな自分の様子をどのように見るのか気にかかり、なにげない風を装おうとした。

④ 北の方の和歌を見るたびに自分も北の方の後を追って死出の山路を越えたい気持ちになったが、思い直して北の方が和歌を書き付けた紙を、写経の用紙に作り直した。

## 第5問

前漢の第八代皇帝昭帝《しょうてい》の時、敵対していた北方の遊牧民族匈奴《きょうど》を討伐するかどうかについて、政府高官の「大夫」と民間から選抜された知識人の「文学」とが討議を行った。次の**【意見Ⅰ】**は「大夫」の主張であり、**【意見Ⅱ】**は「文学」の主張である。これを読んで、後の問い（**問1～7**）に答えよ。なお、設問の都合で返り点・送り仮名を省いたところがある。（配点　45）

**【意見Ⅰ】**

大夫曰ハク、「昔夏《か》(注1)后《こう》底《とどムルニ》二洪水之災ヒヲ一、百姓孔《はなは》ダ勤メ、罷《つかル》(注2)二於籠《ろう》臿《さふニ》一。及ビテレ至ルニ二其ノ後一ニ、咸《みな》享ク二其ノ功ヲ一。先(注3)帝之時、郡(注4)国頗《すこぶル》煩《わづらフ》二於戎《じう》(注5)事《じニ》一。然レドモ亦タ寛《ゆるクス》二三《さん》(注6)陲《すい》之役ヲ一。語(注7)ニ曰ハク、『見テレ(ア)機ヲ不レンバ遂ゲ者、隕《おトスト》レ功ヲ。』一日違《おろそカニセバ》レ敵ヲ、(イ)累世為レル患《うれヒト》。休レメ労《つかレタルヲ》用レヒ供ヘタルヲ、因レリ弊《つかレニ》乗レズルハ時ニ、帝王之道ニシテ、A聖賢之所レ不レ能レ失也。功業有レルモ緒(注8)、(ウ)悪レ労而不レルハ卒《をヘ》、猶ホキ二耕ス者ノ倦《けん》(注9)休《きうシテ》而困止スルガ一也。夫レ事輟《やムル》(注10)者ハ無レク[X]、耕怠ル者ハ無レキ獲《うル》也ト。」

（注）
1 夏后——夏王朝を開いたとされる聖王禹《う》のこと。洪水を治めたという。
2 罷二於籠臿一——治水工事で疲れる。「籠」は土を運ぶかご。「臿」は鋤《すき》。
3 先帝——先代の皇帝。ここでは、第七代皇帝武帝《ぶてい》のこと。
4 郡国——天下。全国。
5 戎事——戦争。ここでは、武帝の行った対外遠征を指す。
6 三陲之役——東方、西方、南方の三方面で人民が課せられた軍役。
7 語——俗言。
8 緒——いとぐち。きっかけ。
9 倦休——疲れて休息する。
10 輟——投げ出す。

**【意見Ⅱ】**

文学曰ハク、「地広クシテ而不ルレ徳アラ者ハ国危ク、兵強クシテ而凌《しの》グ(注11)レ敵ヲ者ハ身 **Y** 。B虎《こ》兕《じ》(注12)相《あひ》拠《よ》リテ而螻《ろう》(注13)蟻《ぎ》得レ志ヲ、両敵相抗《あ》タリテ而匹(注14)夫乗ズレ間ニ。是ヲ以テ聖王見テレ利ヲ慮《おもんぱか》リレ害ヲ、見テレ遠キヲ存スレ近キヲ。方(注15)今為ニ二県(注16)官ノ一計ラバ者、C莫若偃(注17)兵休士、厚幣(注18)結和親、修文徳而已。若《も》シ不レ恤《あはれ》マ二人之急ヲ一、不レ計ラ二其ノ難ヲ一、弊《つか》レシメテレ所ヲレ恃《たの》ム以テ

窮《メバ》㆓無用之地《ヲ》㆒、亡《うしなヒテ》㆑十《ヲ》獲《ン》㆑一《ヲ》。D非《ザル》㆓文学之所《ニ》㆑知《ル》也《ト》。」

（桓寛《かんかん》『塩鉄論《えんてつろん》』による）

（注）
11 湊――あなどる。
12 虎兕相拠――トラとサイが格闘する。
13 螻蟻――ケラとアリ。小さい虫を言う。
14 匹夫――取るに足らない者。
15 方今――いま。
16 県官――天子。皇帝。
17 偃――止める。
18 幣――贈り物。

問1　波線部(ア)「機」、(イ)「累　世」、(ウ)「悪」のここでの意味として最も適当なものを、次の各群の①～⑤のうちから、それぞれ一つずつ選べ。解答番号は 30 ～ 32 。

(ア)「機」 30
① 危機
② 機能
③ 機知
④ 機密
⑤ 時機

(イ)「累　世」 31
① 何世代にもわたって
② 世の中のいたるところで
③ 世の中に憎まれて
④ 世の人を裏切って
⑤ 何世代もさかのぼって

(ウ)「悪」 32
① 嫌悪して
② 険悪であって
③ 悪用して
④ 粗悪であって
⑤ 改悪して

**問2** 傍線部**A**「聖賢之所レ不レ能レ失也」の解釈として最も適当なものを、次の①～⑤のうちから一つ選べ。解答番号は 33 。

① 聖人や賢者を見いだすことはできないのです。
② 聖人や賢者も間違ってはいけないことなのです。
③ 聖人や賢者でも気づくとは限らないことなのです。
④ 聖人や賢者と肩を並べることはできないのです。
⑤ 聖人や賢者を登用しなければならないのです。

問３　空欄［X］・［Y］に入る語の組合せとして最も適当なものを、次の①～⑤のうちから一つ選べ。解答番号は［34］。

① X 苦　Y 健
② X 害　Y 長
③ X 難　Y 全
④ X 敗　Y 勝
⑤ X 功　Y 亡

問4　傍線部**B**「虎兕相拠而螻蟻得レ志」の比喩は、どのようなことを例えたものか。最も適当なものを、次の①～⑤のうちから一つ選べ。解答番号は 35 。

① 戦う相手が自分より強い場合だけでなく、相手が弱い場合でも油断してはならないということ。

② 強い者が弱い者を一方的に攻撃することが、弱い者の思わぬ反撃を招くこともあるということ。

③ 力が拮抗《きっこう》する強い者同士が争っていると、弱い者が隙につけ込んで利益を手にするということ。

④ 無理に強い者と戦う道を選ぶよりも、弱い者と戦って勝利を手にする方が容易であるということ。

⑤ あえて強い者と戦って勝利する方が、弱い者と戦って勝利するよりも価値があるということ。

**問5** 傍線部**C**「莫 若 偃 兵 休 士、厚 幣 結 和 親、修 文 徳 而 已」の返り点の付け方と書き下し文との組合せとして最も適当なものを、次の ① ～ ⑤ のうちから一つ選べ。解答番号は 36 。

① 莫㆘若㆓偃㆑兵 休㆒㆑士、厚㆑幣 結㆓和 親㆒、修㆗文 徳㆖而 已
　兵を偃《ふ》せ士を休むるがごとく、幣を厚くして和親を結び、文徳を修むる莫きのみ

② 莫㆘若㆔偃㆑兵 休㆑士、厚㆑幣 結㆓和 親㆒、修㆗文 徳㆖而 已
　兵を偃せ士を休め、幣を厚くして和親を結ぶがごとく、文徳を修むる莫きのみ

③ 莫㆑若㆓偃㆑兵 休㆒㆑士、厚㆑幣 結㆓和 親㆒、修㆓文 徳㆒而 已
　兵を偃せ士を休むるに若《し》くは莫く、幣を厚くして和親を結び、文徳を修むるのみ

④ 莫㆑若㆔偃㆑兵 休㆑士、厚㆑幣 結㆓和 親㆒、修㆓文 徳㆒而 已
　兵を偃せ士を休め、幣を厚くして和親を結ぶに若くは莫く、文徳を修むるのみ

⑤ 莫㆑若㆘偃㆑兵 休㆑士、厚㆑幣 結㆓和 親㆒、修㆗文 徳㆖而 已
　兵を偃せ士を休め、幣を厚くして和親を結び、文徳を修むるに若くは莫きのみ

問6　傍線部**D**「非㆔文学之所㆑知也」とあるが、「文学」はどういうことを言おうとしているのか。その説明として最も適当なものを、次の①～⑤のうちから一つ選べ。解答番号は 37 。

① 「大夫」の意見はあまりにも専門的すぎるので、自分には正しいかどうか判断できないということ。

② 「大夫」の意見が採用されるのならば、自分はその結果に責任を負うことができないということ。

③ 「大夫」の意見は正しいものと思われるので、自分が異議を唱える必要はないということ。

④ 「大夫」の意見が優先されるのならば、自分はもう二度と出仕するつもりはないということ。

⑤ 「大夫」の意見は誤っているので、自分が意見を述べて正さなければならないということ。

問７　【意見Ⅰ】と【意見Ⅱ】の内容の説明として最も適当なものを、次の①～⑤のうちから一つ選べ。解答番号は 38 。

① 「大夫」は、人民の負担があまりにも大きいから匈奴の討伐を行うべきではないと主張するが、「文学」は、匈奴が衰弱した今こそ積極的に討伐を行うべきであると反対している。

② 「大夫」は、漢王朝の伝統的な融和政策を継承するべきであると主張し、「文学」も、強大な勢力を持つ匈奴を討伐するのは得策ではないとして融和政策に賛成している。

③ 「大夫」は、武帝の時代の政策を教訓として匈奴の討伐に慎重であるべきだと主張し、「文学」も、匈奴が和睦を望んでいる今は強硬策を控えるべきであると賛成している。

④ 「大夫」は、損害が出ることを恐れずに匈奴の討伐を行うべきであると主張するが、「文学」は、利益よりも損失が大きくなる可能性が高いから中止するべきだと反対している。

⑤ 「大夫」は、苦戦が予想されても匈奴の討伐は行う価値があると主張し、「文学」も、成功するか失敗するかは実行してみないとわからないから実行してみればよいと賛成している。

MEMO

# 第 4 回

(90分/200点)

◆ 問題を解いたら必ず自己採点により学力チェックを行い，解答・解説，学習対策を参考にしてください。

## 配点

| 設　問 | 配点 |
|---|---|
| 第1問　現代文（論理的文章） | 45点 |
| 第2問　現代文（文学的文章） | 45点 |
| 第3問　現代文（実用的文章） | 20点 |
| 第4問　古　文 | 45点 |
| 第5問　漢　文 | 45点 |

## 第1問　次の【文章Ⅰ】【文章Ⅱ】を読んで、後の問い（問1～6）に答えよ。（配点　45）

【文章Ⅰ】

公衆衛生の意味は、日本語で考えるとあまりピンとこないかもしれない。公衆という言葉も衛生という言葉も日常的なものとは言えないし、どうにも堅苦しく飲み込みがたい。この言葉の意味はむしろ英語から考えた方がすっきりする。公衆衛生は英語ではパブリック・ヘルス(Public Health)である。すなわち、公衆衛生とは市民の健康を守る営みを指す。

とはいえ、市民の健康を守るというなら、私たちはむしろ「医療」の営みを真っ先に思い浮かべるであろう。しかしもちろんA医療と公衆衛生とは同じではない。ここで公衆衛生を医療との対比で見てみよう。第一に、医療が通常、患者個人の健康を回復する営みであるのに対し、公衆衛生は市民全体の健康を対象とする。第二に、医療が基本的には怪我《けが》や疾病を得たのちに行われるものであるのに対して、公衆衛生は日常生活から、健康の維持を問題とし、怪我や病気を避けるためになされる。

たとえば感染症対策を考えるとわかりやすいだろう。感染症に罹患《りかん》した患者個人が病院で適切な治療を受けることももちろん大切なことである。しかし当たり前のことだが、感染症に最初からかからない方がずっとよい。だとすれば、より広い視点から感染の発生および拡大を防止することが求められる。すなわち、感染経路の特定とその封じ込め、感染拡大を防ぐための手立ての普及（うがい・手洗い等）、ワクチンの開発とその計画的な接種、そして場合によっては感染者の隔離(ア)ソチなどの実施が検討されうる。集団全体として感染症にかからないよう対処することで、市民全体の健康が守られることになるわけである。

このような公衆衛生の営みが、社会にとって意義の大きなものであることは間違いないだろう。であれば、公衆衛生の実施は端的に望ましいのだろうか？　言い換えれば、有効性が立証されておりかつ費用対効果も十分に見込めるものであれば、可能な限り多くの公衆衛生政策を実施することが望ましいのだろうか？　話はそう単純ではない。

再び医療に目を向けてみよう。人の命を救うという、これ以上ないほど重要な価値をもつ医療という営みも、無制限の実施が求められているわけではない。十分な情報を与えられた上での本人の同意（インフォームド・コンセント）が必要とされることに示されるように、当人の自律を無視することはできないものとされている。その人のためだからといって勝手に施術や投薬を行ってよいことにはならないわけである。

本人の利益になる行為を相手の同意抜きに強制することを「パターナリズム」と呼ぶが、現代社会は無限のパターナリズムを許容しない。もちろん一切のパターナリズムが拒否されるわけではない。しかし自律の侵害を安易に受け入れることもできない。したがってここで私たちは、「有効な介入」を「個人の自律」とバランスさせるというステップを必ず踏まなければならない。これは医療の文脈のみならず他の領域にも当てはまることであり、公衆衛生についても同様である。

そして、Bこのようなパターナリズムと自律の問題は、医療よりも公衆衛生においていっそう先鋭化する。先に見たように公衆衛生は市民全体の健康を対象とする。しかし介入対象はあくまで個々人である。したがってここに、多数のために少数が犠牲にされてしまう危険性が構造的に存在することになる。もし少数の人々に深い権利侵害をなしたとしても、それによって社会全体の健康が大きく増すなら、「市民全体の健康を守る」という目標をただ有効性の観点から考えた場合には望ましいものとなってしまう。このロジックは場合によっては危険なものとなる。それによって少数の個人の自律が容易に侵害されてしまいうるからである。

いささかハリウッド的な例を考えれば、私たちは致死的かつ非常に感染力の強い新種のインフルエンザが登場したとき、すでに感染した街を焼き払うことでそれに対処すべきなのだろうか？　それは極端な態度だろう。ではどこまでならば極端ではないのか。このような構造的問題をふまえて、私たちは介入と自律のバランスをいっそう慎重に精査しなければならない。少数の人々の自律が犠牲にされることは常にあってはならない、と結論する必要はない。ここで述べているのは、少数の人々の自律が犠牲にされることを肯定する上ではそれに釣り合うだけの倫理的な正当化が必要だということである。

加えて、これも先に見たように、公衆衛生は健康の維持および増進を目的とするものであり、その介入は病気や怪我を得る前の日常生活の段階から要求される。健康の維持および増進という目標をただ有効性の観点のみから考えた場合には、個々人の生活を全面的に健康重視のものに変えた方が望ましいと容易に結論されうる。しかし生活が全面的に政策的介入の対象になることを私たちは望むだろうか。これもいささかＳＦ的な例ではあるが、起床時間、食事の内容、通勤方法、休憩時間、そういったものをすべて健康の観点から指定されるようになれば、それは一つの管理社会型ディストピア（注）の到来であろう。私たちは自分の人生（より軽くライフスタイルと言ってもよい）を、少なくともある程度は、自分で決定できることを望む。
さらには、そのような全面的な介入は生活の多くの側面を健康という観点から判断することを意味する。しかし私たちは健康以外にも多くのものに価値をおいており、それらは時として健康と齟齬《そご》をきたすかもしれない（たとえばいくつかのスポーツや趣味は大怪我をするリスクを無視できないレベルで含む）。であれば、健康が常に第一の価値とされることは多くの人にとって抑圧的なものとなるだろう。
私生活が全面的に介入の対象となること、さらにその介入においては生活全体が単一の価値によって方向づけられてしまうこと、Cこれら二点の懸念をふまえれば、公衆衛生を無制限に追求することは自律を危険にさらしうる。多数のために少数が犠牲にされかねないという構造的問題も重ねて考えれば、公衆衛生政策の実施においては、人々の自律にいっそう慎重に目を向ける必要があることがシ(イ)サされる。

（玉手《たまて》慎太郎《しんたろう》『公衆衛生の倫理学』による）

（注）ディストピア――反理想郷。ユートピアの対義語。

【文章Ⅱ】

「生」をキーワードにして政治と社会が根本から変わりつつある事態は、フランスの哲学者ミシェル・フーコー（一九二六―八四）の「生《せい》政治」を連想させる。前近代の権力が、軍隊や警察のような暴力による「死」の恐怖を見せつけることで支配していたのに対し、近代の権力は、人々の「生」を総合的に管理することを目指す。そのため、その社会に生きる市民の日常的な振る舞いにおける「普通さ＝正常性 normalité」の基準を定め、それに適合した生き方をするよう、各人の日常的な振る舞い方を監視し、矯正する「規律権力」の網の目を張り廻《めぐ》らす。それが集約的に現れるのが、監獄、学校、工場、病院など、収容される人々の動きを監視しやすい建築上の構造を備えた施設である。これらの施設で監視し、指導を受けながら生活することを通して、各人は、（社会を代表して）監視する者の視線を内面化し、「規範 norme」に合わせて生きることが「普通」になる。また、各種の調査を通して人口動態を細かく把握し、農業、公衆衛生、雇用、流通の諸政策によって適正な水準になるよう調整する「生権力」のメカニズムを構築する。「生政治」が行われる社会では、人々の「生」が高度に画一化され、管理されやすくなる。

フーコーは、ヨーロッパにおける「生政治」の始まりを、典型的な感染症への対応と関連付けて論じている。中世の公衆衛生政策を象徴するのは、ハンセン病への対応であった。近代の生政治を象徴するのは、ペストへの対応だ。ペストを封じ込めるための対策は、中世末からあったが、公衆衛生政策の中心的なモデルになったのは、一八世紀に入る前後からである。

感染力の強いペストに罹患した人、その疑いがある人を全て排除することはできない。都市空間を、感染の度合いに従って区分けしたうえで、感染者およびその疑いが強い人を厳重な監視下に置き、各人の状態、症状、日々の変化、そして当該地域や家屋への出入りを細かく記録する――これは、私たちが内外の新型コロナ関連ニュースでよく耳にした話とよく似ている。フーコーは、これが近代的監獄における囚人管理のモデルになったと指摘する。

宣言の段階的解除の過程で聞かれるようになった「新しい日常（ノーマル）」や「新しい生活様式」といった言葉は、「普通である normal」ことという「規範」に人々を順応させて、統治されやすくする「生政治」的なものを連想させる。不自由な状態が〝日常〟になれば、それに逆らう理由はない。むしろ、それは社会の中で「主体 subject」として認められるために、積極的に「従うべき be subject to ～」規範なのである。

フーコーは、D生政治による生の画一化によって、政府が強権行使の脅しをかけなくても、社会的に通用している「普通さ＝規範」に人々が自発的に適合しようとするので、統治のコストが低下することを指摘する。生政治は、人々が〝より自由〟に振る舞うよう促し、市場メカニズムに(ウ)サンニュウさせることで、合理的秩序を作り出そうとする（新）自由主義と親和性がある。

（仲正昌樹《なかまさまさき》「コロナ禍と哲学」による）

問1　傍線部(ア)～(ウ)に相当する漢字を含むものを、次の各群の①～④のうちから、それぞれ一つずつ選べ。解答番号は 1 ～ 3 。

(ア) ソチ 1
① 複雑なソセイ
② 違法性をソキャクする
③ ソセキを据える
④ 優美なキョソ

(イ) シサ 2
① 上司によるホサ
② 敵のサジュツにかかる
③ 道路をフウサする
④ 反乱をキョウサする

(ウ) サンニュウ 3
① 昼食に弁当をジサンする
② モクサンがはずれた
③ 戦争のサンゲキ
④ シンサンを嘗《な》める

**問2** 傍線部**A**「医療と公衆衛生とは同じではない」とあるが、「医療」と「公衆衛生」の違いを説明したものとして最も適当なものを、次の①～⑤のうちから一つ選べ。解答番号は 4 。

① 医療が、病気になった市民全員の健康を取り戻すことを目指すのに対し、公衆衛生は、個人の日常生活を改善し健康の維持を目指すという違い。

② 医療が、病人ひとりひとりの症状に事後的に対処するのに対し、公衆衛生は、予防や事前の啓発を通じて社会全体の健康増進を目指すという違い。

③ 医療が、施術や投薬による対症療法に終始するのに対し、公衆衛生は、市民の健康維持のため広い視点に立ち多様な方法を援用するという違い。

④ 医療が、怪我や疾病といった患者個人の症状を対象とするのに対し、公衆衛生は、市民の全体に影響を与える感染症の対策に専念するという違い。

⑤ 医療が、患者個人の健康を回復することに焦点を絞るのに対し、公衆衛生は、個々人の治療に加え社会全体の健康の増進にも配慮するという違い。

問3　傍線部**B**「このようなパターナリズムと自律の問題は、医療よりも公衆衛生においていっそう先鋭化する」とあるが、「公衆衛生」における「パターナリズムと自律の問題」に対して、筆者はどのように考えているか。その説明として最も適当なものを、次の①～⑤のうちから一つ選べ。解答番号は 5 。

① 社会全体の健康を優先するとしても、社会的に弱い立場にある少数派の権利を侵害することはあってはならないことであり、少数派に対し常に配慮するという倫理観を培わねばならない。

② 健康をめぐって多数派の利益と少数派の自律が衝突した際には、多数派の利益を擁護するために、少数派を犠牲にすることを倫理的に正当化するのもやむをえないことである。

③ 多数の人々の健康のために個人の生活への強制的な介入が行われることもありうるが、それは最終的には介入される本人の利益になることであり、社会一般の倫理観にも矛盾しないものである。

④ 市民全体の健康を優先することで一部の人々の自律が侵害されかねない場合は、そうした人々の自律がなぜ擁護されなければならないかを倫理的に考察していかなければならない。

⑤ 多くの人々の健康を優先しようとすると、個人の意志に反した政策を強制することになりかねないため、その際にはその政策が倫理的に適切か否かを慎重に検討しなければならない。

**問4** 傍線部**C**「これら二点の懸念」とあるが、それはどういうことか。その説明として最も適当なものを、次の①～⑤のうちから一つ選べ。解答番号は 6 。

① 健康の維持や増進という目標が優先されることで、個々人が自分の人生について選択する可能性を奪われ、生を彩る多様な価値が健康よりも劣位に置かれてしまいかねないということ。

② 健康を重視した政策によって日常生活の一切を定められることで、自分のライフスタイルについて自分で決定する機会が失われるとともに、少数派の自律が侵害されてしまいかねないということ。

③ 人々の生活がリスクを排した単調なものになることで、個人の自由を損なうような管理社会化が進展し、人生における健康以外の多様な価値までもが否定されてしまいかねないということ。

④ 社会全体の健康を優先する政策によって、そうした政策から逸脱する少数派を抑圧するのは当然だという雰囲気が社会に醸成され、多数派と少数派に社会が分断されてしまいかねないということ。

⑤ 健康増進を第一とする政策に基づき日常生活が管理されることで、人生において重視すべき価値を人々が自ら決定できなくなり、趣味やスポーツ全般を忌避する傾向が生じてしまいかねないということ。

**問5**　傍線部**D**「生政治による生の画一化」とあるが、「生政治」において「生の画一化」が生じるのはなぜか。その説明として最も適当なものを、次の①～⑤のうちから一つ選べ。解答番号は［7］。

①　人々は、各人の動きが監視されている施設で集団行動を送ることなどを通じて、他者に配慮した生活を送ることを学び、定められた規範に積極的に従おうとするようになるから。

②　人々は、感染症を避けるため、権力が示す政策に従い監視されたほうが安全な生活を送れると感じ、特定の施設で監視者の庇護《ひご》を受けることを肯定するようになるから。

③　人々は、特定の施設において日常的な振る舞いを監視されることなどを通して自己を自ら律するようになり、正常とされるあり方を自明のものとして受容するようになるから。

④　人々は、一定の構造を持つ施設の中で不自由を強いられるものの、それが日常と化すことで不自由に慣れていき、不本意ながら権力者が定めた秩序に従うようになるから。

⑤　人々は、建築上の特徴的な構造を備えた施設において恐怖を伴う監視や指導を受けることで、監視者が正しいと定めた規範に一律に従うことを余儀なくされるから。

**問6** 次に示すのは、授業で**【文章Ⅰ】【文章Ⅱ】**を読んだ後の、生徒の話し合いの様子である。これを読んで、後の(i)・(ii)の問いに答えよ。

生徒A――**【文章Ⅰ】**と**【文章Ⅱ】**は、両方とも公衆衛生について論じられていたね。
生徒B――そうだね。でも、二つの文章には少し違ったところがあるように感じたよ。
生徒C――よく読みくらべると、 **X** 。
生徒B――そうか、だから**【文章Ⅱ】**を踏まえれば、公衆衛生についての理解が深まるんだね。他にも二つの文章の関係が読みとれそうだね。
生徒A――**【文章Ⅰ】**も**【文章Ⅱ】**も、人々の自律や主体性について触れていたよ。
生徒B――でも、自律や主体性についての論じ方は少し違うな。
生徒C――そうだね。**【文章Ⅰ】**と**【文章Ⅱ】**を結びつけて考えると、 **Y** と言えるんじゃないかな。
生徒B――なるほど、公衆衛生と個人の自律の関係は複雑なんだね。
生徒A――こうして二つの文章を読みくらべながら話し合ってみると、いろいろ気づくことがあるね。

(i) 空欄 X に入る発言として最も適当なものを、次の ①～④ のうちから一つ選べ。解答番号は 8 。

① 【文章Ⅰ】は、公衆衛生の定義づけを行ったうえで、その問題点を抽象的に考察しているのに対し、【文章Ⅱ】は、公衆衛生政策の進歩のありようを具体的に考察している

② 現代社会における公衆衛生の問題について、【文章Ⅰ】は実践的な課題を中心に論じているのに対し、【文章Ⅱ】は近代社会の根源的問題を論じた思想を踏まえて論じている

③ 【文章Ⅰ】は、公衆衛生の課題を倫理学の立場から演繹《えんえき》的に論じているのに対し、【文章Ⅱ】はその課題を公衆衛生の具体的な事例から帰納的に論じている

④ 公衆衛生の課題に関して、【文章Ⅰ】はその懸念すべき点について考察しているのに対し、【文章Ⅱ】は公衆衛生の是非を論じた先行研究に即して考察している

(ii) 空欄 **Y** に入る発言として最も適当なものを、次の ① ~ ④ のうちから一つ選べ。解答番号は 9 。

① 公衆衛生は市民全体の利益を追求するため、それによって不利益を被る少数派の自律が侵害されないよう注意すべきだが、多数派によって自律的に定められた規範に従わない少数派がさらに無視される危険性も隠れている

② 社会全体の健康を優先する公衆衛生政策の実施にあたっては、個人の自律的な選択に配慮する必要があるが、そうした自律的な選択も、人々の生を管理する権力によって誘導されたものにすぎない可能性がある

③ 公衆衛生を推進するにあたり、健康と相反する価値を選びとるための自律性をも擁護するべきだが、人々を暴力的に支配する権力によって、自律的な選択の可能性が奪われやすいという点にも配慮せねばならない

④ 市民全体の健康を重視し各人の生活に介入する公衆衛生政策は、個人の自律と矛盾するものだが、人々の生を管理し、標準的な規範に自ら従うという自発性を身につけさせることで、その矛盾を解消できるかもしれない

**第2問**　次の文章は、連城《れんじょう》三紀彦《みきひこ》「紅《あか》き唇」の一節である。和広は、結婚して三か月で妻である文子を亡くした。文子の母タヅは、文子の姉であるもう一人の娘とは折り合いが悪く、文子の一周忌のあとに和広のアパートに身を寄せることになった。ある日、和広の職場にタヅが倒れたと連絡があり、和広は急いで家に帰るが、幸いタヅは軽症であった。これを読んで、後の問い（**問1～6**）に答えよ。（配点　45）

タヅは負けん気が人一倍強く、隣の奥さんや管理人、御用聞きまでにちょっとの事で喧嘩《けんか》腰になり、ムクレ顔になる。だが反面人の好《い》いところがあり働き者だから、朝早くに起きて、アパート中の廊下の掃除から表の溝《どぶ》さらいまでやり、住人を悪《あ》し様《ざま》に言いながらも風邪をひいたりすると親身に世話を焼いたりするから、皆、気の強さには目を瞑《つぶ》ってくれていた。

最初のうちは、同情だったと思う。和広の言うことなら、多少ムッとした顔を返すことはあっても我慢して聞くし、いかつい手でそれなりに一生懸命弁当をつくっているのを見ると、ここを出たら他に行き場所がない、人生の最後の場所を必死に守ろうとしているのだと思えて、強《きつ》い言葉は口に出せなかった。

同情や遠慮だったものが、しかし、一年も経《た》つうちにごく自然なつながりに変わってきた。

もとより和広の方も家庭運に恵まれていない。母は子供の頃死に、父も大学を出る頃には死んだ。郷里の信州に住む兄夫婦とは結婚式の時以来もう何年も連絡をとり合っていないし、結婚したばかりで文子を失った。多少の縁をよりどころに、他人同士が親子のように暮《くら》すのも悪くないなと思っていた。

電話が鳴った。受話器をとるなり、「何よ。家にいるんじゃないの」浅子のカン高い声が耳を破ってきた。

浅子と夕方待ち合わせていたのをすっかり忘れていた。もう三十分は過ぎている。義母《かあ》さんが倒れたからと詫《わ》びると、

「私と逢《あ》うこと知ってたから、わざと倒れたんじゃないの。いいわよ、もう」

一方的に電話は切れた。

「あの子だろ？　私はいいから、今から行ってきなよ」

「大丈夫だよ。明日また電話するから」

A 和広の顔色を探り、タヅはごまかすように目をつぶり、背をむけた。

まだ和広が再婚を決心したわけでもないのに、浅子とタヅは既に嫁と姑《しゅうとめ》の争いをしている。タヅが死んだ妻の母親であるだけに関係はややこしかった。

浅子は、和広が入院中世話になった看護婦(注１)である。美人ではないが笑うと目に愛敬《あいきょう》があり、最初はタヅの方で気にいって「いろいろよくしてもらったお礼に家へ遊びにきてもらおうよ」と言いだしたのである。

「いい子だねえ、笑うと文子に似てないかい、両親がないっていうけど苦労してる子はどっか違うね。和さんもこのまま一人ってわけにはいかないだろ。文子の一周忌も済んだし、どう真剣に考えてみちゃ」そう言ったし、浅子は浅子で「三か月で病死なら、独身と同じよ。それにあのお婆《ばあ》ちゃんとなら一緒に暮してもいいわよ。友達がいってたけど多少気が強くても姑さんは口うるさい方がいいって……陰険に黙りこむタイプが一番困るって」積極的に出て、二人に押された恰好《かっこう》で和広もやっとその気になりかけたところ、突然、タヅの態度が変わった。

「ちょっと図々《ずうずう》しすぎるんじゃないかい。もう奥さん気取りだよ」毎週日曜に訪ねてくる浅子を悪く言い始め、和広が浅子の名を出すと嫌な顔になり、とうとう一か月前の日曜日、浅子が作って並べたフランス風の料理に「文子はこういう料理下手だったねえ、でもそれで良かったんだよ。和さんこういうコマ(注２)しゃくれた料理好きじゃないから」露骨な言い方をし、浅子は顔色を変えてアパートをとびだした。

和広も、この二年の不運続きのうちに将来のことには神経をピリピリさせず、現在にのんびりする癖がついて、もう少しこの不均衡のまま様子を見ようと思っている。浅子も勝気すぎるところは困るのだが、タヅに似て根本的な所では悪い性格ではなかった。

「来週は文子の命日だろ……三回忌だから大したことはしないけど、浅子さんにも来てくれるように、明日会ったらそう言っとくれよ」

Bタヅの岩のような背が、ぽつんと言った。

六十四まで丈夫な体だけが取柄《とりえ》でやってきたタヅには、倒れたことがやはり大きな衝撃だったのか、珍《めず》らしく弱音を吐く恰好だった。

「俺、あの人見てると可哀想《かわいそう》な気がして」

和広はまだ不機嫌な顔をしている浅子をテーブル越しに見て言った。

「茶碗《ちゃわん》なんか凄《すご》い力で洗うからすぐ割れちゃうんだよ。洗濯も洗濯機じゃ洗った気しないからって手で洗うんだけど、あんまり力いれるから、下着なんかすぐ擦り切れて……台所の床なんかも一日に何回も雑巾かけるからこの頃合板が剝《は》がれてきてる。壊すために働いてるんだなあ。そういうの見てると家族のために自分の一生犠牲にしてガムシャラ働いてきたのに、最後には俺みたいな他人に世話になる他ない理由わかる気がする」

「和広さん、死んだ奥さんのことまだ愛してるのよ。まだ愛してるから、その人のお母さんにこだわってるのよ」

「愛情だなんて……たった三か月だったんだ、死んだからって泣くわけにもいかなかったよ。それにC俺があの人の面倒見ようって気持ち、もう文子の母親だってことと関係なくなってるから」

浅子は黙って、ストローでアイスコーヒーに息を吹きこんでいる。ぶくぶくと音をたてる泡で胸の中のものを吐きだしているように見えた。

「この間のことだって自分では悪いって思ってるんだよ。そりゃ口には出さないけど、来週文子の命日に来るように言ってほしいって」

浅子は最後に一つ大きな泡をつくって、

「それだって、死んだ文子さんの写真見せつけるためじゃないの」

「そう何でも悪く考えるなよ」

　結局喧嘩になってしまい、和広は喫茶店をとびだすと繁華街のパチンコ屋(注3)に入った。タヅと一緒に暮すようになってから、何か腹の立つことがあるときは、それを鎮めてから帰ることに決めていた。

　空いた台を探していた和広は、隅の席にタヅに似た後ろ姿を見つけ、足を停《と》めた。いや確かにタヅである。見慣れた浴衣《ゆかた》地の服の後襟《うしろえり》には下着が覗《のぞ》いている。銭湯の帰りにでも寄ったらしい。

　和広が黙って隣に座ると、タヅは驚いて、ちょっときまり悪そうな顔をした。

「上手《うま》いじゃないの。教えてもらおうかな」

「二十年もやってれば誰だって上手くなるさ」

「俺の方はまだ二年――文子の葬儀の次の晩が初めてだったから」

「じゃあ似てるんだ――私も亭主が死んだ晩に文子背負ってやったから。その前から辛《つら》くて泣きたいときにはよく行ってたけど……みんなに背向けてるし、喧騒《うるさ》いだろ。少しぐらい声出して泣いたってわかりゃしないから。でもあの晩は泣けなかったねえ。あんな亭主でも死んだんだから涙の一つぐらい流してやりたいと思ったんだけど……そいでこうやって玉を目ん所狙って打って……」

　和広が覗きこむと、台のガラスに薄い影で映ったタヅの顔の目のあたりを玉は巧みに切って、銀の雫《しずく》となり落ちていく。次々に落ちる銀の雫は時々きらきらと光を放ち、本当にタヅの目から涙でも流れだしているように見えた。

「こうやって涙流してるつもりになってさ」

「俺も泣けなかったな。義母さんには悪いけど文子あんまりあっけなく死んだんで、俺ピンとこなくて……葬式終わって一人になったらぼんやりしてね。泣きたい気持ちはあったし、泣かなきゃ三か月でも文子と一緒に暮したこと嘘《うそ》になるような気もしたし……それでビール飲んで、安っぽい艶歌《えんか》なんか歌ってみたけどさあ……欠伸《あくび》した時みたいな涙がちょっとだけ……」

「短かったもの無理ないよ。でも泣きたいときに泣けないってのもねえ」

「結構辛いね、あれも」

和広はタヅを真似《まね》て台に顔を近づけガラスにかすかに映った自分の影を狙って玉を弾《はじ》いた。タヅのように上手くはいかないが、それでも時々玉は目のあたりを切って落ちる。目を細くすると玉の形が消え、光だけが残りそれがだんだん本当の涙のようにに見えてくる。涙のひと雫がチューリップ(注4)の花を開いて吸いこまれ、たくさんの雫に増えて、受け皿へとこぼれだした。

　こんな泣き方もあったんだなと思いながら和広は黙々と玉を弾き続けた。受け皿が銀の光で満ちるとともに、和広の胸にも同じ光で溢《あふ》れてくるものがある。文子が死んで二年、自分の気持ちを固く引き緊《し》めていたものがふっと緩んだ気がした。

D 溢れた皿から玉が一つ零《こぼ》れ落ちたとき、和広の目から自然に流れ落ちたものがあった。

「文子、いい娘《こ》だったねえ」

　タヅの受け皿にも次々と銀の雫が流れだしている。

「ほんと、あんないい奴《やつ》いなかったよ」

「浅子さんも運悪い口だ。よりによって一度奥さんもった男に惚《ほ》れるんだから。あの子、真剣に惚れてるよ。あんた見るとき昔の女みたいないい目するよ」

「もういいよ、アレのことは」

「そうはいかないよ。和さんだって悪いんだ。若い娘の機嫌とるの下手だから。文子が結婚前に言ってたよ。もう一つ女の気持ちわかってくれないって――あんた浅子さんがどんな服着てるか目とめたことあるかい？　あの子いつも精いっぱいお洒落《しゃれ》してるよ。それなのに和さん、全く知らん顔してるんだから。そういう所《とこ》、浅子さん淋《さび》しいんだよ。口紅の一本ぐらい買ってやりなよ」

「どうして口紅？」

　タヅはひょいと屈《かが》みこんで落ちた玉を拾った。

「いつか言ってたから。口紅ぐらい買ってくれないかなあってさ」

「あの子、化粧してる？」

「ほらね、そんなんだから張り合いないんだ。ありゃ鏡と大格闘してきたって顔だよ」

「文子は口紅塗ってた?」

「つけてたよ。目立たない色だったけど」

「じゃあ、あん時——」

　文子が死んだ時、タヅは看護婦から口紅を借りて死に顔に塗ってやりたいと言った。三か月の妻だった女の動かなくなった唇は、死に白く褪《さ》めて、和広にも淋しすぎるほどに思えたのだが、薄く微笑したままの安らかな顔を口紅の毒々しい色で瀆《けが》すのも却《かえ》って痛々しい気がして、やめてほしいと言ってしまったのだった。塗ってやればよかったな、とふっと後悔が湧いたせいか、**E**開いたチューリップが赤い唇に見えた。

「ま、文子のことはどうでもいいさ。浅子さんにもう少し気を遣っておやりよ」

　タヅはそれだけを言って後は黙りこんで玉を弾き続けた。

　二人で四箱貯《た》まった玉は、景品の雑貨やウイスキーに交換した。

　その夜、タヅは和広につき合ってウイスキーを一口飲んだが「こんな煙草《たばこ》の脂《やに》みたいのどうして飲むのかねえ」口では文句を言いながらも結構いい気分になったらしく、先に布団を敷いて横になると低い声で歌を口ずさんでいた。いのち短し恋せよ乙女、紅《あか》き唇あせぬ間に、という唄《うた》である。

（注）1　看護婦——かつて女性の看護師に対して使われていた呼称。
2　コマしゃくれた——こざかしい。子供が大人ぶっているような。
3　パチンコ——日本の遊技。前面がガラス張りで障害物や穴の設置されている縦型の台に、銀色の小球を弾き入れ、当たり穴に入ると賞球が得られ、それが台の下の受け皿にたまる仕組みになっている。一九八〇年代以降は電動式ハンドルで球を弾く方式が主流となったが、ここに登場するのはそれ以前に主流だった、手で一つ一つ球を弾く方式である。

4　チューリップ――パチンコ台の当たり穴に設けられていた仕掛けの一種。開閉式で、開いているときには多くの玉を獲得しやすい。チューリップの花弁に似た形状であったため、こう呼ばれた。

**問1** 傍線部**A**「和広の顔色を探り、タヅはごまかすように目をつぶり、背をむけた。」とあるが、このときのタヅについての説明として最も適当なものを、次の①～⑤のうちから一つ選べ。解答番号は 10 。

① 和広が体調の悪い自分のことを置きざりにして浅子のもとに行ってしまうのではないかと思うと腹立たしいが、怒るのも大人げないと思い、どうにかしてこらえようとしている。

② 自分が倒れてしまったために和広が浅子との大事な約束を失念してしまったので、和広から責められるのではないかと心配し、さりげなく和広の様子をうかがっている。

③ 和広の電話での話し方を聞くうちに、和広が亡くなった文子よりも浅子の方を愛しているということをあらためて思い知らされ、言いようもない寂しさにおそわれている。

④ 自分が浅子と仲違《なかたが》いをしたせいで和広が浅子に逢いに行くのをためらっていることを考えると、申し訳ない気持ちにもなるが、だからといって和広に謝るわけにもいかず、困惑している。

⑤ 自分が浅子を怒らせてしまったことが気になっていることもあり、和広と浅子との間にいさかいが生じてほしくないと案じているが、そうした気持ちを素直に表せずにいる。

**問2** 傍線部**B**「タヅの岩のような背が、ぽつんと言った。」とあるが、この表現についての説明として最も適当なものを、次の①～⑤のうちから一つ選べ。解答番号は 11 。

① 「岩のような」と「ぽつんと」という対照的ともいえる表現が用いられており、そのことが、普段よりも気弱な様子を見せているタヅの姿を鮮明に浮かび上がらせている。

② 和広には、ものを言わぬはずの「岩のような背」が何かを「言った」かのように感じられているが、そうした表現を通して、タヅの心中をあれこれと推し量っている和広の様子が示されている。

③ 人間であるはずのタヅの背中が「岩」に喩《たと》えられており、そうした印象的な表現によって、自分の意志をなくして呆《ほう》けたようになっているタヅのありようが暗示されている。

④ 本当は弱いところのあるタヅのことが「岩のよう」だと表現されており、そうした矛盾を含む言葉づかいによって、人間とは二面性を持った存在だという真理がさりげなく言い表されている。

⑤ 息子の恋人と張り合うようなタヅの負けん気の強さが「岩」で象徴される一方、タヅの口ぶりは「ぽつん」という擬音語によって表現されており、珍しく弱音を吐いているタヅの様子が描かれている。

**問3** 傍線部**C**「俺があの人の面倒見ようって気持ち、もう文子の母親だってことと関係なくなってるから」とあるが、このように言う和広の説明として最も適当なものを、次の①～⑤のうちから一つ選べ。解答番号は 12 。

① 亡き妻の母であるため邪険にもできず、その寄る辺のなさを見かねて同居していたが、自分も家庭運に恵まれなかったこともあって、タヅと親子のように暮らすことをいつしか積極的に受け容《い》れるようになった。

② 自分の居場所を得るために懸命に努力しているタヅに同情し、文句を言いつつ同居していたが、一年ほど一緒に暮らすうちに、自分が亡き妻の母を守っていかなければならないと決意するようになった。

③ タヅの身の上への同情や遠慮からしぶしぶ一緒に暮らしていたが、今となっては、気弱な自分の方が勝気なタヅを必要としていることに気づき、今後も一緒に暮らしていきたいと思うようになった。

④ 不器用ながらも自分に合わせながら生きていこうとしているタヅに遠慮しながら他人行儀に暮らしていたが、共に暮らすうちに、自分とタヅが宿縁によって結ばれている親子であると思い見なすようになった。

⑤ 亡くなった妻への愛情が残っており、タヅへの同情もあったため、彼女を気遣いつつ同居してきたが、そのうちに自然な関係となり、遠慮のない対等な人間同士として共に人生を歩んでいこうと思うようになった。

問4　傍線部**D**「溢れた皿から玉が一つ零れ落ちたとき、和広の目から自然に流れ落ちたものがあった。」とあるが、このときの和広の状況と心理を説明したものとして最も適当なものを、次の①～⑤のうちから一つ選べ。解答番号は 13 。

① 文子を失った当初は、悲しくなくても無理に泣こうとしていたが、パチンコ台のガラスに映る自分の泣いているような顔を見ていると、当時の自分も実は文子の死を悲しんでいたということがわかってきて、自分でも驚いている。

② 文子の葬式の直後は放心したような状態であり、泣くことができなかったが、タヅにならってパチンコの玉と涙を重ね合わせてみたことで、妻が死んでも泣けなかったという罪悪感から解き放たれた気分を味わっている。

③ 文子を亡くした悲しみがあまりにも深く、当時は泣くことを忘れるほど悲嘆に暮れていたが、時が経ち気持ちが落ち着いた状態で涙に似たパチンコの玉を見ているうち、ひとりでに涙がこぼれてくるのを感じている。

④ 文子の死が突然だったため、当時はその死とどう向き合えばよいのかわからなかったが、パチンコの玉を涙に見立てているうちに、抑えていた思いが溢れ出てくるような気がして、文子を失った悲しみをしみじみと感じている。

⑤ 文子のあっけない死をどう受け止めていいのかわからず、泣きたくても泣いてはいけないと自分を戒めてきたが、パチンコの玉を使って泣いているつもりになってみると、自然に心が緩み、素直な気持ちで涙を流している。

問5　傍線部E「開いたチューリップが赤い唇に見えた」とあるが、ここでの和広についての説明として最も適当なものを、次の①～⑤のうちから一つ選べ。解答番号は 14 。

① 浅子が口紅を欲しがっていることや、生前の文子が口紅を塗っていたことをタヅから聞いた和広は、パチンコ台のチューリップが口紅を塗った唇に似ていることにはじめて気づき、これまでと違ったものの見方ができるようになった自分の精神的成長といったものを感じている。

② 目の前にあるパチンコ台のチューリップが女性の赤い唇と似ていることに気づいた和広は、葬儀のときに口紅を塗ってもらった文子の死に顔を思い出し、結婚して三か月で文子を失ってしまったという自らの不幸を、あらためて心のなかでかみしめている。

③ 虚心になってパチンコ台と向き合い、タヅの話を聞いていた和広は、赤いチューリップの色を連想させる口紅というものが、女性にとって恋心や情熱を象徴するものだということを知り、いまの自分にとって大切な存在である浅子に口紅を贈りたいという気持ちを募らせている。

④ 女性が口紅を欲しがることや、女性の死に顔に口紅を塗ることについて先入観を抱いていたものの、タヅの話を聞くうちにそうした先入観が誤りだったことに気づいた和広は、タヅや浅子に自分の意見を押しつけていたことを後悔し、これからは彼女たちの意見を聞くようにしようと思いを固めている。

⑤ パチンコを打っているうちにどこか素直な気持ちになってきた和広は、タヅの言葉を聞くなかで、女性が口紅について抱く思いなど考えていなかった自分のことを省み、自分と自分がかかわった女性との巡《めぐ》り合わせといったことに思いを馳《は》せている。

問6　Tさんのクラスでは、本文をより良く鑑賞するために、教師から【資料】として本文の作者（連城三紀彦）によるあとがきの一節が提示された。それを読んだTさんは、本文の末尾に描かれていたタヅが口ずさむ歌に着目し、その【歌詞】を調べ、そこから考察したことを【文章】として書いた。このことについて、後の(i)・(ii)の問いに答えよ。

【資料】

大学の頃、母と二人、田舎駅で次の列車までの待ち時間を潰すために、小さなパチンコ屋に入ったことがあります。二人とも初めてなのに玉は吃驚《びっくり》するほど出て、特に働く姿しか見たことのない母は、いかにも遊びには不向きな節くれだった手をしながら、結構器用に台を操って、受け皿から溢れだした玉を夢中で追いかけ、拾ってました。農家の出だから、腰を屈《かが》めた恰好は田植えです。そして、何故《なぜ》かは上手く説明できないけれど、その時、いかつい岩みたいな体を曲げている母の姿に、この人が大正の初めから、戦中、戦後と生き抜いてきたその生涯の全部が、流れて見えた気がしたのです。ほんの数秒の光景ですが、記憶に一番強く残っている母の姿です。

【歌詞】

「ゴンドラの唄」（一九一五年に発表された歌謡曲。大正時代に流行した。）　作詞・吉井勇《よしいいさむ》　作曲・中山晋平《なかやましんぺい》

いのち短し　恋せよ乙女
あかき唇　褪《あ》せぬ間に
熱き血潮の　冷えぬ間に
明日の月日は　ないものを

いのち短し　恋せよ乙女
いざ手をとりて　かの舟に
いざ燃ゆる頬《ほ》を　君が頬に
ここには誰れも　来ぬものを

---

いのち短し　恋せよ乙女
波にただよい　波のよに
君が柔《や》わ手を　我が肩に
ここには人目も　無いものを

いのち短し　恋せよ乙女
黒髪の色　褪せぬ間に
心のほのお　消えぬ間に
今日はふたたび　来ぬものを

【文章】

パチンコについて調べてみたところ、本文に登場する手打ち式のパチンコ台は、本文末の(注)にもあるとおり、一九八〇年代には廃れていたことがわかった。おそらく本文は、一九七〇年代を舞台にしたものなのだろう。そう考えると、登場人物の言葉などから、当時の人々の一般的な価値観や生活感覚などがうかがえるような気がする。

【資料】は、本文の作者の母について書かれたものだが、その身体的な特徴や人生のあり方は、本文のタヅと共通するところが多い。本文において最も印象的な人物として描かれているタヅが、作者の母をモデルとして創作されたのだとしたら、そこには［Ⅰ］がうかがえる。

さらに、作中でタヅが口ずさんでいた歌の【歌詞】には「明日の月日は　ないものを」「今日はふたたび　来ぬものを」といった句があり、若き乙女の時代を謳歌《おうか》できるのは限られた時間であることが表現されている。こうしたことから考察すると、タヅがこの歌を歌うことには、短い生涯を終えた文子への思いや、恋のただなかにある浅子への思いだけではなく、［Ⅱ］といった思いも込められていると考えることもできるかもしれない。

(i)　空欄［Ⅰ］に入るものとして最も適当なものを、次の①～④のうちから一つ選べ。解答番号は［15］。

① 華奢《きゃしゃ》な体で苦難の時代を生き抜いてきた母に対する作者の愛情
② 周囲と衝突しても自分の生き方を貫く人々へ向けた作者の憧憬
③ 苦労を厭《いと》わずひたむきに生きてきた者たちに寄せる作者の共感
④ 自分の気持ちより家族を優先するという、作者の理想の母親像

(ii) 空欄 Ⅱ に入るものとして最も適当なものを、次の①～④のうちから一つ選べ。解答番号は 16 。

① 向こう見ずな恋に溺れたいという、自らの願望への執着

② 恋を心から楽しむこともままならなかった、自らの人生への回顧

③ 強い意志で恋愛を拒んできた、自らの青春に対する懐旧

④ 何事にも臆さず恋愛に耽《ふけ》ることのできた、自らの少女時代の追憶

## 第3問

かつて世界一の漁獲量を誇った日本の漁業が今日では低迷していることを知ったMさんは、日本の漁業について調べてレポートを書くことにした。次の【資料Ⅰ】～【資料Ⅲ】は、Mさんが見つけた資料の一部である。なお【資料Ⅲ】の年表はMさん自身が調べて作成したものである。これらを読んで、後の問い(問1～3)に答えよ。(配点 20)

**【資料Ⅰ】** 文章 と 図

文章 **いま世界と日本の漁業・水産業はどうなっているのか**

世界と日本の水揚数量をグラフにして比較すると、その問題の根本が浮き出てくる(図1―1)。だが、日本の学校教育では、日本の水揚げ推移しか出てこない。このため、教育する立場であっても、日本の深刻な傾向はほとんど知られていないのである。

世界の水揚げは1988年に約1億トンに達し、2016年には2億トンへと倍増している。これに対し、日本の水揚げは、1988年の1278万トンに対し2016年には三分の一(436万トン)にまで減っており、減少が止まらない。

X で遠洋漁業の衰退が始まるが、実際には水揚げは、イワシの漁獲量が急増したこともあり、その後1980年代にピークを迎える。しかしここから減少一辺倒となり、現在に至っている。

水揚げは天然と養殖に分かれる。図1―2 を見れば、実際には、天然の漁業は横ばいで、伸びているのは養殖であることがわかる。

天然の水揚げは横ばいに見えるが、これは獲《と》れる魚の量が横ばいだからではない。欧米、オセアニアといった漁業先進国では、資源の持続性(サステナビリティ)を考慮し、実際に漁獲できる量より、大幅にセーブしているのだ。漁業にとって肝心なのは水揚量ではなく水揚金額だ。たくさん獲ることが、必ずしも経済的ではないことがよく理解され、小型の魚や旬ではない時期の水産物は漁獲しないように、個別割当て制度（ＩＱ）により、漁業者みずからが考えて漁獲する仕組みができあがっているケースが多い。

一方で、日本は、漁期や漁具等の制限は行っているものの、大漁を願い、大漁貧乏となっても、漁業者が価値の低い単価が安い魚までも、争って獲ってしまう。このように漁業者の自主管理に任せて、実質的に放置しているケースは、世界では例外となってきている。

（片野《かたの》歩《あゆむ》・阪口《さかぐち》功《いさお》『日本の水産資源管理――漁業衰退の真因と復活への道を探る』による）

**図１－１　世界と日本の水揚量の推移**

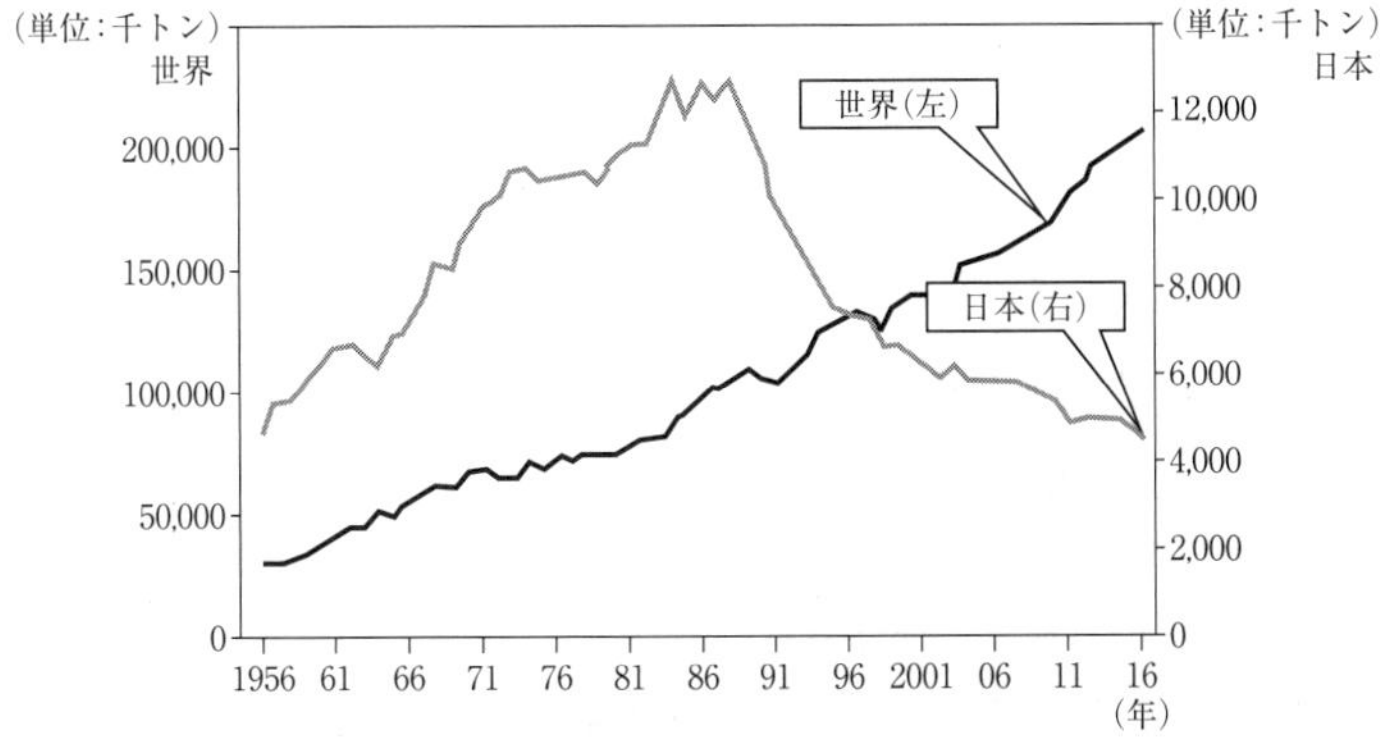


出所：FAO（国連世界食糧農業機関）、農水省データなどより作成

**図１－２　世界の水産物総生産量の推移**

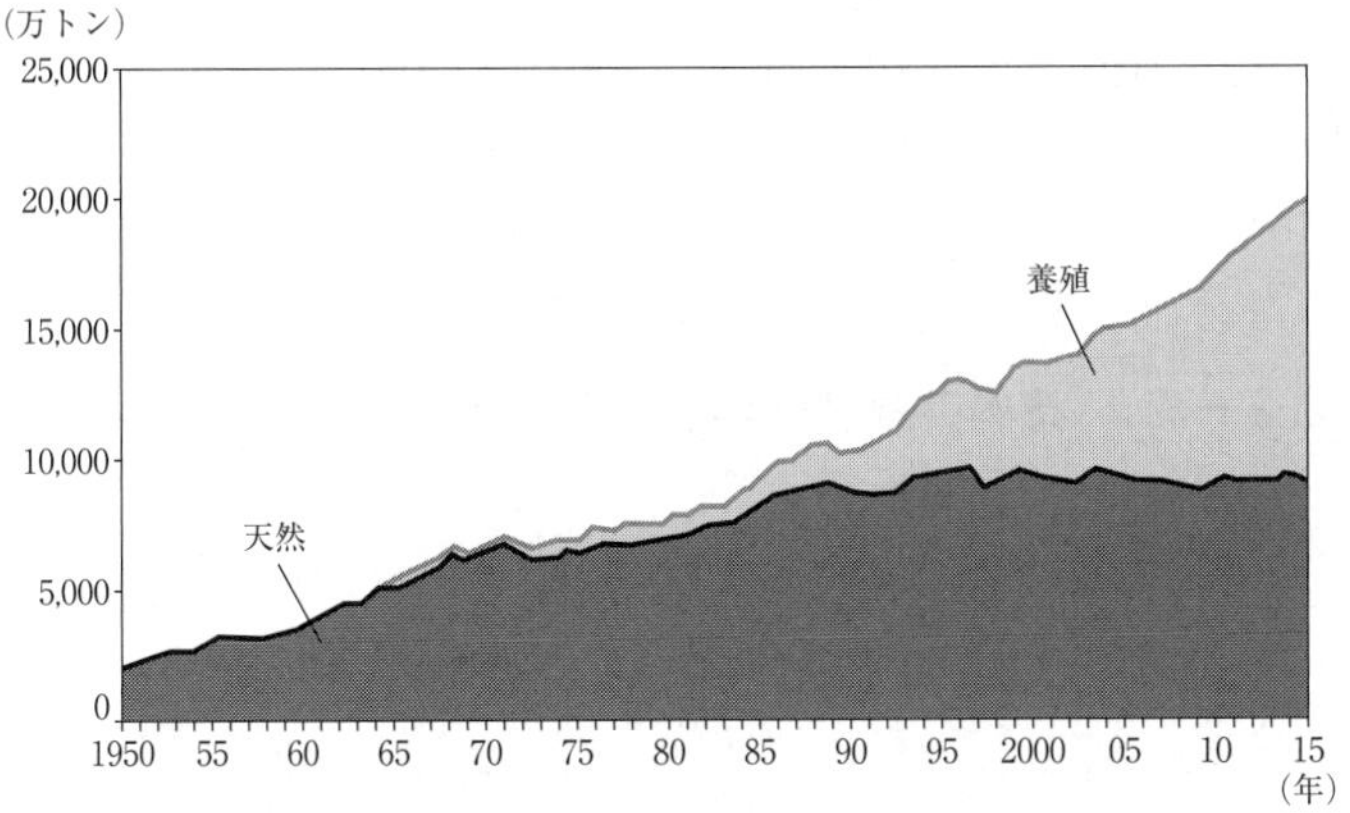


注：FAO（国連世界食糧農業機関）による。世界の水揚量は増加が続く。

【資料Ⅱ】 図 と 表

図２－１　日本の漁業・養殖業の生産量の推移

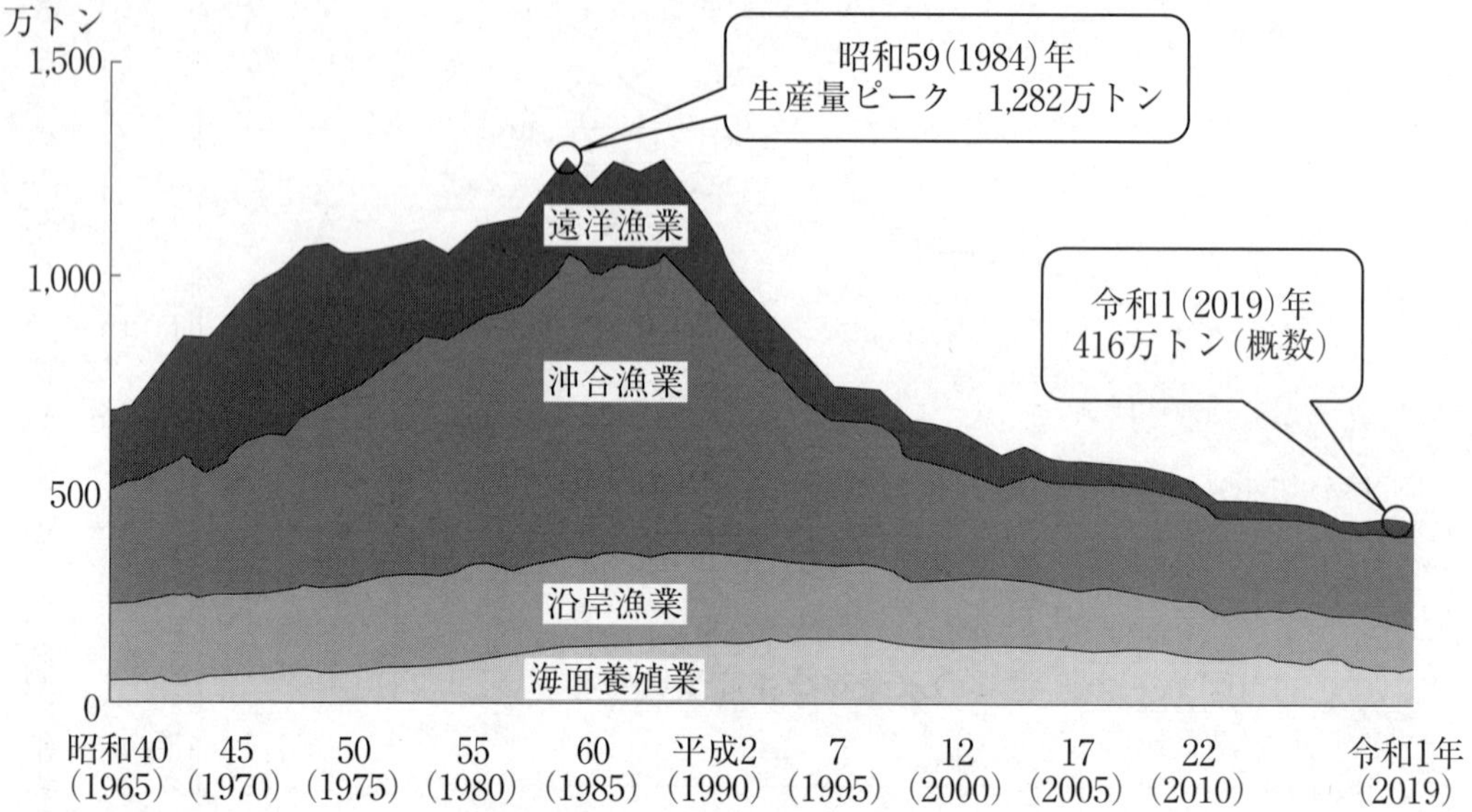


（農林水産省　『漁業・養殖業生産統計』による）

図２－２　日本の漁業就業者数の推移

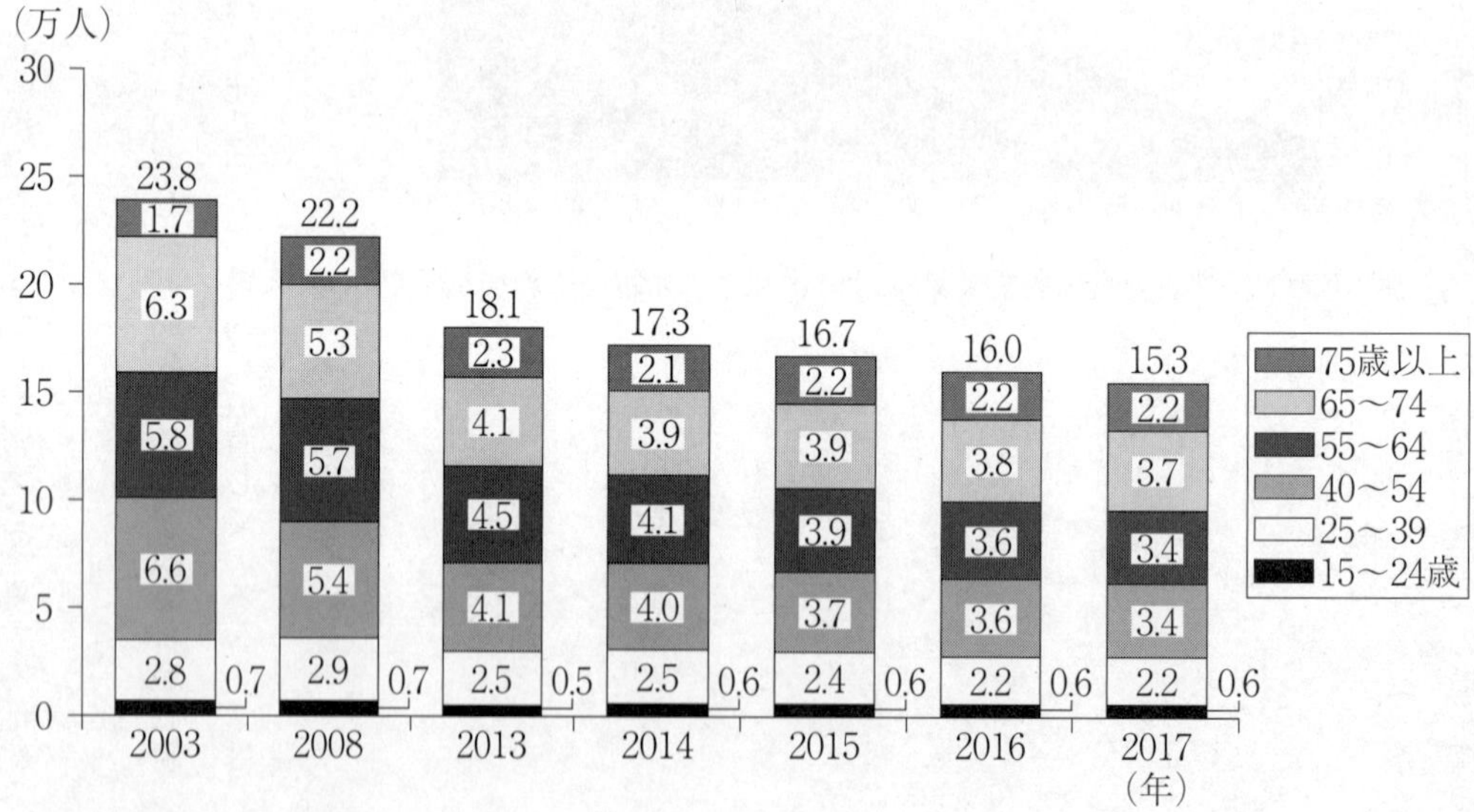


（水産庁『水産白書2018年版』による）

**表２－１** **沿岸漁業就業者数の比較**(2017年)

| | ノルウェー | 日本 |
|---|---|---|
| 20歳以下 | 194 | 1,240 |
| 20～29歳 | 1,677 | 9,390 |
| 30～39歳 | 1,637 | 16,750 |
| 40～49歳 | 1,906 | 20,740 |
| 50～59歳 | 2,080 | 28,740 |
| 60～66歳 | 1,099 | 17,950 |
| 66～69歳 | 408 | 21,670 |
| 70歳以上 | 485 | (注) 37,020 |
| 合計 | 9,486人 | 153,500人 |
| 60歳以上 | 21% | 50% |

(注)：日本　75歳以上21,880人。
出所：ノルウェー漁業省

**表２－２** **消費者意識の国際比較**
(以下の項目に対してイエスと答えた消費者の割合)

| | 中国 | 英国 | 日本 | 南アフリカ | アメリカ |
|---|---|---|---|---|---|
| サステナブルな水産物を選ぶ | 85 | 87 | 40 | 85 | 80 |
| 絶滅危惧種の禁漁を支持 | 82 | 77 | 47 | 76 | 68 |
| 商店で絶滅危惧種の販売禁止を支持 | 82 | 79 | 48 | 79 | 72 |

(%)

出所：グローバル・マーケティング・リサーチ会社 IPSOS による2020年の調査

**【資料Ⅲ】 表**

**表3－1　戦後日本の漁業関連年表**

| | |
|---|---|
| 一九四五年 | **マッカーサーライン**が引かれ、日本はGHQによって戦前の五分の一の面積にも満たない沿岸漁業に押し込められた。 |
| 一九四九年 | **漁業法**が制定される。**漁業法**は、漁業者が主体となって利害調整しながら、生産力を伸ばしつつ、漁業の民主化を図ることを目的としたものであるが、食糧難という時代背景から、水産資源の持続可能性についての配慮は不十分であった。 |
| 一九五二年 | 漁船の操業区域を制限していた**マッカーサーライン**が廃止され、日本は自主的な漁業政策の展開と国際漁業への復帰が可能となった。 |
| 一九五四年 | 水産庁は**漁業転換促進要綱**を策定し、「沿岸から沖合へ、沖合から遠洋へ」の転換を図る。日本漁船は世界中に展開し、大きな繁栄を一時的に築いていくことになる。 |
| 一九七七年 | **二〇〇海里漁業専管水域（EEZ）**が設定される。アメリカおよびソ連をはじめカナダやヨーロッパ諸国も二〇〇海里水域の設定に踏み切り、事実上二〇〇海里（約三七〇キロメートル）時代が到来した。それまで一般的な領海は三海里（約五・六キロメートル）であり、領海の外では「公海自由の原則」によってどこの国でも自由に漁業を行うことができた。 |
| 一九八二年 | **国連海洋法条約**が採択される。**国連海洋法条約**は、沿岸国が二〇〇海里の排他的経済水域（EEZ）を設定することができ、その水域における主権的権利を有する一方、生物資源の保存・管理措置をとる義務を有することを規定している。一九九三年に批准国が六〇か国に達したため、一九九四年に発効される。 |
| 一九九六年 | 日本が**国連海洋法条約**に批准する。 |
| 二〇一五年 | SDGs（持続可能な開発目標）が国連サミットで加盟国の全会一致で採択される。一七の目標の一つ（目標一四）に「持続可能な開発のために海洋・海洋資源を保全し、持続可能な形で利用する」があり、「あらゆる種類の海洋汚染を防止し、大幅に削減する」、「海洋及び沿岸の生態系の回復のための取組を行う」など一〇のターゲットが設定されている。 |
| 二〇二〇年 | 七〇年ぶりに漁業法が改正される。**改正漁業法**は二〇一八年に公布され、二〇二〇年に施行された。 |

## 第４回

### 表３―２　改正漁業法

漁業法の改正の目的について、「適切な資源管理と水産業の成長産業化を両立させるため、資源管理措置並びに漁業許可及び免許制度等の漁業生産に関する基本的制度を一体的に見直す」と書かれている。70年ぶりの改正なので、細かい修正は多岐にわたるが、最も大きな変更が加えられたのは、資源管理である。「(1)新たな資源管理システムの構築」と「(2)生産性の向上に資する漁業許可制度の見直し」は次のように表にまとめられている。

**(1)新たな資源管理システムの構築**

**科学的根拠に基づき目標設定、資源を維持回復**

**【資源管理の基本原則】**

・資源管理は、資源評価に基づき、漁獲可能量(TAC)[注1]による管理を行い、持続可能な資源水準に維持・回復させることが基本(第８条)

・TAC 管理は、個別の漁獲割当て(IQ)[注2]による管理が基本(第８条)

**【漁獲可能量(TAC)の決定】**

・農林水産大臣は、資源管理の目標を定め、その目標の水準に資源を回復させるべく、漁獲可能量を決定(第11条)

**【漁獲割当て(IQ)】**

・農林水産大臣又は都道府県知事は、漁獲実績等を勘案して、船舶等ごとに漁獲割当てを設定(第17条)

・割当量の移転は、船舶の譲渡等、一定の場合に限定(第22条)

**(2)生産性の向上に資する漁業許可制度の見直し**

**競争力を高め、若者に魅力ある漁船漁業を実現**

・漁船の安全性、居住性等の向上に向けて、船舶の規模に係る規制を見直し(第43条)

・許可体系を見直し、随時の新規許可を推進(第42条)

・許可を受けた者には、適切な資源管理・生産性向上に係る責務を課す。漁業生産に関する情報等の報告を義務付け(第52条)

(水産庁　「水産政策の改革(新漁業法等)のポイント」による)

(注)

1　TAC(Total Allowable Catch)：漁獲可能量、漁獲枠。一定期間に特定の魚種をどれくらいの量まで獲ってよいかを定める規約。日本は1996年に国連海洋法条約に批准し、その管理義務を果たすためにTAC 制度を導入した。しかし、日本よりも漁獲量の少ない米国が約500魚種に漁獲枠を設定しているのに対して、日本は８魚種にしか漁獲枠を設定してこなかった。また、多く獲りたい漁業者の意向に従って、過剰な漁獲枠が慢性的に設定されてきた。つまり、日本の TAC 制度はこれまで資源管理として機能してきたとは言い難い状況にあったのである。漁業法の改正後は、2023年度までに魚種を15種追加し、最終的に７、８割が TAC 魚種になることを目標としている。また、科学的な調査や評価に基づいて漁獲枠を設定することを目標としている。

2　IQ(Individual Quota)：漁獲割当て、個別漁獲枠。TAC は一魚種の総量を規制するため、漁業者間で早獲《はやど》り競争が起こる可能性がある。しかし、漁業者あるいは漁船ごとに漁獲量を割り当てると、非効率な早獲り競争が不要になる。また、獲る量が決められているのに、小さな安い魚をわざわざ水揚げしてしまうことは賢明ではないので、大きな魚を狙うことになる。結果として水揚げされる魚の品質が上がることになるのである。漁業法の改正により、2023年度までに TAC 対象魚種の漁業に原則導入されることになった。

問1　【資料Ⅰ】文章の空欄 X に入る内容として最も適当なものを、次の①～⑤のうちから一つ選べ。解答番号は 17 。

① 1945年のマッカーサーラインの設定
② 1949年の漁業法の制定
③ 1977年の200海里漁業専管水域の設定
④ 1994年の国連海洋法条約の発効
⑤ 1996年の日本の国連海洋法条約批准

問2　次のア～エの各文は、Mさんが【資料Ⅰ】～【資料Ⅲ】を根拠としてまとめたものである。【凡例】に基づいて各文の内容の正誤を判断したとき、その組合せとして最も適当なものを、後の①～⑤のうちから一つ選べ。解答番号は 18 。

【凡例】

| |
|---|
| 正　し　い――述べられている内容は、正しい。<br>誤っている――述べられている内容は、誤っている。<br>判断できない――述べられている内容の正誤について、【資料Ⅰ】～【資料Ⅲ】からは判断できない。 |

ア　水産資源を維持するためには、漁獲可能量（ＴＡＣ）制度によるよりも、漁獲割当て（ＩＱ）によるほうが効果的である。
イ　世界の養殖の水揚量は伸びているのに天然の水揚量が横ばいなのは、資源の管理が徹底されているからだと言える。
ウ　各国が二〇〇海里漁業専管水域を設定したのは、自国の沖合漁業や沿岸漁業を外国船の乱獲から守るためだと言える。
エ　日本と比べてノルウェーの漁業者の高齢化が進んでいないのは、漁業が盛んになったのが日本よりもずっと後だからである。

①　ア　判断できない　イ　正しい　ウ　誤っている　エ　誤っている
②　ア　誤っている　イ　誤っている　ウ　正しい　エ　判断できない
③　ア　正しい　イ　判断できない　ウ　判断できない　エ　誤っている
④　ア　判断できない　イ　正しい　ウ　正しい　エ　誤っている
⑤　ア　誤っている　イ　誤っている　ウ　判断できない　エ　正しい

問3　次の【目次】は、Mさんがレポートの内容と構成を考えるために【資料Ⅰ】～【資料Ⅲ】を参照して作成したものである。これを読んで、後の(i)・(ii)の問いに答えよ。

**【目次】**

テーマ：日本の漁業の現状と課題

はじめに：テーマ設定の理由

第1章　日本の漁業の現状

a　世界の水揚量が増大し続けているのに対して、日本の水揚量は1980年代にピークを迎えた後、今日まで減少し続けている

b　**Y**

第2章　70年ぶりの漁業法の改正(漁業の現状を克服するために漁業法を改正した)の目標

a　新たな資源管理システム(TAC制度とIQの導入など)の構築により、資源の維持回復をはかる

b　生産性の向上に資するように漁業許可制度を見直し、競争力を高め、若者に魅力ある漁船漁業の実現を目指す

第3章　漁業の復活・発展のために消費者である私たちに求められること

**Z**

おわりに：調査をふりかえって

参考文献

(i) レポートの構成を考えたとき、【目次】の空欄 **Y** に入る内容として最も適当なものを、次の①～⑤のうちから一つ選べ。解答番号は 19 。

① 地球温暖化により水産資源が減少している
② 漁業者数の減少と漁業者の高齢化が進んでいる
③ 日本に近い公海での近隣諸国による乱獲が行われている
④ 遠洋漁業から沿岸漁業への切り替えに失敗している
⑤ 天然資源を代替する養殖生産量が伸び悩んでいる

(ii) 【目次】の空欄 **Z** に入る項目として**適当でないもの**を、次の①～⑥のうちから**二つ**選べ。ただし、解答の順序は問わない。解答番号は 20 ・ 21 。

① 天然資源を守るために、養殖の水産物を消費するように心がける
② 日本の消費者の持続可能性への意識を高める取り組みをする
③ プラスチックゴミなどの汚染から海を守るように努める
④ 持続可能性の審査をクリアし、エコラベルの貼られた水産物を選ぶ
⑤ 地域で水揚げされた水産物はその地域で消費するようにする
⑥ 沿岸海域の環境悪化を防ぐために、沿岸の大規模な開発に反対する

## 第4問

次の文章は『藤の衣物語絵巻』の一節である。太政《だいじょう》大臣の長男である少将は、異母兄弟たちとの後継争いに巻き込まれ、将来に希望が持てなくなって出奔し、諸国を行脚していた。月日が経ち、少将の母親である宮の御方（上）が、少将の息子（弁）や娘（女君）と女房（侍従）たちを連れて長谷寺《はせでら》に参籠《さんろう》しているところに、二人の山伏が居合わせた。【絵と画中詞《がちゅうし》】は、山伏のうちの一人（あこ丸）が、宮の御方を見知っていたので侍従に声をかけ、自分の来歴を述べて言葉を交わす場面である。後の【詞書《ことばがき》】は、その翌日、もう一人の山伏が山の奥に入って前夜のことを思い返す様子とその後の行動が記されている。これらを読んで、後の問い（問1～4）に答えよ。（配点　45）

**【絵と画中詞】**

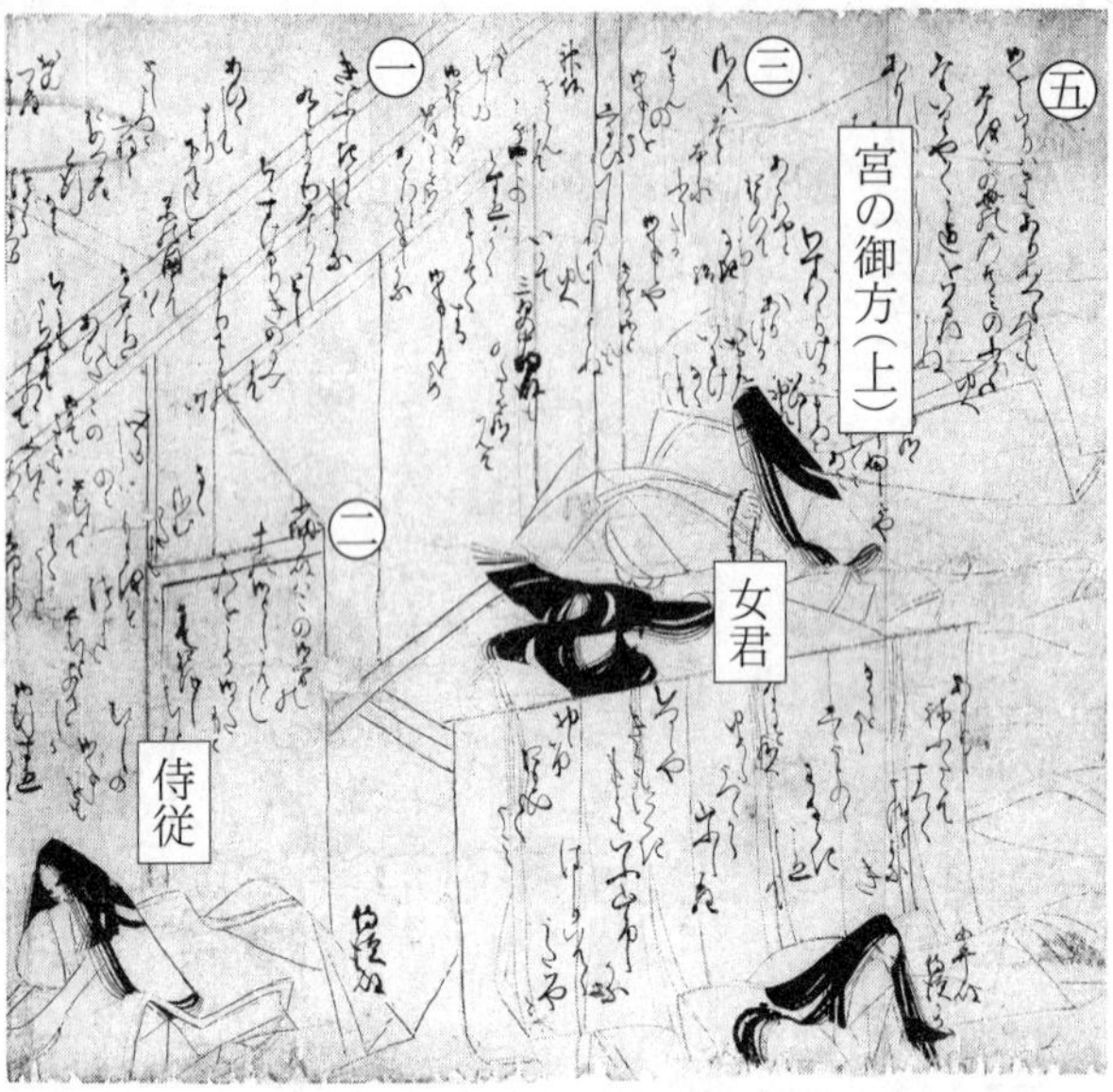


- **上の絵の中の文字（画中詞）を、下に活字で抜き出してある。**
- **絵の中の㊀～㊄・⊛は、人物の発言や心情を述べたもので、下にそれを並べてある。**

㊀　山伏（あこ丸）

「奇異《きい》、不思議に候ふことかな。九つにまかりなり候ひし年、父祐成《すけなり》（注1）、紀伊《き》の守《かみ》にてまかり下向の時、あひ具してまかり下りて候ひしに、かの国にて、母、亡くなり候ひし間《あひだ》、父にもうち捨てられ候ひて、あひ親しく候ふ山伏、本宮《ほんぐう》（注2）に重参《ぢうさん》して候ふ者の、あはれみをかけ候ひて、年ごろ候ひしほどに、おのづから苦行などつかうまつりて諸国修行ののち、都へは入り候はむと存じ候ひつるほどに、おのづから申しも入れ候はず、一昨年《おととし》候ふやらん、少納言（注3）の局《つぼね》にはおとづれまゐらせて候ひしかば、御

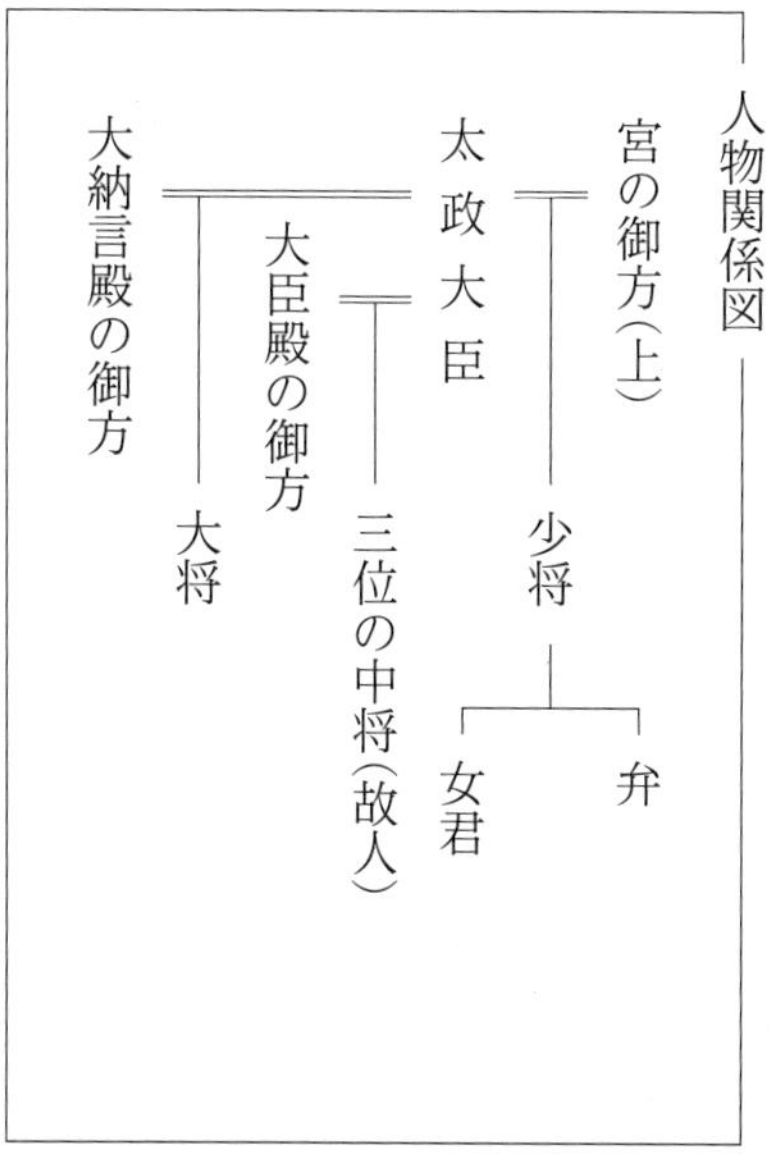


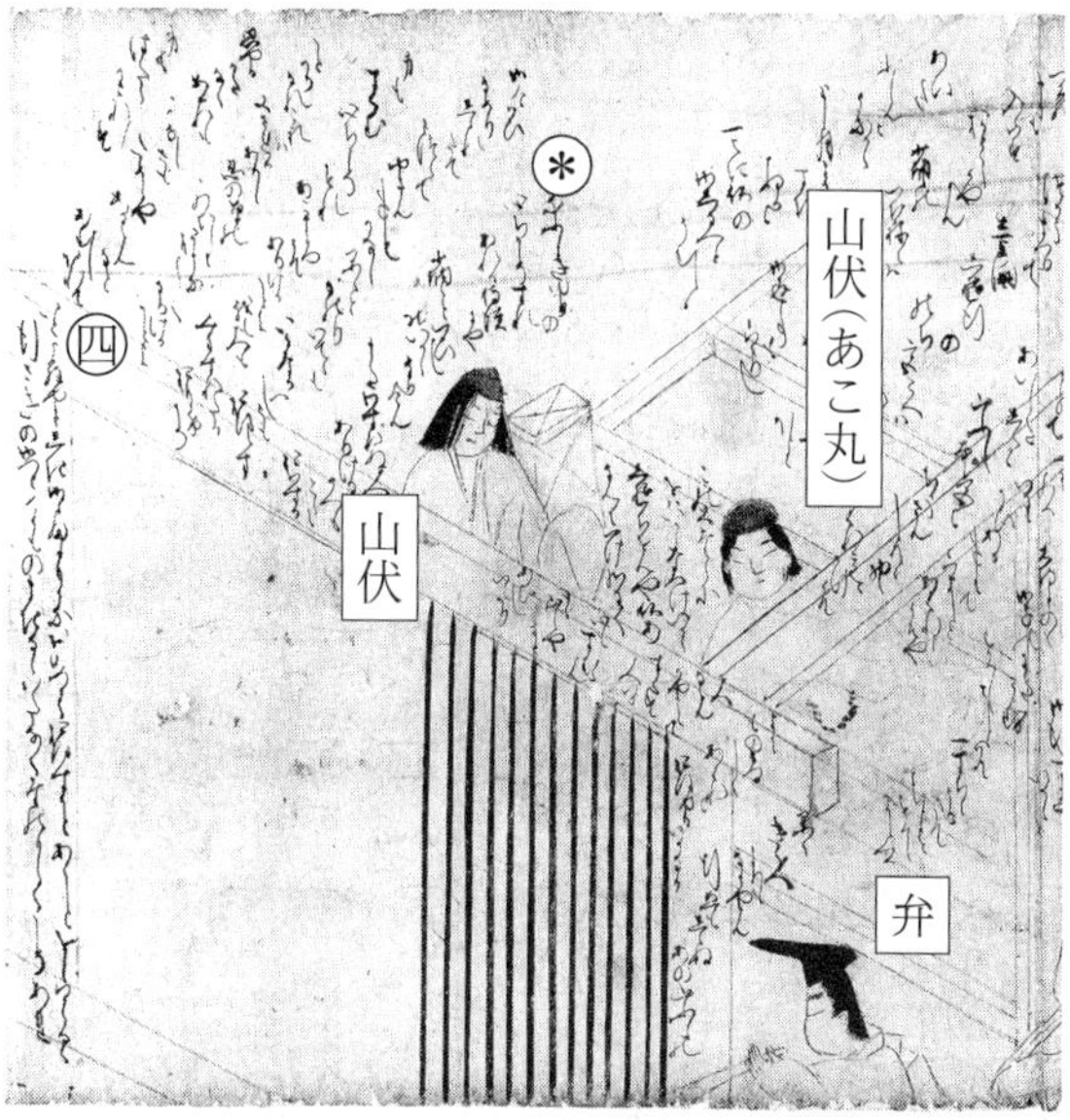


返事も候はざりし間、不審に候ひながら、年月まかり過ぎ候ひぬるに、ひとへに仏の御しるべと a存じ候ふ」。

㈡　侍従

「少納言殿は、（注4）この御方の十の御年にて候ひし。これをこそ、御形見と撫《な》で生《お》ほしまゐらせられ候ひて、昔の御ことをも（注5）慰む方にも、もよほすつまにも、思ひまゐらせられて候ひしが、御行く末いかがと、心苦しくのみ思ひまゐらせてかく候ひしなり。（注6）大将殿の、御子のわたらせおはしまし候はで、（注7）一すぢに、とりたてまゐらせさせおはしまし候へば、Aこの御めでたさも見まゐらせられば、いかにかひあることにて候はましと、あはれに候ふぞや」。

㈢　山伏（あこ丸）

「さては、ただ、本に復したる御こと候ふや。（ア）させる御咎《とが》も候はぬ、（注8）理運の御ことを失ひまゐらせられて候ひしゆゑ、いかで（注9）三位の中将殿も、（注10）のたらせ給ひ候はんぞ。神仏照覧候ひてこそ、この御末は、かく相続する b御ことにて候ふらめ。ただ、昔の御面影とおぼえさせ給ひ候ふ。あはれに候ふ御こと候ふかな」。

㈣　山伏（あこ丸）

「いとうらやましき御さまどもかな。おのづから、思すことあらじと推しはからるる行く先の御つとめども、まぎるるかたなく、頼もしくこそあれ」。

㊄　宮の御方

「あら、不思議や。げにげにと、あこ丸と言ひし者にてありける。いまだ、いはけなくこそありしに、よくぞ昔の人の面影を忘れざりける。あはれや」と思ひてうち泣き給ふ。

＊　山伏

「あな、不思議。夢の心地こそすれ。あれは、侍従にや。少納言といひし者、いかがなりけん。まだ、忘れぬ人もありけるよ。上も、ただにおはする御けはひなめり。知られたてまつらでやまんことも悲し。かくと名乗り出《い》でても、いかなるべしともおぼえず、身もすくむ心地こそすれ。あこ丸にてありけることよ。我も人も、見忘れたる面影こそことわりなれ。これはまた、されば、ありし忍ぶの草(注11)のこれほどにおとなしくなりけるかとよ。思ひやるかたなく、あはれも悲しさも、ｃためしやあるらん」など、(イ)案じほれて、ｄ身もはたらかされず。

【詞書】

「『かよへる』とかや言ひし言の葉におどろかれて、ふと見やりしかば、さりやと、昔のかげの思ひ出でられしを、かの山伏(注12)のかぞへし年月も、我ながら見で隔たりぬるかし。身のかげもｅ同じ積もりにこそ。近きかひなくも」と思ふにぞ、少しほほゑまるる心地する。「母上の、忍びがたげに漏《も》り出でし御けはひ、鼻うちかみ給ひしに、今まで忘れ給はざりけるは、よろづにすぐれて悲しく、このたびならでは、また、いつの世にか対面たまはることはあるべきぞ。我と知られたてまつらんことは、なかなか御心も乱れぬべし。世になくなりぬる年月にだに、なほ思し忘れざめるに、我も人も心弱く聞こえかよはば、なかなか道の障《さは》りにもや」と、今さらよしなかるべきことは、返す返す思ひ返せど、なほ気色《けしき》もゆかしくて、今宵は、初夜(注13)《そや》も過ぐるほどに、(ウ)やをらたたずみて聞けど、山伏のおとなひもせず。

（注）
1　祐成――あこ丸の父で、太政大臣家に仕えていた。その縁であこ丸も太政大臣家の人々を見知っていた。
2　本宮――熊野本宮大社。紀伊国（現在の和歌山県と三重県南部）にある神社。山伏たちの信仰を集めていた。
3　少納言の局――弁の乳母。少将にも親しく仕えていた。後の「少納言殿」「少納言」も同じ。
4　この御方の十の御年にて候ひし――「この御方」は弁のことで、少納言の局が亡くなったのは弁が十歳の時だった、ということ。
5　昔の御こと――少将が行方知れずになった悲しみ。
6　大将殿――少将の異母兄弟。母は大納言殿の御方。現在は太政大臣の跡を継いでいる。
7　一すぢに――弁は大将と同じ一族だということで。
8　理運の御こと――少将が太政大臣の後を継ぐという、当然巡り合うべき運命。
9　三位の中将殿――少将の異母兄弟。母は大臣殿の御方。母とともに少将を都から追い出し、いったんは太政大臣の跡を継いだが、結局若くして亡くなっている。
10　のたらせ給ひ候はんぞ――あの世で苦しみもだえていらっしゃるでしょうね、ということ。
11　忍ぶの草――ここでは亡き妻の忘れ形見を表す言葉で、弁を指す。
12　かの山伏――あこ丸のこと。後出の「山伏」も同じ。
13　初夜――夜のはじめに行う勤行《ごんぎょう》の時間。

**問1**　傍線部(ア)〜(ウ)の解釈として最も適当なものを、次の各群の①〜⑤のうちから、それぞれ一つずつ選べ。解答番号は 22 〜 24 。

(ア)　させる御咎も候はぬ　22

①　進んで犯した罪でもないのに
②　たいした過失もございませんのに
③　まったく欠点などもないのですが
④　罰するほどのことでもないのに
⑤　さほどとがめられてもいませんが

(イ)　案じほれて　23

①　心配し恋い慕って
②　気になり聞きたくて
③　考え込みがちになって
④　考えるあまり茫然《ぼうぜん》として
⑤　たいそう悲嘆に暮れて

(ウ)　やをら　24

①　すぐに
②　おそるおそる
③　さりげなく
④　いそいそと
⑤　そっと

問２　波線部 **a** ～ **e** について、語句と表現に関する説明として最も適当なものを、次の①～⑤のうちから一つ選べ。解答番号は 25 。

① **a**　「存じ候ふ」は、「候ふ」が謙譲語であり、「あこ丸」から仏への敬意を込めた表現になっている。

② **b**　「御ことにて候ふらめ」は、「め」が推量の助動詞であり、太政大臣一家が将来にわたって栄えることを予想した表現になっている。

③ **c**　「ためしやあるらん」は、「や」が反語の係助詞であり、山伏の悲しみが並大抵でないことを強調した表現になっている。

④ **d**　「身もはたらかされず」は、「れ」が受身の助動詞であり、山伏が自身の不幸な運命に耐えている様子を示す表現になっている。

⑤ **e**　「同じ積もりにこそ」は、「に」が断定の助動詞であり、山伏が決意した内容について明確に説明する表現になっている。

問3　傍線部A「この御めでたさも見まゐらせられば、いかにかひあることにて候はましと、あはれに候ふぞや」とあるが、これについての説明として最も適当なものを、次の①～⑤のうちから一つ選べ。解答番号は 26 。

① 弁の乳母だった少納言の局が、弁の立派に成長した姿を見ないまま亡くなったことを、侍従が残念で悲しいと思っている。

② 大将が、少将の子である弁を自分の子のように大切にし後見していることを、その場にいる人たちが褒めたたえている。

③ 少納言の局にさぞかし自分の出世した姿を見せたかっただろうにと、乳母を亡くした弁の悲しみを侍従が推察している。

④ 少将に太政大臣の跡を継がせず、異母兄弟たちがその座を奪ったことを、侍従とその場にいる人たちがみな憤っている。

⑤ 少将が生きていてくれたら、一家そろっての華やかな長谷寺参詣となっただろうにと、侍従が少将の不在を嘆いている。

**問4** 次に示すのは、授業で本文を読んだ後の、話し合いの様子である。これを読んで、後の(i)〜(iii)の問いに答えよ。

教　師――今日、皆さんは絵巻の文章を読みました。絵巻は、平安時代から鎌倉時代にかけて特に盛んに作られたのですが、物語や伝記などを絵と文章で示したものなんです。絵と、それに対応する文章を、交互に並べる形式のものが多いですね。

生徒A――それは、初めて聞きました。

教　師――この『藤の衣物語絵巻』の場合は、鎌倉時代に書かれた物語が先にあって、室町時代になってから、それに基づいて絵が描かれたようなんです。その物語が今回の**【詞書】**にあたります。現在では、この**【詞書】**と絵が、紙を交互につなぎ合わせた形で残っているのですが、この**【詞書】**だけ、もしくは絵の中の**【画中詞】**だけをつないでも、物語の全体にはならないのです。それを踏まえた上で、この絵を見たり文章を読んだりした感想を話し合ってみましょう。

生徒A――絵と、そこに書かれた発言を読んでいると、まるで、現代の漫画とその吹き出しを読んでいる気になるよ。

生徒B――そうだね。でも、文章だけの部分と絵の部分とを交互につなげるのって、今の漫画では見たことないなあ。

生徒C――今回見た部分だと、**【詞書】**は、**【絵と画中詞】**に書かれているできごとを、次の日に登場人物の一人である山伏が振り返ってあれこれ考えている、という内容だね。

生徒B――そして、まずは**【画中詞】**を読むと、それぞれの登場人物が置かれている状況がわかるよ。**X**。

生徒C――Bさんの言うとおりだ。**【詞書】**がなくても**【画中詞】**だけで、その日の場面についてわかることがあるね。登場人物の心情についても、**Y** ことがわかる。

生徒A――たしかにそのとおりだけれども、**【画中詞】**と**【詞書】**の両方があってはじめてよく理解できるところもあるよ。たとえば、**Z**。これは、**【画中詞】**の場面にも通じる山伏の心情だと思うな。

生徒B――そうか。やっぱり両方あるほうが、よくわかるね。

教　師――よい学習ができましたね。**【絵と画中詞】**を見たり読んだりすることで、物語の筋や登場人物の心情がわかるだけでなく、まるでその場にいるかのように、登場人物の息づかいまで感じられるような気がしますね。そして**【詞書】**もあわせて読むことで、さらに物語を理解することができます。昔の人も「絵巻」によって、より深い作品鑑賞ができたのでしょう。

(i)　空欄 **X** に入る発言として最も適当なものを、次の①～④のうちから一つ選べ。解答番号は 27 。

① あこ丸は、紀伊国で寄るべない身となってしまったが、情けをかけてくれた山伏の諸国行脚に同行するようになった

② 少納言の局は、一昨年手紙を送ったのを最後にあこ丸に何の連絡もしないまま、成人する前の弁を残して亡くなった

③ 宮の御方は、他の人からは、少将の忘れ形見である弁や女君と寺社巡りをしてのんきな生活をしているように見えた

④ 山伏には、そこにいる人たちの発言から、目の前の人が自分の母だと思われたが、とても信じられなくてあこ丸に確認した

(ii) 空欄 **Y** に入る発言として最も適当なものを、次の①～④のうちから一つ選べ。解答番号は 28 。

① 侍従は、弁を見るたびに失踪《しっそう》した少将のことを思い出すが、一方で弁を世話することで悲しみを慰めている

② あこ丸は、弁が聡明《そうめい》な人物になっていることを知り、頼もしく思って、将来はぜひ弁に仕えたいと考えている

③ 宮の御方は、幼かったあこ丸が、成長した今も息子のことを覚えていてくれたので、涙を流して喜んでいる

④ 山伏は、別れた後の家族の動向がわかり、長谷寺で巡り合えたことを、仏の導きによるものだと感謝している

(iii) 空欄 Z に入る発言として最も適当なものを、次の①～④のうちから一つ選べ。解答番号は 29 。

① 少将と弁が似ていることについて、【絵と画中詞】では、あこ丸の発言に、弁は少将の昔の姿そのままだとあるだけだが、【詞書】では、あこ丸の発言に促されて、山伏が思わず部屋の中をのぞき込んでしまい、その行為を周りの人に気づかれたのではないかと動揺する心情まで詳しくわかる

② 山伏二人が互いに知り合いだったと気づかなかったことについて、【絵と画中詞】では、二人とも昔の面影を忘れているのは当然だとしか記されてないが、【詞書】では、あこ丸が自分の姿を忘れてしまっていたのは仕方がないが、自分はもっと早く気づいてやるべきだったという山伏の後悔までわかる

③ 宮の御方について、【絵と画中詞】では、山伏はその姿を見て元気な様子に安心しているだけだが、【詞書】では、行方をくらました息子のことを思って涙を流し、今も悲しみに沈んでいる様子を目の当《ま》たりにして、山伏が心から申し訳なく思っていることまでわかる

④ 名乗り出るかどうかについて、【絵と画中詞】では、山伏は名乗り出るか否か逡巡《しゅんじゅん》するだけだが、【詞書】では、今回名乗り出なければ母には二度と会えないと思う一方で、名乗り出ることで母の気持ちも乱れ、自分自身の仏道修行の妨げにもなるだろうと思う苦しい胸の内までわかる

## 第5問

次の【問題文Ⅰ】の文章と【問題文Ⅱ】の詩は、いずれも「蝗《こう》」（イナゴ）について書かれたものである。これらを読んで、後の問い（問1～7）に答えよ。なお、設問の都合で返り点・送り仮名を省いたところがある。（配点　45）

### 【問題文Ⅰ】

凶《きよう》（注1）飢《き》之因ニ有リレ三、曰ハク水、曰ハク旱《ひでり》、曰ハク蝗ナリ。地有リ二高キト卑《ひく》キト一、雨沢有レバ二偏リテ被《かうむ》ル一、水旱為スモレ災ヒヲ、尚《ホ》多シ二倖《さいは》ヒニ免ルル之処一。惟旱極マリテ而蝗アラバ、数千里ノ間草木皆尽キ、(ア)或牛馬ノ毛・幡《はん》（注2）幟シ皆尽ク。A其害尤惨、過グ二于水旱一也。雖モレ然リト、水旱ノ二災ニ有リレ重キ有リレ軽キ。欲シ二‐求ムレバ恒《つね》ニ稔《みの》ルヲ一、B雖唐《たう》（注3）尭《げう》之世、猶不可得、此殆由天之所設。(イ)惟蝗不レ然。先ンジテレ事ニ修メレ備フルヲ、既《およ》ビテレ事ニ修メレ救ヒヲ、(ウ)人力苟尽、固ヨリ可シ下殄《てん》（注4）二‐滅《めつ》シテ之ヲ一無カラシム中（注5）遺育スル上。此レ其ノ与二水旱一異ナル者也。

（徐光啓《じよこうけい》『農政全書《のうせいぜんしよ》』による）

（注）1　凶飢――凶作と飢饉《ききん》。

2　幡幟――のぼり旗。
3　唐尭――古代の聖天子の名。
4　殄滅――全滅させる。
5　無中遺育上――子孫を残させない。

## 【問題文Ⅱ】

翁《おう》(注6)嫗《う》婦子相《あひ》催《うなが》シテ行キ　官遣《し》ムレ捕ラヘ二蝗ヲ赤(注7)日ノ裏《うち》ニ一

蝗満チ二田中ニ一不レ見レ田ヲ　穂(注8)頭櫛《しつ》櫛《しつ》トシテ如シレ排《なら》ブルガレ指ヲ

鑿《うが》チレ坑《あな》ヲ篝《こう》(注9)シレ火ヲ斉《ひと》シクシテレ声ヲ駆《か》ルニ　腹飽キ翅《はね》短ク　X

嚢《ふくろ》ニ提《ひつさ》ゲ籯《かご》ニ負ヒテ輸(注10)二‐入シ官ニ一　換フルモ二官ノ倉(注11)粟ニ一 C 能得幾

D 雖《いへ》三‐然《ど》モ捕ラヘテ得ト二一斗(注12)ノ蝗ヲ一　又タ生ゼン二百斗ノ新シキ蝗子ヲ一

只ダ応ニ下食ヒテ尽クシテ二田中ノ禾《くわ》ヲ一(注13)　餓(注14)二‐殺シテ農夫ヲ一方《まさ》ニ始メテ死スシ上

(鄭獬《ていかい》『鄖渓集《うんけいしゅう》』による)

（注）
6　翁媼――老夫婦。
7　赤日裏――炎天下。
8　穂頭櫛櫛――穀物の穂が食べられて、茎だけがくしの歯のように並んでいるさま。
9　篝レ火――かがり火をたく。
10　輸二入官一――役所に持っていく。
11　倉粟――備蓄の食糧。
12　斗――容量の単位。この時代の一斗は約６・７リットル。
13　禾――穀物。
14　餓殺――飢え死にさせる。

**問1** 波線部(ア)「或」・(イ)「惟 蝗 不レ然」・(ウ)「人 力 苟 尽」のここでの解釈として最も適当なものを、次の各群の①～⑤のうちから、それぞれ一つずつ選べ。解答番号は 30 ～ 32 。

(ア)「或」 30

① そうして後に
② またたく間に
③ 場合によっては
④ いつも決まって
⑤ 言うまでもなく

(イ)「惟 蝗 不レ然」 31

① イナゴがいるとは限らない
② イナゴもやはりそうである
③ イナゴだけはそうではない
④ イナゴに限ったことではない
⑤ イナゴにだけはあてはまる

(ウ)「人 力 苟 尽」 32

① 人は絶滅してしまっても
② 人の能力が足りなくても
③ 人が疲れ果てたのであれば
④ 人が精一杯努力すれば
⑤ 人は修練を怠らないので

**問２**　傍線部**A**「其 害 尤 惨、過二于 水 旱一也」の解釈として最も適当なものを、次の①～⑤のうちから一つ選べ。解答番号は 33 。

①　そうしたイナゴの害はどんなにひどくても、洪水やひでりほどではないのである。
②　そうしたイナゴの害はとりわけひどく、洪水やひでりの被害を越えるのである。
③　そうしたイナゴの害が最もひどくなると、洪水やひでりの被害に匹敵するのである。
④　そうしたイナゴの害はとりわけひどく、洪水やひでりに続いて発生するのである。
⑤　そうしたイナゴの害が最もひどくなると、洪水やひでりを引き起こすのである。

**問3**　傍線部**B**「雖唐堯之世、猶不可得、此殆由天之所設」の返り点の付け方と書き下し文との組合せとして最も適当なものを、次の①～⑤のうちから一つ選べ。解答番号は 34 。

① 雖㆓唐堯之世㆒、猶不㆑可得、此殆由㆑天之㆑所㆑設
唐堯の世と雖《いへど》も、猶ほ可ならずして得るも、此れ殆《ほとん》ど天に由《よ》りて設くる所に之《ゆ》く

② 雖㆓唐堯之世㆒、猶不㆑可㆑得、此殆由㆓天之所㆒㆑設
唐堯の世と雖も、猶ほ得べからず、此れ殆ど天の設くる所に由る

③ 雖㆓唐堯之世㆒、猶㆑不㆑可得、此殆由㆓天之所㆒設
唐堯の世と雖も、猶ほ可ならざるがごとく得て、此れ殆ど天の所に由りて設く

④ 雖㆓唐堯之世㆒、猶不㆑可得、此殆由㆓天之所設㆒
唐堯の世と雖も、猶ほ可ならずして得るも、此れ殆ど天の所を設くるに由る

⑤ 雖㆓唐堯之世㆒、猶不㆑可㆑得、此殆由㆑天之㆑所㆑設
唐堯の世と雖も、猶ほ得べからず、此れ殆ど天に由りて設くる所に之く

**問4** (a)空欄 **X** に入る語句と、(b)その書き下し文との組合せとして最も適当なものを、次の①～⑤のうちから一つ選べ。解答番号は 35 。

① (a) 住二青山一　(b) 青山に住《とど》まる
② (a) 翔復息　(b) 翔《と》びて復た息《いこ》ふ
③ (a) 飛不レ起　(b) 飛べども起《た》たず
④ (a) 可二飢帰一　(b) 飢ゑて帰るべし
⑤ (a) 続無レ窮　(b) 続きて窮《きは》まる無し

問5　傍線部C「能　得　幾」の読み方として最も適当なものを、次の①～⑤のうちから一つ選べ。解答番号は 36 。

① よくいくばくをえんや
② いくばくをうるをよくする
③ よくするをえていくばくぞ
④ のうをうるはいくばくぞ
⑤ いくばくをよくするをえんや

**問６**　傍線部**Ｄ**「雖ㇾ然 捕 得二 一 斗 蝗一 又 生二 百 斗 新 蝗 子一」とあるが、どういうことか。その説明として最も適当なものを、次の①～⑤のうちから一つ選べ。解答番号は 37 。

① イナゴを捕らえ続ければ、イナゴを絶滅させることができるということ。

② 多くのイナゴを捕らえておけば、食糧に当てることができるということ。

③ イナゴは増えすぎれば自滅するので、不安になる必要はないということ。

④ どれほどイナゴを捕らえたとしても、イナゴの害は防げないということ。

⑤ どれだけイナゴの害がひどくても、無慈悲な政治よりましだということ。

問7　【問題文Ⅰ】と【問題文Ⅱ】を踏まえた「蝗」の説明として最も適当なものを、次の①～⑤のうちから一つ選べ。解答番号は 38 。

① 「蝗」は、ひとたび発生すると防ぐのが極めて困難であるが、事前の準備を怠らなければ、他の災害とは異なって被害を抑えることも可能である。

② 「蝗」は、農作物を食い荒らして深刻な被害をもたらすが、「蝗」を穀物と交換する制度を整えれば、人々の暮らしを豊かにすることができる。

③ 「蝗」は、天によって人々にもたらされた戒めなので、どれほど多くの被害があったとしても、天命として受け入れなければならない。

④ 「蝗」は、人々の生活を脅かす災害であるが、その被害が拡大するのは、為政者が「蝗」を天の恩恵だと信じて駆除を許さないからである。

⑤ 「蝗」は、ひでりが長く続いた後に発生しやすいので、「蝗」の害を未然に防ぐには、ひでりの害を抑えるための対策を徹底する必要がある。

## MEMO

**MEMO**

MEMO

## MEMO

**MEMO**

## MEMO

**MEMO**

**河合出版ホームページ**
https://www.kawai-publishing.jp
**E-mail**
kp@kawaijuku.jp

表紙イラスト　阿部伸二（カレラ）
表紙デザイン　岡本 健＋

2025共通テスト総合問題集
国　語

発　行　2024年 6 月10日　第 1 刷
　　　　2024年10月20日　第 2 刷

編　者　河合塾国語科

発行者　宮本正生

発行所　**株式会社　河合出版**
［東　京］〒160-0023
東京都新宿区西新宿 7－15－2
［名古屋］〒461-0004
名古屋市東区葵 3－24－2

印刷所　名鉄局印刷株式会社

製本所　望月製本所

・乱丁本，落丁本はお取り替えいたします。
・編集上のご質問，お問い合わせは，編集部までお願いいたします。

ISBN978-4-7772-2811-9

# 第　回　国語解答用紙

| 解答科目 |
| --- |
| 国語 |

注意事項
1　訂正は、消しゴムできれいに消し、消しくずを残してはいけません。
2　所定欄以外にはマークしたり、記入したりしてはいけません。

| 良い例 | 悪い例 |
| --- | --- |

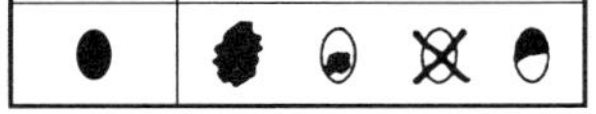

氏名(フリガナ)、クラス、出席番号を記入しなさい。

| フリガナ | |
| --- | --- |
| 氏名 | |

| クラス | クラス | 出席番号 | 番 |
| --- | --- | --- | --- |

| 解答番号 | 解答欄 1 2 3 4 5 6 7 8 9 | 解答番号 | 解答欄 1 2 3 4 5 6 7 8 9 | 解答番号 | 解答欄 1 2 3 4 5 6 7 8 9 | 解答番号 | 解答欄 1 2 3 4 5 6 7 8 9 |
| --- | --- | --- | --- | --- | --- | --- | --- |
| 1 | ①②③④⑤⑥⑦⑧⑨ | 14 | ①②③④⑤⑥⑦⑧⑨ | 27 | ①②③④⑤⑥⑦⑧⑨ | 40 | ①②③④⑤⑥⑦⑧⑨ |
| 2 | ①②③④⑤⑥⑦⑧⑨ | 15 | ①②③④⑤⑥⑦⑧⑨ | 28 | ①②③④⑤⑥⑦⑧⑨ | 41 | ①②③④⑤⑥⑦⑧⑨ |
| 3 | ①②③④⑤⑥⑦⑧⑨ | 16 | ①②③④⑤⑥⑦⑧⑨ | 29 | ①②③④⑤⑥⑦⑧⑨ | 42 | ①②③④⑤⑥⑦⑧⑨ |
| 4 | ①②③④⑤⑥⑦⑧⑨ | 17 | ①②③④⑤⑥⑦⑧⑨ | 30 | ①②③④⑤⑥⑦⑧⑨ | 43 | ①②③④⑤⑥⑦⑧⑨ |
| 5 | ①②③④⑤⑥⑦⑧⑨ | 18 | ①②③④⑤⑥⑦⑧⑨ | 31 | ①②③④⑤⑥⑦⑧⑨ | 44 | ①②③④⑤⑥⑦⑧⑨ |
| 6 | ①②③④⑤⑥⑦⑧⑨ | 19 | ①②③④⑤⑥⑦⑧⑨ | 32 | ①②③④⑤⑥⑦⑧⑨ | 45 | ①②③④⑤⑥⑦⑧⑨ |
| 7 | ①②③④⑤⑥⑦⑧⑨ | 20 | ①②③④⑤⑥⑦⑧⑨ | 33 | ①②③④⑤⑥⑦⑧⑨ | 46 | ①②③④⑤⑥⑦⑧⑨ |
| 8 | ①②③④⑤⑥⑦⑧⑨ | 21 | ①②③④⑤⑥⑦⑧⑨ | 34 | ①②③④⑤⑥⑦⑧⑨ | 47 | ①②③④⑤⑥⑦⑧⑨ |
| 9 | ①②③④⑤⑥⑦⑧⑨ | 22 | ①②③④⑤⑥⑦⑧⑨ | 35 | ①②③④⑤⑥⑦⑧⑨ | 48 | ①②③④⑤⑥⑦⑧⑨ |
| 10 | ①②③④⑤⑥⑦⑧⑨ | 23 | ①②③④⑤⑥⑦⑧⑨ | 36 | ①②③④⑤⑥⑦⑧⑨ | 49 | ①②③④⑤⑥⑦⑧⑨ |
| 11 | ①②③④⑤⑥⑦⑧⑨ | 24 | ①②③④⑤⑥⑦⑧⑨ | 37 | ①②③④⑤⑥⑦⑧⑨ | 50 | ①②③④⑤⑥⑦⑧⑨ |
| 12 | ①②③④⑤⑥⑦⑧⑨ | 25 | ①②③④⑤⑥⑦⑧⑨ | 38 | ①②③④⑤⑥⑦⑧⑨ | 51 | ①②③④⑤⑥⑦⑧⑨ |
| 13 | ①②③④⑤⑥⑦⑧⑨ | 26 | ①②③④⑤⑥⑦⑧⑨ | 39 | ①②③④⑤⑥⑦⑧⑨ | 52 | ①②③④⑤⑥⑦⑧⑨ |

# 第　回　国語解答用紙

| 解答科目 |
|---|
| 国語 |

注意事項
1　訂正は、消しゴムできれいに消し、消しくずを残してはいけません。
2　所定欄以外にはマークしたり、記入したりしてはいけません。

| 解答番号 | 解答欄 1 | 2 | 3 | 4 | 5 | 6 | 7 | 8 | 9 | 解答番号 | 解答欄 1 | 2 | 3 | 4 | 5 | 6 | 7 | 8 | 9 | 解答番号 | 解答欄 1 | 2 | 3 | 4 | 5 | 6 | 7 | 8 | 9 | 解答番号 | 解答欄 1 | 2 | 3 | 4 | 5 | 6 | 7 | 8 | 9 |
|---|---|---|---|---|---|---|---|---|---|---|---|---|---|---|---|---|---|---|---|---|---|---|---|---|---|---|---|---|---|---|---|---|---|---|---|---|---|---|---|
| 1 | ① | ② | ③ | ④ | ⑤ | ⑥ | ⑦ | ⑧ | ⑨ | 14 | ① | ② | ③ | ④ | ⑤ | ⑥ | ⑦ | ⑧ | ⑨ | 27 | ① | ② | ③ | ④ | ⑤ | ⑥ | ⑦ | ⑧ | ⑨ | 40 | ① | ② | ③ | ④ | ⑤ | ⑥ | ⑦ | ⑧ | ⑨ |
| 2 | ① | ② | ③ | ④ | ⑤ | ⑥ | ⑦ | ⑧ | ⑨ | 15 | ① | ② | ③ | ④ | ⑤ | ⑥ | ⑦ | ⑧ | ⑨ | 28 | ① | ② | ③ | ④ | ⑤ | ⑥ | ⑦ | ⑧ | ⑨ | 41 | ① | ② | ③ | ④ | ⑤ | ⑥ | ⑦ | ⑧ | ⑨ |
| 3 | ① | ② | ③ | ④ | ⑤ | ⑥ | ⑦ | ⑧ | ⑨ | 16 | ① | ② | ③ | ④ | ⑤ | ⑥ | ⑦ | ⑧ | ⑨ | 29 | ① | ② | ③ | ④ | ⑤ | ⑥ | ⑦ | ⑧ | ⑨ | 42 | ① | ② | ③ | ④ | ⑤ | ⑥ | ⑦ | ⑧ | ⑨ |
| 4 | ① | ② | ③ | ④ | ⑤ | ⑥ | ⑦ | ⑧ | ⑨ | 17 | ① | ② | ③ | ④ | ⑤ | ⑥ | ⑦ | ⑧ | ⑨ | 30 | ① | ② | ③ | ④ | ⑤ | ⑥ | ⑦ | ⑧ | ⑨ | 43 | ① | ② | ③ | ④ | ⑤ | ⑥ | ⑦ | ⑧ | ⑨ |
| 5 | ① | ② | ③ | ④ | ⑤ | ⑥ | ⑦ | ⑧ | ⑨ | 18 | ① | ② | ③ | ④ | ⑤ | ⑥ | ⑦ | ⑧ | ⑨ | 31 | ① | ② | ③ | ④ | ⑤ | ⑥ | ⑦ | ⑧ | ⑨ | 44 | ① | ② | ③ | ④ | ⑤ | ⑥ | ⑦ | ⑧ | ⑨ |
| 6 | ① | ② | ③ | ④ | ⑤ | ⑥ | ⑦ | ⑧ | ⑨ | 19 | ① | ② | ③ | ④ | ⑤ | ⑥ | ⑦ | ⑧ | ⑨ | 32 | ① | ② | ③ | ④ | ⑤ | ⑥ | ⑦ | ⑧ | ⑨ | 45 | ① | ② | ③ | ④ | ⑤ | ⑥ | ⑦ | ⑧ | ⑨ |
| 7 | ① | ② | ③ | ④ | ⑤ | ⑥ | ⑦ | ⑧ | ⑨ | 20 | ① | ② | ③ | ④ | ⑤ | ⑥ | ⑦ | ⑧ | ⑨ | 33 | ① | ② | ③ | ④ | ⑤ | ⑥ | ⑦ | ⑧ | ⑨ | 46 | ① | ② | ③ | ④ | ⑤ | ⑥ | ⑦ | ⑧ | ⑨ |
| 8 | ① | ② | ③ | ④ | ⑤ | ⑥ | ⑦ | ⑧ | ⑨ | 21 | ① | ② | ③ | ④ | ⑤ | ⑥ | ⑦ | ⑧ | ⑨ | 34 | ① | ② | ③ | ④ | ⑤ | ⑥ | ⑦ | ⑧ | ⑨ | 47 | ① | ② | ③ | ④ | ⑤ | ⑥ | ⑦ | ⑧ | ⑨ |
| 9 | ① | ② | ③ | ④ | ⑤ | ⑥ | ⑦ | ⑧ | ⑨ | 22 | ① | ② | ③ | ④ | ⑤ | ⑥ | ⑦ | ⑧ | ⑨ | 35 | ① | ② | ③ | ④ | ⑤ | ⑥ | ⑦ | ⑧ | ⑨ | 48 | ① | ② | ③ | ④ | ⑤ | ⑥ | ⑦ | ⑧ | ⑨ |
| 10 | ① | ② | ③ | ④ | ⑤ | ⑥ | ⑦ | ⑧ | ⑨ | 23 | ① | ② | ③ | ④ | ⑤ | ⑥ | ⑦ | ⑧ | ⑨ | 36 | ① | ② | ③ | ④ | ⑤ | ⑥ | ⑦ | ⑧ | ⑨ | 49 | ① | ② | ③ | ④ | ⑤ | ⑥ | ⑦ | ⑧ | ⑨ |
| 11 | ① | ② | ③ | ④ | ⑤ | ⑥ | ⑦ | ⑧ | ⑨ | 24 | ① | ② | ③ | ④ | ⑤ | ⑥ | ⑦ | ⑧ | ⑨ | 37 | ① | ② | ③ | ④ | ⑤ | ⑥ | ⑦ | ⑧ | ⑨ | 50 | ① | ② | ③ | ④ | ⑤ | ⑥ | ⑦ | ⑧ | ⑨ |
| 12 | ① | ② | ③ | ④ | ⑤ | ⑥ | ⑦ | ⑧ | ⑨ | 25 | ① | ② | ③ | ④ | ⑤ | ⑥ | ⑦ | ⑧ | ⑨ | 38 | ① | ② | ③ | ④ | ⑤ | ⑥ | ⑦ | ⑧ | ⑨ | 51 | ① | ② | ③ | ④ | ⑤ | ⑥ | ⑦ | ⑧ | ⑨ |
| 13 | ① | ② | ③ | ④ | ⑤ | ⑥ | ⑦ | ⑧ | ⑨ | 26 | ① | ② | ③ | ④ | ⑤ | ⑥ | ⑦ | ⑧ | ⑨ | 39 | ① | ② | ③ | ④ | ⑤ | ⑥ | ⑦ | ⑧ | ⑨ | 52 | ① | ② | ③ | ④ | ⑤ | ⑥ | ⑦ | ⑧ | ⑨ |

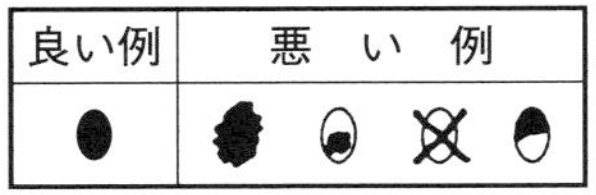


氏名(フリガナ)、クラス、出席番号を記入しなさい。

| フリガナ | |
|---|---|
| 氏名 | |

| クラス | クラス | 出席番号 | 番 |
|---|---|---|---|

# 第　回　国語解答用紙

| 解答科目 |
| --- |
| 国語 |

注意事項

1　訂正は、消しゴムできれいに消し、消しくずを残してはいけません。

2　所定欄以外にはマークしたり、記入したりしてはいけません。

| 良い例 | 悪い例 |
| --- | --- |
| | |

氏名(フリガナ)、クラス、出席番号を記入しなさい。

| フリガナ | |
| --- | --- |
| 氏名 | |

| クラス | クラス | 出席番号 | 番 |
| --- | --- | --- | --- |

| 解答番号 | 解答欄 1 2 3 4 5 6 7 8 9 | 解答番号 | 解答欄 1 2 3 4 5 6 7 8 9 | 解答番号 | 解答欄 1 2 3 4 5 6 7 8 9 | 解答番号 | 解答欄 1 2 3 4 5 6 7 8 9 |
| --- | --- | --- | --- | --- | --- | --- | --- |
| 1 | ① ② ③ ④ ⑤ ⑥ ⑦ ⑧ ⑨ | 14 | ① ② ③ ④ ⑤ ⑥ ⑦ ⑧ ⑨ | 27 | ① ② ③ ④ ⑤ ⑥ ⑦ ⑧ ⑨ | 40 | ① ② ③ ④ ⑤ ⑥ ⑦ ⑧ ⑨ |
| 2 | ① ② ③ ④ ⑤ ⑥ ⑦ ⑧ ⑨ | 15 | ① ② ③ ④ ⑤ ⑥ ⑦ ⑧ ⑨ | 28 | ① ② ③ ④ ⑤ ⑥ ⑦ ⑧ ⑨ | 41 | ① ② ③ ④ ⑤ ⑥ ⑦ ⑧ ⑨ |
| 3 | ① ② ③ ④ ⑤ ⑥ ⑦ ⑧ ⑨ | 16 | ① ② ③ ④ ⑤ ⑥ ⑦ ⑧ ⑨ | 29 | ① ② ③ ④ ⑤ ⑥ ⑦ ⑧ ⑨ | 42 | ① ② ③ ④ ⑤ ⑥ ⑦ ⑧ ⑨ |
| 4 | ① ② ③ ④ ⑤ ⑥ ⑦ ⑧ ⑨ | 17 | ① ② ③ ④ ⑤ ⑥ ⑦ ⑧ ⑨ | 30 | ① ② ③ ④ ⑤ ⑥ ⑦ ⑧ ⑨ | 43 | ① ② ③ ④ ⑤ ⑥ ⑦ ⑧ ⑨ |
| 5 | ① ② ③ ④ ⑤ ⑥ ⑦ ⑧ ⑨ | 18 | ① ② ③ ④ ⑤ ⑥ ⑦ ⑧ ⑨ | 31 | ① ② ③ ④ ⑤ ⑥ ⑦ ⑧ ⑨ | 44 | ① ② ③ ④ ⑤ ⑥ ⑦ ⑧ ⑨ |
| 6 | ① ② ③ ④ ⑤ ⑥ ⑦ ⑧ ⑨ | 19 | ① ② ③ ④ ⑤ ⑥ ⑦ ⑧ ⑨ | 32 | ① ② ③ ④ ⑤ ⑥ ⑦ ⑧ ⑨ | 45 | ① ② ③ ④ ⑤ ⑥ ⑦ ⑧ ⑨ |
| 7 | ① ② ③ ④ ⑤ ⑥ ⑦ ⑧ ⑨ | 20 | ① ② ③ ④ ⑤ ⑥ ⑦ ⑧ ⑨ | 33 | ① ② ③ ④ ⑤ ⑥ ⑦ ⑧ ⑨ | 46 | ① ② ③ ④ ⑤ ⑥ ⑦ ⑧ ⑨ |
| 8 | ① ② ③ ④ ⑤ ⑥ ⑦ ⑧ ⑨ | 21 | ① ② ③ ④ ⑤ ⑥ ⑦ ⑧ ⑨ | 34 | ① ② ③ ④ ⑤ ⑥ ⑦ ⑧ ⑨ | 47 | ① ② ③ ④ ⑤ ⑥ ⑦ ⑧ ⑨ |
| 9 | ① ② ③ ④ ⑤ ⑥ ⑦ ⑧ ⑨ | 22 | ① ② ③ ④ ⑤ ⑥ ⑦ ⑧ ⑨ | 35 | ① ② ③ ④ ⑤ ⑥ ⑦ ⑧ ⑨ | 48 | ① ② ③ ④ ⑤ ⑥ ⑦ ⑧ ⑨ |
| 10 | ① ② ③ ④ ⑤ ⑥ ⑦ ⑧ ⑨ | 23 | ① ② ③ ④ ⑤ ⑥ ⑦ ⑧ ⑨ | 36 | ① ② ③ ④ ⑤ ⑥ ⑦ ⑧ ⑨ | 49 | ① ② ③ ④ ⑤ ⑥ ⑦ ⑧ ⑨ |
| 11 | ① ② ③ ④ ⑤ ⑥ ⑦ ⑧ ⑨ | 24 | ① ② ③ ④ ⑤ ⑥ ⑦ ⑧ ⑨ | 37 | ① ② ③ ④ ⑤ ⑥ ⑦ ⑧ ⑨ | 50 | ① ② ③ ④ ⑤ ⑥ ⑦ ⑧ ⑨ |
| 12 | ① ② ③ ④ ⑤ ⑥ ⑦ ⑧ ⑨ | 25 | ① ② ③ ④ ⑤ ⑥ ⑦ ⑧ ⑨ | 38 | ① ② ③ ④ ⑤ ⑥ ⑦ ⑧ ⑨ | 51 | ① ② ③ ④ ⑤ ⑥ ⑦ ⑧ ⑨ |
| 13 | ① ② ③ ④ ⑤ ⑥ ⑦ ⑧ ⑨ | 26 | ① ② ③ ④ ⑤ ⑥ ⑦ ⑧ ⑨ | 39 | ① ② ③ ④ ⑤ ⑥ ⑦ ⑧ ⑨ | 52 | ① ② ③ ④ ⑤ ⑥ ⑦ ⑧ ⑨ |

# 第　回　国語解答用紙

| 解答科目 |
|---|
| 国語 |

注意事項
1　訂正は、消しゴムできれいに消し、消しくずを残してはいけません。
2　所定欄以外にはマークしたり、記入したりしてはいけません。

| 良い例 | 悪い例 |
|---|---|
| | |

氏名(フリガナ)、クラス、出席番号を記入しなさい。

| フリガナ | |
|---|---|
| 氏名 | |

| クラス | クラス | 出席番号 | 番 |
|---|---|---|---|

| 解答番号 | 解答欄 1 2 3 4 5 6 7 8 9 | 解答番号 | 解答欄 1 2 3 4 5 6 7 8 9 | 解答番号 | 解答欄 1 2 3 4 5 6 7 8 9 | 解答番号 | 解答欄 1 2 3 4 5 6 7 8 9 |
|---|---|---|---|---|---|---|---|
| 1 | ①②③④⑤⑥⑦⑧⑨ | 14 | ①②③④⑤⑥⑦⑧⑨ | 27 | ①②③④⑤⑥⑦⑧⑨ | 40 | ①②③④⑤⑥⑦⑧⑨ |
| 2 | ①②③④⑤⑥⑦⑧⑨ | 15 | ①②③④⑤⑥⑦⑧⑨ | 28 | ①②③④⑤⑥⑦⑧⑨ | 41 | ①②③④⑤⑥⑦⑧⑨ |
| 3 | ①②③④⑤⑥⑦⑧⑨ | 16 | ①②③④⑤⑥⑦⑧⑨ | 29 | ①②③④⑤⑥⑦⑧⑨ | 42 | ①②③④⑤⑥⑦⑧⑨ |
| 4 | ①②③④⑤⑥⑦⑧⑨ | 17 | ①②③④⑤⑥⑦⑧⑨ | 30 | ①②③④⑤⑥⑦⑧⑨ | 43 | ①②③④⑤⑥⑦⑧⑨ |
| 5 | ①②③④⑤⑥⑦⑧⑨ | 18 | ①②③④⑤⑥⑦⑧⑨ | 31 | ①②③④⑤⑥⑦⑧⑨ | 44 | ①②③④⑤⑥⑦⑧⑨ |
| 6 | ①②③④⑤⑥⑦⑧⑨ | 19 | ①②③④⑤⑥⑦⑧⑨ | 32 | ①②③④⑤⑥⑦⑧⑨ | 45 | ①②③④⑤⑥⑦⑧⑨ |
| 7 | ①②③④⑤⑥⑦⑧⑨ | 20 | ①②③④⑤⑥⑦⑧⑨ | 33 | ①②③④⑤⑥⑦⑧⑨ | 46 | ①②③④⑤⑥⑦⑧⑨ |
| 8 | ①②③④⑤⑥⑦⑧⑨ | 21 | ①②③④⑤⑥⑦⑧⑨ | 34 | ①②③④⑤⑥⑦⑧⑨ | 47 | ①②③④⑤⑥⑦⑧⑨ |
| 9 | ①②③④⑤⑥⑦⑧⑨ | 22 | ①②③④⑤⑥⑦⑧⑨ | 35 | ①②③④⑤⑥⑦⑧⑨ | 48 | ①②③④⑤⑥⑦⑧⑨ |
| 10 | ①②③④⑤⑥⑦⑧⑨ | 23 | ①②③④⑤⑥⑦⑧⑨ | 36 | ①②③④⑤⑥⑦⑧⑨ | 49 | ①②③④⑤⑥⑦⑧⑨ |
| 11 | ①②③④⑤⑥⑦⑧⑨ | 24 | ①②③④⑤⑥⑦⑧⑨ | 37 | ①②③④⑤⑥⑦⑧⑨ | 50 | ①②③④⑤⑥⑦⑧⑨ |
| 12 | ①②③④⑤⑥⑦⑧⑨ | 25 | ①②③④⑤⑥⑦⑧⑨ | 38 | ①②③④⑤⑥⑦⑧⑨ | 51 | ①②③④⑤⑥⑦⑧⑨ |
| 13 | ①②③④⑤⑥⑦⑧⑨ | 26 | ①②③④⑤⑥⑦⑧⑨ | 39 | ①②③④⑤⑥⑦⑧⑨ | 52 | ①②③④⑤⑥⑦⑧⑨ |

河合塾
SERIES

2025 共通テスト総合問題集

# 国語

河合塾 編

## 解答・解説編

河合出版

# 第1回 解答・解説

## 設問別正答率

| 解答番号第1問 | 1 | 2 | 3 | 4 | 5 | 6 | 7 | 8 |
|---|---|---|---|---|---|---|---|---|
| 配点 | 2 | 2 | 2 | 8 | 8 | 8 | 7 | 8 |
| 正答率(%) | 54.3 | 44.7 | 24.7 | 57.7 | 49.2 | 71.9 | 71.8 | 60.9 |

| 解答番号第2問 | 9 | 10 | 11 | 12 | 13 | 14 |
|---|---|---|---|---|---|---|
| 配点 | 9 | 9 | 9 | 8 | 5 | 5 |
| 正答率(%) | 55.4 | 50.0 | 67.0 | 21.1 | 51.8 | 71.2 |

| 解答番号第3問 | 15 | 16 | 17 | 18 |
|---|---|---|---|---|
| 配点 | 5 | 5 | 5 | 5 |
| 正答率(%) | 46.5 | 28.8 | 56.0 | 51.6 |

| 解答番号第4問 | 19 | 20 | 21 | 22 | 23 | 24 | 25 | 26 |
|---|---|---|---|---|---|---|---|---|
| 配点 | 4 | 4 | 4 | 5 | 7 | 7 | 7 | 7 |
| 正答率(%) | 68.2 | 55.0 | 40.6 | 48.6 | 31.9 | 41.2 | 49.9 | 48.8 |

| 解答番号第5問 | 27 | 28 | 29 | 30 | 31 | 32 | 33 | 34 | 35 |
|---|---|---|---|---|---|---|---|---|---|
| 配点 | 4 | 4 | 4 | 4 | 4 | 6 | 6 | 6 | 7 |
| 正答率(%) | 70.0 | 59.3 | 57.1 | 44.5 | 59.9 | 32.2 | 37.1 | 29.9 | 38.3 |

## 設問別成績一覧

| 設問 | 設　問　内　容 | 配　点 | 全　体 | 標準偏差 |
|---|---|---|---|---|
| 合計 | | 200 | 100.5 | 32.0 |
| 1 | 現代文「論理的文章」の読解 | 45 | 26.7 | 10.9 |
| 2 | 現代文「文学的文章」の読解 | 45 | 23.4 | 10.6 |
| 3 | 現代文「レポート・資料」の読解 | 20 | 9.1 | 5.7 |
| 4 | 古文「説話」の読解 | 45 | 21.0 | 10.1 |
| 5 | 漢文「史伝」の読解 | 45 | 20.3 | 9.8 |

# 【国　語】

## 【解答・採点基準】

（200点満点）

| 問題番号 | 設問 | | 解答番号 | 正解 | 配点 | 自己採点 |
|---|---|---|---|---|---|---|
| 第1問 | 問1 | (i)(ア) | 1 | ② | 2 | |
| | | (i)(ウ) | 2 | ④ | 2 | |
| | | (ii)(イ) | 3 | ② | 2 | |
| | 問2 | | 4 | ③ | 8 | |
| | 問3 | | 5 | ⑤ | 8 | |
| | 問4 | | 6 | ④ | 8 | |
| | 問5 | (i) | 7 | ② | 7 | |
| | | (ii) | 8 | ③ | 8 | |
| 第1問 自己採点小計 | | | | | (45) | |
| 第2問 | 問1 | | 9 | ② | 9 | |
| | 問2 | | 10 | ③ | 9 | |
| | 問3 | | 11 | ⑤ | 9 | |
| | 問4 | | 12 | ② | 8 | |
| | 問5 | (i) | 13 | ③ | 5 | |
| | | (ii) | 14 | ④ | 5 | |
| 第2問 自己採点小計 | | | | | (45) | |
| 第3問 | 問1 | | 15 | ⑤ | 5 | |
| | 問2 | | 16 | ④ | 5 | |
| | 問3 | | 17 | ② | 5 | |
| | 問4 | | 18 | ④ | 5 | |
| 第3問 自己採点小計 | | | | | (20) | |

| 問題番号 | 設問 | | 解答番号 | 正解 | 配点 | 自己採点 |
|---|---|---|---|---|---|---|
| 第4問 | 問1 | (ア) | 19 | ④ | 4 | |
| | | (イ) | 20 | ② | 4 | |
| | | (ウ) | 21 | ⑤ | 4 | |
| | 問2 | | 22 | ① | 5 | |
| | 問3 | | 23 | ④ | 7 | |
| | 問4 | | 24 | ② | 7 | |
| | 問5 | (i) | 25 | ③ | 7 | |
| | | (ii) | 26 | ④ | 7 | |
| 第4問 自己採点小計 | | | | | (45) | |
| 第5問 | 問1 | (ア) | 27 | ③ | 4 | |
| | | (イ) | 28 | ⑤ | 4 | |
| | 問2 | (1) | 29 | ② | 4 | |
| | | (2) | 30 | ④ | 4 | |
| | | (3) | 31 | ⑤ | 4 | |
| | 問3 | | 32 | ④ | 6 | |
| | 問4 | | 33 | ② | 6 | |
| | 問5 | | 34 | ③ | 6 | |
| | 問6 | | 35 | ② | 7 | |
| 第5問 自己採点小計 | | | | | (45) | |
| 自己採点合計 | | | | | (200) | |

# 【解説】

## 第1問　現代文

### 【出典】

【文章Ⅰ】は、山本敦久『ポスト・スポーツの時代』（岩波書店、二〇二〇年）の一節。【文章Ⅱ】は、関根正美「スポーツの意味と哲学」の一節（『スポーツと遺伝子ドーピングを問う』所収、晃洋書房、二〇二二年）。いずれの文章も、問題作成の都合上、一部省略した箇所がある。

山本敦久（やまもと・あつひさ）は、一九七三年長野県生まれ。専門はスポーツ社会学。筑波大学大学院人間総合科学研究科博士課程単位取得退学。成城大学教授（二〇二三年十一月現在）。著書に『オリンピック・スタディーズ』（共著、せりか書房）などがある。

関根正美（せきね・まさみ）は、一九六三年栃木県生まれ。専門はスポーツ哲学。筑波大学大学院体育科学研究科博士課程単位取得退学。博士（体育科学）。日本体育大学教授（二〇二三年十一月現在）。著書に『よくわかるスポーツ倫理学』（共著、ミネルヴァ書房）などがある。

### 【本文解説】

大学入学共通テストの現代文では、複数の文章を組み合わせた問題が出題されることが予想される。今回の全統共通テスト高2模試の**第1問**は、現代スポーツのありようを論じた二つの文章を組み合わせるという形式で出題した。

以下では、それぞれの文章の内容を確認していく。解説の便宜上、【文章Ⅰ】の形式段落を1～9、【文章Ⅱ】の形式段落を1～5と表記する。なお、【文章Ⅱ】に含まれる引用文は1に含むものとする。

### 【文章Ⅰ】

テクノロジーの進歩によって、「人間性」や「生身の身体」という従来のスポーツの理想が解体され、「ポスト・スポーツ」の時代が到来しているということを論じた文章である。本文を大きく二つの部分に分けて内容を確認していこう。

#### Ⅰ　「ポスト・スポーツ」の到来（1～4）

現代スポーツにおいて、「ポスト・スポーツ」と呼びうる状況が到来しつつある。スポーツ実践の場では、選手やプレーについての「ビッグデータ」が大いに活用され、最先端テクノロジーによって開発された義足を装着した選手が活躍している。こうした状況において〈スポーツとは「生身の身体」に基づいてプレーされる、「人間性」に依拠した営みであるべきだ〉というこれまでスポーツを規定してきた「物語」や「神話」（＝根拠も無いのに人々に広く信じられている事柄）が解体されつつある。（1）

これまで企業は、「アスリートの身体やチームが持つイメージに投資する」こと、すなわち、アスリートやチームのスポンサーになったり、練習環境を提供したりすることで彼らを支え、自らの「ブランド力」を高めてきた。しかし現代では、企業は新しい「テクノロジー」や「ビッグデータ」を通じて「競技する身体や戦略それ自体」に影響を及ぼしている。（2）

こうした「スポーツを革新し続けていく資本の不可逆的なムーヴメント」は、「既存のスポーツの終焉《しゅうえん》」を示すような、新たなスポーツの主体が出現したことを意味している。それゆえ、この状況は「ポスト・スポーツ（＝スポーツ以後）」と形容できるのだ。（3）

実際に、エリート・スポーツやパラリンピックの世界では、「義体技術が導入された身体」が活躍し、「ネットワークに常時接続された選手たちの身体運動や生体のデータ」はＡＩによって精密に分析されている。これまでスポーツが理想として掲げてきた人間性を保証する「自然な身体」は、著しく「人工的」なものへと変容しているのだ。（4）

#### Ⅱ　危惧と歓喜をはらんだ「ポスト・スポーツ」の展開（5～9）

「人間性」や「自然な身体」に依拠せずともスポーツが成り立つようになっているにもかかわらず、国際的なスポーツ統括組織は、いまだに「人間性」という「神話」を維持しようと必死になっている。それらの組織は「自然な身体」に基づいて競技をすることで「公平性」が保たれると考えている。しかし、公平性のために人間性を理想化することで「かえって多くの人々を競技から締め出すという矛盾」が生じている。(5)

また、現代スポーツでは〈ドーピングを排除しよう〉という目標が掲げられる。しかし、ドーピングの禁止それ自体が追求されているというよりも、人間の身体に介入するドーピングを禁止することを通じて「自然な身体」や「人間性」という「神話」を維持することが目的になっているようだ。現代スポーツは「競争原理を肥大化」させており、国家とグローバル企業の競争に呑《の》み込まれるなかで、ドーピングは勝利を追求するスポーツに必然的に内在するものとなっているのだ。(6)

ポスト・スポーツの時代において、「人間性という神話」は「さらなる窮状」へと陥っている。そうした窮状を象徴する事例は、選手たちの競技参加の可否をめぐる問題である。陸上選手のピストリウスは、義足を装着してロンドン・オリンピックに出場した。ピストリウスが体現する「機械と協働するスポーツの身体」は、「身体がなしうることの新しい状況」を作り上げ、多様な人々が築き得る新たな世界を示した。(7)

しかし、同様に義足を装着しているレームは、機械に依拠した身体が「スポーツの『公平性』」に反しているとして、国際大会への出場を認められなかった。また、女性の陸上選手のセメンヤはもともと男性ホルモンを高める物質が多く含まれるという身体的特徴を有していたために女性ではないと判断され、「人工的」な治療を施し「『不自然』な身体」となることで「公平性」を認められ、競技に出場することを許された。このような事例は「人間性という神話」が陥っている「窮状」を象徴していると言える。現代スポーツでは、出場の可否をめぐってスポーツ組織が下す判断は恣意的（＝論理的な必然性がないさま）なものとならざるをえなくなっているように、「自然」と「人工」の境界が曖昧になり、何をもって「自然な身体」とするのかが不明瞭になっているのだ。(8)

---

このように、「ポスト・スポーツ」の状況において、スポーツの本質をなすとされてきた「身体」「生身」「自然」「人間」といった概念は変容し中心的な役割を失いつつあるが、スポーツのこうした変化は、現代スポーツにおいて「危惧と歓喜の両面」をはらんでいる。テクノロジーの進歩によって様々な矛盾が生じる一方で、自然対人工という形で割り切ることはできなくなった身体によって新たな可能性が示されてもいるのだ。(9)

**「ポスト・スポーツ」の到来**

・企業が開発した新たなテクノロジーが、選手や競技の戦略自体に影響を及ぼしている
・義体技術やビッグデータと結合した「人工的な」身体が活躍する

↓

・これまでスポーツを規定してきた「人間性」や「生身の身体」という理想が解体されつつある

**危惧と歓喜をはらんだ「ポスト・スポーツ」の展開**

・スポーツ統括組織は、「人間性」や「生身の身体」によって、公平性が保たれると考え、「人間性」を理想に掲げ続けている

↓

・テクノロジーに依拠した身体を持つ選手の大会出場をめぐって、可否の判断が恣意的になる

＝

・「人間性」とは何を意味するのかが不明瞭になっている

↓

・「身体」「生身」「自然」「人間」といった概念は揺らいでおり、現代スポーツの変化は「危惧と歓喜の両面」を示している

**【文章Ⅱ】**

スポーツへの関わり方が多元性を持っていることを踏まえ、テクノロジーによってスポーツが変容するなかで、スポーツを通した人生の意味を主体的に選び取るべきだと論じた文章である。以下では、本文の詳しい内容を確認していこう。

山本敦久（**【文章Ⅰ】**の筆者）が述べるように、現代スポーツは著しく変わってきている。テクノロジーやデータを駆使してトレーニングされプレイされる「ポスト・スポーツ」の時代が到来しているのだ。[1]

山本の議論は「スポーツをプレイの様相に限定して『スポーツとは何か』という問題設定で考える」ものである。その場合には、テクノロジーの影響を被るスポーツについて語るという態度でもかまわないが、それだけでは「われわれの世界が『善く、美しい』ものになりうる」とは言えない。[2]

なぜなら、現代スポーツでは、競技を引退した後のセカンドキャリアや、競技とその他の活動を両立させるデュアルキャリアについて語られることからわかるように、「競技者のあり方」は「多元性」を持っているからであり、また、生涯スポーツ、大衆スポーツの時代にあって、人々が「スポーツに参加する度合い」も「多元的」になってきているからでもある。[3]

たとえ、アスリートの身体が、テクノロジーによって制御されるとしても、そのように「『多元的』に生きる競技者」には「身体に基づく人間性」が残る。その「人間性」とは、「道徳」的な意味でもなければ、「生身の身体」という意味でもない。それは、自分の「ライフステージ」を自覚し、それぞれの段階において、自分が何をなすべきかについて優先度をつけ、「自分の意志で選択決断」する「自己」のあり方のことである。[4]

メダルを獲得した瞬間の「勝利の歓喜」は否定できない。しかし、そうした勝利を得るためにドーピングに手を染め、自分の身体に変調をきたし、後々望む人生を送れなくなったとしたら、「人生の悲しみ」が消えることはないだろう。このように、科学技術は時に勝利をもたらしてくれても、「競技者がどのような人生を歩めばいいのか」を示してはくれない。今後も、新たなテクノロジーによってスポーツは変わるかもしれない。しかし、その時「スポーツに対して何を望むか」を主体的に決定するのは、あくまで「われわれ」自身なのだ。[5]

> ・山本敦久（**【文章Ⅰ】**）の議論……テクノロジーの影響を被って変化するスポーツについてプレイの様相に限定して語る
>
> ⇔
>
> ・われわれの世界が「善く、美しい」ものになるための議論
>
> ＝
>
> ・テクノロジーが進歩するとしても、多元的にスポーツに関わる身体には「人間性」が残る
>
> ・自分のライフステージについて自覚し、「何をなすべきか」を自分の意志で選択決断することが求められる

**【設問解説】**

**問１　漢字の問題**

(i)　**傍線部に相当する漢字を含むものを答える問題**

従来の大学入試センター試験や、大学入試共通テスト本試験でもおなじみの、傍線部の漢字と同じものを選ぶ問題である。

(ア)　「遂行」は〈任務などをなしとげる〉という意味で、**②が正解。**

①　統帥（軍隊・軍団を指揮・統率すること）
②　完遂（完全になしとげること）
③　陶酔（よいしれること）
④　類推（類似点をもとにして、おしはかること）

(ウ)　「抵触」は〈規則に反すること〉という意味で、**④が正解。**

①　低迷（低くただようこと）

② 海底（海の底）
③ 露呈（あらわになること）
④ 抵抗（はむかうこと）

(ii) **傍線部と同じ意味で使われているものを答える問題**

二〇二二年、二〇二三年の共通テスト（本試験）において出題された、同じ漢字であるが傍線部とは異なる意味で使われているものを選ぶ問題と同種の問題である。こうした問題であっても、漢字の意味、音読み、訓読みを正しく覚えるという基本的な漢字学習が有効な対策になる。漢字には複数の意味と読みがあることも多いので、一つの読みや意味だけを覚えてよしとするのではなく、その漢字を用いる熟語も学びながら、全ての意味や読みを覚えるようにしたい。

(イ) 「著」という漢字には、**a**〈書きつける〉、**b**〈書物〉、**c**〈目立つ〉といった意味がある。傍線部の「著しい」は**c**の意味である。各選択肢の語の意味を確認すると、次のようになる。

① 著書（その人が書いた書物）
② 著名（世間に名が知られていること。有名であること）
③ 名著（すぐれた書物）
④ 著述（書物を書きあらわすこと）

このうち、①、③は**b**の意味、②は**c**の意味、④は**a**の意味なので、**②が正解**となる。

**問2 傍線部の内容について説明する問題**

この設問では、「スポーツを革新し続けていく」「資本」の「ムーヴメント」について説明することが求められている。「不可逆的（＝再び元の状態にもどれないさま）」という表現にも注意を払いつつ、これらの内容をつかもう。

まず、傍線部を含む一文を確認すると、「ここに出現する『ポスト・スポーツ』とは」（[3]）とあり、傍線部の「スポーツを革新し続けていく資本の不可逆的なムーヴメント」とは、「ポスト・スポーツ」という状況で生じている現象であることがわかる。「ポスト・スポーツ」とは「私たちの目の前に姿を現している」（[1]）状況のことであるから、これは、**a〈現代のスポーツ〉**の特徴であると言える。

これを踏まえた上で、「資本」の「ムーヴメント」の内容について考えていこう。「ポスト・スポーツ」の状況においては、「ビッグデータ」や「テクノロジー」がスポーツで中心的な役割を果たしているということが[1]・[3]・[4]などから読み取れるが、これを「資本」すなわち「企業」に即して述べているのが[2]である。[2]によれば、**b〈企業〉**は**c〈ビッグデータ〉**を提供し、「新しいテクノロジー」を開発している。「先端テクノロジーによってアスリートの身体を制御し、調整する」（[3]）、「義体技術が導入された身体や高度なテクノロジーによって強化された身体」（[4]）などを踏まえれば、企業が開発するテクノロジーとは、**d〈選手の身体を管理し制御するテクノロジー〉**だと言えよう。

さらに、そうした企業が「スポーツを革新し続けていく」ということの内容をつかもう。企業が生み出すテクノロジーやビッグデータは「選手やチームの競技力に直結し、従来の競技のあり方を変えている」（[2]）。ここで言う「従来の競技のあり方」とは、「長い間スポーツが維持し続けてきた『人間性』や『生身の身体』という理想」（[1]）、「スポーツが理想とする人間性を保証してきた『自然な身体』」（[4]）といった表現を踏まえれば、**e〈自然な身体に基づいて競技する〉**ということである。企業はこうした**f〈従来の競技のあり方を変容〉**させており、それが「不可逆的」、すなわち**g〈そうした方向に進まざるを得なくなっている〉**というのだ。

以上をまとめると、

**a　現代のスポーツにおいて**
**b　企業は**
**c　ビッグデータや**

**d　身体を管理し制御する新しい技術を選手やチームに提供し**
**e　自然な身体に基づいて競技するとされる**
**f　従来の競技のあり方を変容させる**
**g　という方向に進まざるをえなくなっている**

ということになる。以上の**a**～**g**に合致する**③が正解**である。他の選択肢も確認しておこう。

①　「スポーツを革新し続けていく」の説明にあたる**e**・**f**を踏まえていない点で誤りである。また、現代においてスポーツが企業の「イメージ戦略に大きな影響を及ぼすことが当然になっている」という内容も本文から読み取れない。さらに、**g**も踏まえていない点で不十分である。

②　「人間の尊厳を無視して」という部分が誤り。本文では「人間性」という表現が何度も出てくるが、これは、人工的な介入がなされていない「生身の身体」「自然な身体」といった概念に通ずるものであり、「人間の尊厳」という内容を本文から読み取ることはできない。また、**c**・**g**に触れていない点で不十分である。

④　「自らのブランド力を高めてきた企業が、競技の内容にも積極的に介入するようになり」という説明が誤り。企業が競技に介入するのは、**c**・**d**のように、テクノロジーやビッグデータを提供することを通じてであり、「ブランド力」を背景にしているわけではない。また、「スポーツが企業主体のものに変えられてしまっている」という箇所も誤りである。1や4を踏まえれば「スポーツの実践を遂行する」新たな「主体」とは、企業ではなく、「ビッグデータ」や「テクノロジーによって強化された身体」だと言える。また**g**も踏まえられていない。

⑤　「選手の自然な身体を維持するためにも身体運動を分析してデータ化しており」という説明が誤り。「自然な身体を維持する」という目的で「身体運動を分析してデータ化」しているという内容は本文からは読み取れない。そもそも「身体運動を分析してデータ化」することは「自然な身体」を解体する方向に進むものであり、選択肢の前半と後半が矛盾した説明になっている。

**問３　傍線部の内容について説明する問題**

この設問では、「人間性という神話」が陥っている「さらなる窮状」について説明することが求められている。「さらなる」という表現にも注意を払いながら、「人間性という神話」や「窮状」の内容をつかもう。

まず、「人間性という神話」について考えよう。「人間性」や「神話」については、1や4～6で述べられている。1では、「ポスト・スポーツ」の時代において、テクノロジーと結びついた身体が「長い間スポーツが維持し続けてきた『人間性』や『生身の身体』という理想を突き破りはじめて」おり、「これまでスポーツを規定し、スポーツを再生産してきた『物語』や『神話』が解体されつつある」と述べられ、4では「スポーツが理想とする人間性を保証してきた『自然な身体』」とあることから、〈従来のスポーツでは、「自然な身体」に依拠してプレーすべきだ〉と考えられていたということがわかる。また、「神話」とは〈人間や社会集団の起源を語った神々についての物語〉のことだが、〈根拠も無いのに人々に信じられている事柄〉といった意味でも用いられる。よって、「人間性という神話」とは、

**a　スポーツは自然な身体に依拠すべきだと信じ込まれていること**

だと捉えることができる。

次に「さらなる窮状」について考えよう。まずは傍線部の表現が意味するところを正しくつかんでおきたい。「窮状」とは〈苦しい状況〉という意味である。そして「さらなる」とは〈XさらにY〉という形で用いる言葉である。よって「人間性という神話」が「さらなる」「窮状」に陥るとは、〈人間性という神話が成り立たないような苦しい状況Xに陥っており、さらなる苦しい状況Yに陥る〉という意味だと考えられる。よってここで

は、〈窮状X〉と〈窮状Y〉について、それぞれどのような状況なのかを読み取ることが求められる。

まず〈窮状X〉について。先にも確認した[1]の「これまでスポーツを規定し、スポーツを再生産してきた『物語』や『神話』が解体されつつある」や、[4]の「『自然な身体』は、著しく人工的なものに加工されている」、[5]の「サイボーグ化された身体や人工的に強化された人間たちが新しいアスリート像を可視化している」などの叙述がその「窮状」のありようを指摘している。つまり、義体技術やビッグデータなどのテクノロジーによって身体が人工的なものになっている状況において、身体はもはや「自然」なものではなくなっており、「自然な身体」という従来の理想が成り立たなくなっているということだ。よって〈窮状X〉について、

**b　aがテクノロジーの進歩によって脅かされる**

というポイントを指摘できる。

さらに、〈窮状Y〉について考えよう。これは、傍線部**B**がある[7]と[8]の趣旨を踏まえたい。[7]・[8]では、テクノロジーによって人工化された身体の競技参加をめぐる問題が取り上げられている。義足を装着し「自然」な身体ではなくなっているはずのピストリウスは、競技への参加を許された一方で、同じく義足を装着しているレームは、競技への参加を認められなかった。また、「自然」な「女性」の身体を持っているセメンヤは、男性ホルモンが高まりやすい身体であるため「人工的な」治療を施して男性ホルモンを示す物質の数値を下げることで競技への参加を許された。こうした事例からうかがえるのは〈『自然な身体』をスポーツの条件にしていても、どのような基準をもって「自然」とすべきかが判然とせず、その判断は恣意的なものになっている〉という事態である。ここから〈窮状Y〉について、

**c　自然な身体とは何かが判然としなくなっている**

というポイントを指摘できる。

したがって、以上の**a**〜**c**を踏まえている**⑤が正解**である。なお、「自然な身体そのものの輪郭が不明瞭になってしまう」という説明は**c**を踏まえたものである。他の選択肢も確認しておこう。

① 「テクノロジーによって強化された身体」を「ひとしなみに排除してしまう」という説明が誤り。「ひとしなみ」とは〈区別なく、同じように〉という意味であるから、この選択肢は〈テクノロジーによって強化された身体を例外なく排除する〉と述べていることになる。しかし、これは、「機械《マシーン》に接続されて強化した身体」の持ち主であるピストリウスが競技への参加を許されたという[7]の内容に反している。

② 「スポーツにおける公平な競争が精神性を高めるという理想」という部分が誤り。たしかに、「旧来のスポーツの考え方は、『自然な身体』を公平性の原理として召喚し」([5])とあるが、「公平な競争」が「精神性を高める」という内容を本文から読み取ることはできない。

③ 「生身の身体によって競争すべきだという考え」が、「勝利を絶対視する選手たちによって裏切られ、テクノロジーの濫用による不公平が生じてしまう」という説明が誤り。こうした内容を本文から読み取ることはできない。

④ まず「スポーツは個々人の持つ多様な身体的特徴に配慮すべきだという志向」が**a**の説明として誤り。「多様な身体的特徴に配慮する」のであれば、たとえば人工化された身体をも許容することになるが、これは〈自然な身体に依拠すべきだ〉という**a**の内容に反することになる。また「多様な身体のありようを否定し、多くの人々を競技から疎外してしまう」も、**b**や**c**の内容を適切に踏まえていない。たしかにこれは「多くの人々を競技から締め出す」([5])という箇所やレームが参加を認められなかったという事例([8])に合致するが、あくまで〈自然な身体とは何かが判然としなくなる〉という窮状から生じる帰結の一つであり、「窮状」そのものとは言い難い。なお「逆説」とは〈(1)矛盾。(2)一

見矛盾しているようで一種の真理を表していること〉という意味である。「逆説」は入試評論で頻出の言葉なのでこの機会に覚えておこう。
また、「逆接」と混同しないようにも注意したい。

**問４　傍線部の内容を説明する問題**

この設問では、傍線部における「『多元的』に生きる競技者」「身体に基づく人間性が残る」という表現が意味する内容を読み取ることが求められている。順に検討しよう。

まず、「『多元的』に生きる競技者」について。これは3の「多元性」「多元的」という表現に注目したい。そこでは多元性について二つの視点から述べられている。一つ目は「セカンドキャリアやデュアルキャリア」といった、競技者の人生のキャリアにおける「多元性」である。二つ目は、「スポーツを行うだけではなく、見たり、ボランティアとして参加する」というふうに、スポーツへの関わり方の「多元性」である。よって、

**a　競技者は長い人生において、様々なかたちでスポーツに関与する**

というポイントを指摘できる。

次に、「身体に基づく人間性が残る」について。これについては傍線部の後の「それは、自分のライフステージを自覚する『自己』である」に着目しよう。そうした「自己」は、「『何をなすべきか』を自分の意志で選択決断する」。その「決断」は、「若い時の身体」であればどのように競技に参加するかを決めたり、「老いた身体状況」であれば「スポーツ活動を制限」し「怪我をしない生活」を可能にしようと判断したりするなど、「ライフステージ」において、自分の身体の状況を踏まえながら下されるものだ。よって、「身体に基づく人間性が残る」について、

**b　年齢とともに変わる身体の状況を踏まえながら**

**c　人生の意味を自分の意志で選択し決断する**

というポイントを指摘できる。

したがって、以上の**a**～**c**を踏まえている**④が正解**である。他の選択肢も確認しておこう。

①　「スポーツは生身の身体で行うべきだという考えに回帰していく」という説明が誤り。これは4の「それは……持って生まれた『生身の身体』というレベルでもない」に反する。また**a**が踏まえられていない点でも、正解として不十分である。

②　「他とは異なる人生を倫理的に選び取っていく」という部分が誤り。「倫理」とは〈人として守るべき道。道徳〉という意味であるから、これは4の「それは道徳の意味ではなく」に反する。

③　「勝利の喜びを相対化することを学び、スポーツに勝利とは異なる多様な価値を見出していく」という説明が誤り。「メダルを獲得した瞬間の喜びは誰にも否定できない」（5）とあるように、筆者は「勝利の喜び」自体は認めているので、「勝利の喜び」を「相対化する（＝他のものと比較してその価値を考え直す）」という説明は不適切である。なお、「相対化」は入試評論で頻出の言葉なのでこの機会に覚えておこう。

⑤　「引退後のキャリアも見据えて仕事と両立できるスポーツ活動を模索していく」という説明が誤り。たしかに「セカンドキャリアやデュアルキャリアの問題が語られている」（3）とは述べられているが、「引退後のキャリアも見据えて仕事と両立できるスポーツ活動を模索していく」ことは、現役時代のスポーツとの関わり方の一例を述べたものに過ぎない。傍線部が述べているのは、**b**・**c**のように、現役時代だけでなく引退後も含めた人生の長いスパンの中で人生の意味を決定するということである。

**問５　【文章Ⅰ】【文章Ⅱ】を読んだ後の話し合いの中にある空欄にあてはまるものを答える問題**

二〇二三年一月に実施された共通テスト（本試験）の**第１問**では、**問６**

で、二つの文章を読んだ生徒たちによる話し合いが示され、その中に設けられた空欄に入れるのに適切な発言を選ぶ問題が出題された。今回の全統共通テスト高2模試では、その形式を模して、同様の問題を出題した。こうした問題では、本文の内容だけでなく、生徒たちの話し合いの中で空欄が置かれた文脈を正確に踏まえて解答を考えることが大切である。

(i) **【文章Ⅱ】において【文章Ⅰ】の文章の一部を引用している意図について答える問題**

[X]の直前の生徒Bの発言から、[X]には【文章Ⅱ】において【文章Ⅰ】の文章の一部を引用している意図を述べた発言が入ることがわかる。引用されている文章の内容と、その前後の記述を踏まえ、引用の意図について考えよう。

まず、引用されている文章は、【文章Ⅰ】の[4]であり、これは【文章Ⅰ】の[3]で示された「スポーツにもたらされる新しい論理や構造」すなわち「ポスト・スポーツ」の状況についての具体的な内容を示しているものである。実際、【文章Ⅱ】の筆者は、この一節を「ポスト・スポーツ」の「特徴」([1])を示すものとして引用している。

それでは、【文章Ⅱ】の筆者は、何のためにこの一節を引用したのだろうか。ここで【文章Ⅱ】の[2]に注目したい。【文章Ⅱ】の筆者は「スポーツをプレイの様相に限定して『スポーツとは何か』という問題設定で考えるのであれば、テクノロジーの成果を消費しつつ変わりゆくスポーツや競技者について語る態度でよい」と述べている。これは引用した【文章Ⅰ】の文章の内容と姿勢を指摘したものである。これに続き「しかし、それだけではわれわれの世界が『善く、美しい』ものになりうるのかどうか」と述べたうえで、[3]以降で自身の議論を展開し、「たとえアスリートの身体が『ビッグデータと先端テクノロジーによって』制御されるとしても、『多元的』に生きる競技者には身体に基づく人間性が残る」([4])と自らの見解を述べている。したがって、【文章Ⅱ】において【文章Ⅰ】の文章の一部を引用した意図とは、

**a 議論の前提となる現代スポーツの状況を確認したうえで**

**b そこで十分に論じられていない点を示し、自分自身の議論を展開するため**

であると考えられる。したがって、以上のa・bに合致する**②が正解**である。他の選択肢についても確認しておこう。

① 「自分の主張がそれ(=引用した文章)に従ったものであることを示す」ためという部分が誤り。bのように、【文章Ⅱ】の筆者は、【文章Ⅰ】の議論を不十分だと捉え、それとは異なる視点からの論を展開している。

③ 【文章Ⅰ】からの引用について「テクノロジーの現状を積極的に肯定している文章」と説明している点が誤り。先に確認したように、引用部分は「ポスト・スポーツ」の状況を確認しているだけであり、「積極的に肯定」しているわけではない。また、読者を「啓蒙する(=正しい知識を教え導く)」というのも【文章Ⅱ】の筆者の意図であるbと異なる説明である。

④ 【文章Ⅰ】からの引用について「スポーツの歴史を解き明かした文章」と説明している点が誤り。引用は、現代スポーツの状況を述べているだけであり、そこに至るまでの変遷は述べられていないから「歴史を解き明かした」ものだとは言えない。

(ii) **【文章Ⅰ】と【文章Ⅱ】を関連づけた内容を答える問題**

[Y]の直前の生徒Cの発言から、[Y]には、【文章Ⅱ】の主張を踏まえて【文章Ⅰ】で述べられた内容について考えた際に導くことのできる内容が入ることがわかる。

【文章Ⅰ】は、現代のスポーツにおいて、テクノロジーと融合した身体が活躍し、従来のスポーツで理想とされてきた「人間性」や「生身の

身体」という概念が不明瞭になり、「ポスト・スポーツ」の時代が到来していることを論じたものである。そうした状況では「危惧と歓喜の両面」が示されていると述べられていたことに注意しておきたい。

**【文章Ⅱ】**は、現代が「ポスト・スポーツ」の時代であることを踏まえた上で、それでも人間には「身体」に基づく「人間性」が残り、テクノロジーがもたらすスポーツの変容のなかで、人生の意味やスポーツの意味を我々が主体的に選択するべきだと論じたものである。

以上の内容を踏まえた上で、選択肢を順に検討していこう。

① 「スポーツが一部のエリートのものになりつつある」という現状に対し「スポーツを大衆に開かれたものにする」と述べている点が誤り。こうした内容は**【文章Ⅰ】**と**【文章Ⅱ】**のいずれからも読み取ることはできない。

② まず「ドーピング」や「薬物」に焦点を当てた説明になっている点が誤り。「ドーピング」の話題は、**【文章Ⅰ】**と**【文章Ⅱ】**のいずれにも出てくるが、あくまでも身体に介入するテクノロジーの一例でしかない。また、「人間の自然な身体に何らかのテクノロジーを導入するということ自体を慎まなくてはならない」も誤りである。**【文章Ⅰ】**では義足を着用してプレーする選手たちの姿が描かれており、「ピストリウスが実現した機械と協働するスポーツの身体は、身体がなしうることの新しい状況を作り上げ、現代社会を生きる多種多様な人々の可能世界を提示した」（7）と、身体に「テクノロジーを導入する」ことには肯定的な側面もあるということが述べられている。

③ 「現代のスポーツでは、資本主義の展開と軌を一にした科学技術の進歩によって生身の身体が人工的に加工されるという状況にあり」は、**【文章Ⅰ】**で論じられた「ポスト・スポーツ」の状況を述べたものである。そして、「そうしたあり方は今後加速していくかもしれない」は、「ポスト・スポーツ」の状況は「不可逆的」（**【文章Ⅰ】**の3）であり、「今後われわれが手に入れることのできる新たなテクノロジーによってスポーツは変わるであろう」（**【文章Ⅱ】**の5）と述べられていることに合致する。また、「そこには新たな可能性もはらまれており」は、ピストリウスが義足を装着して競技に臨み「身体がなしうることの新しい状況を作り上げ、現代社会を生きる多種多様な人々の可能世界を提示した」（**【文章Ⅰ】**の7）という記述や、「ポスト・スポーツ」の状況には「危惧」だけでなく「歓喜」も含まれている（**【文章Ⅰ】**の9）という記述に合致する。そして「今後スポーツをどのようなものにしていくかを決めるのは私たち自身である」は、**【文章Ⅱ】**の主張に即したものである。したがって、**③が正解**である。

④ 「本来的な身体を基盤とした人間性も回復していく」という部分が誤り。「ポスト・スポーツ」の状況が進展したことで、「本来的な身体」や「人間性」といった従来のスポーツが理想としてきた概念は「深刻に脱中心化され、いままで通りではいられないものになっている」（**【文章Ⅰ】**の9）のであり、今後それらの概念が回復するという内容は、**【文章Ⅰ】**と**【文章Ⅱ】**のいずれからも読み取ることはできない。

## 第2問　現代文

**【出典】**

辻井喬の小説『命あまさず』（角川春樹事務所　二〇〇〇年）の一節。ただし、問題作成の都合上、一部省略した箇所がある。

辻井喬（つじい・たかし）は、一九二七年、東京生まれ。二〇一三年没。セゾングループを率いる実業家として活動するかたわら、詩人・小説家としても活躍した。主な詩集に『異邦人』（室生犀星詩人賞）、『群青、わが黙示』（高見順賞）が、小説には『いつもと同じ春』（平林たい子文学賞）、『虹の岬』（谷崎潤一郎賞）、『父の肖像』（野間文芸賞）などがある。

**【本文解説】**

本文は、俳人である主人公山田秋幸（石田波郷）の人となりを、生涯の伴侶となる相手との見合いの場面を中心にして描いた小説である。

小説の読解においては、自分勝手な推測や思い込みをまじえずに、本文に書かれている事柄や表現にもとづいて、登場人物の人間像や心情を的確に理解していくことが大切だ。リード文（前書き）が付されている場合には、そこに記されている時代状況や場面、登場人物などに関する情報もしっかりと頭に入れて読み解くようにしたい。ここでは、本文が俳人石田波郷の生涯を描いた小説の一節であること、主人公山田秋幸が縁談の相手の汲田明子と言葉を交わしたとき、俳句を創る理由を聞かれてうまく答えられなかったこと、その後正式にお見合いをすることになったことなどを把握しておこう。

以下では、場面の展開にそって、本文を四つの部分に分け、それぞれの内容と読解のポイントを確認していこう。

**Ⅰ　俳句を創る理由を尋ねられた秋幸の思い（冒頭～「……彼のいつもの姿勢だったのだけれども。」）**

縁談の相手として汲田明子と言葉を交わしたとき、職業として俳句を創る理由を聞かれて、自分をも明子をも納得させる返答ができなかったことに、秋幸はこだわっていた。趣味で俳句を創るなら、好きだから、でいい。また、生まれ育った愛媛の松山は、正岡子規や高浜虚子を輩出した近代俳句のメッカ（＝ある分野の中心地、発祥の地）で、幼時より俳句に馴染《なじ》む環境にあったから、自然に俳句の世界に入ったと言えるけれど、俳句を本職として所帯を持つにあたって、自分の意志で俳句の世界を選び、創作しているのだと明言できなければ、俳句に対しても、伴侶となる相手に対しても、誠《まこと》を欠くように思えたのである。

見合いの日を迎え、明子と向かい合っているいま、俳人としての見識を問う心の声が、部屋の向こうから聞こえてくる葭切《よしきり》の鳴き声のように秋幸を脅かした。装わずに、ありのままというのが秋幸の普段の姿勢であったが、明子の前で自分が素直になろうとしているのがわかった。

> 縁談の相手である汲田明子と言葉を交わしたとき、俳句を創る理由を聞かれて、うまく答えられなかったことにこだわっていた。
>
> ⇩
>
> それは、明確に答え切れなければ、俳句だけでなく、明子に対しても誠を欠くように思えたからである。
>
> ……
>
> 見合いの日を迎え、明子と対面しているいま、俳人としての見識を問う内面の声が、葭切が立てる鳴き声のように秋幸を脅かした。

**Ⅱ　見合いが始まるまでの秋幸（「この日、明子に会うために……」～「……『ギョッ』と聞える啼声を葭切が立てているのが聞えた。」）**

見合いの場所として用意された友人の鈴木東海雄の家に向かう道すがら、秋幸は、汲田明子になにもかも正直に話そうと心に決めた。髪を切って坊主頭になってしまったことを明子がどう思うか気になったが、それは今更どうしようもない。坊主頭にしたのは、この機会に自堕落な生活を切り換えたいという思いからであった。

鈴木東海雄の家に着いたとき、明子の両親がすでに来ていて、娘の見合い相手である青年を品定めするような姿勢がその場の雰囲気を固くしていた。秋幸には沽券《こけん》（＝体面）を気にするような意識が希薄であったから、自分のありのままを評価してもらえばいいと普段通りでいようとした。

自分を高く見せようとせず、ありのままに振る舞おうとする秋幸の性格は、多くの同人を率いる俳句の結社の長として短所となることもあった。友人の石川桂郎は、「時には威張ってみせることも必要なんじゃないかな」などと助言してもくれた。中村金鈴や鈴木東海雄が今度の縁談を熱心に薦めてくれるのも、そんな人柄の秋幸に力を貸したいという気持ちがあってのことのようであった。

今度の縁談で秋幸の気持ちを動かしたのは、相手の明子が、礼儀正しく、しとやかに見えながら、話し合ってみると考えがはっきりしていて、明子自身が「深川っ子」なのかしらと言ったように、男の子のような気性であることだった。俳句作品への理解に才気が感じられるところも秋幸の気分を引き立てた。

いよいよ明子がいる見合いの部屋に入っていこうとしたとき、葦《あし》が生い茂った野原の方から、葭切が「ギョッ」と鳴き声を立てているのが聞こえた。

見合いの場に向かう道すがら、明子になにもかも正直に話そうと心に決めた。

↓

明子の両親に対しても自分のありのままを評価してもらおうと思った。

↓

自分の考えをしっかりと持っていて「深川っ子」らしい男の子のような明子の気性に秋幸は心を惹《ひ》かれた。

### Ⅲ　見合いの場での座談（「入っていった秋幸の顔を見るなり……」～「……心にもう一度ゆとりができたようだった。」）

部屋に入ると中村金鈴が秋幸の坊主頭を見て、「刈っちゃったね」と声を掛けてきた。やがて幕の内弁当とお酒が載せられたお膳が配られ、座談が始まった。明子の父親が商いに携わっている人らしく「俳句っていうのは収入になるんですか」と質問をし、それには、中村金鈴が〈実力の世界だから、秋幸のような才能のある俳人なら暮らしが立つんです〉と答え、「あんたが主宰する句会に集まる人の平均年齢はいくつぐらいだろう」と秋幸に話題を振ってきた。

そう聞かれて、ふっと気づいたように秋幸ははじめて明子に挨拶し、言葉を交わした。俳句作品の良し悪しの見極めについて尋ねる明子に、秋幸が〈それは難しいです。句を選ぶ側が教えられることもあります〉と真率に答え、会話の間が空くと、また、葭切がしきりに鳴き出した。頃合いを見計らったように、鈴木東海雄が「我々はここいらでちょっとお先に失礼しますかな」と言い、続いて中村金鈴もしっかりやれよと目配せをしながら席を立ち、その場に秋幸と明子の二人だけが残された。

見合いがはじまり、秋幸と明子が会話を交わすと、葭切がしきりに鳴き出した。

↓

頃合いを見計らったように、その場の者たちが席を立ち、秋幸と明子の二人だけが残された。

### Ⅳ　汲田明子との二人きりの会話（「『僕は、ずっと家を離れてひとりで暮してきた……』」～末尾）

二人きりになると、秋幸は、自分はあまり家庭的な人間ではなく、冷たい男ではないつもりだけれど、あなたからどう見えるのか自信がありませんと率直に自らを語った。

明子は、実直そうな秋幸の人柄も好ましく、結婚に気持ちが前向きになってから、心を通わせ自分たちの力で人生を築いて行けるなら多少の苦労は厭《いと》わないと思うようになっていたが、その一方で俳句の収入だけで食べていけるのかと心細くもあった。父親は、アパート暮らしで家財が乏しい男に娘を嫁がせることをぼやくこともあったのである。さいわい母親の方は、若いうちは無茶をするのもいい、お前の思うようにやってごらんと、背中を押してくれた。

秋幸は、結婚する以上は生活に責任を持たなければならないと、暮らしを立てるために必要なあれこれを頭に浮かべながら、明子と向かい合っていた。明子が居ずまいを正すそぶりをみせると、秋幸は緊張した。明子は、気の強いところのある自分の性分や二度家を出たときのいきさつ、そして親がすすめる縁談を断ってきたことなどを包み隠さず打ち明け、語り終えると今度は秋幸を真っ直ぐに見つめ、「こんな者でよろしければ、よろしくお願いいたします」と両手をついた。そう言われて秋幸も同じように両手をつき、「よろしくお願いします」と応じた。

そのとき秋幸は、後先を考える間もなく応じたのも、自己をしっかりと持っている明子の「深川っ子」らしい気っ風《きっぷ》の良さに惹かれてのことだと、それなりに満ち足りた思いでいたが、すぐさま、その思いに歯止めをかけるように、明子との暮らしを立ててゆく責任の重さが、秋幸の心を領しはじめた。そうした秋幸の心の動きを映すように、葭切が「ギョッ」「ギョッ」と鳴き声を立てるのが聞こえていた。

明子は、秋幸の実直そうな人柄も好ましく、心を通わせ自分たちの力で人生を築いて行けるなら多少の苦労は厭わないつもりであったが、俳句の収入だけで暮らしを立てていけるかと不安を覚えてもいた。

↓

包み隠さず自分の性分を語り、その場で直ちに結婚を承諾する明子に、秋幸も後先を考える間もなく応じたが、それも、自己をしっかりと持っている明子の気っ風の良さに惹かれてのことだとそれなりに満ち足りた思いでいた。

……

そのような秋幸の思いに歯止めをかけるように、明子との暮らしを立ててゆく責任の重さが、秋幸の心を領しはじめ、葭切が「ギョッ」「ギョッ」と鳴き声を立てるのが聞こえていた。

**【設問解説】**

**問1　傍線部の理由を問う問題**

この設問では、俳句を創る理由を聞かれて、「明快に答えられなかったこと」に「秋幸」が「こだわっていた」理由の説明が求められている。まず、おさえておきたいのは、その質問をした人が、リード文にも記されているように、結婚を前提とした見合いの相手であることである。傍線部の直後には、その見合いの相手の問いについて「結婚して一家を構え、俳人として暮らしていく上で、まずはっきりさせておかなければならない事なのだと思った」と述べられている。それらを踏まえれば、俳句を本業として所帯を持つにあたって、家族を養う支えともなる俳句をなぜ創るのかという問いは、俳人としても、所帯を持つ者としても、明確に答えなければならない重要事であったからこそ、「秋幸」は答え切れなかったことに「こだわっていた」のだと解することができる。

そうした〈こだわり〉を抱えた「秋幸」は、なお考えをめぐらせ、俳句が盛んな土地で生まれ育ったことが俳句の世界に入るひとつのきっかけであったとしても、「自分の選択として俳句の道に入ったのだと言えなければ本物ではないという想いがあった。それは汲田明子を結婚の相手に選ぶのも、周囲の薦めでただなんとなくというのでは相手に失礼だと思う気持にも通じていた」と思い至っている。つまり、「秋幸」が「こだわっていた」のは、「明子」の質問に答えることが、俳人としての自らの存在意義や、結婚を考えている「明子」に対する誠実さに関わっているからでもあるのだ。

これらから、傍線部の理由として、

**a　俳句を本職として所帯を持つにあたって**

**b　俳句の世界に入り俳句を創作するのは自らの意志によると明言できなければ**

**c　俳句だけでなく、見合いの相手に対しても誠実さ（真剣さ）を欠くように思えたから**

というポイントを取り出すことができる。

したがって、以上のa～cを的確に踏まえている**②が正解**である。

①は、「俳句を選んだ理由を明確に説明できなければ……、俳句で身を立てる自信が揺らいでくるように思えた」という説明が、誤り。先に確認したように主人公が「こだわっていた」のは、俳句を創る理由を答えることが、俳人としての自らの存在意義や結婚する相手への誠実さに関わっているからであって、「身を立てる（＝立身出世する／生計を成り立たせる）」ことを考えているからではない。

③は、まず、「縁談の相手に俳人という職業を選んだ事情を納得させることができなかった」という説明が、誤り。「秋幸」が答えようとしているのは、「なぜ俳句を創るようになったのか」という俳句を創る理由であって、「俳人という職業を選んだ事情」ではない。また、「俳句への思い入れの足りなさを痛感する」や「結婚への不安が募ってくるように思えた」という部分も本文から逸脱した内容になっている。

④は、「縁談の相手」の質問が、「生活への不安から出た仕方がない問いなのかもしれないと思えた」という説明が、明らかな誤り。傍線部が関わっている場面からは、「縁談の相手」である「明子」が「生活への不安」を抱いていると、「秋幸」が「思えた」とする根拠は一切読み取れない。

⑤は、「俳句の世界に入ることを主体的に選んだと返答できなかった」ことの理由の説明になっている点が、誤り。それでは「（なぜ俳句を創るのかという問いに）明快に答えられなかったことに秋幸はこだわっていた」という理由を答えたことにならない。

**問2　傍線部における登場人物のありようを問う問題**

この設問では、傍線部における「明子」についての説明が求められている。傍線部の表現から、「明子」が「秋幸」の実直そうな人柄に好感を抱いていることと、その一方で「不安」を抱きもしていることが読み取れる。

その「不安」とは、傍線部直後の一文にある「一緒になって食べていけるだろうかという点はやはり気懸かりであった」という表現や、その後ろの「『なんでまたアパート暮《くら》しの男のところに嫁に行く気になったんだ』」という父親の言葉を踏まえれば、〈家財が乏しいなかで俳句の収入だけで生計を立てて行くことができるのだろうかという不安〉であることがわかる。

ここで注意深く読み取っておきたいのは、父親がこぼす愚痴に続く箇所で記されているように、俳句を職業とする「秋幸」との生活を、「明子」は「一緒に暮していく人と心が通い合っているなら」、「幸福を約束されたような暮しより、努力して運命を切り拓《ひら》いていく生活の方が生き甲斐も感じられ、性格に合っていたのではないか」と前向きに捉えてもいることである。

まとめれば、ここでの「明子」は、

**a　秋幸の実直そうな人柄に好感を抱いている**

**b　気持が通じる人と力を合わせて人生を築いて行けるなら、多少の苦労は厭わないつもりであった**

その一方で、

**c　秋幸は家財が乏しく、俳句の収入しかない**

**d　（cのもとで）生計が立てられるか不安を覚えている**

のである。

したがって、以上のa～dを的確に踏まえている**③が正解**である。ちなみに、「糊口《ここう》を凌《しの》ぐ」とは、〈生活を成り立たせていく〉という意味の慣用句である。

①は、まず「秋幸に愚直にしか生きられない自分と同じ性格を見出し、この人となら一緒に生きていけると確信できた」という説明が、本文から読み取れない内容になっている。また、「人が良くても書生っぽさが抜けない秋幸を両親がどう思うかを忖度《そんたく》（＝推察）している」という部分も、傍線部における「明子」の説明として根拠のない内容になっている。

②は、「世間知らずの自分がどこまで秋幸と苦労をともにできるか心許《こころもと》なくなっている」という説明が誤っている。「明子」は、自立するために二度家を出て世間の荒波に揉《も》まれる経験を持っており、「世間知らず」とは言えない。また、ここでの不安は、c・dであって、「世間知らずの自分がどこまで秋幸と苦労をともにできるか」というものではない。

④は、「生活の先行きを心配する両親の姿を目の当たりにするにつけ、将来への不安を隠しきれずにいる」という説明が、明らかな誤り。たしかに「アパート暮し」を心配する父親の姿は「目の当たりに」しているが、母親については「お前の思うようにやってごらん。若いうちは若さなりの無茶もするけど、それがまたいいんだから」と「明子」を励ましてくれる姿が描かれている。

⑤は、「家出を繰り返した過去を思えば、自分の気性の激しさが秋幸を傷つけることになりはしまいかと懸念してもいる」という説明が、c・dの「不安」から大きく逸脱した内容になっている。

**問3　傍線部における登場人物のありようを問う問題**

この設問では、傍線部における「秋幸」についての説明が求められている。傍線部が関わっている場面での登場人物のありようを確認したうえで、傍線部の表現が意味する内容を読み解いていこう。

傍線部の直前では、二人きりになった見合いの席上での「秋幸」と「明子」のやりとりの様子が次のように描かれている。〈正直に自分を語る「秋幸」に応えるように、「明子」が、自分の性分などを包み隠さず語った後、その場で直ちに「ふつつか者でございますが、こんな者でよろしければ、よろしくお願いいたします」と両手をついて結婚の承諾を告げると、「秋幸」も少しあわてた様子で「よろしくお願いします」と応じた〉。以上の描写を踏まえれば、傍線部の「それ」が、「明子」の結婚の承諾に対して「秋幸」が「よろしくお願いします」と応じたことを指しており、「『言ってしまった』というのに近い部分を含んでいた」とは、自分の性分などを包み隠さず話し終えるやその場で直ちに結婚を承諾する「明子」に、後先を考える間もなく応じたさまを指した表現だとわかる。

**a　自分の性分を包み隠さず語り、その場で直ちに結婚を承諾する明子**

**b　（aに）後先を踏まえる間もなく応じた**

では、「不思議に秋幸のなかに悔いはなかった」とはどういうことだろうか。傍線部直後の「彼女の〝深川っ子〟というか、江戸っ子らしい感じが、通奏低音のように響いていたからかもしれない」という一文が、理解の手掛かりを与えてくれている。波線部ⓐの前で「今度の話の救いは、相手の汲田明子の態度動作が礼儀正しく、しとやかに見えながら話し合ってみると意見がはっきりしていて、自分でも〝深川っ子〟って言うのかしら、と笑うように男の子のような気性であることだった」と述べられていたように、「秋幸」は「明子」の〈自己をしっかりと持っている気っ風の良さ〉に心を惹かれていた。傍線部の箇所でも「秋幸」は、考える間もなく「明子」に応じたのも、そのような〈気っ風の良さ〉に惹かれてのことだと、それなりの満足感とともに思いなしているのである。

**c　（bは）自己をしっかりと持っている明子の気っ風の良さに惹かれてのことだとそれなりに満ち足りた思いでいる**

したがって、以上のa～cを的確に踏まえている**⑤が正解**である。

①は、「明子の朴訥《ぼくとつ》な人柄に魅力を覚えたからである」という部分が、誤り。「秋幸」が感じている「明子」の魅力は、〈自己をしっかりと持っている気っ風の良さ〉にあるのであって、「朴訥（＝質朴で口数が少ないこと）な人柄」にあるのではない。

②は、「空威張りするところを含めよく似た性格である」という説明が、明らかな誤り。本文では「秋幸」について、「装わずに、ありのままを、というのは彼のいつもの姿勢だった」、「自分を大きく見せようとしない」などと、「空威張り」しない性格であることが描かれている。

③は、「はじめて会ったときの明子のしとやかさを思い出すにつけ」という部分が、誤り。ここで「秋幸」が心惹かれたのは「明子」の「深川っ子」らしさ、つまりは〈自己をしっかりと持っている気っ風の良さ〉であって、「しとやかさ（＝上品で慎み深いさま）」ではない。

④は、「明子に気圧《けお》され（＝気分的に圧倒される）、結婚に同意してしまったことに自尊心が損なわれた」や「しがない俳人である自分には明子のようなしっかり者がふさわしい」という部分が、本文から読み取れない内容になっている。

## 問4　本文の表現について問う問題

この設問では三箇所の波線部の表現についての説明が求められているが、波線部のいずれもが「葭切」の鳴き声に関わる描写であることに留意しよう。（注）にも記されているように、「葭切」は「ギョッ」「ギョッ」とぎょうぎょうしい鳴き声を立てる鳥であり、必ずしも心に落ち着きや静けさをもたらすような鳥とは言えない。その点を念頭に置き、波線部の意味内容だけでなく本文の展開における役割などにも注意を払いながら、それぞれの波線部の表現を検討していこう。

波線部ⓐについて。直前までの箇所では、見合いに向かう道中や、到着してからの「秋幸」の心の動きが描かれていたのに対し、波線部の直後では「入っていった秋幸の顔を見るなり……」という表現が示しているように、「秋幸」が見合いの部屋に入った場面へと切り替わっている。これらを踏まえれば、波線部ⓐの表現は、場面が転換する節目となっていることがわかる。ここで注意したいのは、**【本文解説】**Ⅰで見たように、「秋幸」は「明子」との正式な見合いに臨むにあたって、「明子」が尋ねた俳句を創る理由について答え切らなければ、俳句だけでなく「明子」に対しても誠を欠くように思っていることである。そのような心持ちでいる「秋幸」の様子は、本文の最初の方で「内面の声は、時おり汐田明子と向い合って坐《すわ》っている部屋の沈黙《しじま》に聞えた葭切の啼声《なきごえ》のように秋幸を脅かした」と描かれてもいた。つまり、波線部ⓐの「しきりに『ギョッ』『ギョッ』と聞える啼声」は、「明子」との正式な見合いに臨む「秋幸」の緊張感を孕《はら》んだ心のありようを示唆していると言える。

波線部ⓑについて。直前までの箇所では、「明子」の父親や友人の中村金鈴らをまじえた座談が進むなかで「秋幸」と「明子」が俳句を話題とした会話を交わし始める様子が描かれており、波線部ⓑの後ろでは、見合いの仲介者である鈴木東海雄らが頃合いを見計らったように席を立つさまが描かれ、「秋幸」と「明子」二人きりの場面へと切り替わってゆく。ここからは、波線部ⓑの表現は、波線部ⓐと同様に、場面が転換する節目となっていることが読み取れる。ここで注意深く読み取っておきたいのは、見合いが佳境に入り、「秋幸」と「明子」が真剣に向き合い始めようとしていることである。その点を踏まえれば、「また、葭切がしきりに啼《な》き出した」という波線部ⓑの表現は、「明子」と真剣に向き合っていく「秋幸」の緊張を孕んだ心のありようを示唆していると言える。

波線部ⓒについて。注意したいのは、葭切の声が「透明になりすぎる音色に歯止めをかけるかのように……聞えていた」と表現されていることである。結婚を承諾する「明子」に「秋幸」が応じる様子が描かれている直前の内容を踏まえれば、「透明になりすぎる音色」という比喩表現は、「明子」と気持ちが通じ合い、一緒になることを決めた「秋幸」の満ち足りた心のありようを示していると考えられる。では、その「透明になりすぎる音色」に「歯止めをかけるかのように」という比喩表現は、どのようなことを意味しているのだろうか。「結婚する以上は生活に責任を持たなければならない、収入もできるだけ安定させる努力をしなければと考えていた。結婚するとなると必要になってくるであろう、いろいろなことを早送りの映画のように頭に浮べながら、秋幸は明子と向い合っていた」という本文の叙述を踏まえれば、このときの「秋幸」は、「明子」と一緒になることが決まったことに歓びを感じると同時に、その歓びに舞い上がりそうな気持ちを抑えるように明子との暮らしを支えていく責任の重さをも身の引き締まる思いで感じているのである。波線部ⓒの表現は、秋幸のそのような複雑な内面を暗示していると解することができる。

以上から、波線部ⓐ～ⓒについて、

**X　ⓐとⓑは、見合いに臨んだ秋幸の緊張を孕んだ穏やかならぬ心情を示唆しつつ、次の場面への節目をなしている**

**Y　ⓒは、結婚を決めた秋幸の歓びとともに、責任の重さを身の引き締まる思いで感じてもいる秋幸の内面を暗示している**

とまとめることができる。

したがって、XとYを的確に踏まえている**②が正解**である。

①は、「ⓒは、秋幸と明子の明るい将来を……象徴的に表している」という説明が、誤り。ⓒはYのような「秋幸」の内面の動きに関わる表現であり、「秋幸と明子の明るい将来」を示すものではない。

③は、「ⓑとⓒは、見合いが進むにつれて秋幸と明子の心が次第に寄り添っていくさまを如実に示している」という説明が、誤り。ⓑの時点で二人の「心が寄り添っていく」とまで言えるかどうか確定できないことに加え、Yのように解することができるⓒの表現から大きく逸脱してもいて、誤り。

④は、「ⓒは、互いの愛を確かめえた秋幸と明子が時間が止まったように感じている様子を巧みな比喩を用いて表している」という説明が、誤り。ⓒは「秋幸」の心のありように関わっていて、「明子」の心情を表現したものではない。

⑤は、まず「ⓑは、見合いの雲行きが怪しくなっていくさま」を示しているという説明が誤り。「雲行きが怪しくなっていく」とは〈物事の成り行きが悪い方向へ向かう〉という意味であるが、ⓑの場面ではそのような様子は少しも読み取れない。また、「ⓒは、見合いが首尾良く終わり秋幸の心が晴れていくさま」を示しているという説明も、ⓒの表現から大きく逸脱した内容になっている。

**問5　本文や資料などを踏まえ、文章の空欄を補充する問題**

二〇二三年度の大学入学共通テスト国語（本試験）の第2問・問7では、本文と【資料】をもとにした【構想メモ】と【文章】を生徒が作成し、本文の内容に関わる内容を考察しようとする形式での問題が出題された。今回の全統共通テスト高2模試の問5は、そうした二〇二三年度の本試験を参考にして出題した。

なお、【資料】として、Ⅰに本文の内容と関連する石田波郷の俳句を引用した『波郷句自解』の一節を、Ⅱに山本健吉の評論「石田波郷の俳句」の一節を用いた。問題を解く際には、本文や【資料】を正確に読み取るのはもちろんのこと、【構想メモ】と【文章】の内容も踏まえて考えることが大切である。

(i)　**空欄に適当な発言内容を補充する問題**

ここでは、［X］を含む一文から読み取れるように、【資料】Ⅰに引用された石田波郷の「葭雀《よしすずめ》二人にされてゐたりけり」という俳句についての【資料】Ⅱを踏まえた理解が求められている。【構想メモ】にも記されている通り、本文は石田波郷の実際の経験をもとに描かれたものであり、「葭雀」の句は、【資料】Ⅰで波郷自身が注記しているように、石田波郷が見合い相手と二人きりになった場面を詠んだものである。その場面は、本文に従えば、互いの心が触れ合い結婚を決めることになる、若い二人のいのちにとって生涯の山場とも言える瞬間でもあった。

また、【資料】Ⅱでは、石田波郷にとって俳句を作ることは、「何か新しげな文学的、芸術的よそおい」を施さず、「生きることそれ自身」としての表現の営みとしてあることが指摘されている。

これらから「葭雀」の句は、

**a　意匠を凝らさず（表現を飾らずに）に**

**b　自らが生活のなかで体験した生のありようを詠んだ**

ものとして理解できる。

したがって、以上の**a**・**b**を的確に踏まえている**③が正解**である。

①は、「人間の孤独の深さをそのまま詠んだ」という部分が、誤り。先に確認したように、「葭雀」の句は、「人間の孤独の深さ」とは裏腹の、見合いの席で二人の心が触れ合い結びついていく、その入り口となる場面を詠んだものである。

②は、「俳句の芸術性を高めようとした句」という部分が、明らかな誤り。【資料】Ⅱに「芸術的よそおいをほどこすことを、徹底的にこばみぬいた作家」、「俳句を作るということは、彼にとってほとんど芸術的行為とは言えないのである。それは生きることそれ自身である」とあるように、石田波郷の俳句は「芸術性を高めよう」とする意識から離れた生の営みそのものの表現としてある。

④は、「平俗な言葉を用いる」ことによって「近代芸術に立ち向かおうとした」と説いている点が、誤り。そのような内容は【資料】Ⅱからは読み取れない。

(ii)　**空欄に適当な言葉を補充する問題**

ここでは、［Y］を含む一文から読み取れるように、本文と【資料】Ⅰ・Ⅱを参照した「俳人としての石田波郷の人間的な魅力」の理解が求められている。

本文では、「装わずに、ありのままを、というのは彼のいつもの姿勢だった」「秋幸には沽券意識のようなものが弱かった」「彼女の方も、秋幸さんは嘘をつけない人らしいと思った」などといったように、石田波郷（山田秋幸）は体面などにこだわらない実直な人間として描かれており、そのような人柄が友人や明子を惹きつける魅力となっていた。また、そのような性格が俳句の結社を率いる長として、ときに短所となると友人に忠言される姿も描かれていた。ここからは、石田波郷の人間性として、

**a　ときに不器用と思われるほど実直である**

というポイントを導くことができる。

俳人としての石田波郷について、【資料】Ⅱで「俳句を作るということは、彼にとって……生きることそれ自身である」と、石田波郷にとって俳句の創作は自らの生の表現を賭したものであることが指摘され、本文でも、「自分の選択として俳句の道に入ったのだと言えなければ本物ではないという想いがあった」と俳句に賭ける思いが述べられていた。【資料】Ⅰで掲げられていた「葭雀」の句は、そのような生の表現を賭した俳句のひとつの例でもある。これらからは、俳人としての石田波郷のありようとして、

**b　自らの生の表現を俳句の創作に賭している**

というポイントを取り出すことができる。

したがって、以上の**a**・**b**を的確に踏まえている**④が正解**である。

①は、「人情の機微に人一倍敏感な感受性を……巧みに俳句で表現できる」という説明が、誤り。【資料】Ⅱに「何か新しげな文学的、芸術的よそおいをほどこすことを、徹底的にこばみぬいた」、「俳句を作るということは、彼にとってほとんど芸術的行為とは言えない……生きるこ

とそれ自身である」とあり、また【資料】Ⅰの「葭雀」の句が物語っているように、俳句作者としての石田波郷の特徴は、「人情の機微に人一倍敏感な感受性」を「巧みに」表現するところではなく、〈自らの生の経験〉を技巧に寄り掛からずに詠むところにある。

②は、「人には誰彼なしに優しく接する」という部分が誤り。本文では、妹の「甘えの表現」であるにしても、「お兄ちゃんは冷たい」と言われてもいる。

③は、「経済的なことにはこだわらない」という部分が、誤り。「明子」との見合いに臨んだ「秋幸」は、「結婚する以上は生活に責任を持たなければならない、収入もできるだけ安定させる努力をしなければと考えていた」とあるように、経済的に暮らしを立てることに思いをめぐらせている。

---

## 第3問　現代文

【出典】

【資料Ⅰ】は、令和三年度「国語に関する世論調査」から抜粋したグラフ。問題作成の都合上、一部省略した箇所がある。なお、「国語に関する世論調査」は、文化庁が国語施策に役立てるため、平成七年度から毎年実施している世論調査である。

【資料Ⅱ】【資料Ⅲ】は、ともに村田和代『優しいコミュニケーション――「思いやり」の言語学』（岩波新書、二〇二三年）の一節。問題作成の都合上、一部省略した箇所がある。

村田和代（むらた・かずよ）は、奈良女子大学大学院人間文化研究科博士課程単位修得退学。ニュージーランド国立ヴィクトリア大学大学院言語学科Ph.D.（言語学）。龍谷大学政策学部教授（二〇二三年十一月現在）。専門は社会言語学。主な編著に、『シリーズ　話し合い学をつくる　全3巻』、『聞き手行動のコミュニケーション学』、『包摂的発展という選択――これからの社会の「かたち」を考える』、『「対話」を通したレジリエントな地域社会のデザイン』などがある。

【レポート】および【資料】の解説

令和七年度大学入学共通テストの国語では、現代文が、従来の第1問、第2問に加えて第3問でも出題されることが予定されている。大学入試センターが公表している「試作問題」によると、第3問では、複数の文章とグラフを組み合わせたり、言語活動を重視するなどの問題が出題されることが予想される。それを踏まえて、今回の全統共通テスト高2模試では、生徒が作成した【レポート】とグラフや評論文といった【資料】を組み合わせた問題を出題した。

【レポート】

ノゾミさんが、他者とのコミュニケーションにおいて重要なことを調べ、望ましいコミュニケーションについての自分の考えをまとめたものである。

第１段落では、まず、他者とのコミュニケーションを円滑に進めるには他者に対する言葉遣いが重要であることが指摘されている。次に、文化庁が国語に対する国民の意識を調査した【資料Ⅰ】を参照して、高校生であるノゾミさんの世代においても、対面的なコミュニケーションでの言葉遣いに関心が高いことが述べられている。

第２段落では、【資料Ⅱ】を踏まえて、他者とのコミュニケーションでは、「円滑な人間関係を築き、衝突を避けるためのことばの使い分けや言語行動」を意味する「ポライトネス」が大切になることが述べられている。さらに、「ポライトネス」には、「ポジティブ・ポライトネス」と「ネガティブ・ポライトネス」があることが指摘されている。

第３段落では、【資料Ⅱ】と【資料Ⅲ】を踏まえて、コミュニケーションがうまくいくためには、相手に対する言葉遣いに注意するだけでなく、コミュニケーションを「話し手と聞き手双方による相互行為」としてとらえなければならない、ということが述べられている。

第４段落では、これまでの考察を踏まえて、望ましいコミュニケーションを実現するためには、「コミュニケーションとは『話し手と聞き手双方による相互行為』であることに注意し、そのなかで『ポライトネス』を実践していくことが重要だ」というノゾミさんの考えが示されている。

【資料Ⅱ】

他者とのコミュニケーションにおいて重要となる「ポライトネス」について考察した文章である。

「ポライトネス」とは、「円滑な人間関係を築き、衝突を避けるためのことばの使い分けや言語行動のこと」を言う。たとえば、先生に対して敬語を使うことや、親しい先輩に対して親しみを表すことばを使うことなどが「ポライトネス」に含まれる。（第１段落）

この「ポライトネス」において最も大切な概念が「フェイス」である。「フェイス」とは、「社会の成員であれば誰でもがもつ社会的自己像」であり、そこには「ネガティブ・フェイス」と「ポジティブ・フェイス」という「相反する側面」がある。「ネガティブ・フェイス」は、「他者に立ち入られたくない、自分の行動を妨げられたくない、といったような『他者と距離を置きたい』という欲求」であるのに対して、「ポジティブ・フェイス」は、「誰かに理解されたい、仲間として認められたいといった『他者との距離を縮めたい』という欲求」である。（第２段落）

言語学者が提唱したポライトネス理論は、こうした正反対の「フェイス」に対応して、「ポジティブ・フェイス」に配慮した言語行動を「ポジティブ・ポライトネス」、「ネガティブ・フェイス」に配慮した言語行動を「ネガティブ・ポライトネス」ととらえる。たとえば、「親しくない（心理的距離が大きい）上司に、明日打ち合わせの時間を取ってほしいと依頼する場合」、部下と距離を置きたいという上司の「ネガティブ・フェイス」に配慮して、「お忙しいところ大変申し訳ないのですが、明日打ち合わせのお時間をとっていただけないでしょうか」といった「間接的な表現」を使うのは「ネガティブ・ポライトネス」である。それに対して、「一緒に食事をしている親しい友人のそばにあるタバスコを取ってほしいと依頼する場合」、自分と距離を縮めたいという「親しい友人」の「ポジティブ・フェイス」に配慮して、「そのタバスコ取って」といった「直接的な表現」を使うのは「ポジティブ・ポライトネス」である。（第３段落・第４段落）

日本語では、相手と距離を置く言語表現である敬語が体系として確立されているので、「ネガティブ・ポライトネス」をまずは思い浮かべることになるが、親しみを表す言語表現によって相手との距離を縮める「ポジティブ・ポライトネス」も円滑な人間関係を構築・維持するうえで重要である。（第５段落）

**ポライトネス**
・円滑な人間関係を築くためのことばの使い分けや言語行動

**ポジティブ・ポライトネス**
・相手の「他者との距離を縮めたい」という欲求（ポジティブ・フェイス）に配慮した言語行動
（例）親しい友人に、親しみを表す直接的な言語表現を使う
⇔
**ネガティブ・ポライトネス**
・相手の「他者と距離を置きたい」という欲求（ネガティブ・フェイス）に配慮した言語活動
（例）親しくない上司に、敬語のような間接的な言語表現を使う

**【資料Ⅲ】**

コミュニケーションにおける聞き手の役割について考察した文章である。

コミュニケーションをとらえる古典的モデルは、「『話し手が情報を伝え、聞き手がそれに反応する』といった話し手中心モデル」であった。それは、コミュニケーションで重要なのは話し手による情報伝達だと考えられたからであり、聞き手は情報を受け取るだけの受動的な存在とされたのである。だが、聞き手の行動を対象とした研究では、「聞き手の会話への積極的な関与や、創造的で活動的な側面」について言及されるようになってきた。（第1段落・第2段落）

聞き手の行動に着目して会話を観察してみると、「頷《うなず》き、微笑《ほほえ》み、相槌《あいづち》など、様々なシグナルを送ることによって、聞き手が話し手に継続的に応答している」ことがうかがえる。こうした聞き手が送る様々なシグナルは、話し手の発言を聞いていることを示すだけでなく、聞き手の「アイデンティティ、主観や心的態度」といった「多層的な情報」を示している。たとえば、会議で新しい企画を提案しようと思っているという発言に対して「絶対採用間違いないよ」と応答することは、話し手が提案する内容を聞き手が共有していることや、その提案を聞き手が好意的に受けとめているといったことを示しているのである。（第3段落・第4段落）

聞き手の応答は「会話参加者がお互いに協力して会話の運営を管理するストラテジー（＝戦略）」に含まれるものである。「聞いているというシグナルや多層的な意味の提示を通して、聞き手が話し手に反応し、それにまた話し手が反応するといったような相互的な応答反応が発生することによって、話し手と聞き手双方による相互行為が達成され」る。コミュニケーションとは、話し手による一方的な情報伝達ではなく、そうした「話し手と聞き手双方による相互行為」としてとらえるべきであり、そこでは、聞き手が果たす役割はきわめて大きいのである。（第5段落・第6段落）

**コミュニケーションについての古典的モデル**
・「話し手が情報を伝え、聞き手がそれに反応する」といった話し手中心モデル
⇔
**聞き手の行動を対象とした研究**
・聞き手の会話への積極的な関与や、創造的で活動的な側面に着目する
↓
・会話における聞き手の行動＝頷きや微笑み、相槌など、様々なシグナルを送ることで、聞き手のアイデンティティ、主観や心的態度などの多層的な情報を伝えている
↓
・コミュニケーションは「話し手と聞き手双方による相互行為」であり、聞き手の役割はきわめて大きい

**【設問解説】**

**問1　【レポート】の展開を踏まえて【資料】の内容を読み取る問題**

設問では、【レポート】に設けられた空欄 X に入る説明が問われている。「【レポート】の展開と【資料Ⅰ】を踏まえた説明」という条件が付されているので、空欄 X の前後の文脈を踏まえるとともに、【資料

**Ⅰ】**から読み取ることのできる内容を正確につかむことが求められる。

まず、**【レポート】**の展開を確認しよう。空欄[X]を含んだ一文からわかるように、空欄[X]には、「国語に関する意識を調査した」**【資料Ⅰ】**から読み取ることのできる内容が入る。空欄[X]を含んだ一文の前を見ると、「他者とのコミュニケーションを円滑に進めるためにどのような言葉を用いればよいのか、ということは重要な問題である。それは私のような高校生でも例外ではない」と述べられている。また、空欄[X]を含んだ一文の後を見ると、「パソコンやスマートフォンに親しんでいる私たちの世代にとっても、対面的なコミュニケーションでの言葉遣いは大きな関心事なのだ」と述べられている。これらを踏まえると、空欄[X]には、**【レポート】**を書いたノゾミさんのような**高校生の世代も、他者とのコミュニケーションにおける言葉遣いに関心が高い（a）**という内容が入ると推測することができる。

次に、**【資料Ⅰ】**について見ておこう。**【資料Ⅰ】**では、二つのグラフが示されている。一つ目は、「国語のどのような点に関心がありますか」という質問についてのグラフである。「関心がある点」として「日常の言葉遣いや話し方」、「敬語の使い方」、「文字や表記の仕方あるいは文章の書き方」、「新語・流行語」、「外来語・外国語の使い方」、「共通語や方言」といった項目があり、関心があると答えた人の割合が年齢別にそれぞれ示されている。二つ目は、「あなたは、言葉や言葉の使い方について、自分自身に、課題があると思いますか。それとも、そうは思いませんか」という質問についてのグラフである。「あると思う」、「あるとは思わない」、「無回答」の人の割合が年齢別に示されている。これらのグラフについて、ノゾミさんのような高校生が該当する16～19歳の世代に着目して見てみると、「日常の言葉遣いや話し方」に関心がある割合が73・0％、「言葉や言葉の使い方について自分自身に課題があると思う」と答えた割合が76・2％というように、16～19歳の世代の七割以上が、言葉遣いに関心や課題を抱いていることがわかる。

以上の**【レポート】**や**【資料Ⅰ】**の内容を踏まえて、選択肢を順に検討していこう。

①について。「16～19歳の世代では……『敬語の使い方』に関心がある割合が、『文字や表記の仕方あるいは文章の書き方』に関心がある割合の二倍以上」という説明が不適当。**【資料Ⅰ】**の一つ目のグラフを見ると、「16～19歳の世代」で「敬語の使い方」に関心がある割合は47・0％であり、「文字や表記の仕方あるいは文章の書き方」に関心がある割合は29・0％である。47・0％が29・0％の「二倍以上」に達していないことは言うまでもないだろう。

②について。「16～19歳の世代」の「『言葉や言葉の使い方について自分自身に課題があると思う』割合」について、「全世代の中で最も高くなっている」と説明している点が不適当。**【資料Ⅰ】**の二つ目のグラフからわかるように、「言葉や言葉の使い方について自分自身に課題があると思う」割合は、16～19歳の世代では76・2％だが、20代では78・3％、30代では79・3％となっており、いずれも16～19歳の世代を上回っている。

③について。「16～19歳の世代において『日常の言葉遣いや話し方』に関心がある割合は、他の項目に比べて高いが、20代・30代に比べると低く」という説明は、一つ目のグラフを踏まえると適当である。また、「『言葉や言葉の使い方について自分自身に課題があると思う』割合についても、20代・30代に比べると低い」という説明も、二つ目のグラフを踏まえると適当である。しかし、この選択肢を正解にすることはできない。なぜなら、「『日常の言葉遣いや話し方』に関心がある割合」や「言葉や言葉の使い方について自分自身に課題があると思う』割合」が、「20代・30代」よりも、高校生が該当する「16～19歳の世代」の方が低いといった説明は、先に確認した、**【レポート】**の空欄[X]の文脈に当てはまる**a**の内容と合致しないからである。設問では、「**【レポート】**の展開」も踏まえることが求められているので、**【資料Ⅰ】**だけを見て判断することのないよう注意したい。

④について。「16～19歳の世代」における『言葉や言葉の使い方について自分自身に課題があると思う』割合」について、「20代以上の他の世代に比べると若干低」いと説明している点が不適当。【資料Ⅰ】の二つ目のグラフを見ると、「16～19歳の世代」の「言葉や言葉の使い方について自分自身に課題があると思う」割合は、20代や30代に比べると低いが、40代以上の世代と比べると高くなっている。

⑤について。「16～19歳の世代では『日常の言葉遣いや話し方』に関心がある割合は、他の世代よりやや低いものの、他の項目に比べるとかなり高く」という説明は、一つ目のグラフを踏まえると適当である。「16～19歳の世代」で「日常の言葉遣いや話し方」に関心がある割合は73・0％であり、20代以上の他の世代に比べるとやや低い。だが、他の項目のなかで、「16～19歳の世代」の関心が最も高いのは「敬語の使い方」の47・0％であり、それに比べると73・0％というのは「かなり高」いと言える。また、「『言葉や言葉の使い方について自分自身に課題があると思う』割合も30代・20代に次いで高い」という説明も、二つ目のグラフを踏まえると適当である。「16～19歳の世代」で「言葉や言葉の使い方について自分自身に課題があると思う」割合は76・2％であり、全世代のなかでは、30代の79・3％、20代の78・3％に次いで高い。さらに、これらの選択肢の説明は全体として、16～19歳といった高校生が該当する世代においても、言葉遣いへの関心が高いということを示している点で、【レポート】の空欄 X の文脈に当てはまるaの内容とも合致している。したがって、この⑤**が正解**である。

**問2 【資料Ⅱ】の内容を踏まえた具体例として不適当なものを答える問題**

設問では、空欄 Y に入る「ポジティブ・ポライトネス」と「ネガティブ・ポライトネス」の例として「**適当でないもの**」を選ぶことが求められている。「ポジティブ・ポライトネス」と「ネガティブ・ポライトネス」については【資料Ⅱ】で説明されているので、【資料Ⅱ】の内容を踏まえたうえで選択肢を検討していくことが必要となる。

まず、【資料Ⅱ】を踏まえて、「ポジティブ・ポライトネス」と「ネガティブ・ポライトネス」のそれぞれについて正確に理解しよう。【資料Ⅱ】の**解説**でも確認したように

**a ポジティブ・ポライトネス**
相手の「他者との距離を縮めたい」という欲求（ポジティブ・フェイス）に配慮した言語行動
（例）親しい友人に、親しみを表す直接的な言語表現を使う
⇔
**b ネガティブ・ポライトネス**
相手の「他者と距離を置きたい」という欲求（ネガティブ・フェイス）に配慮した言語活動
（例）親しくない上司に、敬語のような間接的な言語表現を使う

とまとめることができる。これらの内容を踏まえて選択肢を順に検討していこう。

①について。「仲の良い友達」は自分に仲間意識を抱き、距離を縮めたいという欲求を抱いていると考えられる。よって、「仲の良い友達にくだけた言葉遣いをする」のは、自分と距離を縮めたいという「仲の良い友達」の欲求に配慮した言語行動だと言えるので、aの「ポジティブ・ポライトネス」の例として適当である。また、「初めて出会った人に失礼のない言葉遣いをする」のは、自分と距離を置きたいという「初めて出会った人」の欲求に配慮した言語行動だと言えるので、bの「ネガティブ・ポライトネス」の例として適当である。

②について「顔なじみの高校生」は顔なじみであるショップ店員と距離を縮めたいという欲求を抱くと考えられる。よって、「ショップの店員が顔なじみの高校生と若者言葉を交えて会話する」のは「顔なじみの高校

生」のそうした欲求に配慮した言語行動だと言えるので、aの「ポジティブ・ポライトネス」の例として適当である。また、【資料Ⅱ】で「親しくない上司」に敬語で話しかけることがネガティブ・ポライトネスの例に挙げられていたことを踏まえると、「目上の客に敬語を交えて話しかける」のは「目上の客」のショップ店員と距離を置きたいという欲求に配慮した言語行動だと言えるので、bの「ネガティブ・ポライトネス」の例として適当である。

③について。「雑談が好きな人に積極的に話しかける」のは、「雑談が好きな人」の他者と距離を縮めたいという欲求に配慮した言語行動だと言えるので、aの「ポジティブ・ポライトネス」の例として適当である。また、「一人でいるのが好きな人に必要最低限のことしか話しかけない」のは、「一人でいるのが好きな人」の他者と距離を置きたいという欲求に配慮した言語行動だと言えるので、bの「ネガティブ・ポライトネス」の例として適当である。

④について。「同じ地方の出身である相手にその地方の方言で話しかける」のは、「同じ地方の出身である相手」が、出身が同じである人に親近感を抱き、距離を縮めたいという欲求を抱いていることに配慮した言語行動だと言えるので、aの「ポジティブ・ポライトネス」の例として適当である。では、「相手が誰であっても標準語で話しかける」のは、「ネガティブ・ポライトネス」と言えるだろうか。bにあるように、「ネガティブ・ポライトネス」とは、相手が「他者と距離を置きたい」という欲求をもっている場合、そうした欲求に配慮してなされる言語行動である。「相手が誰であっても」というのでは、そうした相手の欲求への配慮がなされているとは言えないため、「ネガティブ・ポライトネス」の例として不適当である。したがって、この**④が正解**となる。

⑤について。「悪い事をした友人を親しみを込めた言葉で注意する」のは、自分と仲間意識を抱き、近しく思っている「友人」の欲求に配慮した言語行動だと言えるので、aの「ポジティブ・ポライトネス」の例として適当である。また、「ごみを路上に捨てた通行人を丁寧な言葉で注意する」のは、「注意する」自分と距離を置きたいという「通行人」の欲求に配慮した言語行動だと言えるので、bの「ポジティブ・ポライトネス」の例として適当である。

**問３　【資料Ⅱ】【資料Ⅲ】の内容を読み取る問題**

設問では、【レポート】に設けられた空欄 Z に入る説明が問われている。空欄 Z の直前を見ると「【資料Ⅱ】と【資料Ⅲ】の双方を踏まえると」と述べられているので、空欄 Z には、【資料Ⅱ】と【資料Ⅲ】のいずれの内容も踏まえた説明を入れなければならない。また、空欄 Z のある段落では、コミュニケーションのあり方についてのノゾミさんの考えが述べられている。その考えをも考慮しながら【資料Ⅱ】と【資料Ⅲ】を振り返ろう。

まず【資料Ⅱ】の内容を確認しよう。**解説**で見たように、【資料Ⅱ】では、「円滑な人間関係を築き、衝突を避けるためのことばの使い分けや言語行動」を意味する「ポライトネス」について考察されており、そうした「ポライトネス」には、「『他者との距離を縮めたい』という欲求」に配慮した言語行動である「ポジティブ・ポライトネス」と、「『他者と距離を置きたい』という欲求」に配慮した言語行動である「ネガティブ・ポライトネス」があることが述べられている。これらの相反する「ポライトネス」は、いずれも相手との心理的距離に配慮した言語行動だととらえることができる。したがって【資料Ⅱ】からは、

**a　コミュニケーションにおいては、相手との心理的距離に配慮してことばを使い分けることが必要である**

ということを読み取ることができる。

次いで【資料Ⅲ】の内容を確認しよう。**解説**で見たように、【資料Ⅲ】では、コミュニケーションにおける聞き手の役割について考察されてい

る。コミュニケーションにおいて聞き手は、「頷きや微笑み、相槌など、様々なシグナルを送ることによって」「話し手に継続的に応答している」。そうした聞き手が送る様々なシグナルは、話し手の発言を「聞いていること」を示すだけでなく、聞き手の「アイデンティティ、主観や心的態度」といった「多層的な情報」を示している。聞き手とは、話し手から情報を受け取るだけの存在ではなく、様々なシグナルによってこのような「多層的な情報」を話し手に伝える存在でもあるのだ。こうした内容を踏まえると、【資料Ⅲ】からは、

**b　コミュニケーションにおいては、相手が発した言葉を聞き取る自分の態度や応答がどのような情報を伝えるのかに配慮することが必要である**

ということを読み取ることができる。

空欄 Z の前後を見ると、空欄の前では「相手に対する言葉遣いに注意すれば、コミュニケーションがすべてうまくいくわけではない」と述べられており、空欄の後では「聞き手は、話し手が発した言葉を単に受け取るだけの存在ではない。コミュニケーションは『話し手と聞き手双方による相互行為』としてとらえるべきなのである」と述べられている。こうした文脈を踏まえると、空欄 Z には、コミュニケーションがうまくいくためには、話し手として a が必要になるだけでなく、聞き手として b も必要になる、という説明が入ると考えることができる。したがって、そうした説明になっている**②が正解**である。

①は、【資料Ⅱ】から読み取ることのできる説明ではあるが、【資料Ⅲ】の内容を全く踏まえていない点で不適当。空欄 Z の直前で「【資料Ⅱ】と【資料Ⅲ】の双方を踏まえると」とある以上、【資料Ⅱ】しか踏まえていない説明を正解にすることはできない。

③は、「相手の面子に心を配ったうえで適切な言葉を発すること」よりも「表情や仕草にも注意して相手の言葉の真意を聞き取ろうとすることのほうが重要だ」としている点が不適当。前者のような話し手としての役割よりも、後者のような聞き手としての役割の方が重要だというような内容は、【資料Ⅱ】と【資料Ⅲ】のいずれからも読み取ることができない。

④は、「相手が発した言葉に対して頷きや微笑み、相槌などのシグナルをつねに送り続けなければならない」という説明が不適当。【資料Ⅲ】の第3段落では、「聞き手の行動に着目して会話を観察」すると「頷きや微笑み、相槌など、様々なシグナルを送ることによって、聞き手が話し手に継続的に応答していることがわかる」と述べられている。だが、聞き手が話し手に対して「頷きや微笑み、相槌など」のシグナルを「つねに送り続けなければならない」ということは述べられていない。

⑤は、「相手が表情や態度を通じて無意識のうちに自分に向けて伝えている多層的な情報にも目をくばらなければならない」という説明が不適当。【資料Ⅲ】の第3段落で述べられているように、聞き手は「頷きや微笑み、相槌など」によって、自身の「アイデンティティ、主観や心的態度」などの「多層的な情報」を話し手に伝えるのであるが、そうしたことが聞き手の「無意識のうち」になされるといったことは【資料Ⅲ】では述べられていない。たとえば、話し手に対する好意を伝えるために、聞き手が意識的に話し手に向けて微笑む、といったこともありうるはずである。また、⑤の説明は、【資料Ⅱ】の内容を十分踏まえていない点でも正解とすることはできない。

**問4　【レポート】に補足する内容を答える問題**

設問では、ノゾミさんが「コミュニケーションについての自分の考えを理解してもらうため」に【レポート】に「補足しようと考えた」「具体的な説明」の内容が問われている。したがって、【レポート】から、コミュニケーションについてのノゾミさんの考えを読み取り、その考えを正確に反映しているとみなすことのできる説明を選択肢から選ぶことが必要となる。

コミュニケーションについてのノゾミさんの考えは、【レポート】の最

終段落で示されている。ノゾミさんは、【資料Ⅱ】と【資料Ⅲ】を踏まえたうえで、「他者とのあいだで望ましいコミュニケーションを行うためには、コミュニケーションとは『話し手と聞き手双方による相互行為』であることに注意し、そのなかで『ポライトネス』を実践していくことが重要だと思われる」と主張している。ここからノゾミさんは、望ましいコミュニケーションを行うためには、

**a　コミュニケーションとは、「話し手と聞き手双方による相互行為」であることに注意すること**

**b　「ポライトネス」を実践すること**

という二つの事柄が重要になると考えていることがわかる。ノゾミさんは、【資料Ⅱ】と【資料Ⅲ】を読んだことで、前者で説明されているbと、後者で指摘されているaが、望ましいコミュニケーションを行うためには重要であると考えたのである。

以上を踏まえて選択肢を検討していくと、④がこうしたノゾミさんの考えを補足する具体的な説明として適当であることがわかる。「部員に指示するだけでなく、部員の意見を『そうだね』『確かに』といった理解を示す表現で受けとめる」という「クラブ活動の部長」である「友人」の態度は、コミュニケーションとは一方的な情報伝達ではなく、aのような「話し手と聞き手双方による相互行為」であることを理解したあり方だと言える。また、「部員の意見を『そうだね』『確かに』といった理解を示す表現で受けとめる」彼女の態度は、bの「ポライトネス」を実践したものだとも言える。相手に対して「『そうだね』『確かに』といった理解を示す表現」で応答するのは、【資料Ⅱ】を踏まえれば、相手の「他者との距離を縮めたい」という欲求に配慮した「ポジティブ・ポライトネス」である。このような「クラブ活動の部長」である「友人」のあり方が、「部内の連帯感を高めている」という説明は、aとbによって望ましいコミュニケーションが実現するというノゾミさんの考えに合致している。したがって、この④**が正解**である。

①は、「聞き手の役割が重視されてきた」「日本の文化」は、「話し手の役割を重視する欧米の文化よりも優れている」という説明であり、a・bのいずれにも合致しない。

②は、「話し手と聞き手との間で同じ価値観を共有することが円滑なコミュニケーションを実現するうえで最も大切である」という説明が、a・bのいずれにも合致しない。

③は、まず「人びとの多様性を尊重することが叫ばれる昨今の日本社会の風潮」という部分が、【資料Ⅱ】にも【資料Ⅲ】にも基づかないものである。さらに、「相手がどのような言葉で話しかけてきたとしても、それを真摯に受けとめる優しさが聞き手の態度として求められる」という説明も不適当。確かに、相手の言葉を「真摯に受けとめる優しさ」は、aの「話し手と聞き手双方による相互行為」であるコミュニケーションでは必要になることがあるかもしれない。だが、「相手がどのような言葉で話しかけてきたとしても」という設定は、相手のフェイスによって言葉を使い分けようと考えるポライトネスに対応しないものであり、ノゾミさんの考えと合致しないし、ノゾミさんの考えの根拠になった【資料Ⅱ】【資料Ⅲ】からも読み取ることができない。

⑤は、「若い世代においては敬語や丁寧語の使い方への関心が十分に高まっていない」という説明が必ずしも正しいとは言えない。【資料Ⅰ】の一つ目のグラフを見ると、「敬語の使い方」に関心がある割合は、16～19歳が47・0％、20代が63・6％であるのに対して、60代が45・3％、70歳以上が40・6％である。つまり、16～19歳や20代といった若い世代の方が、60代や70歳以上といった年配の世代よりも、「敬語の使い方」に関心をもっているのである。また、ノゾミさんのaの考えと合致する内容が読み取れないという点でも、ノゾミさんの考えを補足する説明として適当だと見なすことはできない。

## 第4問　古文

### 【本文解説】

〔出典〕

『撰集抄』巻九・第八話「江口遊女事」

成立　鎌倉時代

ジャンル　仏教説話

作者　未詳

内容　全九巻・一二一話から成る。江戸時代までは、歌僧である西行が諸国を旅しながら見聞した出来事を記した作品であると信じられていたが、実際には西行没後の記事が混じっていたり、西行ならば間違えるはずのない人物や出来事に関する誤記があったりすることから、現在では西行に仮託した別人の作品であることが明らかになっている。西行とされる人物の視点から、高僧や遁世《とんせい》した貴人の逸話、友人のこと、出家した妻と再会したこと、江口の遊女との出会いなどが語られており、所々に西行が詠んだ和歌が挿入されている。本作の内容は西行伝説となり、後代の文学作品に取り入れられながら、漂泊の歌人としての西行像を形成していった。

〔本文の内容について〕

西行の私家集である『山家集《さんか》』に収められている和歌を基に創作されたと考えられる話である。『山家集』には、「天王寺へまゐりけるに、雨の降りければ、江口と申す所に宿を借りけるに、貸さざりければ」という詞書に続いて、本文1段落と同じ和歌のやりとりが収められている。

本文は、語り手の僧が偶然立ち寄った江口で時雨に遭《あ》い、雨宿りの場所を借りようと遊女に和歌を詠みかけるという、『山家集』と同じ場面から始まるが、この後の展開は『山家集』にはない。遊女とは、（注2）にあるように、歌舞などを演じ、客の遊興の相手をする女のことだが、そのような遊女の返歌に心ひかれた語り手は、しばらくの雨宿りではなく、一夜を遊女の家で過ごし、彼女の身の上話に感銘を受ける（1・2段落）。たまたま和歌をやりとりしたおかげで、意外にも仏道を志す珍しい遊女に接した語り手が、出家者としてのわが身を振り返って、道心をいっそう深める機会を得たことを喜ぶところで、本文が終わる（3段落）。

3段落に続く展開は次のようになる。都に戻った語り手は、再会の約束を果たせずにいたため、遊女に「先日のお話を、いまだに忘れられません」という趣旨の和歌を送ったところ、遊女からの返事で、彼女が本懐を遂げて出家したことを知る。遊女の道心の深さと返事に書かれていた和歌の風情に感激した語り手は、遊女との再会を望んだが、出家した遊女は江口を離れ、行方がわからなくなっていたためそれはかなわなかった、という記述で本話は終わる。

本文は笠間書院刊『撰集抄全注釈』に拠《よ》るが、問題文としての体裁を整えるため、表記を改めたところがある。

### 【全文解釈】

1　過ぎ去った九月二十日過ぎの頃、江口という所を通り過ぎましたところ、家は南北の河岸に差し挟まれ（たようで）、心は旅人の往来の船を待つ遊女の様子は、たいそう気の毒で頼りないものだなあと、見て立っていたところに、冬を待ちきれない冷たい時雨がひとしきり降りましたので、一風変わった小さくみすぼらしい家に立ち寄り、晴れ間を待つ間の宿を借りましたが、（家の）主人の遊女は、（雨宿りを）許す様子が見られませんでしたので、何となく、

（かりそめの宿である）この世を嫌い出家することまでは難しいだろうが、（私に雨宿りのための）ほんの一時の宿を貸すことをも惜しむあなただなあ。

と詠みましたところ、主人の遊女は、少し笑って、

（あなたは）出家している人だと聞くので、かりそめの現世にある一時の宿に心を留めるなと思うだけだ。

と返事をして、急いで（私を）中に入れました。単に、時雨（が止むま

で）の間のしばらくの（雨宿りのための）宿としようと思いましたが、この歌の面白さに、一晩の寝所としました。

2 この主人の遊女は、今は四十歳過ぎになっているだろうか、容姿も人柄も、いかにも上品で優美でございました。一晩中、どうということもなくさまざまな話をした中で、この遊女が言うには、「幼かった時分から、このような遊女となりまして、長年、その営みをしておりますが、たいそう不都合なことに思われております。女は格別に罪が深いものと（仏教の教えとして）お聞きするうえに、この（遊女の）営みまでしております事は、本当に前世で身につけ、現世でも身を離れない習慣の程度が、おのずと思い知られまして、情けなく思われましたが、この二、三年はこの心がたいそう深くなりましたうえ、年も取りましたから、少しも遊女としての生業もしていないのです。同じ野中にある寺の鐘であるけれど、夕方には何となく悲しくて、わけもなく涙にくれております。このかりそめのはかない世には、いつまで生きるのだろうかと、つまらなく思われ、夜明け前には心が澄んで、別れを惜しむ鳥の声などが、とりわけしみじみと思われます。そうであるので、夕方には、今夜が過ぎたらどのようにでもなろうと思い、夜明け前には、この夜が明けたならば出家して覚悟を決めようとばかり思いますが、年月を過ごし慣れ親しんだ俗世ということで、（なまけて善根を積まず、悟りを求めない）雪山の鳥のような気持ちがして、今まで何も変わらないままで（＝出家を果たすこともなく）終わってしまった悲しさよ」と言って、しゃくりあげてこらえきれず泣くようだ。この事を聞くと、しみじみとめったになくすばらしく思われて、（涙で濡《ぬ》れた）僧衣の袖を絞ることもできないのでございました。夜が明けましたので、名残多く思われましたが、再会を約束して別れました。

3 そうして帰る道々、（遊女のことが）尊く思われて何度涙をこぼしただろうか。今さらながら心を打たれて、草木を見るにつけても、ふと涙にくれる気持ちがします。詩歌のような言葉の弄びが、逆に仏道への機縁となるとはこのことであろうか。「ほんの一時の宿を貸すことをも惜しむあなただなあ」というお粗末な和歌を、私が、もし詠まなかったならば、この遊女は宿を貸さなかっただろうに。それなら、どうして、このようなすばらしい人にも会えたでしょうか、いや、会えなかったでしょう。この遊女のおかげで、私も少しの（悟りの）心をほんのわずかの間おこしましたので、最高の悟りを得る種も、少しは、どうして兆《きざ》さないだろうか、いや、兆すだろうとうれしゅうございます。

**〔問5の文章〕**

書写山円教寺の聖が、結縁経供養をしました時に、人々がたくさん布施を贈りました中で、（聖は）思う心があったのだろうか、（宮木の布施を）しばらく受け取らなかったので詠んだ（歌）。　遊女宮木

津の国の「難波」ではないが、「何は」の（＝どのような）ことが仏法ではないのか、いや、遊びや戯れまでも（何もかもが仏法だと）聞くことだ。

## 【設問解説】

### 問1　短語句の解釈問題

短語句の解釈は、古語の意味や文法で正解が決まる場合、文脈による判断を必要とする場合とさまざまだが、まずは古語、文法という基礎知識をしっかりと押さえよう。

**(ア)　よもすがら**

よもすがら［夜もすがら］（副詞）
一晩中。夜通し。

語義を考えると、④の「一晩中」だけが該当するので、**正解は④**。ここでは遊女の家を「一夜の臥所（＝一晩の寝所）」とした僧が、遊女と一晩中語り合ったことを表している。

**(イ)　いとけなかりしより**

「いとけなかり／し／より」と単語に分解される。

いとけなし［幼けなし］（ク活用形容詞）
幼い。あどけない。子どもっぽい。
※「いときなし」も同じ。

形容詞「いとけなし」の連用形に、過去の助動詞「き」の連体形と格助詞「より」が接続したものである。「いとけなし」の語義を考えると、②の「幼かっ」が該当する。ここは、遊女が、遊女となった自身の過去をふり返り、「いとけなかりしより、かかる遊女となり侍りて」と語る箇所であるので、「より」は「から」と訳す起点の用法だと考えるのが妥当である。よって、**正解は②**。

(ウ) **腰折れ**

こしをれ［腰折れ］（名詞）
1 年老いて腰が曲がっていること。腰が曲がっている老人。
2 「腰折れ歌」の略。第三句と第四句がうまく続かない和歌。下手な和歌。
3 「腰折れ文」の略。下手な詩文。
※2・3は自作の詩歌を謙遜した言い方にも用いる。

選択肢はすべて最後が「和歌」となっているので、前記2の「下手な和歌」の意である。語義に該当するのは⑤の「お粗末な和歌」で、**正解は⑤**。傍線部の直前には「仮の宿をも惜しむ君かな」とあるが、この部分は、和歌**A**の下の句である「仮の宿りを惜しむ君かな」を示していると考えられる。僧が自身の詠んだ和歌を謙遜しているのである。

**問2 語句や表現の説明問題**

波線部**a**～**e**を品詞分解し、ポイントとなる語の意味用法を押さえて逐語訳すると、それぞれ次のようになる。選択肢と合わせて考えていこう。

**a** 「いとあはれにはかなきものかな」

| 副詞 | 形容動詞 ナリ活用「あはれなり」連用形 | 形容詞 ク活用「はかなし」連体形 | 名詞 | 終助詞 |
|---|---|---|---|---|
| **いと** | **あはれに** | **はかなき** | **もの** | **かな** |
| たいそう | 気の毒で | 頼りない | もの | だなあ |

あはれなり（ナリ活用形容動詞）
1 しみじみとした情趣がある。美しい。
2 しみじみとさびしい。悲しい。
3 しみじみとかわいそうだ。気の毒だ。つらい。不憫《ふびん》だ。
4 かわいい。いとしい。
5 すぐれている。みごとだ。
※心の底からしみじみと感動したり、感慨深く思う様を表す。

はかなし（ク活用形容詞）
1 はかない。頼りない。あっけない。
2 無益だ。何にもならない。
3 たわいもない。とりとめもない。ちょっとしたことである。

かな（終助詞）
詠嘆（～だなあ。～であることよ。）

波線部**a**を説明する**①が正解**。「『かな』が詠嘆の終助詞」というのは、品詞分解と語義の説明で示したとおりである。波線部は、江口にやって来た語り手の僧が、家や遊女の様子といった眼前の情景を「いとあはれにはかなきものかな（＝たいそう気の毒で頼りないものだなあ）」と感慨深く思う箇所である。

**b** 「いつまでかあらんずらん」

| 代名詞 | 副助詞 | 係助詞 | 動詞 ラ行変格活用 「あり」 未然形 | 助動詞 推量 「んず」 終止形 | 助動詞 現在推量 「らん」 連体形 |
|---|---|---|---|---|---|
| **いつ** | **まで** | **か** | **あら** | **んず** | **らん** |
| いつ | まで | | 生きる | のだろうか | |

か（係助詞）
1 〈疑問〉～か。～だろうか。
2 〈反語〉～か、いや～ではない。

あり（ラ行変格活用動詞）
1 存在する。ある。いる。
2 生きている。
3 暮らす。生活する。
4 時が経過する。過ごす。
5 栄える。
※5は「世にあり」の形になる。

波線部**b**を説明する②は、「『ず』が打消の助動詞」という説明が不適当。品詞分解で示したとおり、「んず」が一語の助動詞である。今回のように現在推量の助動詞「らん」の上について「んずらん（むずらむ）」の形になる場合は、「んずらん」で推量の意味となる。波線部における「あり」は「生きる」と訳出し、「か」を反語と捉えると、「いつまで生きるのだろうか、いや、いつまでも生きないだろう」と解され、「長く生きられない」という内容に近くなるが、助動詞の説明が間違っているので正解とはならない。

**c** 「この夜明けなば」

| 代名詞 | 格助詞 | 名詞 | 動詞 カ行下二段活用 「明く」 連用形 | 助動詞 完了 「ぬ」 未然形 | 接続助詞 |
|---|---|---|---|---|---|
| **こ** | **の** | **夜** | **明け** | **な** | **ば** |
| こ | の | 夜が | 明け | た | ならば |

ば（接続助詞）
1 未然形に接続して順接の仮定条件を表す。もしも～ならば。
2 已然形に接続して順接の確定条件を表す。
a ～ので。～から。（原因・理由）
b ～と。～ところ。（偶然条件）
c ～といつも。（恒常条件）

波線部**c**を説明する③は、「確定条件の接続助詞」以下の説明が不適当。「ば」は助動詞「ぬ」の未然形に接続して仮定条件を表している。

**d** 「泣くめり」

| 動詞 カ行四段活用 「泣く」 終止形 | 助動詞 推定 「めり」 終止形 |
|---|---|
| **泣く** | **めり** |
| 泣く | ようだ |

めり（助動詞）
1 推定（～ようだ。～ように見える。）
2 婉曲（～ようだ。）
※1は視覚的な根拠に基づく推定を表す。

波線部dを説明する④は、「『めり』が伝聞推定の助動詞」という説明が不適当。伝聞推定の助動詞は「なり」で、「めり」は前記のように、視覚的な根拠に基づく推定を表す助動詞である。したがって、「泣き声がよく聞こえる」という説明も間違いである。

**e　絞りかねて侍りき**

| 絞りかね | て | 侍り | き |
|---|---|---|---|
| 動詞 ナ行下二段活用 「絞りかぬ」 連用形 | 接続助詞 | 動詞 ラ行変格活用 「侍り」 連用形 | 助動詞 過去 「き」 終止形 |
| 絞ることもできないの | で | ございまし | た |

かぬ（ナ行下二段型接尾語）
〈動詞の連用形に付いて〉～のがむずかしい。～ことができない。

はべり［侍り］（ラ行変格活用動詞）
1　おそばにお控えする。お仕えする。〈「あり」「居り」の謙譲語〉
2　ございます。あります。おります。〈「あり」「居り」の丁寧語〉
3　～です。～ます。～ございます。〈丁寧の補助動詞〉

波線部eを説明する⑤は、「『侍り』が丁寧語」という説明は正しい。ここで、敬意の方向について確認しておこう。

**＊誰から**
・地の文…作者から　・会話…会話の語り手から
**＊誰へ**
・尊敬語…動作の主体へ　・謙譲語…動作の客体へ
・丁寧語…聞き手（地の文なら読者、会話なら会話の聞き手）へ

この文章は、前書きにあるように、僧が、江口の遊女と自身の出会いを語るものなので、丁寧語「侍り」は、語り手である「僧」からの敬意である。そして波線部は、遊女に対する発言の中にあるわけではないので、聞き手となるのは読者であり、読者への敬意を表している。よって「遊女への敬意」という説明が不適当である。

**問3　和歌の説明問題**

まず、和歌Aを品詞分解し、逐語訳すると、次のようになる。

| 世の中 | を | 厭ふ | まで | こそ | 難から |
|---|---|---|---|---|---|
| 名詞 | 格助詞 | 動詞 ハ行四段活用 「厭ふ」 連体形 | 副助詞 | 係助詞 | 形容詞 ク活用 「難し」 未然形 |
| この世 | を | 嫌い出家する（こと） | まで | は | 難しい |

| め | 仮 | の | 宿り | を | 惜しむ | 君 | かな |
|---|---|---|---|---|---|---|---|
| 助動詞 推量 「む」 已然形 | 名詞 | 格助詞 | 名詞 | 格助詞 | 動詞 マ行四段活用 「惜しむ」 連体形 | 名詞 | 終助詞 |
| だろうが | 仮 | の | 宿 | を | 惜しむ | あなた | だなあ |

次の語がポイントとなる。

よのなか［世の中］（名詞）※「よ（世）」とほぼ同義である。
1　世間。世間一般。
2　現世。この世。
3　天皇の治める世。御代。
4　運命。境遇。
5　男女の仲。夫婦仲。
6　世間の評判。名声。
7　あたり。外界。

いとふ［厭ふ］（ハ行四段活用動詞）
1　嫌う。うとましく思う。
2　隠遁する。出家する。
※2は「世をいとふ」などの形を取る。

かたし［難し］（ク活用形容詞）
1　難しい。
2　めったにない。まれである。

仮の宿り（連語）※「仮の宿」と同義である。
1　仮に住んでいる家。旅先での宿。
2　無常であるはかない現世。
※2は多く比喩や暗示として用いられる。

二句と三句にまたがる「こそ～め」は係り結びとなっているが、「こそ～已然形」の場合は、そこで文が結ばれず、「～けれども」と逆接で下に続く用法がある。和歌の場合は句読点を打たないので、「め」の後が句点か読点か判断できない。したがってこの和歌が、三句目で意味が切れる「三句切れ」になるかどうかはいったん保留して、内容を考えよう。

「世の中」は「世」と同義と考えてよいので、「厭ふ」を前記2の「世をいとふ」の形で解釈すると、上の句は「出家することまでは難しいだろう」という意味になり、「厭ふ」の主体となるのは出家していない遊女である。下の句の「君（＝あなた）」は眼前の遊女を指すから、遊女は出家することが難しいのと同時に、僧に「仮の宿り」を貸すことを「惜しむ」人物として詠まれていることになる。「仮の宿り」は、直接的には前記1の意で、和歌の直前にある「晴れ間待つ間の宿」を指すが、上の句の「世の中を厭ふ」との関連性からすると、前記2の「はかない現世」という意も込められていると考えられる。これらの内容から、上の句の「こそ～已然形」を逆接で下の句に続くと捉え、「遊女は『仮の宿り』であるこの世を嫌って出家するまでは難しいだろうが、雨宿りのための『仮の宿り』を貸すくらいならばできるだろうに、そうすることをも惜しむあなただなあ」などといった内容だと考えると一首の意味が通じる。このことから、ここでの「こそ～已然形」は逆接で下に続く用法で、この和歌は三句切れではないとわかる。ここから、選択肢①・②を検討する。

①は、下の句に「雨が止むまでの間でよいから、宿で休ませてほしい」という気持ちを読み取ることは不可能とはいえないが、「世の中を厭ふ」主体を「僧」としており、「難から」を「仏道修行の旅は疲れる」と、修行の苦しさと捉えているのが不適当である。

②は、「仮の宿り」に「むなしい現世」の意を捉えることは可能であり、また、和歌中の「仮の宿りを惜しむ」を「この世は『仮の宿り』に過ぎない」などと捉えることも不可能とはいえない。しかし、上の句を「たとえ困難な道であるとしても、出家して仏道修行をするように」という遊女への出家の勧めと解することはできず、そこが不適当である。

次に、和歌Bを同様に品詞分解し、逐語訳してみよう。

| | | | | | | | |
|---|---|---|---|---|---|---|---|
| 名詞 | 格助詞 | 動詞 ダ行下二段活用「出づ」連体形 | 名詞 | 格助詞 | 副助詞 | 動詞 カ行四段活用「聞く」已然形 | 接続助詞 |
| **家** | **を** | **出づる** | **人** | **と** | **し** | **聞け** | **ば** |
| 出家している | | | 人だ | と | | 聞く | ので |

| | | | | | | | | |
|---|---|---|---|---|---|---|---|---|
| 名詞 | 格助詞 | 名詞 | 格助詞 | 名詞 | 動詞 マ行下二段活用「とむ」終止形 | 終助詞 | 格助詞 | 動詞 ハ行四段活用「思ふ」連体形 |
| **仮** | **の** | **宿** | **に** | **心** | **とむ** | **な** | **と** | **思ふ** |
| 仮 | の | 宿 | に | 心を | 留める | な | と | 思う |

| 副助詞 | 係助詞 |
|---|---|
| **ばかり** | **ぞ** |
| だけ | だ |

次の語がポイントとなる。

とむ［止む・留む］（マ行下二段活用動詞）
1　制止する。止める。
2　後に残す。留める。
3　注目する。注意を払う。

な（終助詞）
1　詠嘆（〜なあ。）
2　念押し（〜ね。〜だぞ。）
3　禁止（〜な。）
※1・2は文末に、3は活用語の終止形（ラ変型活用語には連体形）に接続する。

和歌**B**は、僧に「仮の宿を惜しむあなただなあ」と言われた遊女が、雨宿りを断ろうと思った理由を述べた和歌である。三句の「仮の宿」は和歌**A**の「仮の宿り」と同じ意である。雨宿りする場を借りようとした人物が「家を出づる人＝出家している人」だとわかったので、「仮の宿に心とむな」と思うだけだという内容だが、初句・二句を受けると、「仮の宿」は、和歌**A**で確認した「はかない現世」の意を含んでいることは間違いない。そして出家者とは現世を捨てた者であるのだから、「とむ」は前記2の「留める」、「な」は前記3の禁止の意で、「心とむな」は「現世に心を留めるな」といった内容だと考えられる。そのうえで選択肢③・④を検討すると、次のようになる。

③における、「家を出づる人」が「訪れた人物が出家者である」という指摘は正しい。ただし、「心とむな」を、「出家者を遊女の家に入れるのは、世間の目もあり具合が悪いことなのだ」とまで解釈する根拠は本文中にも見当たらないし、直後に僧を家に「入れ」る遊女の行動とも矛盾しているので、そこが不適当である。

**④が正解**。「仮の宿」を「一時の宿」とするのは、僧が時雨の「晴れ間待つ間の宿」を求めた和歌**A**の意図と合致する。また、「かりそめの現世」という解釈も和歌**A**の「仮の宿り」と同様である。そこから下の句を「僧がはかないこの世に執着してはいけない」と解して、いったん雨宿りを断った理由として述べている点も、本文の展開に合致したものである。

## 問4　内容の説明問題

内容の説明問題は、本文の内容を読み取ってから選択肢と照応させなければならないので、[2]段落の本文を整理しておこう。

まず遊女の描写を確認しておこう。

Ⅰ　**この主の遊女は、今は四十あまりにやなりぬらん、みめことがら、さもあてにやさしく侍りき。**

遊女の年の頃は「四十あまり（＝四十歳過ぎ）」と推測されている。「みめ」は「見た目・容貌」を、「ことがら」は「人柄・人品」を意味する名詞で、遊女の容貌や人柄を「あてにやさしく（＝上品で優美で）」と評している。

次に、遊女の発言の前半部分を見ておこう。

Ⅱ　**「いとけなかりしより、かかる遊女となり侍りて、年ごろ、そのふるまひをし侍れども、いとびんなく覚えて侍り。女はことに罪の深きと承るに、このふるまひさへし侍る事、げに前の世の宿習のほど、思ひ知られ侍りて、うたてしく覚え侍りしが、この二三年はこの心いと深くなり侍りしうへ、年も長け侍りぬれば、ふつにそのわざをし侍らぬなり。**

「いとけなかりし」は**問1**(イ)で確認した。遊女は、幼い頃から「年ごろ（＝長年）」遊女としての営みを続けていたが、自身の生活を「びんなく（＝不都合なことに）」感じていたと語る。そして、（注5）にあるように、仏教においては、女性は罪業が深いものとされていたことを、遊女は聞き知っていた。そこから「このふるまひさへし侍る」と続けるが、ここに含まれる「さへ」は、「そのうえ〜までも」と訳出する添加の副助詞であり、直前の「罪の深き」女の身であるうえに、「このふるまひ（＝遊女の営み）」までもしているということである。「前の世の宿習」とは（注６）にあるように「前世で身につけ、現世でも身を離れない習慣」の意。遊女は、ただでさえ罪深い女性に生まれたことに加えて、仏道とは無縁な遊女として生活していることを、前世から続くものだと考え、そのようなわが身を省みて「うたてしく（＝情けなく）」思っていたが、ここ二、三年は遊女の生活をいやに思うとともに仏道心が深まり、また、年もとったので、遊女としての生業は行っていないと言う。

　続く遊女の発言の後半は、次のようになっている。

**Ⅲ　同じ野寺の鐘なれども、夕べは物の悲しくて、そぞろに涙にくらされて侍り。このかりそめのうき世には、いつまでかあらんずらんと、あぢきなく覚え、暁には心のすみて、別れをしたふ鳥の音なんど、ことにあはれに侍り。しかあれば、夕べには、今夜過ぎなばいかにもならんと思ひ、暁には、この夜明けなば様をかへて思ひとらんとのみ思ひ侍れども、年をへて思ひなれにし世の中とて、雪山の鳥の心地して、今までつれなくてやみぬる悲しさ」とて、しやくりもあへず泣くめり。**

問２の**b**で確認したように、遊女は、夕方には、この現世に「いつまでかあらんずらん（＝いつまで生きるのだろうか）」と「あぢきなく（＝つまらなく）」思い、夜明け前になると心が澄んできて鳥の声などに心打たれると言う。だから、夕方には「いかにもならん（＝どのようにでもなろう）」と思い、夜明け前には「様をかへて思ひとらん」と考える。「様をかふ」は出家することを意味するので、遊女は、夕方には「どのようにでもなろう」、夜明け前には「出家しよう」と思っているのだが、長年慣れ親しんだ生活ゆえに、（注８）にある「雪山の鳥（＝なまけて善根を積まず、悟りを求めない人）」のような気持ちでその生活をなかなか捨てられず、出家しないままに過ごしていることが悲しいと言って涙を流す。

　最後に、遊女の自分語りを聞いた僧の反応を見ておこう。

**Ⅳ　この事聞くに、あはれにありがたく覚えて、墨染の袖絞りかねて侍りき。夜明け侍りしかば、名残は多く侍れども、再会を契りて別れ侍りぬ。**

僧は、遊女を「あはれにありがたく（＝しみじみとめったになくすばらしく）」思い、感涙を流す。そして、名残は尽きないが、夜が明けたので再会を約束して遊女と別れた。

　では選択肢を検討してみよう。

　①は前記Ⅰの内容を踏まえている。「遊女は、……たいそう上品で優美な人柄であった」という説明は適当だが、「容色は衰えていた」とは述べられておらず、その部分が不適当である。

　②は前記Ⅱの内容に合致している。「遊女は、自分が仏教において罪深いとされる女である」ことに加え「遊女として過ごしている」自身の身の上を「情けなく思っていた」という説明は適当である。したがって**②が正解**である。

　③は前記Ⅲの内容を踏まえている。「今夜過ぎなばいかにもならん」の中の「いかにもなら（いかにもなる）」は死ぬことを婉曲的にいうことが多い表現だが、ここでは仏道心を持つようになった遊女のその思いを「様をかへて思ひとらん」と同義と解釈すれば、「遊女は、夕暮れには出家を決意する」といえるだろう。また、結果的にはまだ出家を果たしていないので、「朝を迎えると迷ってしまう」とも考えられる。しかし、「どうしたらよいのかと僧に相談した」わけではないので、その部分が不適当である。

　④も前記Ⅲの内容を踏まえている。「遊女は、これまでの暮らしを思うと、……尼になる決心がつかない」という部分は適当だが、その理由は「思ひなれにし世の中（＝慣れ親しんだ俗世）」からなかなか抜け出せないからであり、「出家後の修行に堪えられるかどうか不安」な気持ちによる

ものではなく、その部分が不適当である。

⑤は前記Ⅳの内容を踏まえている。僧が「遊女の話を聞いて心の底から感動した」という説明は適当である。また、夜が明けたので遊女のもとを去ったことは確かだが、「先を急ぐ身なので、夜が明けるやいなや」という部分は、本文中に根拠が見当たらず、そこが不適当である。

**問5　本文と和歌の比較の問題**

複数の出典を利用する問題は、それぞれの内容の類似点と相違点などを捉えることが肝要である。今回設問の中で挙げた『後拾遺和歌集』の和歌は、「書写の聖（＝性空上人）」に対して「遊女宮木」が詠みかけたもので、僧と遊女という異色の組み合わせが本文と類似する。詞書の内容は生徒A、Bの発言からおおよそわかるが、性空上人は遊女の布施を拒否したという点から、本文のような僧と遊女とのやりとりにはなっていない。それぞれの設問を見ていこう。

(i) 宮木の和歌の内容を問うている。和歌を品詞分解し、逐語訳をしてみよう。

| | | |
|---|---|---|
| 名詞 | **津の国** | 摂津の国 |
| 格助詞 | **の** | の |
| 名詞 | **なには** | 難波 |
| 格助詞 | **の** | の |
| 名詞 | **こと** | ことが |
| 係助詞 | **か** | |
| 名詞 | **法** | 仏法 |
| 助動詞 断定「なり」未然形 | **なら** | では |
| 助動詞 打消「ず」連体形 | **ぬ** | ないのか |

| | | |
|---|---|---|
| 名詞 | **遊び** | 遊びや |
| 名詞 | **戯れ** | 戯れ |
| 副助詞 | **まで** | まで |
| 格助詞 | **と** | と |
| 係助詞 | **こそ** | |
| 動詞 カ行四段活用「聞く」已然形 | **聞け** | 聞く |

逐語訳を見ると、一首の意味はわかりにくい。ここで、教師の提示したヒントに従って、この和歌に「掛詞」が含まれていることを前提として見直してみる。

掛詞とは、同音異義語を利用して一語（または語の一部）に二通りの意味を持たせる和歌技巧で、

・地名と掛けられることが多い
・縁語との相関性が高い

といった傾向がある。今回の和歌では、初句の「津の国」は（注4）にあるように国の名であり、よって、「なには」は津の国にある「難波」という地名であると考えられる。そして、詞書や和歌に「津の国」や「難波」に関連する内容が見えないので、「なには」が掛詞で、別の意味が託されている可能性が高い。地名の「難波」と掛詞になるのは「何は」か「名には」であり、ここでは「名に」を受ける動詞が見当たらないので、「何は」と考え、解釈してみよう。「何は」は種々雑多なことを不特定に指し示す慣用表現で、今回のように「難波」と掛けて用いられることが多い。すると上の句は、「か」が疑問なら「（あれやこれやといった）どんなことが仏法でないのか」という意味になり、「か」が反語なら「（あれやこれやといった）どんなことが仏法ではないのか、いや、どんなことも仏法だ」という意味になる。

次に、下の句の「とこそ聞け」を確認しよう。「聞け」は係助詞「こそ」を受けて已然形となっており、その主体は詠み手の宮木であると考えられるので、宮木が、自分の布施を拒否した性空上人に対して、「私は『遊び戯れまで』と聞く」と伝えたことになる。では、何が「遊び戯れまで」含むのか。上の句で詠まれているのは「仏法」のことであるから、宮木は「遊びや戯れまでも」が「仏法」の中に入るのだと私は聞いていると詠んでいるのだと考えられる。「なにはのことか」の「か」を反語で捉え、改めて一首を解釈すると、「津の国の『難波』ではないが、どのようなことが仏法でないのか、いや、どのようなことも仏法であり、遊びや戯れまでも（仏法だ）と私は聞く」などとなる。

そもそも僧侶に布施をするのは、僧侶の積んだ功徳を分け与えてもらうためである。宮木も同じ目的から性空上人に布施を行おうとしたが、拒絶された。その理由を自分が遊女であるからだと宮木は考え、だからこそ「すべてのことが仏法だ」と和歌を詠み、「遊び戯れ」に従事する遊女の自分でも布施を行う資格があると性空上人に訴えたのである。

以上から、選択肢を検討してみよう。

①は、「なには」が掛詞であるという指摘は適当だが、「『名には』が掛けられてい」るという説明が不適当である。また、宮木自身が「遊び戯れて日々を過ごす遊女」であるといえなくはないが、「高名な僧の教えを聞いて仏法に触れることができ、ありがたいと感激している」と詠んでいるわけではなく、和歌の内容も不適当である。

②は、「こと」に『事』と『琴』が掛けられてい」るという掛詞の指摘や、「由緒ある摂津の国の難波の遊女は、仏事で披露される歌舞音曲もたしなむ」という内容の説明に根拠がない。また、宮木が「私の布施を受け取る」ように性空上人に訴えたとは考えられるが、それが上人にとって「功徳になる」という内容まで読み取るのは無理であり、その部分も不適当である。

**③が正解**。「なには」に『難波』と『何は』が掛けられてい」るという掛詞の指摘、「遊びや戯れでもすべてのことが仏法につながると聞く」という解釈、「遊女である私の布施も受け取ってほしい」という和歌の趣意は前述の内容と合致する。

④は、「こと」に『子と』と『事』が掛けられてい」るという掛詞の指摘や、「難波では、子どもでも仏事を大切にする」「私は遊女ゆえに仏事をおろそかにしていると思われて」という内容の説明に根拠がなく不適当。「なにはのことか」から「子」を導き出しても、「法ならぬ」という内容にはつながらない。

(ii) 3段落における僧の語りについて問うている。**〔本文の内容について〕**でも説明したように、語り手の僧は3段落において江口の遊女との出会いを喜んでいる。遊女との邂逅《かいこう》を振り返るその内容を、具体的に確認しておこう。

**Ⅰ 「仮の宿をも惜しむ君かな」といふ腰折れを、我、詠まざらましかば、この遊女宿りを貸さざらまし。しからば、などてか、かかるいみじき人にもあひ侍るべき。**

「腰折れ」は**問１**(ウ)で確認した。ここでポイントとなるのは、助動詞「まし」である。

> まし（助動詞）
> 1 反実仮想（もし…たならば、～ただろうに。）
> ※ ［ましかば／ませば／せば／未然形＋ば］…、～まし。の構文を取る。
> 2 ためらいの意志（～しようかしら。～したものだろうか。）
> ※疑問の表現を伴う。

ここでは「我、詠まざらましかば、この遊女宿りを貸さざらまし。」と「…ましかば、～まし。」の形になっているので、前記1の反実仮想で解釈する。すると、最初の文は、「私が遊女に向かって和歌を詠みかけなかったならば、この遊女は宿を貸さなかっただろうに」という内容となる。反実仮想とは、現実に反することがらを仮定してその結果を想像する構文であるから、現実には「僧が遊女に向かって和歌を詠みかけたので、この遊女は宿を貸した」ことを意味している。続く「しからば」はラ行変格活用動詞「しかり」の未然形に接続助詞「ば」が付いてできた接続詞で、「それならば」と訳す。「しから」が直前の内容を指していると考えると、後の文は、「(遊女が宿を貸さなかった)なら、どうしてこのような『いみじき』人に会っただろうか」などと解せる。2段落末尾から3段落冒頭にかけて、僧は遊女との出会いを「ありがたく」「貴く」感じているから、この「いみじき」も「すばらしい」という意味だと考えられる。「などてか」の「か」を反語で捉えて、「(遊女が宿を貸さなかった)なら、どうしてこのようなすばらしい人に会っただろうか、いや、会わなかっただろう」と解釈すると、「遊女が宿を貸したおかげで、このようなすばらしい人に会えた」と述べていることになる。

**Ⅱ　この君故に、我もいささかの心を須臾のほど発し侍りぬれば、無上菩提の種をも、いささか、などか萌さざるべきとうれしく侍り。**

前半部分に、「この君(=江口の遊女)」のおかげで僧自身が「いささかの心」をおこしたとある。「心を発す」とは「心をふるい起こす」という意味だが、信仰心を起こす際に用いることが多い。ここでは既に出家した僧が「心を(須臾のほど)発し」というのだから、「いささかの心」とは「わずかながら(仏の)悟りに近づく心」を指す。「無上菩提」は(注11)にあるように「(仏が到達する)最高の悟り」のことだから、ここでも「などか」の「か」を反語で解すると、後半部分は「どうして(最高の悟りに近づく種が)兆さないだろうか、いや、兆すだろうとうれしゅうございます」などと訳出できる。つまり「悟りに近づく心をおこし」た結果として、「最高の悟りへと成長する種」が兆したということである。出家したからといって、誰もが悟りを得られるわけではない。僧は「江口の遊女」のおかげで、「わずかながらも悟りに近づく心」を得て、「最高の悟り」へと至る端緒についた。そんな自身を振り返り、「うれしく」と喜んだ。そして、和歌をきっかけとして遊女に出会い、結果としてより高い悟りに近づいたことを、「狂言綺語の戯れ、讃仏乗の因」とはこのことかと同段落で表現しているのである。

以上から、選択肢を検討してみよう。

①は、「たまたま遊女に和歌を詠みかけなかったならば」という部分は、前記Ⅰの反実仮想の前半部分の解釈としては適当だが、「遊女が自分に触発されてすぐさま出家しようと考えることはなかっただろうに」という帰結部分や、「その出会いを不思議に思った」という僧の心情説明が不適当である。

②は、「遊女と和歌のやりとりをした」という1段落の内容を前提としている点や、「より高い仏の悟りを得られそうだ」という前記Ⅱに該当する記述は適当だが、和歌のやりとりの「結果、遊女の前世の罪障を取り除くことができた」という僧の功績を本文から読み取ることは不可能で、その部分が不適当である。

③は、「軽い気持ちで和歌のやりとりをした」ことが、「縁」となって「出家を目指すすばらしい遊女の存在を知」ったという内容は本文の展開から考えて間違いとはいえない。しかし、**問2**の**a**で見たように、僧が遊女という存在にある種の感情を抱いていたことは認められるが、「遊女というものに偏見を持っていた」とまではいえないし、江口の遊女に出会って「自分のことを深く恥じた」という心情も前記Ⅱと異なっており、不適当である。

**④が正解**。「和歌を詠みかけたおかげで、遊女でありながら仏道を志す人物と語り合うことができ」たという説明は本文の記述と合致しており、その結果として「自分もより高い仏の悟りに近づけるだろう」という期待は前記Ⅱと合致している。また「その巡り合いに心打たれた」という説明は、遊女との出会いを「うれしく」思う心情も含み、前記Ⅰでも見たように、2・3段落を貫く遊女への賞賛と一致する。

## 第5問　漢文

【出典】

【問題文Ⅰ】

『資治通鑑《しじつがん》』全二百九十四巻。北宋の司馬光《しばこう》（一〇一九―一〇八六年）の撰《せん》。戦国時代の初め（前四〇三年）から五代末（九五九年）までの出来事を編年体（年代の順序に従って史実を記録する形式）で記述した歴史書である。司馬光は北宋の代表的な官僚の一人で、字《あざな》を君実《くんじつ》という。幼少の時から才能が優れており、二十歳で科挙（官吏登用試験）の進士科に合格して仕官した。要職を歴任したが、第六代皇帝神宗《しんそう》の治下で王安石《おうあんせき》の推進した新法に反対して官界から離れた。そこで本書の著述に専念し、多くの学者の協力を得て完成した。その後王安石が引退すると、第七代皇帝哲宗《てっそう》に仕えて宰相となり、新法を廃止した。本文は、巻二百十二・唐紀二十六・玄宗開元《げんそうかいげん》九年（七二一年）の記事である。

【問題文Ⅱ】

『旧唐書《くとうじょ》』全二百巻。五代の後晋の劉昫《りゅうく》等の撰。唐一代の歴史を記録している。五代の混乱期に編纂《へんさん》されたために史料の収集が難しく、また安禄山《あんろくざん》の反乱以後に唐王朝の実録などの基礎史料も散逸したため、内容に不備があると言われる。宋代になり、欧陽脩《おうようしゅう》によって『新唐書《しんとうじょ》』が編纂されると重んじられなくなった。しかし現在では、編纂される際に文体を古文に改めた『新唐書』より、もとの史料を忠実に伝えている『旧唐書』の方が史料的価値があると認められている。本文は、巻百四十九・帰登《きとう》伝の一部である。

【本文解説】

【問題文Ⅰ】

陸象先《りくしょうせん》は、唐の時代、七世紀後半から八世紀前半にかけて活躍した官吏で、高い見識の持ち主として同時代の賢者たちに尊敬され、また地方長官として寛大な政治を実践したことで、部下や庶民から慕われた。本文は、陸象先が蒲州《ほしゅう》の長官であった時に行った政治に関する話である。

陸象先は寛大で簡素な政治を重んじていた。罪を犯した官吏や庶民に対しては、処罰をせず、わかりやすく教えさとして釈放することが多かった。ある部下が陸象先の姿勢に反対し、罪を犯した者をむち打つことで長官としての威光を示すべきだと主張した。陸象先はこれに対して、「罪を犯した者の心は自分とそれほど違いはないのだから、自分が教えさとせば理解して罪を悔い改めるはずだ」と寛大な措置を施す理由を説明した。そしてさらに、「どうしてもむち打たなければならないなら、まずおまえからむち打ちを始めなければならない」と述べたので、その部下は自分の罪を恥ずかしく思って引き下がったのである。陸象先は、この部下が罪を犯していることを知っていたのだが、大した罪ではないと大目に見てこの時まで指摘しなかったのである。しかし、この部下が罪を犯した者をむち打つべきだと主張したため、その罪を知っていることをあえて明らかにすることで、部下に自分の罪を恥じる気持ちを抱かせてその主張を撤回させようとしたのである。この話から、陸象先が小さなことにはこだわらない度量の大きな人物であることを窺《うかが》い知ることができよう。

【問題文Ⅱ】

帰登《きとう》は、唐の時代、八世紀後半から九世紀前半にかけて活躍した官吏で、出世を求めず、終生節操を固く守った。本文は、帰登がどのような人物であったのかを伝える話である。

帰登の命令で愛馬を飼育していた召使いが怒りに任せて馬の足をたたき折ってしまった時、帰登は召使いを責めなかった。また、帰登が年を取ってからのこと、ある人が不老不死の薬を愛飲していた帰登に薬を贈り、安心して飲んでもらおうと思い、毒見を済ましていると言い添えた。帰登が少しも疑わず服用したところ、その薬が毒として作用してもう少しで死にそうになった。そこで問いただすと、その人はまだ毒見をしていないことをはじめて白状したが、帰登は腹を立てた表情を見せることはなかった。本文は、この二つの話を紹介したうえで、帰登はいつも陸象先の人柄を慕っていたが、世の論者は、帰登は陸象先に似た人物だとみなしたと記して結んでいる。

登は、彼自身が慕っていた陸象先にも引けを取らないほどの度量の大きい人物だと知識人から評価されたのである。

**【書き下し文】**

**【問題文Ⅰ】**

蒲州《ほしう》刺史《しし》陸象先《りくしやうせん》は政《まつりごと》寛簡《くわんかん》を尚《たつと》ぶ。吏民《りみん》罪《つみ》有《あ》れば、多《おほ》く暁諭《ぎようゆ》して之《これ》を遣《や》る。州《しう》の録事《ろくじ》象先《しやうせん》に言《い》ひて曰《い》はく、「明公《めいこう》箠撻《すいたつ》を施《ほどこ》さざれば、何《なに》を以《もつ》て威《ゐ》を示《しめ》さんや」と。象先《しやうせん》曰《い》はく、「人情《にんじやう》遠《とほ》からざれば、此《こ》の属《やから》豈《あ》に吾《わ》が言《げん》を解《かい》せざらんや。必《かなら》ず箠撻《すいたつ》して以《もつ》て威《ゐ》を示《しめ》さんと欲《ほつ》すれば、当《まさ》に汝《なんぢ》より始《はじ》むべし」と。録事《ろくじ》慚《は》ぢて退《しりぞ》く。

**【問題文Ⅱ】**

登文学《とうぶんがく》有《あ》り、草隷《さうれい》に工《たく》みなり。寛博《くわんぱく》にして物《もの》を容《い》る。嘗《かつ》て僮《どう》をして馬《うま》を飼《か》はしむ。馬蹄踶《うまていてい》す。僮怒《どういか》りて馬《うま》の足《あし》を撃折《げきせつ》す。登知《とうし》りて責《せ》めず。晩年《ばんねん》頗《すこぶ》る服食《ふくしよく》を好《この》む。金石《きんせき》の薬《くすり》を饋《おく》る者有《ものあ》り、且《か》つ云《い》ふ、「先《ま》づ之《これ》を嘗《な》めたり」と。登之《とうこれ》を服《ふく》して疑《うたが》はず。薬毒《くすりどく》を発《はつ》して幾《ほとん》ど死《し》せんとして、方《はじ》めて訊《と》ふに、云《い》ふ、「未《いま》だ之《これ》を嘗《な》めず」と。他人之《たにんこれ》が為《ため》に怒《いか》るも、登之《とうこれ》を視《み》て慍《いか》る色《いろ》無《な》し。常《つね》に陸象先《りくしやうせん》の人《ひと》と為《な》りを慕《した》ふに、議《ぎ》する者以《ものもつ》て之《これ》に近《ちか》しと為《な》す。

**【全文解釈】**

**【問題文Ⅰ】**

蒲州の長官である陸象先は、政治において寛大で簡素であることを重視していた。官吏や庶民が罪を犯すと、(陸象先は)わかりやすくさとして釈放することが多かった。州の属官が陸象先に言った、「あなた様が(罪を犯した者を)むち打たないなら、どうして(長官としての)威光を示すことができましょうか」と。陸象先が言った、「人の心はそれほどかけ離れたものではないから、この連中がどうして私の言葉を理解できないことがあろうか。どうしてもむち打って威光を示そうとするなら、おまえから(むち打ちを)始めなければならない」と。属官は(自分の罪を)恥ずかしく思って引き下がった。

**【問題文Ⅱ】**

帰登は学問を身につけていて、草書と隷書が巧みだった。心が広く他の人に対して寛大な態度を取った。以前召使いに馬の飼育をさせたことがあった。馬が(召使いを)蹄《ひづめ》で蹴った。召使いは腹を立てて馬の足をたたき折ってしまった。帰登は(この事実を)知っても(召使いを)責めとがめなかった。(帰登は)晩年丹薬(＝不老不死の薬)の服用を非常に好んだ。鉱物で作られた(不老不死の)薬を(帰登に)贈った者がいて、(その人は)さらに「(私が)真っ先にこの薬の毒見をしました」と言った。帰登は少しも疑うことなくこの薬を飲んだ。薬は毒として作用して(帰登は)もう少しで死にそうになったので、そこでやっと問いただすと、(薬を贈った人は、)「(私は)まだこの薬の毒見をしていません」と言った。他の人はこの人に対して腹を立てたが、帰登はこの人をじっと見て腹を立てた表情を見せなかった。(帰登は)いつも陸象先の人柄を慕っていたが、(世の中の)論者は(帰登のことを)陸象先に似ている(度量の大きい人物だ)とみなした。

**【重要語・基本句形】**

(1) **重要語**

- ○ 尚《たつとブ》 ＝重視する・尊敬する → 【設問解説】問2参照
- ○ 欲《ほつス》ニ──ント ＝──しようとする・──しそうだ → 【設問解説】問5参照
- ○ ──以《もつテ》──テ ＝──そして──・──それで── → 【設問解説】問5参照
- ○ 従《より》ニ──(＝自《より》・由《より》) ＝──から → 【設問解説】問5参照
- ○ 汝《なんぢ》(＝若《なんぢ》・女《なんぢ》・爾《なんぢ》) ＝おまえ → 【設問解説】問5参照
- ○ 工《たくミナリ》 ＝巧みである・うまい → 【設問解説】問2参照
- ○ 容《いル》 ＝受け入れる・聞き入れて許す・寛大にする

○嘗《かつテ》（＝曾《かつテ》） ＝以前・ある時
○頗《すこぶル》 ＝たいへん・少々
○且《かツ》 ＝そのうえ・さらに　→【設問解説】問１参照
○嘗《なム》 ＝味わう・経験する
○服《ふくス》 ＝薬や茶などを飲む・身に着ける・従う・降伏する・感心する
○幾《ほとんド》――ントス ＝もう少しで――しそうだ
○方《はじメテ》 ＝そこでやっと
○為《ためニ》二――ノガ一 ＝――のために・――に対して
○色《いろ》 ＝顔の表情・顔つき
○為《なリ》レ人《ひとト》 ＝人柄　→【設問解説】問２参照

**(2)　基本句形**

○何以《なにヲもつテ》――ンヤ ＝どうして――しようか、いや――しない（反語形）　→【設問解説】問４参照
○豈《あニ》――ン邪《や》 ＝どうして――しようか、いや――しない（反語形）
○当《まさニ》二――一ベシ（＝応《まさニ》ベシ） ＝当然――すべきだ・――しなければならない、きっと――するに違いない（再読文字）　→【設問解説】問５参照
○使《しム》二Aヲシテ――一（＝令《しム》・遣《しム》） ＝Aに――させる（使役形）　→【設問解説】問１参照
○未《いまダ》二之《これヲ》――一《ず》 ＝まだこれを――しない（否定形）
※本来は「動詞＋目的語」の語順であるが、否定形で目的語が代名詞の場合には、「否定語＋目的語＋動詞」の語順になる場合が多い。

○以為《もつテなス》二――一ト ＝――とする・――とみなす・――と思う（慣用句）

**【設問解説】**

**問１　語の意味の問題**

(ア)「使」を含む「使二僮《どうヲシテ》飼一レ馬ハヲ」は、「使《しム》二Aヲシテ――一」（Aに――させる）の形の使役形であり、「使」は使役の助動詞として「しむ」と読んで「させる」の意味を表す。これと同じ意味を持つ語は「令《しム》」である。**正解は③**。「令」は、動詞として(i)「れいす」と読んで「命令する」の意味を表し、形容詞として(ii)「よし」と読んで「立派な・美しい」の意味を表すほか、「令《しム》二Aヲシテ――一」の形で、使役の助動詞として(iii)「しむ」と読んで「させる」の意味を表す。

正解以外の選択肢の主要な用法を確認する。

①「被」は、動詞として(i)「おほふ」と読んで「覆う」の意味を表し、(ii)「かうむる」と読んで「受ける」の意味を表すほか、「被二動詞一」の形で、受身の助動詞として(iii)「る・らる」と読んで「される」の意味を表す。

②「雖」は、「雖《いへども》二――一ト」の形で、逆接の接続詞として(i)「たとえ――であっても」（仮定条件）、(ii)「――だけれども」（確定条件）の意味を表す。

④「将」は、動詞として(i)「ひきゐる」と読んで「引き連れる」の意味を表し、接続詞として(ii)「はた」と読んで「それとも」の意味を表すほか、再読文字として(iii)「まさに――んとす」と読んで「いまにも――しようとする・――するつもりだ」の意味を表す。

⑤「用」は、名詞として(i)「用途・才能」などの意味を表し、動詞として(ii)「もちふ」と読んで「任用する・採用する・使用する」などの意味を表す。

(イ)「且」は、接続詞として(i)「かつ」と読んで「そのうえ・さらに」と

いう累加の意味を表し、副詞として(ii)「しばらく」と読んで「とりあえず」の意味を表すほか、再読文字として(iii)「まさに——んとす」と読んで「いまにも——しようとする・——するつもりだ」の意味を表す。波線部を含む「且云《フ》、『先《ツ》嘗《なメタリト》レ之《ヲ》矣。』」は、「有《リ》下饋《おくル》二金石之薬《ヲ》一者上」（鉱物で作られた薬を贈った者がいて）の後に続く部分で、薬を贈った者が、帰登に安心して薬を飲んでもらうための言葉を言い添えたことを記しているのであるから、ここの「且」は(i)の用法である。これと同じ累加の意味を持つ語は**「又《また》」**である。**正解は⑤**。

正解以外の選択肢の主要な用法を確認する。

①「固」は、形容詞として(i)「かたし」と読んで「しっかりしている」の意味を表し、副詞として(ii)「もとより」と読んで「もちろん・もともと」の意味を表し、(iii)「かたく」と読んで「しっかりと・強く」の意味を表す。

②「蓋」は、副詞として(i)「けだし」と読んで「思うに」の意味を表し、動詞として(ii)「おほふ」と読んで「覆い隠す」の意味を表す。

③「忽」は、副詞として(i)「たちまち」と読んで「突然」の意味を表し、動詞として(ii)「ゆるがせにす」と読んで「おろそかにする」の意味を表す。

④「必」は、副詞として「かならず」と読んで「きっと・どうしても」「必ず——しなければならない」などの意味を表す。

**問2　語の意味の問題**

(1)「尚」は、副詞として(i)「なほ」と読んで「まだ・——でさえ」の意味を表し、形容詞として(ii)「たかし」と読んで「(趣や見識などが)高い」の意味を表すほか、動詞として(iii)「たつとぶ」と読んで「重視する・尊敬する」などの意味を表す。ここは、目的語「寛簡《ヲ》」（寛大で簡素であることを）を伴っていて述語として用いられているので、(iii)の動詞の用法である。**正解は②「重視する」**である。

また、直後に着目すると、「吏民有《レバ》レ罪、多《ク》暁諭《シテ》遣《やル》レ之《ヲ》」（官吏や庶民が罪を犯すと、〔陸象先は〕わかりやすくさとして釈放することが多かった）とあり、罪を犯した官吏や庶民に対して、陸象先が寛大な措置を施したことがわかるので、この点を踏まえて、波線部を含む「政尚二寛簡《ヲ》一」は「政治において寛大で簡素であることを重視していた」の意味であると判断することもできるだろう。

①「念願する」・③「誇示する」・④「嫌悪する」・⑤「排除する」はいずれも誤りである。

(2)「工」は、名詞として(i)「職人・官吏」などの意味を表し、形容動詞として(ii)「たくみなり」と読んで「巧みである・うまい」などの意味を表す。ここは、目的語「草隷《ニ》」を伴っていて述語として用いられているので、(ii)の形容動詞の用法である。**正解は④「巧みである」**である。

①「練習する」・②「固執する」・③「改良する」・⑤「熱心である」はいずれも誤りである。

(3)「為レ人」は、(i)「人になる」（「為《なル》レ人《ト》」）、(ii)「人である」（「為《たり》レ人」）、(iii)「他の人のために」（「為《ために》レ人《ノ》」）、(iv)「真に自分のためでなく他人から評価されるためにする」（「為《ためニス》レ人《ノ》」）など、さまざまな意味を表すが、多くの場合名詞として(v)「ひととなり」と読んで「人であるそのあり方」つまり「人柄」の意味を表す。波線部を含む一句は「常慕《ニ》二陸象先之為《フ》一レ人」（〔帰登は〕いつも陸象先の「為レ人」を慕っていたが）とあるので、明らかに(v)の用法である。**正解は⑤「人柄」**である。

①「見識」・②「才能」・④「業績」はいずれも誤り。③「人望」はやや紛らわしいが、「人望」とは「世間の人から受ける信頼・尊敬」の意味であるから、誤りである。

**問3　理由説明の問題**

理由説明の問題では、解答の根拠となる部分を本文中に求めて解くことが大切である。

傍線部「吏民有《レバ》レ罪、多《ク》暁諭《シテ》遣《やル》レ之《ヲ》」は、すでに記したように（【設問解説】問２⑴参照）、「官吏や庶民が罪を犯すと、（陸象先は）わかりやすくさとして釈放することが多かった」の意味である。本問では、「陸象先はなぜこのようにしたのか」を問うている。陸象先は、このように寛大な措置を施す理由を、「罪を犯した者をむち打って長官としての威光を示すべきだ」と主張する「録事」（属官）に対して、「人情不《レバ》レ遠《カラ》、此属《ノやから》豈《ニ》不《ランヤ》レ解《セ》二吾言《ガ》一《ヲ》邪」（人の心はそれほどかけ離れたものではないから、この連中がどうして私の言葉を理解できないことがあろうか）と述べている。陸象先は、「罪を犯した者の心も自分の心とそれほど違いはないはずなので、むち打たなくても、わかりやすく教えさとしさえすれば、自分の言葉を理解して罪を悔い改めるに違いない」と考えたのである。この内容と一致する**④が正解**である。

②「罪を犯した者も生まれながらの悪人ではなく、つい出来心で罪を犯したにすぎない」・③「むち打ってその罪を責めるよりも、優しい言葉で心に訴えかける方がずっと効果的だ」・⑤「罪を犯した者にはそうせざるを得なかった事情があるので、……それを汲《く》み取って情けをかけるべきだ」は、いずれも陸象先の発言からかけ離れた内容で誤りである。①はやや紛らわしいが、陸象先が罪を犯した者を「教えさとして正しい道に導く」のは、「自分の寛大さを示し、人心をつかむ」ためではないので、誤りである。

**問４　解釈の問題**

傍線部は、罪を犯した者に対して寛大な措置を施す陸象先に対して、「録事」が述べた言葉である。

まず、傍線部の前半「明公不《レバ》レ施《サ》二箠撻《すいたつヲ》一」の意味を考える。句末の読み「施さざれば」に着目しよう。「已然形＋ば」は、漢文では「――ので・――から」「――すると・――したところ」などの順接の確定条件を表すだけではなく、「（もし）――なら」の順接の仮定条件も表す。①「むち打たなくても」、③・⑤「むち打たずに」はいずれも誤り。②・④「あなた様が罪を犯した者をむち打たないなら」の順接の仮定条件の訳が正しい。

次に、後半の「何以《ヲ》《テ》示《サンヤ》レ威《ヲ》」の意味を考える。「何以《なにヲもつテ》」と句末の読みに着目しよう。「何以《ヲテ》」は疑問・反語の副詞で「どうして」（理由）または「どうやって」（手段・方法）の意味を表す。「何以《ヲテ》――」の形は、句末の結びが「連体形（＋や）」の場合には「どうして（どうやって）――するのか」の意味の疑問形で、結びが「未然形＋ん（や）」の場合には「どうして――しようか、いや――しない」の意味の反語形である。ここは、句末を「示さんや」（未然形＋んや）と結んでいるので反語形である。したがって、後半を訳すと、「どうして威光を示そうか、いや示さない」または「どうして威光を示すことができようか、いや示すことはできない」となる。①「威光を示す方法が何か他にあるはずです」・③「なんとかして……威光を示さなければなりません」はともに明らかな誤り。④は、「どのような」が「何以《ヲテ》」の訳として不適当であり、また「示すつもりですか」が疑問形の訳である点で誤りである。⑤は、「どんな方法で」が「何以《ヲテ》」の訳として適当ではあるものの、「示そうとしているのですか」が疑問形の訳である点で誤りである。後半の訳として正しいのは、②「どうして長官としての威光を示すことができましょうか」である。前半と後半の訳がともに正しい**②が正解**である。

**問５　書き下し文の問題**

書き下し文の問題では、文法上正しく、かつ文意の上でもふさわしい読みを選ばなければならない。

傍線部は、「罪を犯した者をむち打つことで長官としての威光を示すべきだ」と主張する「録事」に対して陸象先が述べた言葉である。

まず、前半「必欲箠撻以示威」の読みを考える。ポイントは「以」の用法と「欲」はどの語から返読するかという点である。「欲《ほつス》」は、「欲動詞」のように下に動詞を伴う場合には、動詞から返って「動詞んと欲す」と読んで「動詞しようとする」「動詞しそうだ」の意味を表す。「以《もつ》テ」は、(i)「以テ二——ヲ一動詞」の形で前置詞句を形成して動詞を修飾し、「——を(目的語)・——によって(手段・方法)・——のために(原因・理由)」などの意味を表す場合と、(ii)前後に動詞を伴う「動詞テ以テ動詞」の形で接続詞としての働きをし、「動詞して以て動詞す」と読んで「動詞してそして動詞する」「動詞してそれで動詞する」などの意味を表す場合とがある。ここは、「以テ」の前に動詞「箠撻ス」、後に動詞「示ス」があり、かつ直訳すると「むち打ってそれで威光を示す」の意味になるので、(ii)の接続詞の用法である。前半全体では、「どうしても(罪を犯した者を)むち打って(長官としての)威光を示そうとするなら」の意味で、「示ス」から「欲ス」に返読して①・③「必ず箠撻して以て威を示さんと欲すれば」と読む。②・⑤「必ず箠撻せんと欲して以て威を示せば」は、「箠撻ス」から「欲ス」に返読している点が誤り。④「必ず箠撻せんと欲して威を示すを以てすれば」は、「箠撻ス」から「欲ス」に返読している点と、「以テ」を「を以て」と返読している点が誤り。また、②・⑤及び④は、直訳してみると、それぞれ「どうしてもむち打とうとしてそれで威光を示すなら」、「どうしてもむち打とうとして威光を示すことをするなら」となり、「むち打つ」ことが目的で、「威光を示す」ことがその目的を達成するための手段になってしまうことから、誤りであると判断してもよい。

次に、後半の読みを考える。ポイントは「当」と「従」の読みである。「当」は、選択肢の①・③のように再読文字として(i)「まさに——べし」と読んで「当然——すべきだ・——しなければならない」「きっと——するに違いない」などの意味を表し、選択肢の②・④のように動詞として(ii)「あたる」と読んで「あてはまる・対抗する・引き受ける」などの意味を表す。ちなみに、⑤は「当に——んとす」と読んでいるが、「まさに——んとす」と読む再読文字は「将」「且」である。前半の読みが正しい①・③はともに「当に……べし」と読んでいるので、ここは(i)再読文字の用法と判断すればよい。「従」は、①のように動詞として(i)「したがふ」と読んで、「つき従う・聞き入れる」などの意味を表し、③のように前置詞として(ii)「より」と読んで、「——から」という起点の意味を表す。「汝」は「なんぢ」と読んで、敬意を含まない二人称として「おまえ」の意味を表し、ここでは「録事」を指す。①と③のどちらが正しいかは文意から判断する。傍線部の直後に「録事褫《は》ヂテ而退ク」(属官は〔自分の罪を〕恥ずかしく思って引き下がった)とあって、「録事」は陸象先の発言を聞いて、「罪を犯した者をむち打つべきだ」という主張を撤回せざるを得なくなったのであるから、「当従汝始」は「おまえから(むち打ちを)始めなければならない」の意味であると判断できる。したがって、この文意に即した読みである③「当に汝より始むべし」が正しい。①「当に汝の始めに従ふべし」は、直訳してみると、「おまえの始めにつき従わなければならない」「おまえの始めを聞き入れなければならない」となり、意味が通らないので、誤りとわかる。**正解は③**である。

**問6　内容説明の問題**

各選択肢の前半では、**【問題文Ⅱ】**の、帰登が晩年鉱物で作られた薬を贈られた時の話をまとめているので、この話の内容を以下に整理しよう。薬を帰登に贈った人は毒見を済ましたと述べたので、帰登は少しも疑うことなく飲んだところ、薬が毒として作用してもう少しで死にそうになった。そこで尋ねたところ、まだ毒見をしていないと白状したが、帰登は腹を立てた表情を少しも見せなかったという話である。

後半では、**【問題文Ⅱ】**の最後の一文「常ニ慕フ二陸象先之為リレ人ヲ一、議スル者以テ為スレ近シトレ之ニ」の内容を、**【問題文Ⅰ】**を踏まえて説明しているので、この一文の内容を考えよう。これを訳すと、「(帰登は)いつも陸象先の人柄を慕っていたが、(世の中の)論者は(帰登のことを)陸象先に似ているとみなした」となる。それでは、帰登のどのような点が陸象先に似ているというのか。**【問題文Ⅰ】**は、陸象先が罪を犯した者に対して寛大な措置を施した話であり、**【問題文Ⅱ】**は、帰登が怒りに任せて愛馬の足を折った召使いを責めなかった話と、前述の薬をめぐる話を紹介している。以上の三つの話を踏まえて考えると、帰登と陸象先の二人は、心が広く小さいことにはこだわらないという点、つまり度量が大きいという点が共通していると言える。世の中の論者は、帰登自身が慕っていた陸象先にも引けを取らないほど度量の大きい人物だと帰登を評価したのである。選択肢の前半・後半の内容がともに正しい**②が正解**である。

①は、前半の「亡くなったが、息を引き取るまで恨み言を述べることはなかった」が**【問題文Ⅱ】**の内容と一致していない。また、後半の「陸象先以上に温厚な人物だと彼を評価した」も誤り。世の論者は帰登のことを「近《シ》ㇾ之《ニ》（陸象先に似ている）」とみなしたのであって、「陸象先以上」だとみなしたわけではない。

③は、前半の「彼を恨む人が毒を入れた薬を贈ってきた……その人を疑うことはなかった」が**【問題文Ⅱ】**の内容と一致していない。また、後半の「人を信じて疑わない陸象先」が**【問題文Ⅰ】**から窺われる陸象先の人物像からずれており、「善良な人物だ」も**【問題文Ⅱ】**から窺われる帰登の人物像からずれている。

④は、前半の「恨みを抱いた人が彼を殺害しようとして贈った毒薬」が**【問題文Ⅱ】**の内容と一致していない。また、後半の「陸象先の行動を手本として振舞ったのだ」が「近《シ》ㇾ之《ニ》」の内容を明らかに取り違えている。

⑤は、前半の「命を落とした」が**【問題文Ⅱ】**の内容と一致していない。また、後半の「陸象先と同様の評判を得たかったのだ」が「近《シ》ㇾ之《ニ》」の内容を明らかに取り違えている。

**MEMO**

# 第2回 解答・解説

# 【国　語】

（200点満点）

## 【解答・採点基準】

| 問題番号 | 設問 | 解答番号 | 正解 | 配点 | 自己採点 |
|---|---|---|---|---|---|
| 第1問 | 問1 (ア) | 1 | ① | 2 | |
| | 問1 (イ) | 2 | ② | 2 | |
| | 問1 (ウ) | 3 | ④ | 2 | |
| | 問2 | 4 | ② | 6 | |
| | 問3 | 5 | ④ | 7 | |
| | 問4 | 6 | ⑤ | 7 | |
| | 問5 | 7 | ④ | 7 | |
| | 問6 (i) | 8 | ② | 4 | |
| | 問6 (ii) | 9 | ③ | 4 | |
| | 問6 (iii) | 10 | ② | 4 | |
| 第1問 自己採点小計 | | | | (45) | |
| 第2問 | 問1 | 11 | ④ | 7 | |
| | 問2 | 12 | ① | 7 | |
| | 問3 | 13 | ⑤ | 7 | |
| | 問4 | 14 | ④ | 7 | |
| | 問5 | 15 | ③ | 7 | |
| | 問6 (i) | 16 | ① | 5 | |
| | 問6 (ii) | 17 | ② | 5 | |
| 第2問 自己採点小計 | | | | (45) | |
| 第3問 | 問1 (i) | 18 | ④ | 4 | |
| | 問1 (ii) | 19 | ① | 4 | |
| | 問2 | 20 | ⑤ | 4 | |
| | 問3 (i) | 21 | ③ | 4 | |
| | 問3 (ii) | 22 | ④ | 4 | |
| 第3問 自己採点小計 | | | | (20) | |

| 問題番号 | 設問 | 解答番号 | 正解 | 配点 | 自己採点 |
|---|---|---|---|---|---|
| 第4問 | 問1 (ア) | 23 | ③ | 4 | |
| | 問1 (イ) | 24 | ⑤ | 4 | |
| | 問1 (ウ) | 25 | ① | 4 | |
| | 問2 | 26 | ⑤ | 6 | |
| | 問3 | 27 | ⑤ | 6 | |
| | 問4 | 28 | ③ | 7 | |
| | 問5 (i) | 29 | ④ | 7 | |
| | 問5 (ii) | 30 | ① | 7 | |
| 第4問 自己採点小計 | | | | (45) | |
| 第5問 | 問1 (ア) | 31 | ② | 3 | |
| | 問1 (イ) | 32 | ④ | 3 | |
| | 問1 (ウ) | 33 | ① | 3 | |
| | 問2 | 34 | ⑤ | 5 | |
| | 問3 | 35 | ④ | 6 | |
| | 問4 | 36 | ② | 5 | |
| | 問5 | 37 | ⑤ | 5 | |
| | 問6 | 38 | ③ | 7 | |
| | 問7 | 39 | ① | 8 | |
| 第5問 自己採点小計 | | | | (45) | |
| 自己採点合計 | | | | (200) | |

## 【解説】

### 第1問　現代文

**【出典】**

**【文章Ⅰ】**は、近衛はな「声と文字のあいだに目を凝らす」の一節、**【文章Ⅱ】**は、兵藤裕己「『遠野物語』の文体」の一節である。ともに『遠野物語を読む』（『現代思想』七月臨時増刊号　二〇二二年、青土社）所収。いずれの文章も、途中に一部省略がある。

近衛はな（このえ・はな）は、一九八〇年生まれ。脚本家、俳優。東京都出身。青山学院大学国際政治経済学部国際政治学科卒業。在学中、サセックス大学（イギリス）、パリカトリック大学（フランス）に留学。二〇〇九年、詩人・目黒裕佳子（めぐろ・ゆかこ）として詩集「二つの扉」で第二〇回歴程新鋭賞受賞。同年より「希望郷いわて文化大使」を務める。

兵藤裕己（ひょうどう・ひろみ）は、一九五〇年生まれ。日本文学、芸能研究者。東京大学文学博士。埼玉大学教授、学習院大学教授などを歴任。著書に、『〈声〉の国民国家・日本』、『平家物語の歴史と芸能』、『物語・オーラリティ・共同体』、『太平記〈よみ〉の可能性――歴史という物語』、『演じられた近代――〈国民〉の身体とパフォーマンス』などがある。

**【本文解説】**

まずは**【文章Ⅰ】**、**【文章Ⅱ】**、それぞれの内容を正確に読み取り、そのうえで、**【文章Ⅰ】**と**【文章Ⅱ】**とを関連づけて理解していこう。

**【文章Ⅰ】**

柳田國男《やなぎたくにお》の著した『遠野物語』の成立過程やその文学性などについて論じた文章である。本文を大きく三つの部分に分けて、その内容を確認していこう。なお、形式段落を1～10と表記し、『遠野物語』の序文の引用は1に含まれるものとする。

**Ⅰ　『遠野物語』の成立過程（1～3）**

『遠野物語』の序文にも記されているように、この物語は、柳田國男が遠野地方出身の佐々木鏡石（佐々木喜善）から聞いた、遠野に伝わる話を書き記したものである。といっても、佐々木の話をただそのまま書いたのではなく、柳田の「感じたるままを」書いたものであり、佐々木本人が「お化け話」を語ったつもりだったのに対し、柳田は「その夜にはすでに『遠野物語』をつくりたいという思いを抱いていたよう」だという。『遠野物語』は、「肉声」という「心の動きにも直結する、たいへん掴《つか》みどころのないもの」を、柳田が文字にして姿を与えたことで成立したものである。

**Ⅱ　『遠野物語』のなかに書かれている話（4～9）**

『遠野物語』には、「神話、伝承、伝説、昔話、歌謡、村落での人間関係、家の盛衰、事件、世間話のようなもの」といった「多様な次元の話」が、特に区別されることなく並べて書かれている。「死者との邂逅《かいこう》（＝思いがけなく出会うこと）」といった話などは通常受け容れ難いはずのものであるが、そうした話が地勢（＝その土地のありさま）や村で実際に起きた事件などと同列に並べて書かれることで、読み手にはなんだか事実のように感じられてくる。『遠野物語』の読者は、そうした広がりのある物語世界において、語り手である佐々木の心のなかにある伝承の世界を覗き込んでいるような豊かな体験をすることができるのである（4）。

『遠野物語』はまた、実在の人物の名前が登場するという点にも特徴がある（5）。たとえば、猟の最中に何度も不思議な出来事に遭遇しながら山の生活を続ける佐々木嘉兵衛の話は、遠野という土地で山に生きた人のありようを伝えるものであり（6）、火事にあう家を予知してしまう芳公馬鹿と呼ばれる男の話は、この村落が通常とは異なる能力を備えた人をも「抱擁」していたことを伝えるものである（7）。また、旧家の山口孫左衛門の家が不幸な出来事に見舞われ跡形もなくなってしまったという話も書かれている。奇行の持ち主であり蓄財に執着した孫左衛門は村の人々から笑い者にされていた（[8]）が、この話は村落における戒めとしての意味が込められている（[9]）のだろう。

先に記したように、『遠野物語』は、遠野出身の佐々木が語った遠野に伝わる話を柳田が書き記したものだが、これらの物語を読むと、こうした話が語られた背景にある村人の心理が明らかになってくる。かつての閉鎖的な村落においては、村人同士が互いの言動を見張ることもあっただろうが、〈物を語る〉ことによってそうした息苦しさが晴れたり、安心や笑いを得たりすることもできたのではないか。人が何かを語りはじめる際には何らかの「動機」があり、こうした物語には「村落に埋もれる古層の社会の記憶」が横たわっているのである。物語はたとえ事実にもとづいたものであっても、それが語られた時点で既に無意識のうちに語り手の思いが入り込み、純然たるノンフィクションではなくなる。しかし、そうしたフィクションこそが「語り手の感情の真実をあらわしている」のである。しかも物語が語りつがれるたびに、語る人のものの見方や感じ方が投影され、またそれを聞く人のありようによっても物語は変化していく。そういう点で言葉はつねに生きたものであり、「語り手と聞き手の心情をうつして変容していくということにこそ、物語の生命がある」と言えるのかもしれない（[9]）。

**Ⅲ　『遠野物語』の文学性**（[10]）

[4]や[5]などで説明されていたように、柳田は「強靭《きょうじん》な文体で、エピソードを巧みに重ね、実名と物語を繋《つな》げる手法にも心を砕」き、「これら話の群れが、決して昔々の絵空事ではないということを読み手に意識させるための工夫を惜しまなかった」。それゆえ『遠野物語』は現在に至るまで百年以上も生き続ける見事な文学となったのである。

**まとめ**

**遠野地方に伝わる話**
・かつての閉鎖的な村落に暮らした人々の心理が反映されている
・「村落に埋もれる古層の社会の記憶」が横たわっている
・語り手の思いや聞き手の心情をうつして物語は変容していく

↓

**『遠野物語』――遠野出身の佐々木が語った遠野に伝わる話を、柳田が書き記したもの**
・強靭な文体を持つ
・神話から現実の事件まで多様な次元の話が同列に並べられている
・実在の人々の名前が登場し、物語と現実を繋げる手法が用いられている

↓

単なる昔の絵空事ではなく、通常では受け容れ難いような話も事実であると感じられる

↓

**読み手は、広がりのある物語世界において、語り手の心のなかにある伝承の世界を覗き込んでいるような豊かな読書体験を得ることができる**

**【文章Ⅱ】**

近代日本の社会状況や近代小説の特徴を考察したうえで、柳田國男の『遠野物語』の特徴やその現代における意義について論じた文章である。本文を大きく三つに分けてその内容を確認していこう。なお、形式段落は[1]～[19]と表記し、『遠野物語』の序文の引用は[14]に含まれるものとする。

**Ⅰ　明治の日本の社会状況と言文一致体**（[1]～[4]）

日本では、明治二〇年代まで「漢文訓読調ないしは雅俗折衷体の文章」が主流だった。諸君も知っている通り、「漢文訓読調」は〈漢文を日本語の文法にあてて読むときの口調にならった文体〉であり、「雅俗折衷体」は〈平安時代以来の文語体（雅体）と卑俗な言葉や口語が混在した文体〉である。そして、これらは単に文章表現の技術にとどまるものではなく、「それらの

文章を構成した漢詩文や和歌・俳諧に由来する成句・成語は、前近代の社会関係をささえた倫理、または一種の法」であった。言い換えれば、前近代社会の規範は、漢文訓読調や雅俗折衷体の言葉によって規定されていたのである。したがって、こうした言葉によって書かれた「漢詩文や和歌・俳諧」における「定型的なレトリック（＝修辞法）」は、前近代的な共同体のあり方を表象するものであった（［3］）。

しかし、明治二七年から二八年の日清戦争を機に、日本では資本主義経済が発展し、それ以前の労働・生産関係は一変した。資本主義経済は「前代以来の家産制にもとづく社会関係を急速に過去のものにした」のである（［2］）。こうして社会のありようが大きく変化するにつれ、「新しい日常の現実」を記述する新しい文体が求められるようになる（［3］）。明治の知識人のあいだで「『言』と『文』の一致、すなわち文章の口語化の必要」が広く認識されるようになるのは明治二〇年代だ（［1］）が、それは、こうした社会の変化と無関係ではない。ちなみに、「『言』と『文』の一致」とは文字通り、〈話し言葉（言）と書き言葉（文）を一致させる〉という意味であるが、明治の日本においては、それまで文語（＝平安時代の言語を基盤にして発達・固定した書き言葉）を用いてきた文章の言葉遣いを明治時代の話し言葉に一致させることで、思想や感情をより的確に表現しようとする言文一致、すなわち「文章の口語化」が求められた。これは、近代にふさわしい文体を持つことで、前近代的な社会関係と決別しようとしたことを意味する。

そして明治三〇年代に入ると、「家社会・村社会の共同体規制が急速に失われてゆく」。この時代は、「近代の都市社会に誕生した大衆が、国民《ネーション》という新たな共同体へ編制されてゆく時代」である。かつて人々は「家社会・村社会」という前近代的な共同体に帰属し、その「規制（＝おきて。きまり）」に従いながら生きていた。しかし、明治になって近代国家という新たな共同体が成立し、明治三〇年代に入ると、前近代的な「家社会・村社会の共同体規制が急速に失われ」て、「近代の都市社会に誕生した大衆」は国家に帰属する「国民」、すなわち国家の一員として捉え直されることになる。また、この時代は「自然主義の文学者たちによって孤独な『個人』が主題化された」時代でもある。「自然主義」文学の特徴は、［5］以降で説明されるが、ここでまず確認しておきたいことは、この時代に自然主義の文学者たちが「孤独な『個人』」をテーマにした作品を著したということだ。先に述べたように、明治三〇年代は前近代的な共同体規制が急速に失われ、一人一人の人間が「国民」として国家に帰属するようになった時代である。そうした時代の変化と、自然主義文学において「孤独な『個人』が主題化されたこと」とは深く関係しているのである（［4］）。

### Ⅱ　明治の日本における自然主義文学と言文一致体（［5］〜［11］）

明治三〇年代は近代小説の言文一致体が成立した時代でもあるが、言文一致体の文体の成立に決定的な影響を及ぼしたのは「西洋小説の翻訳文体」である。のちの自然主義文学の先駆けとされる国木田独歩（注5参照のこと）は、明治の文学者たちに多大な影響を与えた二葉亭四迷の翻訳文体から多くを学び、「自分の見て感じた処《ところ》」を「『自分』のことば」で書きつづろうとした。言い換えれば、「『自分』という主語を明示し、主体（＝自分）と客体（＝対象としての世界）との位置関係がまぎれないことに意を用いた（＝心を配った）」文章を書こうとしたのである。こうした時代に成立した近代の言文一致体の特徴は「語りの視点の固定性」である。「『自分』（私）という意識主体が発見」され、その「『自分』（私）」が「世界を意味づける固定項」となったのである（［5］〜［8］）。

このように、日本における言文一致体の文体は「西洋小説の翻訳文体」から大きな影響を受けている。ということは、そこには当然「西洋小説」の特徴が色濃く反映されていることだろう。筆者は、言文一致体の文章が成立したということは「自我と外界、人間と自然といった世界の二項的な切り分け（分節化）の図式」が成立したということだと述べる。国木田が先駆けとなった自然主義文学は、「遺伝や環境など近代科学によってその客観性が担保されるような『事実』」を描き出そうとした。近代科学においては、自我

（人間／主体）と外界（自然／客体）を切り分け、外界（自然／客体）を自我（人間／主体）とは異なる「客観性」のあるものとして把握しようとする。このような西洋近代科学の物の見方が反映された「西洋小説」の影響を受けた、日本の自然主義の文学者たちは、「主体」としての「自分」を「語りの視点」として「固定」し、その自分が「意味づける」世界（外界／客体）を『「自分」のことば』で描写しようとする。ここでは当然、前近代的な「既存のレトリックや『技巧』」（3で述べられていた「定型的なレトリック」）は排除される。これが明治三〇年代に成立した近代小説の言文一致体の特徴であり、こうしたあり方は、柳田が「その独特の文語体」で『遠野物語』を発表した明治四三年当時、文壇や論壇の主流になっていた文章観だった」のである（9〜11）。

### Ⅲ　柳田國男の『遠野物語』の特徴とその意義（12〜19）

筆者は、「『自然派』の小説で語られる『事実』とは、要するに近代の言文一致体で語られ得る程度の『事実』でしかない」と述べる（12）。先に見たように、「近代の言文一致体で語られ得る」「事実」とは、自我（人間／主体）とは切り分けられた「近代科学によってその客観性が担保されるような『事実』」である（11）。

しかし、柳田が『遠野物語』で描き出そうとした事実は、近代科学における客観的な事実ではない。『遠野物語』の序文には、遠野出身の佐々木鏡石から聞いた話を書き記したということが述べられているが、『遠野物語』で柳田が描き出そうとしたのは、「遠野という土地に生きた人びとにとっての『現在の事実』」であり、言文一致体で目指されたような、「事実と虚構、現実と非現実といった世界の二項的な切り分けを前提とした」ものではない。遠野の話を語った佐々木が文学志望だったことを考えると、彼の話は「当時の『奇談』（＝珍しく不思議な話）ブームに便乗したような脚色もあった」ことが推測される。しかし、柳田はそうした奇談を「一字一句をも加減せず」に筆記した。たとえば、『遠野物語』に収められた「サムトの婆《ばば》」という話は、神隠し（＝子供などが突然行方不明になること。天狗や神によって隠されたものと信じられた）に遭った娘が老婆になって帰ってきてまた行方不明になったというものであるが、柳田はそれについての解釈をはさむことなく、「遠野という土地の『現在の事実』」としてその話を書き記しているのである（13〜17）。

筆者は、「ことばは、自我や外界を記述・描写するための、たんなる媒体（道具）ではない」と述べる。人間は言葉を用いて世界を描写し構成しているのであるが、言葉によって構成された世界は決して「均質な時空間」ではない。遠野に生きる人々の「現在の事実」を書き記した『遠野物語』は、「二一世紀を生きるわたしたちに、人間（ホモロクエンス＝ことばを持つヒト）にとって『現在』とは何か、『事実』とは何かという根源的な問いを投げかけている」のである（18・19）。

**まとめ**

**明治三〇年代に成立した言文一致体**
・明治二〇年代までの文章の主流（＝前近代的な倫理や法を支えた、漢文訓読調や雅俗折衷体の文章）とは異なるもの
・主体としての「自分」を語りの視点として固定したもの
・自我（人間／主体）と外界（自然／客体）を切り分けようとする
・近代科学によってその客観性が担保されるような「事実」を描き出そうとする　→　自然派小説が描写しようとする「事実」

**『遠野物語』**
・遠野という土地に生きた人びとにとっての「現在の事実」を「独特の文語体」で描き出そうとする

↓

**ことばは自我や外界を描写するための単なる媒体（道具）ではない**
**ことばによって構成される世界は、均質な時空間などではありえない**

**【設問解説】**

**問１　傍線部に相当する漢字を含むものを答える問題**

(ア)〈楽器を演奏する〉という意味の「奏でる」。本文では肉声を発することを、楽器を演奏することになぞらえている。①は〈天子・国王などに申し上げること〉という意味の「奏上」、②は「装飾」、③は「捜査」、④は「双肩」。「双肩に担う」は〈重要な任務を引き受ける。責任を背負う〉という意味である。したがって、①が正解。

(イ)〈手さぐりで探すこと。状況が不明の中でいろいろ試みること〉という意味の「模（摸）索」。①は「錯誤」、②は「検索」、③は「削減」、④は「搾取」。したがって、②が正解。

(ウ)〈人間やその他の生物を取り囲み、影響を与える外界〉という意味の「環境」。①は「陥没」、②は「等閑」。「等閑に付す」は〈物事を軽視していいかげんに扱う。なおざりにする〉という意味である。③は「勇敢（勇悍）」、④は「循環」。したがって、④が正解。

**問２　傍線部についての筆者の捉え方を答える問題**

「遠野に伝わる話」を「筆者」がどのように捉えているかが問われている。ここでいう「筆者」とは傍線部のように述べる筆者であり、もちろん**【文章Ⅰ】**の筆者のことである。

まず傍線部を含む文脈を確認しよう。ここで注意したいのは、**この設問で問われているのが柳田の書いた『遠野物語』自体のことではなく、遠野の人、佐々木喜善が柳田に語って聞かせた「遠野に伝わる話」**だということだ。もちろん、後世の我々がその時の佐々木の語りを再度聞き直すことはできないが、佐々木の語った「遠野に伝わる話」は柳田によって『遠野物語』に記されたのだから、『遠野物語』のなかに書かれている「遠野に伝わる話」について、**【文章Ⅰ】**の筆者がどのように捉えているかを読み取ればよい。

まず[4]に、「『遠野物語』のなかには、百十九の話が入って」おり、それらは**「死者との邂逅《かいこう》（＝思いがけなく出会うこと）など、普通だったら受け容《い》れ難い話」も含めて**、「神話、伝承、伝説、昔話、歌謡、村落での人間関係、家の盛衰、事件、世間話のようなもの」といった**「多様な次元の話」である**（→a）と述べられている。そして、[6]〜[8]で筆者は「遠野に伝わる話」の例をあげているが、それは「猟の最中に幾度も不思議に遭った」佐々木嘉兵衛の話（[6]）であったり、「ある種の予知能力を備えた」芳公馬鹿と呼ばれる人の話（[7]）であったり、「村に嫌われたらしい」旧家の山口孫左衛門の家が不幸な出来事によって「一朝にして跡形もなくなった」という話（[8]）であったりする。いずれも「普通だったら受け容れ難い話」が語られているのであるが、これらの物語について筆者の捉え方が詳しく説明されるのは[9]である。

筆者は[9]で、「これらの物語が語られた背景にある村人の心理は明らかだ」と述べる（→b）。「閉鎖的な村落で、人々は目を光らせて互いの言動を見張っている、その息苦しさを破るように物を語り合い、気持ちを晴らしたり、これを安心や笑いの種ともした」、あるいは、山口孫左衛門の話などは「戒めとして姿を整えてきた」とも読めると言う。誰かが物を語りはじめるには必ず「動機」があることを考えると、「遠野に伝わる話」にも、その村落に暮らす人々の心理が反映されており、**「村落に埋もれる古層の社会の記憶が物語の底には横たわって」いる**（→c）と言えるのである。つまり、**物語には「語る人のものの見方、感じ方が投影され」る**（→b）のであるが、それは語りはじめる時だけのことではない。物語は「聞きようによっても、変化してやまない」のであり、**語り継がれるうちに「語り手と聞き手の心情をうつして変容していく」**（→d）ものなのである。

これらの内容から、**【文章Ⅰ】**の筆者が、「遠野に伝わる話」を以下のように捉えていることがわかる。

**a　普通ならば受け容れ難いような話も含めて多様な次元にわたっている**

**b　閉鎖的な村落に暮らす人々の心理が反映されている**
**c　物語の底には、村落に埋もれる古層の社会の記憶がある**
**d　語り手と聞き手の心情を投影して変容しながら語り継がれる**

**a～d**の内容を踏まえている②が正解。他の選択肢についても確認しておこう。

①　「遠野に伝わる話」を「遠野に実在した人物が日々の生活の中で実際に体験した出来事」に限定してよいかどうかも疑わしいが、より明確な誤りは「伝説や昔話として記述したもの」という部分である。この設問で問われているのは、書物として書かれた『遠野物語』ではなく、「遠野に伝わる話」、すなわち、村人の間で語り継がれてきたものである。したがって、もし選択肢の冒頭を、「神話」や「伝説」の元になっているのは「日々の生活の中で実際に体験した出来事」だと解釈したとしても、「遠野に伝わる話」は「記述したもの」ではないので、不適当である。

③　「遠野特有の民俗を研究するために格好の資料となる」が不適当。『遠野物語』の筆者である民俗学者の柳田（リード文を参照のこと）はそのように思ったかもしれないが、この設問で問われているのは**【文章Ⅰ】**の筆者の捉え方である。**【文章Ⅰ】**の筆者は、そのようなことは述べていない。

④　「異質な能力を持つ者を排除しつつ」が不適当。7に「ある種の予知能力を備えた人、村落の暮らしはこのような人間をも包擁していました」とある。

⑤　まず、「遠野の内外で現実に起こった出来事を題材にしている」が不適当。ここで問われているのは「遠野に伝わる話」であり、遠野の内外で「現実に」起こった出来事が題材になっていると断定できる根拠がない。また、「時代を経るにつれ物語としての完成度を高めていった」が本文に述べられていない内容である。

**問3　傍線部の理由を答える問題**

この設問で問われているのは、柳田の書いた『遠野物語』が「見事な姿を得、百年以上も生き続ける文学」となった理由である。そして傍線部の「見事な姿を得」という表現は、3の「声による語りを、柳田が文字にして姿を与えたことで、遠野の物語は新たな生命を得ました」という記述と重なる。1や2で説明されていることも踏まえると、**柳田は、遠野出身の佐々木が語った「遠野に伝わる話」を文字にして、その話に「姿」を与えた（→a）**のである。

では、柳田は『遠野物語』にどのような姿を与え、『遠野物語』の文学性とはどのようなところにあるのだろうか。それを考えるに当たってヒントになるのは、傍線部の直前にある記述である。筆者は、「**柳田は強靭《きょうじん》な文体で（→b）**、エピソードを巧みに重ね（**→c**）、実名と物語を繋《つな》げる手法にも心を砕き（＝苦心し心を配り）ました（**→d**）」と述べる。さらに筆者は、「これら話の群れが、決して昔々の絵空事ではないということを読み手に意識させるための工夫を惜しまなかったのです（**→e**）」と述べ、「その成果として」傍線部のように言えると論じている。そこで、こうした柳田の文体や構成について詳しく説明されている、4・5を確認しよう。

4では、『遠野物語』においては「多様な次元の話がフラットに並べられ、一緒くたに語られて」いると記されている。「**死者との邂逅《かいこう》（＝思いがけなく出会うこと）**など、**普通だったら受け容《い》れ難い話が**、**地勢（＝その土地のありさま）や村の中での事件などと同列に並べて語られる（→c）**ことにより、**なんだか事実らしく感じられてくる（→e）**」のである。そして、こうした描き方をすることで、「読者のなかの物語世界も異様な広がりを獲得し」、読者は「あたかも語り手であった喜善、その人のなかに広がる伝承の心象世界を覗《のぞ》き込むような豊かな体験」をすることが可能になる。このような豊かな読書体験をもたらすことが、『遠野物語』が「百年以上も生き続ける文学」となった所以《ゆえん》であろう（**→f**）。

また、[5]では、『遠野物語』の特徴として「戸籍に名の載ってあるような現実の人々が、物語の語り手になったり、あるいは事件の当事者になったりして、その名を顕《あら》わにしている」と述べられている。これは傍線部の直前にも記されていたように、**実名を書くことで物語が現実と繋がるように書かれている**（↓d）ということである。そして、こうした手法は、当然、**物語世界に実在感を与える**（↓e）とともに、**物語世界に広がりを生み、読者に豊かな読書体験をもたらすことにもなる**だろう（↓f）。

以上の内容を整理すると次のようになる。

**『遠野物語』は**

**a　遠野出身の佐々木の語りを、柳田が文字にして書き記したものである**

**b　柳田の強靭な文体によって書き記されている**

**c　普通だったら受け容れ難い話も含めて、多様な次元の話が同列に並べられて書き記されている**

**d　実名を書くことで物語が現実と繋がるように書き記されている**

**e　（b・c・dにより）物語世界に、単なる絵空事ではないという実在感を与えている**

**f　（b・c・d・eにより）物語世界に広がりが生まれ、読者に豊かな読書体験をもたらしている**

a～fの内容を踏まえている④が正解。他の選択肢についても確認しておこう。

①　e・fに言及していない点で、設問に正しく答えたことにならないが、柳田が「実証的（＝経験的事実の観察・実験によって積極的に証明されるさま）に書き記した」がcに反している点でも不適当。かりに「実証的」という言葉を広い意味で解釈し、d・eに合致すると判断したとしても、「実証的に書き記したことで」、「現代人が読んでも理解しやすいものになっている」という因果関係が、本文に根拠のないものである。

②　①と同様、e・fに言及していない点で、設問に正しく答えたことにならないうえ、「人間の心理は今も昔も変わらないという真実が伝わる」が、本文にまったく述べられていない内容である。

③　「作家を志していた佐々木の流暢《りゅうちょう》な（＝言葉がすらすらと出て、よどみのないこと）語り」が不適当。[1]の序文の引用の中に「（佐々木）鏡石君は話上手にはあらざれども」とあるので、佐々木の語りを「流暢」だと考えることはできない。

⑤　これも、e・fに言及していない点で、設問に正しく答えたことにならないうえ、「他の地域や時代の物語と巧妙に融合させながら書き記したことで、一地方の昔話にすぎないという印象を払拭し」が、本文から逸脱した内容である。

**問4　傍線部の意味内容を答える問題**

傍線部には「一つの現象の表と裏」と記されている。言い換えれば、ある「一つの現象」のうちに「表と裏」という二つの事柄を見出せるということである。傍線部を含む文脈を改めて確認し、ここでいう「一つの現象」とはどういう現象のことか、またその現象のうちに見出せる「表と裏」とは、何と何のことなのかを読み取ろう。

傍線部の直前を見ると、「近代のナショナルな大衆の成立と、この時期の自然主義の文学者たちによって孤独な『個人』が主題化されたこと」が「一つの現象の表と裏」だと述べられていることがわかる。つまり、傍線部でいう「表と裏」とは、「**近代のナショナルな大衆の成立**」（↓a）と、「**この時期の自然主義の文学者たちによって孤独な『個人』が主題化されたこと**」（↓b）である。一般に「表と裏」という表現は、一つの現象の示す異なる側面のことを意味するが、では、aとbを見出すことのできる「一つの現象」とはどのようなものだろうか。

さらにその前の内容を確認すると、[4]の前半で「家社会・村社会の共同体規制が急速に失われてゆく明治三〇年代は、近代の都市社会に誕生した大衆が、国民《ネーション》という新たな共同体へ編制されてゆく時代でもある」と記されている。この時代は「家社会・村社会」といった前近代的な共同体の規制（＝おきて。きまり）が力を失っていく時代、すなわち「前近代的な社会関係」と「決別」した時代（→c）である。このように前近代的な共同体にもとづく社会関係が失われていく中で、今までそうした共同体に帰属して生きてきた人々が「国民という新たな共同体へ編制されてゆく」。これが「近代のナショナルな大衆の成立」である。**人々は、その一人一人が「国民」すなわち国家の一員として位置づけられた**のだ（→a）。とすれば、この時代に**「自然主義の文学者たちによって孤独な『個人』が主題化された」**（→b）こともうなずける。前近代的な共同体にもとづく社会関係が失われていった（→c）ことで、人々は「孤独な『個人』」になり、そうした人間のありようを主題として自然主義の文学者たちが作品を著したということである。したがって、傍線部の「一つの現象」とは、**家社会や村社会といった前近代的な共同体にもとづく社会関係が失われていった**（→c）ことだと理解できる。

以上の内容を整理すると次のようになる。

**明治の日本において**

**a　人々は一人一人が「国民（＝国家の一員）」として位置づけられた**

**b　自然主義の文学者たちによって「孤独な『個人』」が主題化された**

**c　aとbはともに、家社会や村社会といった前近代的な共同体にもとづく社会関係が失われていく中で生じたことである**

a〜cの内容を踏まえている⑤が正解。他の選択肢についても確認しておこう。

①　まず「近代的な都市社会が成立したり、近代的な自然主義の文学者たちが登場したり」が、aとbの説明として不正確である。傍線部の「表と裏」という表現で述べられているのは、「国民（＝国家の一員）」や「孤独な『個人』」という人間のあり方であり、「都市社会」の「成立」や「自然主義の文学者たち」の「登場」ではない。また、この選択肢は、「近代的な都市社会が成立したり、近代的な自然主義の文学者たちが登場したりした」ことと、「前近代的な労働や生産関係が崩壊し資本主義経済が急速に進展するという事態が起きた」ことを「一方では」という言葉でつないで並列させており、〈aとbがともにcという一つの現象のうちに見出せる〉という傍線部の内容とも対応していない。

②　「明治日本において、都市の中に従来のような共同体を再生しようとする」がcに反している。明治日本においては従来のような共同体のあり方が失われていったのであり、「従来のような共同体を再生しよう」とはしていない。

③　「西洋の自然主義の影響を受けた文学者たちが、近代的な都市の中で次第に孤立を深めていく」が不適当。bで述べているのは、自然主義の文学者たちが「孤独な『個人』」を「主題」としたということであって、文学者自身が「孤立」したということではない。また、cに触れていない点で、①と同様、傍線部の内容に対応していない。

④　まず「西洋的な近代国家が成立した」という部分と、「西洋の自然主義文学を取り入れる動き」という部分が、それぞれaとbの説明として不十分である。①でも指摘したように、傍線部の「表と裏」という表現で述べられているのは、「国民（＝国家の一員）」や「孤独な『個人』」という人間のあり方である。また、この選択肢は、aがbに「大きな影響を与えた」という説明になっており、〈aとbがともにcという一つの現象のうちに見出せる〉という傍線部の内容と対応していない。

**問5　傍線部のように筆者が言う理由を答える問題**

傍線部で取りあげられているのは「『自然派』の小説で語られる『事実』」である。まず、それがどのような「事実」なのかを確認し、それについて**【文章Ⅱ】**の筆者が「近代の言文一致体で語られ得る程度の『事実』でしかない」という否定的な表現をしているのはなぜなのかを考察しよう。

まず「『自然派』の小説で語られる『事実』」だが、これについては傍線部の前の段落に「遺伝や環境など**近代科学によってその客観性が担保される（＝保証される）ような『事実』**」だ（↓a）と述べられている。これは「**自我と外界、人間と自然といった世界の二項的な切り分け（分節化）の図式**」**を前提とする**（↓a）ものだ（[9]）。また、自然主義文学の先駆けとされる国木田が、「『自分』という主語を明示し、主体と客体の位置関係がまぎれないことに意を用いた（＝心を配った）」（[8]）ように、「『自然派』の小説で語られる『事実』」は、**「自分」を主体として意識し、その「自分」を「世界を意味づける」「語りの視点」として「固定」する**（[5]）という「**二〇世紀の言文一致体の文章で記されるのがふさわしい『事実』**」である（↓b）（[11]）。

では、こうした「事実」のことを、筆者はどのように捉えているのだろうか。[13]に「『遠野物語』の序文にいう『現在の事実』は、遠野という土地に生きた人びとにとっての『現在の事実』であり、それは言文一致体（という近代の言説編制）がつくりだす事実と虚構、現実と非現実といった世界の二項的な切り分けを前提とした『事実』なのではない」と述べられている。さらに[18]では、「ことばは、自我や外界を記述・描写するための、たんなる媒体（道具）ではない」と述べられる。人間はことばによって世界を把握するが、「ことばによって（ことばとして）構成されるこの世界は、均質な時空間などではありえない」のである。

柳田が『遠野物語』を著した頃の日本では、社会が近代化する中で、自然主義文学が登場し、言文一致体の文章によって近代科学における客観的「事実」を描写しようとするのが、文壇や論壇の主流になっていた。そうした時代に「独特の文語体」で「遠野という土地に生きた人びとにとっての『現在の事実』」を描き出した『遠野物語』は、時代の趨勢《すうせい》には合わないものだったかもしれない。しかし、世界は決して「近代科学によってその客観性が担保される」ような「均質な時空間などではありえない」のである。筆者が傍線部のような否定的な表現をしているのは、**人間にとっての事実は、自然派の小説で語られるような、言い換えれば、近代の言文一致体で表される「事実」に限定できるものではない**（↓c）からである。

以上の内容を整理すると次のようになる。

**a　「自然派」の小説で語られる「事実」は、近代科学における客観的な「事実」であり、それは自我と外界を切り分けることを前提としたものである**

**b　（aは）主体としての「自分」を意識し、その「自分」を語りの視点として固定する、近代の言文一致体で語られるのにふさわしい**

**c　しかし、人間にとっての事実は、aのような「事実」に限定できるものではない**

a～cの内容を踏まえている④が正解。ちなみに、④の「対象化された『事実』」はaの「近代科学における客観的な『事実』」を言い換えたものである。他の選択肢についても確認しておこう。

①　「『自然派』の小説家は、現実と非現実を巧みに融合させながら『事実』を大胆に描写しようとする」が不適当。「『自然派』の小説家」は、bにあるような言文一致体を用いて、「事実と虚構、現実と非現実といった世界の二項的な切り分けを前提とし」た記述を行っている（[13]）。

②　「『事実』を表現するのにふさわしいのは既存のレトリックに則《のっと》った文体の方である」が、本文にまったく述べられていない内容であり、不適当。

③　「小説において本来描くべきものは『事実』ではなく虚構の世界である」が不適当。このようなことは本文に述べられていないし、そもそもこの設問では、「『自然派』の小説で語られる『事実』」を筆者がどのように捉えているかが問題になっている。

⑤「近代文学と近代科学は根本的に相容れない性質を含みもっている」が、本文にまったく述べられていない内容であり、不適当。

**問6 【文章Ⅰ】【文章Ⅱ】を読んだ後の話し合いの中にある空欄に当てはまるものを答える問題**

空欄を補う問題では、空欄の前後の文脈を丁寧に確認し、空欄にどのような内容が入るのかを考えたうえで、本文に根拠を求めよう。

(i) **【文章Ⅰ】と【文章Ⅱ】の観点の違いについて答える問題**

X を含む文は、「【文章Ⅰ】では述べられていないけれど、【文章Ⅱ】では、『遠野物語』について、X」となっている。さらに X はその前の「どちらの文章も同じ題材を扱っているけれど、それを論じる観点には少し違いがあると思う」という生徒Bの発言を受けたものである。したがって、X に入る内容は、『遠野物語』について、【文章Ⅰ】には述べられていないが、【文章Ⅱ】には述べられている内容で、【文章Ⅰ】とは少し観点の異なるものだということがわかる。『遠野物語』について、【文章Ⅰ】の筆者と【文章Ⅱ】の筆者が、それぞれどのような観点で論じていたかを振り返ろう。

【本文解説】にも記したように、【文章Ⅰ】は、柳田國男の著した『遠野物語』の成立過程やその文学性などについて論じた文章である。それに対して、【文章Ⅱ】は、近代日本の社会状況や近代小説の特徴を考察したうえで、『遠野物語』の特徴やその意義について論じている。【文章Ⅰ】には述べられていない内容で、「観点」にも少し違いがあるところは、**【文章Ⅱ】が明治日本の社会と文学の状況を踏まえて『遠野物語』を論じている**点だ（↓a）と考えてよいだろう。

【文章Ⅱ】を確認すると、柳田國男が『遠野物語』を発表した当時は、自然派小説や言文一致体の文章が文壇の「主流」であった（9）のに対し、『遠野物語』は、言文一致体とは異なる「独特の文語体」で書かれており（10）、そこで描かれているものも言文一致体がつくりだす事実とは異なる「現在の事実」だ（13）ということが述べられている。このことから、**『遠野物語』は、当時の文壇の主流から外れていた**（↓b）と言うことができる。

以上の内容を整理すると次のようになる。

a **【文章Ⅱ】では、近代日本（明治の日本）の社会状況や文学の状況のなかで『遠野物語』が論じられている**

b **『遠野物語』は、当時の日本の文壇の主流からは外れていた**

aの内容を踏まえてbが書かれている②が正解。他の選択肢についても確認しておこう。

①「西洋文学の影響を色濃く受けたものであった」が不適当。【文章Ⅱ】の5などに明記されているように、西洋文学の影響を受けたのは、言文一致体や自然派の文学であり、『遠野物語』ではない。

③「明治の日本の文学において、次の主流になるべきものであった」が、【文章Ⅱ】に根拠のない内容である。

④「当時の日本の文学者たちに要請されて生まれたものであった」が、【文章Ⅱ】に根拠のない内容である。bで指摘したように、『遠野物語』は当時の文壇の主流から外れていたのである。

(ii) **【文章Ⅰ】と【文章Ⅱ】の、引用の用いられ方の違いについて答える問題**

Y の前の生徒Dの発言を見ると、「【文章Ⅰ】にも【文章Ⅱ】にも『遠野物語』の序文が引用されているけれど、序文についても、それぞれの文章でその用いられ方は異なるんじゃないかな」とある。この発言を受けて、Y があるのだから、それぞれの文章で『遠野物語』の序文がどのように引用されているかを確認すればよい。

【文章Ⅰ】では、冒頭に、『遠野物語』の「成立の過程は、すこしややこしいものです」と書かれ、序文が引用されている。そして筆者は、この序文の内容に触れながら『遠野物語』の成立の過程を説明し、『遠野物語』の特徴やその文学性について、自らの論を展開している。したがって、【文章Ⅰ】における引用の用いられ方については、次のようにまとめることができる。

**a　【文章Ⅰ】における引用は、『遠野物語』について考察するうえで前提となるような内容を説明するものであり、筆者が論を展開するにあたっての導入となるような役割を果たしている**

では、【文章Ⅱ】はどうだろうか。【文章Ⅱ】の9～13では、言文一致体の文章やそれを用いた自然派小説が描き出す「事実」がどのようなものであったのかが説明され、それとは異なる「事実」を描こうとしたのが『遠野物語』だと述べられる。そして、そうした『遠野物語』が書かれた経緯を説明するために、14で序文が引用される。つまり、筆者は『遠野物語』が描き出す「事実」について、自らの見解をより明確に伝えるために序文を引用したと考えられる。以上のことから、【文章Ⅱ】における引用の用いられ方については、次のようにまとめることができる。

**b　【文章Ⅱ】における引用は、『遠野物語』が描き出す「事実」について、筆者の考えをより明確にするという役割を果たしている**

a・bの内容を踏まえている③が正解。他の選択肢についても確認しておこう。

① 「【文章Ⅱ】では、ここまで述べてきた筆者の考えを否定するために取りあげられている」が、bに反しており不適当。

② 「【文章Ⅱ】では、読者がそうした知識を持っていることを想定したうえで用いられている」が不適当。読者に十分な知識があると考えているのならば、わざわざ序文を引用する必要はないだろう。

④ 「【文章Ⅱ】では、話題が大きく変わる際の契機として位置づけられている」が不適当。『遠野物語』と自然派の文学および言文一致体との違いについては、引用よりも前の9～13で説明されており、引用の後もその違いにもとづいて筆者の考えが展開されている。この引用が「話題が大きく変わる際の契機（＝きっかけ）」であると考えることには無理がある。

**(iii)　【文章Ⅰ】と【文章Ⅱ】の両方の内容から導き出せることを答える問題**

Z の前の生徒Aの発言を見ると、「言葉についての見解は、【文章Ⅰ】と【文章Ⅱ】で大きく異なるものではないように思うな」とあり、これを受けて生徒Dが「なるほど、【文章Ⅰ】で述べられていることと【文章Ⅱ】で述べられていることから考察すると」と述べている。したがって、Z には「言葉についての見解」について、【文章Ⅰ】と【文章Ⅱ】を踏まえているものを入れればよいことがわかる。

「言葉」についての見解を明確に述べているのは【文章Ⅱ】なので、まずはそちらから見てみよう。18に「ことばは、自我や外界を記述・描写するための、たんなる媒体（道具）ではない。ことばによって（ことばとして）構成されるこの世界は、均質な時空間などではありえない」と述べられている。

**a　言葉は、単に外界を記述する媒体（道具）なのではなく、言葉によって構成される世界は、均質な時空間ではない**

また、【文章Ⅱ】の3には、社会の現実が変化すると、「新しい日常の現実を記述する文体の模索」がなされ、「それまでの文章作法からの離反」が行われると述べられている。「前近代の文章規範との決別は、そのまま前近代的な社会関係との決別でもある」（4）のである。そこで、言葉についての見解として、次のようなことも導き出せる。

**b　言葉と社会は連動しており、社会が変化すると言葉はその規範**

**〈文章作法〉を変化させる**

次に、**【文章Ⅰ】**を見てみよう。9に、「そもそも語られる何かというのは、それが語られた時点で純然たるノンフィクションではなくなる。語るうちに無意識的にも混ざってくるフィクションこそ、語り手の感情の真実をあらわしている」と述べられている。「物語」すなわち人間が言葉を用いて語るところには、「語る人のものの見方、感じ方が投影され」る（＝投げかけられる。影響をもたらす）のである。**【文章Ⅰ】**からは、次のようなことが言えるだろう。

**c　言葉はそれを用いる人のものの見方や感じ方が投影されるものである**

**a**～**c**の内容を踏まえている②が正解。ちなみに、②の「決して普遍的なものではない」という部分は、**a**の「均質な時空間ではない」を言い換えたものである。他の選択肢についても確認しておこう。

①　「言葉は人間が周囲にある自然や事物を描写するための手段であり」が、**a**に反しており不適当。言葉は単なる「媒体（道具）」ではないのだから、「手段」とは言えない。

③　「言葉によって現実を表現できるなどというのは思い込みにすぎない」が不適当。**a**にあるように、その表現する現実は均質ではないが、現実自体が表現できないということは、**【文章Ⅰ】【文章Ⅱ】**のいずれにおいても述べられていない。

④　「言葉はそれぞれの社会にふさわしいレトリックを発達させながら進歩を続けてきた」が不適当。**b**にあるように、言葉は社会によって変化するものなので、それぞれの社会にふさわしいレトリックはあるだろう。しかし、レトリックを「発達」させ「進歩を続けてきた」ということは**【文章Ⅰ】**にも**【文章Ⅱ】**にも述べられていない。どちらの文章も、文語体を用いた近代的ではない『遠野物語』を肯定的に評価しているのだから、古いレトリックは新しいレトリックへと進化するはずだという考えを持っているとは考えられない。

## 第2問　現代文

【出典】

**本文**　林芙美子「夜福」の一節。「夜福」は、一九四七年発行の著作集『旅館のバイブル』（大阪新聞社東京支社）に掲載された。今回の本文は、『林芙美子全集』第一五巻（一九七七年　文泉堂）によった。なお、作問の都合上、歴史的仮名遣いを現代仮名遣いに変更するなど表記を改めたほか、途中に一部省略がある。

　林芙美子（はやし・ふみこ）は、一九〇三年福岡県門司《もじ》市（現在の北九州市門司区）生まれの小説家（生前、本人は一九〇四年山口県下関市生まれと語っていた）。行商人であった母とその再婚相手とともに各地を転々とするが、広島県尾道《おのみち》市に移り住んだ時、小学校の教員に文才を認められ、尾道の高等女学校に進学する。卒業後上京し、さまざまな職につきながら詩や童話などを創作。一九三〇年に自身の体験を綴《つづ》った自伝的小説『放浪記』で一躍流行作家となる。戦中・戦後も精力的に執筆活動をつづけたが、一九五一年、四十七歳で急逝した。『放浪記』のほかに『風琴と魚の町』『清貧の書』『晩菊』などの作品がある。

**資料**　「軍事郵便について」と題した文章は、小学館『日本大百科全書（ニッポニカ）』「軍事郵便」の項目（執筆者は園山精助。二〇二三年三月十日閲覧）からの引用。

　「戦時下に作られた川柳」のイラストは、雑誌『青年』（大日本青年団本部　一九四〇年一二月一日発行）に掲載された、谷脇素文の作品。川柳の作者は不詳である。

　谷脇素文（たにわき・そぶん）は、高知県生まれの漫画家、挿絵画家（一八七八～一九四六）。日本画を学び、高知新聞社に勤務した後、上京。川柳に漫画を添えた「川柳漫画」を数多く発表した。

【本文解説】

　まずは本文を三つの場面に分けて、その内容を確認していこう。

**Ⅰ　久江は、複雑な思いを抱えながら元夫・大吉郎に逢《あ》いに行く**（本文冒頭～傍線部**Ａ**）

　小説の舞台は昭和初期の東京。主人公の久江は、四十七歳の女性である。リード文（前書き）によると、久江は夫の大吉郎と別れた後、一人で宿屋を切り盛りしながら息子の清治を育ててきたが、その清治を戦争で亡くしてしまった。本文は、久江が大吉郎に呼び出されて浅草の料理屋に向かう場面から始まる。

　久江の思いは複雑である。今さら別れた夫と逢うことになり、「あんまりいい気持《きもち》ではなかった」のだ。かつて二人は「厭《いや》な別れかた」をし（Ⅱの部分で明らかになるが、かつて大吉郎は、久江や清治との生活よりも、そのという女性と一緒になることを選んだのである）、その後は偶然顔を合わせる程度であった。息子の清治が出征する時でさえ、現在の妻であるそのを介して「せんべつ（＝餞別。別れのしるしに贈る金品のこと）」をよこしたにすぎない。そんな大吉郎が、今さら久江を呼び出したところで「何も用事はないはず」なのだ。

　一方で、久江は自分が「まるで十七八の小娘のように他愛のない（＝しっかりしたところのない）女心になっている」ことに「口惜し」さを感じていた。「四十七にもなって、女が世間を迷い歩くということは、あまりみっともいいことではない」と思いつつも、大吉郎が初めて「自分から電話をくれ」、一度断ったにもかかわらず、どうしても逢いたいと懇願してきたので、つい応じることにしてしまったのだ。そこには、息子の清治を亡くしたことによる心の弱りがあることを、久江自身もわかっていた。だからこそ久江は、亡くなった清治が「お母さんも淋《さび》しいのですから、何とかよりを戻して下さい」と「大吉郎をさそいに行った」のかも知れないなどと、言い訳じみたことを考えてしまうのだろう。もちろん今さら大吉郎と本当に「よりを戻」すようなことはないだろうが、自分が「臆面もなく（＝恥ずかしげもなく、ずうずうしく）」大吉郎に逢いにきてしまったことも、「死んだ清治の頼み」だと思えば、なんとか理屈がつくというものだ。久江はそうした物思いにふけりながら、大吉郎の待つ料理屋へ向かうのだった。

ここでは、大吉郎と二人で逢うにあたってあれこれと思いを巡らせる久江の気持ちを細やかに読み取っておこう。

**Ⅱ　久江は、大吉郎から息子・清治に子供がいることを聞かされる**（傍線部B～傍線部E）

料理屋に着くと、大吉郎は奥まった部屋で久江を待っていた。久々に顔を合わせた二人は「妙に白けてしまって、何から話し出していいのか」わからないといった雰囲気になるが、久江のことを気遣いながら、運ばれてきた鍋の用意を自らこまめに行う大吉郎の姿に、久江は昔と違う彼の新しい一面を見たような気持ちになる。

やがて、大吉郎が言いにくそうに切り出した話は、久江にとって思いもよらないことだった。亡くなった清治に子供がいるというのである。清治の子供を生んだのは、「大吉郎を久江からうばった女」であるそのの親類で、福という娘であると聞き、久江は信じられず「おそのさんのいいがかりのようなンで、お芝居じゃありませんか」と怒りに震える。出征する前の清治は、そうした相手がいることを久江に一言も告げていなかったのである。しかし、大吉郎の話によると、清治は、久江のことを思って直接久江には言い出せなかったが、大吉郎や福に宛てた手紙のなかで、福を妻にしたいので、何とか、自然な方法で久江に話してくれないか、と頼んできていたというのだ。清治が戦死した今、福やその子供の将来については考えてやらなければならない。久江の露月町の家が売りに出されるという話も耳にしたので（原典では、本文で取り上げた部分よりも前のところで、清治が戦死し世の中も変化するなか宿屋商売に嫌気がさした久江が、家を売らないかという申し出を受け、それについて考える場面がある）、一度久江と逢って、これからのことを相談したいと思った、と大吉郎は言うのである。

久江は、信じられない思いで大吉郎が持参した清治の手紙を手に取るが、そこにはまぎれもなく亡き息子の懐かしい筆跡で、大吉郎が言ったような内容が書かれていた。それを読んだ久江は、「これほどまでに、自分に遠慮していたのか」と、清治のことを「いじらしく（＝けなげで、いたわしく）」思い、胸がいっぱいになった。

ここでは、思いもよらない話をいきなり聞かされた久江の心情を丁寧に読み取っておきたい。亡くなった息子に愛した女性がいたばかりでなく、その女性との間に子供までいると突然聞かされた久江が驚くのは無理もないことである。しかも、一人で苦労して育ててきた清治の愛した女性が、元夫の現在の妻であるそのの縁者であり、また自分だけがそうした事実を知らされずにいたことに、久江は深く傷つき、怒りを覚えずにはいられなかったのである。ただその一方で、清治がなぜ自分の口から福や二人の間の子供のことを自分に打ち明けられずにいたか、その理由も久江には理解できた。だからこそ、久江の怒りは大吉郎やその、福に対して向けられることはあっても、清治に直接向けられることはないのである。久江は、大吉郎と清治の間に通じるものを感じて、「（あなたの血を引いているから……）」と大吉郎を恨むような気持ちになりもしたが、清治に対しては、母である自分が傷つくことのないように取り計らおうとしてくれていたことが「いじらしくて仕方がない」のである。亡くなった息子を慈しむ久江の思いは並々ならぬものであるのだろう。

**Ⅲ　久江は、福と清太郎に逢う**（「翌《あく》る朝、大吉郎との約束どおり……」～本文末）

翌朝、大吉郎と約束したとおり、福という娘と子守におぶわれた赤ん坊が久江のもとを訪ねて来た。この場面では、初めて清治の実家を訪れた福と、わだかまりを抱えながら福やその赤ん坊に対面する久江の心情に着目しておきたい。

福は、清治と将来を誓い合い子供まで生んだが、それは清治の母である久江に隠して行ったことである。久江の許しを得ないままであることに、福はずっと負い目を抱えていたことだろう。また清治が戦死してからは、残された自分や赤ん坊の将来への不安を抱えつつ、清治の位牌《いはい》（＝死者の戒名などを記したもの）や遺品が安置されている清治の実家を訪ね、その死を悼むことさえも許されないという、辛い日々を過ごしていたに違いない。「福は仏壇の前へ行きたくて仕方がないような赤い顔をして」という描写からもわかるように、ここでの福はようやく清治の位牌に手を合わせることができると気が急《せ》いているのである。久江に促されて仏壇の前に進んだ福は、仏壇に向かって長い間「畳に額をつけて拝んでいた」。福は、久江に声をかけられても顔を上げることなく静かに泣いていたのであるが、それは、清治を失った悲しみや、久江や清治の祖母に対する申し訳なさなど、これまで福が抱えてきたさまざまな思いがないまぜになり、一気に込み上げてきたからだと捉えることができるだろう。

一方の久江は、大吉郎と逢った日の夜、清治の祖母である母にすべてを打ち明け、涙を流していた。自分のあずかり知らぬところで清治の子供を生んだ福の訪問を歓迎する気持ちにはならなかったとしても、「兎《と》に角、一晩たったということは、福へ対しての怒りを、ほどよく冷ますのに十分であった」。久江の前に現れた福は、「久江のように小柄で、美人ではなかったけれども、人好きのする柔和な顔だち」をした娘である。この場面では福の服装や外見について多くの描写がなされており、久江が福を事細かに見ている様子がうかがえる。清治が愛した娘である福は、「久江にはきれいに見えた」。そして、福が連れてきた赤ん坊は「清治に生《いき》うつし」であった。久江は、あどけない赤ん坊の様子に思わず手を伸ばして抱き上げ、かしこまっている福にも穏やかに言葉をかける。仏壇の前で「しばらく畳に額をつけて拝んでいた」福に対して、久江は、清治の学生のころの日記に、夜に福と逢ったことを示す「夜福」という文字が何度も書かれていたことを話したが、それは清治が福を愛していたことを示すエピソードである。そうしたことを話す久江のありようからは、福に対する精一杯の気遣いや優しさが感じられるだろう。赤ん坊の名前が清治の名前の一字をとった「清太郎」であると聞き、久江は赤ん坊の頬に額を押しつけながら「何とも名状しがたい（＝言葉で表現することができない）熱い涙」を流す。かけがえのない息子を失った悲しみ、思いがけなくその忘れ形見を胸に抱いていることの感慨、残された福に対する思いなど、久江の胸にさまざまな気持ちが去来し、言葉にならない感情があふれ出たのである。

**【設問解説】**

**問1　元夫に逢《あ》いに行く際の久江の心情を答える問題**

傍線部を含む一文の内容から、久江は、自分が元夫の大吉郎からの「電話に吊《つ》られて臆面もなく（＝恥ずかしげもなく、ずうずうしく）」彼に逢いに行こうとしていることを「後悔」しているが、それが「死んだ清治の頼みなのだろう」と思いなし、「理屈をつけ」ようとしているということがわかる。傍線部は、久江が大吉郎に呼び出されて逢いに行くまでを述べた場面（**【本文解説】**でⅠとした部分）の最後に位置しているので、この設問に答えるためには、この場面で描かれている久江の心情を整理したうえで、傍線部の「理屈」の内容を読み取る必要がある。

まず、久江はなぜ大吉郎に逢いに行くことを「後悔」しているのだろうか。本文冒頭から第四文目に「別れて久しい良人《おっと》に会うことが、久江にはあんまりいい気持《きもち》ではなかった」と書かれている。大吉郎と別れたいきさつについては、大吉郎と電話をする久江の言葉に「あんな厭《いや》な別れかたをして」とあるが、それについては**【本文解説】**でⅡとした部分で、大吉郎は久江や清治との生活よりも、そのという女性と一緒になることを選んだという事情が述べられている。久江は大吉郎と別れて以来、「二年に一度位」、「何かの偶然で逢ってはいた」という程度で、二人は疎遠になっていた。その間、久江は旅館の経営で生計を立て、一人で清治を育ててきたのだ。そんな過去があるにもかかわらず、大吉郎は清治が出征するときでさえ、後妻のそのにせんべつ（＝餞別。別れのしるしに贈る金品のこと）を持ってこさせるという薄情なありさまである。清治が戦死した今になって逢いたいと言われても、今さら何の用事があるというのだろうか、と久江は思うのである。ここではまず、**久江と大吉郎は、過去に「厭な別れかた」をして以来、疎遠になっている**（→a）ということを押さえておこう。第四文目に続いて、「四十七にもなって、女が世間を迷い歩くということは、あまりみっともいいことではない」と書かれているが、ここで「世間を迷い歩く」と言われていることが、中年の女性が伴もつれず街をぶらぶら歩くことなのか、女性が通り一遍でない人生を歩むことなのか、意味するところは定かでない。ただ、久江が今さら大吉郎と逢うことはみっともないようなことだとも感じていることは読み取れるだろう。

では、そんな大吉郎と逢うことにしたのはなぜなのか。さらに続きを見ると、「清治のいなくなったいまでは妙に気持が弱くなってしまっていて、まるで十七八の小娘のように他愛のない（＝しっかりしたところのない）女心になっているのが久江には口惜しかった」と書かれていることに注目しよう。大吉郎は、別れて以来初めて久江に電話をかけてきて、執拗なまでに逢いたいと懇願してきた。そうした大吉郎の態度が、清治を亡くし、辛《つら》く、心細い日々を送っている久江に、大吉郎をどこか頼みとするような気持ちを起こさせたとしても不思議はないだろう。そして、**久江は大吉郎と逢うことに対して、どこか心の華やぎのようなものを感じてしまい、つい「臆面もなく（＝恥ずかしげもなく、図々しく）」逢いにきてしまった**のである。**そんな自分が、久江自身には「口惜しかった」**のだ（→b）。

先に記したように、今の久江は、清治を戦争で亡くしたばかりであり、「気持が弱くなって」いる。そこで、大吉郎が突然自分に電話をかけてきたのも、「亡くなった清治がお化けになって、大吉郎をさそいに行った」からかもしれないと考えたりもする。**久江は、大事な息子を亡くして消沈している自分を見兼ねた清治が、「お母さんも淋《さび》しいのですから、何とかよりを戻して下さい」と取り計らってくれているのかもしれない、と思おうとしている**（→c）のである。もちろん、今さら大吉郎と本当によりを戻すようなことはないにしても、「死んだ清治の頼み」であれば、大吉郎と二人で逢うことも致し方ない、と久江は自分に「理屈をつけてみる」のである。

以上の内容を整理しよう。

**a　久江と大吉郎は、過去に「厭な別れかた」をして以来、疎遠になっている**

**b　久江は、大吉郎に逢いたいと懇願され、他愛のない気持ちで逢いに行こうとしている自分を口惜しく思っている**

**c　久江は、戦死した清治が、自分が淋しく過ごしているのを見兼ねて、大吉郎と逢わせようとしているのではないかと自分に言い聞かせようとしている**

a～cの内容を踏まえている、④が正解である。「ひどい別れかたをした元夫」がaに、「いそいそと逢いに行こうとしている自分に嫌気もさす」がbに、「これも亡き息子のはからいであるのなら、それに従うのもいいのではないかと自分に言い聞かせようとしている」がcに、それぞれ対応している。他の選択肢についても確認しておこう。

①「とうの昔に別れた夫婦が再び顔を合わせることは許されない」が間違い。「女が世間を迷い歩くということは、あまりみっともいいことではない」という表現から、久江自身が別れた夫と逢うことを外聞の良くないことだと考えている可能性はあるが、別れた夫婦が逢うことが「許されない」とまでは本文に書かれていない。

②「戦死した息子の最後の願いである以上」が間違い。確かに久江は大吉郎と逢うことを「死んだ清治の頼みなのだろう」と考えてはいるが、それはあくまで久江の想像にすぎない。しかし、この選択肢は、本当に清治が亡くなる前に願っていたように書かれているため、cの説明として不適当である。また、「もう一度関係を築きなおすべきではないかと考えようとしている」も間違いである。傍線部は、久江が今から大吉郎に逢う自分について「理屈をつけてみ」ているのであり、ここで久江が大吉郎との関係をやり直すことを前向きに考えているとまでは言えない。

③「別れて以来顔すら合わせていない元夫」がａの説明として間違っている。「別れてからも二年に一度位は何かの偶然で逢ってはいた」と本文に述べられている。

⑤「息子を失った今となっては頼れる者は元夫だけなのだから、直接逢って今後のことを相談するしかない」が間違い。久江が息子を失ったのは事実だが、頼りになる人が大吉郎以外にいないかどうかは本文に書かれていない。また、久江は大吉郎に呼び出されて逢いに行こうとしているのであって、自分の今後のありかたを相談しに行こうとしているわけではない。

**問２　傍線部からうかがえる大吉郎の心情を答える問題**

傍線部は、怒りに身をふるわせる久江に対して大吉郎がかけた言葉である。このときの大吉郎の心情は直接本文には書かれていないため、傍線部を含め、彼が語った言葉などから読み取ることになるが、その際には、大吉郎に対する久江の心情や振る舞いについての説明も合わせて考えていく必要がある。以下に整理してみよう。

まず傍線部の前半で、大吉郎は**「あんたが怒るのも無理はないさ」と久江の怒りに理解を示している**（→ａ）。大吉郎と別れた後、久江が息子の清治を一人で苦労しながら育ててきたことは、大吉郎もよく承知しているはずである。その清治が戦争で亡くなってしまい、その知らせを受けた後に、実は清治には子供がいて、しかも相手の女性が大吉郎の現在の妻・そのの親類の娘である、といきなり聞かされた久江が衝撃を受けるのは当然だ、と大吉郎も感じているのだろう。生前の清治はそうしたことを久江に全く告げていなかったし、何しろ久江にしてみれば、「大吉郎を久江からうばった女」であるそのが、知らないうちに清治にまで関わっていたというのである。大吉郎はこの話を切り出すときにも「お前さんにはまことにいいづらいンだけど……」と言い淀《よど》んでおり、このことからも、大吉郎は、久江がどんな反応を示すかある程度予想していたのだろうと考えられる。

しかし傍線部後半で、大吉郎は「無理はないけれど、話は話だ」と話題を先に進めようとしている。そして、生前の清治が福と一緒になりたいと考えていたこと、久江の気持ちを考え、直接そのことを久江に言い出せなかった清治が、大吉郎に宛てた手紙では、福と赤ん坊のことを何とか自然に久江の耳に入れてくれないかと頼んでいたこと、清治が戦死したと聞いてしばらくは様子を見ていたが、福と赤ん坊の将来を心配し、一度久江と「とっくりと（＝じっくりと念入りに）相談」しようと思ったことなどを、久江に話して聞かせている。要するに、大吉郎は、**久江の気持ちは理解できる**（→ａ）が、**亡くなった清治の思いや、残された福や赤ん坊の将来のことなどを考えて、久江ときちんと話をし、久江にもわかってほしいと思っている**（→ｂ）のである。大吉郎の心情を整理しよう。

**ａ　久江が怒るのも無理はないような話をしていることは十分に承知している**
**ｂ　亡くなった清治の思いや、残された福や赤ん坊の将来のことなどを考えると、久江にきちんと話をし、久江にもわかってほしいと思っている**

ａ・ｂの内容をきちんと踏まえている選択肢は①であり、これが正解である。「久江にはなんとか聞き分けてもらいたいと思っている」の部分については、〈聞き分ける〉という言葉に〈人の言うことを聞いて納得し、それに従う〉といった意味もあることを考えれば、怒りに我を忘れんばかりの久江に対する大吉郎の思い（ｂ）の説明としてふさわしいと言えるだろう。他の選択肢についても確認しておこう。

②まず「おそのが息子と親類の娘との仲を取り持ったことへの怒りに震える久江」が不正確である。傍線部の次の一文に「清治と福が出来たのを知ったのはそのであった」とあることから、そのは二人が親しくなった後に二人の仲を知ったのであって、「仲を取り持った」とまで言える

かどうかはわからない。しかもこの選択肢では、久江がそのに対してだけ怒りを向けていることになってしまっている。また、「久江にはおそののことを大目に見てやってほしいと思っている」もbとして不正確である。大吉郎にそのような気持ちがあったとしても、ここでの大吉郎は、福や赤ん坊の将来のことを心配して久江と相談したいと思っているのであり、そのについて寛容であって欲しいということだけを頼んでいるわけではない。

③「息子の行動を嘆く久江」が間違っている。傍線部の前の発言の中で、久江は、「あのひと（＝清治）は、何だって私に相談してい」たのだから、自分が今聞いたにわかには信じがたい話は、そのの「いいがかりのような」もので「お芝居」ではないか、清治は出征するときにも、自分には「満一（＝万一）のことまでちゃんといいおいて行った」が「あなた（＝大吉郎）のことなんか一言もいわな」かった、と言っている。つまり、ここで久江が「腹が立って来て指がぶるぶる震え」ているのは、大吉郎やそのに対する感情のせいであって、「息子の行動を嘆」いているわけではない。

④「露月町の宿屋を売ることを思いとどまらせるために、亡き息子に忘れ形見がいることを久江に知らせた方がいいと思っている」が間違い。確かに大吉郎は、傍線部のあとの発言の中で、「何でも露月町じゃ家を売ってしまうというような話も出てるンだとかで、このさきはどんな風になるのか、俺も妙に心配だった」と述べており、露月町の宿屋を久江が手放すかもしれないという話を耳にしていたようである。ちなみに、この小説の舞台である昭和初期の日本では、長男が家督を継ぐことが民法で定められていたから、清治に息子がいるとなると、その息子は露月町の宿屋の跡継ぎということにもなろう。それを知らずに久江が勝手に宿屋を売ってしまうのはよくない、と考えることも、できないことはない。しかし、大吉郎がここで久江に宿屋を売ることを「思いとどまらせるために」清治の息子の存在を告げたと断定することには無理がある。大吉郎は、生前の清治の思いを理解し、清治の息子やその母親である福の今後の生活をどうしてやったらよいか、久江と「とっくりと（＝じっくりと念入りに）相談」しようとしているのである。確かに今後取りうる選択の一つとして、宿屋を売らずに続けていくということもあるかもしれないが、この時点でそのように仕向けるために、清治に息子がいることを久江に告げたのではない。

⑤「自分の過去の行いについて久江が怒るのはもっともなことだ」が間違っている。ここで久江が怒っているのは、大吉郎の「過去の行い」に対してではない。久江は、清治に将来を誓った女性やその女性との間にできた子供がいて、そのことに大吉郎やそのが関わっていると突然聞かされたことに衝撃を受け、怒りを感じているのだ。また、「その息子が遺した子供は自分と久江にとって大切な存在なのだから、久江には最後まで話を聞いて一緒に考えてほしいと思っている」もbとして不正確である。確かに清治の息子は久江と大吉郎にとって孫にあたる「大切な存在」には違いないが、ここでの大吉郎はそうしたことを理由に久江に話をしているわけではない。

**問3　傍線部に至るまでの久江の心の動きを答える問題**

この設問では「ここに至るまでの久江の心の動き」が問われているので、傍線部やその直前だけでなく、大吉郎の話を聞いてから傍線部までの久江の心情を丁寧に読み取ることが必要である。

まず、久江は、**大吉郎が「清治に子供があるンで、その話なンだがね」と切り出した時点で「まア！」と驚いている**（→a）。ただし、久江を驚かせたのはそれだけではなかった。清治は大学生の頃からたびたび大吉郎の家を訪ねていたというのである。久江は、大吉郎と「あんな厭《いや》な別れかた」をした過去があり、その後の自分が苦労する姿を見ながら育った清治も、大吉郎を「しっかりうらんでいるはず」だと久江は考えていたのである。それなのに、**自分の知らないところで、清治は大吉郎の家に足繁《しげ》く通**

**い、そこで福という娘と親しくなっていた。しかも、福は「大吉郎を久江からうばった女」であるそのの親類だというのだ**（→b）。そのは大吉郎だけでなく、清治まで自分の元から奪おうとしていたのか、と久江が逆上しても不思議はないだろう（実際は、「清治と福が出来たのを知ったのはそのであった」とあるので、そのは意図的に清治と福を結びつけたわけではないようである）。**衝撃のあまり怒りに震えた久江**（→c）は、**すべて「おそのさんのいいがかりのようなンで、お芝居じゃありませんか」という無遠慮な言葉まで口にする**（→d）。ここまでの久江の心情を整理すると、次のようになる。

a　**清治に子供がいたと知らされる**

b　**清治が大吉郎やそのの家をたびたび訪れ、そこで福と親しくなったと知らされる**

c　**（a・bに）衝撃を受け、怒りに震える**

d　**（a・bを）信じられず、そのの作り話ではないかとまで言う**

そこで、大吉郎は、福や子供の状況、今になって久江に話すことになった経緯などを説明するが、久江は「ほんとですかねえ……信じられませんねえ、そんなこと……」と半信半疑である。そんな久江の心を動かしたのは、大吉郎や福のもとに届いた清治の手紙であった。**手にとってみると、まぎれもなく今は亡き息子の懐かしい筆跡であった**（→e）ので、「久江は胸の中が熱くなっ」た。自分の知らないところで女性と親しくしていたなんて、やはり清治も大吉郎の「血を引いている」のだと**心のなかで大吉郎に怒ってみる**（→c）が、大吉郎が話したように、清治は決して自分を疎んじていたのではなく、自分のことを気遣っていたのだ。久江は、**清治が母である自分を気遣い、さまざまに思い巡らしていた**（→f）ことに感じ入り、**その気持ちが「いじらしくて（＝けなげで、いたわしくて）仕方がない」と思う**（→g）のである。ここまでを整理すると、次のようになる。

e　**清治が書いた手紙を読んだことで**

f　**清治が母である自分を気遣ってくれていたことを感じる**

g　**久江は清治の気持ちをいじらしく思い、切なくなっている**

**a〜g**を過不足なく述べている⑤が正解である。ちなみに「あまつさえ」とは〈別の物事や状況が加わるさま。悪いことが重なるときに多く用いる。そのうえ〉といった意味である。他の選択肢についても確認しておこう。

①　**a・c・e**などを踏まえているが、まず「息子が亡くなった今になって知らせてくる元夫やおそのに対して震えるほどの怒りを覚え」が、**b**や**d**からややズレている。久江が大吉郎やそのに対して覚えている怒りは、清治の息子の存在を「今になって知らせてくる」という一点だけに対するものではない。また、それ以上に、「息子が生きている間に自分が何もしてやることができなかったと悔やんでいる」が、本文から読み取れない内容である。

②　**a・b・c・e**などを踏まえているが、「自分に対しては心から打ち解けていたわけではなかったのだと実感し、寂しく思っている」が、本文からは読み取れない。確かに清治は久江に対して秘密を抱えていたが、清治の手紙を読んだ久江が感じたのは**f**のような心情であり、久江はそうした清治の気持ちを「いじらしく」思っているのである。この設問で問われているのは、そんなふうにして「いじらし」いと思うに至った久江の心情であり、その心情を「寂しく」思うに至ったと説明しているこの選択肢は、設問に対応しておらず、正解にならない。

③　**a・c・e**などを踏まえているが、「今は亡き息子が生前最後にその娘と一緒になることを望んでいたのなら、二人のことを許してやりたいという気持ちになっている」が、傍線部の久江の心情説明として不適当である。清治の手紙を読んで久江が抱いたのは**f**や**g**のような思いであり、ここで清治と福の仲を「許してやりたいという気持ち」になってい

るわけではない。

④　**b・c・e・f**などを踏まえているが、そのが清治と福を意図して「引き合わせた」とは本文に書かれておらず、「息子に親類の娘を引き合わせたおその」とまで言えるかどうかは確定できない。また、もしそう言えたとしても、「手紙を読むと、こうなったのも息子が元夫の血を引いているせいだと合点がいき」が**g**から外れている。確かに久江は、清治の手紙を読みながら「(あなたの血を引いているから……)」と大吉郎に心の中で怒っているが、そのことで「こうなった（＝そのに元夫だけでなく息子まで奪われたこと）」ことに「合点がい」った（＝納得した）わけではない。ここでの久江は生前の清治の気持ちを思い「いじらしく」感じているのである。

**問4　初めて顔を合わせた久江と福のありようについて答える問題**

この設問では、久江が大吉郎に話を聞いた翌日、久江の家を訪ねてきた福と、それを迎える久江の双方について問われている。この場面における両者の心情は、本文で詳細に説明されているわけではなく、特にこの場面にしか登場しない福の内面は、そのふるまいから推し量るしかないが、思い込みで決めつけてしまわないよう、本文の記述に沿って慎重に読み取っていこう。

まず、福について。久江の家を訪れた福は「仏壇の前へ行きたくて仕方がないような赤い顔をして襖《ふすま》のそばへきちんとかしこまっていた」。久江の家は清治の実家であり、仏壇には当然、亡くなった清治の位牌《いはい》（＝死者の戒名などを記したもの）がまつられている。福と清治は大吉郎の家で親しくなり、子供までもうけたものの、久江の許しを得た仲ではなかったため、清治が戦死してから今まで、福は清治の位牌を拝むことさえできなかったのだ。福にとって、久江の家を訪問することは、清治の母や祖母と初めて対面するという緊張のときであるとともに、**ようやく清治の位牌に手を合わせることができる**、待ちに待った機会でもあったのである。恐縮し「きちんとかしこまって」いた福は、久江に促されて仏壇に線香をあげるが、ただ手を合わせるのではなく、仏壇の前の「畳に額をつけ」、ひれ伏すような格好で拝んでいる。こうした福の姿からは、清治に対する思いの深さを感じることができるだろう。

一方の久江は、自分に内緒で清治との間に子供をもうけた福に怒りを覚えていたが、一晩たってそれを「ほどよく冷ます」ことができていた。初めて逢う福は「久江のように小柄で、美人ではなかったけれども、人好きのする柔和な顔《かお》だち」をしており、「久江にはきれいに見えた」とあることから、久江は福に対して悪い印象は持たなかったのだろうと考えられる。**久江が福に、清治が夜に福と逢ったことを日記に「夜福」と記していたという話をしたのも、自分の前で緊張し身の置きどころがないであろう福を和ませ（→a）**、「笑わせるつもりだった」のである。

ところがその話を聞いても、福は笑うどころか「黙って畳に額をすりつけたまま静かに泣いていた」。この時の福の内面について本文では明確に説明されているわけではないが、ここまでのいきさつや福の様子を踏まえると、**福は亡き清治への思い、久江に対する申し訳なさや恥ずかしさなど、さまざまな思いが込み上げ、顔を上げることができないでいる（→b）**と考えられる。ここでの久江と福について整理すると、次のようになる。

**a　久江は福に、清治が夜に福と逢ったことを日記に「夜福」と記していたという話をしたが、それは福を和ませようとしたためである**

**b　仏壇に向かって畳に額をつけて拝んでいた福は、亡き清治への思い、久江に対する申し訳なさや恥ずかしさなど、さまざまな思いが込み上げ、顔を上げることができないでいる**

**a・b**の内容を踏まえている④が正解である。他の選択肢についても確認しておこう。

① 久江が「ようやく福を許す気持ちになった」が、本文から確定できない内容である。この場面でわかることは、久江が福を好ましく思い気遣っているということであり、「福を許す気持ちになった」とまで言えるかどうかはわからない。また、bで示したように、福が泣いているのにはさまざまな理由が考えられるので、「久江に対して詫《わ》びる言葉を探しあぐねている」と断定することはできない。

② 久江が「福をこの家に迎えようとしている」が間違い。久江が福や赤ん坊のこの先の生活について、そうした考えを持っていたかどうかは本文から読み取ることができない。また福についても、久江に「許しを乞うている」という点だけに限定している点が、bとして不十分な説明である。

③ 「久江に対して含むところのある福」が間違いである。「含むところのある」は、〈恨みや怒りなどを心中に抱いている〉という意味であるが、福が久江にそうした思いを抱いていたということを本文から読み取ることはできない。また福が「久江の真意を理解することができずにいる」も本文から確定できない内容である。むしろ、久江に対して負い目のようなものを感じていた福にとって、aのような久江のあたたかい言葉は胸にひびいたと考える方が自然だろう。

⑤ 久江が「福に対する憤りを隠して」が間違い。久江は前日に大吉郎から話を聞いて怒りを覚えたが、一晩たってその怒りを「ほどよく冷まし」ていたのだから、福に対する「憤りを隠して」いたとは言えない。また、「そうした久江の複雑な気持ちに気づくことのない福」も、本文に根拠がない。

**問５　傍線部からうかがえる久江のありようについて答える問題**

傍線部は、清治の子供を抱いた久江が涙を流す様子を表現したものであるが、「名状しがたい」は〈言葉で表現することができない〉といった意味であることから、このときの久江が、自分がどんな感情を抱いており、なぜ涙を流しているのか、自分でも説明することができない状態であることがわかる。傍線部直前に「不意に」とあるのも、これが予期せぬ事態であることを示している。こうした点を踏まえたうえで、ここまでの経緯を確認していこう。

久江は、福が連れてきた「清治に生《い》きうつし」の赤ん坊が「思いがけないあどけさで両の手を久江の方へのばして来る」のを見て、すぐさま腕に抱いた。久江は、その可愛らしい様子を間近に見ながら、かつて「こんな風に清治を抱いて海を見に行ったことがあったっけ」と、清治の幼い頃のことを思い出す。腕の中にいる赤ん坊を、清治の幼い頃の姿と重ね合わせているのである。そしてさらに、赤ん坊が「清治」の「清」の字を取って、「清太郎」と名づけられていることを知る。久江について、ここまでの内容を整理すると、次のようになる。

**a　久江は、清治にそっくりの赤ん坊を抱き上げる**
**b　かつて清治が幼かった頃のことを思い出す**
**c　赤ん坊の名前が、清治の名前から一字を取った「清太郎」であると知る**

こうした流れの中で、久江は、少し前まではその存在さえ知ることのなかった、清治の忘れ形見である「清太郎」の存在を、確かな現実としてだんだんと受け止めていったと考えることができる。そして、そこに至るまでには感覚的なものが多分に影響していただろう。久江は腕の中の「乳臭くて可愛」い赤ん坊の頬についた髪の毛を「唇で吹いて取って」やったり、傍線部直前では「子供の柔《やわら》かい頬に自分の額を押しつけてみ」たりしている。触感やにおいなどの感覚は、頭で理解するよりずっと深い身体の奥底に働きかけることがあるが、久江は赤ん坊のにおいや柔らかさや温《ぬく》もりを感じたことで、その赤ん坊が今は亡き清治の息子であり、自分の孫であることを感得したのである。そしてそのことによって、亡くなった清治や、自分をも含む残された者たちについての、言葉にできないさまざまな感情が一挙に押し寄せ、涙が流れたのである。ここまでの内容を整理すると、次のようになる。

**d　久江は、赤ん坊の匂いをかいだり頬の柔らかさに触れたりする**

**e　亡くなった清治をめぐるさまざまな思いを抱く**

また、最初にあげた「名状しがたい」の意味を踏まえると、解答には次のような要素もあることが望ましい。

**f　言葉にならない思いを抱く**

**a〜f**の内容を最も正確に踏まえているのが③であり、これが正解である。他の選択肢についても確認しておこう。

① 赤ん坊を抱き上げ、「その頬の柔らかさに触れているうちに、亡くなった息子にそっくりであることに気づいて嬉《うれ》しくなっている」が間違い。久江は赤ん坊を抱き上げる前に、「清治に生《いき》うつしである」ことに気がついている。

② 「自分を裏切った清治と福に対する鎮めがたい怒りを覚えていた」が間違い。**【本文解説】**Ⅱでも確認したように、久江は、清治に対して怒りを覚えたりはしていない。また、大吉郎から話を聞いたときに久江が福に対して怒りを覚えたのは確かだが、そうした怒りも「一晩たった」ことで「ほどよく冷」めていたのだから、福に逢ったときに「鎮めがたい怒りを覚えて」いたわけではないだろう。さらに、「赤ん坊が亡き息子の名前の一字を用いて命名されたことを知ってわだかまりが消え」たかどうかも本文から確定できないし、「息子の代わりにこの母子を見守っていこうという気持ちになっている」かどうかも本文からはわからない。

④ 「二人を守り続けることを亡き清治に誓う」や、「自分の短慮さを悔い、はじめて福に対して申し訳ないという気持ちになっている」が、いずれも本文から読み取れない内容である。

⑤ 福について「その赤ん坊を優しく見守る母親」と説明しているが、福が赤ん坊をどう見ていたのかは、本文に述べられていない。また、「父親である息子も本来ここにいるはずだったのだと思い至り」や、「息子の無念さに思いを馳《は》せている」といったことは、いずれも本文から読み取れない内容である。もちろん、ここで久江が亡き清治のことを思っている可能性は十分に考えられるが、「赤ん坊と……母親（福）を見ているうちに……息子も本来ここにいるはずだったのだと思い至り、……息子の無念さに思いを馳せ」るようになった、という因果関係を本文から読み取ることは、やはり無理があるだろう。

**問6　本文と【資料】を読んだ生徒が書いた【感想文】の中にある空欄に当てはまるものを答える問題**

**【資料】**は、軍事郵便の概略と、本文で描かれた時代と同時代の川柳漫画（川柳の内容を漫画にしたもの）である。**【資料】**で説明されているように、軍事郵便は、戦地と日本国内でやりとりされていた郵便の総称である。一八九四年から一九四六年まで制度化されており、原則として、軍人や軍属の出す郵便物は無料、軍人・軍属あてに出すものは正規の郵便料金が徴収されていた。「妹に　孝行頼む　征兄《あに》の文」という川柳漫画では、戦地にいる兄（「征兄」）から届いた手紙を喜ぶ父親と妹の姿が描かれている。

**【構想メモ】**は、Aさんが、**【資料】**の内容をまとめつつ、本文の**【感想文】**を書くにあたって、どのような内容をどのような順序で書いていくかを考えたメモである。

では、**【感想文】**の空欄について順に検討していこう。

(i)　**川柳の定義について答える問題**

空欄 Ⅰ は、直前に「川柳とは一般に」とあるので、一般的な川柳の定義に合致するものを入れればよい。これについては、**【資料】**や**【構想メモ】**、また本文で説明されているものではないので、川柳についての知識に即して答えを選ぶことになる。共通テストで今後、韻文（短歌・俳句・詩など）が出題されるかどうかはわからないが、二〇一八年に実施された共通テストの試行調査では詩が出題されており、二〇二二年一月に実施された共通テスト本試の**第2問・問5**の**【ノート】**の中には俳句が掲載されていた。短歌や俳句、詩などにおける表現技法や用語の知識など、基本的なことについては覚えておくことが望ましい。

一般に、川柳は〈一七字で、俳句で求められる季語や切れ字などの制約がなく、口語を用いることが多く、人生の機微や世相・風俗を滑稽に、または風刺的に描写するもの〉とされている。これを踏まえて選択肢を検討すると、①が正解であることがわかる。他の選択肢についても確認しておこう。

②「季節の風物を詠むことを得意とする」という説明が間違い。「季節の風物を詠むことを得意とする」のは一般に、季語を用いる俳句の特徴とされるものであり、川柳の特徴ではない。

③「切れ字を用いて読者に余韻を感じさせる作品が多い」という説明が間違い。「切れ字」を用いることが多いのは俳句であり、川柳においては「切れ字」を用いることは特に必要とされていない。また川柳は「読者に余韻を感じさせる作品」よりも、滑稽で風刺的な作品が多いとされている。ちなみに、「狂句」は川柳の別名である。

④川柳について「文語体を用いることが多い」とし、俳句について「口語体を用いる」としている点が間違い。一般に、川柳は口語体を用いることが多いとされているし、そもそも俳句と川柳との違いは、口語体か文語体かといった点にあるわけではない。

(ii) **久江にとって大切な形見といえるものを答える問題**

空欄 Ⅱ の前後には次のようなことが書かれている。出征した清治から届いた軍事郵便は、それを受け取った大吉郎や福、久江にとっては、清治の形見として大切なものとなりうるが、久江にとっては、そうした手紙より「もっと大切な形見といえるものがある」。それが Ⅱ であり、それは「久江のその後の人生にともる明かりとなる」ものである。以上の内容を踏まえつつ、本文を振り返りながら選択肢を吟味していこう。

①「清治と大吉郎と久江の三人で宿屋を切り盛りした」が間違い。リード文（前書き）に、久江は大吉郎と別れた後に、露月町の宿屋を営みながら清治を育てたことが書かれている。

②清太郎と福について述べたものである。本文を確認すると、清治と福の子供である清太郎は「清治に生《い》きうつし」と書かれていた。福については、大吉郎が久江に話した内容として「福はどうしても女房にしたい」と清治が手紙に書いてよこしたとある。清太郎と福についてのこの選択肢の記述は、本文内容と合致している。そして、**清治の息子である清太郎と、清治が心から愛した福は、生前の清治に深く関わる存在であり、清治を亡くした久江の今後の人生にも力を与え、「明かり」をともしてくれる「大切な形見」となりうるものだ**と言えるだろう。よって、この②が正解である。

③久江と大吉郎について「清治の死が機縁で夫婦として復縁することになった」としている点が間違い。本文には二人が「夫婦として復縁することになった」とは書かれていないし、そもそも現在の大吉郎にはそのという妻がいる。

④清治について「隠し立てすることのない真率な心ばえ」が間違い。確かに清治は「真率（＝真面目で飾り気がないこと）」と言える人柄だったかもしれないが、久江に対しては、福との間に子供がいたことを「隠し立て」していたのである。

## 第3問　現代文

**【出典】**

**【資料Ⅰ】**

**文章**　篠原雅武《しのはらまさたけ》「人新世」〈『現代思想43のキーワード』（青土社　二〇一九年）所収〉より。

**図1・図2**　宮崎勇《みやざきいさむ》・田谷禎三《たやていぞう》『世界経済図説　第四版』（岩波新書　二〇二〇年）より。

**図3**　「気候変動による将来の主要なリスク」（全国地球温暖化防止活動推進センターＨＰ）より。

**【資料Ⅱ】**

**グラフ1**　斎藤幸平《さいとうこうへい》『人新世の「資本論」』（集英社新書　二〇二〇年）より。

**文章**　斎藤幸平『人新世の「資本論」』（集英社新書　二〇二〇年）より。出題の都合で、途中、一部を省略している。

**グラフ2**　宮崎勇・本庄真《ほんじょうまこと》・田谷禎三『日本経済図説　第五版』（岩波新書　二〇二一年）より。

**グラフ3**　トマ・ピケティ著　村井章子《むらいあきこ》訳『自然、文化、そして不平等——国際比較と歴史の視点から』（文藝春秋　二〇二三年）より。

**図4**　「ＳＤＧｓの17の目標」（国際連合広報センターＨＰ）

**【本文解説】**

**【資料Ⅰ】文章**

「人新世」という用語に関して述べられた文章である。＊で区切られる前半・後半に分けて、その内容を確認していこう。

**・前半　「人新世」の定義と問題意識**

「人新世」という言葉は、〈人間活動が自然の巨大な諸力に匹敵するものになり、地球システムそのものに甚大な影響を与えるようになった時代〉を意味する。二酸化炭素排出による温暖化が、その例として取り上げられるが、これは氷山の一角である。窒素、リン、硫黄のような物質の循環を変えたり、ダムや河岸工事などにより水の流れを変えたり、土地造成や埋め立てをともなう都市開発を進めたり、なんらかの動植物を絶滅させる可能性をもたらしたりする、といったことも人新世的状況の具体例である。こうした時代状況においては、〈人間がグローバルな自然環境のあり方を変えてしまった結果、人間生活のあり方も変えられようとしていることをどう受けとめたらいいのか〉が問われている。

**・後半　気候問題に関する認識と行動との溝**

ある研究者は、〈一億年の歴史がある化石燃料が、わずか数世紀で使い尽くされることで、数億年にわたる気候への影響を残すことになるだろう〉と指摘している。また別の研究者は、この見解を踏まえ、〈気候問題に関しては、認識と行動のあいだに重大な溝が開いている〉ことを指摘している。それは、気候問題の規模は、人間が対処しうる次元をはるかに超えているという科学的認識と、人間がなしうる限られた行動との間の溝である。このように、気候変動をめぐる科学的な認識を本気で受け入れようとするならば、従来型の発想にもとづく行動——たとえば、炭素税を課すなどの政策によって二酸化炭素の削減をはかるなどの解決策——ではもはや対応できない状況に至っているのである。グローバルな温暖化という危機を潜在的に抱えている状況において、私たちは、これをどう考え、どのように行動し生きていくのかが問われている。

**【資料Ⅱ】文章**

「人新世」の時代状況に対峙《たいじ》しうる可能性に関して、具体例に即して述べた文章であるが、形式段落（引用部分は直前の段落に含む）の順序に沿って、その内容を確認していこう。

合理的でエコロジカルな都市改革の動きが、地方自治体に芽生えつつあるなかで、「フィアレス・シティ（恐れ知らずの都市）」の旗を掲げるスペイン・バルセロナ市が注目されている。「フィアレス・シティ」とは、新自由主義的な政策を推し進める国家やグローバル企業に対して、恐れることなく住民のために行動することを目指す、革新的な地方自治体のことである。（第一・第二段落）

なかでも、最初に「フィアレス・シティ」の旗を掲げたバルセロナ市政の革新的な姿勢は、二〇二〇年一月に発表された「気候非常事態宣言」に表れている。市民の力が結集して作成されたこの宣言は、二〇五〇年までの脱炭素化（二酸化炭素排出量ゼロ）という数値目標を掲げ、詳細な分析と行動計画を備えたマニフェストである。行動計画には、都市公共空間の緑化、電力や食の地産地消、自動車や飛行機・船舶の制限、ごみの削減・リサイクルなど、包括的でかつ具体的な項目が二四〇以上も並んでいる。（第三～第五段落）

宣言のなかの「経済モデルの変革」の項目では、市民の生活と環境を守るために、脱成長社会を目指す姿勢と意志が明確に打ち出されている。既存の経済モデルでは、恒常的な成長と利潤獲得のための競争を前提としているため、自然資源の消費は増え続け、地球の生態学的バランスを危機に陥れるしかない。しかも、この経済システムは、経済格差も著しく拡大させており、豊かな国の、とりわけ最富裕層による過剰な消費が、グローバルな環境危機の要因になっているのは、間違いない。宣言におけるこうした主張が、市民のなかから生まれ、市政を動かしているという、この一連の流れには、未来への希望がある。（第六～第八段落）

バルセロナ市における気候非常事態宣言では、先進国の大都市が、気候変動に与えている甚大な影響を認め、その是正をすることこそが「気候正義」を実践する第一歩である、と強調されている。気候正義（climate justice）とは、気候変動を引き起こしたのは先進国の富裕層であるのに、その被害を受けるのはグローバル・サウスの人々と将来世代であるという不公正を解消し、気候変動を止めるべきだという認識を示している言葉である。（第九・第十段落）

バルセロナ市の宣言は、以下のことを表明している。経済システムを気候正義にかなうように変化させていくには、被害を最も受けやすいグローバル・サウスの、とりわけ女性の声を聞き入れなくてはならない。そのうえで、先進国の大都市は、「協働的なケア労働」や、他者や自然との「友愛的関係」を重視し、「誰も取り残されない」社会への移行を先導する責任がある。しかも、そうした移行への費用を担うのは、「最も特権的な地位にある人々」であると。（第十一・第十二段落）

こう宣言するバルセロナ市や、他の「フィアレス・シティ」が気候正義を掲げ、恐れ知らずに挑戦できるのは、市民間の相互扶助だけでなく、アフリカ、南米、アジアにまで広がる都市間の協力関係があるからである。（第十三・第十四段落）

**【設問解説】**

**問１　【資料Ⅰ】（文章、図1～図3、グラフ1）の読み取りに関する問題**

**(i)　【資料Ⅰ】の図1～図3とグラフ1の内容や表現の説明として不適当なものを選ぶ問題**

選択肢をそれぞれ吟味していこう。

①　図1は、地球全体において、さまざまな環境問題が生じている現状を、俯瞰《ふかん》的に（＝一望できるように）図示しているので、説明として適切である。

②　図2は、人口の増加と生活の向上のために生じたさまざまな事象の、複雑な関連を示しているので、説明として適切である。

③　図3は、気候変動による将来の主要なリスクを、地球全体の生態系から日常生活や健康面における具体例にいたるまで簡潔に示しているので、説明として適切である。

④　グラフ1は、複数の観点で、経済成長と生態系の動向を比較しており、後半の説明は適切である。しかし、図1では、地球温暖化以

外にも、さまざまな環境問題を図示しているので、図1～図3のいずれもが地球温暖化に焦点を絞っている、という前半の説明は不適切である。したがって、**④が正解**。

⑤　グラフ1は、人口や実質GDPで示される経済活動と、それに伴うエネルギー消費などの加速度的な増加が示されており、これと大気中の二酸化炭素量の増加や熱帯雨林の消失とを重ね合わせると、人間活動と地球環境の変化との連関が推測できるので、説明として適切である。

(ii)　**【資料Ⅰ】に基づきア～エの各文の正誤を判断する問題**

各文それぞれを吟味していこう。

ア　熱帯雨林の破壊や砂漠化など世界各地で環境破壊が生じていることは図1で示されている。しかし、熱帯雨林の破壊が原因で、気候変動をより加速し、世界各地での砂漠化を結果としてもたらすという関係は図1やその他の資料では示されていない。また、今のところ地域が限定されているので、「世界全体」が「砂漠化しつつある」とまでは言えない。したがって、この説明は誤っている。

イ　グラフ1によれば、一九五〇年以降の、世界全体のエネルギー消費はほぼ五倍に増加し、世界全体の実質GDPはほぼ八倍に増加している。したがって、世界全体のエネルギー消費の増加率が世界全体の実質GDPの増加率を「はるかに超えている」、という説明は誤っている。

ウ　図3によれば、気候変動による影響は、自然環境はもとより、社会生活を支える資源や制度、ひいては私たちの健康にも及ぶことが示されている。したがって、説明として正しい。

エ　まず、グラフ1によれば、世界の人口とエネルギー消費の増加は、一見似た傾斜のカーブではあるが、細部は異なっている。そのため、どの程度の類似性で「正比例的」といえるのかが判断しにくい。また、選択肢後半で示されている破局的事態も、そうした事態に陥るのかそれとも避けられるのかは、**【資料Ⅰ】**からは断定できない。したがって、正誤の判断ができないことになる。

以上から、「ア誤っている、イ誤っている、ウ正しい、エ判断できない」という組合せになっている**①が正解**。

なお、エの正誤で迷った人は、アやイなど比較的正誤の判断が下しやすいものとの組合せを考慮しながら、選択肢を吟味するとよい。

**問2　【資料Ⅱ】の内容に即した発言として適当でないものを選ぶ問題**

選択肢をそれぞれ吟味していこう。

①　グラフ2によれば、国別でみると中国の排出量は多いが、一人当たりの排出量はアメリカの半分くらいであり、日本よりも少ない。そうだとすれば、他国の人々以上に、中国の個々人に排出量削減の努力を求めるのは簡単ではないという意見は、妥当なものといえる。

②　グラフ3によれば、北米・欧州・東アジアの上位一割の人々による排出量が著しく多いことがわかる。そうした人々には自覚があるのかという疑問は、データに依拠した妥当な発言といえる。

③　グラフ2・グラフ3には、データが含まれていない地域がたしかにある。おそらく、統計に使用する資料が集計できなかったのだろうと推定し、そのことを残念だと思うのは、妥当な感想といえる。

④　**【資料Ⅱ】**の文章では、バルセロナ市の「気候非常事態宣言」を未来への希望を示すものだと評価している。また、その考え方や行動計画には、図4におけるSDGsの目標と重なり合うものが多い。したがって、「持続可能な社会の実現と気候変動対策に取り組むことは密接不可分だ」という意見は、妥当なものだといえる。

⑤　**【資料Ⅱ】**の文章で紹介されているバルセロナ市の「気候非常事態宣言」においては、気候変動に対する大都市や一部の富裕層の責任と負担が明確に指摘されており、「すべての国が全力で取り組むという協調的な姿勢が不可欠だ」という考え方とは合致しない。また、「気候非常事態宣言」は、あくまでスタートラインに立つことを宣言するものであ

り、すぐに「気候変動が止まる」と考えているような「楽観的すぎる」ものではない。したがって、この意見は不適切なものといえるので、⑤**が正解**。

**問3　【資料Ⅰ】と【資料Ⅱ】を踏まえてメモの空欄を補う問題**

まず、**メモ**のⅠは**【資料Ⅰ】**を、**メモ**のⅡは**【資料Ⅱ】**をまとめた内容であることを押さえ、それぞれの設問を考えていこう。

(i)　**空欄 X を補う問題**

**【資料Ⅰ】**の**文章**の前半では、「人新世」という概念の内容と、その端的な例として気候変動・温暖化の問題が取り上げられている。そして**文章**の後半では、〈気候問題に関しては、認識と行動のあいだに重大な溝が開いている〉ことが指摘されている。その溝とは、気候問題のとてつもない規模と、人間の限定的な能力との乖離《かいり》のことをいっている。したがって、X を補うのに最も適当なのは、こうした内容に合致する③であり、③**が正解**。

①は、「対応可能な一部先進国」が、②は、「全ての生命体の消滅」が、④は、「インフラ機能の強化を喫緊の課題とする」が、⑤は、「世界のエネルギー消費量を一九五〇年代のレベルに戻す」が、それぞれ**【資料Ⅰ】**からは読み取れない内容。

(ii)　**空欄 Y を補う問題**

**【資料Ⅱ】**の**文章**では、バルセロナ市の「気候非常事態宣言」が紹介されている。そこでは、エネルギー消費がそれほど多くはない地域や人々が、そして未来の人々が気候変動による被害をより多く受けることになること、そして、その責任は、エネルギーを多大に消費している先進国の富裕層が負うべきだということが主張されている。したがって、Y を補うのに最も適当なのは、こうした内容に合致する④であり、④**が正解**。

①は、「世界中の都市」は「ネットワークに参加すべき」が、②は、「すべての都市は、脱炭素化の包括的で具体的なプランを実行すべき」が、③は、「SDGsの目標」を、「先進国や大企業」が率先して「実行することを義務化すべき」が、⑤は、「各国政府や諸個人」は、「二酸化炭素排出量の多寡」により「気候変動対策の費用を分担すべき」が、それぞれ**【資料Ⅱ】**からは読み取れない内容。

## 第4問　古文

**【本文解説】**

〔出典〕

『今鏡』巻第八

成立　平安時代後期

ジャンル　歴史物語

作者　諸説あるが、藤原為経《ためつね》（法名は寂超《じゃくちょう》）とする説が有力。

内容　同じ歴史物語の『大鏡』『水鏡』『増鏡』とともに「四鏡」と呼ばれるものの一つ。全十巻。『大鏡』の後を受け、後一条天皇の万寿二（一〇二五）年から高倉天皇の嘉応二（一一七〇）年に至る時期の歴史を、紀伝体《きでんたい》（天皇の伝記である本紀《ほんぎ》と臣下の伝記である列伝《れつでん》を中心に記す形式）で記す。『大鏡』にならって、物語中に架空の老人が登場し、歴史を語るという対話形式をとり、大宅世継《おおやけのよつぎ》（『大鏡』の語り手の一人）の孫であやめと名乗る百五十歳を超える老女の昔語りを筆記するという体裁となっている。『大鏡』に比べると、摂関家以外の新興貴族の動向を詳しく描いており、院政期の貴族社会の実相をよく伝えていると言われている。

なお、本文は、『今鏡（下）　全訳注』（講談社学術文庫　竹鼻績《たけはないさお》）によったが、問題文として体裁を整えるために一部省略し、表記を改めている。

〈問5の【資料Ⅰ】〉

『伊勢集』

成立　平安時代中期

ジャンル　私家集

作者　伊勢（＝伊勢守藤原継蔭《いせのかみふじわらのつぐかげ》の女《むすめ》）

内容　宇多天皇の中宮温子に女房として仕えた伊勢の私家集。およそ五〇〇首が収められている。前半は、『和泉式部日記』と同じように、詞書《ことばがき》の中で、作者自身を「大和に親ある人」、「同じ女」などと三人称で表し、歌物語的な表現となっているが、次第に歌日記的な表現となる。また、後半では、屏風歌や歌合の歌、名所歌枕などが収められている。

なお、本文は『伊勢集全釈　私家集全釈叢書16』（風間書房　関根慶子・山下道代校注）によったが、問題文として体裁を整えるために一部表現を整理し、表記を改めている。

〈問5の【資料Ⅱ】〉

『新古今《しんこきん》和歌集』

成立　鎌倉時代前期

ジャンル　勅撰和歌集

撰者　源通具《みなもとのみちとも》・藤原有家《ふじわらのありいえ》・藤原定家《さだいえ》・藤原家隆《いえたか》・藤原雅経《まさつね》・寂蓮《じゃくれん》

内容　『古今《こきん》和歌集』『後撰《ごせん》和歌集』『拾遺《しゅうい》和歌集』『後拾遺《ごしゅうい》和歌集』『金葉《きんよう》和歌集』『詞花《しか》和歌集』『千載《せんざい》和歌集』に続く八番目の勅撰和歌集。二〇巻。約一九八〇首。建仁元（一二〇一）年に後鳥羽上皇の院宣により和歌所が設置されて六人の撰者が任命されたが、寂蓮は上皇に奏上する前に亡くなり、五人による撰歌、部類が進められ、元久二（一二〇五）年に成立した。しかし、その後も上皇によって承元四（一二一〇）年ごろまで改訂作業が行われた。

なお、本文は新日本古典文学大系11『新古今和歌集』（岩波書店　田中裕・赤瀬慎吾校注）によったが、問題文として体裁を整えるために一部表現を整理し、表記を改めている。

**【全文解釈】**

1　崇徳天皇の第一皇子と称されなさった方は、重仁親王と申し上げた方であろう。その御母君は、崇徳上皇にお供して遠く（讃岐国）へいらっしゃっていたが、帰京しなさったと噂されなさる。

2　崇徳天皇が、（天皇の）位についていらっしゃったとき、中宮は、関白の御娘（の聖子）でいらっしゃるのだが、天皇に仕えている女房として、あの（重仁親王の）御母君（＝兵衛佐）が、宮仕え人として（天皇の側に）お仕え申し上げなさったところ、格別に天皇の寵愛を受けなさったので、中宮方の人は、心外なことだと思い合って、（兵衛佐は）人の気持ちをむやみにやきもきさせ、世間の人も、あまりに目をそらしたくなるまで（の御寵愛だ）と思っていたのであろう。そうはいっても、（この兵衛佐には）後見人で有力な方もおありでなく、ただ大蔵卿行宗といって七十歳ぐらいである人で、歌人ということで（崇徳天皇に）親しくいつもお仕え申し上げていた人を、親などと言って、（行宗のかつての役職名から、女房名を）兵衛佐などと付け申し上げたぐらいなので、立派な後ろ盾となる人もいない。（この兵衛佐の）実父は、在俗の人ではなくて、紫の袈裟などをいただいて、白河の御寺（＝法勝寺）の司（＝寺務を統括する僧）であった。その親も亡くなって年月が経ってしまった。（兵衛佐は）それなりの身分の人の子であったけれど、（実父は、生きていても）在俗の人でないので、甲斐のないことだろう。そうであるが、またとないほどの（崇徳天皇の）御愛情を離れがたいこととしてお過ごしなさるうちに、男君を出産なさったところ、中宮（聖子）にはまだこのような（崇徳天皇の皇子を出産するという）こともないので、（崇徳天皇にとっては）とてもすばらしく、（中宮聖子にとっては）ますます心穏やかでない（と思う）きっかけであるに違いない。御養育係は刑部卿（の平忠盛）などといって、大弐の御乳母の夫だと知られている。（兵衛佐の生んだ）御子も親王の宣旨（＝親王を称することを許すという天皇の命令を伝える文書）などをいただきなさって、御元服などしなさった。

3　こうして年月を過ごしなさるうちに、（崇徳天皇は、天皇の）位を退きなさって、新院として過ごしていらっしゃるときにも、（兵衛佐への御寵愛は）世にまたとないほどでお過ごしになるので、中宮（聖子）や、（その父である）関白殿のあたりでは快くなく、（崇徳上皇は、中宮聖子や関白殿と）疎遠な状態でばかりいらっしゃる。（万事が）本院（の鳥羽法皇のお考えのままであるので、（崇徳上皇は）世の中のことを思いどおりになさることがなく、（鳥羽法皇は）近衛天皇や、中宮呈子、関白殿などと一つになって（政治を行い）、（崇徳上皇にとって）世の中がおもしろくないことが多くていらっしゃるに違いない。このような状況であるにつけても、（兵衛佐を）自分個人にとっての大切なものにお思いになりながらお過ごしになるうちに、鳥羽法皇がお亡くなりになった後、世の中でいろいろなことが起こって、（崇徳上皇は）讃岐へはるか遠くにいらっしゃってしまったので、（兵衛佐も）そのまま御船に（乗って）お供し申し上げて、あの讃岐の国で年月を過ごしなさった。

4　第一皇子（＝重仁親王）も御剃髪なさって、仁和寺の大僧正寛暁と申し上げた僧に師事しなさって真言（の教え）などを習いなさったところ、聡明で立派でいらっしゃったので、昔の真如親王もこのよう（でいらっしゃったのだろう）かと思われなさったが、御足の病気が重くなりなさって、先年亡くなりなさってしまった。御年は、二十二、三歳ほどになっていらっしゃっただろうか。讃岐でも、御嘆きのあまりであろうか、（崇徳上皇は）御病気が重なって、あの（讃岐の）地でお亡くなりになってしまったので、親王の御母君（＝兵衛佐）も京にお上りになって、出家して、醍醐天皇の母方の御寺（＝勧修寺）のあたりに住みなさるということだ。

5　あの崇徳上皇のご影響であるので、当然だと申し上げるものの、（兵衛佐は）和歌などを、とてももの慣れてお詠みになるそうだ。（兵衛佐が讃岐から）京にお上りになったころに、ある人が見舞い申し上げたところ、

　崇徳上皇が（崩御して）いなくて、（一人で）讃岐から帰る船路で潮と涙で濡れて（京に）戻って来た（私の）袂を、あなたは思いやってほしい。

とございましたというのは、きっとそのとおりだろうと、とても気の毒なことだと自然と推察されました。

6　その遠くいらっしゃっていた人（＝兵衛佐）が、まだ京にいらっしゃったときに、白河に池殿という邸宅をある人（＝平忠盛）が建築して、「ご覧になってください」などと申し上げたので、（兵衛佐が）出かけ

てご覧になったところ、とても趣深く見えたので、書き付けなさったと（いう和歌は）、

　音羽川の流れを堰き止めて水を引き入れることはしていないこの家の池の水でも、この家の主人の心は見えたことだなあ。

と聞きました。

〈問5の【資料Ⅰ】〉

　ある大納言が、比叡坂本に（ある）、音羽という山の麓にとても趣深い家を造っていたのだが、（そこでは）音羽川を堰き止めて庭園の水路に水を引き入れて、滝が流れ落ちるようになどしていたのを見て、遣水のほとりにある石に（私が）書き付ける（和歌）、

音羽川の流れを堰き止めて庭の水路に水を引き入れて落とす滝の流れに、この家の主人の心が見えもすることだなあ。

〈問5の【資料Ⅱ】〉

　権中納言通俊が、『後拾遺和歌集』（に収める和歌）を撰んでおりました頃、「まず一部分でも見たく（思います）」などと（周防内侍が）申し上げていましたところ、（通俊が）「（あなたと）相談申し上げて（撰びましょう）」と言って、まだ清書もしていない本を寄こしてくれましたのを見て、（それを）返却するということで（詠んだ和歌）、

周防内侍

（あなたの）浅くない心が見えることよ。音羽川の流れを堰き止めて庭に引き入れた水の流れではないけれど。

**【設問解説】**

**問1　語句の解釈の問題**

**(ア)　めざましく**

めざまし（シク活用形容詞）
1　心外だ。気にくわない。
2　すばらしい。立派である。
※目が覚めるほど驚嘆する気持ちを表し、1は悪い評価、2はよい評価を表す。

「めざまし」の意味に合うのは、①「輝かしいことだ」、③「心外なことだ」である。ここでは、天皇に仕える女房の兵衛佐が崇徳天皇の格別の寵愛を受けている状況に対して、中宮方の人々が「めざましく」思うのだから、③「心外なことだ」が適当である。

**(イ)　いとどやすからぬつま**

| 副詞 | 形容詞 ク活用 「やすし」 未然形 | 助動詞 打消 「ず」 連体形 | 名詞 |
|---|---|---|---|
| いとど | やすから | ぬ | つま |

いとど（副詞）
1　ますます。いっそう。いよいよ。
2　そのうえさらに。そうでなくても……なのに、なお。

やすし（形容詞）
1　容易だ。たやすい。
2　安心だ。心穏やかだ。
3　安っぽい。軽々しい。

つま（名詞）
1　はし。へり。きわ。
2　軒の端《はし》。軒端《のきば》。
3　きっかけ。手がかり。糸口。
4　妻。恋人である女性。
5　夫。恋人である男性。
※もとは「中心から見て端」を表す1の意味で、2は家屋の端、3は物事の端、4・5は夫婦・恋人の一方を意味する。

「いとど」の意味に合うものは、②「いっそう」・⑤「ますます」、「やすし」の意味に合うものは、①「たやすい」・③「心が落ち着く」・④「安心で」・⑤「心穏やかで」、「つま」の意味に合うものは、④「妻」・⑤「きっかけ」であるので、⑤が正解。⑤は、「ぬ」についても「……ない」と正しく解釈している。文脈を確認すると、以前から、崇徳天皇の兵衛佐に対する寵愛が深かったことを、中宮方の人々が心外に思っていたのに、その上、中宮がまだ崇徳天皇の皇子を生んでいない状況で、兵衛佐が先に皇子を出産したことに対して、ますます心穏やかでないと思うきっかけになるだろうというのだから、⑤は文脈にも合っている。

**(ウ) うとき事**

うとし（ク活用形容詞）
1 疎遠である。親しくない。
2 よく知らない。その道に暗い。
3 無関心だ。そっけない。

「うとし」の意味に合うのは、①「疎遠な状態」だけなので、これが正解。文脈を確認すると、崇徳天皇が上皇となってからも兵衛佐を寵愛し続けていたことに対して、中宮やその父の関白殿は不快に思っており、崇徳上皇と中宮・関白殿との関係性が修復されて親密になることはなかったというのだから、①は文脈にも合っている。

**問2 語句と表現に関する説明の問題**

a

| 動詞 サ行四段活用「過ぐす」未然形 | 助動詞 尊敬「す」連用形 | 動詞 ハ行四段活用「給ふ」連体形 |
|---|---|---|
| **過ぐさ** | **せ** | **給ふ** |
| 過ごし | なさる | |

①は「『させ』が尊敬の助動詞であり」が間違い。波線部を品詞分解すると前記のようになり、「過ぐさ」で一語である。「過ぐ＋させ」と分解し、「させ」を助動詞「さす」と考えた場合、ガ行上二段活用動詞「過ぐ」の終止形に助動詞「さす」が付いていることになるが、これは「さす」が未然形接続であることと合わない。よって、「過ぐ＋させ」と分解して「させ」で一語だと考えることはできない。

b

| 名詞 | 格助詞 | 動詞 サ行四段活用「思ほす」連用形 | 接続助詞 |
|---|---|---|---|
| **私物** | **に** | **思ほし** | **つつ** |
| 自分個人にとっての大切なもの | に | お思いになり | ながら |

②は、「『思ほし』が尊敬語」という説明は正しいが、「兵衛佐への敬意を込めた表現」は間違いである。尊敬語はその動作の主体に対して敬意を示すものである。直前に「かやうなるにつけても」とあって、これは、（注8）にあるように、鳥羽法皇が崇徳上皇を排除して思うがままに政治を行っていたという状況下で、崇徳上皇にとっておもしろくないことが多かったということを指している。波線部**b**は、そのようなか、崇徳上皇が兵衛佐を自分にとって大切なものと思っていたという内容なので、「思ほし」の主体は崇徳上皇であり、その敬意の対象は崇徳上皇である。

c

| 副詞 | 係助詞 疑問 |
|---|---|
| **かく** | **や** |
| このよう | か |

「かく」は、直前の「さとくめでたくおはしましけれ」を受けており、波線部は、真如親王も重仁親王と同じように聡明で立派であったろうか、

というのである。よって、③の「真如親王が重仁親王同様に経験した苦悩を強調する表現」は間違いである。また、前記のように、重仁親王と真如親王は共通する点が見られると言っているのだから、『や』が反語」という説明も不適当である。

**d**

| 動詞<br>ラ行四段活用<br>「なる」<br>連用形 | 動詞<br>ハ行四段活用<br>「給ふ」<br>連用形 | 助動詞<br>過去推量<br>「けむ」<br>連体形 |
|---|---|---|
| **なり** | **給ひ** | **けむ** |
| なっ | ていらっしゃっ | ただろう |

④は「『けむ』が現在推量の助動詞」が間違い。それを踏まえて、「眼前の出来事を現実感を込めて語る表現」と説明している点も間違いである。

**e**

| 動詞<br>ラ行四段活用<br>「推し量る」<br>未然形 | 助動詞<br>自発<br>「る」<br>連用形 | 動詞<br>ラ行変格活用<br>「侍り」<br>連用形 | 助動詞<br>過去<br>「き」<br>連体形 |
|---|---|---|---|
| **推し量ら** | **れ** | **侍り** | **し** |
| 自然と推察さ | れ | まし | た |

⑤が正解。自発の意味を持つ助動詞「る」は、四段・ナ行変格・ラ行変格活用の動詞の未然形に接続するので、四段活用動詞の未然形「推し量ら」に接続しうる。その助動詞「る」には、受身・可能・自発・尊敬の意味があるが、ここでは、配流地まで崇徳上皇に同行した兵衛佐の、上皇の死を悼む気持ちが、「さこそは（=きっとそのとおりだろう）」と推し量られるというのだから、「自然と……される」という自発の解釈は文脈に合う。「兵衛佐の嘆く様子が自然と思い浮かぶ」と説明しているのも、文脈上正しいと言える。

---

**問3　[1]・[2]段落の登場人物に関する説明の問題**

本文の[1]・[2]段落の登場人物に関する説明として正しいものを選択する問題である。このような問題は、各選択肢の登場人物の説明や言動を述べている部分を[1]・[2]段落から探し、その内容と選択肢を照合するとよい。

①は、重仁親王に関する選択肢で、重仁親王についての記述は二箇所ある。

- **讃岐院の一の御子と聞こえ給ひしは、重仁親王と申しけるなるべし。（[1]段落1行目）**
- **御子も親王の宣旨などかぶり給ひて、御元服などせさせ給ひぬ。（[2]段落8行目）**

前者は重仁親王が崇徳天皇の第一皇子であったということ、後者は親王の宣旨を受けて元服したということである。よって、選択肢の「重仁親王は……讃岐国へ下ったものの、まもなく一人だけ都に戻って来ると噂された」が間違いである。[1]段落1・2行目に「その御母、院に具し奉りて遠くおはしたりける、帰り上り給へるとぞ聞こえ給ふ」とあるが、これは重仁親王の母である兵衛佐についての記述である。崇徳上皇が配流されたときの重仁親王については、[4]段落に「一の御子も御髪おろし給ひて、仁和寺大僧正寛暁と申ししにつかせ給ひて」とあって、重仁親王が出家したことはわかるが、讃岐国へ同行したとは書かれていない。

②は、中宮聖子に関する選択肢で、中宮聖子についての記述は二箇所ある。

- **后の宮、一の人の御娘にておはしますに、（[2]段落1行目）**
- **中宮にはまだかかる事もなきに、……いとどやすからぬつまなるべし。（[2]段落6・7行目）**

この二つめの内容に照らして、選択肢の「后の宮は、崇徳天皇（上皇）の愛情を一身に受けていた」とは言えない。格別の寵愛を受けていたのは、兵衛佐である。また、この本文の記述は、中宮にまだ皇子が生まれていないなかで、兵衛佐が第一皇子を出産したため、それが中宮にとって心穏やかでないきっかけになったということだから、「崇徳天皇（上皇）が兵衛佐を寵愛して冷淡になったため、兵衛佐を恨んだ」という説明は間違いである。

③は中宮聖子の母に関する選択肢であるが、本文に中宮聖子の母について書かれた箇所はない。2段落の1・2行目に「后の宮、……おはしますに、内の女房にて、かの御母、宮仕へ人にて候ひ給ひしが」とあるが、この「内の女房」は、重仁親王の母である兵衛佐のことであって、中宮聖子の母ではない。よって選択肢全体が間違いである。

④は、大蔵卿行宗に関する選択肢で、行宗についての記述は次の一箇所である。

● **ただ大蔵卿行宗とて年七十ばかりなるが、歌詠みによりて親しく仕り馴れたるを、親など言ひて、兵衛佐などつけ申したるばかりなれば、さるべき方人もなし。（2段落3・4行目）**

選択肢の「歌人として崇徳天皇（上皇）に仕え」は「歌詠みによりて親しく仕り馴れたる」に、「兵衛佐を養女にして」は「親など言ひて」にそれぞれ対応しているが、「さらに出世しようと考えた」は本文に根拠のない表現である。

⑤は、兵衛佐と実父に関する選択肢で、兵衛佐と実父についての記述は次の一箇所である。

● **まことの親は、男にはあらで、……白河の御寺の司なりけり。それも失せて年経にけり。……かひなかるべし。されど、類なき御心ざしをさりがたき事にて過ぐし給ふほどに、男君生み出だし給へれば、（2段落4〜6行目）**

「男にはあらで」は在俗の人ではないという意味なので、選択肢の「実父が僧である」は正しく、また、「それも失せて年経にけり。……かひなかるべし」とあるので、「後ろ盾に恵まれず不安定な立場であり」というのも正しい内容である。「類なき御心ざし」は、崇徳天皇の兵衛佐に対する寵愛が深かったことを指すと考えられ、そのことを「さりがたき事（＝離れがたいこと）」としていたというのだから、「崇徳天皇（上皇）からの寵愛を頼みにせざるをえなかった」という内容も正しい。よって、これが正解である。

**問4　3〜6段落の内容に関する説明の問題**

3〜6段落の内容を説明したものとして正しいものを選択する問題である。各選択肢に対応する箇所を3〜6段落から探し、その内容を正確に読み取って選択肢の内容と照合するとよい。

①は、崇徳天皇が退位した後の、鳥羽法皇と関白忠通とその娘たちに関する選択肢である。

● **(1)位去らせ給ひて、新院とておはしますにも、世に類なくて過ぐさせ給へば、(2)后の宮、殿の御わたりには心よからず……(3)本院の御ままなれば、(4)世を心に任せさせ給はず、(5)内、中宮、殿などに一つにて、(6)世の中すさまじき事多くておはしますべし。（3段落1〜3行目）**

(1)「位去らせ給ひて」は、崇徳天皇が天皇の位を退いたということで、「世に類なくて過ぐさせ給へば」は、上皇になっても兵衛佐への寵愛が世にまたとない様子で過ごしていたということである。(2)の「心よからず」は、(1)の状況を関白忠通とその娘である中宮聖子が快く思っていなかったということである。(3)「本院の御ままなれば」・(5)「内、中宮、殿などに一つにて」は、（注7）（注8）にあるように、鳥羽法皇が崇徳上皇を排除して、近衛天皇やその中宮、関白らを中心に政治を行ったという意味なので、(4)「世を心に任せさせ給はず」・(6)「世の中すさまじき事多くておはしますべし」は、崇徳上皇が政治において蚊帳の外に置かれて、自分の思うがままにはできなかった状況を説明しているのである。

以上のことから、選択肢の「崇徳天皇（上皇）が退位させられ、鳥羽法皇が権力を振るうようになる」は、前記(1)・(3)の内容から間違いとは言えないが、「関白や后の宮にとっては不本意なことが多くなった」は、前記(3)・(5)に反する。鳥羽法皇が権力を振るったことは、関白忠通や近衛天皇の中宮呈子を政権の中心に近づける結果をもたらしたのである。たしかに(2)のように、忠通と中宮だった聖子は、崇徳天皇が上皇になってからも兵衛佐を寵愛することを不快に思っていたが、鳥羽法皇が権力を振るうようになったために不本意なことが多くなったとは書かれていない。前記(4)・(6)のように、鳥羽法皇が権力を振るうことで不遇になったのは、崇徳上皇の方である。

②は、崇徳上皇の死後の、兵衛佐と重仁親王に関する選択肢である。

**●(7)一の御子も御髪おろし給ひて、……一年失せさせ給ひにけり。……。(8)讃岐にも、御嘆きの余りにや、御悩み積もりて、かれにてかくれさせ給ひにしかば、(9)宮の御母も上り給ひて、頭おろして、……御寺のわたりにぞ住み給ふなる。（4段落1～4行目）**

(7)「一の御子も御髪おろし給ひて、……一年失せさせ給ひにけり」は、保元の乱によって崇徳上皇が配流された後、重仁親王が出家し、その後亡くなったということである。(8)「讃岐にも、御嘆きの余りにや、御悩み積もりて、かれにてかくれさせ給ひにしかば」は、配流された崇徳上皇が、息子の死を嘆くあまりに病が重なって讃岐で亡くなったということであり、(9)の「宮の御母も上り給ひて、頭おろして」は、上皇の死後、讃岐に同行していた兵衛佐が帰京して出家したということである。

以上のことから、選択肢の「崇徳天皇（上皇）が讃岐で亡くなった後、兵衛佐も重仁親王も出家した」は、前記(9)のように兵衛佐については正しいが、重仁親王については正しくない。(7)・(8)から、崇徳上皇は、重仁親王の出家と死去の後に亡くなったことがわかる。

③は、兵衛佐の歌人としての評価と、崇徳上皇の死後に帰京した際に兵衛佐が詠んだ和歌に関する選択肢である。

**●かの院の御匂ひなれば、……(10)歌などこそ、いとらうありて詠み給ふなれ。上り給ひたりけるに、ある人のとぶらひ申したりければ、**

**君なくて……思ひやらなむ**

**と侍りける（5段落1～4行目）**

(10)の「いとらうありて詠み給ふなれ」は、「らうあり」が物ごとによく通じて洗練されているさまを表し、ここでは、たいそうもの慣れて和歌などを巧みに詠んだということである。その人物は、（注12）を踏まえると、崇徳上皇の影響を受け、かつ讃岐から「上り給ひたりける」ときに和歌を詠んだ人なので、兵衛佐である。

| | | | | | |
|---|---|---|---|---|---|
| 名詞 | 形容詞 ク活用 「なし」 連用形 | 接続助詞 | 動詞 ラ行四段活用 「帰る」 連体形 | 名詞 | 格助詞 |
| **君** | **なく** | **て** | **帰る** | **波路** | **に** |
| 崇徳上皇が | いなく | て | 帰る | 波路 | で |

| | | |
|---|---|---|
| 動詞 ラ行下二段活用 「しほる」 連用形 | 動詞 カ行変格活用 「く」 未然形 | 助動詞 過去 「き」 連体形 |
| **しほれ** | **来** | **し** |
| 濡れて | 戻って来 | た |

| | | | | | |
|---|---|---|---|---|---|
| 名詞 | 格助詞 | 名詞 | 格助詞 | 動詞 ラ行四段活用 「思ひやる」 未然形 | 終助詞 願望 |
| **袂** | **を** | **人** | **の** | **思ひやら** | **なむ** |
| 袂 | を | あなた | が | 思いやっ | てほしい。 |

しほる

1 （草木などが）しおれる。

2 （気持ちが）しょんぼりする。落ち込んでぐったりする。

3 （衣などが）濡れる。ぐっしょりとなる。

※「しをる」と表記する場合もある。

き
1　過去〈…た。〉
※原則として連用形に接続するが、カ行変格活用「来」、サ行変格活用「す」には未然形に接続することもある。

なむ
1　（他に対する）願望〈…てほしい。〉
※未然形に接続する。

この和歌は、直前に「上り給ひたりけるに、ある人のとぶらひ申したりければ」とあることより、兵衛佐が京に戻ったときに、兵衛佐を見舞った「ある人」に対して詠んだものだとわかる。文末表現になっている箇所が結句の末尾だけなので、句切れはない。「君なくて」は崇徳上皇が亡くなったこと、「帰る波路」は讃岐から帰京する船旅のことである。「しほれ」は直後に「袂」があるので前記３の意味、「人」は詠みかけた相手である「ある人」のことである。以上を踏まえて逐語訳したものが前掲の枠内に記してある。「袂を濡らす」というのは、古典文学においては、涙を流すことを表す慣用表現である。一方、二句「帰る波路に」からのつながりからすると、濡れるという意味の「しほれ」の「しほ」には海水の意の「潮」が掛けられており、袖を濡らしたのは海水であるとも考えられる。三句は「海水と涙に濡れて戻って来た」と解釈できる。

選択肢の「兵衛佐はすぐれた歌人で」は前記⑽の内容、「崇徳天皇（上皇）が亡くなって泣きながら都に上る悲しみをわかってほしい」は和歌の内容にそれぞれ合っており、「掛詞を用いて詠んだ」も先の説明のとおりであるから、これが正解である。

④は讃岐から帰京した後の兵衛佐に関する選択肢である。

**●⑾宮の御母も上り給ひて、頭おろして、醍醐の帝の母方の御寺のわたりにぞ住み給ふなる。**（4段落4行目）

**●⑿その遠くおはしましたりける人の、まだ京におはしけるに、白河に池殿といふ所を人の造りて、「御覧ぜよ」など申しければ、渡りて見られけるに、（6段落１・２行目）**

選択肢の「兵衛佐は、讃岐から都へ帰り、勧修寺に入る」は、⑾の内容に合っている。また、「我が子の養育係だった忠盛の邸に招かれ」も⑿の内容に合っている。しかし、⑿に「その遠くおはしましたりける人の、まだ京におはしけるに」とあることからわかるように、これは讃岐に行く前の話であって、帰京後のことではない。よって、この選択肢は、間違いである。

**問５　資料を踏まえた本文の解釈に関する生徒の話し合いについて、その空欄を補充する問題**

(i)

X は、**【資料Ⅰ】**と**【資料Ⅱ】**の和歌に詠まれた「心」について話し合っている流れのなかで、「それぞれの『心』は、X を表していると思うよ」とあるので、**【資料Ⅰ】【資料Ⅱ】**の和歌に詠まれている「心」が表している内容が入ることになる。

**【資料Ⅰ】**の和歌については、生徒Bが「詞書の『をかしき家つくりたりけるに』に注目すると、『心』の内容がわかるんじゃないかなあ」と発言しており、まず**【資料Ⅰ】**の詞書を確認する。大納言藤原敦忠が、比叡山の西の麓の坂本という所にある音羽山の麓に「いとをかしき家」を作っていたのだが、そこでは音羽川を堰き止めて、その水を庭園の水路に引き入れて、滝が流れ落ちるようにしていた。作者はそれを見て、水路の脇の石に和歌を書き付けた、というのである。よって、「いとをかしき家」は、庭園に工夫を凝らした家のことであるから、「とても趣深い家」などと解釈できる。

次に**【資料Ⅰ】**の和歌の内容を検討する。

| 名詞 | 動詞 ラ行下二段活用「せきる」連用形 | 接続助詞 | 動詞 サ行四段活用「落とす」連体形 | 名詞 | 格助詞 | 名詞 | 格助詞 |
|---|---|---|---|---|---|---|---|
| **音羽川** | **せきれ** | **て** | **落とす** | **滝** | **つ** | **瀬** | **に** |
| 音羽川を | 堰き止め引き入れ | て | 落とす | 滝 | の | 流れ | に |

| 名詞 | 格助詞 | 名詞 | 格助詞 | 動詞 ヤ行下二段活用「見ゆ」連用形 | 係助詞 | 動詞 サ行変格活用「す」連体形 | 終助詞 詠嘆 |
|---|---|---|---|---|---|---|---|
| **人** | **の** | **心** | **の** | **見え** | **も** | **する** | **かな** |
| 家の主人 | の | 心 | が | 見え | も | する | なあ。 |

かな
1 詠嘆〈…なあ。〉

文末表現があるのは結句だけであるから、この和歌は句切れがない。「せきれて」は、（注3）（注4）から、川の水を堰き止めて庭園の水路に引き入れることだとわかる。伊勢は工夫を凝らした庭園のさまに感動して和歌を書き付けたのであるから、「人」はこの家の主人の大納言敦忠である。これらを踏まえて逐語訳したのが、前記の枠内のものである。

詞書と和歌の内容から、この和歌の「人の心」は、庭園に趣深い工夫を凝らしたこの家の主人の心と考えられる。①「すばらしい邸宅を訪れた感激」、③「招待してもらった喜び」は、和歌の詠み手の心なので不適当である。②「滝を作った人の心」は間違いではないが、その心の「高潔さ」に感動しているわけではないので不適当である。④「庭に趣向を凝らす風流心」は正しい内容である。

**【資料Ⅱ】**の和歌の「心」の内容についても、生徒Cの「詞書に注目するといいね」という発言がヒントになる。**【資料Ⅱ】**の詞書は、権中納言藤原通俊が勅撰和歌集の『後拾遺和歌集』に入れる和歌を撰んでいたときに、周防内侍が「まず片端だけでも見たい」と申し入れたところ、通俊が「あなたと相談して撰びましょう」と言って、まだ清書もしていない『後拾遺和歌集』を送ってくれたので、その本を見て、それを返す際に詠んだ、という内容である。

次に**【資料Ⅱ】**の和歌の内容を検討する。

| 形容詞 ク活用「浅し」未然形 | 助動詞 打消「ず」連体形 | 名詞 | 係助詞 | 動詞 ヤ行下二段活用「見ゆ」連体形 | 名詞 |
|---|---|---|---|---|---|
| **浅から** | **ぬ** | **心** | **ぞ** | **見ゆる** | **音羽川** |
| 浅く | ない | 心が | | 見える。 | 音羽川を |

| 動詞 ラ行下二段活用「堰き入る」連用形 | 助動詞 過去「き」連体形 | 名詞 | 格助詞 | 名詞 | 助動詞 断定「なり」未然形 | 助動詞 打消「ず」已然形 | 接続助詞 |
|---|---|---|---|---|---|---|---|
| **堰き入れ** | **し** | **水** | **の** | **流れ** | **なら** | **ね** | **ど** |
| 堰き止め引き入れ | た | 水 | の | 流れ | で | ない | けれど。 |

「ぬ・ね」の識別
1 打消の助動詞「ず」の連体形「ぬ」・已然形「ね」〈…ない。〉
※未然形に接続する。
2 完了の助動詞「ぬ」の終止形「ぬ」・命令形「ね」〈…しまう。…た。〉
※連用形に接続する。
3 ナ行変格活用動詞の終止形・命令形の活用語尾
※ナ行変格活用動詞は「死ぬ」「往《い》ぬ（去《い》ぬ）」の二語のみ。

この和歌は、二句末の「見ゆる」が係助詞「ぞ」の結びとなっているので二句切れで、結句末に接続助詞があることから、三～結句の内容が初・二句に戻っていくという倒置の形になっていると考えられる。「浅からぬ」

の「ぬ」、「ならねど」の「ね」は、ともに未然形に接続しているので、打消の助動詞である。また、「なら」は、体言「流れ」に接続しているので、断定の助動詞である。これらを踏まえて逐語訳したのが、前記の枠内のものである。三・四句「音羽川堰き入れし水の流れ」は、過去の助動詞「き」の連体形「し」を含んでいることから、現在のことではなく、伊勢が詠んだ【資料Ⅰ】の和歌を踏まえたものと考えられる。つまり、「かつて敦忠が、音羽川を堰き止め庭園に引き入れた、その水の流れではないけれど『浅からぬ心』が見える」と詠んでいるのである。

詞書と和歌の内容から、この和歌の「浅からぬ心」は、『後拾遺和歌集』の和歌を撰んでいるときに、「少しだけでも見たい」という周防内侍の要望に応えて、「あなたと相談して和歌を撰ぼう」と言って、まだ清書していないものを送ってくれた、その通俊の心であると考えられる。それは、ひとつには、清書する以前のものを見せてもよいと考える周防内侍への信頼であろうし、勅撰和歌集を編纂《へんさん》するに際して信頼できる友人の意見を聞こうとする謙虚さであるとも言えるだろう。また、そこには少しでもその勅撰和歌集をよい作品にしようという熱意でもあるだろう。よって、①「友人を思いやる心の温かさ」は、不適当である。勅撰和歌集の編纂に際して相談することと友人への思いやりとは別のことである。また、③「草稿を見せてくれたことへの感謝」も、見せてもらった周防内侍の心情を表すことになるため不適切である。②「人の意見を気に掛ける謙虚さ」や、④「よい和歌集を作ろうとする熱意」は、「心」の説明として適切である。

以上のことより、【資料Ⅰ】の「心」と【資料Ⅱ】の「心」を、ともに正しく説明しているものは、④である。

(ii) **Y** には、6段落の和歌の解釈が入るので、6段落の和歌を検討する。

|  |  |  |
|---|---|---|
| 名詞 | **音羽川** | 音羽川を |
| 動詞 ラ行下二段活用「堰き入る」未然形 | **堰き入れ** | 堰き止めて引き入れてい |
| 助動詞 打消「ず」連体形 | **ぬ** | ない |
| 名詞 | **宿** | この家 |
| 格助詞 | **の** | の |
| 名詞 | **池水** | 池の水 |
| 係助詞 | **も** | も |
| 名詞 | **人** | この家の主人 |
| 格助詞 | **の** | の |
| 名詞 | **心** | 心 |
| 係助詞 | **は** | は |
| 動詞 ヤ行下二段活用「見ゆ」連用形 | **見え** | 見え |
| 助動詞 詠嘆「けり」連体形 | **ける** | たことだなあ。 |
| 終助詞 詠嘆 | **ものを** | |

「ぬ」の識別

**問5** 【資料Ⅱ】の和歌の解説参照

けり
1 過去〈…た。…たそうだ。〉
2 詠嘆〈…たなあ。…であったことよ。〉
※和歌では2の用法であることがほとんどである。

ものを
1 詠嘆〈…のになあ。…のだなあ。〉
2 逆接確定条件〈…のに。〉
3 順接確定条件〈…ので。〉
※1は終助詞、2・3は接続助詞の用法。

「堰き入れぬ」の「ぬ」は、直前の「堰き入れ」が未然形と連用形が同形であるために、接続では識別できないが、直後の「宿」にかかるところから、連体形であり、打消の助動詞「ず」だとわかる。「ける」は和歌で使われていることなどから前記2の詠嘆だと考える。この和歌は、初～四句までに文末表現がなく、句切れがない。結句末が文末になっているので、「ものを」は終助詞として考え、前記1で訳出するとよい。「人」は、**【資料Ⅰ】**の和歌を踏まえた表現だと考えるなら、この家の主人である。これらを踏まえて逐語訳したのが、前記の枠内のものである。

次にこの和歌の「人の心」について検討する。**【資料Ⅰ】**の和歌は、庭に工夫を凝らした敦忠の風流心に感動して、伊勢が詠んだものであった。生徒Bが指摘するように、本文6段落に「いとをかしく見えければ」と池殿への賛辞があるところから、この6段落の和歌も、忠盛の風流心を称《たた》えたものと考えることができる。しかし、この歌を崇徳天皇、兵衛佐、重仁親王の悲運を述べる本文の趣旨と結びつけて解釈するならば、邸宅の主人が兵衛佐の生んだ重仁親王の養育係である平忠盛であることから、伊勢と大納言敦忠のような風流心を褒めたたえるだけの関係ではないと考えられる。1～3段落で述べられていたように、兵衛佐は、後見人もなく、崇徳天皇の寵愛だけが頼りだという不安定な境遇にいた。そのような状況で、忠盛は重仁親王の養育係という立場で後見し、自分の邸に兵衛佐を招いている。このような邸の主人である忠盛と兵衛佐との関係性を踏まえると、兵衛佐が見た、池殿の池の水に映った心とは、この邸の主人である平忠盛の重仁親王に寄せる思いであったとも考えられる。

以上の内容を踏まえて、各選択肢の内容を検討する。

①は、「敦忠の邸宅と違って、音羽川の水を堰き止めて庭に落とし入れてはいない」が和歌の三句目までの内容に合っており、「清らかな池の水に、忠盛の重仁親王に寄せる思いが見える」も「人の心」の説明に合っているので、正解である。

②は、「敦忠が音羽川の水を堰き止めて庭に落とし入れて庭園を造ったように、贅を尽くして邸宅を築いた」が和歌の三句目までの内容と異なっており、「忠盛の権勢が池の水に映って見える」も「人の心」の説明として適当ではないので、間違いである。

③は、「敦忠は邸宅に音羽川の水を堰き止めて導き入れた」は**【資料Ⅰ】**の和歌の説明としては正しいが、それと自邸に引き入れるという点が重なる行為であるかのように述べられている「忠盛は新築の邸に自分と重仁親王を招き入れた、その忠盛の心遣いが庭の様子にも見える」が「人の心」の説明として正しくないので、間違いである。

④は、「敦忠と違い、音羽川の水を堰き止めて庭に落とし入れてはいないけれど」は和歌の三句目までの内容に合っているが、「忠盛に守られる重仁親王の輝かしい未来が池の水に映って見える」が「人の心」の説明として正しくないので、間違いである。

## 第5問　漢文

【出典】

『唐鑑《とうがん》』全十二巻。北宋の学者・政治家范祖禹《はんそう》（一〇四一～一〇九八）の著。司馬光《しばこう》が歴史書『資治通鑑《しじつがん》』を編纂した際に、范祖禹は十五年にわたって助手として関わり、『資治通鑑』のうち唐の部分を担当して史料の整理・研究に専念した。本書は、范祖禹が『資治通鑑』の編纂に携わる中で得た知見をもとに唐の歴史を論じた書で、『資治通鑑』に記載された史実を引用し、それぞれに論評を加える体裁となっている。本書で述べられる歴史観や政治思想は、儒家の理想とする道徳を根本に据えたものとして、宋の士大夫の間で高く評価されて広く読まれ、これによって范祖禹は敬意を込めて「唐鑑公」と呼ばれた。本文は巻十二に収録された、唐の末期に発生した黄巣《こうそう》の反乱についての史実とその論評である。

【本文解説】

【史料】

唐代末期の広明《こうめい》元年（八八〇）十二月に黄巣の反乱軍が唐の首都長安を占領した時の様子を記した史料である。長安に入城した反乱軍は大規模な略奪を働き、多くの人々を殺害した。反乱軍は、とりわけ役人に対して激しい憎悪を抱いていたので、役人を捕らえると皆殺しにしたのである。

【論評】

筆者は、黄巣の反乱軍が唐の役人を激しく憎んで殺害したという【史料】の記述に注目し、これが秦代末期の反乱と共通していることを指摘する。そのうえで、人民が反乱を起こす原因は何か、反乱を引き起こさないために君主と役人はどのような政治を行うべきかについて考察している。

前漢の学者揚雄《ようゆう》によれば、秦の役人は厳格な秦の法律にそむいて更に苛酷な統治を行ったが、秦の君主が制定した法律はそもそも聖人（＝最高の道徳と智恵を体現した聖天子）の規範にそむく無慈悲なものだったという。君主が人民に恩恵を施す政治に励んでも、役人は君主の恩恵を人民に浸透させることができない場合がある。まして秦の君主のように人民を搾取する非情な政治を行えば、役人は君主に迎合して苛酷な統治を行って人民を苦しめてしまう。このように筆者は、揚雄の発言を踏まえて、役人が苛酷な統治を行う原因が君主の冷酷な政治姿勢にあると主張する。

秦代末期に人民が役人を殺して反乱を起こしたのは、秦の役人が人民から激しく憎まれるほどの苛酷な統治を行ったからであるが、この点は、【史料】に見える唐の末期の黄巣の反乱の事例も同様である。要するに、秦の反乱と唐の黄巣の反乱とは、ともに役人が人民の激しい憎悪を引き起こすほどの苛酷な統治を行ったことが契機となって発生したが、根本的には、君主が人民を思いやらない非情な政治を行ったことが原因だったのである。

それでは、人民の反乱を引き起こさないために君主と役人はどうすればよいのか。「安らかで温和な君子は、人民の父母である」という『詩経』の句を模範として、役人が恩愛をもって人民を治め、父母のように敬愛されるほどの善政を行えば、ひいては君主も人民に支持され、その地位は安泰となる。逆に、役人が人民から仇《かたき》のように憎まれるほどの悪政を行えば、君主の地位は危うくなると筆者は主張するのである。

【書き下し文】

【史料】

黄巣長安《くわうさうちやうあん》に入《い》り、兵《へい》を縦《はな》ちて大《おほ》いに掠《かす》め、市肆《しし》を焚《や》き、人《ひと》を殺《ころ》して街《がい》に満《み》つ。尤《もつと》も官吏《くわんり》を憎《にく》み、之《これ》を得《う》る者《もの》は皆之《みなこれ》を殺《ころ》す。

【論評】

祖禹《そう》曰《い》はく、揚雄言《やういうげん》有《あ》り、曰《い》はく、「秦《しん》の有司《いうし》は、秦《しん》の法度《はふど》に負《そむ》く。秦《しん》の法度《はふど》は、聖人《せいじん》の法度《はふど》に負《そむ》く」と。先王徳《せんわうとく》の下《しも》に達《たつ》せざるを患《うれ》ふるなり。故《ゆゑ》に仁賢《じんけん》を挙《あ》げて之《これ》に任《にん》ず。上《かみ》に恵沢《けいたく》有《あ》りてすら、下吏《かり》猶《な》ほ或《ある》いは究宣《きうせん》すること能《あた》はず。而《しか》るを況《いは》んや君聚斂刻急《きみしうれんこくきふ》の政《まつりごと》を為《な》さば、則《すなは》ち其《そ》の臣阿意希旨《しんあいきし》し、必《かなら》ず甚《はなは》だしき者《もの》有《あ》り。故《ゆゑ》に秦《しん》の末《すゑ》、郡県皆《ぐんけんみな》其《そ》の守令《しゆれい》を殺《ころ》して叛《そむ》くは、蓋《けだ》し怨疾《ゑんしつ》の久《ひさ》しければなり。唐《たう》の盗賊《たうぞく》、尤《もつと》も官吏《くわんり》を憎《にく》むこと、亦《ま》た秦《しん》のごときのみ。『詩《し》』に曰《い》はく、「豈弟《がいてい》たる君子《くんし》は、民《たみ》の父母《ふぼ》なり」と。夫《そ》れ吏《り》たりて民《たみ》をして之《これ》を愛《あい》すること父母《ふぼ》のごとくならしめば、則《すなは》ち其《そ》の君《きみ》を愛《あい》すること知《し》るべし。苟《いやし》くも民《たみ》をして吏《り》を疾《にく》むこと寇讐《こうしう》のごとくならしめば、則《すなは》ち其《そ》の君《きみ》豈《あ》に危亡《きばう》せざるを得《え》んや。

**【全文解釈】**

**【史料】**

黄巣は長安に入城し、兵を放って大規模に略奪を行い、市場を焼き払い、市街の至る所で人民を殺した。とりわけ役人を憎み、役人を捕らえた場合は皆殺しにした。

**【論評】**

范祖禹は言う、揚雄にこういう言葉がある、「秦の役人は、秦の法律に逆らった。秦の法律は、聖人の法律に逆らった」と。古代の聖天子は自分の恩徳が人民まで届かないことを心配した。だから徳のある賢者を登用してその者に（政治を）任せた。上位の者が恩恵を施す政治を行ってさえ、下位の役人は（君主の恩徳を）世の中に広く浸透させることができない場合がある。まして君主が税を厳しく取り立てる非情な政治を行えば、その臣下は君主の意向に迎合し、きっとひどい事態をもたらす（＝苛酷な統治を行って人民を苦しめる）であろう。だから秦の末期、郡や県（の人民）がいずれもその長官を殺して反乱を起こしたのは、思うに（秦の人民が役人を）長きにわたって怨み憎んでいたからである。唐の（黄巣の）反乱軍が、とりわけ役人を憎んでいたのは、やはり秦（の時代に起きた反乱）と同じようなものにほかならない。『詩経』にこういう句がある、「安らかで温和な君子（＝徳のある高位者）は、人民の父母である」と。そもそも役人として人民に対して父母のように自分を敬愛させることができれば、（人民が）その君主を敬愛することがわかる。もし人民に対して役人を仇のように憎ませることになれば、その君主はどうして危うくなって滅びずにいられようか（、いや危うくなって滅びずにはいられない）。

---

**【重要語・基本句形】**

(1) **重要語**

○尤《もっとモ》　とりわけ・特に
○負《そむク》　逆らう・裏切る
○患《うれフ》　心配する・憂慮する
○故《ゆゑニ》　だから
○挙《あグ》　登用する・持ち上げる・すべてを合わせる・実行する・捕らえる
○或《あるイハ》　場合によっては
○不《ず》レ能《あたハ》ニ――一(スル)(コト)　――できない
○則《すなはチ》　そうであれば・そうであるので（仮定条件・確定条件を受ける）
○甚《はなはダシ》　ひどい・度を越している
○蓋《けだシ》　思うに（～だろう）
○亦《まタ》　～もやはり・～も同様に
○若《ごとシ》ニ――一ノ　――のようだ＝如《ごとシ》
○君子《くんし》　徳のある立派な人・徳のある高位者
○夫《そレ》　そもそも・いったい
○可《べシ》ニ――一(ス)　――できる・――するのがよい・――に値する・――してよい
○疾《にくム》　憎む
○得《う》ニ――一(スル)ヲ　――できる・――してもよい

(2) **基本句形**

○A猶《なホ》――《スラ》、而《しか》ルヲ況《いはンヤ》B……　Aでさえ――だ、ましてBなら……だ［抑揚形］
○――而已矣《のみ》　――にほかならない・――だけだ［限定形］＝耳《のみ》・

○ 使《しム》二A《ヲシテ》――《（セ）》一　Aに――させる【使役形】＝令《しム》
○ 苟《いやしクモ》――《バ》　もし――ならば【仮定形】
○ 豈《あニ》――《（セ）ンや》乎　どうして――しようか（、いや――しない）【反語形】
爾《のみ》・而已《のみ》

※（セ）は活用語の未然形、（ス）は活用語の終止形、（スル）は活用語の連体形をそれぞれ示す。

【設問解説】

**問1　語の意味の問題**

(ア)「尤」は、副詞として「もっとも」と読んで「とりわけ・特に」の意味（**【重要語・基本句形】**(1)　**重要語**を参照）、動詞として「とがむ」と読んで「責める・咎《とが》める」の意味がある。波線部(ア)は、直後の「憎《ミ》」を修飾しているので、副詞として「もっとも」と読んで「とりわけ・特に」の意味だと判断できる。したがって、正解は②である。

(イ)「負」は、「秦之法度《ニ》」という目的語を伴うので、動詞としての用法であると判断できる。動詞「負」は、「まく」と読んで「敗れる」の意味、「そむく」と読んで「逆らう・裏切る」の意味、「おふ」と読んで「背負う・引き受ける・頼る」などの意味があるが（**【重要語・基本句形】**(1)　**重要語**を参照）、どの意味に解釈するのが適当なのかは、文脈を踏まえて判断しなければならない。波線部(イ)を含む「秦之有司《ハ》、負二秦之法度《ニ》一」を、「負」をそのままにして直訳すると、「秦の役人は、秦の法律に『負』」となる。**【論評】**の中で筆者は、「故《ニ》秦之末、郡県皆殺《シテ》二其守令《ノヲ》一而叛《クハ》、蓋怨《シ》疾之久《シケレバ》也」（だから秦の末期、郡や県〔の人民〕がいずれもその長官を殺して反乱を起こしたのは、思うに〔秦の人民が役人を〕長きにわたって怨み憎んでいたからである）と述べ、秦の末期に人民の反乱が起こった原因として、秦の役人が人民から長く怨み憎まれるほどの悪政を行っていたことを指摘している。この点に着目すれば、「秦之有司《ハ》、負二秦之法度《ニ》一」は「秦の役人は、人民から長く怨み憎まれるほどの悪政を行った」という趣旨につながるように解釈するのがよいと判断できる。この趣旨に沿った「負」の意味を選択肢の中から探すと、④「逆らった」の意味であれば、「秦之有司《ハ》、負二秦之法度《ニ》一」を「秦の役人は、厳格な秦の法律に逆らった」と解釈することができ、後に続く「秦之法度《ハ》、負二聖人之法度《ニ》一」も「秦の法律は、聖人の法律に逆らった」と解釈できる。これであれば、もともと厳格であった秦の法律を破り、さらに苛酷な統治を秦の役人が行ったと解釈でき、「秦の役人は苛酷な統治を行った」という筆者の主張に一致する。他の選択肢では、いずれも「秦の役人は、人民から長く怨み憎まれるほどの悪政を行った」という趣旨に合致しないので、不適当である。したがって、正解は④である。

(ウ)「挙」は、「仁賢《ヲ》」という目的語を伴うので、動詞としての用法であると判断できる。動詞「挙」は、「あぐ」と読んで「登用する・持ち上げる・すべてを合わせる・実行する・捕らえる」などの意味がある（**【重要語・基本句形】**(1)　**重要語**を参照）。「仁賢」は「徳をそなえた賢者」の意味で、傍線部は、直後の「任《ズ》レ之《ニ》」（徳をそなえた賢者に〔政治を〕任せた）につながるので、「登用する」と解釈するのが適当である。したがって、正解は①である。

**問2　解釈の問題**

傍線部**A**を、返り点・送り仮名と語順を手がかりにして文構造を把握し、「患」「徳」「達」の意味に注意して解釈すればよい。「先王」は傍線部**A**の主語で、いずれの選択肢も「古代の聖天子」と解釈しており、「患」は送り仮名「フル」が付いていることから、動詞として「うれふ」（終止形）と読んで「心配する・憂慮する」の意味（**【重要語・基本句形】**(1)　**重要語**を参照）であるとわかる。「徳之不《ルヲ》レ達《セ》二於下《ニ》一」は「患《フル》」の目的語で、「徳」はここでは優れた徳をそなえた「先王」がもたらす「恩徳」の意味である。「達」は動詞として「たつす」（終止形）と読んで「届く」の意味である。「下」は、ここでは上位にいる「先王」との対比で下位の人々を指し、「人民」を指す。以上を踏まえて傍線部**A**を解釈すると、「古代の聖天子は自分の恩徳が人民まで届かないことを心配した」となる。したがって、正解は⑤である。

**問3　内容説明の問題**

傍線部**B**を直訳すると、「きっとひどいことがあるであろう」となるが、これにどのような意味が込められているのかは、傍線部**B**の直前までの「上《ニ》有《リテスラ》二恵沢一、下吏猶《ホ》或《イハ》不レ能《ハ》二究宣《スルコト》一。而《ルヲ》況《ンヤ》君為《サバ》二聚斂刻急《しうれんこくきふ》之政《ヲ》一、則《チ》其《ノ》臣阿意希旨《シ》」という記述を踏まえる必要がある。この箇所は、「上位の者が恩恵を施す政治を行ってさえ、下位の役人は（君主の恩徳を）世の中に広く浸透させることができない場合がある。まして君主が税を厳しく取り立てる非情な政治を行えば、その臣下は君主の意向に迎合し」という意味である。傍線部**B**はこの内容を受けて、君主が非情な政治を行うと役人（＝臣下）がどのような行動を取るかについて言及していると判断できる。選択肢の中で君主が非情な政治を行っている場合について述べるのは、②・④である。

次に、君主が非情な政治を行うと役人がどのような行動を取るのかについては、「其《ノ》臣阿意希旨《シ》」（その臣下は君主の意向に迎合し）とあることから、役人も君主に倣って非情な政治を行うということが推測できる。②・④のうちでこの内容に一致するのは、「役人は苛酷な統治を行って人民を苦しめる」と説明する④のみである。したがって、正解は④である。

**問4　比喩の問題**

傍線部**C**を現代語訳すると、「安らかで温和な君子は、人民の父母である」となる。この『詩経』の一節が「君子」と「民」のどのような関係に着目して引用されているのかを答えるには、「君子」（徳のある立派な人・徳のある高位者）が何を喩《たと》えたものなのか、それについて筆者がどのような見解を述べているのかを、**【論評】**の記述を元に読み取る必要がある。

傍線部**C**の直後の「夫《レ》為《リテ》レ吏而使《メバ》三民《ヲシテ》愛《スルコト》レ之《ヲ》如《クナラ》二父母《ノ》一」（そもそも役人として人民に対して父母のように自分を敬愛させることができれば）という記述に注目すれば、傍線部**C**の「君子」は人民を統治する為政者に当たる君主や役人を喩えた語であることがわかる。

為政者が人民から父母のように敬愛されるためにどのような行動を取るべきかについては、為政者の理想像である「先王」（古代の聖天子）について述べた「先王患《フル》二徳之不《ルヲ》レ達《セ》二於下《ニ》一也。故挙《ゲテ》二仁賢《ヲ》一而任《ズ》レ之《ニ》」（古代の聖天子は自分の恩徳が人民まで届かないことを心配した。だから徳のある賢者を登用してその者に〔政治を〕任せた）を参考にする（**【設問解説】問1**(ウ)・**問2**を参照）。この記述から、「為政者（＝「君子」）は人民（＝「民」）に恩徳を施さなければならない」という筆者の主張を読み取ることができる。これと同じ内容を述べるのは、②の「『君子』は『民』を思いやって教え導くべきだ」のみである。したがって、正解は②である。

**問5　空欄補充の問題**

まず、空欄[X]を含む「愛《スルコト》二其《ノ》君《ヲ》一[X]レ知矣」は、直前の「夫《レ》為《リテ》レ吏而使《メバ》三民《ヲシテ》愛《スルコト》レ之《ヲ》如《クナラ》二父母《ノ》一」（そもそも役人として人民に対して父母のように自分を敬愛させることができれば）を受けた記述であるから、「人民がその君主を敬愛すること」（「愛《スルコト》二其《ノ》君《ヲ》一」）について「[X]レ知」と述べていると判断できる。次に、直後の「苟《クモ》使《メバ》三民《ヲシテ》疾《にくムコト》レ吏《ヲ》如《クナラ》二寇讐《こうしう》一、則《チ》其《ノ》君豈《ニ》得《ン》レ不《ルヲ》二危亡《セ》一乎」は、「もし人民に対して役人を仇のように憎ませることになれば、その君主はどうして危うくなって滅びずにいられようか」という意味で（**【設問解説】問6**を参照）、「役人が人民に憎まれると、君主もまた人民に憎まれ、その地位は危うくなる」という内容である。一方、空欄[X]を含む「愛《スルコト》二其《ノ》君《ヲ》一[X]レ知矣」は、これとは逆に「人民が役人を敬愛した場合」における君主と人民の関係を述べているのだから、空欄[X]を含む「愛《スルコト》二其《ノ》君《ヲ》一[X]レ知矣」は、「人民が君主を敬愛する」という方向の意味でなければならない。したがって、①「非」・④「未」の否定詞を入れて「人民が君主を敬愛するかどうかはわからない」などと否定文に解釈するのは誤りだと判断できる。②「自」は、下から返って読む場合には、(1)前置詞の働きをし、助詞として「自《より》二――一」と読んで動作の起点を表して「――から」という意味、(2)動詞として「自《よル》二――《ニ》一」と読んで「――に由来する・――から始まる」という意味があるが、(1)の用法で「人民が君主を敬愛することは、知ることから」と解釈しても、「XレＸ知矣」で文が結ばれているので意味をなさない。また、(2)の用法で「人民が君主を敬愛することは知ることに由来する」「人民が君主を敬愛することは知ることから始まる」などと解釈しても、いずれも文意が通じず、誤りである。③「雖」は、「雖《いへども》二――《ト》一」と読んで逆接の条件を示す働きで、「たとえ――としても・――であるけれども」という意味があるが、これも「X レ知矣」で文が結ばれているので、「人民が君主を敬愛することはたとえ知っているとしても」「人民が君主を敬愛することは知っているけれども」などと解釈しても意味をなさず、誤りである。⑤「可」は、助動詞として「可《ベシ》二――《(ス)》一」と読んで「――できる・――するのがよい・――に値する・――してよい」という意味である（**【重要語・基本句形】**(1) **重要語**を参照）。「可」をXに当てはめると、「愛《スルコト》二其《ノ》君《ヲ》一可《シ》レ知《ル》矣」と読んで「人民が君主を敬愛することがわかる」という意味となり、「人民が君主を敬愛する」という方向に一致する。したがって、正解は⑤である。

**問6　返り点と書き下し文の問題**

「豈――乎」と「則」「得」「不」の用法に注意しつつ、文脈を踏まえて意味が通る読み方を決定すればよい。

まず「則」は、動詞として「のつとる」と読んで「手本とする」の意味に用いる場合もあるが、傍線部**D**の直前に「苟《クモ》使《メバ》三民《ヲシテ》疾《にくムコト》レ吏《ヲ》如《クナラ》二寇《こう》讐《しうノ》一」（もし人民に対して役人を仇のように憎ませることになれば）とあるように、条件を表す場合は直前の句の末尾に送り仮名「バ」をつけて「～ならば、すなはち」と読み、「～ならば」と仮定条件や、「～なので」と確定条件を受ける（**【重要語・基本句形】**(1) **重要語**を参照）。選択肢の中で「則」を「すなはち」と読んでいるのは①・③・⑤である。次に「豈《あニ》――乎《(セ)ンや》」と読む場合は反語形で「どうして――しようか（、いや――しない）」という意味（**【重要語・基本句形】**(2) **基本句形**を参照）、「豈《あニ》――乎《(スル)や》」と読む場合は「もしかすると――ではないか」という疑問推量の意味、「豈《あニ》――乎《(スル)かな》」と読む場合は詠嘆形で「なんと――なことか」という意味である。「豈――乎」は反語形として用いられる場合が多いが、傍線部**D**でどの意味に用いられているのかは、文意を考えて判断しなければならない。次に「不」は否定形で「不《ず》二――《(セ)》一」と下から返って読むので、下の動詞「危亡《きばうス》」（危うくなって滅びる）から返って「危亡せず」と読む。①・③・⑤のうちで否定形「不《ず》二――《(セ)》一」を正しく読んでいるのは①・③である。⑤は、「得不」の部分を「得《え》ざる」と読んでいる点が「不《ず》二――《(セ)》一」の用法を誤っている。「得《え》ざる」と読むためには、原文の語順が「不得」でなければならない。最後に「得」は、動詞として「手に入れる・理解する」などの意味に用いる場合もあるが、傍線部**D**のように後に動詞句を伴う場合は下から返って「得《う》二――《(スル)ヲ》一」と読み、「――できる・――してもよい」という意味となる（**【重要語・基本句形】**(1) **重要語**を参照）。この用法に従って「得不危亡」を読むと、「不二危亡《セ》一」から「得」に返って「危亡せざるを得」となる。①・③のうちでこのように読んでいるのは③「則ち其の君豈に危亡せざるを得んや」のみである。「豈――乎」が反語形であることに留意して③を解釈すると、「その君主はどうして危うくなって滅びずにはいられようか（、いや危うくなって滅びずにはいられない）」となり、傍線部**D**の直前の「苟《クモ》使《メバ》三民《ヲシテ》疾《にくムコト》レ吏《ヲ》如《クナラ》二寇讐《こうしうノ》一」（もし人民に対して役人を仇のように憎ませることになれば）を受けた結論として文意が通じる。したがって、正解は③である。

**問7　趣旨説明の問題**

各選択肢はいずれも、

(1)反乱が起こる原因は何か。

(2)反乱を引き起こさないためには、君主や役人はどうすればよいのか。

という二つの疑問に対する解答によって構成されている。そこで、これらの疑問に対して筆者が**【論評】**でどのような見解を述べているのかを確認しよう。

まず(1)については、「上《ニ》有《リテスラ》二恵沢一、下吏猶《ホ》或《イハ》不レ能《ハ》二究宣《スルコト》一。而《ルヲ》況《ンヤ》君為《サバ》二聚斂《しうれん》刻急《こくきふ》之政《ヲ》一、則《チ》其臣《ノ》阿意希旨《シ》、必《ズ》有《リ》二甚《ダシキ》者一矣。故《ニ》秦之末、郡県皆殺《シテ》二其《ノ》守令《ヲ》一而叛《クハ》、蓋《シ》怨疾之久《シケレバ》也」（上位の者が恩恵を施す政治を行ってさえ、下位の役人は〔君主の恩徳を〕世の中に広く浸透させることができない場合がある。まして君主が税を厳しく取り立てる非情な政治を行えば、その臣下は君主の意向に迎合し、きっとひどい事態をもたらす〔＝苛酷な統治を行って人民を苦しめる〕であろう。だから秦の末期、郡や県〔の人民〕がいずれもその長官を殺して反乱を起こしたのは、思うに〔秦の人民が役人を〕長きにわたって怨み憎んでいたからである）から読み取ることができる（**【設問解説】問3**を参照）。この記述によれば、君主が非情な政治を行うと役人が君主に迎合して苛酷な政治を行い、人民を苦しめることになる。その結果、役人に対する憎しみの感情を募らせた人民が反乱を起こすというのである。以上を踏まえて(1)についての見解を要約すると、「苛酷な政治を行う君主と役人に対して人民が激しい憎しみの感情を抱くことが、反乱が起こる原因である」となる。

次に(2)については、「夫為《リテ》レ吏而使《メバ》三民《ヲシテ》愛《スルコト》レ之如《クナラ》二父母《ノ》一、則《チ》愛《スルコト》二其君《ノヲ》一可《シ》レ知《ル》矣。苟《クモ》使《メバ》三民《ヲシテ》疾《にくムコト》レ吏如《クナラ》二寇讐《こうしうノ》一、則《チ》其君豈《ニ》得《ン》レ不《ルヲ》二危亡《セ》一乎」（そもそも役人として人民に対して父母のように自分を敬愛させることができれば、〔人民が〕その君主を敬愛することがわかる。もし人民に対して役人を仇のように憎ませることになれば、その君主はどうして危うくなって滅びずにいられようか〔、いや危うくなって滅びずにはいられない〕）から読み取ることができる（**【設問解説】問5・問6**を参照）。この記述によれば、君主と役人が人民から敬愛されるような政治を行えば、反乱が起こることもなく君主の地位は安泰となるというのである。以上を踏まえて(2)についての見解を要約すると、「反乱を引き起こさないためには君主と役人は人民に敬愛されるような善政を行わなければならない」となる。

最後に、右のように確認した(1)・(2)の見解に即して、選択肢を検討すればよい。

①は、「反乱が起こるのは、君主と役人の悪政が人民の激しい怒りを引き起こすことが原因である」が(1)の見解に合致する。また「君主と役人は善政を行うことで人民の支持を得られるように努めなければならない」は、(2)の見解に合致する。

②は、「反乱が起こるのは、役人が君主を信頼しないために君主の掲げる政策が人民に行き渡らないことが原因である」が(1)の見解に合致しない。「役人が君主を信頼しない」は**【論評】**には述べられていない内容である。また「君主は日頃から役人に信頼されるように励まなければならない」は、(2)の見解に合致しない。「君主は役人に信頼されなければならない」という主張は**【論評】**には述べられていないので不適当である。

③は、「反乱が起こるのは、君主が役人を軽視することで人民が役人の命令に従わなくなることが原因である」が(1)の見解に合致しない。「人民が役人の命令に従わなくなる」は**【論評】**から読み取ることができるが、「君主が役人を軽視する」は**【論評】**には述べられていない内容である。また「君主が率先して役人を尊重するように心がけなければならない」は、(2)の見解に合致しない。「君主は役人を尊重しなければならない」という主張は**【論評】**には述べられていないので不適当である。

④は、「反乱が起こるのは、君主が人民の犠牲を顧みず他国への侵略を繰り返すことが原因である」が(1)の見解に合致しない。「君主が人民の犠牲を顧みず他国への侵略を繰り返す」は**【論評】**には述べられていない内容である。また(2)の見解として、「君主は……人民の生活が安定するように力を注がなければならない」は**【論評】**から読み取ることのできる内容

であるが、「君主は領土拡大の野心を捨てて……なければならない」という主張は**【論評】**には述べられていない内容なので不適当である。

⑤は、「反乱が起こるのは、君主が役人の管理を怠ったために盗賊が野放しになっていることが原因である」が⑴の見解に合致しない。「君主が役人の管理を怠った」「盗賊が野放しになっている」は、いずれも**【論評】**には述べられていない内容である。また「君主は役人が治安の維持に努めるように厳しく管理しなければならない」は、⑵の見解に合致しない。このような主張は**【論評】**には述べられておらず不適当である。

したがって、⑴・⑵の見解がいずれも**【論評】**に合致する①が正解である。

## MEMO

# 第3回　解答・解説

#【国　語】

（200点満点）

## 【解答・採点基準】

| 問題番号 | 設問 | 解答番号 | 正解 | 配点 | 自己採点 |
|---|---|---|---|---|---|
| 第1問 | 問1 (ア) | 1 | ④ | 2 | |
| | 問1 (イ) | 2 | ② | 2 | |
| | 問1 (ウ) | 3 | ② | 2 | |
| | 問2 | 4 | ④ | 7 | |
| | 問3 | 5 | ④ | 7 | |
| | 問4 | 6 | ② | 6 | |
| | 問5 | 7 | ② | 7 | |
| | 問6 (i) | 8 | ③ | 4 | |
| | 問6 (ii) | 9 | ② | 4 | |
| | 問6 (iii) | 10 | ③ | 4 | |
| 第1問 自己採点小計 | | | | (45) | |
| 第2問 | 問1 | 11 | ⑤ | 6 | |
| | 問2 | 12 | ③ | 6 | |
| | 問3 | 13 | ⑤ | 7 | |
| | 問4 | 14 | ⑤ | 7 | |
| | 問5 | 15 | ② | 7 | |
| | 問6 (i) | 16 | ② | 6 | |
| | 問6 (ii) | 17 | ① | 6 | |
| 第2問 自己採点小計 | | | | (45) | |
| 第3問 | 問1 | 18 | ② | 5 | |
| | 問2 | 19 | ③ | 5 | |
| | 問3 | 20 | ① | 5 | |
| | 問4 | 21 | ④ | 5 | |
| 第3問 自己採点小計 | | | | (20) | |

| 問題番号 | 設問 | 解答番号 | 正解 | 配点 | 自己採点 |
|---|---|---|---|---|---|
| 第4問 | 問1 (ア) | 22 | ① | 4 | |
| | 問1 (イ) | 23 | ④ | 4 | |
| | 問1 (ウ) | 24 | ⑤ | 4 | |
| | 問2 | 25 | ③ | 6 | |
| | 問3 (i) | 26 | ① | 7 | |
| | 問3 (ii) | 27 | ③ | 6 | |
| | 問4 | 28 | ④ | 7 | |
| | 問5 | 29 | ③ | 7 | |
| 第4問 自己採点小計 | | | | (45) | |
| 第5問 | 問1 (ア) | 30 | ⑤ | 3 | |
| | 問1 (イ) | 31 | ① | 3 | |
| | 問1 (ウ) | 32 | ① | 3 | |
| | 問2 | 33 | ② | 6 | |
| | 問3 | 34 | ⑤ | 5 | |
| | 問4 | 35 | ③ | 5 | |
| | 問5 | 36 | ⑤ | 6 | |
| | 問6 | 37 | ② | 6 | |
| | 問7 | 38 | ④ | 8 | |
| 第5問 自己採点小計 | | | | (45) | |
| 自己採点合計 | | | | (200) | |

## 【解説】

### 第1問　現代文

【出典】

【文章Ⅰ】は、寺島俊穂『ハンナ・アレント再論――〈あるべき政治〉を求めて』（二〇一九年、萌《きざす》書房）の一節。【文章Ⅱ】は、中山元『アレント入門』（二〇一七年、ちくま新書）の一節である。いずれの文章も、途中に一部省略があり、後者には一部表記を改めた箇所がある。

寺島俊穂（てらじま・としお）は、一九五〇年東京都生まれ。慶應義塾大学大学院法学研究科博士課程修了。専門は西欧政治思想史、政治哲学。著書に、『政治哲学概説』、『戦争をなくすための平和学』、『現代政治とシティズンシップ』、『ハンナ・アレントの政治理論――人間的な政治を求めて』などがある。

中山元（なかやま・げん）は、一九四九年東京都生まれ。東京大学教養学部中退。思想家、翻訳家。哲学サイト「ポリロゴス」主宰。著書に『ハンナ・アレント〈世界への愛〉――その思想と生涯』、『フーコー　思想の考古学』、『正義論の名著』、『思考の用語辞典――生きた哲学のために』などがある。

【本文解説】

大学入学共通テストでは、複数のテキストを関連づけた問題が出題されることが予想される。今回の**第1問**は、哲学者のハンナ・アレントの思想について考察した二つの文章から出題した。

ハンナ・アレントは、ドイツのユダヤ系の家庭で生まれ育ち、その後アメリカ合衆国に亡命して活動した哲学者である。ナチス・ドイツに代表される全体主義（＝個人よりも国家の意思や利益を優先させる政治思想）の問題と対峙《たいじ》した彼女の思想は、日本でも注目され多くの識者によって研究されてきた。今回出題した【文章Ⅰ】【文章Ⅱ】は、共に日本で生活している私たちにとって決して無関係とは言えない全体主義の問題を考える手がかりとして、アレントの思想に注目しているのである。以下では、そうした【文章Ⅰ】【文章Ⅱ】それぞれの内容について見ていくことにしたい。

【文章Ⅰ】

アレントの政治理論について、その中心となる「活動」という概念に着目して考察した文章である。本文を三つの部分にわけて、その内容を確認していく。なお、本文は六つの形式段落から成るが、その段落番号を1～6で表す。

**1　アレントの考える本来の政治**

アレントは自身の政治理論を『人間の条件』という著書のなかで体系的に示しているのだが、そのなかで最も重要なのは「人間は複数の人びとのなかで生き、互いに異なっているが相互に理解可能だという複数性の概念」である。アレントは、そうした「複数性の領域における人間の公的な営み」として政治を捉えている。全体主義による政治は「一人の意志によって動かされる」、つまり一人の権力者の考えによって人々が支配されるという点で、アレントが求める政治とは対照的である。アレントの考えでは、「あらゆる多様性をもつ個人個人の相互行為」として営まれるのが本来の政治である。

**2～4　「労働」・「仕事」・「活動」**

アレントは、人間の行為を「労働」・「仕事」・「活動」の三つの形態に区分し、政治をそのうちの「活動」として捉えている。「労働」とは「生命を維持していくため」に「消費するもの」を「生産」する営みであり、「あとに残らない」という点で「虚《むな》しさが付きまとっている」。「仕事」とは、「耐久性のあるもの」を「制作」する営みであり、「孤独な作業」ではあるが、「完成したときに充実した喜びを味わうことができる」。「活動」とは、「常にことばを伴い、他者と協力して行《おこ》なう営み」であり、そのなかで「行為者は自己のユニークさを示し、卓越への欲求を充足させることができる」（2）。

アレントは、これらの三つの行為形態のなかで、「労働」よりも「活動と仕事」を「より高く位置づけている」。筆者によると、その理由は「世界性の有無」である。「世界性」とは何を意味しているのか、ややわかりづらいかもしれない。だが、「仕事によって不朽の作品をつくったり、活動によって人びとの記憶に残り、記録され、物語られたりすることによって世界をつくることもできる」（3）、「仕事は『物の世界』をつくり、作者の生命を超える作品を世界に残すことも可能である」（4）、「活動は、結果としてよりよき世界を残していくことにもつながっていく」（4）などの筆者の説明を踏まえれば、「世界性」とは〈人間の生命を超えるものを世界に残すことやよりよい世界をつくること〉を意味していると考えることができるだろう。「労働」は、人間が生命維持のために消費するものを生産する営みであり、例えば食べ物をつくっても食べてしまえばなくなるように、何も「あとに残らない」（2）。それに対して「仕事」は、例えば芸術作品のような、作者の生命を超えて世界に残るものをつくることができるし、「活動」は、他者と協力しあう営みを通じて世界をよりよくすることにつながる。また「活動」は「仕事の助けを借りて、記録や歴史や物語として残され、人間の生命を超える」（4）こともできる。アレントは以上のように考えるからこそ、「労働」よりも「活動と仕事」を「高く位置づけ」るのである。

5・6 **「活動」がつくり出す公的世界**

筆者によると、アレントは「活動」がつくり出す世界を「人間関係の網の目」と呼んでいる。人間は「活動」を通して「人間関係の網の目」としての公的世界を形成する。そして、一人ひとりの人間は、こうした「人間関係の網の目」である公的世界においてのみ「自分のユニークさを表すことができる」（5）のである。こうした公的世界は「あらゆる多様性に開かれた空間」であり、「人びとが見知らぬ他者の前に現れ、ことばや行為によって自己を開示する『現れの空間』である」（6）。2で述べられていたように、アレントは政治を「活動」として捉えている。つまり、「活動」がつくり出す、人々の多様性に開かれた公的世界で営まれるものこそが、アレントにとっての本来の政治なのである。

**まとめ**

| |
|---|
| **全体主義**<br>・一人（権力者）の意志によって人々が動かされる |

⇕

| |
|---|
| **アレントの政治理論**<br>・政治とは、相互に理解可能な多様な人々による公的な営みであり、「活動」である<br>↑<br>（三つの行為形態）<br>**「労働」**＝生命維持のために消費するものを生産する、虚しさを伴う営み<br>**「仕事」**＝耐久性のあるものを制作する、孤独だが喜びを伴う営み<br>**「活動」**＝常にことばを伴い、他者と協力して行うなかで、自己のユニークさを示す営み<br>↑<br>・後に何も残らない「労働」よりも、人間の生命を超えるものを世界に残す「仕事」やよりよい世界をつくることにつながる「活動」の方が高い価値を持つ<br>↑<br>・「活動」は「人間関係の網の目」をつくり出し、人々の多様性に開かれた公的世界を形成する |

**【文章Ⅱ】**

アレントが「現《あら》われの空間」と呼ぶ公的な領域について考察したうえで、彼女がそうした公的な領域を政治の分野で重視した背景について述べた文章である。本文を二つの部分にわけて、その内容を確認していく。なお、ここでも**【文章Ⅰ】**と同じく、形式段落を[1]～[11]で表す。

### [1]～[9]　「現われの空間」としての公的な領域

アレントは、「古代のギリシアのポリスという政治的な空間」を例に挙げて「人間の活動性には三種類の活動と、それが展開される領域がある」ということを示した（なお、ここで言われている「三種類の活動」とは、**【文章Ⅰ】**で説明されていた「労働」・「仕事」・「活動」のことを指している。ここでは、それらの三つの行為形態が、〈種類の異なる「活動」〉とされているので、混乱しないように注意したい）。だが筆者によると、アレントが示した人間の営みの領域は「古代ギリシアだけに存在するものではない」。「わたしたちが言論と活動によって人々の目の前に登場する」さいには、アレントが「現われの空間」と呼ぶ公的な領域が作りだされている。例えば、人々が共通の問題について話し合う町の自治会や学校のＰＴＡは、まさにそうした「現われの空間」＝「公的な領域」だと捉えることができる（[1]・[2]）。

筆者は、「公的な集会において」、「挙手して発言した」場合を例に挙げて、「現われの空間」である公的な領域で起きていることを考察している。まず「挙手して発言した」ということは、「公的な問題について関心をもっていて発言する意思がある」ことを示したということである（[3]）。そして、「自分の発言によって、その集会における議論に影響を与え」、「他者を言葉によって説得することを目指」すことになる（[4]）。さらに、発言することによって、発言者は「自分がどのような存在であるかを暴露」することになる（[5]）。集会の場で発言することは、「その人の人格とアイデンティティを作りだすと同時に、それを他者の面前にさらけだす行為」であり、そうした「危険を引き受けようとする勇気を示す」ことである（[6]）。また、発言することは「他者から反論されることを引きうけること」でもある。発言によって他者を説得するためには、「他者からの反論に対処し、その反論に反論をするか、新たな議論の地平を示すことによって、その反論をうけいれながらも、それを乗り越える姿勢を示す必要がある」。発言するとは、自らの発言に反論する「他者」との間に「関係を構築することを引きうけるということ」なのである（[7]）。

発言によって他者との間に関係を構築するためには、「集会に参加している他の人々が、自分と平等で自由な人々であるということ、そして意見は多様なものであるということを前提としなければならない」。集会における発言の前提は「人間の多数性」であり、その中で人々はそれぞれ、自分の発言によって「独自の意見」をもった「ユニークな存在」であることを示すのである（[8]）。

アレントが「現われの空間」と呼ぶ公的な領域とは、「閉ざされた部屋での密議」ではなく、発言することで「人々の注目を集め、スポットライトを浴びるという『明るさ』のうちで初めて可能になる」ものである。そこでは、「発言とそれへの反論とさらにその反論への反論」がなされ、それを通して人々の間に「関係の網の目」がつくり出される。そうした「関係の網の目」は、目で見ている「物の世界」と同様のリアリティをもっているのである（[9]）。

### [10]・[11]　アレントが公的な領域を重視した背景

「現われの空間」である公的な領域は、集会のような「市民的な活動の分野」だけで実現するものではない。それは「政治の核心的な領域」においても実現しうるものである。アレントは、政治的な分野で公的な領域が重要な役割を果たした事例として、「市民の間で自然発生的に評議会が形成され」た一九五六年のハンガリー革命を挙げている（[10]）。他方、ヒトラーの率いるナチスが支配した一九三〇年代のドイツでは、人々が「大衆としてではなく、市民として発言する」ことのできる公的な領域が欠如していた（この部分で、「大衆」と「市民」という言葉が対比的に用いられているが、前者が〈主体性を欠いた人々〉といったネガティブな意味で、後者が〈主体性を有した人々〉といったポジティブな意味で使われていると考えてよいだろう）。もし、ハンガリー革命のように、市民による公的な領域が実現していたら、ドイツにおいても全体主義によって大衆が支配されるようなことはなかったにちがいない。アレントは、古代ギリシアのポリスを例に挙げて公的な領域の重要性を示したのだが、そうした主張の背景には、一九三〇年代のドイツのような全体主義を二度と成立させないために、市民が自由に発言できる公的な場、すなわち彼女が「現われの空間」と呼ぶ公的な領域を政治的な分野で実現しなければならない、という「差し迫った動機」があったのである。それは、ドイツが第二次世界大戦に敗戦し全体主義から解放された後の一九五一年に発表された『全体主義の起原』において、アレントが公的な領域の欠如を重要な問題として指摘していることからも明らかだと言えるだろう（11）。

**まとめ**

**「現われの空間」である公的な領域**

（例）町の自治会、学校のＰＴＡ
・参加している人々が平等で自由であり、独自の意見をもつ多様な存在であることを前提とする
・発言とそれへの反論、さらにその反論への反論を通じて、人々の間に「関係の網の目」が作り出される

↓

・公的な領域は政治的な分野でも実現しうるものである
（例）一九五六年のハンガリー革命

↓

・全体主義が支配した一九三〇年代のドイツでは、公的な領域が失われていた

↓

**アレントの現代的な動機**
・全体主義が再び成立することを回避するために、公的な領域を政治的な分野で実現しなければならない

**【設問解説】**

**問１　傍線部に相当する漢字を含むものを答える問題**

(ア)　〈いつまでも価値を失わずに残ること〉という意味の「不朽」。同音異義語に〈広く行き渡ること〉を意味する「普及」や〈休まないで活動を続けること〉を意味する「不休」などがあるが、文脈に合わない。①は「休学」、②は「旧式」、③は〈意見や主張などが対立してもつれること〉を意味する「紛糾」、④は「老朽」。したがって、④が正解。

(イ)　〈あさはか〉という意味の「浅薄」。①は「占領」。②は〈深いことと、浅いこと。深さの程度〉という意味の「深浅」。③は「宣戦」。④は「旋律」。したがって、②が正解。

(ウ)　〈全面的に自分の支配下に置くこと〉という意味の「掌握」。①は〈工夫をめぐらす〉や〈デザイン〉という意味の「意匠」。②は〈顔や胸のまえで両の手のひらと指を合わせて、仏などを拝むこと〉という意味の「合掌」、③は「賞味」、④は〈原本の内容の一部のみを写した文書〉という意味の「抄本」。したがって、②が正解。

**問２　アレントが「活動と仕事」を「労働」よりも高く位置づけている理由について答える問題**

ここでは、アレントが「活動と仕事」を「労働」よりも「高く位置づけている」理由が問われている。まず、アレントの言う「労働」、「仕事」、

「活動」がそれぞれどのような営みであるかを確認しよう。【本文解説】でも見たように、【文章Ⅰ】の②を踏まえると

**a　労働＝生命を維持するために消費するものを生産する、虚しさを伴う営み**
**b　仕事＝耐久性のあるものを制作する、孤独だが喜びを伴う営み**
**c　活動＝常にことばを伴い、他者と協力して行うなかで、自己のユニークさを示すことのできる営み**

と説明することができる。

ではどうしてアレントは、cのような「活動」とbのような「仕事」をaのような「労働」よりも「高く位置づけている」のだろうか。その理由については、傍線部の直後で「世界性の有無による」と述べられている。「世界性」という言葉が何を意味しているのかわかりづらいが、【本文解説】でも確認したように、「仕事によって不朽の作品をつくったり、活動によって人びとの記憶に残り、記録され、物語られたりすることによって世界をつくることもできる」(③)、「仕事は『物の世界』をつくり、作者の生命を超える作品を世界に残すことも可能である」(④)、「活動は、結果としてよりよき世界を残していくことにもつながっていく」(④)などの説明を踏まえれば、「世界性」とは〈人間の生命を超えるものを世界に残すことやよりよい世界をつくること〉を意味していると考えることができる。アレントによれば、aのような「労働」は、生産したものを消費すれば何も「あとに残らない」(②)という点で「世界性」が無い。それに対してbのような「仕事」やcのような「活動」は、〈人間の生命を超えるものを世界に残すことやよりよい世界をつくること〉につながるという点で「世界性」を有しているのである。以上から、

**d　「労働」は、あとに何も残らない(＝「世界性」が無い)**
**e　「仕事」や「活動」は、人間の生命を超えるものを世界に残すことやよりよい世界をつくることにつながる(＝「世界性」が有る)**

という内容が、アレントが「活動と仕事」を「労働」よりも「高く位置づけている」理由だと捉えることができる。したがって、a～eを踏まえている④が正解である。他の選択肢も確認しておこう。

①「仕事」と「活動」について「それぞれが自ずと歴史や物語となって記録される」と説明している点が不適当。「活動の場合、仕事の助けを借りて、記録や歴史や物語として残され、人間の生命を超えることができる」(④)と述べられているように、「活動」における人々の営みは、「仕事の助け」、例えば何らかの書物のなかでそれが描かれることなどを通して「記録や歴史や物語」として残っていくのである。この点を踏まえると、〈「仕事」と「活動」それぞれが、自ずと記録される〉という説明は明らかに誤りである。

②まず、「労働」が「人々の多様性を抑圧する全体主義的な世界につながりやすい」という説明が、本文からは確定できない内容である。さらに、「他者と協力し合う『仕事』や、作品の完成に喜びを味わう『活動』」という説明が明らかにおかしい。②で述べられているように、「他者と協力し合う」のがcの「活動」であり、「作品の完成に喜びを味わう」のがbの「仕事」である。

③「労働」は「公的な営み」であり、「仕事」や「活動」は「私的な営み」であるという趣旨の選択肢である。「労働」が「公的な営み」だとは本文に書かれていないが、それ以上におかしいのは、「活動」を「私的な営み」としている点である。cの「活動」は「公的関係を構成」(④)する営みである。

⑤「労働」について「画一的なものにならざるをえない」と説明するのは、本文で「単調な作業」(②)と述べられていることを踏まえれば、必ずしも間違いとは言えないだろう。だが、「仕事」について「自己のユニークさを示すことを可能にする」と説明している点が不適当。人々

が「自己のユニークさを示す」のは「活動」においてであり（[2]・[5]）、「仕事」についてそのようなことは述べられていない。仮に「仕事」を通して制作したものが作者の「ユニークさ」を示すことができるとしても、それは「活動」を通じて他者との間に形成される公的世界において可能になることであり、「仕事」という営み自体がそうしたことを可能にするわけではない。

**問3　公的な集会で発言することについて答える問題**

アレントが「現われの空間」と呼ぶ「公的な集会」で発言することについては、傍線部を含んだ[3]から[9]で説明されている。その内容については**【本文解説】**で確認したが、あらためて整理すれば以下のようになる。

**a　公的な問題について関心をもっていることを示す**（[3]）
**b　他者を言葉によって説得することを目指す**（[4]）
**c　自分がどのような存在であるかを暴露する危険をおかす**（[5]・[6]）
**d　他者から反論されることを引き受ける**（[6]・[7]）
**e　集会に参加している人々が自由で平等であり、多様であることを前提とする**（[8]）
**f　それぞれの個人が、他者と異なる独自の意見をもつユニークな存在であることを示す**（[8]）
**g　発言とそれへの反論、さらにその反論への反論を通じて、人々の間に「関係の網の目」が作りだされる**（[7]・[9]）

以上のポイントのうちのb、c、d、f、gを踏まえた説明になっている④が正解である。④にaとeは明記されていないが、[2]において「人々に共通する問題を話し合うため」の「集会」を「公的な集会」と規定しているのだから、選択肢冒頭の「公的な集会」という言葉にaが含意されていると考えることができる。またgのようになるにはeであることが必要なので、eはgに含まれていると捉えることもできるだろう。他の選択肢も確認しておこう。

①　「他者からのさまざまな反論」の「誤りをそのつど指摘して自分の発言の正当性を保つ勇気が必要とされる」という説明が不適当。本文では、cの自分がどのような存在であるかを暴露するという「勇気」については述べられている（[5]・[6]）が、「自分の発言の正当性を保つ勇気」といったことは述べられていない。また、他者からの反論に対して反論するといったことは述べられているが、それが他者からの「反論の誤りをそのつど指摘」するといったことであるかどうかを確定することもできない。

②　「人々が他者との間で……人間は自由で平等であるという普遍的な理念が導き出されていく」が不適当。eにあるように、人々が自由で平等であるということは、あくまでも話し合いの「前提」であって、「忌憚《きたん》のない（＝率直な）意見を交わしあうことで」、そうした「理念が導き出されていく」わけではない。

③　「参加者のすべてがそのような発言（＝他者との関係において自分がどのような存在であるかを示すような発言）をすることが必要となる」という説明が不適当。そのようなことは本文では述べられていない。

⑤　「私的な利益よりも社会全体の利益を優先するべきだという自分の考えを他者に表明することにつながる」という説明が不適当。傍線部の直前では、「公的な集会」について「個人の私的な利益についてではなく、すべての当事者にかかわる問題を検討する集まり」と説明されている。しかし、そうした場で「発言する」ことが、「社会全体の利益を優先するべき」という考えを示すことにつながる、というようなことは本文では述べられていない。

**問4　アレントにおける「現代的な差し迫った動機」について答える問題**

傍線部直前の内容からわかるように、設問で問われている「そうした現代的な差し迫った動機」とは、アレントが「古代ギリシアのポリス」を例に挙げて「公的な領域と活動の意味を示した」ことの理由にあたるものである。「そうした」という指示語に着目して、傍線部の前の本文を見ると、「一九三〇年代のドイツで失われていたのは、まさにこのような公的な領域だった。人々が大衆としてではなく、市民として発言するための場が失われていたのである。ハンガリー革命のように、こうした公的な領域が成立していたならば、全体主義によって大衆が組織されることはなかっただろう」と述べられている。また、「ハンガリー革命」については、[10]で「公的な領域が政治的な分野で重要な役割をはたした実例」としてアレントが挙げた出来事であることが述べられている。これらを踏まえると

**a　一九三〇年代のドイツのような大衆を支配する全体主義が成立することを回避するために、人々が市民として発言できる公的な場を、政治的な領域で実現しなければならない（もしそうした場を実現できなければ再び全体主義的な状況に陥るだろう）**

とアレントが考えたことが「現代的な差し迫った動機」の内容であると考えることができる。

さらに、[10]に『現われの空間』としての集会において発言すること」は「公的な領域」を生むなどの説明があることから、アレントが政治的な領域で求めた〈人々が市民として発言できる公的な場〉とは、彼女の言う「現われの空間」であることがわかる。そこで[8]を見ると、そうした「現われの空間」について、「集会に参加している他の人々が、自分と平等で自由な人々であるということ、そして意見は多様なものであるということを前提としなければならない」ということが述べられている。ここから

**b　人々が市民として発言できる公的な場＝多様な人々が自由と平等にもとづいて発言できる場**

と捉えることができる。したがって、a・bを踏まえた説明になっている②が正解である。ちなみに、②の「何としてでも実現しなければならない」という表現は、傍線部の「差し迫った」という表現を踏まえたものである。他の選択肢も確認しておこう。

①　「平等な市民が自由に発言することができる政治的な場が失われつつあるという現状を、重要な問題として著作のなかで指摘しなければならない」という説明が、aと合致せず、またアレントにおける現状に対する認識ともズレている。傍線部直後で触れられている『全体主義の起原』の発表年（注参照）からわかるように、アレントがaを求めたのは、ドイツが第二次世界大戦に敗戦してナチスによる全体主義から解放された一九四五年より後のことである。アレントは、全体主義から解放された今だからこそ、再び全体主義に陥らないようにすることが必要だと考えたのであって、現状を「平等な市民が自由に発言することができる政治的な場が失われつつある」と捉えているわけではない。

③　「全体主義的な近代国家を改革し、市民を中心とした新しい国家を建設していかなければならない」がaに反する。アレントは、一九三〇年代のドイツのような全体主義が再び現実のものになることを危惧しているのであって、「全体主義的な近代国家を改革し」、「新しい国家を建設し」ようというようなことを目論《もくろ》んでいるわけではない。

④　「国民を大衆として組織する全体主義に陥っているドイツ」というドイツの現状についての説明が不適当である。①で確認したように、アレントは、全体主義から解放された今だからこそ、再び全体主義に陥らないようにすることが必要だと考えたのである。また、「人々の間で自発的に革命が成し遂げられなければならない」という説明も本文には述べられておらず、aとも合致しない。

⑤　「公的な領域を政治的な分野で形成しようとしても、それは不可能でしかない」という説明が、aと明らかに矛盾する。

**問5　【文章Ⅰ】と【文章Ⅱ】に関する説明として適当でないものを答える問題**

「適当でないもの」という設問の条件に注意して、順番に選択肢を検討していこう。

① 【文章Ⅰ】の[1]の内容と合致している。[1]では、アレントの考える「本来あるべき政治」とは、「相互に理解可能」な「多様性をもつ」人々の「公的な営み」であると説明されており、それは、「一人の意志によって」人々が支配される「全体主義権力」と対比されている。

② アレントの言う「政治」について、「『労働』・『仕事』・『活動』から構成される包括的な営み」と説明している点がおかしい。【文章Ⅰ】の[2]では、「アレントは、政治を活動として理解しているのだが、彼女の『活動』概念は、ほかの行為形態である『労働』と『仕事』との対比のなかで明らかにされる」と述べられている。つまりアレントは、人間の行為を「労働」、「仕事」、「活動」の三つの営みに分けているのだが、「政治」は、そのうちの「活動」に該当するとされているのである。ところがこの選択肢の説明では、「活動」だけでなく「労働」や「仕事」などの営みも「政治」に含まれることになってしまう。したがって、②が**適当でないもの**であり正解となる。

③ 【文章Ⅱ】では、集会のような、アレントが「現われの空間」と呼ぶ公的な領域では、発言によって人々の間に「関係の網の目」がつくり出され、そうした「関係の網の目」は「目に見ている物の世界と同じリアリティをもっている」と述べられている（[9]）。この選択肢はこうした内容と合致している。

④ 【文章Ⅰ】と【文章Ⅱ】の内容と合致している。いずれの文章においても、「人間や政治をめぐるアレントの思想」が、「活動」、「人間関係の網の目」、「現れの空間（現われの空間）」など、「彼女が実際に用いたさまざまな概念をまじえて」詳しく説明されている。もちろん、アレントが「活動」、「人間関係の網の目」、「現れの空間」などという日本語を実際に用いたわけではない。だが、これらの日本語はアレント自身の言葉を翻訳したものである。したがって、「彼女が実際に用いた」「概念（＝言葉によって表現される意味内容）」と説明するのは誤りではない。また、どちらの文章もとくに簡略化された説明だというわけではないので、説明が「詳細」だというのも、間違いではない。

⑤ 【文章Ⅱ】では、「アレントの重視する公的な空間が政治的な場面で実現した具体的な事例」として[10]で「一九五六年のハンガリー革命」が挙げられているが、【文章Ⅰ】では、そのような具体的な事例はとくに挙げられていない。したがって、この選択肢の説明は適当である。

**問6 【文章Ⅰ】【文章Ⅱ】を読んだ後の話し合いの中にある空欄に、当てはまるものを答える問題**

こうした空欄を補う問題では、空欄前後の文脈を正確につかんだうえで、本文に根拠を求めて解答を決めることが大切である。

（i） **【文章Ⅰ】と【文章Ⅱ】の違いについて答える問題**

[X]直前の生徒Cの発言とその前の生徒Bの発言から、[X]には、アレントの思想において公的な領域を意味する「現れの空間（現われの空間）」についての【文章Ⅰ】と【文章Ⅱ】の捉え方の違いを述べた発言が入ることがわかる。【文章Ⅰ】と【文章Ⅱ】のそれぞれにおいて述べられている「現れの空間」についての内容と、各選択肢における「現れの空間」についての説明とで齟齬《そご》がないかどうかを確認していこう。

① 【文章Ⅰ】の説明が不適当である。「生産」や「消費」といったことについては、人間の行為形態の一つである「労働」についての説明のなかで言及されてはいるが（[2]）、公的な領域を意味する「現れの空間」や「人間関係の網の目」と、「生産」や「消費」との関わりについてはとくに述べられていない。したがって、「『現れの空間』において生産されたものが『人間関係の網の目』を通して人々に共有され消費される」は、明らかな誤りである。

② 【文章Ⅰ】の説明が不適当である。「『現れの空間』とは異なる場にお

いても『人間関係の網の目』が形成される」といったことは、【文章Ⅰ】のどこにも述べられていない。【文章Ⅰ】の5・6で述べられていたのは、「現れの空間」と「人間関係の網の目」の密接な関係である。

③　【文章Ⅰ】の5を見ると、「公的領域の価値を強調した」アレントが、「完全に公的な場所で送られる生活は浅薄であり、隠された私的領域が存在するおかげで、われわれは、世界の問題に多様なかたちで関わることができる」とも考えていた、ということがわかる。この選択肢における【文章Ⅰ】についての説明は、こうした5の内容と合致している。また、【文章Ⅱ】には、そのような私的な領域の重要性について述べた箇所はとくに見当たらないので、【文章Ⅱ】についての説明も適切である。したがって、この③が正解である。

④　【文章Ⅱ】の説明が不適当である。【文章Ⅱ】では、「公的な領域」においては「それぞれの個人が自分に独自の意見を、他者と異なる意見をもつユニークな存在であることを明らかにする」（8）と述べられている。「人々が……均一な存在であるということが強調されている」というこの選択肢の説明は、こうした【文章Ⅱ】の内容と明らかに矛盾している。

(ii)　**【文章Ⅱ】の内容について【文章Ⅰ】を踏まえて答える問題**

Y　直前の生徒Bの発言を見ると「そうした集会でのやりとりは【文章Ⅰ】を踏まえれば」とある。「そうした集会」とは、その前の生徒Aの発言から、【文章Ⅱ】で、アレントの言う「現れの空間」の例として挙げられていた「町の自治会や学校のＰＴＡ」を指しているとわかる。したがって Y には、「町の自治会や学校のＰＴＡ」のような「現れの空間」でのやりとりについて【文章Ⅰ】を踏まえて適切に説明している発言が入ることになる。こうした点に留意し、順に選択肢の内容を検討していこう。

①　この選択肢のように「『仕事』とは異なり、恒久性とつながる」と説明してしまうと、アレントの言う「仕事」は「恒久性（＝ある状態が永く変わらないこと）」とつながらないことになってしまう。しかし【文章Ⅰ】では、「仕事」について「耐久性（＝長く持続すること）のあるものの制作」（2）と述べられているのだから、この選択肢は誤りである。

②　【文章Ⅰ】における、「人間は活動しているあいだ、『人間関係としての網の目』としての公的関係を構成している」（4）などの説明から、「活動」が公的な世界を形成することが読み取れる。また、そうした公的な世界については「ことばや行為によって自己を開示する『現れの空間』」（6）と述べられている。つまり、【文章Ⅰ】を踏まえると、アレントの言う「活動」によって「町の自治会や学校のＰＴＡ」のような「現れの空間」が形成されると考えることができる。そして、その「活動」については、「その過程において行為者は自己のユニークさを示し、卓越への欲求を充足させることができる」（2）と述べられている。ここから、「現れの空間」でのやりとりを「虚しさとは無縁な営みだ」とする選択肢の説明は適切だと判断できる。また、【文章Ⅰ】では、「労働」について「あとに残らないという意味で虚《むな》しさが付きまとっている」（2）と述べられているので、「『労働』とは異なり」という説明も適切である。したがって、この②が正解である。

③　【文章Ⅰ】では、「アレントは人が直接見たり聞いたりすることのできる、触知しうる（感覚的に捉えられる）現実のことを『リアリティの世界』と呼んでいる」とし、「このようなリアリティの世界を実感できるのが、活動の喜び」（5）だと説明されてはいるが、そうした「『リアリティの世界』を唯一つくり出すことができる」のが、「現れの空間」でのやりとりだというようなことは述べられていない。

④　【文章Ⅰ】を踏まえると、「現れの空間」を形成するのは、言葉を介して他者と協力し合う「活動」だと見なすことができる。したがって、「現れの空間」でのやりとりについて「言葉の世界を生み出すことがで

きる」と説明するのは誤りではない。しかし、そうした「言葉の世界」が『物の世界』とは対立する」といったようなことは、**【文章Ⅰ】**に述べられていない。4に「物の世界」についての言及はあるが、それは「仕事」によってつくられるものだと規定されているだけである。

(iii) **【文章Ⅰ】と【文章Ⅱ】の両方を踏まえた内容を答える問題**

**Z** を含んだ生徒Aの発言を見ると、「これまで政治というと国家や政治家の問題だと思っていたけど、二つの**文章**を読むと、**Z** というところにアレントの思想の特徴があると言えそうだね」とある。ここから、**Z** には、**【文章Ⅰ】【文章Ⅱ】**の二つを踏まえると導き出すことのできる「アレントの思想の特徴」を示す内容が入ること、さらに、その内容は、「政治」を「国家や政治家の問題」と見なす考え方とは異なる考え方を示すものであることがわかる。そこで、**【文章Ⅰ】**と**【文章Ⅱ】**のそれぞれの内容を振り返ってみると、**【本文解説】**でも見たように、いずれの文章からも、**アレントが「現れの空間」と呼ぶ、人間の多様性に開かれた公的な領域でなされる営みこそが、彼女が求める望ましい政治のあり方である**ということが読み取れる。また、**【文章Ⅰ】**からは、**アレントは人間の行為を三つの形態に分け、そのうちの一つである「活動」＝言葉を介して他者と協力する営みが公的な領域を形成すると考えていた**ことが読み取れる。さらに、**【文章Ⅱ】**からは、そうした**言葉を介した公的な領域の形成**は、例えば町の自治会などにも見られるような**日常的な営み**であることが読み取れる。以上のように、望ましい政治のあり方を、人間の基本的な行為や人々の日常的な営みに立ち返って考えようとするアレントの思想は、「政治」を「国家や政治家の問題」と見なす考え方とは異なるものだと言える。したがって、これらの内容と合致する③が正解である。他の選択肢も確認しておこう。

① **【文章Ⅱ】**では、アレントが「現れの空間」と呼んだ公的な領域が、「町の自治会」や「学校のPTA」を具体例に挙げて説明されている。しかし、アレントが、「人々の目を政治に向けるには、自分の考えを身近な出来事に即して具体的に説明するしかない」と考えていたということは、**【文章Ⅰ】【文章Ⅱ】**のいずれからも読み取ることができない。

② 「国家の政治体制のあり方」が「言葉を用いた市民の活動にいかなる影響を与えるのかということに関心を注いだ」という説明が不適当。アレントの思想の特徴はむしろ、「言葉を用いた市民の活動」に立ち返って「国家の政治体制のあり方」を考えた点にある。またこの選択肢のようにアレントの思想を特徴づけてしまうと、「政治」を「国家や政治家の問題」と見なす考え方とさほど違いはないことになってしまう。

④ 「政治の問題」を「経済や文化との関わりにも目を向けて考えようとした」という説明が不適当。先に確認したような、二つの文章から読み取れるアレントの思想の特徴と全く合致しない。

## 第2問　現代文

**【出典】**

柏原兵三「星ヶ丘年代記」の一節。ただし、途中省略した箇所がある。

「星ヶ丘年代記」は、作者の死後原稿が発見され、『柏原兵三作品集　第二巻』（潮出版社）に収められた自伝的小説である。なお本文も『柏原兵三作品集　第二巻』に拠《よ》った。

柏原兵三（かしわばら・ひょうぞう）は、一九三三年千葉県生まれ。小説家、ドイツ文学者。東京大学大学院修士課程（ドイツ文学）を終了後、ベルリン自由大学に留学。帰国後の一九六七年、母方の祖父をモデルにした「徳山道助の帰郷」で第五十八回芥川賞を受ける。創作だけでなく、翻訳も手がけた。一九七二年、三十八歳で死去。代表作に「長い道」「仮《か》りの栖《すみか》」「ベルリン漂泊」などがある。

**問7**の**【資料】**は、前記の『柏原兵三作品集　第二巻』の巻末に「人間肯定の世界」という題名で掲載された、高井有一による柏原兵三の文学に対する［解説］の一部である。

高井有一（たかい・ゆういち）は、一九三二年東京都生まれ。早稲田大学英文科に入学後、小説を書き始め、一九六五年、敗戦と母の死を描いた「北の河」で芥川賞を受賞。代表作に「夢の碑《いしぶみ》」「冬の明《あか》り」「夜の蟻《あり》」などがある。

**【本文解説】**

本文は、敗戦後まもなくという時代を背景に、主人公の中学生時代が回想という形で綴《つづ》られたものである。本文は、一行空きによって、大きく二つに分かれている（「誓書」の前後やその途中に設けられた一行空きを除く）が、ここでは前半をさらに二つに分けて、その内容を確認していくこととしよう。

**1 「私」の希望**（本文冒頭～「……ただ一人であった。」）

冒頭の一文にある通り、中学生の「私」は、新制高校の一年になったら、生徒大会において大いに活躍したいと考えていた。それは、そうすることが「私」の「希望」を実現するための第一歩になると思っていたからである。

「私」の「希望」とは、「将来政治家になって、この焦土と化した（＝焼け野原となった）日本の再建に一身を捧《ささ》げ」たいということであり、さらには「国際場裡《り》（＝国際的な交流の場所）に活躍し、世界の平和のために貢献」したいということであったが、「私」には「この小共和国の議政壇上（＝新制高校の生徒大会の場）で獅子吼《ししく》する（＝意気盛んな大演説をする）こと」や議長になることが、「政治家として活躍する時のためにもきっと役立つだろう」という思いがあったのである。

しかし、「私」が、こうした壮大な「希望」を持っていることを打ち明けたのは、「親友両角《もろずみ》純《すみ》ただ一人」だった。

この1では、**「私」が政治家となって、日本を再建し、世界の平和にも貢献したいという希望を抱いていたということや、そうした希望を親友である両角にしか打ち明けていなかった**ということを押さえておこう。

**2 「私」と両角との関わり**（「中学一年から……」～「……羞《はず》かしくてならなかったのである。」）

1における「新制高校」や「焦土と化した日本の再建」という言葉から、本文が敗戦後まもなくの時代を舞台としていることがわかるが、その時期「民主主義」という言葉と共に「個性の伸長、という言葉が合言葉《あいことば》のようになっていた」。こうした「民主主義」や「個性の伸長」を尊ぶ時代の風潮は、当時の若者たちにも大きな影響を与えずにはいられなかった。実際「私」の周囲の生徒たちの多くが、二年あたりから徐々に「創造熱」、すなわち何かを創造しようとする熱気のようなものに取り憑《つ》かれるようになっていったのだ。そうしたなか、中学一年から二年にかけて「作曲に熱中し、将来は作曲家になるのだといって」いた両角は、「創造熱の先駆的存在」だった。つまり、両角は芸術家を目指す早熟な生徒だったのだ。

その両角は、恋に陥ったことがきっかけとなり、二年の夏から、「詩に転向し、詩を書いては私に読ませてくれるようになった」。そしてある時、「私」に「作曲家になるのを止《や》め、詩人になること」を誓った。「私」は、教科書以外では詩を読んだことはなかったが、「彼の詩にひどく惹《ひ》きつけられるものを感じ、詩人としての彼の才能の豊かさを認めないではいられなかった」。両角は、そうした「私」に「今後自分が書くすべての詩作品は君の目に触れさせる」と誓い、「私」はそうした両角の影響を受け、「稀《まれ》にではあったが自分でも詩を作り、時には彼の批評を仰ぐ」ようにさえなったのである。

　こうした両角を巡るエピソードからわかることは、「私」と両角は親友ではあるが、どちらかというと「私」の方が両角から影響を受ける部分が大きかったということである。両角は「私」にとって、自分を芸術の世界に導いてくれる先達のような存在だった。もちろん、だからといって「私」が政治家ではなく、芸術家となることを夢みるようになったというわけではない。「私」は、「個性の伸長」を一種の「合言葉」とする時代にあって、「個性を完全に伸長させることができる人間」を自分の「理想像」としていたが、「私」の場合、それはあくまでも「政治家になることによって」実現できるはずのものだった。そうした「私」は、自分の「すべては政治家になるための修業として役立つものに傾けられるべきだ、と心ひそかに考え」、積極的に論文を書くなどしていたのである。

　両角は「私」が政治家志望であることを聞くと、その「意図を壮としてくれ（＝意気盛んなものと認めてくれ）、大いに激励してくれたが、私が書くそうした論文についてはまったくといっていい程関心を示さなかった」。両角によって芸術に興味に持つようになった「私」とは異なり、「自分の世界と自分の好みに恐るべく忠実であった」両角は、政治の世界に興味を持つことはなかった。そして、「私」を相手に「文学の世界の広さと深さについて倦《う》む（＝飽きる）ことなく語り、しかも私を飽きさせなかった」のだから、両角は「私」にとって親友であっただけでなく、〈畏友（＝尊敬している友人）〉とでもいうべき存在だったと言えるだろう。

　こうした「私」と両角の関係は、「文化祭」や「誓書」をめぐるエピソードからもうかがうことができる。

　まず、「文化祭」についてだが、「私」は、「水彩画」を「二人の友人、岡本と森下と共に出品した」。そしてそれは「私」にとって意義あることだった。「すべて創造的な、未来に向かって進む活動には積極的に参加し、自分の内なる宇宙を拡《ひろ》げ、自己を限りなく伸ばして行こう、という」「ゆるぎない生活の原理」を持つ「私」は、水彩画を出品しただけで「自分の存在の徴《しる》しを文化祭に留《とど》めることができたと信じ」、「満足」したのだった。

　両角は、そうした「私」を含めた三人の出品作を「批評」したが、岡本の絵は高く評価したものの、「私」や森下の絵は、あまり高く評価しなかった。「私」は、両角の「批評を概《おおむ》ね認め」、そうした評価に疑いを持つことはなかったが、だからこそ「自分が岡本のように画家を志していないことを幸いに思った」。もし自分が岡本同様画家となることを目指していたならば、「私がその感覚に信を置いている両角の（絵の才能においては岡本に遠く及ばないという）批評は私にとって大きな打撃とならずにはおかなかった」はずだからである。

「岡本が自己実現の道を画家になることにおいて求めようとしている」ように「私はそれを政治家たることに求めている」。二人はそれぞれの道を進んでいけばいい。「私」はそう考えたのである。

　次に「誓書」だが、「誓書」の交換は、「私」の誕生日の一週間前に両角から提言されたことだった。両角は「私」の誕生日に「将来の理想の実現を文書に記して誓い合おう」と「誓書」の交換を申し出てくれたのだった。本文では両角の書いた「誓書」がそのまま紹介されているのに対して「私」がどのような「誓書」を書いたのかは詳細には説明されていない。ただし、両角の書いた「誓書」を読んだ時の「私」の気持ちは描かれている。それによれば、「私」は両角の「誓書の仰々しさが、両角の真心の詩人らしい反映であること」を理解し、それに比べて「自分の誓書がひどく簡単な形式のものであったことを、両角に対して恥ずかしく思った」のである。

「文化祭」や「誓書」のエピソードに共通しているのは、すでに述べたとおり、両角に対する深い信頼と敬意である。「私」は両角には及ばないところがあることを認めつつ、同時に政治家になるという自己の理想を実現しようとしていたのである。

この2では、**「私」が親友である両角に対して、深い信頼と敬意を抱き、自分には両角に及ばないところがあると思っていたということ。それでも、「私」は「私」なりに、政治家になるという自分の理想を実現しようとしていたということ**を押さえておこう。

**3 「私」と岡本との関わり**（「二年から三年になる時……」～本文末）

3では、2で両角がその絵を高く評価した岡本と「私」との関わりが描かれている。

両角の姉が初舞台を踏むにあたって、両角から招待を受けた「私」と岡本は、観劇の当日渋谷で待ち合わせをしていたが、「私」は、やってきた岡本の姿にすっかり驚いてしまった。それは、中学生は坊主頭であることが当たり前だった当時において、岡本が頭を「刈上げ《かりあ》（＝耳のまわりや襟足近くを短くカットする髪型）」にしていたからである。ひそかに自分も髪の毛を伸ばす時期を狙っていた「私」は、いち早く髪を伸ばしはじめた岡本に「勇気」を感じ、感心した。しかも岡本は髪型だけではなく、「今までに着たことのない背広を着」、「赤いネクタイを締め」、「ズボンには真直ぐ《まっす》一本折目《おりめ》が入っていた」。おしゃれなどもってのほかだった戦時下の生活は終わり、戦後という新しい時代が始まった。そうした時代において岡本は、他の生徒に先駆けて、おしゃれをしていたのである。「私」は、そうした岡本に対して自分が「不恰好《ぶかっこう》」であることを認めないわけにはいかなかった。

しかし、同時に「私」には、自分の「帽子についている徽章《きしょう》」と「星ヶ丘中学の制服」が、世間に対して「私が（名門）星ヶ丘（中学校）の『秀才』であることを裏書き（＝証明）してくれる筈《はず》」だという思いがあった。そうした「私」は、徽章と制服だけでは、自分が星ヶ丘中学校で「クラスの自治委員をしている」ことまではわかってもらえないということを「残念」に思ったほどだった。

しかし、すぐに「私」はそうした考えがいかに未熟であるかを思い知らされることになる。なぜなら、電車に乗ってから岡本が帽子をかぶっていないことに気がついたからである。

校長先生は、朝礼の話の中で「帽子をかぶって来ない『不逞《ふてい》な（＝無法な、勝手気ままな）生徒』についてたびたび触れ、みなが学業を本分とする中学生徒にふさわしい身なりを守ることを、屢々警告していた」。しかし、岡本は、「不逞な生徒」と見られることを気にすることなく、自分の好むスタイルを貫き、「パリに絵を修行に行く」という夢を実現するためにフランス語を習っていた。岡本は、自分のように「徽章」や「制服」によって星ヶ丘中学校の生徒であることをアピールし、それによって周囲から認められようとするのではなく、どこの誰ともわからない「匿名的な存在に（我が身を）置いて」、世界と対峙《たいじ》している。「私」は、岡本の「勇気に心ひそかに敬服しないではいられなかった」。そうした岡本に比べ、自分は、虎の威、ならぬ名門校の権威を借りて、自分を偉く見せようとしているだけである。それは、結局自分が「弱い」ということでしかない。「私」は「裸の僕自身をして世界に僕と対置させることができるような存在に自分を育て上げなくてはならない」と考え、岡本のように振る舞う自分を想像したが、そうした「想像は私の自尊心に快く訴えかけるものがあり、そして冒険に富み、スリルに満ちていた」。「私」は両角からだけではなく、岡本からも大きな刺激を得ていたのだ。

この3では、**岡本が、名門校という世間が認める権威に頼ることなく、我が道を行こうとしているということ。そうした岡本のあり方に「私」が大いに刺激を受け、自らもそうあらねばと思った**ということを押さえておこう。

**【設問解説】**

**問1 「私」の希望について答える問題**

傍線部**A**において示されているのは、中学生だった頃の「私」が、近い将来においてこうしたいと思っていたことである。ただし、「私」のこうした願いは、もっと壮大な「希望」につながっていた。したがって、この設問に正しく答えるには、まず傍線部**A**を含む段落とその次の段落の内容、すなわち[1]の内容を正確に押さえる必要がある。そして、それは、次のようなものだった。

中学生の「私」は、新制高校の一年になったら、生徒大会において大いに活躍し、学校の歴史作りに参加しようと思っていたが、それはそうすることが「私」の「希望」を実現するための第一歩になると思っていたからである。

「私」の「希望」とは何か。それは「将来政治家になって、この焦土と化した（＝焼け野原となった）日本の再建に一身を捧げ」たいということであり、さらには「国際場裡《り》（＝国際的な交流の場所）に活躍し、世界の平和のために貢献」したいということであった。そうした「希望」を持つ「私」は、「この小共和国の議政壇上（＝新制高校の生徒大会の場）で獅子《しし》吼《く》する（＝意気盛んな大演説をする）こと」や議長になることが、「政治家として活躍する時のためにもきっと役立つだろう」という思いがあったのである。ただし、「私」が、こうした「希望」を打ち明けたのは、「親友両角《もろずみ》純ただ一人」だった。このような「私」の思いを整理すると以下のようになる。

**a　「私」は、生徒大会で大いに活躍し、新制高校という新しい学校の歴史作りに参加したいと思っていたが、そこには、生徒大会で活躍することが、政治家になって日本を再建し世界平和にも貢献したいという、さらに大きな希望を実現することに役立つだろうという思いがあった。**

さらに、傍線部**C**を含む段落の次の段落の内容も見落とすことのないようにしたい。そこでは、「将来政治家として立つ時の演説の草稿がすらすらと書けるように」と論文を書くことにいそしむ「私」の姿が描かれていた。

**b　「私」は、自らの希望を叶《かな》えるために今できることをやろうと懸命になっていた。**

正解は、こうしたことが正確に説明されている⑤である。選択肢中の「前のめり」には、〈積極的に物事に取り組むこと。前向き〉という意味以外に〈せっかちすぎるようす〉という意味もあるが、そうした意味を持つ「前のめり」という言葉は、a・bのような「私」の様子を的確に説明していると言えるだろう。

他の選択肢については以下の通りである。

①　「夢を実現させるためにはどんな些細《ささい》なことにでも取り組み」が不適当。「私」が取り組んでいるのは、「些細なこと（＝あまり重要ではないこと）」ではなく、〈論文を書く〉などの希望の実現に役立つと思われることである。また、「私」が「人間としての幅を広げることが何よりも大切だという気持ち」を持っていたということを、本文からは読み取ることができない。

②　「自分の思いを臆することなく（＝怖がらず堂々と）公言している」が不適当。先に指摘したように、「私」は自らの「希望」を親友である両角だけにしか打ち明けていなかったのだから、「公言（＝人前で隠しだてすることなく堂々と言うこと）」するようなことはしていない。

③　「私」が「理想に燃え」ていたのは事実だが、「そのために何をなせばよいか熟考した（＝よくよく考えた）」かどうか、また「熟考した」結果「まずは手近なところから始めるしかないという結論に達し」たかどうかを、本文から確定することができない。

④　まず、「私」が、「新制高校の改革に取り組」みたいと考えていたとしている点が不適当である。「私」が考えていたのは、戦後新しい学制のもとで作られた「新制高校」の「歴史作りに参加し」たいということで

あり、学校を「改革」することではない。そもそも、新しく設立された「新制高校」が「旧態依然（＝物事の状態、体制などが古いままで、少しも変化・進歩のない様子）」としていたかどうかも本文からは確定できない。したがって、「改革に取り組むことで、自分に政治家としての資質があることを証明したい」も不適当である。

**問2　作曲から詩に転向した両角について答える問題**

ここで問われているのは「将来は作曲家になるのだといって」いた両角が「詩に転向し」たことについてであるが、そうしたことが描かれているのは、傍線部Bを含む段落とその前後の段落である。まずは、その部分で描かれていることを確認していこう。

当時、「私」の周囲の生徒たちの多くが、二年あたりから徐々に「創造熱」、すなわち何かを創造したいという熱気のようなものにとり憑かれるようになっていったのだが、「創造熱の先駆的存在であった」両角は、中学一年から二年にかけて「作曲に熱中し、将来は作曲家になるのだといって、独学で」勉強をしていた。しかし、そうした両角は傍線部Bにあるように、作曲から「詩に転向」してしまう。それは両角が「恋に陥り、恋の悩みを歌った詩を数多く作らないではいられなくなったからである」。そうして両角は「作曲家になるのを止《や》め、詩人になることを私に誓ったのだった」。

一方、「私」の方はと言えば、読書を好んではいたが、それは専ら歴史、評伝などの分野に限られ「詩はおろか小説の類《たぐ》いも読んでいなかった」。つまり、「私」はそれまで文学に親しむということがなかったのだ。そうした「私」だったが、両角の書く詩には「ひどく惹《ひ》きつけられるものを感じ、詩人としての彼の才能の豊かさを認めないではいられなかった」。両角にとってもそうした「私」の態度が「よい刺戟《しげき》となった」ためか、「今後自分が書くすべての詩作品は君の目に触れさせる」ということを誓ってくれた。そうした形で文学に触れ始めた「私」は、両角の「影響を受けて、彼が推奨する詩人の詩集や詩論、それから小説の類いを読むようになり、稀《まれ》にではあったが自分でも詩を作り、時には彼の批評を仰ぐ」といったことまでするようになったのである。

こうした内容を整理すると以下のようになる。

**a　「創造熱の先駆者的存在」である両角は、当初作曲家になることを志し、独学で勉強をしていた。**

**b　両角は、恋に陥ったことで恋の悩みを歌った詩を数多く作るようになり、ついには作曲家になるのをやめて、詩人になりたいと思うようになった。そして、そうなることを「私」に誓った。**

**c　文学に疎かった「私」だったが、両角の書く詩にはひどく惹きつけられるものを感じ、詩人としての彼の才能の豊かさを認めないではいられなかった。**

**d　両角を通じて文学に触れるようになった「私」は、文学に目覚め、稀にではあったが自分でも詩を作り、時には彼の批評を仰ぐようになった。**

正解は、こうしたことが正確に説明されている③である。選択肢中の「一目置いている」の〈一目《いちもく》置く〉は、〈自分より相手が優れていることを認め、一歩を譲る〉という意味だが、aにあるように、両角が「創造熱の先駆的存在」であり、独学で作曲家になるための勉強までしていたことや、c・dで示されていた内容を踏まえれば、「私」の両角に対する態度を正確に表現したものだと言えるだろう。

他の選択肢については以下の通りである。

①　両角が詩人に「転向した理由」について、「私」が「違和感を払拭できなかった（＝拭い去ることができなかった）」かどうかを、本文から読み取ることができない。また、「私」が両角の「転向」を「歓迎」したとまで言えるかどうかも本文からは確定できない。

②　両角が「音楽を捨てたことに」対して「私」が「一抹の（＝かすか

な）寂しさを感じずにはいられなかった」ということを、本文から読み取ることができない。

④「私」が両角を通じて文学に目覚めるようになったのは事実だが、政治家になるという「私」の志はいささかも揺らいではいないのだから、「自分も詩人となることをひそかに夢想するようになった」は、不適当である。また、「恋に悩んで」そのために「詩人となる道を歩む」ようになったというのも、**b**の前半部分とは、やや食い違っている。

⑤「私」が両角のよき理解者であり、おそらく両角を応援しているだろうということは言えたとしても、「両角をどこまでも支えていくことを心に誓った」とまで言えるかどうかはわからない。そもそも、音楽家となることよりも詩人になることの方が「より困難な道」だと判断する根拠が本文にはない。

**問3　「個性の伸長」という「合言葉《あいことば》」について答える問題**

まず、傍線部**C**中の「合言葉」だが、一般に〈前もって打ち合わせておいて、味方同士であることを確認する合図の言葉〉という意味と〈仲間うちの信条・目標としていつも掲げる言葉。モットー〉という意味の二つがある。ここでは後者の意味で用いられていると判断できるが、ここでの〈仲間うち〉とは、敗戦後まもなくという時代を共有している人々というほどの意味だろう。つまり、ここでの「合言葉」とは、国家に殉ずることが要求され、徹底的に個人が抑圧された戦時下の体制とは正反対のあり方を示す「個性の伸長」という言葉が、敗戦後まもなくの時代において皆がこぞって求め、賞賛するものとなっていたというような意味で用いられていると考えることができるだろう。

そして、こうした「個性の伸長」という言葉は、軍国主義から「民主主義」へと転換を遂げた敗戦後すぐの日本において、実現すべき目標として多くの人に熱く支持された「民主主義」という言葉と「双生児のような」言葉だったのである。

もちろん、そうした敗戦後の風潮は、「私」のような若い世代にも大きな影響を与えずにはいられなかった。「私の学年の多くの者たちが熱に浮かされるように浮かされ出した創造熱」も、当然「個性の伸長」と深く関わるものであった。「私」は政治家になることで、「自分の個性は」、「まったき（＝完全な）伸長を遂げさせることができる、と信じ」ていたし、両角や岡本にしても目指す道こそ違え、自己の理想を追い求めることが、自己の個性を伸ばすことになるという考えを持っていたのである。

こうした内容を整理すると以下のようになる。

**a　「個性の伸長」という言葉は、「民主主義」という言葉と同様、敗戦後まもなくの日本において、時代のスローガンのようなものとして熱く支持されていた。**

**b　「私」はこうした言葉に影響され、政治家になることが自らの個性を伸ばすことになると信じた。**

**c　「私」だけでなく、若者の多くが、目指す道こそ違え、自己の理想を追求することが自己の個性の伸長につながると信じていた。**

正解は、こうした内容がまとめられている⑤である。選択肢中の「心酔」とは、〈ある物事や人に心を奪われ夢中になる〉という意味であり、「民主主義」や「個性の伸長」という言葉を信じ切っている当時の人々のあり方を正しく説明している。

他の選択肢については以下の通りである。

①　やや紛らわしい選択肢だが、「政治家になることこそが自らの個性を伸ばす最良の手立てになる」という「私」の「思い」が、「周囲の友人たちにも共有されることになった」とされている点が不適当である。もしこれが正しい内容だとすれば、両角や岡本も「自らの個性を伸ばす」ために「政治家になること」を目指すことになってしまう。しかし、実際は、両角は詩人になることを、岡本は画家になることを目指していたはずである。彼らは、そうした道を目指すことが、自己の個性の伸長に

つながると思っていたのであり、政治家になることを目指していたわけではない。

② 「個性の伸長」という言葉が「その内実に対する検討を欠いたまま支持される傾向が強」かったかどうかを、本文からは確定できない。また、そうした言葉が青少年に影響を与えたのは事実だが、それを「悪影響」だと断定することはできない。また他の世代の人たちに比べて青少年を「社会の情勢に流されやすい」と断定する根拠も本文にはない。

③ 「私」が、政治家になることが自分にとって個性の伸長につながると信じていたことは事実だが、そうした「私」の考えを「政治家となることによってしか個性の伸長は望めないという偏狭な考え」だとしている点が不適当である。自分には目指すべき道があると考える点では、詩人になることを目指した両角や画家になることを目指した岡本も同じである。「私」も彼らも自分に最もふさわしい形で自己の個性を伸ばしていこうとしていたのである。

④ 「周囲の友人たちに対してはそれほど強い影響を与えることはなかった」が、a・cに反する。そもそもそうしたことが事実なら「合言葉」とは言えないことになってしまう。なお、選択肢中の「席巻《せっけん》」とは〈領土を次々に攻め取っていくことのたとえ。転じて、ある分野にどんどん影響を広げていくことのたとえ〉であり、この言葉自体は「合言葉」の説明として適当である。

**問4　両角と交換した誓書について答える問題**

まず、傍線部D自体から、次の二つのことがわかる。

・「私」の誕生日に誓書を交換することを両角が提言した。
・誓書は「将来の理想の実現を文書に記して誓い合」うというものだった。

誓書について描かれているのは、傍線部Dから2の最後までなので、そこでどのようなことが書かれていたのか確認していこう。

本文では、「私」が受け取った両角の書いた誓書については、その全文が紹介されていた。それは、「戦前のものらしい、厚地の上等の紙に」三枚に渡って書かれたものであり、自分が「詩人、または芸術家として、真の芸術と文化日本の為《ため》死を賭して戦ふ」ということ。そして、どんな境遇の変化があっても「絶対に安西君（＝「私」）と心友として交際する」ということが、主イエスの名のもとに誓われていた。

「私」は、こうした両角の誓書を読み、「自分の誓書がひどく簡単な形式のものであったことを、両角に対して恥ずかしく思った」。それは両角の「誓書の仰々しさ（＝おおげさなさま）が、両角の真心の詩人らしい反映であることが分《わか》り過ぎる程分ったから」だった。「私」は、「自分が将来政治家として、文化国家日本と世界の平和のために一身を挺《てい》することを」「月並な文句で書き記した」に過ぎない自分の誓書では、両角の「真率さに」「充分応えていない」ように思われて、「羞《はず》かしくてならなかったのである」。

こうした内容を整理すると以下のようになる。

**a　「私」は、両角の誓書は、仰々しい書き方の中に詩人としての真情がうかがえるものだと思った。**

**b　「私」は、自分の書いた誓書について、自分の理想とするあり方を「月並な文句で書き記したもの」に過ぎないと思った。**

**c　「私」は、aのような誓書を書いてくれた両角に対し、bのような誓書しか渡すことのできなかった自分のことが恥ずかしくてならなかった。**

正解は、こうしたことが正確に説明されている⑤である。なお、選択肢中の「通り一遍」は、bの「月並」を言い換えたものであり、「面目なく（＝恥ずかしくて顔向けができなく）思い、彼に合わす顔がない」は、cを言い換えたものである。

他の選択肢については以下の通りである。

① 「抑制のきいた文体で綴《つづ》られた」が不適当。両角の誓書は、「仰々しさ」が感じられるものだった。

② 「初めは大仰だ（＝おおげさだ）としか思わなかったが、やがてそこに込められた両角の真率な気持ちがわかり」が不適当。両角の誓書を「読み終っ」た時点で、「私」は「誓書の仰々しさが、両角の真心の詩人らしい反映であることが分り過ぎる程分った」というのだから、この選択肢で説明されているような気持ちの変化が「私」に起こったわけではない。

③ この選択肢は全体的に不正確だが、その中でも「友（＝両角）に比べて自分がいかに平凡な人間であるかを嘆かずにはいられなかった」が、本文からは読み取れない内容である。

④ 両角の誓書を読んだことで、「私」が「彼の詩人としての成功を確信」したということを、本文からは読み取ることができない。

**問5 「私」が自分のことを「弱い」と思った理由を答える問題**

「私」が自分のことを「弱い」と思った理由は、端的に言えば、自分と岡本とを比べたからである。つまり、岡本は〈強く〉、それに比べれば自分は「弱い」と思ったのである。こうした「私」については、3で描かれていた。まずはその内容を確認していこう。

その日「私」は、岡本と一緒に両角の姉の初舞台を観に行くために渋谷で待ち合わせをしていたが、現れた岡本の姿に驚いてしまう。それは岡本が「刈上《かりあ》げ（＝耳のまわりや襟足近くを短くカットする髪型）にして」いたからである。「私」は、自分もひそかに髪の毛を伸ばす時期を狙っていたこともあり、いち早く髪を伸ばした岡本の「勇気」に感心したのだった。

しかも岡本は髪型だけではなく、服装についても自分なりのおしゃれを楽しんでいるようだった。戦時下の抑圧された生活から解放された戦後という新しい時代を岡本は謳歌《おうか》していたのである。

こうした岡本に対して「私」は、自分が「不恰好《ぶかっこう》」であることを認めないわけにはいかなかった。しかし、それと同時に、「私」には自分の「帽子についている徽章《きしょう》」と「星ヶ丘中学の制服」が、「世間に私が（名門）星ヶ丘（中学校）の『秀才』であることを裏書き（＝証明）してくれる筈《はず》」だという思いがあった。つまり、「私」は自分が名門中学校の生徒であるという事実が周囲に自分の価値を証明してくれるはずだと思っていたのである。しかし、すぐに「私」はそうした自分の考えがいかに未熟であるかを思い知らされることになる。なぜなら、岡本が帽子をかぶっていないことに気がついたからである。岡本は、周囲から「不逞《ふてい》な（＝無法な、勝手気ままな）生徒」と見られることを気にすることなく、自分の好むスタイルを貫き、「パリに絵を修行に行く」という夢を実現するためにフランス語を習っていた。岡本は、どこの誰ともわからない「匿名的な存在に（我が身を）置いて」、世界と対峙している。「私」は、岡本の「勇気に心ひそかに敬服しないではいられなかった」。そして、そうした岡本に比べて、自分は、名門校の権威を借りて、自分を偉く見せようとしているだけであるということに気づかずにはいられなかったのだ。自分以外の他の権威に頼らざるを得ないということは、自分に自信がないということである。「私」は、自分が「弱い」ということを痛感し、岡本を見習うべきだと考えたのだった。

こうした内容を整理すると以下のようになる。

**a　岡本は、世間の価値観や権威とは無関係に、自分が自分としてあることで世界と対峙していた。**

**b　「私」は、岡本とは反対に、名門校の生徒であるという周囲の認める権威に頼っていた。**

**c　bは、「私」が自分に自信を持てないということの表れである。**

**d　「私」はaのような岡本に比べて、自分が「弱い」ということを痛感し、岡本を見習うべきだと考えた。**

正解は、こうしたことが正確に説明されている②である。
他の選択肢については以下の通りである。

① 「岡本の存在」が「星ヶ丘中学校の自治委員であるということなど世間の人から見れば何ほどのことでもないという事実」を「知らしめてくれた」というのが不適当。「私」が「岡本の存在」によって知ったのは、「名門校」の権威に頼っている自分の〈弱さ〉である。そもそも、星ヶ丘中学校が「名門校」であるということは、周知の「事実」だったはずであり、「世間の人から見れば何ほどのことでもない」というようなものではなかったはずである。

③ 岡本が「学校や世間の方を変えようとしている」かどうかを本文から読み取ることができない。また、髪の毛を伸ばしたいと思いつつも「名門校」の権威に頼ってしまっている「私」が、「学校や世間が強いる学生らしさに辟易《へきえき》（＝うんざりすること）としていた」かどうかも、本文からは確定できない内容である。

④ 「私」が「臆病」であるがゆえに「自分が変わることを恐れ」ているということを、本文から読み取ることができない。また、「岡本」が「私」を「奮い立たせてくれる存在だった」とは言えたとして、そうした岡本が「軽やかに変わり続ける」と言えるかどうかは本文からは確定することができない。

⑤ 「私」は岡本の〈強さ〉に対して感服するような思いを抱いてはいたが、「嫉妬」してはいない。また、「私」が、自分がなかなか自己のスタイルを確立できないことに「忸怩《じくじ》たる思い（＝深く恥じ入る気持ち）を抱いていた」ということを本文から読み取ることができない。

**問６ 【年譜】や【資料】を参考にして書かれた、主人公の学生生活を考察した【文章】について答える問題**

まず【年譜】や【資料】について、その内容を確認していこう。

**【年譜】について**

この【年譜】は、本文の作者である柏原兵三の十八歳までの履歴が記されたものである。【資料】によれば、『星ヶ丘年代記』は「回想記風の作品」とされているが、それが正しいということは、例えば次の二点からわかる。

・【年譜】からは、柏原が昭和二十一年四月に府立一中に入学したことがわかるが、本文において、「私」と両角が中学二年の時に交換した誓書の日付は昭和二十二年十一月一日になっている。

・【年譜】からは、柏原が旧制の「府立一中」で学んだ後、新制の「都立日比谷高校」で学んだことがわかるが、それは『星ヶ丘年代記』における主人公の設定と同じである。

つまり、『星ヶ丘年代記』が、柏原兵三にとって「回想記風の作品」であり、自伝的小説であることが【年譜】からもわかるのである。

**【資料】について**

【資料】は、柏原と同年代の作家である高井有一による柏原文学についての［解説］であるが、そこでは「小学生時代の柏原」についても述べられていた。

「小学生時代の柏原は、競争心が強く、学習に熱心で、統率力もあり、気負いに満ちた少年であったそうだ」が、【資料】では、そうした小学生時代の柏原をよく表すものとして、当時の担任の先生が『柏原兵三の人と文学』に寄せた言葉が紹介されている。それは、柏原が「『アジア十億の民の指導者になるのだ』という途方もない望みをたぎらせていた」ということである。高井は、そうした柏原のあり方に「必ずしも（戦時下という）時代の影響ばかりではな」く、「大らかに育てられた少年の一典型を見」ているが、ここで紹介された「小学生時代の柏原」の姿は、本文において描かれた、自らの理想に向かって必死に進もうとしている主人公安西の中学生時代の姿に重なるものだとも言えるだろう。

高井は、幼い頃の柏原の姿を想像しながら、柏原は「幸福感」と「緊密に結び付い」た「幼児感覚」を「大切に抱きながら」、『星ヶ丘年代記』のような、回想記風の作品を、次々に書いて来た」と、柏原とその文学を偲《しの》んでいるのである。

**【文章】について**

**【文章】**では、すでに**【資料】について**で確認した、『星ヶ丘年代記』が柏原にとって「回想記風の作品」であるということが、**【年譜】**からも証明できるということが述べられた上で、『星ヶ丘年代記』は、柏原自身の青春が色濃く投影された小説だ」ということや『星ヶ丘年代記』の作品としての魅力」が述べられているが、二箇所の空欄が設けられているのは、『星ヶ丘年代記』の作品としての魅力」が述べられている箇所である。

以上のことを踏まえて、(i)・(ii)について考えていこう。

(i)　ここでは、『星ヶ丘年代記』の「主人公の造型」が問われている。したがって、主人公安西を説明したものとして適当なものを選択肢の中から選べばよい。主人公安西は、**問1**の**【設問解説】**で確認したように、壮大な「希望」を持ち、それを実現しようと前のめりになっていた。そうした点に留意した上で選択肢を吟味すれば、最も適当なものが②であることがわかるだろう。

②の前半は、[1]で確認した「将来政治家になって、この焦土と化した（＝焼け野原となった）日本の再建に一身を捧《ささ》げ」たいという「私」のあり方に合致している。また、そうした主人公の姿が、小学生時代の担任の先生から見た「途方もない望みをたぎらせていた」柏原の姿と重なるものであることは、**【資料】について**で確認した通りである。正解は②である。

他の選択肢については以下の通りである。

①　主人公を「世故に長《た》けた（＝世渡りや世間づきあいに長じている）」としている点が不適当。本文から主人公のそうした姿を読み取ることはできない。

③　「次々と改革を起こす果断な（＝決断力のある）人物として造型されており」が不適当。主人公が「自らの理想に燃え」ているのは事実だが、だからといって、本文において実際に「次々と改革を起こす」姿が描かれているわけではない。また、小学生時代の担任の先生は、柏原が「途方もない望みをたぎらせていた」と言っているだけであって、小学生時代の柏原から「次々と改革を起こす」「資質」があると見抜いていたわけではない。さらに、「柏原の資質が、戦後大きく花開いた」かどうかも確定できない内容である。

④　主人公が、「小学生時代の先生から見た柏原のあり方とは異な」る、「悄然《しょうぜん》（＝しょんぼり）とした姿を見せている」が、本文で描かれた主人公の説明として不適当である。

(ii)　ここでは、(i)で確認した「主人公の造型」以外の『星ヶ丘年代記』の作品としての魅力」が問われている。『星ヶ丘年代記』は、戦後まもなくという時代を背景に、自らの理想に向かって生きようとする中学生たちの姿が描かれていた。もちろん主人公もその一人であるが、そうした主人公に多大な影響を与えた両角や本当の〈強さ〉を示してくれた岡本など個性豊かな面々が登場することも作品の大きな魅力になっていたはずである。正解は、こうした内容が正確に説明された①である。選択肢中の「新時代の息吹（＝生気や活気のあること）」という表現が気になった人がいたかもしれないが、この言葉は、戦後の新しい体制のもと、「民主主義」や「個性の伸長」という言葉が「合言葉《あいことば》」になり、中学生の間にも「創造熱」が広がっている戦後まもなくの時代の高揚感のようなものを表していると捉えればよいだろう。

他の選択肢については以下の通りである。

② 「友人たちとの間に起こる軋轢《あつれき》（＝仲が悪くなること）とその後の和解」が不適当。人間関係において「軋轢」が生じていることをうかがわせるような内容が本文にはない。

③ 本文は、一貫して「私」の視点から描かれたものである。したがって「主人公（＝「私」）の視点だけでなく、友人たちの視点が加わる」としている点が不適当である。

④ 「国のためではなく、自分自身のために生きたいと願う青少年たち」が不適当。たとえば主人公である「私」の場合、「将来政治家になって、この焦土と化した（＝焼け野原となった）日本の再建に一身を捧げ」たいと強く思っていたのだから、「国のため」に「生きたい」という気持ちを持っていたことになる。おそらく「私」は、「国のため」に生きることが己を捨てることだった戦時下のように、自己犠牲につながるというようには考えず、むしろ自分の夢を実現することにつながると考えていたのだろう。また、両角にしても自らの誓書において、詩人となることが「文化国日本の為《ため》」になると記しているのだから、彼もまた自分の夢を実現することが「国のため」になると考えていたと判断できるだろう。

---

## 第3問　現代文

**【資料解説】**

**【資料Ⅰ】**

**図1　図書館（同種を含む）数の推移**

図1から読み取れるのは次のような点である。

・1960年度から2021年度まで図書館数は増加し続けており、約4・6倍になっている。

・図書館数の増加の仕方は、1955年度から1970年度頃までは緩やかだが、それ以後2011年度頃までの約40年間は顕著であり、それ以後はまた緩やかになっている。

**図2　施設利用者数の推移**

図2から読み取れるのは次のような点である。

・施設利用者数は、1954年度から1970年度までは増減を繰り返しており、それほど伸びていないが、1970年度以降2010年度までの40年間は増え続けている。しかし、2014年度からはやや減り始めている。

・施設利用者数が2020年度に大きく減少しているのは、新型コロナウイルス感染症の影響だと考えられる。

**図3　図書館職員数の推移**

図3から読み取れるのは次のような点である。

・2011年から2021年の10年間で図書館職員数は6226人増えているが、増えているのは「非常勤・臨時職員」と「委託・派遣職員」の非正規職員であり、「正規職員」は2300人減っている。

・図1から2011年度から2021年度の10年間で図書館数が120館増えていることがわかるが、「正規職員」の数は減っている。

表1　資料費・当年度予算

表1 から読み取れるのは次のような点である。

・図書館の予算は、1992年から1998年まで増加しているが、それ以後は2022年まで減少し続けている。

・図1 を見ると1999年度から2021年度までに図書館数は802館も増加しているのに、2022年の図書館の予算は1998年と比べて74億円以上減少している。

【資料Ⅱ】

文章1

田中輝美「進化する図書館へ足を」（朝日新聞2023年3月2日）の一節。途中に省略した箇所がある。

田中輝美（たなか・てるみ）は一九七六年、島根県生まれ。ローカルジャーナリスト。島根県の地元紙記者を経て独立。著書に『関係人口をつくる』などがある。

文章1 では、「今、図書館が大きく変化」しており、「図書館への期待」が高まっていることが述べられている。

その「変化のきっかけは、1990年代後半、米ニューヨーク公共図書館による……手厚いビジネス支援が日本で紹介されたこと」であり、日本でも2000年に「ビジネス支援図書館推進協議会」が発足し、ビジネス支援や「個人の課題解決の後押し（＝レファレンスサービス）」に積極的に取り組む図書館が生まれてきている。筆者によれば、「その代表格とも言えるのが、鳥取市にある鳥取県立図書館」である。そして筆者は、「図書館への期待の高まりは、その数にも表れている」と言い、この間どれだけ図書館数が増えているかを指摘している。

文章2

嶋田学『図書館・まち育て・デモクラシー』（二〇一九年　青弓社刊）の一節。途中に省略した箇所がある。

嶋田学（しまだ・まなぶ）は一九六三年、大阪府生まれ。専攻は図書館情報学、公共政策論。共著に『図書館サービス概論――ひろがる図書館のサービス』、『図書館・図書館学の発展――21世紀初頭の図書館』がある。

文章2 では、「図書館建築の歴史」との関係において、図書館の「機能」が多様化し、「場所」としての設計が変化を遂げていく過程が辿《たど》られている。

（注1）にあるように、一九五〇年代から六〇年代までの図書館は「図書の保存と管理の場所」であった。だから、その時代の図書館建築は「閲覧机」と「利用者が立ち入ることのできない書架室で構成されていた」（第2段落）。

一九七〇年代になると、図書館は「市民が自由に書架を行き来して借りたい本を取り出し、貸出利用ができるようになっ」た。つまり、「資料提供」がその機能となったのである（第1段落）。その結果、図書館建築も、「できるだけ書架を多く配し、閲覧スペースに割かれる面積は最低限に絞られる」ことになった。図書館の本は「閲覧」するものではなく、「借りて帰って読むもの」になったからである（第2段落）。

一九九〇年代に入ると、「図書館にも潤いがある時間を過ごせる『居場所』が求められるようにな」り、「『滞在型図書館』という設計思想が出始めてくる」（第3段落）。

二〇〇〇年代に入ると、図書館に市民が交流する「『出会いの場』という機能」が期待されるようになる（第4段落）。

そして二〇一〇年代になると、「地域活性化」を機能とする図書館が現れる。その代表が蔦屋書店を経営する企業を指定管理者とする武雄市図書館である。そこには書店や外資系カフェが入り、多くの人を集めている（第5段落）。

以上のように、時代ごとに図書館に求められる機能は異なっているが、注意しなければならないのは、図書館に新しい機能が求められるようになったからといって、それまでの機能が図書館からなくなるわけではないということである。第1段落で筆者は、「資料提供」という図書館の機能の「基本はいまだに変わらない」と言っている。図書館が「図書の保存と管理の場所」であることはいまでも変わらないだろう。時代を経るごとに図書館には新たな機能が求められるようになり、その機能は「多様化」していると理解すべきである。一つの図書館が、「図書の保存と管理」、「資料提供」、「居場所」、「出会いの場」、「地域活性化」といった機能を同時に果たしているのである。

**【資料Ⅲ】**

「**斬新な図書館の例**」として列挙されている七つの図書館の例から、最近の公共図書館の特徴を何点か抽出しておこう。

a　ビジネス支援やレファレンスサービスに積極的に取り組む図書館が増えている（1鳥取県立図書館、7紫波町図書館など）。

b　指定管理者制度を導入した図書館を中心に、市民が利用しやすいように開館時間を増やしている（2千代田図書館、5武雄市図書館など）。

c　図書館が他の施設と複合化して作られ、地域活性化や市民の交流の場として期待されている（3武蔵野プレイス、5武雄市図書館、7紫波町図書館など）。

d　行政主導で作られる図書館ではなく、市民との対話や協働で作られる市民中心の図書館が生まれている（4まちとしょテラソ、7紫波町図書館など）。

e　資料のデジタル化を促進することで、市民が情報にアクセスしやすい環境を作り出している図書館が生まれている（4まちとしょテラソ、6飯能市立図書館など）。

**【資料Ⅳ】**

**指定管理者制度**について説明している。2003年から実施されることになったこの制度は、「公の施設」の「管理、運営を民間企業やNPO法人などに代行させる」ことで、「住民サービスの向上を図るとともに、経費の節減等を図ることを目的とし」ている。

「長引く不況で自治体の財政が悪化し、図書館の予算が軒並み削減されるなか」、「指定管理者制度を導入する図書館は年々増えて」いるものの、「指定管理者制度を導入しながら、自治体の直営に戻される事例もいくつか出てきている」ようである。

**【設問解説】**

**問1**　**【資料Ⅰ】**の図表と**【資料Ⅱ】**～**【資料Ⅳ】**の文章を対照することで読み取れることが問われている。

選択肢ごとに適否を判断していこう。

①について。「図書館数は2021年度まで増え続けているのに、利用者数が2010年度以後減少に転じることになった」ことは、**【資料Ⅰ】**の図1・図2から確認できる。しかし、「利用者数が2010年度以後減少に転じることになった」のが、「2003年から指定管理者制度が導入されたことと関係がある」という説明が不適当。**【資料Ⅲ】**に、「指定管理者制度」を導入した図書館（2千代田図書館、5武雄市図書館）では、市民が利用しやすいように開館時間を延ばしていると書かれているし、武雄市図書館についてはその「集客力」の高さが指摘されている。「指定管理者制度」の「導入」が利用者数の減少と関係しているとする根拠はないのである。

②について。「1970年から1980年にかけて、図書館数の増加傾向よりも利用者数の増加傾向の方が著しい」ことは、**【資料Ⅰ】**の図1・図2から確認できる。1981年度の図書館数は1971年度の図書館数の約1・6倍であるのに対して、1980年度の利用者数は1970年度の約3・5倍である。そして、**【資料Ⅱ】**の文章2には1960年代までの公共図書館が「閲覧」しかできなかったのに対して、1970年代以降は「貸出利用ができるようになっ」た（第1段落）と書かれている。1970年代に利用者が著しく増大したことは、「1970年代から図書館が貸出利用を重視するようになったことが関係している」と言えるだろう。したがって、**正解は②**である。

③について。「2002年度から2005年度にかけての3年間で図書館数が最も多く増えている」ことは、【資料Ⅰ】の図1から確認できる。しかし、それは「米ニューヨーク公共図書館によるビジネス支援が日本に紹介されたことが大きく影響している」という説明が不適当。【資料Ⅱ】の文章1に、図書館の大きな変化のきっかけは、「1990年代後半、米ニューヨーク公共図書館による企業や商品開発、技術開発などへの手厚いビジネス支援が日本で紹介されたことだと言われている」（第3段落）とある。つまり、「米ニューヨーク公共図書館によるビジネス支援が日本に紹介されたことが大きく影響している」のは、日本の公共図書館の〝大きな変化〟なのであって、「2002年度から2005年度にかけての3年間で図書館数が最も多く増えている」ことではないのである。

④について。「図書館の予算が1998年をピークにそれ以後は減り続けていること」は、【資料Ⅰ】の表1から確認できる。しかし、その「理由の一つは、公共図書館が指定管理者制度を導入し、民間の力に頼ることができるようになったことである」という説明が不適当。【資料Ⅳ】の「**指定管理者制度**」の説明には、「長引く不況で自治体の財政が悪化し、図書館の予算が軒並み削減されるなか、運営コスト削減のため指定管理者制度を導入する図書館は年々増えており」とある。つまり、「長引く不況で自治体の財政が悪化し、図書館の予算が軒並み削減される」ようになったために、「指定管理者制度」を「導入」する図書館が増えるようになったのであり、「指定管理者制度を導入し、民間の力に頼ることができるようになった」ために、「図書館の予算」が「減り続けている」のではないのである。

⑤について。「2011年から2021年の10年間で図書館の職員数は増加しているのに、正規職員の数が減少している」ことは、【資料Ⅰ】の図3から確認できる。しかし、それは「図書館の業務が非正規職員でも担えるものに変わってしまったから」だという説明が不適当。【資料Ⅱ】～【資料Ⅳ】の文章にこのようなことはいっさい書かれていない。

---

問2　【資料Ⅱ】～【資料Ⅳ】を踏まえ、最近の公共図書館の特徴の説明として適当か否かを判断して、「**適当でないもの**」を選ぶ問題である。最近の公共図書館の特徴については、【資料解説】の【資料Ⅲ】のところでまとめておいたので、それをここに再掲し、a～eの特徴を基準に各選択肢の適否を判断していこう。

a　ビジネス支援やレファレンスサービスに積極的に取り組む図書館が増えている（1鳥取県立図書館、7紫波町図書館など）。

b　指定管理者制度を導入した図書館を中心に、市民が利用しやすいように開館時間を増やしている（2千代田図書館、5武雄市図書館など）。

c　図書館が他の施設と複合化して作られ、地域活性化や市民の交流の場として期待されている（3武蔵野プレイス、5武雄市図書館、7紫波町図書館など）。

d　行政主導で作られる図書館ではなく、市民との対話や協働で作られる市民中心の図書館が生まれている（4まちとしょテラソ、7紫波町図書館など）。

e　資料のデジタル化を促進することで、市民が情報にアクセスしやすい環境を作り出している図書館が生まれている（4まちとしょテラソ、6飯能市立図書館など）。

①はdと、②はbと、④はeと、⑤はaとそれぞれ対応しており、最近の公共図書館の特徴の説明として適当である。

③が言及している「資料提供」と「滞在型」については、【資料Ⅱ】の文章2に書かれている。「一九七〇年代以降の公共図書館は、本がある『場所』であり、その『機能』は、資料提供であった」（第1段落）とあり、「一九九〇年代に入ると、『滞在型図書館』という設計思想が出始めてくる。……図書館にも潤いがある時間を過ごせる『居場所』が求められるようになった」（第3段落）とある。しかし、ここで言われているのは、③のように「図書館のあり方が資料提供を重視する貸出型から居心地のよ

さを重視する滞在型に大きく変化している」ということではない。文章2の第1段落には、「資料提供」という図書館の「機能」の「基本はいまだに変わらない」と書かれている。つまり、一九九〇年代の図書館では、一九七〇年代以来の「資料提供」の機能に「居場所」としての機能が加わって、その機能が「多様化」したと理解すべきである。図書館の機能が「資料提供」から「居場所」に「大きく変化し」たわけではないのである。したがって、最近の公共図書館の特徴の説明として**適当でない**ので、**③が正解**である。

**問3** 公共図書館の予算は削減され続けているのに、図書館の数は増え続けている理由が問われている。

**【資料Ⅰ】**の表1を見ると、図書館の予算は1998年がピークで、それ以後に減少し始めるため、公共図書館の予算が削減され続けるのは2000年以降だと見なすことができる。したがって、公共図書館の数が増え続けることになった理由として、2000年以降公共図書館にどのようなことが期待されることになったのかを考えればよいだろう。

**【資料Ⅱ】**の文章2には、「二〇〇〇年代に入ると、市民の交流の場として図書館が注目され、『出会いの場』という機能が社会教育施設の図書館に期待されるようになった」とあり（第4段落）、2010年代になると、「地域活性化」や「にぎわい創出」を機能とする図書館の代表として「ツタヤ図書館」が開館するとある（第5段落）。ここから、**2000年以降、公共図書館には「市民の交流の場」「出会いの場」という機能や「地域活性化」「にぎわい創出」という機能が期待された**ために、財政的に苦しいなかでも図書館の数が増え続けることになったと判断できる。この内容に適《かな》った説明になっている**①が正解**である。

②は、「指定管理者制度の導入」を図書館の数が増え続けることになった理由としている点が不適当。**【資料Ⅲ】**で取り上げられているものの多くは2000年以降に開館、もしくはリニューアル開館した図書館であるが、指定管理者制度を導入しているのは七館中三館だけである。そして、その一つである「武雄市図書館」は「絶賛から批判まで毀誉褒貶《きよほうへん》にさらされている」とある。また、**【資料Ⅳ】**には「指定管理者制度を導入しながら、自治体の直営に戻される事例もいくつか出てきている」とある。したがって、「指定管理者制度の導入によって、経費の節減と市民へのサービスの向上を両立させることができる見通しが立つようになった」とまでは言うことができない。

③は、「信用できない行政に代わって、図書館には……期待が寄せられている」と、「行政」と「図書館」を対比している点が不適当。「行政」とは〈国家機関または地方公共団体が法律・政令に基づいて行う政治上の実務〉を意味するが、「図書館」の管理・運営も地方公共団体が図書館法に基づいて行う政治上の実務であり、「行政」である。

④は、「日本でも各地に図書館を作り、それらを連携させようという機運が高まっている」という説明が不適当。このようなことは**【資料Ⅱ】**～**【資料Ⅳ】**のどこにも書かれていない。

⑤は、「市民が居心地よく滞在することができる居場所としての機能も求められるようになった」とある点が不適当。**【資料Ⅱ】**の文章2に、「一九九〇年代に入ると、『滞在型図書館』という設計思想が出始めてくる。……図書館にも潤いがある時間を過ごせる『居場所』が求められるようになった」（第3段落）とある。「市民が居心地よく滞在することができる居場所としての機能も求められるようになった」のは、図書館の予算が削減されるようになった2000年以降ではなく、まだ図書館の予算が増えていた1990年代である。

**問4** 今日の公共図書館の課題がどのような点にあると考えられるかが問われている。

今日の公共図書館が抱えている課題の説明として適当かどうかを選択肢ごとに検討していこう。

①について。**【資料Ⅱ】**の**文章2**にある「『機能』の多様化」とは、一つの図書館が複数の機能を同時に持つことである。したがって、「図書館を居心地のよい場所にすること」と「ビジネス支援などのサービス」を行うこととは両立するはずなので、前者に「力を注いだ結果」、後者が「手薄になっている点」が課題になることはないだろう。したがって、①は不適当である。

②について。「図書館の運営や管理を民間の企業などに委託すること」は、図書館に指定管理者制度を導入することである。そして、**【資料Ⅳ】**には指定管理者制度の目的は「住民サービスの向上を図る」ことだとある。したがって、「図書館の運営や管理を民間の企業などに委託することは、市民のためのものという公共図書館の理念に反すること」にはならないのである。したがって、②は不適当である。

③について。**【資料Ⅱ】**の**文章2**に、「資料提供」という図書館の機能の「基本はいまだに変わらない」とある（第1段落）。したがって、「図書館が多様な機能を担うようになった」からといって、「資料の収集・保存・提供という本来の機能がないがしろにされる」ことにはならないのである。したがって、③は不適当である。

④について。**【資料Ⅰ】**の**図3**には、「非正規職員は、正規職員と比べて雇用が不安定であり、賃金が低く、キャリアアップ（=職業上の経歴・技能を高めること）が難しいと言われている」とある。したがって、「このまま正規職員が減り非正規職員が増え続けていくと、図書館に期待される充実したレファレンスサービスの実現が危ぶまれる」と言えるだろう。「正規職員が減り非正規職員が増え続けて」いることは**【資料Ⅰ】**の**図3**から確認できるし、図書館の職員が「充実したレファレンスサービス」を行うには雇用が安定している必要があると考えられるからである。したがって、**④が正解**である。

⑤について。**【資料Ⅲ】**の「4　**まちとしょテラソ**」では「デジタルアーカイブを活動の軸のひとつとしており」とあり、「6　**飯能市立図書館**」では「図書館横断検索で知られる『カーリル』が開発した『カーリルタッチ』を採用することで課題解決型図書館を実現している」とある。したがって、「デジタル化が少しも進んでいない」とは言えないので、⑤は不適当である。

## 第４問　古文

【本文解説】

〔出典〕

『苔《こけ》の衣《ころも》』

成立年代　鎌倉時代中期

ジャンル　擬古物語

作者　未詳

内容　主人公である苔衣《こけのころも》の大将を中心として、親子三代にわたる家族関係や恋愛などを描いた物語で、四巻からなる。

関白の子である苔衣の大将は、西院の姫君と結婚して、若君と姫君が生まれ、幸せに暮らしていた。しかし、冷泉院が娘を大将に降嫁させることを望み、西院の姫君は嘆きつつ病で亡くなる。本文はその後の場面である。本文の後、大将は密かに出家して仏道修行の日々を送る。歳月が流れ、夢で「子を救え」とお告げを受けた大将が、病床にあった姫君のもとへ行き、素性を隠して祈禱《きとう》したところ、姫君は回復した。大将が退出した後、姫君は、残された和歌から、それが幼い頃別れた父であったことを知り、涙にむせんだ。

本文は、中世王朝物語全集『苔の衣』（笠間書院刊、今井源衛校訂）に拠ったが、問題文として整えるために、表記を改めた箇所がある。

『千五百番歌合《うたあわせ》』（問３【資料】で引用）

成立年代　鎌倉時代初期

ジャンル　歌合

内容　主催者は後鳥羽《ごとば》上皇。上皇の命令で三十人の歌人が百首ずつ、合計三千首の歌を詠進した。これを二首ずつ千五百の番《つが》いとしたものを、後鳥羽院に命じられた十人の判者が、それぞれ百五十番ずつ優劣を判定した。今回引用した文章は、一二八八番の九条良平の和歌「今はさは心に茂れ忘れ草憂きをば耐へて忍ぶものかは」についての判詞の一部である。

本文は、『新編国歌大観』第五巻（角川書店刊）に拠ったが、問題文として整えるために、表記を改めた箇所がある。

【全文解釈】

1　中宮（のもと）へ姫君をお移し申し上げなさるようなことは、（大将は）同じことなら自分が（出家する前で、姫君の）世話をしている時にも（行おう）と思うようになりなさって、中宮にも、「八月頃に（姫君をそちらに移そう）」などと申し上げなさるので、（中宮は）たいそううれしいとお思いになる。

2　（姫君が中宮のもとに）移りなさるようなこともたいそう近くなった時に、対の屋の前の庭の植え込みが次第に一面に花が咲いて見所があるのを、姫君がご覧になって、「母が、『よく手入れをして、けっして、枯らすな。時々は仏に差し上げよ』とおっしゃったのになあ。去年の花に劣っているだろうか」と言って（花を）折って、（ふだん）大将が向かって（拝んで）いらっしゃる仏に差し上げようと用意なさるのがしみじみ心にしみてかわいそうで、中将の乳母も涙を流しているところへ、（大将が）おいでになって姫君を抱きながら、（部屋の）端近くに座りなさって外を眺めなさると、さまざまな色の花の中に萱草がたいそう明るく美しく咲き出しているが、（「萱草」の別名である「忘れ草」という）名前とは違っている気がして、

見るやいなや、しのぶ草が茂る（ように、亡き北の方を恋い慕う気持ちが募る）。（萱草を）昔を忘れる草だと誰が言ったのだろうか。

と、こっそりとおっしゃると、中将の乳母が、

（萱草が、昔を）忘れる（草だ）とは、悲しいことをこれほど思わない人が言い始めたのだろうか。

と詠んで、たいそうしみじみ悲しいと思っている様子を、（大将は、中将の乳母が）ほんとうにどんなに不安に思っているだろうと聞きなさる。

（庭の花の）中でも女郎花が、露が（降りて）重そうな様子で風になびいているのを、（北の方が）日々体調がすぐれずにいらっしゃった様子につい思い比べなさって、ますます自然と（袖を目に）当て（て泣き）なさった。姫君をこのようにいつも見慣れ（てい）て、中宮（のもと）へ移してしまったならば、そうはいってもやはり心穏やかでもいることはできないだろうよと、それまでも不安に思われなさる。

[3] こうして（姫君が）中宮（のもと）へ参上なさる予定の日になってしまうと、ふだん慣れ親しみ申し上げた女房などがそんなに（大勢がお供として）参上できるわけでもないので、一部の者はここ（＝大将の邸）に留まりなどするが、（邸に残る女房たちは、姫君までいなくなって）ますます何に心が慰められるだろうかと不安に思っては（お互いに）寄（り集ま）って座っているのも（大将は）気の毒に思いなさる。（姫君のお供として中宮のもとへ）参上する女房たちは、この慣れ親しんだ邸をまでも離れるようなことを、たいそうしみじみ悲しく思っている。姫君はたいそう美しく飾り立てられなさって、格別に成長したようになりなさるのにつれて、不思議なほど母上にたいそうよく似ていらっしゃるので、（大将は）ますます我慢ができなくて涙を流しなさった。中宮におかれては待ちかねて会い申し上げなさると、（姫君を）この上なくかわいらしくお思いになって、ただ自分のおそばから放さず大切にお世話して差し上げなさるので、帝もご覧になってたいそうしみじみかわいいと思い申し上げなさる。（帝と中宮の間には）女君などもいらっしゃらないので、皇子たちの御妹のように扱いなさった。

[4] 大将殿は、北の方の一周忌もとても近くなったので、人の寿命のはかなさが思い知られてそうはいうもののやはりつい不安に思いなさる。（自分の在俗中の）最後の御法事だと思いなさるので、どのようなことをもし尽くそうと思って準備をなさっている。日が経つに従って一途に（出家を）決心なさっているので、出家に必要な道具などをあれこれ準備なさる中に、（北の方が）何かの折につけて、趣のある慰みごとなどを気分にまかせて書きなさったもので、見所があったものだけを選び残しなさっていたのが、ものの中から取り出されたので、ただそれだ（＝北の方の筆跡だ）と見なさるやいなや目の前が自然と暗くなってしまう気がして、しっかりともご覧になることができない。まして、「越ゆる道をば」と書きなさっていた畳紙をご覧になると、ただお顔に（紙を）押し当てて、完全に心を静めることができなさらないので、このことによってひどく心が弱そうにばかり見えるのも人目が憚《はばか》られて、どういうこともない様子で押しやりなさって、

　見るたびに悲しいものは、死出の山を越えてしまった人（＝北の方）
　　の筆跡であるよ。

と独り言をおっしゃる。ますますつらさがまさりなさるので、「（北の方が）罪深い様子だとおっしゃったのだから、なんとかしてこのように北の方への未練を持つことはするまい」と思いなさって、そのまま破りなさっては（それを）用紙に作り直して、御経を書きなさる。

**〈問3【資料】〉**

「忘れ草」と「しのぶ草」とを、一つの（＝同じ）草の名前だと申すことがあります。「萱草」と書いて『万葉集』では「忘れ草」と読んでいる。そのために、源順の『和名類聚抄』には（萱草について）「また忘憂草と言っている」などと書いてある。「悲しみを忘れる」と申す意味である。また一方で、（『和名類聚抄』では）「垣衣」と書いて「しのぶ草」と読んでいる。（別の書物で「垣衣」について）「垣根または屋根の上などに生えている。苔の類である」とありますのは、「軒のしのぶ」などと（歌に）詠む（草のこと）であろう。だから、これは「萱草」（つまり「忘れ草」）と「しのぶ草」とは同じことでは決してないでしょう。

（それなのに）「軒のしのぶ」などを「忘れ草」と申すことがあるのでしょう。（それは）『伊勢物語』に言うには、「ある（高貴な女性の）お部屋から、忘れ草を『（これを）しのぶ草と言うのか』と言って出しなさったので、男がいただいて、

忘れ草が生える野辺とは見ているだろうけれども、これはしのぶ草だ。すっかり忘れているとあなたは見ているだろうが、（私はあなたを）恋い慕っているのだ。後々も（逢瀬を）期待しよう」と申し上げていた。この返事によって、（「忘れ草」と「しのぶ草」が）同じものだと言うことが起きたのでしょうか。

## 【設問解説】

### 問1　語句の解釈の問題

**(ア)　あなかしこ**

| あな | かしこ |
|---|---|
| 感動詞 | 形容詞　ク活用「かしこし」語幹 |
| けっして | |

あなかしこ（連語）
1　ああ、おそれ多い。ああ、もったいない。
※　尊いものに対していう。
2　ああ、縁起が悪い。ああ、恐しい。
※　恐れるべきものに対していう。
3　けっして。
※　下に禁止の語を伴って、副詞的に用いられる。
4　恐れ入りますが。失礼ですが。
※　相手に対する呼びかけ。

「あなかしこ」の意味に該当するものは、①「けっして」のみで、これが正解である。傍線部の後に、「枯らすな」と禁止の終助詞「な」があることからも、「けっして」という解釈が適当だとわかる。

文脈を確認すると、ここは、姫君が、亡き母の「あなかしこ、枯らすな」という言葉を回想する場面であり、①の解釈は文脈にも合う。

**(イ)　しほたれゐたる**

| しほたれ | ゐ | たる |
|---|---|---|
| 動詞　ラ行下二段活用「しほたる」連用形 | 動詞　ワ行上一段活用「ゐる」連用形 | 助動詞　存続「たり」連体形 |
| 涙を流し | ている | |

しほたる
1　潮水に濡れる。衣服が濡れる。
2　涙で袖が濡れる。

「ゐたる」については、どの選択肢も「…ている」「…でいる」と解釈している。「しほたる」の意味に該当するのは④「涙を流し」だけなので、これが正解。

文脈を確認すると、ここは、姫君の養育係である中将の乳母が、庭の花を手折って仏に差し上げようとする姫君の姿をしみじみ心にしみるように思って、「しほたれゐたる」という場面であり、④の解釈は文脈にも合う。

**(ウ)　思しよそへられて**

| 思し | よそへ | られ | て |
|---|---|---|---|
| 動詞　サ行四段活用「思す」連用形 | 動詞　ハ行下二段活用「よそふ」未然形 | 助動詞　自発「らる」連用形 | 接続助詞 |
| つい　思い比べなさっ | | | て |

思す
1　お思いになる。《「思ふ」の尊敬語》

よそふ
1 なぞらえる。たとえる。比べる。
2 結びつける。
3 かこつける。口実にする。
⇒思ひよそふ
1 他の物事に重ねて考え合わせる。比べてみて似ていると思う。

らる
1 自発〈自然と…られる。つい…てしまう。…せずにいられない〉
2 受身〈…られる〉
3 可能〈…ことができる〉
4 尊敬〈お…になる〉

「思しよそへ」は、「思ふ」の尊敬語「思す」に動詞「よそふ」がついたものだが、「思ひよそふ」の尊敬語と考えてもよい。①「似ていると感じて」、④「なぞらえる」、⑤「思い比べ」は「思ひよそふ」の意味に該当するが、①・④は、「思し」の尊敬の意味が訳出されておらず不適当である。⑤は「なさって」と尊敬表現があり、これが正解である。⑤は、「思しよそへ」という心情語についた「られ」を、「つい～」と自発の意で解釈している点も適当である。

文脈を確認すると、ここは、大将が、女郎花が露の重さに傾き、風になびいて弱々しげなのを見て、それが、日々体調がすぐれずにいた生前の北の方の様子に「思しよそへられ」るという場面であり、⑤の解釈は文脈にも合う。

**問2　語句と表現に関する説明の問題**

波線部の語句や表現に関する説明の問題である。語句の意味や文法事項をしっかり身につけておくことが求められる。

**a**

| 申し | 給へ | ば |
|---|---|---|
| 動詞 サ行四段活用「申す」連用形 | 動詞 ハ行四段活用「給ふ」已然形 | 接続助詞 |
| 申し上げ | なさる | ので |

申す
1 申し上げる。《「言ふ」の謙譲語》
2 …申し上げる。《謙譲の補助動詞》
給ふ
1 お与えになる。《「与ふ」の尊敬語》
2 …なさる。お…になる。《尊敬の補助動詞》
3 …(ており)ます。《謙譲の補助動詞》
※1・2は四段活用。
※3は下二段活用。

敬意の向き
＊誰から　地の文 → 作者から
　　　　　会話文 → 話し手から
＊誰へ　尊敬語 → 動作の主体へ
　　　　　（「～が」「～は」にあたるのは誰かを考える）
　　　　謙譲語 → 動作の客体へ
　　　　　（「～を」「～に」にあたるのは誰かを考える）
　　　　丁寧語 → 地の文…読者へ
　　　　　　　　　会話文…聞き手へ

①の『申し』が謙譲語であり」は正しい。しかし、波線部は地の文に

あるので、「申し」は作者からの敬意を込めた表現であって、「大将から」という説明は不適当である。なお、ここは大将が中宮に対して「八月ばかりに」と言っており、動作の客体は中宮である。よって、「申し」が「中宮への敬意を込めた」という説明は正しい。

**b**

| 押し当て | られ | 給ひ | ぬ |
|---|---|---|---|
| 動詞 タ行下二段活用「押し当つ」未然形 | 助動詞 自発「らる」連用形 | 動詞 ハ行四段活用「給ふ」連用形 | 助動詞 完了「ぬ」終止形 |
| 自然と　袖を目に当てて泣き | | なさっ | た |

押し当つ
1　押しつける。
2　袖を目に当てて泣く。
3　推し量って当てる。なぞらえる。

らる
**問1**(ウ)の**解説**参照
給ふ
**問2a**の**解説**参照

「ぬ」の識別
1　完了の助動詞「ぬ」の終止形
　※　連用形に接続し、終止形になっている場合。
2　打消の助動詞「ず」の連体形
　※　未然形に接続し、連体形になっている場合。

「押し当つ」は、直前に、大将が庭に咲いている女郎花を見て、生前の北の方の姿を思い比べているという記述があり（**問1**(ウ)の**解説**参照）、それを受けて、「いとど押し当てられ」と続いているので、前記2の「袖を目に当てて泣く」の意で解釈するとよい。「られ」は、自発の助動詞で、「ぬ」は、四段動詞「給ふ」の連用形「給ひ」に接続しているので、完了の助動詞「ぬ」の終止形である。

よって、②は、「『ぬ』が打消の助動詞であり」が不適当であるし、「大将の失望感を強調する表現」でもない。

**c**

| それ | さへ |
|---|---|
| 代名詞 | 副助詞 |
| それ | までも |

さへ
1　添加〈…までも〉

③が適当である。「さへ」は添加の副助詞で、既にあるものの上に新たなものを付け加える表現なので、「～だけではなく…までも」のように補って解釈することができる。波線部の後も含めて訳すと「それまでも不安に思われなさる」で、不安に思われることが他にあり、それに加えて、「それ（ここでは姫君を中宮のもとへ行かせること）」までも不安に思われる、ということである。よって、③の説明は正しい。なお、「～だけではなく」の「～」に該当する内容は、波線部の直前の、萱草を見て歌を詠む場面にも表されているように、大将が北の方を亡くして不安に思っていることだと考えられる。

**d**

| 形容動詞 ナリ活用「いかなり」未然形 | 助動詞 婉曲「ん」連体形 | 名詞 |
|---|---|---|
| **いかなら** | **ん** | **こと** |
| どのような | | こと |

いかなり
1 どのようだ。

ん（＝む）
1 推量〈…だろう〉
2 意志〈…よう。…たい〉
3 適当・勧誘〈…のがよい。…てはどうか〉
4 仮定・婉曲〈…としたら。…ような〉
※ 4は、文中にあり連体形で用いられている場合である。

「らん（らむ）」の識別
1 現在推量の助動詞「らん（らむ）」
※ 終止形（ラ変型活用語は連体形）に接続する。
2 完了・存続の助動詞「り」の未然形＋推量の助動詞「ん（む）」
※ サ変動詞の未然形、四段動詞の已然（命令）形に接続する。
3 活用語の語尾＋助動詞「ん（む）」

④は、「『らん』が現在推量の助動詞であり」が不適当で、それを前提とした「大将の現在の心情を思いやる表現」も不適当である。「いかなら」は、前記のようにナリ活用形容動詞「いかなり」の未然形であり、それには助動詞「ん」が接続している。「らん」が現在推量の助動詞であるなら、活用語の終止形（または、ラ変型活用語の連体形）に接続するが、「いかな」はそれに該当しないので、「いかな＋らん」と品詞分解することはできない。

**e**

| 動詞 ヤ行下二段活用「越ゆ」連体形 | 名詞 | 格助詞 | 係助詞 |
|---|---|---|---|
| **越ゆる** | **道** | **を** | **ば** |
| 越える | 道 | を | |

「る」の識別
1 受身・可能・自発・尊敬の助動詞「る」の終止形
※ 四段・ナ変・ラ変動詞の未然形に接続する。
2 完了・存続の助動詞「り」の連体形
※ サ変動詞の未然形、四段動詞の已然（命令）形に接続する。
3 活用語の一部

⑤は、「『る』が完了の助動詞であり」が不適当である。完了の助動詞「り」は、サ変動詞の未然形か四段活用動詞の已然形（命令形）に接続するが、「越ゆ」はそのいずれでもないので、「越ゆ＋る」と分けて「る」を完了の助動詞と考えることはできない。「る」は下二段活用動詞「越ゆ」の連体形「越ゆる」の一部である。なお、波線部は、（注9）にあるように、北の方の詠んだ歌の一節である。歌の「後れじと頼めし人」は「先立たれるつもりはないと、自分にあてにさせた人」（「頼む」の意味については、**問3**(i)の**解説**参照）、つまり、北の方に「死ぬときは一緒だと約束した人」のことで、大将を指す。その大将も、「死出の山越ゆる道をばえこそ慕はね」、つまり、「死出の山を越える道を慕って後を追うことはできない（＝一緒に越えることはできない）」というのだから、「死出の山越ゆる

道」を一人辿《たど》ってゆくのは、詠み手の北の方自身である。よって、選択肢の「北の方が自らの死を想定している表現」という部分は適当である。

以上より、③が正解である。

**問3　資料の内容説明と、それを踏まえた和歌の解釈の問題**

和歌**A**に詠まれている「忘るる草」という語に関連して、**【資料】**の内容を把握したうえで、和歌**A**を解釈する問題である。

**【資料】**は、設問にあるように、『千五百番歌合』の中の「今はさは心に茂れ忘れ草憂きをば耐へて忍ぶものかは（＝今はそれでは心に茂ってしまえ、忘れ草よ。つらさをこらえて我慢することができるだろうか、いや、我慢できない）」という歌についての判詞の一節である。「今はさは」の歌では、「忘れ草」とともに「忍ぶ」という語が詠み込まれているが、**【資料】**では、これに関連して、「忘れ草」と「しのぶ草」の関係について述べている。

(i)**【資料】**の内容を整理していこう。

Ⅰ　**「忘れ草」と「しのぶ草」と、ひとつ草の名なりと申す事侍り。**

「忘れ草」と「しのぶ草」とが同じ草の名前だと言うことがある。

Ⅱ　**「萱草」と書きて『万葉』には「忘れ草」と読めり。**

『万葉集』では、「萱草」と書いて「忘れ草」と読んでいる。

Ⅲ　**そのゆゑに、順が『和名』には「また忘憂草と言へり」など言へり。「憂へを忘る」と申す心なり。また、「垣衣」と書きて「しのぶ草」と読めり。**

『和名類聚抄』には、「萱草」に「忘憂草ともいう」という説明がある。また、「垣衣」を「しのぶ草」と読んでいる、ともある。

Ⅳ　**「垣もしは屋の上などに生ひたり。苔の類なり」と侍るは、「軒のしのぶ」など詠むにこそ。**

別の書物では、「垣衣」を、垣根や屋根の上などに生える苔の類であると説明しているが、それは「軒のしのぶ」と歌に詠まれるものであろう。

**【Ⅱ～Ⅳの整理】**

| 『万葉集』 | 『和名類聚抄』 | 別の書物 | 歌語 |
|---|---|---|---|
| 萱草（忘れ草） | 忘憂（憂いを忘れる）草 | | |
| | 垣衣（しのぶ草） | 垣や屋根の上に生える苔類 | 軒のしのぶ |

Ⅴ　**されば、これは「萱草」と「しのぶ草」と同じことにはよも侍らじ。**

前記Ⅱ～Ⅳの書物の記述を踏まえると、「萱草（＝忘れ草）」と「しのぶ草」は別のものである。

Ⅵ　**「軒のしのぶ」などを「忘れ草」と申す事の侍るにこそ。**

それでも、「軒のしのぶ」などを「忘れ草」と言うことがあるのだろう。

Ⅶ　**『伊勢物語』にいはく、「ある御局より、忘れ草を『しのぶ草とや言ふ』とて出だされたりければ、男たまはりて、**

**忘れ草生ふる野辺とは見るらめどこはしのぶなり後も頼まん**

**と申せりける。この返事に、ひとつと言ふことは出でき侍りけるにや。**

『伊勢物語』で、ある高貴な女性が、忘れ草を「しのぶ草というのか」と言って差し出したので、男がそれを受け取って歌を詠む。歌は「忘れ草／生ふる野辺とは／見るらめど／こはしのぶなり／後も頼まん」と句に分けられ、第四句末の「なり」が終止形なので、四句切れである。

| 名詞 | 動詞 ハ行上二段活用「生ふ」連体形 | 名詞 | 格助詞 | 係助詞 | 動詞 マ行上一段活用「見る」終止形 |
|---|---|---|---|---|---|
| **忘れ草** | **生ふる** | **野辺** | **と** | **は** | **見る** |
| 忘れ草が | 生える | 野辺 | と | は | 見 |

| 助動詞 現在推量「らむ」已然形 | 接続助詞 | 代名詞 | 係助詞 | 名詞 | 助動詞 断定「なり」終止形 |
|---|---|---|---|---|---|
| **らめ** | **ど** | **こ** | **は** | **しのぶ** | **なり** |
| ているだろう | けれども | これ | は | しのぶ草 | だ。 |

| 名詞 | 係助詞 | 動詞 マ行四段活用「頼む」未然形 | 助動詞 意志「ん」終止形 |
|---|---|---|---|
| **後** | **も** | **頼ま** | **ん** |
| 今後 | も | 期待し | よう。 |

しのぶ
1　恋い慕う。《「偲ぶ」と表記される》
2　人目を忍ぶ。我慢する。《「忍ぶ」と表記される》
※　1と2は、本来は別の語だったが、早くから混同されていた。

頼む
1　頼りにする。あてにする。期待する。
※　1は四段活用の場合。
2　頼りにさせる。あてにさせる。期待させる。
※　2は下二段活用の場合。

歌の逐語訳は前記枠内に示した通りであるが、まず、「見るらめど」は、現在推量の助動詞「らむ」があることから、「見る」の主体は詠み手の男自身ではなく、相手の女であると思われる。また、結句に「期待しよう」という心情を詠み込んでいるから、この歌が単に草花の名を主題にした歌とは考えにくく、「忘れ草」「しのぶ草」にことよせて男の心情を詠んだ歌だと考えるのが適当である。そのことから、「忘れ草生ふる」は「すっかり忘れてしまう」の意、「しのぶ」も、草の名の「しのぶ」に動詞「しのぶ」が掛けられていると判断できる。女は「忘れ草」が生えていると見ているだろうが、そうではなくて「しのぶ」だという、初句から四句までの趣旨を踏まえると、「しのぶ」は「忘る」と対になる意味で、前記1の「偲ぶ」意味だと考えられる（なお、ここは「人目を忍んであなたを偲んでいる」のような解釈もできるだろう）。

このように考えると、しのぶ草とは別の草である忘れ草を差し出して「これをしのぶ草と言うのか」と言った女の行為は、「これはしのぶ草ではない。忘れ草だ。あなたは口では私を恋い慕うと言うけれど、ほんとうは私を恋い慕うことなく、忘れているのだろう」という意図が込められていると解釈することができる。それに対して男が、歌で「あなたはそう言うけれども、私はあなたを恋い慕っているし、逢瀬を期待している」と応酬したのである。

【資料】の判詞は、この『伊勢物語』の話、特に、忘れ草を差し出された男が、「これはしのぶ草だ」と、あえて違う草の名前を言ったことによって、「忘れ草」と「しのぶ草」が同じものだという説が出てきたのだろうか、とする。

以上の内容を踏まえて選択肢を検討する。

①の説明は正しい。前記Ⅱ～Ⅳから、「『忘れ草』と『しのぶ草』は、『万葉集』や『和名類聚抄』などの記述をもとに考えると別の草だと思われる」し、前記Ⅶの『伊勢物語』の引用箇所から、「『これをしのぶ草だと言うのか』と、忘れ草を差し出された時に、主人公の男が詠んだ歌

によって、その両者を混同する考え方が生じた」も正しい。

②は、「『忘れ草』と『しのぶ草』は、『万葉集』では同じもの」が不適当である。『万葉集』における「しのぶ草」の説明は、【資料】にはない。よって、『万葉集』と『和名類聚抄』との説明に違いがあって、かつては「二つの考え方があった」とは言えない。

③は、全体が不適当である。『伊勢物語』の男の歌がきっかけとなって、「忘れ草」と「しのぶ草」との呼び名が入れ替わったのではない。

④は、全体が不適当である。「忘れ草」と「しのぶ草」は、前記Ⅱ～Ⅳで見たように、もともとは別の草で「同じ草の異称」ではないし、『伊勢物語』の男の歌によって「別のものとして扱われるようになった」のでもない。

よって、①が正解である。

(ii) 【資料】の内容を踏まえた、本文の和歌Aの説明の問題である。和歌Aは、「見るからに／しのぶぞ茂る／いにしへを／忘るる草と／誰か言ひけん」と句に分けられ、第二句末の「茂る」が係助詞「ぞ」の結びとなっているので、二句切れである。

| 品詞 | 動詞 マ行上一段活用 「見る」 連体形 | 格助詞 | 格助詞 | 名詞 | 係助詞 | 動詞 ラ行四段活用 「茂る」 連体形 |
|---|---|---|---|---|---|---|
| 本文 | **見る** | **から** | **に** | **しのぶ** | **ぞ** | **茂る** |
| 訳 | 見る | やいなや | | しのぶ草が | | 茂る。 |

| 品詞 | 名詞 | 格助詞 | 動詞 ラ行下二段活用 「忘る」 連体形 | 名詞 | 格助詞 | 名詞 | 係助詞 | 動詞 ハ行四段活用 「言ふ」 連用形 | 助動詞 過去推量 「けん」 連体形 |
|---|---|---|---|---|---|---|---|---|---|
| 本文 | **いにしへ** | **を** | **忘るる** | **草** | **と** | **誰** | **か** | **言ひ** | **けん** |
| 訳 | 昔 | を | 忘れる | 草 | と | 誰が | | 言っ | たのだろう　か。 |

「見るからに」は「見るやいなや」の意。「しのぶ」は、後に「茂る」という動詞が続くことから、「しのぶ草」のことだと判断できる。以上を踏まえた逐語訳は枠内に示した通りである。

ここで、大将が歌を詠んだ状況を踏まえると、歌の直前に「萱草のいとはなやかに咲き出でたるを」とあるので、「見る」対象は「萱草」すなわち「忘れ草」である。「忘れ草」は、【資料】の『和名類聚抄』に「忘憂草」と説明されているように、「憂いを忘れる草」と考えられていた。しかし、大将は萱草を見ても「名には変はりたる心地」がしている。ということは、大将は憂いを忘れることができないで、この歌を詠んだのである。大将が忘れられない「憂い」とは、北の方を亡くしたことであり、忘れられない「いにしへ」は、北の方と過ごした日々のことであろう。このように考えると、「見るからにしのぶぞ茂る」とは、「憂いを忘れるという萱草を見るやいなや、北の方を忘れることはできず、恋い慕う気持ちが募る」といった気持ちが詠み込まれていると考えられる。

ここで大将が萱草（＝忘れ草）を見て「しのぶ草」を歌に詠み込むのは、(i)で見たように、本来別物である「忘れ草」と「しのぶ草」が、同じ植物であると思われるようになっていたことや、「忘れられない」ことと「偲ぶ（＝恋い慕う）」気持ちが関連することが背景にあるだろう。以上のことを踏まえて解釈すると、次のようになる。

**萱草を見るやいなや、亡き北の方を恋い慕う思いが募る。萱草を、昔を忘れる草だと誰が言ったのだろうか。**

選択肢①は、『しのぶ草』という萱草の別名の通りに、亡き妻のもとに人目を忍んで通っていた」が不適当である。「しのぶ」には「人目を忍ぶ」の意もあるが、ここでは大将が北の方と過ごした日々を恋しがって「偲ぶ」という意味で使われているのである。

②は、「悲嘆に暮れたまま俗世で生き続けるのは我慢できない、と出家することを示唆している」が不適当である。「しのぶ」には「我慢する」の意もあるが、仮にその意味で読もうとしても、和歌には「しのぶぞ茂る」とあるので、「我慢できない」とは解釈できない。また、前書きにあるように大将は出家を決意しているが、この和歌からは、出家を示唆する内容は読み取れない。

③は、説明として正しい。「萱草は昔を忘れる草だと言われているが」は「いにしへを忘るる草と……言ひ」の内容にあたるし、「自分には『しのぶ草』だとしか思われず、萱草を見るにつけ、亡き妻のことが思い出される」は「見るからにしのぶぞ茂る」の説明として適当である。この③が正解である。

④は、「昔の悲しみを時とともに忘れさせてくれるという萱草を見ることで、……今はじっと耐え忍ぼう、と自分に言い聞かせている」が不適当である。大将は、萱草を見ても悲しみを忘れることはできないと思っているのである。また、「しのぶ」には「耐え忍ぶ」の意味はあるものの、萱草を見て「今はじっと耐え忍ぼう、と自分に言い聞かせている」という内容は本文から読み取れない。

**問4 [1]～[3]段落の内容説明の問題**

本文の内容説明の問題では、選択肢の内容から本文の関係する箇所を確認し、その箇所の訳を踏まえて選択肢の正誤を丁寧に吟味しよう。

①は、大将が姫君を中宮のもとへ移すことについての説明である。

**中宮へ姫君渡しきこえ給はんことは、同じくは我が見る折にもと思しなりて、中宮にも、「八月ばかりに」など申し給へば、**（[1]段落1・2行目）

大将は、前書きにあるように密かに出家を決意しており、出家をしてしまうと姫君の世話もできなくなる。「見る」は「世話をする」の意味で用いることがあり、大将の状況を踏まえると、「我が見る折」とは、「自分が姫君の世話をしている時」ということだと判断できる。中宮のもとへ姫君を移すのは、同じことなら自分が世話をしている間にと思うようになった、ということであって、「自分が出家するまでは少しでも長く姫君と一緒にいたくて、中宮のもとへやるのを引き延ばしていた」ということは本文からは読み取れず、不適当である。

②は、中将の乳母が姫君の様子を見た時の心情に関する説明である。

**対の前の前栽やうやうひもとき渡して見所あるを、姫君見給ひて、「……」とて折りて、殿の向かひ給ひたる仏に参らせんと営み給ふがあはれにて、中将の乳母もしほたれゐたる所へ、**（[2]段落1～3行目）

姫君が庭の花を手折り、仏に差し上げようとしている姿を見て、中納言の乳母が涙を流している、という状況なので、選択肢の「庭の草木の手入れをしている姫君の姿を見て」が不適当である。

③は、姫君の供をして宮中へ行く女房についての説明である。

**参る人々は、この古里をさへかけ離れんことを、いとあはれに思ひたり。**（[3]段落2・3行目）

[3]段落1・2行目の「日ごろ馴れ奉りつる女房などのさのみ参るべきならねば、かたへはこれに留まりなどする」は、仕えている女房が全員参上することはできないので、一部は邸に留まる、ということである。よって、その後の「参る人々」は、姫君の供をして中宮のもとへ行く女房のことだとわかる。その女房たちが、このなじみの邸を離れることまで「いとあはれに」思っているというのだから、この「あはれに」は「悲しい」などの意味でとらえるのがふさわしい。よって、選択肢の「姫君の供をして宮中へ行く女房は、住み慣れた邸を離れることを寂しく思った」は間違い

ではないが、「新しい生活への期待もあった」ということは本文から読み取れず、不適当である。

④は、中宮のもとへ行く日の姫君の様子の説明である。

(1) **姫君はいとうつくしく仕立てられ給ひて、**
(2) **ことの外におとなび給ふままに、**
(3) **あやしきまで母上にいとよく似給へるに、**
(4) **いと忍びがたくてしほたれ給ひぬる。（3 段落3・4行目）**

仕立つ（タ行下二段活用動詞）
1 作り上げる。
2 美しく飾り立てる。
3 成し遂げる。
4 支度する。
※ いずれも「望ましい状況につくりあげる」ことをいう。
ことの外なり（ナリ活用形容動詞）
1 格別だ。
2 予想外だ。意外だ。
あやし（シク活用形容詞）
1 不思議だ。不審だ。
2 身分が低い。みすぼらしい。
しほたる
**問1(イ)の解説**参照

ここは姫君が中宮のもとへ参上する場面で、前記(1)の「仕立て」は前記2の意味で、「衣装を飾り立てる」などと考えるとよい。「られ給ふ」という形の「られ」は尊敬の意味にはならず、ここは姫君が周りの人々から「衣装を美しく飾り立てられた」と考えられるところなので、受身である。

(1)は、姫君が中宮のもとへ行くにあたっての衣装の美しさを述べている。そのような姿の姫君は、格別に成長した様子に見える（前記(2)）。そして、不思議なほど母に似ているのである（前記(3)）。前記(4)の「しほたれ」は、ここでは「涙で袖を濡らす」意で、その主体は、姫君を中宮のもとに送り出す父の大将である。選択肢「中宮のもとへ行く日に着飾った姫君の様子」は前記(1)に、「おとなびていて」が前記(2)に、「大将の涙を誘うほど」が前記(4)に、「北の方にそっくりだった」が前記(3)に、それぞれ該当している。この④が正解である。

⑤は、中宮と帝についての説明である。

(5) **宮には待ち見きこえ給ふに、限りなくうつくしう思されて、ただ我が御かたはら去らずもてなし奉らせ給へば、**
(6) **上も御覧じていとあはれに思ひきこえさせ給ふ。**
(7) **女君などもおはしまさねば、宮々の御妹背とぞもてなし給へる。**
**（3 段落4～6行目）**

前記(5)の「待ち見」は「待ち受けて見る」の意で、見る対象は姫君である。中宮は姫君を見て、この上なくかわいらしく思い、いつも自分のそばを離れないようにそばにおいて世話をした。前記(6)「いとあはれに」は、姫君を見た帝の心情だが、中宮が姫君をかわいらしく思い、「上も……いとあはれに思ひ」と続くことから、帝も姫君をかわいらしく思っていると判断できる。中宮と帝の心情が述べられているのはこの二箇所なので、選択肢の「幼い娘と引き離される大将を気の毒に思い」は本文に根拠がない。また、前記(7)「女君などもおはしまさねば、宮々の御妹背とぞもてなし給へる」は、(注5)を踏まえると、中宮と帝の間には女の子がいないので、姫君を皇子たちの妹のように扱ったということである。よって、選択肢の「姫君を実の子と同じように大切にする」は(7)に該当するが、それを「大将に伝えた」とは本文に書かれておらず、不適当である。

## 問5　登場人物の行動や心境についての説明の問題

4 段落における大将の行動や心境について問う設問である。

①は、北の方の一周忌が近づいた時の行動や心境である。

(1) **大将殿は、上の御果てもむげに近くなりぬれば、羊の歩みの心地してさすがに心細く思さる。**
(2) **限りの御事と思せば、いかならんことを尽くさんと思しいそぎたり。**
**（4段落1・2行目）**

いそぐ（ガ行四段活用動詞）
1 早くしようとする。
2 準備する。

前記(1)や（注6）によると、大将は、北の方の一周忌が近づいて不安に感じている。また、出家を考えている大将にとっては、この一周忌は、夫の立場で行える、前記(2)「限りの御事（＝最後の法事）」なので、「いかならんことを尽くさんと思しいそぎたり」というのである（「いかならんこと」については**問2dの解説**も参照）。愛する北の方のための最後の法要の準備をしようとしていることから、「どのようなことをもし尽くそう」といった意味だと考えられる。「いそぎ」は前記2の「準備する」意である。選択肢は「一周忌が近づいても茫然としていて」「周囲の人から……急いで準備をしなければならないと促される」が前記(1)・(2)の内容と異なっている。大将は、周囲の人から促されたのではなく、自らの意志で法要の準備を行っている。

②は、大将が出家のために身辺の整理をしている時の心境の説明である。

(3) **御物の具などやうやうしたため給ふ中に、**
(4) **事の折節につけて、をかしき戯れ事など書きすさび給ひしが、見所ありし限り選り留め給へる、ものの中より取り出でられたるに、**
(5) **ただそれにこそと見給ふよりかきくらさるる心地しつつ、はかばかしうもえ見給はず。**
**（4段落2〜4行目）**

大将が出家の準備をしているのは、（注8）からこの場面とわかる。

したたむ（マ行下二段活用動詞）
1 片付ける。整理する。
2 準備する。
3 食事をする。
4 書き記す。
かきくらす（サ行四段活用動詞）
1 空を暗くする。
2 心を暗くする。悲しみに暮れる。

大将は出家に必要な道具を準備する（前記(3)）。なにかの機会につけて書いたもので、見所があるものを選んで残していたが、それを取り出す（前記(4)）。大将は「それにこそ」と見るやいなや「かきくらさるる心地」がして、しっかり見ることもできない（前記(5)）。よって、「かきくらす」は前記2の意味である。大将が取り出した紙は、それを見て大将が悲しみに暮れていること、またこの後に「まして、『越ゆる道をば』と書き給へりし畳紙を見給ふに、ただ御顔に押しあてて、ためらひやり給はねば」と、北の方の書きつけた歌を見ていっそう心を静められなくなっていることなどから（**③の解説**も参照）、亡き北の方が書いたものだと考えるのがふさわしい。よって前記(5)の「それにこそ」とは、「北の方が書いたものだ」ということである。選択肢の「北の方が大将の手紙を大切に保管していたのを見て」が前記(4)・(5)の内容と違っており、不適当である。

③は、大将が北の方が書き付けたものを見た時の心境や行動の説明である。

(6) **まして、「越ゆる道をば」と書き給へりし畳紙を見給ふに、ただ御顔に押しあてて、ためらひやり給はねば、**
(7) **このことによりいたく心弱げにのみ見ゆるも人目つつましくて、何となく押しやり給ひて、**
**（4段落4〜6行目）**

ためらふ（ハ行四段活用動詞）
1　気を静める。
2　病状を落ち着かせる。
3　躊躇する。
やらず（ラ行四段活用動詞「やる」＋打消助動詞「ず」）
1　完全には…しきれない。最後まで…できない。
※　動詞連用形についた場合、この意味になる。
つつまし（シク活用形容詞）
1　気がひける。気兼ねされる。決まりが悪い。
2　遠慮される。控えめである。

前記(6)の「越ゆる道をば」は、（注9）にあるように「後れじと頼めし人も死出の山越ゆる道をばえこそ慕はね」という北の方の歌の一節である（「後れじと」の歌については、**問2eの解説**参照）。「ためらひ」は前記1の意味、「給はねば」の「ね」は打消の助動詞「ず」の已然形だから、「ためらひやり給はねば」は、「完全に心を静めることができなさらないので」などと訳せる。大将は北の方の残した歌を見て、悲しみの気持ちがかき立てられ、それを静めることができないのである。前記(7)「このこと」は、大将が悲しみを抑えきれないでいることを指し、大将はそれによって自分の心が弱そうに見えるのも「人目つつましく」感じる。この「つつましく」は人目を感じてのものだから、前記1の意味である。大将は周囲に気兼ねして、何気ないふうで北の方の歌が書いてある紙を押しやったのである。選択肢は「北の方が書き付けたものを見ると、悲しみのあまり心を静めることもできないが」が前記(6)に、「他人がそんな自分の様子をどのように見るのか気にかかり、なにげない風を装おうとした」が前記(7)に該当するので、説明として正しい。この③が正解である。

④は、大将が北の方の和歌を見た後の心境と行動の説明である。

(8)　**見る度に……水茎の跡**

**とぞ独り言たせ給ふ。**

(9)　**いとど心憂さまさり給へば、「……」と思して、やがて破らせ給ひつつ料紙になして、御経書かせ給ふ。**（4段落7～9行目）

まず前記(8)の和歌から確認しよう。

| | | | | | | |
|---|---|---|---|---|---|---|
| 動詞 マ行上一段活用「見る」連体形 | 名詞 | 格助詞 | 形容詞 シク活用「悲し」連体形 | 名詞 | 係助詞 | 名詞 |
| **見る** | **度** | **に** | **悲しき** | **もの** | **は** | **死出の山** |
| 見る | たび | に | 悲しい | もの | は | 死出の山を |

| | | | | | | | |
|---|---|---|---|---|---|---|---|
| 動詞 ヤ行下二段活用「越ゆ」連用形 | 助動詞 完了「ぬ」連用形 | 助動詞 過去「き」連体形 | 名詞 | 格助詞 | 名詞 | 格助詞 | 名詞 |
| **越え** | **に** | **し** | **人** | **の** | **水茎** | **の** | **跡** |
| 越え | てしまっ | た | 人 | の | 筆跡であるよ。 | | |

水茎
1　筆跡。
2　手紙。
3　筆。

「水茎」はここは前記3の意で、「水茎の跡」全体で「筆跡」の意となる。逐語訳は枠内に示した通りであるが、「死出の山越えにし人」は、ここでは亡き北の方をいい、大将は北の方の筆跡を見た時の悲しみを詠んでいる。大将はつらさが募るが、（注10）にあるように、北の方の往生を願って北の方への未練を断とうと思い、北の方の書き残した紙を破ると、その紙片を新たな紙に作り直して、その紙にお経を書いたのである（前記(9)）。選択肢の「自分も北の方の後を追って死出の山路を越えたい気持ちになった」が、和歌の解釈と異なっているし、本文からも読み取ることができないので、不適当である。

---

## 第5問　漢文

**【出典】**

桓寛《かんかん》『塩鉄論《えんてつろん》』全十二巻。前漢の第八代皇帝・昭帝《しょうてい》（在位前八七～七四）の時に朝廷で開かれた塩や鉄の専売制をめぐる論議を中心に、当時の政治、経済、外交、軍事などについてまとめた書。第七代皇帝・武帝《ぶてい》（在位前一四一～八七）が行った匈奴《きょうど》との対外戦争の影響で、当時の朝廷は財政難に陥っていた。そこで、財政立て直しの一環として塩や鉄などの専売が実施された。ところが、専売制に対して儒学者は「国家が市場に介入し、民間と利益を争うのは義に反する」と批判した。そこで始元《しげん》六年（前八一）に、「賢良」や「文学」と称された民間の有識者を招き、政府高官の「大夫」との間で討論会を開き、専売制の是非を議論させた。

桓寛（生没年不詳）は前漢の政治家・学者。汝南《じょなん》（現在の河南《かなん》省駐馬店《ちゅうばてん》市）の出身。字《あざな》は次公《じこう》。第十代皇帝・宣帝《せんてい》（在位前七四～四九）の時に仕官した。

**【本文解説】**

リード文に示したように、本文は、前漢と敵対していた遊牧民族匈奴の討伐の是非をめぐって行われた議論の記録である。**【意見Ⅰ】**は政府高官の「大夫」の主張であり、**【意見Ⅱ】**は民間の知識人の「文学」の主張である。それぞれの主張の要旨を確認してみよう。

**【意見Ⅰ】**では、「大夫」は「匈奴を討伐するべきである」と訴えている。聖王の禹《う》が人民を動員して洪水を治めた事例、武帝の行った対外遠征で天下は疲弊したが、結果的に国境守備の軍役が軽減された事例を挙げて、負担を厭《いと》わず好機を逃さず、今こそ匈奴討伐を行わなければ、後世長期にわたって災いとなると述べる。事例を引用し、さらに田畑を耕す人の比喩を用いての議論であるが、匈奴討伐を是《ぜ》とする主張をしっかり捉えたい。

**【意見Ⅱ】**では、「文学」は「匈奴と和睦するべきである」と訴えている。広大な国土や強力な軍隊を有していても徳に欠け相手を侮っていては自滅し、漢王朝や匈奴のような強者同士が争えば、弱小な者にも隙を突かれると訴える。だからこそ、聖王が利害も遠近もいずれも考慮するように、兵士や人民の犠牲や負担を考え、無用の領土の獲得などほとんど無益であることを認識して、手厚い貢物を納めてでも和睦を結び、人道的に対処するのが最良の策であると述べる。漢王朝と匈奴をトラとサイに例えるなど、【意見Ⅰ】の場合と同じく比喩を用いての議論であるが、匈奴討伐を非《ひ》とする主張をしっかり捉えたい。

**【書き下し文】**

**【意見Ⅰ】**

大夫《たいふ》曰《い》はく、「昔《むかし》夏后《かこう》洪水《こうずい》の災《わざは》ひを底《とど》むるに、百姓《ひやくせい》孔《はなは》だ勤《つと》め、籠臿《ろうさふ》に罷《つか》る。其《そ》の後《のち》に至《いた》るに及《およ》びて、咸《みな》其《そ》の功《こう》を享《う》く。先帝《せんてい》の時《とき》、郡国《ぐんこく》頗《すこぶ》る戎事《じうじ》に煩《わづら》ふ。然《しか》れども亦《ま》た三陲《さんすい》の役《ゑき》を寛《ゆる》くす。語《ご》に曰《い》はく、『機《き》を見《み》て遂《と》げずんば、功《こう》を隕《お》とす』と。一日《いちじつ》敵《てき》を違《おろそ》かにせば、累世《るいせい》患《うれ》ひと為《な》る。労《つか》れたるを休《やす》め、供《そな》へたるを用《もち》ひ、弊《つか》れに因《よ》り時《とき》に乗《じょう》ずるは、帝王《ていわう》の道《みち》にして、聖賢《せいけん》の失《うしな》ふ能《あた》はざる所《ところ》なり。功業緒有《こうげふしよあ》るも、労《らう》を悪《にく》みて卒《を》へざるは、猶《な》ほ耕《たがや》す者《もの》の倦休《けんきう》して困止《こんし》するがごときなり。夫《そ》れ事《こと》輟《や》むる者《もの》は功《こう》無《な》く、耕怠《かうおこた》る者《もの》は獲《う》る無《な》きなり」と。

**【意見Ⅱ】**

文学《ぶんがく》曰《い》はく、「地広《ちひろ》くして徳《とく》あらざる者《もの》は国危《くにあや》ふく、兵強《へいつよ》くして敵《てき》を凌《しの》ぐ者《もの》は身亡《みほろ》ぶ。虎兕《こじ》相挐《あひよ》りて螻蟻《ろうぎ》志《こころざし》を得《え》、両敵相抗《りやうてきあひあ》たりて匹夫間《ひつぷかん》に乗《じよう》ず。是《ここ》を以《もつ》て聖王利《せいわうり》を見《み》て害《がい》を慮《おもんぱか》り、遠《とほ》きを見《み》て近《ちか》きを存《そん》す。方今県官《はうこんけんくわん》の為《ため》に計《はか》らば、兵《へい》を偃《ふ》せ士《し》を休《やす》め、幣《へい》を厚《あつ》くして和親《わしん》を結《むす》び、文徳《ぶんとく》を修《をさ》むるに若《し》くは莫《な》きのみ。若《も》し人《ひと》の急《きふ》を恤《あはれ》まず、其《そ》の難《なん》を計《はか》らず、恃《たの》む所《ところ》を弊《つか》れしめて以《もつ》て無用《むよう》の地《ち》を窮《きは》めば、十《じふ》を亡《うしな》ひて一《いつ》を獲《え》ん。文学《ぶんがく》の知《し》る所《ところ》に非《あら》ざるなり」と。

**【全文解釈】**

**【意見Ⅰ】**

大夫が言った、「昔禹《う》が洪水を治めたとき、人民はたいそう働き、治水工事で疲れてしまいました。（しかし、）その後になって、（人民は）みな禹の治水の功績（による利益）を享受しました。先代の皇帝の時代、天下は戦争でたいそう疲弊しました。しかしやはり三方面での軍役を軽減しました。俗言に、『時機を見てやり遂げなければ、功績を損なう』とあります。一日でも敵を放置しておくと、何世代にもわたって災いとなります。疲れた者を休息させ、待機している者を使い、（相手の）疲労（の程度）によって好機を捉えるのは、帝王の方法であり、聖人や賢者も間違ってはいけないことなのです。功績（を立てるの）にいとぐちがあっても、苦労を嫌悪してやり遂げないのは、ちょうど耕作する人が疲れて休息し苦しんで（耕作を）やめてしまうようなものです。そもそも物事は投げ出すと功績はなく、（ちょうど）耕作は怠けると収穫がないの（と同じようなもの）です」と。

**【意見Ⅱ】**

文学が言った、「領土が広くても人徳がないと国は危険であり、軍隊が強力でも敵軍をあなどると（自分の）身が滅びます。トラとサイが格闘して（いると）ケラとアリは望みをかなえ、双方の敵が互いに抗争して（いると）取るに足らない者は隙につけ込みます。そういうわけで聖王は利益を見据えつつ損害をも考慮し、遠くを見つめつつ近くにも留意します。今こそ天子様のために考えますと、戦争を止めて兵士を休息させ、贈り物を手厚くして和睦を結び、学問に基づく徳を修養するのが最良なのです。もしも人民の危急をいたわらず、人民の苦難を考えず、頼みとする人民を疲弊させてそれで役にも立たない土地を追求すれば、十を失って一を得る（だけのことになる）でしょう。（そうなれば、）私たちが関知することではないのです」と。

**【重要語・基本句形】**

(1) **重要語**

○百姓《ひやくせい》　人民・庶民

○於　置き字
＊前置詞の働きをし、場所・対象・目的・比較・受

身などを表す。

○咸《みな》　みな・全部・すっかり

○頗《すこぶル》　かなり・たいそう・少し

○然《しかレドモ》　しかし・そうではあるが（逆接の接続語）
＊「然《しかラバ》」と読んで「そうだとすれば」の意味（仮定条件を受ける）、「然《しかレバ》」と読んで「そうであるからには」の意味（確定条件を受ける）を表す用法もある。

○亦《また》　～も同様に・～もやはり

○――《（セ）バ》者　――（する）ならば（仮定条件を提示する）
＊「者」は、置き字として扱って読まない。

○累世《るいせい》　何世代にもわたって・代々

○為《なル》二――《ト》一　――になる

○為《ために》二――《ノ》一　――のために

○患《うれヒ》　災い・悩み・心配
＊「わづらひ」と読んで「病気」の意味を表す用法もある。

○所《ところ》レ□《（スル）》　□（する）こと・もの
＊直後の動詞・動詞句の対象を示す。

○不《ず》レ能《あたハ》二――《（スル）（コト）》一　――（することが）できない・――（し）てはいけない

○悪《にくム》　にくむ・きらう・嫌悪する

○――《（シ）テ》而……　置き字
＊接続語の働きをし、「――して、そして……」という順接の関係を表す。

○夫《そレ》　そもそも

○相《あひ》　相手を・相手に・相手と・互いに

○是以《ここヲもっテ》　こういうわけで・それで

○――《（シ）テもつテ》以……　――それで……・――そして……

(2)　**基本句形**

○猶《なホ》二――《（スル）ガノ》一《ごとシ》　ちょうど――のようだ・まるで――みたいだ〔再読文字〕

○莫《なシ》レ若《しクハ》二――《（スル）ニ》一　――に及ぶものはない・――が最良だ〔最上形〕　＝莫レ如二――一

○――《（スル）のみ》而已　――だけだ・――しかない〔限定形〕　＝耳・爾・而已矣
＊限定形は強意を表すこともある。

○若《もシ》――《（セ）バ》　もしも――（する）ならば〔仮定形〕　＝如

※（セ）は活用語の未然形、（シ）活用語の連用形、（スル）は活用語の連体形をそれぞれ表す。

**【設問解説】**

**問1　語の意味の問題**

(ア)「機」には、「はた」（はた織りの道具）、「しかけ・からくり」、「きざし」、「おり・しおどき・好機」、「はたらき・作用」など様々な意味があるが、波線部(ア)「機」は、直前の「見《テ》」の目的語であること、「見《テ》レ機」の直後に「不《ンバ》レ遂《ゲ》者」（やり遂げなければ）と続いているので、ここの「機」は「ちょうどよい頃合い・好機」という意味に解するのが適切である。この意味に合致する選択肢を選べばよい。選択肢の熟語の意味を確認すると、①「危機」は「危険な時・危うい状態」、②「機能」は「あるものが備えている働き・作用」、③「機知」は「その場や状況に応じて働く才知」、④「機密」は「重要で秘密な事柄」、⑤「時機」は「物事を行うよい機会」である。したがって、正解は⑤「時機」である。

(イ)「累世」は、いずれの選択肢も「累世」を副詞として解釈しているので、ここでは直後の「為《ル》レ患《うれヒト》」（災いとなる）を修飾していると判断できる。そこで、「累世」という熟語の構造と意味を考えてみよう。「累」には動詞として「かさねる・かさなる」などの意味があるが（「累積」などの熟語を考えるとわかりやすい）、直後に「世の中」「世代」などの意味がある「世」が続いているので、「累」が他動詞、「世」が目的語という構造と捉え、「世代をかさねる」と解釈すればよい。すると、ここでは「代々・何世代にもわたって」という意味として直後の「為《ル》レ患《うれヒト》」を修飾する語として捉えて矛盾はない【重要語・基本句形 (1) 重要語】の当該項目を参照）。さらに、波線部(イ)「累世」を含む「累世為《ル》レ患《うれヒト》」が直前の「一日違《おろそカニセバ》レ敵《ヲ》」（一日でも敵を放置しておくと）と対比の関係にあることにも注目しよう。「一日」と「累世」とが副詞として対を成していることがわかる。したがって、正解は①「何世代にもわたって」である。

(ウ)「悪」には、形容詞として「わるい」「みにくい」（「わるし」と読む）の意味、動詞として「にくむ・きらう」（「にくむ」と読む）の意味、疑問や反語の副詞として「どうして」（「いづくんぞ」と読む）や「どこに・どこで・どこへ」（「いづくにか」と読む）の意味があるが、ここの「悪」はレ点が付けられて直後の「労」から返って読むように指示があるので、動詞「にくむ・きらう」の意味であると判断する（【重要語・基本句形 (1) 重要語】の当該項目を参照）。よって、波線部(ウ)「悪」を含む「悪レ労而不《ルハ》レ卒《をへ》」は、「労《らう》を悪《にく》みて卒《を》へざるは」と読んで「苦労を嫌悪してやり遂げないのは」という意味に解釈するのが適切である。直前の「功業有《ルモ》レ緒」（功績〔を立てるの〕にいとぐちがあっても）とのつながりも成り立つ。したがって、正解は①「嫌悪して」である。

## 問2　解釈の問題

傍線部**A**冒頭の「聖賢」は、いずれの選択肢も「聖人や賢者」と解釈しているので、検討する必要はない。留意するべき事項は、「所レ□」の用法と不可能表現の「不レ能二――一」である。

「所」は直後に他動詞の句を伴う時は、その他動詞の句から返読して「所《ところ》レ□《(スル)》」と読み、「□すること・もの」という意味である（【重要語・基本句形 (1) 重要語】の当該項目を参照）。「□《(スル)》」の動作主を提示するときには（ここでは「□《(スル)》」の動作主を△とする）、「△所《ノところ》レ□《(スル)》」「△之《の》所《ところ》レ□《(スル)》」（△が□するもの・こと）という形をとる。

「不レ能二――一」は、「不《ず》レ能《あたハ》二――《(スル)(コト)》一」と読んで、能力や条件・環境の不可能を表し、「――（することが）できない・――（し）てはいけない」という意味である（【重要語・基本句形 (1) 重要語】の当該項目を参照）。

以上の二点を踏まえて選択肢を検討してみよう。「所《ところ》レ□《(スル)》」を正しく解釈しているものは、②と③「～ことなのです」である。「不《ず》レ能《あたハ》二――《(スル)(コト)》一」を正しく解釈しているものは、①と④の「～できないのです」、および②の「～いけないことなのです」である。すると、「所《ところ》レ□《(スル)》」と「不《ず》レ能《あたハ》二――《(スル)(コト)》一」の解釈がともに正しいものは、②「聖人や賢者も間違ってはいけないことなのです」だけである。傍線部**A**に「△之《の》所《ところ》レ□《(スル)》」という表現が用いられていること、つまり、「聖賢」（聖人や賢者）が「不レ能《ハ》レ失《フ》」（間違ってはいけない）の動作主であることにも注目し、直前の「帝王之道《ニシテ》」（帝王の方法であり）とのつながり、対比も確認しておこう。したがって、正解は②である。

## 問3　空欄補充の問題

空欄補充の問題は、どのような語が入るのか、補うべき語の意味の方向を押さえたうえで選択肢を検討すると確実に正答することができる。本問は、空欄［X］と［Y］に入る語を組合せで選ぶ問題なので、空欄［X］、空欄［Y］の順に考える。

空欄［X］を含む一文「夫《レ》事輟《やムル》者《ハ》無《ク》レ［X］、耕怠《ル》者《ハ》無《キ》レ獲《うル》也」を、空欄［X］をそのままにして直訳すると、「そもそも物事について投げ出す者は［X］がなく、耕作について怠る者は得るものがないのである」となる。ここで留意したいのが、前半の「事輟《やムル》者《ハ》無《ク》レ［X］」と、後半の「耕怠《ル》者《ハ》無《キ》レ獲《うル》」が同方向の意味の句を対比した対句を成しており、「無《ク》レ［X］」と「無《キ》レ獲《うル》」が対応していることである。したがって、空欄[X]には「利」や「益」など、プラスの意味合いを表す語が入るはずである。そこで、空欄[X]についての選択肢を検討してみると、プラスの意味合いを表す語は、⑤の「功」だけである。「無《ク》レ[功]」と「無《キ》レ獲《うル》」とであれば、同方向の意味の対応が正しく成り立つ。

空欄[Y]を含む一文「地広《クシテ》而不《ル》レ徳《アラ》者《ハ》国危《ク》、兵強《クシテ》而凌《しのグ》レ敵《ヲ》者《ハ》身[Y]」を、空欄[Y]をそのままにして直訳すると、「土地が広くて徳がない者は国が危うく、軍隊が強くて敵をあなどる者は身が[Y]」となる。ここで留意したいのが、空欄[X]を含む一文の場合と同様に、前半の「地広《クシテ》而不《ル》レ徳《アラ》者《ハ》国危《ク》」と、後半の「兵強《クシテ》而凌《しのグ》レ敵《ヲ》者《ハ》身[Y]」が対句を成しており、「国危《ク》」と「身[Y]」が対応しているので、空欄[Y]には「滅」や「崩」など、マイナスの意味合いを表す語が入るはずである。そこで、空欄[Y]についての選択肢を検討してみると、マイナスの意味合いを表す語は、⑤の「亡」だけであり、「国危《ク》」と「身[亡]《ほろブ》」とであれば、同方向の意味の対応が正しく成り立つ。

以上より、正解は⑤「**X** 功　**Y** 亡」である。

**問4　比喩の問題**

まず、傍線部**B**「虎兕《こじ》相《あひ》拠《よりテ》而螻蟻《ろうぎ》得《ヲ》レ志」を訳出すると、「トラとサイが格闘してケラとアリは望みをかなえ」となる。これがどのようなことを例えたものなのかは、直後に「両敵相抗《あタリテ》而匹夫乗《ズ》レ間《ニ》」（双方の敵が互いに抗争して〔いると〕取るに足らない者は隙につけ込みます）と示されていることに気づいてほしい（**【全文解釈】**の当該箇所を参照）。つまり、傍線部**B**は「強大な者同士が争うと、弱小の者が隙を突いて利益を得る」ということを例えているのである。これに合致する説明は、③「力が拮抗《きっこう》する強い者同士が争っていると、弱い者が隙につけ込んで利益を手にするということ」だけである。したがって、正解は③である。

**問5　返り点と書き下し文の問題**

まず、傍線部**C**に最上形「莫《なシ》レ若《しクハ》ニ――(スル)一」（――に及ぶものはない・――が最良だ）と、限定形「――(スル)而已《のみ》」（――だけだ・――しかない）が用いられていることを捉える（いずれの句形も、**【重要語・基本句形】**(2)【基本句形】の当該項目を参照）。ただし、限定形については、いずれの選択肢も傍線部**C**の文末で「～のみ」と正しく読んでいるので、検討する必要はない。

そこで最上形「莫《なシ》レ若《しクハ》ニ――(スル)一」の読み方について選択肢を確認してみると、「――（する）に若くは莫し」と正しく読んでいるのは、③・④・⑤である。ただし、最上形をどこまでかけて読んでいるかが、それぞれ異なっている。③は「兵を偃せ士を休むるに若くは莫く」と第一句末までかけており、④は「～幣を厚くして和親を結ぶに若くは莫く」と第二句末までかけており、⑤は「～文徳を修むるに若くは莫きのみ」と第三句末までかけている。

ところで、第一句「偃兵休士」、第二句「厚幣結和親」、第三句「修文徳」のそれぞれの字を読む順序と書き下し文は、③・④・⑤のいずれも同様であり、「偃レ兵休レ士」は「兵を偃せ士を休む」、「厚レ幣結ニ和親一」は「幣を厚くして和親を結ぶ」、「修ニ文徳一」は「文徳を修む」としている。この三句をそれぞれ訳出してみると、第一句は「戦争を止めて兵士を休息させる」、第二句は「贈り物を手厚くして和睦を結ぶ」、第三句は「学問に基づく徳を修養する」となる（**【全文解釈】**の当該箇所を参照）。つまり、第一句、第二句、第三句のいずれもが、「匈奴との戦争を止めて和睦する」という意味を示す一連の句とみなすのが適切である。すると、最上形は傍線部**C**の第三句「修文徳」までかかると考えるのが正しい。したがって、正解は⑤である。なお、傍線部**C**は「戦争を止めて兵士を休息させ、贈り物を手厚くして和睦を結び、学問に基づく徳を修養するのが最良です」と訳出できる。返り点、書き下し文と合わせて解釈も確認しておこう。

**問6　内容説明の問題**

傍線部**D**「非《ザル》二文学之所《ニ》レ知《ル》也」は、匈奴討伐の是非をめぐって、政府高官の「大夫」と討論した民間の知識人の「文学」の意見の末尾の文である。これを直訳すると、「私『文学』が知ることではない」となる。

ところで、単純否定「非《あらズ》二――《ニ》一」は、「A《ハ》非《ズ》レB《ニ》」（AはBではない）という形を取ることが多く、つまり、傍線部**D**では主語「A《ハ》」が省略されていると判断できる。よって、傍線部**D**を正しく解釈するには、省略されている主語を補う必要がある。そこで、傍線部**D**の直前を確認すると、「若《もシ》不レ恤《あはれマ》二人之急《ヲ》一、不レ計《ラ》二其《ノ》難《ヲ》一、弊《つかレシメテ》レ所《ヲ》レ恃《たのム》以《テ》窮《メバ》二無用之地《ヲ》一、亡《うしなヒテ》レ十《ヲ》獲《ン》レ一《ヲ》」（もしも人民の危急をいたわらず、人民の苦難を考えず、頼みとする人民を疲弊させてそれで役にも立たない土地を追求すれば、十を失って一を得る［だけのことになる］でしょう）とある（**【全文解釈】**の当該箇所を参照）。この記述は、「大きな犠牲を払ってでも匈奴討伐を断行するべきである」との「大夫」の意見を批判したもので、「得られる利益も僅かだ」という訴えであり、これが傍線部**D**の省略された主語だとわかる。この一文と傍線部**D**とのつながりを考えて二つの文全体を要約すれば、「大夫の意見通りに匈奴討伐を断行するのならば、私の関知することではない」となる。つまり、大夫の匈奴討伐断行論に対して、文学は「責任を持てない」と主張しているのである。

以上を踏まえて選択肢を検討すればよい。まず、選択肢の説明の前半を見てみると、②『「大夫」の意見が採用されるのならば』と④『「大夫」の意見が優先されるのならば』が、先に確認した内容と合致する。選択肢の後半の説明は、②「自分はその結果に責任を負うことができない」だけが、先に確認した内容に合致する。したがって、正解は②『「大夫」の意見が採用されるのならば、自分はその結果に責任を負うことができないということ』である。

**問7　趣旨説明の問題**

**【意見Ⅰ】**と**【意見Ⅱ】**の内容を問う問題であるので、それぞれの要旨を整理してみよう（**【本文解説】**を参照）。

**【意見Ⅰ】**は、政府高官の「大夫」の主張であり、

◎　匈奴討伐を行うべきである。

○　人民の負担を増やし犠牲を払っても、討伐の好機を逃すべきではない。

と訴えている。

**【意見Ⅱ】**は、民間から選抜された知識人の「文学」の主張であり、

◎　匈奴討伐を控えるべきである。

○　匈奴討伐の断行は、損失に比して利益が極めて小さい。

○　匈奴に貢物を納めてでも和睦するべきである。

と訴えている。

以上を踏まえて、選択肢を丁寧に検討する。まず、「大夫」の主張である**【意見Ⅰ】**の内容の説明を確認してみよう。

①「『大夫』は、人民の負担があまりにも大きいから匈奴の討伐を行うべきではないと主張する」は、匈奴討伐の中止を訴えており、**【意見Ⅰ】**の主張と正反対であるから、誤った説明である。

②「『大夫』は、漢王朝の伝統的な融和政策を継承するべきであると主張し」は、匈奴との融和を訴えており、**【意見Ⅰ】**の主張と正反対であるから、誤った説明である。

③「『大夫』は、武帝の時代の政策を教訓として匈奴の討伐に慎重であるべきだと主張し」は、匈奴討伐を控えるべきだと訴えており、**【意見Ⅰ】**の主張と合致しないので、誤った説明である。

④「『大夫』は、損害が出ることを恐れずに匈奴の討伐を行うべきであると主張する」は、匈奴討伐の断行を訴えており、**【意見Ⅰ】**の主張と合致するので、適切な説明である。

⑤「『大夫』は、苦戦が予想されても匈奴の討伐は行う価値があると主張し」は、匈奴討伐の断行を訴えており、**【意見Ⅰ】**の主張と合致するので、適切な説明である。

以上より、【意見Ⅰ】の内容の説明として適当なものは、④と⑤である。

次に、「文学」の主張である【意見Ⅱ】の内容の説明を確認してみよう。

①「『文学』は、匈奴が衰弱した今こそ積極的に討伐を行うべきであると反対している」は、匈奴討伐の断行を訴えており、【意見Ⅱ】の主張と正反対であるから、誤った説明である。

②「『文学』も、強大な勢力を持つ匈奴を討伐するのは得策ではないとして融和政策に賛成している」は、匈奴との融和を訴えており、【意見Ⅱ】の主張と合致するので、適切な説明である。

③「『文学』も、匈奴が和睦を望んでいる今は強硬策を控えるべきであると賛成している」は、匈奴討伐を控えるべきだと訴えており、【意見Ⅱ】の主張と合致するので、適切な説明である。

④「『文学』は、利益よりも損失が大きくなる可能性が高いから中止するべきだと反対している」は、匈奴討伐の中止を訴えており、【意見Ⅱ】の主張と合致するので、適切な説明である。

⑤「『文学』も、成功するか失敗するかは実行してみないとわからないから実行してみればよいと賛成している」は、匈奴討伐を行ってみればよいと訴えており、【意見Ⅱ】の主張と正反対であるから、誤った説明である。

以上より、【意見Ⅱ】の内容の説明として適当なものは、②・③・④である。

したがって、【意見Ⅰ】と【意見Ⅱ】の内容の説明がいずれも適当であるものは④だけなので、正解は④である。

# 第４回　解答・解説

## 【国　語】

【解答・採点基準】　（200点満点）

| 問題番号 | 設問 | 解答番号 | 正解 | 配点 | 自己採点 |
|---|---|---|---|---|---|
| 第1問 | 問1 (ア) | 1 | ④ | 2 | |
| | 問1 (イ) | 2 | ④ | 2 | |
| | 問1 (ウ) | 3 | ① | 2 | |
| | 問2 | 4 | ② | 7 | |
| | 問3 | 5 | ⑤ | 7 | |
| | 問4 | 6 | ① | 7 | |
| | 問5 | 7 | ③ | 7 | |
| | 問6 (i) | 8 | ② | 5 | |
| | 問6 (ii) | 9 | ② | 6 | |
| 第1問 自己採点小計 | | | | (45) | |
| 第2問 | 問1 | 10 | ⑤ | 6 | |
| | 問2 | 11 | ① | 6 | |
| | 問3 | 12 | ① | 7 | |
| | 問4 | 13 | ④ | 7 | |
| | 問5 | 14 | ⑤ | 7 | |
| | 問6 (i) | 15 | ③ | 6 | |
| | 問6 (ii) | 16 | ② | 6 | |
| 第2問 自己採点小計 | | | | (45) | |
| 第3問 | 問1 | 17 | ③ | 5 | |
| | 問2 | 18 | ④ | 5 | |
| | 問3 (i) | 19 | ② | 4 | |
| | 問3 (ii) | 20 | ① ※ | 3 | |
| | 問3 (ii) | 21 | ⑤ ※ | 3 | |
| 第3問 自己採点小計 | | | | (20) | |

| 問題番号 | 設問 | 解答番号 | 正解 | 配点 | 自己採点 |
|---|---|---|---|---|---|
| 第4問 | 問1 (ア) | 22 | ② | 4 | |
| | 問1 (イ) | 23 | ④ | 4 | |
| | 問1 (ウ) | 24 | ⑤ | 4 | |
| | 問2 | 25 | ③ | 6 | |
| | 問3 | 26 | ① | 6 | |
| | 問4 (i) | 27 | ① | 7 | |
| | 問4 (ii) | 28 | ③ | 7 | |
| | 問4 (iii) | 29 | ④ | 7 | |
| 第4問 自己採点小計 | | | | (45) | |
| 第5問 | 問1 (ア) | 30 | ③ | 3 | |
| | 問1 (イ) | 31 | ③ | 3 | |
| | 問1 (ウ) | 32 | ④ | 3 | |
| | 問2 | 33 | ② | 5 | |
| | 問3 | 34 | ② | 6 | |
| | 問4 | 35 | ③ | 5 | |
| | 問5 | 36 | ① | 5 | |
| | 問6 | 37 | ④ | 7 | |
| | 問7 | 38 | ① | 8 | |
| 第5問 自己採点小計 | | | | (45) | |
| 自己採点合計 | | | | (200) | |

（注）※の正解は順序を問わない。

# 【解説】

## 第１問　現代文

### 【出典】

**文章Ⅰ**は、玉手慎太郎『公衆衛生の倫理学――国家は健康にどこまで介入すべきか』(二〇二二年　筑摩書房)の一節。**文章Ⅱ**は、仲正昌樹『定点観測　新型コロナウイルスと私たちの社会　２０２０年前半』(二〇二〇年論創社)所収の「コロナ禍と哲学」の一節。いずれの文章も、出題の都合上、一部省略した箇所がある。

玉手慎太郎(たまて・しんたろう)は、一九八六年宮城県生まれ。専門は政治哲学、倫理学。著書に『平等の哲学入門』(共著)などがある。

仲正昌樹(なかまさ・まさき)は、一九六三年広島県生まれ。専門は哲学、政治思想。『危機の詩学――ヘルダリン、存在と言語』ほか、多数の著書がある。

### 【本文解説】

大学入学共通テストの現代文では、複数の文章や資料などを組み合わせた問題が出題されることが予想される。今回の**第１問**は、「公衆衛生」をテーマにした二つの文章を組み合わせるという形式で出題した。まずは、**文章Ⅰ**、**文章Ⅱ**の内容を正確に読み取り、そのうえで、両者を関連づけて理解していこう。

以下では、それぞれの文章の内容を確認していく。なお、解説の便宜上、**文章Ⅰ**の形式段落を1～11、**文章Ⅱ**の形式段落を1～5と表記する。

### ◆文章Ⅰ

公衆衛生における、多数派と少数派の衝突、生活における価値の自己決定といった問題について倫理学の視点から考察し、公衆衛生政策の実施にあたっては、個人の自律に配慮することが必要であるということを論じた文章である。本文を大きく三つの部分に分けて内容を確認していこう。

**1～3　公衆衛生と医療の違い**

「公衆衛生」という言葉は、多くの人にとっては、あまり聞き慣れない、なじみの薄いものだろう。この言葉は英語から考えてみたほうがイメージしやすい。「公衆衛生」は、英語では「パブリック・ヘルス(Public Health)」である。すなわち、「市民の健康を守る営み」のことだ。(1)

しかし、市民の健康を守るというと、「医療」と「公衆衛生」の違いがわからなくなりそうだ。両者はどのように違うのだろうか。簡潔に定義するならばこうなる。「医療」は「患者個人の健康を回復する」ものであり、「怪我《けが》や疾病を得たのちに行われる」ものである。一方で、「公衆衛生」は「市民全体の健康を対象」とし、「日常生活から、健康の維持を問題とし、怪我や病気を避けるためになされる」ものである。(2)

感染症対策を例にとって両者の違いを考えてみよう。感染症に罹患《りかん》した患者個人は、病院で治療を受けることになる。これが「医療」の行為だ。しかし、感染症にかからないようにするための方策もある。うがい・手洗いの励行、ウイルスに対するワクチンの開発と接種、感染者の隔離など、市民全体の健康を守るため、感染症予防の政策が実施される。こうした営みが「公衆衛生」である。(3)

**4～8　公衆衛生において先鋭化する、介入と自律の問題**

公衆衛生の営みは、社会にとって意義あるものだ。しかし、可能な限り多くの公衆衛生政策を行うことが望ましいわけではない。そこには、政策の有効性や費用対効果の問題には還元できない問題が隠れている。(4)

そうした問題を論じるに際して、筆者は医療の問題に目を向ける。医療においてはしばしば「インフォームド・コンセント」という言葉が用いられるが、これは、患者が治療を受ける際に、医師から十分な説明を受けたうえで、その治療に同意することを意味する。つまり、そこでは患者の「自律」ということが重視されているわけである。(5)

ところがその一方で、医療の世界には「パターナリズム」と呼ばれるあり方も見られる。これは、「本人（＝患者）の利益になる行為」だという理由で、医師がそうした行為を「相手（＝患者）の同意抜きに強制する」といったあり方である。つまり医療の世界には、〈パターナリズム＝介入〉と、〈インフォームド・コンセント＝自律〉という対照的なあり方が見られるのだ。そして、だからこそ『有効な介入』を『個人の自律』とバランスさせるということが重要になるのである。（6）

そして、こうした「パターナリズム（＝介入）と自律の問題」は、医療以上に公衆衛生においていっそう際立ってくる（傍線部**B**）と筆者は言う。医療の場では、介入か自律かという問題が、医師と患者という個人間において生じる。一方、公衆衛生の場合、この問題が、集団と個人という関係において生じるのである。たとえば、感染症対策としてワクチンを打つか打たないか、マスクをつけるかつけないか、といったことは、個人の自律的選択に任せればよいと考えることができる。しかし、公衆衛生は「市民全体の健康」の増進を目的としているため、それを優先させれば、ワクチン接種やマスク着用をすべての人に強制すべきだという考えに行き着く。そのため、ここには「多数のために少数が犠牲にされてしまう危険性」が生じる。社会全体の健康の増進のためには、少数の個人の自律的選択は無視してもかまわない——そんな危険な主張が導かれかねないのだ。（7）

もちろん、そんな主張が常にまかり通るわけではないだろう。たとえば、致死的かつ非常に感染力の強い新種のインフルエンザに感染した街があるとする。その街をほうっておけば、周囲の街にも感染が広がる。ならば、周囲の街の人々を救うために、その街を焼き払ってしまおう——そんな選択はさすがに極端だ。それでは、どのような選択であれば、極端ではないのだろうか？　ここで求められているのは、公衆衛生においては多数派の健康と少数派の自律とが衝突せざるをえないという「構造的問題（＝ある物事の仕組みそのもののなかに内蔵されている本質的な問題）」があるということを認めたうえで、「介入と自律のバランスをいっそう慎重に精査」するということだ。少数の人々の自律を常に守らねばならないというわけではない。しかし、だからといって、社会全体の健康を常に優先し、少数の人々の自律を無視しても良いというわけでもない。少数の人々の自律を犠牲にすることもやむをえないと主張する際には、そうした主張の正当性を倫理的な次元で根拠づける必要があるのだ。（8）

## 9～11　公衆衛生における自律の重要性

公衆衛生においては、さらなる問題もある。それは、公衆衛生の政策が、健康の維持を目的として、人々が病気になる前の段階、つまり日常生活にも介入してくるということだ。そこでは、健康の維持および増進ということを「有効性の観点のみ」から考えた場合、個人の生活を全面的に健康重視のものにするほうが良いという結論が導かれる。たとえば、起床時間や食事内容などの一切が、健康に良いという観点から決められることになる。しかし、そうした社会は、SF作品で描かれるような管理社会型ディストピアになりかねない。私たちは、自分たちの人生を他者に管理されるのではなく、ある程度は自分で決定したいと思うはずだ。（9）

また、公衆衛生による政策が私たちの生活に介入してくる場合、その介入は、健康にとって良いか悪いかという観点のみにもとづいている。しかし、私たちは健康以外のさまざまなものに価値を見出しており、それらは健康と矛盾することもある。私たちはときに、大怪我をするリスクのあるスポーツを楽しみ、健康を損ねるかもしれないとわかりつつ飲酒や喫煙を楽しむ。健康を常に第一の価値とすることは、多様な価値に彩られた私たちの生活を抑圧することになりかねない。（10）

こうした懸念を踏まえれば、公衆衛生を無制限に追求することは、個人の自律を侵害しかねないということになる。「多数のために少数が犠牲にされかねない」という公衆衛生に特有の構造的問題も併《あわ》せて考えれば、公衆衛生政策の実施においては、個人の自律を重んじながら、慎重な判断を下すことが求められると言えるだろう。（11）

**文章Ⅰのまとめ**

**1～3　公衆衛生と医療の違い**

・医療――怪我や疾病を得たのちに行われ、個人を対象とする。
・公衆衛生――怪我や疾病を得る前から、健康維持や予防を目的として行われ、市民全体の健康を対象とする。

**4～8　公衆衛生において先鋭化する、介入と自律の問題**

・医療における治療や、公衆衛生における政策は、個人の「自律」への「介入」を意味する。
・とくに公衆衛生の場合は、多数の市民の健康増進を目的とする「介入」によって、少数派の「自律」が犠牲になる危険性がある。

↓

・介入と自律のバランスを慎重に精査する必要がある。

**9～11　公衆衛生における自律の重要性**

・公衆衛生政策は、健康増進を第一の価値とする観点から、人々の日常生活に「介入」する。
・そのため、自分の生活を自律的に選びとるという個々人の権利が損なわれかねない。

↓

・**公衆衛生政策の実施においては、個人の自律に配慮する必要がある。**

**◆文章Ⅱ**

ミシェル・フーコーの思想を踏まえ、現代では人々の生が権力によって画一化され管理される傾向にあり、そこでは個人の主体性も権力によって生み出されたものにすぎないということを、公衆衛生の歴史と絡めながら論じた文章である。

---

現代の政治と社会は、「生」を軸にして大きな変容を蒙《こうむ》りつつある。筆者はこの事態を、ミシェル・フーコーの「生《せい》政治」の議論を踏まえて考察していく。

前近代の権力は、軍隊や警察が持つ「暴力」によって「『死』の恐怖」を見せつけ、人々を管理した。しかし、近代の権力は、「人々の『生』を総合的に管理する」ことを目指す。そのために近代の権力が行うのは、「『普通さ＝正常性 normalité』の基準を定め、それに適合した生き方をするよう、各人の日常的な振る舞い方を監視し、矯正する」という手法である。たとえば学校の生徒は、日々真面目に勉強をすることが「普通」の生き方なのだと教え込まれ、そうした生き方をしているかどうかを日常的に「監視」される。そうした生活を続けるうちに、生徒たちは「監視する者の視線」を「内面化」する（＝受けいれて自らのものとする）。そして彼らにとっては、「『規範 norme』に合わせて生きることが『普通』」になってしまうのである。

一方で権力側は、各種調査によって人口動態を把握し、農業、公衆衛生、雇用、流通の諸政策によって、人々の生活を一定の適正な水準に保とうとする。これは、個々人の自律性や個性を無視し、人々の「生」そのものを「高度に画一化」することで、人間を「管理」していこうとする手法だと言うことができる。そしてこうした政治のありようを、フーコーは「生政治」と呼んだのである。（1）

そしてこうした「生政治」のあり方は、感染症への対応という場面において典型的なかたちで現れる。かつてヨーロッパでペストが流行した際には、都市封鎖、感染者およびその疑いの強い人の監視、出入りの記録や管理といった施策がとられたが、これらは、二〇二〇年以降の新型コロナ対策で見られた施策と類似したものだ。（2・3）

新型コロナウイルス禍のさなかで「『新しい日常（ノーマル）』や『新しい生活様式』といった言葉」が聞かれるようになったが、これらの言葉はまさにフーコーの「生政治」を連想させると筆者は言う。生政治において、人々は正しいとされている規範に合わせて生きることが普通になる。しかも、それが不自由な規範であっても、〝日常〟に、つまり当たり前になってしまえば、人々はその規範に「自発的に」順応する。たとえば、猛暑の屋外であってもマスクをつけることが「規範」なのだとされていれば、自分も自ずとそうせねばならないように感じてしまうといった事例をイメージしよう。しかもそこでは、権力は規範に従えと人々を脅しているわけではない。むしろ人々は、社会の中で「主体」的に振る舞う存在になるために、権力が生み出した「規範」に積極的に「従う」のだ。subjectという英語には「主体」という意味と「従う」という意味があるが、この言葉は、人間の主体性をめぐる逆説的なありようを見事に表現している。（4・5）

**文章Ⅱのまとめ**

1 **近代的な「生政治」における生の画一化**
・権力は、「普通さ」という規範を定め、人々がその規範にあった振る舞いをしているかどうかを監視する。
・人々は、自らその規範に合わせて生きるようになっていく。
・権力による人々の「生」の管理が実現する。

2・3 **感染症対策は「生政治」のありようを象徴している**
（例）かつてのヨーロッパにおけるペストへの施策
　近年の新型コロナ禍において見られた施策

4・5 **「生政治」のなかで生じる人々の「主体」化**
・たとえば新型コロナ禍において、不自由な状態が〝日常〟化し「規範」となる。
・人々は、そうしたなかで「主体」となるため、自発的に「規範」に従おうとしてしまう。

**【設問解説】**

**問1　傍線部の漢字と同じものを選ぶ問題**

(ア)「措置」は〈事態に応じて必要な手続き〉という意味で、④が正解。
①組成（いくつかの要素による組み立て）
②阻却（しりぞけること）
③礎石（建物の土台となる石）
④挙措（ふるまい）

(イ)「示唆」は〈それとなく示すこと〉という意味で、④が正解。
①補佐（人を助けて務めを果たさせること）
②詐術（人をだます技術）
③封鎖（封じ込め閉ざすこと）
④教唆（そそのかすこと）

(ウ)「参入」は〈参加する、加わる〉という意味で、①が正解。
①持参（持って行くこと）
②目算（予期した計画、もくろみ）
③惨劇（むごたらしく悲惨な出来事）
④辛酸（「辛酸を嘗《な》める」は、辛《つら》い経験をすること）

**問2　「医療」と「公衆衛生」との違いについて答える問題**

この設問では、「医療」と「公衆衛生」の違いを説明することが求められている。二つのものの違いを説明する問題では、両者がどのような点で異なっているのかを明確にすることが大切である。そうしたことに注意を払いながら、「医療」と「公衆衛生」の違いを確認しよう。

両者の違いは、傍線部のすぐ後の箇所で「第一に」、「第二に」と並べる形で説明されている。また、3において、両者の違いが「感染症対策」の例を通して説明されている。特に「公衆衛生」については、「感染症に最初からかからない方がずっとよい。だとすれば、より広い視点から感染の発生および拡大を防止することが求められる」というふうに予防的な施策であることがわかりやすく示されている。これらの記述を踏まえれば、「医療」と「公衆衛生」の違いは以下のようになる。

| | | |
|---|---|---|
| **医療** | a | 患者個人を対象にする。 |
| | b | 怪我や疾病を得たのちに、事後的に行われる。 |
| **公衆衛生** | a' | 市民全体を対象にする。 |
| | b' | 怪我や疾病を避けるため、予防的に行われる。 |

**a**と**a'**は両者が何（誰）を対象としているのか、**b**と**b'**は施策がどのタイミングでなされるのかといった観点から、両者の違いを指摘している。

以上の内容を踏まえている②が正解である。「医療」の説明として「病人ひとりひとり」が**a**を、「事後的に対処」が**b**を踏まえており、「公衆衛生」の説明として「予防や事前の啓発」が**b'**を、「社会全体の健康増進を目指す」が**a'**を踏まえている。他の選択肢についても確認しておこう。

① 「医療」を「市民全員」の健康を取り戻すものだとしている点、および「公衆衛生」を「個人」の健康維持を目指すものだとしている点が誤りである。**a**および**a'**で確認したように、「医療」が「個人」を、「公衆衛生」が「市民全員」の健康を対象とするのであり、この部分の説明が逆になっている。

③ まず、「医療」についての説明が、**a**にも**b**にも無関係である。ちなみに「対症療法」とは〈病気の原因を取り除くのではなく、現れている症状を軽減する治療法〉のことだが、「医療」がこうした「対症療法に終始する」ということは、本文に述べられていない。さらに、「公衆衛生」についての説明も、**b'**に触れられていない。

④ まず、「医療」についての説明が、**b**の〈事後的に行われる〉という内容に触れていないという点で不十分である。しかしそれ以上に、「公衆衛生」について「感染症の対策に専念する」と説明している点が誤りである。[3]で述べられている感染症の対策は、あくまで公衆衛生政策の例の一つでしかない。[9]において、健康重視の生活を実現するための過剰な公衆衛生政策として、「起床時間、食事の内容、通勤方法、休憩時間」の管理が挙げられていることからもわかるように、公衆衛生は市民全体の健康維持のための営み全般に関わるものである。

⑤ 「医療」については、**a**・**b**を踏まえた説明がなされているが、「公衆衛生」について「個々人の治療に加え」社会全体の健康の増進にも配慮すると説明している点が誤りである。「個々人の治療」を行うのは、あくまで「医療」の営みであり、「公衆衛生」が「社会全体の健康の増進」だけでなく、こうした「医療」の営みをも包摂している、という内容は本文からは読み取れない。

**問3　「公衆衛生」における「パターナリズムと自律の問題」について、筆者がどう考えているかを答える問題**

まずは、「パターナリズムと自律の問題」とはどのような問題なのかを確認しよう。**【本文解説】**でも確認したが、[5]・[6]では、「医療」に即してこの問題が説明されていた。パターナリズムとは「本人（＝患者）の利益になる行為」を、医師が「相手（＝患者）の同意抜きに強制すること」（[6]）であるが、現代医療の場においては、「当人の自律」（[5]）が重視されており、医師が無際限にパターナリスティックな医療行為を行うことは認められない。しかし、一切のパターナリズムが禁止されるわけでもない。そこで、どの程度までの「介入」ならば個人の「自律」を侵害しないと言えるのか、「介入」と「自律」のバランスを考えるという作業が求められることになる。

以上が「パターナリズムと自律の問題」だが、傍線部によれば、この問題は「公衆衛生においていっそう先鋭化する（＝鋭く際立ってくる）」。**「公衆衛生」は市民全体の健康を対象とする**（→**a**）が、**その具体的な政策は、個々人の生活にまで「介入」するものになる**（→**b**）。たとえば、個人が「自律」的に判断し、健康を損なう可能性があるのを承知で飲酒や喫煙を楽しむことを選択したとしても、「公衆衛生」は多数の人々の健康を守るという理由で、飲酒や喫煙を禁じるといった「介入」を行ってくる可能性がある。すなわち、**「公衆衛生」においては「多数のために少数が犠牲にされてしまう危険性が構造的に**（＝仕組みそのもののなかに内蔵されている本質的なものとして）**存在する」**（**→c**）のだ（7）。

こうした「公衆衛生」における「パターナリズムと自律の問題」に対して、筆者は8において自身の見解を述べている。より多くの人々の健康を守るためとはいえ、致死的かつ非常に感染力の強い新種のインフルエンザに感染した街を焼き払うといった選択肢を取るのはさすがに極端な態度だ。では、どこまでならば極端ではないのか。公衆衛生では、医療において求められた以上に「介入と自律のバランスをいっそう慎重に精査」する必要がある。その具体的なありようとは次のようなものである。「少数の人々の自律が犠牲にされることは常にあってはならない、と結論する必要はない」が、少数の人々の自律を無視しても良いというわけでもない。**「少数の人々の自律が犠牲にされること」もやむを得ないと主張する際には、そうした主張の正当性を倫理的な次元で根拠付ける必要があり、そうした正当性についての検討を慎重に重ねていかねばならない**（**→d・e**）、ということだ。

以上を踏まえれば、「公衆衛生」における「パターナリズムと自律の問題」についての筆者の考えは、次のようにまとめられる。

a　公衆衛生は、多くの人々の健康維持を目的とする。
b　公衆衛生における具体的な政策は、個人を対象にしたものである。
c　ゆえに、多くの人々の健康を守るために、少数の人々の自律が犠牲にされる危険性がある。
d　少数の人々の自律が犠牲にされかねない場合、公衆衛生における個人への介入がどの程度であれば適切なのかを慎重に検討する必要がある。
e　dの検討は、倫理的な観点からなされるものである。

したがって、以上のa～eを踏まえている⑤が正解である。他の選択肢も確認しておこう。

①　傍線部の後の部分にある「少数（の人々）」というのは、たとえば感染症が流行していても自分の判断でマスクをつけないことにしている人々や、健康を害する可能性があることを承知で飲酒や喫煙を楽しんでいる人々のことを指す。したがって、そうした人々のことを「社会的に弱い立場にある少数派」としている点が、まず正確な説明ではない。そして、それ以上におかしいのが、「少数派に対し常に配慮」すべきだとしている点である。「少数の人々の自律が犠牲にされることは常にあってはならない、と結論する必要はない」（8）とあるように、筆者は、少数の人々の自律が犠牲にされることを肯定せざるをえない場合があることを認めている。むしろ重要なのは、d・eのように、そうした場合において、自律が侵害される程度の適切さを倫理的な視点から慎重に検討することである。さらに、筆者が「介入と自律のバランス」についてそのつど倫理的な観点から「慎重に精査」すべきだと述べているのに対し、この選択肢では「倫理観を培」うべきだとされており、この点でも正確な説明とはいえない。

②　「少数派を犠牲にすることを倫理的に正当化するのもやむをえない」が誤りである。本文の8では「少数の人々の自律が犠牲にされることを肯定する上では」という条件を付した上で、「それ（＝少数の人々の自律が犠牲にされること）に釣り合うだけの倫理的な正当化が必要だ」と述べられている。これは、選択肢にある「少数派を犠牲にすることを倫理的に正当化する」ということとは異なっている。

わかりにくいかもしれないので、喫煙とそれが周囲に及ぼす健康被害の可能性という例で説明してみよう。たとえば、自身の「自律」的判断にもとづいて、害もあることを承知で喫煙を楽しんでいる少数の人々がいたとする。それに対し、喫煙によって大気中に排出される副流煙を周囲の人々が吸ってしまうことによる健康被害ということを理由に、禁煙を命じる施策が「介入」してきたとする。本文８で述べられているのは、そうした場合に「少数の人々の自律が犠牲にされる」のだとしたら、それでもなぜ禁煙が必要になるのかということを「倫理的」に「正当化」しなければならないということであり、そのためには「介入と自律のバランスをいっそう慎重に精査」することが重要になるということである。つまり、筆者が述べているのは、〈少数派の「自律」は犠牲にされるべきではなく、どうしても犠牲にされるのであれば、そこに正当性があるのかどうかを精査しなければならない〉ということである。しかしこの選択肢では、まず「多数派の利益を擁護する」べきであり、そのためには「少数派を犠牲にする」ことを正しいと考えることも仕方がない、とされている。以上のような理由で、この②は、筆者の意見を正しく説明したものとはいえないのである。

③　「多数の人々の健康のために個人の生活への強制的な介入が行われること」が「最終的には介入される本人の利益になる」といったことや、それが「社会一般の倫理観にも矛盾しない」といったことは、本文ではまったく述べられていない。むしろ本文では、個人への介入は個人の自律を侵害するものとされており、「社会一般の倫理観」といったものを持ち出すのではなく、介入の妥当性を慎重に検討することが必要だとされている。

④　「人々の自律がなぜ擁護されなければならないか」を「倫理的に考察すべきだと説明している点が誤りである。これでは〈そもそも個人の自律を擁護することがなぜ重要なのかを考察すべきだ〉ということになってしまうが、これは筆者の主張から外れており、また本文からこのような内容を読み取ることもできない。むしろ〈個人の自律を擁護すること〉は、一連の議論や筆者の主張の前提として認められているものであり、少なくとも本文の記述の範囲からでは、自律の重要性に疑いを差し挟むことはできない。

**問４　「これら二点の懸念」の内容を答える問題**

傍線部およびその直前を読めばわかるように、「これら二点の懸念（＝不安、心配）」のうちの一点目の懸念とは「**私生活が全面的に介入の対象となること**」**への懸念**（＝ａ）であり、二点目の懸念とは、**その「介入」のなかで「生活全体が単一の価値によって方向づけられてしまうこと」への懸念**（＝ｂ）である。また、10の冒頭には「さらには、そのような全面的な介入は……」とあるが、ここでの「さらには」と傍線部の1行前の「さらに」は、同じ役割を果たしている。そのことに気づけば、一点目の懸念については９に、二点目の懸念については10に詳述されているのだろうということがわかる。以上のことを踏まえたうえで、右のａ・ｂの「懸念」がどういうものかを、それぞれ確認してみよう。

**ａ　「私生活が全面的に介入の対象となること」への懸念**

９によれば、公衆衛生は「健康の維持および増進」を目的として私たちの「日常生活」に「介入」してくるのだが、その「健康の維持および増進」という目標をより「有効」なものにしようとすれば、「個々人の生活を全面的に健康重視のものに変えた方が望ましい」という結論に達する。そして「生活が全面的に政策的介入の対象になる」ということは、たとえば「起床時間、食事の内容、通勤方法、休憩時間」といったものが、すべて「健康の観点」から管理されるということである。こうなってしまうと、人々は「**自分の人生**」**について**「**自分で決定**」**する機会を奪われてしまう**可能性がある。これが、一つ目の懸念、つまり「私生活が全面的に介入の対象となること」への懸念である。

**ｂ　ａの「介入」のなかで「生活全体が単一の価値によって方向づけられてしまうこと」への懸念**

さらに10によれば、「そのような（＝ａのような）全面的な介入は生活の多くの側面を健康という観点から判断することを意味する」。つまり、日常生活のさまざまな局面が「健康」であるか否かという観点から評価されるようになるということだ。しかし私たちは、「健康と齟齬《そご》をきたす（＝食い違ってしまう）」ような「健康以外」のものにも「価値をおいて」おり、たとえば怪我をする可能性があるというリスクを覚悟でスポーツを楽しんだりもする。したがって、**「健康が常に第一の価値とされる」**ことは、そうした**健康以外の価値が否定される**ということになり、**多様な価値にあふれた生活を送りたいと願っている多くの人々を「抑圧」する**ことになりかねない。これが「生活全体が単一の価値によって方向づけられてしまうこと」への懸念である。

右の**a・b**が傍線部の「二点の懸念」の内容だが、こうした「懸念」が生じるのはもちろん、「公衆衛生」が人々の日常生活に「介入」してくるからである。そして、この「介入」が行われるのは、『市民全体の健康を守る』という目標」や「健康の維持および増進という目標」を、ただ「有効性の観点」から捉えて達成しようとするからである（[7]）。したがって、**aやbの前提に、健康優先という目標を実現しようとする考え方がある**（＝**c**）と言うことができるだろう。

以上のことは、次のように整理できる。

> ○**「これら二つの懸念」**
> **a**　自分の人生を自分で決定する機会が失われる
> **b**　健康以外の多様な価値が否定される
> ○**a・bの前提にあるもの**
> **c**　健康優先という目標を実現しようとする考え方

右の**a**～**c**を踏まえている①が正解。他の選択肢も確認しておこう。

②　「二つの懸念」のうちの二点目の懸念（＝**b**）についての説明がない。また、さらに「懸念」の内容を「少数派の自律が侵害されてしまいかねない」ことだとしている点が誤りである。傍線部の後に「多数のために少数が犠牲にされかねないという構造的問題も、（傍線部の「二つの懸念」と）重ねて考えれば」とあることからわかるように、少数派の自律の侵害ということと傍線部とは、別の問題である。

③　まず、「人々の生活がリスクを排した単調なものになる」が、[10]の内容を正確に説明したものになっていない。[10]で述べられているのは、公衆衛生の「全面的な介入」によって人々の生活から多様性が失われてしまうということであり、その典型的な例として、「たとえばいくつかのスポーツや趣味」のような「リスク」をともなうものが、その価値を否定されてしまうといったことが指摘されているにすぎない。しかしこの選択肢では、「人々の生活」全般が「リスクを排した」ものになっていると述べられている。しかも、そうした生活を「単調」なものと評してよいかどうかも、本文から確定できない。また、かりに「人々の生活がリスクを排した単調なものになる」というのが[10]の内容に即しているとしても、そうしたことによって「管理社会化が進展」するという因果関係が間違いである。

④　「多数派と少数派に社会が分断されてしまいかねない」が誤りである。健康以外のものに価値を見出す少数派にとって抑圧的な雰囲気が社会に醸成される可能性はあるが、「社会が分断」されるという内容は本文からは読み取れない。

⑤　「趣味やスポーツ全般を忌避する傾向が生じてしまいかねない」が誤り。[10]に趣味やスポーツの話は出てくるが、これは、公衆衛生の「全面的な介入」によってその価値を否定される可能性のあるものの例としてあげられているにすぎない。「趣味やスポーツ全般を忌避する傾向」が生じるというのは、明らかに間違いである。

**問5　「生政治」において「生の画一化」が生じる理由を答える問題**

「生政治」とはミシェル・フーコーが「近代の権力」のあり方を説明する際に用いた概念であり、その内容については主に**文章Ⅱ**の[1]に述べられている。さらにこの[1]の最後の一文は、傍線部の「生政治による生の画一化（＝人々の生が同じようなものになること）」を言い換えたものだと考えられる。以上のことを確認したうえで、**文章Ⅱ**の[1]から、「生政治」が「生の画一化」を生じさせる理由を読み取っていこう。

「生政治」は、権力が「人々の『生』を総合的に管理する」という近代に特有の政治のあり方である。**権力側は「市民の日常的な振る舞いにおける『普通さ＝正常性 normalité』の基準を定め、それに適合した生き方をするよう、各人の日常的な振る舞い方を監視し、矯正する」**（→a）。**こうした権力による生の管理は、とくに学校や工場など、「収容される人々の動きを監視しやすい建築上の構造を備えた施設」において、集約的に行われる**（→b）。ここで重要なのは、振る舞い方の「矯正」が、暴力による恐怖や脅しによってなされるのではないということだ。人々は、これらの施設で監視され指導を受ける過程で「監視する者の視線を内面化」する。これは、自分の心の中に自分を監視する視線を備えるようになるという意味だが、別の言い方をすれば、**自分で自分を監視し、自分で自分を律するようになる**（→c）ということだ。その際に人々が参照するのが「市民の日常的な振る舞いにおける『普通さ＝正常性 normalité』の基準」、すなわち「規範 norme」である。権力が定めた一つの「『規範 norme』に合わせて生きること」を誰もが「普通」だと感じ、そのように生きられるよう自分で自分を律するようになれば、**人々は自ずと規範に合わせた同じような行動をとるようになる**（→d）と言える。

以上を踏まえれば、「生政治」において「生の画一化」が生じる理由は、次のように説明できる。

a　権力は、市民の生における「普通さ＝正常性」を示す規範を定め、それに適合した生き方をするよう人々を監視・矯正する。
b　aの監視・矯正は、とくにそれがしやすい施設で行われる。
c　そうしたなかで人々は、自分で自分を律する姿勢を身につける。
d　その結果、人々は、誰もが同じように、aの規範に適する振る舞いを自ずとするようになる。

これらの内容に矛盾していない選択肢は③であり、これが正解である。

他の選択肢についても確認しておこう。

①　「集団行動を送ることなどを通じて、他者に配慮した生活を送ることを学」ぶというのが、本文に述べられていない内容である。

②　「感染症」の話に論点が絞られているが、これでは、設問で問われている「生の画一化」についての説明になっていない。また、「感染症を避ける」には「監視されたほうが安全」だとか、その安全のために「特定の施設で監視者の庇護を受けることを肯定する」とかいったことも、本文に述べられていない内容である。

④　まず、「それ（＝不自由を強いられること）が日常と化すことで不自由に慣れていき」が、問われていることへの説明になっていない。たしかに**文章Ⅱ**の[4]に「不自由な状態が〝日常〟になれば」といったことは書かれているが、これは、たとえばコロナ禍でマスクをする状態が日常になるといったことを指しており、「生の画一化」の理由を説明したものではない。また、「不本意ながら」従うという説明も誤りである。「社会的に通用している『普通さ＝規範』に人々が自発的に適合しようとする」（[5]）とあるように、人々はむしろ「積極的に」（[4]）規範に従うようになるのである。

⑤　人々が「恐怖を伴う」監視や指導を受けるという説明が誤りである。「『死』の恐怖を見せつけることで支配」（[1]）するのは前近代の権力であり、これは近代の「生政治」のあり方ではない。また、人々が規範に従うことを「余儀なくされる」という部分も、「積極的に」（[4]）規範に従うという内容に即していない。

**問6**　空欄補充問題では、本文の内容だけでなく、空欄前後の文脈を正確に踏まえて解答を選ぶことが大切である。

(i) **文章Ⅰと文章Ⅱとの違いについて答える問題**

会話文を見ると、まず生徒Aが**文章Ⅰ**も**文章Ⅱ**も「公衆衛生について論じられ」たものだということを指摘し、次いで生徒Bが、しかし二つの文章には相違点もあると述べている。それを受けて空欄**X**があるのだから、この空欄には、**文章Ⅰ**と**文章Ⅱ**とで、「公衆衛生」についての論じ方などにどのような違いがあるかということを説明したものが入るとわかる。以上のことを確認したうえで、それぞれの選択肢について検討していこう。

① まず、**文章Ⅰ**について、公衆衛生の問題点を「抽象的に考察している」とされている点が正確ではない。たしかに**文章Ⅰ**には、「抽象的」といえる議論も登場する。しかしその一方で、公衆衛生において人々の自律が侵害されやすいという問題点が、インフルエンザに感染した街を焼き払うことの是非（8）や、日常生活の内容がSF的な例に見られるように健康重視のものに変わることの問題（9）といったかたちで、具体例を用いた説明もされている。したがって**文章Ⅰ**を、「抽象的」な「考察」に終始したものと言うことはできない。また、**文章Ⅱ**が「公衆衛生政策の進歩のありよう」を考察しているという説明も誤りである。**文章Ⅱ**の筆者は、「一八世紀に入る前後」からのペストへの対応（2）が「私たちが内外の新型コロナ関連ニュースでよく耳にした話とよく似ている」（3）と述べているだけで、公衆衛生政策が「進歩」していると言っているわけではない。

② 正しい説明である。**文章Ⅰ**において筆者は、公衆衛生において個人の自律への配慮が重要であるとの立場から、少数派の自律が侵害されかねない事態が生じた際に「介入と自律のバランスをいっそう慎重に精査」することの必要性（8）や、私生活が全面的に介入の対象になり、生活が単一の価値で測られることの問題点（9・10）を指摘していた。こうした指摘は、実際に公衆衛生政策を実施する際に顧慮すべき内容を示していると言える。したがって、「公衆衛生の問題について、【**文章Ⅰ**】は実践的な課題を中心に論じている」という説明は適切である。なお、「実践的な課題」という言葉を〈具体的な解決策〉といった意味にとってしまった人もいるかもしれないが、それは大きな間違いである。「実践的な課題」とは、〈あることを実際に行うに際して課せられる問題〉といった意味である。

一方、**文章Ⅱ**は、「『生』をキーワードにして政治と社会が根本から変わりつつある」という書き出しで始まり、そうした事態がフーコーのいう『生《せい》政治』を連想させる」と続いている。つまり**文章Ⅱ**の筆者は、「生政治」を「近代社会の根源的問題を論じた思想」だと捉えているのである。そして2や3では、コロナ禍における「公衆衛生政策」と「生政治」との共通点を指摘し、4ではコロナ禍に登場した標語が「『生政治』的なものを連想させる」と述べている。したがって、**文章Ⅱ**の筆者は、「近代社会の根源的問題を論じた思想（＝フーコーの「生政治」）」を踏まえて「現代社会における公衆衛生の問題について」論じていると言ってよい。以上のことから、この②が正解だと判断できる。

③ 選択肢にある「演繹《えんえき》」と「帰納」は対義語であり、「演繹」とは〈一般的な命題や法則から、個別的な結論を導くこと〉、「帰納」とは〈個別的な事例から、一般的な命題や法則を導くこと〉である。したがって、今回の二つの文章の相違点が「演繹的」か「帰納的」かという点にあるのだとしたら、どちらか片方の文章は一般的な命題を掲げたうえでそこからさまざまな個別的事象を導き出しており、もう片方の文章はさまざまな事例を挙げてそこから一般的な命題を抽出しているということになるが、二つの文章にそうした違いはない。やや強引な理屈をつければ、**文章Ⅰ**は、個人の自律に配慮すべきだという倫理学の立場から一つの結論を導いているのだから、この文章が「演繹的」だと言えなくもない。しかし**文章Ⅱ**の方を読むと、公衆衛生についての具体的な事例は取り上げられているものの、そこから「公衆衛

生の課題」についての一般的な命題や法則が引き出されているわけではない。したがって、「その課題を公衆衛生の具体的な事例から帰納的に論じている」という説明は誤りである。

④ **文章Ⅰ**についての説明は間違っていないが、**文章Ⅱ**についての説明が誤っている。選択肢中の「先行研究（＝自分の研究よりも先に発表された研究で、学術論文の執筆を行う際に参照するもの）」なるものが**文章Ⅱ**のなかに登場しているとすれば、それはフーコーの研究だということになるが、フーコーは、近代の権力のありようを分析することに主眼を置いており、「公衆衛生政策」については、そうした権力との関連性を指摘しているだけである。したがって、フーコーの研究が「公衆衛生」についての「先行研究」だとは言えないし、ましてやそれが「公衆衛生の是非（＝良し悪し）を論じた」ものだというのは、明らかな誤りである。

(ii) **文章Ⅰと文章Ⅱとを関連づけた解釈として正しいものを選ぶ問題**

空欄Yを含む生徒Cの発言と、その前後にある生徒Bの発言から、空欄には次のような内容が入ることがわかる。

> 「個人の自律」や「主体性」と、「公衆衛生」との「複雑」な「関係」について、「**【文章Ⅰ】**と**【文章Ⅱ】**を結びつけて考え」たときに「言える」こと

このことを押さえたうえで、二つの文章で「個人の自律」や「主体性」といった問題がどのように論じられていたかを、あらためて確認していくことにしよう。

**文章Ⅰ**の筆者が主張していたことを端的にいえば、**公衆衛生政策を無際限に追求すると、個人の「自律」が侵害されかねないため、十分な配慮が必要だ**、ということである。そして、なぜ「自律」が侵害されやすいのかといえば、それは公衆衛生において、**社会全体の幸福が追求されるからこそ少数の個人の自律が犠牲にされやすい**、という構造的な問題が存在するからであった。

次に**文章Ⅱ**を見てみよう。こちらの文章には「自律」という言葉は出てこないが、それと似た意味をもつ「主体」という言葉が、文章の最後の部分に出てくる。そこには、**近代の「生政治」的な状況の中で、人々は「主体」として認められるために自ら「規範」に従おうとする**、ということが述べられていた。そしてこの「規範」とは、**文章Ⅱ**の1にあるように、「人々の『生』を総合的に管理することを目指す」近代の権力によって定められたものである。では、なぜそうした規範に人々は自ら従ってしまうのか。それは**問5**でも確認したとおり、権力による監視を受けながら生活するうちに、人々が権力の視線を内面化して、自ら「規範」に合わせ自己を律する（＝自律）ようになってしまうからである。

以上のように考えると、**文章Ⅱ**の筆者が「主体性」や「自律」といったことをどう捉えているかが見えてくる。一般に「主体性」や「自律」という言葉は、〈他のものに支配されたり導かれたりせず、自分のことを自分で決定する〉といった意味で使われる。しかし**近代の「生政治」的状況の中では、「主体」的で「自律」的に見える行動も、実は権力によって導かれたものである可能性がある**。こうしたことを、**文章Ⅱ**の筆者は述べているのであろう。

しかも**文章Ⅱ**の2・3では、右のような内容が公衆衛生の問題と関連づけて論じられていた。また設問で問われているのも、「個人の自律」や「主体性」と、「公衆衛生」との「複雑」な「関係」についてであった。以上のことを踏まえたうえで、**文章Ⅰ**と**文章Ⅱ**とを結びつけて考えると、次のようなことが言える。

・社会全体の健康を目的とする公衆衛生政策を実施するにあたっては、個人の「自律」に十分配慮する必要がある。
・しかし、近代社会における個人の「自律」的選択は、権力によって作り出された画一的な規範に、人々が自ら従っているということを意味していると言える。
・そのように考えれば、公衆衛生政策のなかでの人々の「自律」的で「主体」的に見える行為も、権力によって導かれたものだと言うことができる。

たとえば私たちは、社会全体の健康を目指す公衆衛生政策のなかで、健康に良いとされる行為を自らの判断で行う。しかしそうした「主体」的で「自律」的に見える行為も、すべての人々を画一的で「健康」な存在にすることで人間集団を管理しようとする権力の作りだした「規範」に、私たちが自ら進んで合わせようとすることで生じたことにすぎないのかもしれない。二つの文章を関連づけて「主体性」や「自律」の問題について考えたとき、こうしたことが言えるというわけである。

以上の内容に合致している②が正解である。他の選択肢についても確認しておこう。

①「多数派によって自律的に定められた規範」が誤りである。近代社会における「規範」は権力によって定められたものであり、「多数派」によって定められたものでも、ましてや「自律的」に定められたものでもない。したがって、「(多数派によって定められた)規範に従わない少数派がさらに無視される」という内容も、もちろん誤りとなる。

③「人々を暴力的に支配する権力によって、自律的な選択の可能性が奪われやすい」が誤り。人々の自律的な選択の可能性を奪っているのは生を管理する権力であるが、この近代的な権力は、「暴力」ではなく「監視」によって人々を支配する。**文章Ⅱ**の1にあるとおり、「軍隊や警察のような暴力による『死』の恐怖を見せつけることで支配していた」のは「前近代の権力」である。

④公衆衛生政策と自律との関係を単に「矛盾」と言ってしまっていいのかも疑問だが、それ以上に選択肢後半の内容が誤っている。この選択肢では、「人々の生を管理し、標準的な規範に自ら従う」というあり方が「自発性」であるとされているが、**文章Ⅱ**の論旨によれば、こうしたあり方は自発的に見えて実際にはそうでないものである。また、かりに選択肢中の「自発性」が見せかけの自発性を意味するものであったとすれば、そうした自発性を身につけることで、「公衆衛生政策」と「自律」との間にある問題が「解消できる」というのは、明らかな間違いである。

## 第2問　現代文

**【出典】**

連城三紀彦「紅《あか》き唇」（新潮文庫『恋文・私の叔父さん』所収。初出は「小説新潮」一九八三年四月号）の一節。出題の都合で、一部省略した箇所がある。

連城三紀彦（れんじょう・みきひこ）は、一九四八年名古屋市生まれ。早稲田大学政治経済学部在学中に探偵小説「変調二人羽織《ににんばおり》」で誌上にデビューし、その後ミステリ風の筆致を生かしながら恋愛小説や家族小説を執筆するようになる。「紅き唇」などいくつかの作品で直木賞候補となり、「恋文」で直木賞を受賞。以降はいわゆる大衆小説に主軸を移し、ミステリ小説も含め多くの作品を残した。映画やテレビドラマとなった作品も多数ある。主な著作に『戻り川心中』『暗色コメディ』『人間動物園』などがある。二〇一三年死去。

問6の【資料】は、前記の『恋文・私の叔父さん』（新潮文庫）の連城三紀彦による「あとがき」の一部である。

**【本文解説】**

大学入学共通テストで出題される「文学的な文章」には、小説・エッセイ（随筆）・詩・短歌・俳句などさまざまなジャンルの中から、複数の文章や韻文、さらには関連する資料や生徒による考察文などを組み合わせた問題が出されると予想される。まずは中心となる文章を正しく理解し、それに関する設問に答えることが大切である。その上で、資料などの付された設問では、出題者が本文と資料とをどう関連づけているのかを正確に捉えていこう。

本文は、新婚の妻・文子を亡くした和広と文子の母タヅとのかかわりや、タヅとの同居生活を通じて、自分や自分とかかわった人たちに対してさまざまな思いを巡《めぐ》らせる和広の内面を中心に描いたものである。和広は作品の視点人物でありその内面は具体的に書かれているが、タヅや和広の恋人浅子の内面は直接書かれてはいない。しかしながら、タヅや浅子の内面も、二人の発言や、和広の目に映った二人についての描写などから推し量れるので、それらも丁寧に読み取っていこう。それでは、本文の展開に沿って三つの場面に分け、順を追って内容を確認していくことにする。

**Ⅰ　和広とタヅ・浅子とのかかわり**（冒頭～「……珍らしく弱音を吐く恰好《かっこう》だった。」）

リード文（前書き）にあるように、和広は、結婚して三か月で妻の文子を亡くし、その一周忌のあとに文子の母タヅと一緒に暮らすことになった。そんなある日、和広の職場にタヅが倒れたと連絡があり、和広は急いで家に帰る。

タヅは、負けん気が人一倍強く、周囲の人とも些細《ささい》なことでいさかいを起こしてしまうようなところがある（リード文に「文子の姉であるもう一人の娘とは折り合いが悪く」とあるが、それもこうしたタヅの性格に原因があるのだろう）。その反面、働き者でお人好しなところもあるので、周囲もタヅの気の強さには目を瞑《つぶ》ってくれていた。

和広も、勝ち気で不器用なところのあるタヅに、最初は同情のようなものを感じていた。その性格ゆえに娘（文子の姉）からも半ば見放され、そのうえ和広にまでも見放されたら他に行き場がない――そんなタヅを見るにつけ、あまりきついことは言えない。幾ばくかは義母に対する遠慮といったものもあっただろう。しかし、そうした同情や遠慮を介したタヅとの関係は、ともに暮らして一年も経つとごく自然なつながりに変わってきた。和広自身も家庭運に恵まれず、唯一といえる身内の兄夫婦とも疎遠になっている。そんな和広は、他人同士だった二人が文子という縁を介して親子のように暮らすのも悪くないと思うのだった。

家に帰っていた和広に、恋人の浅子から電話が来た。和広は、その日の夕方に浅子と待ち合わせていたのをすっかり忘れ、家に帰ってきてしまったのだ。慌てて事情を話して浅子に詫《わ》びたのだが、怒った浅子はそのまま電話を切ってしまった。その会話を耳にはさんでいたタヅは、何か思うところがあるのか、和広の顔色を窺《うかが》うようにして浅子のもとに行くよう促した。

恋人の浅子と亡き妻の母タヅの関係は当然ながら複雑で、実際にその関係は良好とは言えない。浅子は以前和広が入院したときに世話になった看護師で、最初はむしろタヅの方が浅子を気に入り、和広にも浅子との再婚を勧めていたくらいだった。浅子の方も、タヅとならうまくやっていけると思い、和広との結婚にも積極的になっていた。それなのに、いざ和広がその気になると、タヅはにわかに態度を変えて浅子を悪く言い始め、ついに一か月前、浅子本人に向かって文子の方が和広にはふさわしかったと言わんばかりの言葉を投げつけてしまい、二人は喧嘩《けんか》別れのような状態になっていたのである。

和広の方は、タヅも浅子も勝ち気であるが根は悪い人間ではないということをよく知っていたし、最近は将来について過剰に神経をとがらせないようにする癖がついていたから、二人のことはしばらく静観するつもりでいたのだ。そうしていたところに、タヅの方から、来週の文子の三回忌に浅子も誘ってくれるよう頼んできたのである。六十四歳まで丈夫な体だけが取柄《とりえ》でやってきたタヅの背中は岩のように見えたが、そのタヅがぽつんと言った言葉は、その日倒れてしまったことがひどくショックだったのか、弱音のように聞こえた。

**Ⅱ　和広と浅子のいさかい**（「『俺、あの人見てると……』」～「……帰ることに決めていた。」）

その後、和広は喫茶店で浅子に会った。約束を忘れていたことをまだ根に持っているふうの不機嫌な浅子に向かって、和広はタヅをかばうような話をする。根が悪いわけではないのだが、気が強く不器用で何にでもがむしゃらになりすぎて、結果的に大事な物や人間関係を壊してしまう――そんなタヅのあり方を話し、そのせいで「家族のために自分の一生犠牲にしてガムシャラ働いてきたのに、最後には俺みたいな他人に世話になる他ない」境遇に至ったタヅを可哀想だと言って、タヅのことを大目に見てやってほしいといった気持ちを伝えようとしていた。

ところが浅子の方は、そんな話をされて、いささかおもしろくない。和広が約束を忘れていたことを怒っていただけではなく、亡き妻の母のことをかばうような彼の言葉は、恋人である浅子からしてみれば素直に受け入れられるものではない。勢い、「和広さん、死んだ奥さんのことまだ愛してるのよ。まだ愛してるから、その人のお母さんにこだわってるのよ」などと言ってしまい、和広がそれを否定しても、まだ不満げな様子でアイスコーヒーに息を吹きこんでいる。そのさまはまるで胸の中にわだかまっているものを吐き出すかのようである。

そんな浅子に向かって、なおも和広はタヅのことを弁護し、来週の文子の命日に来てほしいというタヅからの言伝《ことづて》を告げた。口から出るのはタヅのことばかり。そんな和広に、とうとう浅子は「それだって、死んだ文子さんの写真見せつけるためじゃないの」とあてつけるようなことを言い放つ。和広は和広で、頑なな浅子に苛立《いらだ》ってしまい、結局二人は喧嘩になってしまった。そのまま和広は喫茶店をとび出し、腹立ちを鎮めるために、その足で繁華街のパチンコ屋に入った。

**Ⅲ　パチンコ屋でタヅに出くわす**（「空いた台を探していた和広は、……」～本文末）

パチンコ屋に入り、空いた台を探していた和広は、タヅがいるのを見つけ黙って隣に座った。タヅは驚いてきまり悪そうにしていたが、もう二十年ものあいだ、辛《つら》くて泣きたいときには泣いていることを周囲に気づかれないパチンコ屋に来ているのだと告げた。夫が死んだ晩にも来てみたが泣けなかったので、パチンコ台のガラスに映った自分の目の位置にちょうど玉が当たるように狙って打ち、その銀色の玉が自分の目から零《こぼ》れ落ちるようなさまを見て、涙を流したような気分になったのだと言う。

和広は、自分も文子を亡くした時そのあまりのあっけなさに泣けなかったことを話した。文子を失った悲しみの涙は、短いながらも二人が夫婦であったことの証《あかし》になるはずであり、そうであるならなおのこと泣かなければいけないのに、あの時和広はどうしても泣けなかったのである。

そんな話をしながら、和広はタヅに倣《なら》って、パチンコ台のガラスに映った自分の目を狙って玉を弾いてみた。一つ二つ玉は目のあたりを切って落ちる。目を細めて見ると、銀色の光は本当の涙のように見えてくる。それがチューリップ（＝パチンコ台の当たり穴に設けられた仕掛け）に吸いこまれると、たくさんの賞球（＝当たり穴に玉が入ったときに払い出される玉）が溢《あふ》れ出る涙のように受け皿へとこぼれ出てくる。それとともに、和広の胸にもせき止められていた気持ちが溢れてくるような気がした。そして、文子が死んで二年経った今、和広の目から自然に涙が流れ落ちたのである。

隣に座るタヅの受け皿にも次々と銀の雫《しずく》が流れだしている。文子のことを「あんないい奴いなかったよ」と言う和広であったが、タヅは、浅子に結婚前の文子を重ねながら、和広に惚れている浅子の女心をわかってやってほしいと言い、さらに、和広のために精一杯おしゃれしている浅子に口紅の一本ぐらい買ってやるようにとも言うのだった。憎まれ口をたたいても、タヅは浅子のことをよく理解していて、言いたくても言えないであろうその気持ちを代弁してやったのだろう。

そう言われた和広だが、彼は浅子が化粧をしていたのかさえわかっていなかったらしい。そんな和広に半ばあきれ顔のタヅであったが、ふと和広は文子も口紅を塗っていたのか尋ねてみた。目立たない色だが塗っていたと言う。それを聞いて、和広は文子が死んだ時のことを思い出した。あの時タヅは看護士から口紅を借りて文子に死に化粧をしてやりたいと言っていたのに、その安らかな顔を毒々しい色の口紅で汚すのがいやだった和広は、やめてほしいと言ってしまったのだ。浅子だけではなく、文子の気持ちも理解していなかったことに気づかされ、後悔する和広であったが、そんな彼の目には、パチンコ台のチューリップが、口紅を塗った赤い唇のように見えた。

その日、二人は貯まった玉を景品の雑貨やウイスキーに交換し、帰宅した。夜にはタヅも和広につき合ってウイスキーを飲み、いい酔い心地のままに横になると歌を口ずさんだ。それは「いのち短し恋せよ乙女、紅《あか》き唇あせぬ間に」という唄であった。

**【設問解説】**

**問1　傍線部におけるタヅについて答える問題**

傍線部においてタヅは「和広の顔色を探り」ながら「ごまかすように目をつぶり、背をむけ」ている。「顔色を探る」とは〈相手の表情を見て、その思いを推し測る〉という意味なので、それを踏まえて文脈をたどることが重要である。

まず、傍線部に至るまでの内容を確認しよう。タヅが倒れたという連絡を受けて帰宅した和広のもとに、恋人の浅子から電話が入る。「浅子と夕方待ち合わせていたのをすっかり忘れていた」和広に対して怒っている様子で、和広が「義母《かあ》さんが倒れたからと詫《わ》び」たのだが、「一方的に電話は切れた」。和広の応対の言葉を聞いて事情を察したタヅは「あの子だろ？　私はいいから、今から行ってきなよ」と声をかける。和広は「大丈夫だよ。明日また電話するから」と答えたのだが、ここでタヅは、和広の「顔色を探」ったのである。こうした内容を読み取ると、**タヅはこれ以上事態がこじれないようにと思っており、和広がどうするのかと心配している**ことがうかがえる（→b）。

さらに傍線部の後を確認すると、このとき「浅子とタヅは既に嫁と姑《しゅうとめ》の争いをして」おり、「タヅが死んだ妻の母親であるだけに関係はややこしかった」ということが書かれている。一か月前には、タヅが浅子に向かって文子の方が和広にはふさわしかったと言わんばかりの「露骨な言い方」をして「浅子は顔色を変えてアパートをとびだした」ということがあったのである。そうした事情からから考えると、**タヅは自分が浅子を怒らせてしまったことが気にかかっていて、それゆえにいっそう和広と浅子の仲が心配になっている**ということが読み取れるだろう（→a）。

そして、このように二人の仲を案じているのに、タヅはそれを「ごまかすように目をつぶり、背をむけ」たのである。本文の冒頭部分に書かれていたようにタヅは「負けん気が人一倍強く」、また不器用なところがある。こうしたタヅの性格を考えると、自分が浅子を怒らせてしまったことを気にして心配していながら、**そうした自分の気持ちを素直に表すことができずにいるタヅ**のあり方もうかがえよう（↓c）。

　以上の内容を整理すると、次のようになる。

> **a**　自分が浅子を怒らせてしまったことが気になっている。
> **b**　和広と浅子との間にいさかいが生じてほしくないと案じている。
> **c**　そうした気持ちを素直に表せずにいる。

　正解は、これらの内容を正確に説明した⑤である。他の選択肢については以下のとおり。

① 和広が「浅子のもとに行ってしまうのではないかと思うと腹立たしい」ものの、かといって「怒るのも大人げない」といった内容になっており、全体的に的外れな選択肢である。タヅは和広に、「私はいいから、今から行ってきなよ」と声をかけている。

② タヅが「和広から責められる」ことを心配しているという内容が、本文から読み取れないし、**a**・**b**に反している。

③ 「和広が亡くなった文子よりも浅子の方を愛している」のかどうか、そのことをタヅが「あらためて思い知らされ」たのかどうかは、本文から読み取れない内容である。また、「寂しさ」を感じているというのも、ここでのタヅの気持ち（**a**・**b**）に合わない。

④ 「自分が浅子と仲違《なかたが》いをしたせいで和広が浅子に逢いに行くのをためらっている」とタヅが考えた可能性はある。しかし、だからといってタヅが「和広に謝るわけにもいか」なくなっているということを根拠づけるような記述は、本文にない。そもそも「申し訳ない気持ち」になるというのも、傍線部の「ごまかすように」や「背をむけた」という表現と対応していない。共通テストでは、傍線部と正確に対応している選択肢とそうでない選択肢があった場合には、前者を優先的に選ぶことが肝要である。

---

**問2　傍線部の表現について答える問題**

　まず「タヅの岩のような背が、ぽつんと言った。」という表現にはどのような特徴があるのかを考え、その上で、この表現がどのような効果をもたらしているのかということを考えよう。

　傍線部の表現で特徴的だと言えるのは、**「岩のような」という比喩によるごつごつとして厳《いか》ついイメージと、小さいものが一つだけある様子を表す「ぽつんと」という言葉による弱々しく頼りないイメージとの、コントラスト**であろう（↓a）。「岩のような背」のタヅが「ぽつんと」言うというのは、一見すると不釣り合いである。

　そこで、この表現が使われている場面を確認しよう。ここでタヅが「ぽつんと言った」のは、「来週は文子の命日だろ……三回忌だから大したことはしないけど、浅子さんにも来てくれるように、明日会ったらそう言っとくれよ」ということである。**問1**でも確認したように、一か月前にタヅは自らの発言のせいで浅子といさかいを起こしており、その後も自身の負けん気の強さのせいもあって、謝れないままでいるようだ。そのタヅが、ここでは自ら折れて浅子に歩み寄るようなことを言っているのである。こうしたタヅについて、傍線部の後には「六十四まで丈夫な体だけが取柄《とりえ》でやってきたタヅには、倒れたことがやはり大きな衝撃だったのか、珍《めず》らしく弱音を吐く恰好《かっこう》だった」と述べられている。ここからは、気が強いだけでなく体も丈夫だったタヅが、このときばかりは体調を崩し倒れてしまったことによって気弱になっているということが読み取れる。そして、こうした文脈を考えると、「タヅの岩のような背が、ぽつんと言った。」という表現は、**普段は心身ともに強いタヅが珍しいことに弱々しくなっているということを際立たせる**効果があると解釈できるだろう（↓b）。

　以上の内容を整理すると、次のようになる。

a 「岩のような」と「ぽつんと」という、対照的ともとれる表現。
b aによって、体も丈夫で普段は負けん気の強さを見せているタヅが、ここでは気弱な様子を見せていることが示されている。

正解は、こうしたことを過不足なく説明した①である。

② 傍線部の表現によって「タヅの心中をあれこれと推し量っている和広の様子が示されている」と説明されている点が間違い。傍線部はタヅの様子を表現したものであり、そうした表現によって和広の様子が示されているということはできない。

③ ここでのタヅのありようが「自分の意志をなくして呆《ほう》けたようになっている」と説明されているが、タヅは気弱になっているだけで「意志をなくし」ているわけではない。また、選択肢全体は、人間の背中を岩に喩《たと》えることで、その人間が意志をなくしているさまを示しているという意味になっているが、これは本文にまったく即していない。

④ 「人間とは二面性を持った存在だという真理がさりげなく言い表されている」という解釈が不適当である。タヅは「二面性」を持っている人物というわけではなく、この時は珍しく気弱になっているというだけである。しかも、「人間とは……だという真理」というと、人間全般に当てはまる普遍的真理が示されているといった意味になってしまうが、そうしたことは本文から読み取れない。

⑤ 「ぽつん」という語を「擬音語」であるとしている点が、明らかな間違い。「擬音語（擬声語）」とは〈実際の音声をまねて言葉で表した語〉のことであり、たとえば「雨がざあざあ降る」という場合の「ざあざあ」や、「犬がわんわん鳴く」という場合の「わんわん」は、雨の音や犬の鳴き声を表現しているから擬音語である。しかし傍線部の「ぽつん（と）」は、タヅの声そのものを表現したものではなく、言葉を発しているときのタヅの様子やたたずまいを表現している。これは、〈様子や状態を感覚的な言葉で表した語〉である「擬態語」の一種である。

### 問3 傍線部のように言う和広について答える問題

「俺があの人（＝タヅ）の面倒見ようって気持ち、もう文子の母親だってことと関係なくなってるから」と言う和広について答える問題である。

「もう……関係なくなってる」という表現からは、〈以前はタヅのことを「文子の母親」であるから面倒を見ようと思っていたが、今はそうではない〉という和広の心情が読み取れる。そして、そうした彼の気持ちの変化が具体的に述べられているのは、本文冒頭近くの「最初のうちは……」で始まる部分からである。

ここで和広は、自分のもとに身を寄せることになったタヅを受け容《い》れたことを、「最初のうちは、同情だったと思う」、「ここを出たら他に行き場所がない、人生の最後の場所を必死に守ろうとしているのだと思えて」と振り返っている。こうしたことから、**当初は亡き妻の母であるという関係性に加えて、他に行き場のない境遇への同情もあり、和広はタヅとの同居を続けていた**ということがわかる（→a）。

ところが、「同情や遠慮だったものが」「一年も経《た》つうちにごく自然なつながりに変わってきた」。**「もとより和広の方も家庭運に恵まれていない」ということもあって**（→b）、**「多少の縁をよりどころに、他人同士が親子のように暮《くら》すのも悪くないな」と思うようになるくらい、積極的にタヅとの同居を受け容《い》れるようになった**のである（→c）。

以上の内容を整理すると、次のようになる。

a タヅが亡き妻の母であることに加え、その寄る辺のなさを見かねて、彼女と同居していたが
b 自分も家庭運に恵まれなかったこともあって
c タヅと親子のように暮らすことを、いつしか積極的に受け容れるようになった

正解は、こうしたことを過不足なく説明した①。他の選択肢については以下のとおりである。

② まず、和広が「亡き妻の母を守っていかなければならない」と考えたのかを、本文から明確に読み取ることができない。また、「亡き妻の母を守っていかなければならない」という気持ちが和広のなかにあったとすれば、それは**a**に対応するが、彼がそうした気持ちを抱いたのは同居を始めた当初なのだから、それを「一年ほど一緒に暮らすうちに」と説明しているのもおかしい。

③ タヅと暮らしはじめた当初の和広の気持ちは、本文の冒頭近くで「同情や遠慮」と表現されているが、それを「しぶしぶ（＝いやいやながら）一緒に暮らしていた」と言い換えている点がやや不正確。そしてそれ以上に、「今となっては、気弱な自分（＝和広）の方が勝気なタヅを必要としている」が、本文から読み取れない内容である。

④ 初めは「他人行儀（＝他人に接する時のようによそよそしくふるまうこと）に暮らしていた」かどうかが、本文から明確に読み取れない。さらに、選択肢後半が間違い。和広は「多少の（＝ちょっとした）縁」がタヅと自分を結ぶよりどころであると見なしているのであり、「自分とタヅが宿縁（＝前世からの因縁）によって結ばれている親子である」などと物々しく思っているわけではない。

⑤ タヅとの同居の理由の一つを「亡くなった妻への愛情が残って」いたからだとしている点が、本文に根拠がなく不適当。また、「対等な人間同士として共に人生を歩んでいこう」というのも不正確。本文では「親子のように暮《くら》すのも悪くない」とされている。

**問４　傍線部における和広の状況と心理を答える問題**

傍線部は「溢れた皿から玉が一つ零《こぼ》れ落ちたとき、和広の目から自然に流れ落ちたものがあった」であるが、ひとまずわかるのは、この傍線部の前半はパチンコ台の受け皿にたまった玉がこぼれ落ちたということを示しており、後半は、そのときに和広が自然に涙を流したことを示しているということである。このことを押さえたうえで、この場面の内容を確認していこう。

浅子と喧嘩になった後パチンコ屋に入った和広は、そこでタヅに会う。「辛《つら》くて泣きたいとき」にパチンコ屋に来ていたというタヅは、それでも泣けない時にはパチンコ台のガラスに映った自分の目を狙ってパチンコ玉を弾き、それを見ながら「涙流してるつもり」になるのだと言う。タヅが実際にやってみせたので和広がのぞき込むと「台のガラスに薄い影で映ったタヅの顔の目のあたりを玉は巧みに切って（＝通って）、銀の雫《しずく》となり落ち」、「次々に落ちる銀の雫は時々きらきらと光を放ち、本当にタヅの目から涙でも流れだしているように見えた」。

それを見て、和広は「俺も泣けなかったな。義母さんには悪いけど文子あんまりあっけなく死んだんで、俺ピンとこなくて……」と問わず語りに話し始める。「泣かなきゃ三か月でも文子と一緒に暮したこと嘘になるような気もした」ので、泣こうとしたが泣けず、「ビール飲んで、安っぽい艶歌《えんか》なんか歌ってみたけどさあ……欠伸《あくび》した時みたいな涙がちょっとだけ……」と続けた。つまり**和広は、妻の文子があまりにもあっけなく亡くなったため、これまでは泣こうと思っても泣けなかった**のである（↓**a**）。そして話し終わると和広は、「タヅを真似て台に顔を近づけガラスにかすかに映った自分の影を狙って玉を弾《はじ》いた」。するとガラス面に映る自分の目から流れ落ちるパチンコ玉が、「だんだん本当の涙のように見えてくる」。そのうちの一つが当たり穴であるチューリップに入ると、たくさんの賞球が受け皿へとこぼれだし、「こんな泣き方もあったんだなと思いながら和広は黙々と玉を弾き続けた」。この時点ではまだ本当に泣いてはいないようだが、**和広がパチンコ玉を自分の涙に見立てている**らしいことはわかる（↓**b**）。すると、パチンコ玉の銀の光が次第に受け皿に満ちてきた。それとともに、「**和広の胸にも同じ光で溢《あふ》れてくるものがある**」（↓**c**）。その時、「**文子が死んで二年、自分の気持ちを固く引き緊《し》めていたも**

**のがふっと緩んだ気がし」て、涙を流した**のである（→d）。

以上がここでの和広についての説明である。cが何を言っているのか、わかりにくいが、これは〈パチンコ玉の光が受け皿に満ち溢れてくるのと同じように、和広の胸にも、溢れてくるものがある〉といった意味である。そして彼はパチンコ玉を自分の涙に見立てている（＝b）のだから、ここで**和広は、自分の胸のうちに涙、つまり悲しみが満ち溢れてくるのを感じている**（→c）のだと解釈すればよいだろう。

したがって、傍線部に至るまでの和広のありようは、以下のように整理できる。

> a　文子の死があまりにあっけないものであったため、これまではどうしても泣けなかった。
> b　aを思い出しながら、パチンコ玉を涙に見立て弾いてみた。
> c　パチンコ玉が受け皿に溢れてくるのにつれて、和広の胸のうちにも、同じように悲しい気持ちが溢れてきた。
> d　これまでせき止められていた、文子を失った悲しみが、涙とともにあらわれ出た。

正解は、以上の内容に最も即している④である。④の「当時はその死とどう向き合えばよいのかわからなかった」という部分は、当時泣きたい気持ちはあるのに泣けず、「泣かなきゃ三か月でも文子と一緒に暮したこと嘘になる」などとも考え、あげく「ビール飲んで、安っぽい艶歌なんか歌ってみた」という和広のありようを表現したものである。

①　〈文子を亡くした当初は悲しくないと思っていたが、今になって実は悲しかったということに気づいて驚いている〉という内容の選択肢だが、和広自身が当初も「泣きたい気持ちはあった」と言っている。また、和広が涙を流したときの心情を〈驚き〉と表現してよいとする根拠も、本文中にない。〈驚き〉に似た感情の表現されている箇所があるとすれば、傍線部の2行前の「こんな泣き方もあったんだな」だが、これは「当時の自分も実は文子の死を悲しんでいたということがわかって」きたことに対する驚きではなく、自分が意外な泣き方をしたことに対する驚きである。

②　和広が「妻が死んでも泣けなかった」ことに「罪悪感」を抱いており、この場面でそうした気持ちから「解き放たれた」という内容の選択肢だが、そうしたことを裏づける記述は本文中にない。妻が死んでも泣けなかった理由は、彼女が「あんまりあっけなく死んだ」せいで「ピンとこな」かったためだが、和広がそのことに罪の意識を抱いていたと考えることはできない。

③　泣けなかったのは「文子を亡くした悲しみがあまりにも深」かったからであり、「泣くことを忘れるほど悲嘆に暮れていた」と説明されているが、これはaの内容に反している。

⑤　文子を失った時に「泣いてはいけないと自分を戒めてきた」というのが間違っている。和広は泣くことを自分に禁じていたわけではない。

**問5　傍線部における和広について答える問題**

パチンコ台の当たり穴である「開いたチューリップ」が、和広には「赤い唇に見えた」という場面である。「開いたチューリップ」と「赤い唇」は色や形が似ているのだろうが、そうした類似だけではなく、そのように見えた特別な理由のあることが想定される。傍線部に至るまでの和広の心情を中心に読み進めていこう。

**問4**でも検討したように、この場面での和広は、パチンコ玉を涙に見立てているうちに、**自然と涙を流せるような心理状態になっている**。「ほんと、あんないい奴いなかったよ」と**亡き文子への思いを素直に口にする**ところからも、その状態は見て取れるだろう（→a）。

そうしたなかで、タヅは生前の文子が和広のことを「もう一つ女の気持ちわかってくれない」と言っていたことを明かし、そういうところがあるから「浅子さん淋《さび》しいんだよ」と浅子の心情も推し測りつつ「口紅の一本ぐらい買ってやりなよ」と助言する。そう言われた和広であったが、彼には浅子が化粧していたのかさえわからない。そんな彼がふと「文子は口紅塗ってた？」と尋ねてみると、タヅは「つけてたよ。目立たない色だったけど」と言う。それを聞いた和広は、文子が死んだ時のことを思い出した。あの時タヅは「看護婦から口紅を借りて死に顔に塗ってやりたい」と言っていたのに、その安らかな顔を「口紅の毒々しい色で瀆《けが》すのも却って痛々しい気がして」、やめてほしいと言ってしまったのだった。そのことについて「後悔」が湧き、そのせいか「開いたチューリップが赤い唇に見えた」のである。**和広は、タヅから浅子や文子の話を聞くうちに、彼女たちが口紅についてどういう思いを抱いていたのかがわかったような気がして**（→b）、**そうしたことがわかっていなかった自分自身のことを省みることになった**（→c）。**そんな和広には、目の前のパチンコ台のチューリップが、口紅を塗った赤い唇のように見えてきた**（→d）。この場面における和広の心情は、以上のように解釈することができる。これらの内容を整理してみよう。

a　パチンコを打っているうち、どこか素直な気持ちになってきた。
b　タヅの言葉を聞き、文子や浅子が口紅についてどんな思いを抱いていたのかといったことがわかったような気がした。
c　自分がいわゆる女心のようなものをわかっていなかったということを自覚し、自らのことを省みる。
d　b・cの心理が影響して、パチンコ台のチューリップに、口紅を塗った赤い唇が重なっているように見えた。

正解は、以上の内容を最も適切に説明している⑤である。⑤の「自分と自分がかかわった女性との巡《めぐ》り合わせといったことに思いを馳《は》せている」という部分は、和広が口紅をめぐるタヅの言葉を聞きながら、浅子や文子のことをあれこれと思い出していることを踏まえれば、妥当な説明だと言うことができる。

①　「パチンコ台のチューリップが口紅を塗った唇に似ていること」に気づき、「これまでと違ったものの見方ができるようになった自分の精神的成長」を感じているというのが、的外れである。和広は、女性にとっての口紅の意味といったことをわかっていなかった自分の振る舞いを「後悔」したりしているのであり、パチンコ台のチューリップと口紅を塗った唇との類似性に気づいて自分の「精神的成長」を感じているというわけではない。

②　まず「葬儀のときに口紅を塗ってもらった文子の死に顔」というのが事実と異なる。また、「パチンコ台のチューリップが女性の赤い唇と似ていることに気づいた」ことが原因となって女性をめぐるあれこれを考えたというのも、因果関係、あるいは話の順序が逆である。さらに、ここでの和広の心理を「結婚して三か月で文子を失ってしまったという自らの不幸を、あらためて心のなかでかみしめている」と説明しているのも、bやcから大きく外れている。

③　和広が「いまの自分にとって大切な存在である浅子に口紅を贈りたいという気持ちを募らせている」とあるが、そうしたことを裏づける記述は本文のどこにもない。また、本文には女性の抱く口紅への思いといったことは示唆されているものの、口紅が「恋心や情熱を象徴するもの」であると断定することはできない。

④　和広は浅子や文子が口紅をつけていたことに気づいてさえいなかったのだから、彼が「女性が口紅を欲しがること」について「先入観」を抱いていたというのは大きな間違い。また、「タヅや浅子に自分の意見を押しつけていたことを後悔」しているといったことや、「これからは彼女たちの意見を聞くようにしようと思いを固めている」といったことも、本文から読み取れない内容である。

**問6　本文を【資料】などと関連づけて考察する問題**

こうした問題では、本文と【資料】その他とが、出題者によって恣意的に関連づけられており、だからこそ、解答を選ぶ際には出題者の意図を推察するということが重要となる。このことはしっかり覚えておいてほしい。

まずは、【資料】【歌詞】【文章】がそれぞれどういうものかを、確認してみよう。

**【資料】について**

本文（小説「紅き唇」）を収録している書籍に付された「あとがき」の一節であり、書いているのは小説の作者・連城三紀彦本人である。ここには、作者が大学生だった頃に、母と二人でパチンコ屋に入ったときの思い出が綴《つづ》られている。

**【歌詞】について**

本文（小説「紅き唇」）の最後の場面で、タヅは「いのち短し恋せよ乙女、紅《あか》き唇あせぬ間に、という唄《うた》」を「口ずさんでいた」が、その歌の歌詞である。歌は、大正時代に流行した歌謡曲である。

**【文章】について**

「Tさん」なる生徒が、本文（小説「紅き唇」）と【資料】と【歌詞】を読んだうえで「考察したこと」を書いたものだとされている。もちろん「Tさん」は実在の人物ではなく、この【文章】は、出題者がある意図をもって書いたものである。読んでみると、この【文章】は三つの段落から成っており、それぞれの段落の内容は次のようになっているということがわかる。

・**第1段落**――本文（小説「紅き唇」）の舞台を一九七〇年代であろうと推測しており、本文から当時の「一般的な価値観や生活感覚」がうかがえるということが述べられている。本文には、子供を背負ってパチンコをしたり、口紅に女心を見出したりといった記述が散見されるが、そうした記述から現代とは異なる価値観や感覚がうかがえるということを、出題者が示唆しているのであろう。

・**第2段落**――本文と【資料】との関係について書かれた部分。【資料】にもとづいて考えれば、タヅは「作者の母をモデルとして創作された」と言えるのではないかと述べられている。

・**第3段落**――本文と【歌詞】との関係について書かれている。【歌詞】の一節について、それをどのように解釈できるかということが説明されており、それを踏まえて、作中のタヅがこの歌を歌う場面から、タヅのどういう思いを読み取ることができるかということが述べられている。

以上のことを確認したうえで、二つの問いについて検討してみたい。

(i) **本文と【資料】との関係について答える問題**

空欄**Ｉ**は【文章】の第2段落にあるが、この段落には、小説の作者・連城三紀彦の母と作中人物のタヅとの「身体的な特徴や人生のあり方」に「共通するところが多い」ということが述べられている。両者のどういうところが共通しているのかを、整理してみよう。

**「身体的な特徴」の共通点**
・小説中のタヅ――「いかつい手」「岩のような背」
・【資料】の母――「節くれだった手」「いかつい岩みたいな体」

**「人生のあり方」の共通点**
・小説中のタヅ――「働き者」「家族のために自分の一生犠牲にしてガムシャラ働いてきた」
・【資料】の母――「働く姿しか見たことのない母」「大正の初めから、戦中、戦後と生き抜いてきた」

以上のことを踏まえて、「タヅが、作者の母をモデルとして創作された」ことからどういうことがうかがえるかを考えてみよう。

① 「華奢《きゃしゃ》な体」が不適当。「華奢」とは〈ほっそりして上品なさま、弱々しいさま〉といった意味であり、タヅと母とに共通する「身体的

な特徴」とは異なっている。

②　「周囲と衝突」するというのは、小説中のタヅについては言えることだが、【資料】の母については、そうした記述はない。空欄Ⅰの直前の文脈からわかるように、この空欄にはタヅと作者の母との共通点を入れなければならないので、この②は正解にはならない。この選択肢を選んでしまった人は、空欄前後の文脈も確認し、出題の意図を推測するということの重要性を、あらためて自覚してほしい。

③　「苦労を厭《いと》わずひたむきに生きてきた」というのは、タヅと作者の母との「人生のあり方」の共通点に合致としている。そして、そうした人物への「共感」が、作者のなかにないとは考えられない。「苦労を厭《いと》わずひたむきに生きてきた者たち」と複数形になっているのは、作者が、自身の母にも、自らの造型した作中人物にも共感を寄せていることを意味していると考えれば、不自然ではない。以上のような理由で、この③が正解だと判断できる。

④　タヅが「自分の気持ちより家族を優先する」人物だということは、本文の「家族のために自分の一生犠牲にして」という記述を踏まえれば、必ずしも誤りとはいえない。しかし【資料】の母については、そうした人物だということが明言されているわけではない。また、両者が「作者の理想の母親像」だということを根拠づける記述も、本文にも【資料】にもない。

(ii)　**本文を【歌詞】と関連づけて解釈する問題**

空欄Ⅱは【文章】の第3段落にあるが、先に見たとおりこの段落には、本文と【歌詞】との関係が書かれており、この空欄には、作中でこの歌を歌っているタヅの思いを説明した言葉が入る。以上のことを踏まえたうえで、まずは【歌詞】の内容を確認してみよう。

詞は四つの連からなっているが、各連の一行目はすべて、「乙女」に向かって〈いのちは短いのだから、恋をしなさい〉と語りかけるような言い方になっている。そして第一連には、「明日の月日」は「ないもの」だと思って、紅い唇が色褪せないうちに、熱い血潮が冷えないうちに、恋をしなさいといったことが書かれている。これは裏返せば、〈「乙女」にとって恋のできる期間は短いのだ〉ということを述べたものである。こうしたことを踏まえて、「Tさん」なる人物は【文章】のなかで、この歌には「若き乙女の時代を謳歌《おうか》できるのは限られた時間である」ということが表現されていると考察しているのである。

そして作中のタヅはこの歌の一節を口ずさんでいるのだが、タヅの「若き乙女の時代」がどうであったかということは、小説中で具体的に書かれているわけではない。しかし、傍線部Bの少し後にある「家族のために自分の一生犠牲にしてガムシャラ働いてきた」という記述からは、少なくとも彼女が「若き乙女の時代を謳歌でき」たということは導き出せない。むしろ、若き日のタヅには恋を楽しむ余裕などなかったのではないかと考えるのが自然であろう。こうしたことから、「いのち短し恋せよ乙女、紅き唇あせぬ間に」と口ずさんでいるタヅの胸のうちには〈自分が「若き乙女」だったときに恋愛を味わう余裕などなかった〉という思いが去来したのではないかと推測することができる。

さらにあらためて【資料】を読むと、タヅのモデルと考えられる作者の母が、「大正の初めから、戦中、戦後と生き抜いてきた」人物だという記述があることがわかる。また【文章】によれば、小説の舞台はおそらく一九七〇年代だというのだから、タヅの「乙女」時代は戦中から戦後にかけてではなかったかと考えられる。こうしたことからも、歌を口ずさんでいるタヅの心中を右のように推測することは間違いではないと判断できる。

以上の検討を踏まえて空欄Ⅱに入れるのに最も適当なものを選ぶと、正解は②に決まる。「考察」された内容を答える問題は、解答を確定しづらいものであるが、本文や【資料】などの内容を大きく逸脱したり、ある部分だけを拡大解釈したり、根拠の乏しいこじつけをしてしまったりすることなく、無理のない解釈を心がけてほしい。他の選択肢については以下のとおりである。

① タヅが恋愛への「願望」をもっている可能性は否定できないが、その恋愛が「向こう見ずな」ものであり、そうした恋に「溺れたい」と思っているかどうかは、本文からも**【資料】**その他からもわからない。また、かりに彼女のなかにそうした思いの去来するようなことがあったとしても、それに「執着」していたと言うことはできない。

③ タヅが青春時代に「強い意志で恋愛を拒んできた」ということは、本文からも**【資料】**その他からも読み取れない。

④ 「何事にも臆さず恋愛に耽《ふけ》ることのできた」という内容が、やはり本文からも**【資料】**その他からも、読み取ることができない。

---

## 第3問　現代文

**【資料解説】**

**【資料Ⅰ】** 文章 と 図

片野歩・阪口功『日本の水産資源管理——漁業衰退の真因と復活への道を探る』（二〇一九年　慶應義塾大学出版会刊）の「第1章　いま世界と日本の漁業・水産業はどうなっているのか」（片野歩が執筆を担当）の一節。途中に省略した箇所がある。

片野歩（かたの・あゆむ）は一九六三年生まれ。早稲田大学商学部卒業、水産会社勤務。九〇年から北欧を中心とした水産物の買付業務に従事。欧州を中心とする世界の漁業事情に精通。二〇一五年、水産物の持続可能性を議論する国際会議「シーフードサミット」で日本人初の政策提言部門最優秀賞を受賞。著書には『日本の水産業は復活できる！』などがある。

阪口功（さかぐち・いさお）は一九七一年生まれ。東京大学大学院総合文化研究科国際社会科学専攻。著書には『グローバル社会は持続可能か』（共著）などがある。

**【資料Ⅰ】**の 文章 では、日本の漁業と世界の漁業を比較している。まず、図1―1 に基づいて、世界の水揚げが増大し続けているのに対して、日本の水揚げが1990年代以降、減少の一途をたどっていることを指摘し（前半）、次に、水揚量にこのような違いが生じている理由として、欧米、オセアニアといった漁業先進国と日本との漁業のあり方の違いを説明している（後半）。

**前半　世界と日本の水揚量の比較（第一段落・第二段落）**

筆者は、「日本の学校教育では、日本の水揚げ推移しか出てこない」ため、「日本の深刻な傾向はほとんど知られていない」が、それを世界の水揚量の推移と比較すると（図1―1）、「日本の深刻な傾向」がよくわかると言う。

（第一段落）

世界の水揚げは1956年から2016年まで増大の傾向にあり、「19

８８年に約1億トンに達し、２０１６年には2億トンへと倍増している」。一方、「日本の水揚げは、１９８８年の１２７８万トンに対し２０１６年には三分の一（４３６万トン）にまで減っており、減少が止まらない」のである。（第二段落）

**後半　世界と日本の漁業のあり方の違い（第三段落～第五段落）**

**図１―２**「**世界の水産物総生産量の推移**」を見ると、世界の水揚げで伸びているのは「養殖」であり、「天然の水揚げ」は横ばいであることがわかる。しかし、筆者によれば、「天然の水揚げ」が横ばいであるのは、それだけの量しか獲れないのではなく、漁獲量を抑制しているからである。「欧米、オセアニアといった漁業先進国では、資源の持続性（サステナビリティ）」が考慮されているのである。「たくさん獲ることが、必ずしも経済的ではないことがよく理解され、小型の魚や旬ではない時期の水産物は漁獲しない」仕組みができあがっているのである。（第三段落・第四段落）

一方、日本では「大漁を願い、大漁貧乏となっても、漁業者が価値の低い単価が安い魚までも、争って獲ってしまう」。漁業先進国では「個別割当制度（ＩＱ）」（第四段落）などによる規制が設けられているのに対して、日本では「漁業者の自主管理に任せて、実質的に放置している」のである。筆者によれば、このように水産資源の「持続性（サステナビリティ）」が十分に考慮されてこなかったことが、日本の水揚量の減少が止まらない理由として考えられるのである。（第五段落）

【**資料Ⅱ**】**図**と**表**

**図２―１**　**日本の漁業・養殖業の生産量の推移**

以下に、**図２―１**から読み取れることを列挙しておく。

・日本の水産業の生産量（水揚量）は１９６５年から上昇し、１９８４年にピークに達するが、その後は下降し、２０１９年には１９８４年の約三分の一まで減少している。
・日本の遠洋漁業の生産量は１９６５年から１９７０年代の前半までは上昇しているが、１９７０年代の後半に下降し始め、１９９０年以降はかなり減少している。１９９０年以降、日本の水産業の生産量の中で遠洋漁業の生産量が占める割合は最も低くなっている。
・日本の沖合漁業の生産量は１９６５年から１９８４年まで上昇し、１９８０年代後半までは高い水準を保っていたが、その後は減少している。日本の水産業の生産量の中で沖合漁業の生産量が占める割合が最も高い。
・日本の沿岸漁業の生産量は１９６５年から１９８０年代の後半にかけて緩やかに上昇し、その後は緩やかに下降している。
・日本の海面養殖業の生産量は１９６５年から１９９５年頃まで緩やかに上昇し、その後は緩やかに下降している。これは１９９０年以降かなり上昇している世界の養殖業の生産量（**図１―２**）とは対照的である。

**図２―２**　**日本の漁業就業者数の推移**

以下に**図２―２**から読み取れることを列挙しておく。

・２００３年から２０１７年まで日本の漁業就業者数は減少し続けており、この14年で8万5千人減っている。
・２００３年と２０１７年を比べて増えているのは75歳以上の漁業就業者だけであり（5千人増えている）、それ以外の年代の漁業就業者の数は減っている。その中で最も減り方が大きいのは40～54歳の漁業就業者の数であり、3万2千人減っている。
・２０１７年の55歳以上の漁業就業者の数は9万3千人であり、54歳以下の漁業就業者の数は6万2千人である。前者の数は後者の数の１・５倍であり、日本の漁業就業者が高齢化していることがわかる。

**表２―１**　**ノルウェーと日本の沿岸漁業就業者数の比較**

**表２―１**からわかるのは以下のようなことである。

・ノルウェーの沿岸漁業就業者の60歳以上の割合が21％であるのに対して、日本の沿岸漁業就業者の60歳以上の割合は50％であり、ノルウェーと比べて日本の沿岸漁業就業者がかなり高齢化していることがわかる。これは、ノルウェーの水揚量が増大しているのに対して、日本の水揚量が減少していること（図1―1）と関係があると思われる。

・ノルウェーの沿岸漁業就業者数は9486人であり、153500人である日本の沿岸漁業就業者数の約16分の1である。なお、これはノルウェーの総人口が日本の総人口に比べてはるかに少ないからだと考えられる（ノルウェーの総人口は日本の総人口の約23分の1である）。

**表2―2　消費者意識の国際比較**

・表2―2からわかるのは以下のようなことである。

「サステナブルな水産物を選ぶ」、「絶滅危惧種の禁漁を支持」、「商店で絶滅危惧種の販売禁止を支持」の三つの項目にイエスと答えた消費者の割合が50％を下回っているのは日本だけであり、この調査から日本の消費者は他国の消費者と比べて水産物の持続可能性についての意識が低いことがわかる。

**【資料Ⅲ】表**

**表3―1　戦後日本の漁業関連年表**

・表3―1の年表で注目すべきなのは以下のようなことである。

・一九五二年に日本の漁業を沿岸区域に押し込めてきた**マッカーサーライン**が廃止され、一九五四年に水産庁が**漁業転換促進要綱**を策定し、「沿岸から沖合へ、沖合から遠洋へ」の転換を図ったことで、日本漁船は世界中に展開し、大きな繁栄を一時的に築いていくことになった。このことは**【資料Ⅱ】**図2―1で日本の遠洋漁業の生産量が一九七〇年代の半ばまで右肩上がりになっていることからも確認できる。

・しかし、一九七七年に**二〇〇海里漁業専管水域**（EEZ）が設定されると、漁業できる領域が大きく制限されることになった。このことは**【資料Ⅱ】**図2―1で一九七〇年代後半から日本の遠洋漁業の生産量が落ち込み始めたことからも確認できる。

・一九八二年に沿岸国に排他的経済水域（EEZ）内での資源管理を義務づけた**国連海洋法条約**が採択され、一九九四年に発効される。日本は一九九六年にこの**国連海洋法条約**に批准することで、漁業を持続可能なものにするために漁獲を規制し、水産資源を管理することが求められるようになった。

・しかし、日本の漁業は水産資源の管理が不十分であったので（このことは**【資料Ⅰ】**図1―1で世界の水揚量が増大しているのに、日本の水揚量が減少していることからも確認できる）、その管理をより実効性のあるものにするために、二〇二〇年に七〇年ぶりに**漁業法**を改正した。

**表3―2　改正漁業法**

・表3―2で注目すべきことは次の二点である。

・「**⑴新たな資源管理システムの構築**」として、国連海洋法条約に批准して以来、導入されてきた漁獲可能量（TAC）による管理に、漁獲割当（IQ）による管理を組み合わせた。そのことで非効率な早獲り競争が不要になるし、水揚げされる魚の品質が上がることにもなる。

・「**⑵生産性の向上に資する漁業許可制度の見直し**」によって、競争力を高め、若者に魅力のある漁船漁業を実現できれば、**【資料Ⅱ】**の図2―2と表2―1に示されているような漁業就業者の減少と高齢化を食い止めることができ、日本の漁業が復活することになる。

**【設問解説】**

**問1　文章中の空欄を補う問題**

空欄 X を含む一文は、「 X で遠洋漁業の衰退が始まるが、実際には水揚げは、イワシの漁獲量が急増したこともあり、その後1980年代にピークを迎える」となっている。ここから、 X には、日本の「遠洋漁業の衰退」のきっかけになった出来事が入り、その出来事は1980年以前に生じたことがわかる。この条件を満たしているのは、「1977年の200海里漁業専管水域の設定」であり、**③が正解**。

**【資料解説】**の**【資料Ⅲ】**表3―1の部分で確認したように、一九五二年に日本の漁業を沿岸区域に押し込めてきた**マッカーサーライン**が廃止され、一九五四年に水産庁が**漁業転換促進要綱**を策定し、「沿岸から沖合へ、沖合から遠洋へ」の転換を図ったことで、日本漁船は世界中に展開し、大きな繁栄を一時的に築いていくことになった。しかし、一九七七年に**二〇〇海里漁業専管水域（ＥＥＺ）**が設定されると、漁業できる領域が大きく制限されることになったのである。

④「１９９４年の国連海洋法条約の発効」と⑤「１９９６年の日本の国連海洋法条約批准」は、１９８０年以前に生じたことではないので不適当。②「１９４９年の漁業法の制定」は、それが「遠洋漁業の衰退」のきっかけになった出来事であるという根拠はないので不適当。漁業法については、**表3―1**に「**漁業法**は、漁業者が主体となって利害調整しながら、生産力を伸ばしつつ、漁業の民主化を図ることを目的としたもの」とあるだけである。①「１９４５年のマッカーサーラインの設定」は、日本の漁業を「戦前の五分の一の面積にも満たない沿岸漁業に押し込め」るもの（**表3―1**）であり、日本の「遠洋漁業の衰退」のきっかけになった出来事だと言えなくもないが、日本の遠洋漁業は１９５４年の**漁業転換促進要綱**策定後に盛んになるのである。①を空欄**X**に入れると、こうした経緯を無視してしまうことになるので、明らかに不適当である。

**問２　資料から各文の内容の正誤を判断する問題**

**【資料Ⅰ】**～**【資料Ⅲ】**を根拠として、ア～エの各文の正誤を順に判断していこう。

アについて。**【資料Ⅲ】****表3―2**の（注２）に、「ＴＡＣ（＝漁獲可能量）は一魚種の総量を規制するため、漁業者間で早獲り競争が起こる可能性がある。しかし、漁業者あるいは漁船ごとに漁獲量を割り当てる（＝ＩＱを導入する）と、非効率な早獲り競争が不要になる」とある。ここから、水産資源の管理にはＴＡＣだけでは不十分であり、それにＩＱを組み合わせると効果的であるということはわかるが、「水産資源を維持するためには、漁獲可能量（ＴＡＣ）制度によるよりも、漁獲割当て（ＩＱ）によるほうが効果的である」かどうかは**判断できない**。

イについて。**【資料Ⅰ】****文章**に、「**図1―2**を見れば、実際には、（世界の水揚量において）天然の漁業は横ばいで、伸びているのは養殖であることがわかる。／天然の水揚げは横ばいに見えるが、これは獲《と》れる魚の量が横ばいだからではない。欧米、オセアニアといった漁業先進国では、資源の持続性（サステナビリティ）を考慮し、実際に漁獲できる量より、大幅にセーブしているのだ」（第三段落・第四段落）とある。イはこの内容に合致しているので、**正しい**。

ウについて。**【資料Ⅲ】****表3―1**に、「一九七七年　**二〇〇海里漁業専管水域（ＥＥＺ）**が設定される。アメリカおよびソ連をはじめカナダやヨーロッパ諸国も二〇〇海里水域の設定に踏み切り、事実上二〇〇海里（約三七〇キロメートル）時代が到来した。それまで一般的な領海は三海里（約五・六キロメートル）であり、領海の外では『公海自由の原則』によってどこの国でも自由に漁業を行うことができた」とある。ここから、「各国が二〇〇海里漁業専管水域を設定したのは、自国の沖合漁業や沿岸漁業を外国船の乱獲から守るためだと言える」だろう。したがって、ウは**正しい**。

エについて。**【資料Ⅱ】****表2―1**から、「日本と比べてノルウェーの漁業者の高齢化が進んでいない」ことは確認できる。しかし、その理由は「漁業が盛んになったのが日本よりもずっと後だから」ではない。**【資料Ⅲ】****表3―2**に日本の漁業法改正の目標として「競争力を高め、若者に魅力ある漁船漁業を実現」とある。日本がこのような目標を掲げたのは、日本の漁業の「競争力」が落ち、それが若者にとって「魅力ある」ものではなくなった結果、「漁業者の高齢化が進んで」いるからである。それに対して、「ノルウェーの漁業者の高齢化が進んでいないのは」、ノルウェーの漁業には「競争力」があり、若者を惹《ひ》きつけているからだと考えられる。したがって、エは**誤っている**。

以上より、**正解は④**である。

**問3 【目次】に設定された空欄を補う問題**

(i) 空欄Yには、「日本の漁業の現状」の内容として最も適当なものが入る。設問文に、「次の**【目次】**は、Mさんがレポートの内容と構成を考えるために**【資料Ⅰ】**～**【資料Ⅲ】**を参照して作成したもの」とあるので、各選択肢が**【資料Ⅰ】**～**【資料Ⅲ】**から言える内容かどうかを判断していけばいいだろう。

①「地球温暖化により水産資源が減少している」は、**【資料Ⅰ】**～**【資料Ⅲ】**では触れられていない内容なので不適当。また、「地球温暖化」の影響は日本だけでなく世界の各国が受けているはずである。しかし、図1―1に示されているように、世界の水揚量は増大しているのである。したがって、日本の「水産資源が減少している」理由を「地球温暖化」に求めることはできないはずである。

②「漁業者数の減少と漁業者の高齢化が進んでいる」は、**【資料Ⅱ】**の図2―2と表2―1から確認できる内容である。したがって、**②が正解**。

③「日本に近い公海での近隣諸国による乱獲が行われている」も、**【資料Ⅰ】**～**【資料Ⅲ】**では触れられていない内容なので不適当。

④「遠洋漁業から沿岸漁業への切り替えに失敗している」も、**【資料Ⅰ】**～**【資料Ⅲ】**では触れられていない内容なので不適当。

⑤「天然資源を代替する養殖生産量が伸び悩んでいる」は、**【資料Ⅱ】**の図2―1から確認できる内容である。しかし、**【目次】**の「第1章 日本の漁業の現状」のaには「世界の水揚量が増大し続けているのに対して、日本の水揚量は1980年代にピークを迎えた後、今日まで減少し続けている」とある。そして、「養殖生産量の伸び悩み」は、「日本の水揚量」が「今日まで減少し続けている」ことのうちに含まれているのである。したがって、aとは異なる内容になるはずのbとして、⑤は不適当である。

(ii) 空欄Zには、「漁業の復活・発展のために消費者である私たちに求められる」内容が入るが、設問が求めているのはその内容として「**適当でないもの**」を選ぶことである。**【資料】**の中で「消費者」を直接問題としているのは**【資料Ⅱ】**の表2―2「**消費者意識の国際比較**」である。そして、この表から、日本の消費者は他国の消費者と比べて水産物の持続可能性についての意識が低いことがわかる。だから、日本の消費者には水産物の持続可能性についての意識を高めることが求められるだろう（A）。また、水産物の持続可能性については、**【資料Ⅲ】**の表3―1に、「二〇一五年　SDGs（持続可能な開発目標）が国連サミットで加盟国の全会一致で採択される。一七の目標の一つ（目標一四）に『持続可能な開発のために海洋・海洋資源を保全し、持続可能な形で利用する』（A）があり、『あらゆる種類の海洋汚染を防止し、大幅に削減する』（B）、『海洋及び沿岸の生態系の回復のための取組を行う』（C）など一〇のターゲットが設定されている」とある。ここに示されているターゲットは、水産物の持続可能性のために消費者にも求められていることだろう。以上のA～Cを根拠に選択肢を見ていくと、②と④がAに対応し、③と⑥がBに対応する。

①は、私たち消費者が「養殖の水産物を消費する」だけで「天然資源」を消費しなかったら、養殖業は発展しても、沖合漁業や沿岸漁業の「復活・発展」は望めないので、空欄Zに入る項目として適当ではない。したがって、**①が一つ目の正解**である。

⑤は、「地域で水揚げされた水産物」を「その地域で消費するようにする」だけでは、水産物の持続可能性に寄与することはなく、「漁業の復活・発展」は望めないので、空欄Zに入る項目として適当ではない。したがって、**⑤が二つ目の正解**である。

## 第4問　古文

**【本文解説】**

〔出典〕

『藤《ふじ》の衣《ころも》物語絵巻』

成立年代　「詞書」　鎌倉時代
「絵と画中詞」室町時代
鎌倉時代に成立したと思われる物語に、室町時代になって、画中詞の入った絵を加えた絵巻物である。

ジャンル　擬古物語・絵巻

作者　未詳

内容　主人公の少将と、数奇な生い立ちを持つ三人の子どもたちにまつわる物語。太政大臣の長男である少将は、結婚して一人息子（問題文中の「弁」）が生まれたが、異母兄弟たちとの間に生じた太政大臣家の後継争いに巻き込まれて出奔し、山伏に身をやつして諸国を行脚していた。少将は、出奔直前に契った女性との間には女の子（問題文中の「女君」）が、行脚の間に契った女性との間には男の子が生まれていたが、その事実を知らなかった。少将の三人の子どもたちは、当初は互いにその存在を知らず、弁以外は、父親の名前さえも知らずに成長する。そのような中、少将が女君の母親のもとに残した「剣」によって、女君は少将の子どもであるとわかり、少将の母（問題文中の「宮の御方」）に育てられることになる。

問題文は、女君が病気になり、その加持祈禱《きとう》のために宮の御方が弁や女君たちと長谷寺に参詣したところ、そこに山伏に姿を変えた少将が居合わせた場面である。

この後、山伏に姿を変えた少将は、女君のもとにある「剣」を見て、女君が我が子であることを知るが、自分が父であることは告げず、持っていた「笛」を弁に託して姿を消す。このように「剣」と「笛」を導きにして、父と子の出会いや、子どもたち同士の巡り合いを核に物語は展開する。やがて、子どもたちは成長して、女君は中宮に、弁は中納言に、もう一人の男の子は僧正になり、中納言と僧正はお互いが兄弟であることを知るが、その時にはすでに父親の少将は亡くなっており、子孫の繁栄をもって物語は終わる。

本文は、主に、伊東祐子校訂・訳注『藤の衣物語絵巻』（中世王朝物語全集22『物語絵巻集』所収、笠間書院刊）に拠ったが、伊東祐子『藤の衣物語絵巻（遊女物語絵巻）影印・翻刻・研究』（笠間叢書296　笠間書院刊）も参考にした。また、問題文として整えるために、表記を改め、省略した箇所がある。

**【全文解釈】**

**【絵と画中詞】**

㈠　山伏（あこ丸）

「めずらしく、不思議でございますことだなあ。（私が）九つになりました年、父（である）祐成が、紀伊の守として下向いたしました時、（私を）一緒に連れて下っておりましたが、その国で、母が、亡くなりましたので、父にも捨てられまして、互いに親しくしております山伏で、熊野本宮大社にくり返し参詣しております者が、（私に）慈悲の心をかけまして、数年（一緒に）いました間に、自然と苦しい修行などもいたしまして諸国修行ののち、都へは入りましょうと思っておりましたうちに、たまたま（他の誰にも）告げ知らせもいたしませんで、一昨年でございましょうか、少納言の局にはお便りをいたしましたところ、お返事もございませんでしたので、気がかりではありますものの、（そのまま）年月が過ぎてしまいましたが、（こうして皆様にお目にかかれましたのも）ひとえに仏のお導きと思っております」。

㈡　侍従

「少納言殿（が亡くなったの）は、この御方（＝弁）が十歳の御年でございました。（少納言殿は）この君を、（少将の）お形見と（思って）慈しみお育て申し上げなさいまして、昔の御こと（＝少将が行方知れずになった悲しみ）をも慰むすべにも、（少将を思い出して涙を）もよおすきっかけにも、思い申し上げなさっていましたが、（この君の）ご将来はどう（なるのかしら）と、気がかりにばかり思い申し上げてこのように（亡く）なったのです。大将殿が、お子様がいらっしゃいませんで、同じ一族（だということ）で、（この君を）引き立て申し上げていらっしゃいますので、（少納言殿が生きていて）この君の立派なお姿も拝見なさったならば、どんなにか生きがいのあることでございましたでしょうにと、しみじみと悲しくございますよ」。

㊂　山伏（あこ丸）

「それでは、ただ、（太政大臣の後継は）本来（あるべき少将の血筋）にお戻りになった（という）ことですね。たいした過失もございませんのに、（太政大臣の後を継ぐという）当然巡り合うべきご運命を（少将から）奪い申し上げなさったのですから、（少将のお子様である弁が後継者になることについては）どんなにか三位の中将殿も、（あの世で）苦しみもだえていらっしゃるでしょうね。神仏が御覧になっていまして、この（少将の）ご子孫は、このように（太政大臣家を）お継ぎになることでございましょう。まさに、（この弁は）昔の（少将の）御面影と似ていらっしゃいます。しみじみと感慨深いことでございますなあ」。

㊃　山伏（あこ丸）

「たいへんうらやましい（皆さんの）ご様子だなあ。自然と、思い悩みなさることもあるまいと推察せずにいられない将来の（ための）仏道修行の数々が、紛れようもなく、頼もしいことだ」。

㊄　宮の御方

「まあ、不思議なことよ。なるほどほんとうに、あこ丸と言った者であったよ。まだ、幼かったのに、よくぞ昔の人（＝少将）の面影を忘れなかったのだなあ。しみじみと心にしみることとよ」と思ってお泣きになる。

㊍　山伏

「ああ、不思議だ。夢を見ているような気がする。あれは、侍従であろうか。少納言と言った者は、どうなったのだろう。まだ、（私のことを）忘れない人もいたのだったよ。母上も、何も変わりなくていらっしゃるご様子であるようだ。（私が息子であると母上に）知られ申し上げないで終わるようなことも悲しい。（しかし、）このようであると名乗り出ても、どうなるだろうとも思われず、体もこわばるような気持ちがする。（連れの山伏は）あこ丸であったことだよ。私もあこ丸も、（お互いに）見てもわからない（ほど変わり果てた）顔つきであったこともっともだ。これ（＝弁）はまた、そうだとすると、かつての（亡き妻の）忘れ形見がこれほどに大人になったのかと（思う）よ。思いを晴らしようもなく、しみじみとした感慨も悲しさも、（こんな）例があるだろうか、いや、ない」などと、考えるあまり茫然として、体も動かすことができない。

【詞書】

『（弁が私に）似ている』とか言った（あこ丸の）言葉に自然とはっと気づかされて、ふと（弁に）目をやったところ、そのとおりだなあと、昔の（自分の）姿がつい思い出されたが、あの山伏（＝あこ丸）が数えた年月も、自分自身のことながら（自分の姿を）見ないで歳月が経ってしまったことだよ。自分自身の姿も（あこ丸と）同じ年月が積もり重なっているのであろう。（長い間気づかないとは）近くにいた甲斐もなかったことだ」と思うと、つい少しほほ笑んでしまう気持ちがする。「母上が、こらえきれない様子で（私のことを）ぽろっとおっしゃったご様子や、（涙ぐんで）鼻をちょっとかみなさったことにつけても、今まで（私のことを）忘れていらっしゃらなかったのは、何にもまして悲しくて、この機会でなくては、また、いつの時に対面いただくことがあるだろうか、いや、ないだろう。私（が息子である）と知られ申し上げるようなことは、かえって（母上の）お心も乱れてしまうにちがいない。（私が出奔し、この）世にいなくなってしまった年月（の間）でさえも、やはり（私のことを）お忘れになっていないようであるのに、私自身も母上も心弱く言葉を交わし申し上げるならば、かえって仏道の支障にも（なるのではない）か」と、今さらどうしようもないはずのことは、くり返しくり返し思い返すけれど、そうはいってもやはり（母の）様子も知りたくて、今夜は、夜のはじめの勤行の時刻も過ぎるころに、(母のいらっしゃるあたりに行って) そっとたたずんで聞くけれど、山伏 (=あこ丸) の (訪問している) 物音もしない。

**【設問解説】**

**問1　語句の解釈の問題**

**(ア)　させる御咎も候はぬ**

| 連体詞 | 名詞 | 係助詞 | 動詞 ハ行四段活用 「候ふ」未然形 | 助動詞 打消 「ず」連体形 |
|---|---|---|---|---|
| **させる** | **御咎** | **も** | **候は** | **ぬ** |
| たいした | 過失 | も | ございませ | ん |

させる
1　たいした。これというほどの。
※　下に打消の語を伴う。

咎
1　欠点。短所。
2　過失。
3　罪。
4　罰。

候ふ
1　お仕え (控え) 申し上げる。《「あり・居り」の謙譲語》
2　あります。います。《「あり」の丁寧語》
3　…ます。…です。…てあります。《丁寧の補助動詞》

「させる」の意味に該当するものは、②「たいした」、⑤「さほど」で、「咎」の意味に該当するものは、①「罪」、②「過失」、③「欠点」、④「罰するほどのこと」である。また、「候は」は、「御咎も」の下にあるところから、本動詞で前記2の「あり」の丁寧語と考えられ、未然形であることから、その下の「ぬ」は打消の助動詞とわかる。したがって、「候はぬ」の意味に該当するものは、②「ございません」、③「ないのです」である。以上より、②が正解である。

文脈を確認すると、「たいした過失もございませんのに」は、すぐ後の「少将が太政大臣の後を継ぐという、当然巡り合うべき運命を奪った」(注8参照) という内容につなげても不都合はないので、②は文脈にも合っている。

**(イ)　案じほれて**

| 動詞 サ行変格活用 「案ず」連用形 | 動詞 ラ行下二段活用 「ほる」連用形 | 接続助詞 |
|---|---|---|
| **案じ** | **ほれ** | **て** |
| あれこれ考え | 茫然とし | て |

案ず
1　(ことの成り行きを) あれこれ心配する。
2　あれこれ考える。あれこれと考えを巡らす。

ほる
1　茫然とする。放心する。
※　思考力や判断力を失う状態。
2　(相手に) 惚れる。恋慕する。
3　(年老いて) ぼける。

「案ず」の意味に該当するものは、①「心配し」、②「気になり」、③「考え込み」、④「考えるあまり」で、「ほる」の意味に該当するものは、①「恋い慕っ」、④「茫然とし」である。

文脈を確認すると、この⊛の部分では、山伏が、偶然居合わせた人々が宮の御方の一行であることに気づいて、名乗り出たものかどうか迷ったあげくに（**問４(i)④**の**【設問解説】**参照）、「思ひやるかたなく、あはれも悲しさも、ためしやあるらん」（**問２③**の**【設問解説】**参照）と思っている様子が書かれている。また、**【詞書】**には、この山伏が「母上の、忍びがたげに漏り出でし御けはひ……」と思う様子が書かれている。これらからわかるが、実は、この山伏は少将だったのである。思いがけず母や息子に巡り合った時の山伏（＝少将）の心境の説明として、①「心配し恋い慕って」は文脈に合わない。④「考えるあまり茫然として」は文脈にも合うので、正解は④である。

**(ウ)　やをら**

やをら（副詞）
1　そっと。静かに。おもむろに。
※　静かに身を動かす様子、徐々にことを行う様子を表す。
※　「やはら」とも言う。

「やをら」の意味に該当するものは、⑤「そっと」だけなので、これが正解。

文脈を確認すると、少将が、母親の様子を伺うために母親がいるあたりへ行き、「やをら」たたずんで聞き耳を立てるのだから、⑤「そっと」は文脈にも合う。

### 問２　語句と表現に関する説明の問題

傍線部の語句や表現に関する説明の問題である。

**a　存じ候ふ**

| | |
|---|---|
| 動詞　サ行変格活用「存ず」連用形 | 動詞　ハ行四段活用「候ふ」終止形 |
| **存じ** | **候ふ** |
| 思っ | ております |

存ず
1　存在する。
2　思い申し上げる。《「思ふ」の謙譲語》
3　知り申し上げる。《「知る」の謙譲語》

候ふ
**問１(ア)**の**【設問解説】**参照

敬意の方向
＊誰から　地の文 → 作者から
　　　　　会話文 → 話し手から
＊誰へ　尊敬語 → 動作の主体へ（「～が」にあたるのは誰かを考える）
　　　　謙譲語 → 動作の客体へ（「～を」「～に」にあたるのは誰かを考える）
　　　　丁寧語 → 地の文…読者へ
　　　　　　　　 会話文…聞き手へ

①は、「『候ふ』が謙譲語であり」が不適当。「候ふ」は、動詞「存ず」の直下にあるので、補助動詞である。**問１(ア)**の**【設問解説】**で示したように、「候ふ」が補助動詞の場合は丁寧語である。さらに、前記のように、丁寧語は、会話文では聞き手への敬意を示すので、この場合は、あこ丸の

発言を聞いている人、つまり侍従への敬意であって、仏への敬意ではない。

**b　御ことにて候ふらめ**

| 名詞 | 助動詞 断定「なり」連用形 | 接続助詞 | 動詞 ハ行四段活用「候ふ」終止形 | 助動詞 現在推量「らむ」已然形 |
|---|---|---|---|---|
| **御こと** | **に** | **て** | **候ふ** | **らめ** |
| 御こと | で |  | ございましょ | う |

らむ（らん）
1　現在推量〈…ているだろう。〉
2　現在の原因推量〈（どうして）…ているのだろう。〉
※　2は、疑問の副詞や、原因理由句などと呼応する場合。
3　現在の伝聞・婉曲〈…ているとかいう。…ているような。〉
※　3は、下の体言や助詞に続く場合。

❷は、「『め』が推量の助動詞であり」が不適当である。「め」が推量の助動詞であるなら、活用語の未然形に接続するが、「ら」はそれに該当しない。未然形が「ら」である語といえば、完了・存続の助動詞「り」があるが、この助動詞は、サ行変格活用動詞の未然形か、四段活用動詞の已然形（命令形）にしか接続しない。しかし、その前の「候ふ」は四段活用の終止形か連体形であり、已然形（命令形）の「候へ」ではない。よって、ここは終止形「候ふ」に、終止形接続の助動詞「らむ」の已然形「らめ」が付いていると考えるしかないのである。

したがって、「太政大臣一家が将来にわたって栄えることを予想した表現になっている」も間違いである。「らめ」は現在推量の助動詞であるから、少将の子である弁が太政大臣家の後継者になろうとしているという話を聞いたあこ丸が、神仏のおかげで少将の子孫が後継者になっている現在の状況について、推量しているのである。

**c　ためしやあるらん**

| 名詞 | 係助詞 | 動詞 ラ行変格活用「あり」連体形 | 助動詞 現在推量「らん」連体形 |
|---|---|---|---|
| **ためし** | **や** | **ある** | **らん** |
| 例が |  | ある | だろうか、いや、ない |

や
1　疑問〈…か。〉
2　反語〈…か、いや、（そんなことは）ない。〉
※　「か」も「や」と同様の意味を表す。また、「やは」「かは」の形の場合は、反語であることが多い。

❸の説明は適当である。行方をくらましていた少将が、長年会うことがなかった母親や息子を偶然見かけても、名乗り出て対面できる状況ではないことについて、「あはれも悲しさも」他に「例があるだろうか」と言っているのだから、ここの「や」は、反語で解釈するのがよい。「や」は、他にそのような「例はない」と、自らの嘆きを比類ないものとして強調した表現になっている。

**d　身もはたらかされず**

| 名詞 | 係助詞 | 動詞 サ行四段活用「はたらかす」未然形 | 助動詞 可能「る」未然形 | 助動詞 打消「ず」終止形 |
|---|---|---|---|---|
| **身** | **も** | **はたらかさ** | **れ** | **ず** |
| 体 | も | 動かす | ことができ | ない |

「れ」の識別
1　自発・受身・可能・尊敬の助動詞「る」の未然形・連用形
※　四段・ナ変・ラ変動詞の未然形に接続する。
2　完了・存続の助動詞「り」の已然形・命令形
※　サ変動詞の未然形・四段動詞の已然形（命令形）に接続する。
3　語の一部
「る」の意味の区別
1　自発〈自然と…れる。つい…する。…せずにいられない。〉
※「思ふ・思す・思し召す・思ひ…・泣く・笑ふ・驚く・嘆く」などの心情語に付いていることが多い。
2　受身〈（…に）…られる。〉
※　受身の対象がある場合や想定される場合。
3　可能〈…ことができる。〉
※　平安時代までは、多く打消・反語表現を伴う。
4　尊敬〈…なさる。お…になる。〉
※　主語が貴人であることが多い。

④は、「『れ』が受身の助動詞であり」が不適当である。「れ」は、「はたらかす」の未然形「はたらかさ」に接続しているので、自発・受身・可能・尊敬の助動詞「る」ではあるが、ここでは、山伏（＝少将）が母親や息子たちと偶然出会い、「案じほれて」（**問１(イ)**の**【設問解説】**参照）いるのだから、波線部は「体も動かすことはできない」と、「れ」を可能で解釈するのが適切である。また、「体も動かすことができない」のは、山伏が「案じほれて」いたからであって、「不幸な運命に耐えている様子を示す」ものではない。

---

**e　同じ積もりにこそ**

| 形容詞 シク活用「同じ」連体形 | 名詞 | 助動詞 断定「なり」連用形 | 係助詞 |
|---|---|---|---|
| **同じ** | **積もり** | **に** | **こそ** |
| 同じ | 積み重なり | で | |

「に」の識別
1　完了の助動詞「ぬ」の連用形
※　連用形に接続する。直下に助動詞「けり」「たり」「き」「けむ」のいずれかが付く。
2　断定の助動詞「なり」連用形
※　連体形や非活用語（体言・助詞など）に接続し、「で（ある）」「で（いらっしゃる）」「で（ございます）」などと訳せる。
※「あり」や「あり」の敬語（「おはす」「おはします」「はべり」「さぶらふ」など）を伴うことが多い。
※「にや」「にか」「にこそ」の形で文末や句末にある場合は、「ある」「あらむ」「あれ」「あらめ」などが省略されている場合がある。
3　格助詞
※　体言・連体形に接続し、多くは「に」と訳せる。
4　接続助詞
※　連体形に接続し、「ので・から」「すると・したところ」「けれども」などと訳せる。
5　ナ行変格活用動詞の連用形の活用語尾
※「死に」「往（去）に」の形のみ。
6　ナリ活用形容動詞の活用語尾

※「あはれに」「まめに」など、物事の状態・性質を表す。
7 副詞の一部
※「いかに」「げに」「さすがに」など。

⑤の「『に』が断定の助動詞であり」は、波線部の「に」が前記の2に該当するので、適当であるが、「山伏が決意した内容について明確に説明する表現になっている」が不適当である。波線部は、山伏（＝少将）が、自分もあこ丸もお互いに相手に気づかなかったのはなぜかを考えている部分にあり、「身のかげも同じ積もりにこそ」は、「身」が「自分自身」、「かげ」が「姿」、「積もり」が「積み重なり」の意味で、「自分自身の姿もあこ丸と同じ年月が積もり重なっているのであろう」と解釈される。つまり、あこ丸の姿が変わって、少将が目の前の山伏をあこ丸だと気づかなかったように、自分も歳月が積み重なったことで姿が変わったはずだと思い当たったのである。よって、ここは山伏の心情を述べる部分ではあるが、何らかの「決意」について説明しているのではない。

以上より、③が正解である。

**問3 傍線部の内容説明問題**

| | | | | | | | |
|---|---|---|---|---|---|---|---|
| 名詞 | 格助詞 | 名詞 | 係助詞 | 動詞 マ行上一段活用「見る」連用形 | 動詞 サ行下二段活用「まゐらす」未然形 | 助動詞 尊敬「らる」未然形 | 接続助詞 |
| **こ** | **の** | **御めでたさ** | **も** | **見** | **まゐらせ** | **られ** | **ば、** |
| こ | の | 立派さ | も | 拝見し | | なさっ | たならば、 |

| | | | | | | |
|---|---|---|---|---|---|---|
| 副詞 | 名詞 | 動詞 ラ行変格活用「あり」連体形 | 名詞 | 助動詞 断定「なり」連用形 | 接続助詞 | 動詞 ハ行四段活用「候ふ」未然形 |
| **いかに** | **かひ** | **ある** | **こと** | **に** | **て** | **候は** |
| どんなにか | 生きがいの | ある | こと | で | | ございまし |

| | | | | | |
|---|---|---|---|---|---|
| 助動詞 反実仮想「まし」連体形 | 格助詞 | 形容動詞 ナリ活用「あはれなり」連用形 | 動詞 ハ行四段活用「候ふ」連体形 | 終助詞 | 終助詞 |
| **まし** | **と、** | **あはれに** | **候ふ** | **ぞ** | **や** |
| ただろうに | と、 | しみじみと悲しく | ございます | よ | |

まし
1 反実仮想〈もし〜たらならば、〜ただろうに。〉
※ 次のような構文をとる。
…ましかば
…ませば
…せば
…未然形＋ば
} …まし
※ 現実はどうであったのかを、必ず考えるようにする。
2 ためらいの意志〈〜しようかしら。〉
※ 直前に仮定条件がなく、「いかに・なに・や・か・たれ・いつ」などの疑問語を伴うことが多い。

傍線部は、あこ丸が発言㊀で少納言の局に言及したことを受けての、侍従の発言㊀の中にある。侍従は、弁が十歳の時に少納言の局が亡くなったこと、少納言の局は、弁を少将の形見として大切に育てていたことなどを語り、傍線部の直前で次のように述べる。

Ⅰ **御行く末いかがと、心苦しくのみ思ひまゐらせてかく候ひしなり。**

Ⅱ **大将殿の、御子のわたらせおはしまし候はで、一すぢに、とりたてまゐらせさせおはしまし候へば、**

Ⅰで、少納言の局が弁の将来を心配しながら亡くなったこと、Ⅱで、太政大臣家を継いでいる大将には子どもがいないので、同じ一族ということで弁を取り立てていることなどが語られて、それに続けて傍線部がある。

以上を踏まえると、傍線部の内容は、以下のように考えられる。

(1)　**「この御めでたさ」は、大将殿に取り立てられている弁の、現在のすばらしい姿をいう。**

(2)　**「まし」は、「見まゐらせられば……まし」と、「未然形＋ば」と呼応することから、前記１の反実仮想の用法である。**

(3)　**「見まゐらせられ」は、反実仮想の仮定条件句の内容であるところから、事実に反する内容で、その主体は、弁の現在のすばらしい姿を見ることなく亡くなった少納言の局である。**

(4)　**「あはれに候ふぞや」は、少納言の局が生き長らえて弁のすばらしい姿を見ることがなかったことに対する、侍従の感慨を述べたものである。**

①が正解。「弁の立派に成長した姿」が(1)に、「弁の乳母だった少納言の局が、弁の……成長した姿を見ないまま亡くなった」が(2)・(3)に、「…ことを、侍従が残念で悲しいと思っている」が(4)に対応している。

②は、「大将が、少将の子である弁を自分の子のように大切にし後見していること」は、Ⅱに対応しており、間違いではないが、そのことを「その場にいる人たちが褒めたたえている」とは本文に書かれていないため、不適当である。

③は、「乳母を亡くした弁の悲しみを侍従が推察している」が不適当である。(4)からわかるように、侍従が思いやっているのは、弁のすばらしい姿を見ることなく亡くなった少納言の局の思いについてである。したがって、弁の立場に即した「少納言の局にさぞかし自分の出世した姿を見せたかっただろうに」という心情も、傍線部で侍従が思いやっている内容とは異なる。

④は、「少将に太政大臣の跡を継がせず、異母兄弟たちがその座を奪ったこと」が、傍線部で述べられている内容とは異なり、不適当である。また、「侍従とその場にいる人たちがみな憤っている」というのも、本文に根拠を持たない内容である。

⑤は、「少将が生きていてくれたら、一家そろっての華やかな長谷寺参詣となっただろうに」が、本文には書かれていない内容で、不適当である。侍従は「少将の不在を嘆いている」趣旨の発言は行っていない。

**問４　複数テクスト問題**

**【絵と画中詞】**と**【詞書】**を読み比べる読解問題である。X は、**【画中詞】**に書かれている、登場人物の置かれている状況、Y は、**【画中詞】**に書かれている登場人物の心情を、それぞれ読み取る問題で、Z は、**【画中詞】**と**【詞書】**を併せて読むことでわかる内容を読み取る問題である。

(i)　①は、あこ丸についての説明である。あこ丸については、あこ丸が宮の御方一行と出会えた喜びと自分の来歴を語る㊀の発言に、次のように書かれている。

Ⅰ　**九つにまかりなり候ひし年、父祐成、紀伊の守にてまかり下向の時、あひ具してまかり下りて候ひしに、かの国にて、母、亡くなり候ひし間、父にもうち捨てられ候ひて、**

Ⅱ　**あひ親しく候ふ山伏、本宮に重参して候ふ者の、あはれみをかけ候ひて、年ごろ候ひしほどに、おのづから苦行などつかうまつりて諸国修行ののち、**

山伏のあこ丸は、九歳の時に父の赴任先の紀伊国で母を亡くし、父にも捨てられた（Ⅰ）。そして、その後、親しくしていた山伏に助けられ、一緒に修行するようになった（Ⅱ）というのである。

①の「あこ丸は、紀伊国で寄るべない身となってしまった」がⅠの内容と、「情けをかけてくれた山伏の諸国行脚に同行するようになった」がⅡの内容と合致する。これが正解である。

②は、弁の乳母である少納言の局についての説明である。本文では、㊀のあこ丸の発言と、それを受けて少納言の局について述べた㊁の侍従

の発言に次のようにある。

**Ⅲ　一昨年候ふやらん、少納言の局にはおとづれまゐらせて候ひしかば、御返事も候はざりし間、不審に候ひながら、年月まかり過ぎ候ひぬるに、**

**Ⅳ　少納言殿は、この御方の十の御年にて候ひし。**

おとづる（ラ行下二段活用動詞）
1　声を立てる。音を立てる。
2　便りをする。手紙で安否を尋ねる。
3　訪れる。訪問する。

「おとづる」は、前記3のような「訪れる」の意もあるが、2のように「手紙で安否を尋ねる」の意もある。Ⅲのあこ丸の場合は、「**御返事も候はざりし**」と、少納言から返事は来なかったというのであるから、手紙を出したと判断できる。また、Ⅳでは、少納言の局から返事がなかった理由が語られる。（注4）を参照すると、少納言の局はすでに弁が十歳の時に亡くなっていたのである。

以上より、②の「少納言の局は、一昨年手紙を送った」が不適当である。あこ丸は返事がなかったと言っており（Ⅲ）、侍従は、それを受けて、少納言の局がすでに亡くなっていることを言っている（Ⅳ）。

③は、少将の母親である宮の御方についての説明であるが、㈣のあこ丸の発言が対応している。

**Ⅴ　いとうらやましき御さまどもかな。おのづから、思すことあらじと推しはからるる行く先の御つとめどもの、まぎるるかたなく、頼もしくこそあれ。**

「**いとうらやましき御さまどもかな**」という発言から、あこ丸が、宮の御方一行に対してうらやましいという感想を持ったことがわかる。しかし、これは③でいうような「少将の忘れ形見である弁や女君と寺社巡りをしてのんきな生活をしている」ことをいったものではない。前書きにあるように、一行は長谷寺に参籠しているのであることを考えると、「**行く先の御つとめども**」とは、将来を考えての長谷寺での仏道修行のことで、それによって、「思すことあらじ」と推察されるような悩みのない未来が期待できるというのである。あこ丸は、宮の御方の修行と、その結果としての幸福な未来に対してうらやましいと言っているのであり、今「のんきな生活をしているように見えた」というのではない。

④は、山伏、つまり、少将についての説明である（山伏が少将であることについては**問1(イ)**の**【設問解説】**参照）。少将の状況は、⊛の山伏の心情からわかる。その中でも、母親である宮の御方と、あこ丸に対する思いは以下の通りである。

**Ⅵ　上も、ただにおはする御けはひなめり。知られたてまつらでやまんことも悲し。かくと名乗り出でても、いかなるべしともおぼえず、身もすくむ心地こそすれ。**

**Ⅶ　あこ丸にてありけることよ。我も人も、見忘れたる面影こそことわりなれ。**

ただなり（ナリ活用形容動詞）
1　変わったところがない。普通だ。
2　直接である。まっすぐである。
3　何もしない。むなしい。むだだ。

Ⅵの「ただに」は、何年かぶりに見た母親の様子を述べたもので、前記1の「変わったところがない」の意味だと考えられる。つまり、自分が行方をくらます前と何ら変わるところのない様子だというのである。「**知られたてまつらで**」以下は、母親に今名乗り出ないのも悲しいし、かといって名乗り出てもいまさらどうなるものとも思われないと、名乗り出ることをためらう少将の心情を表している。

Ⅶは、すぐ傍にいたのがかつてよく知っていたあこ丸だったのに、今までそれに気づかなかったことに驚くとともに、見知っていた時から時間も経って、自分もあこ丸も容貌が大きく変わっただろうから、気づかないのも当然だというのである。以上から、④は、「とても信じられなくてあこ丸に確認した」が不適当である。本文には山伏があこ丸に話しかけていることを示す記述はない。Ⅵからもわかるように、少将は名乗り出ることに対して躊躇《ちゅうちょ》しているのであるから、自分の正体が知られてしまうような行為はしていない。

(ii)
①は、㊁の侍従の発言に対応している。

Ⅰ **少納言殿は、……。これをこそ、御形見と撫で生ほしまゐらせられ候ひて、昔の御ことをも慰む方にも、もよほすつまにも、思ひまゐらせられて候ひしが、**

ここでは、弁の乳母であった少納言の局が、どのように弁を育てていたかということが語られている。少将の形見として弁を慈しみ育て、少将が失踪した悲しみを弁によって慰めもし、また、弁を見るたびに少将を思い出して泣いてもいたというのである。尊敬の助動詞「らる」（Ⅰの傍線部）が使われていることから、すべての動作主は、話している侍従ではなく、少納言の局である。よって、①の「弁を見るたびに失踪した少将のことを思い出すが、一方で弁を世話することで悲しみを慰めている」の主体を「侍従」とした説明が間違っている。

②は、㊂のあこ丸の発言に対応している。

Ⅱ **さては、ただ、本に復したる御こと候ふや。させる御咎も候はぬ、理運の御ことを失ひまゐらせられて候ひしゆゐ、いかで三位の中将殿も、のたらせ給ひ候はんぞ。神仏照覧候ひてこそ、この御末は、かく相続する御ことにて候ふらめ。ただ、昔の御面影とおぼえさせ給ひ候ふ。あはれに候ふ御こと候ふかな**

面影（名詞）
1 幻。
2 心に浮かぶ姿。
3 顔つき。

おぼゆ（ヤ行下二段活用動詞）
1 思われる。
2 似ている。
3 思い出す。

ここでは、㊁の侍従の発言の内容（問3の**【設問解説】**参照）を踏まえて、太政大臣家の現状に対するあこ丸の感想が述べられている。弁が太政大臣家を継ぐ可能性が出てきたことで、太政大臣家は長男である少将の血筋に戻ることになるが、それは、「神仏照覧候ひてこそ」とあるように、神仏の思しめしによるというのである。さらに、「**昔の御面影とおぼえさせ給ひ候ふ**」は、あこ丸が、立派に成長した弁と出会ったことを考えると、「面影」が前記3、「おぼえ」が前記2の意味で、弁が父親の少将に似ていると言っていると判断できる。あこ丸は、それらのことについて、「**あはれに候ふ御こと候ふかな**」と、しみじみとした感慨を述べているのである。②で「弁が聡明な人物になっていることを知り」というのは、あながち不適当とは言えないが、「頼もしく思って、将来はぜひ弁に仕えたいと考えている」は、本文に根拠を持たない内容なので、この選択肢は不適当である。

③は、㊄の宮の御方の心情に対応している。

Ⅲ **「あら、不思議や。げにげにと、あこ丸と言ひし者にてありける。いまだ、いはけなくこそありしに、よくぞ昔の人の面影を忘れざりける。あはれや」と思ひてうち泣き給ふ。**

げに（副詞）
1 ほんとうに。なるほど。
※ 他者の意見や態度などを肯定・納得する。

いはけなし（ク活用形容詞）
1 幼い。あどけない。

「げに」「いはけなし」の意味を踏まえて考えると、Ⅲは、あこ丸の発言㊀㊂㊃を受けて、目の前にいる山伏が、かつてはまだ幼かったあこ丸であり、そのあこ丸が少将のことを今でもよく覚えていてくれることに感慨を覚えて、宮の御方が涙を流している様子を述べているのである。③の「幼かったあこ丸が、成長した今も息子のことを覚えていてくれたので、涙を流して喜んでいる」というのは、その内容と合致する。よって、これが正解である。

④は、⊛の山伏（＝少将）の心情に対応している。

**Ⅳ　あな、不思議。夢の心地こそすれ。あれは、侍従にや。少納言といひし者、いかがなりけん。まだ、忘れぬ人もありけるよ。上も、ただにおはする御けはひなめり。……あこ丸にてありけることよ。……ありし忍ぶの草のこれほどにおとなしくなりけるかとよ。**

ここから、偶然にも家族たちと出会ったことに驚き、自分が出奔した後の人々の様子を知った少将の様子がわかるので、「別れた後の家族の動向がわかり」は適当であるが、「長谷寺で巡り合えたことを、仏の導きによるものだと感謝している」といった内容は本文には書かれていない。今回の出会いを「仏の導きによるものだ」とするのは、㊀のあこ丸の発言「**ひとへに仏の御しるべと存じ候ふ**」である。よって、④は不適当である。

(ⅲ)　①は、少将と弁が似ていることについて、「あこ丸の発言に、弁は少将の昔の姿そのままだとあるだけだ」とする**【絵と画中詞】**の説明は、(ⅱ)の②で解説したように、適当である。しかし、「**【詞書】**では、あこ丸の発言に促されて、山伏が思わず部屋の中をのぞき込んでしまい、その行為を周りの人に気づかれたのではないかと動揺する心情まで詳しくわかる」とする点は、不適当である。まず、少将の行動について、**【詞書】**には、

**「かよへる」とかや言ひし言の葉におどろかれて、ふと見やりしかば、**

とあるだけである。これは、弁が少将によく似ていると言うあこ丸の言葉を聞いて、弁に目をやったというだけで、「思わず部屋の中をのぞき込んでしまい」とまでは書かれていない。また、その時の少将の心情は、

**さりやと、昔のかげの思ひ出でられし**

と、あこ丸の発言に納得し、昔の自分の姿を思い出すのみで、「その行為を周りの人に気づかれたのではないかと動揺する心情」は書かれていない。よって、①は不適当である。

②は、あこ丸と少将が互いに知り合いだと気づかなかったことについて、「二人とも昔の面影を忘れているのは当然だとしか記されてない」とする**【絵と画中詞】**の説明は、前記(ⅰ)の④で解説したように適当である。しかし、「**【詞書】**では、あこ丸が自分の姿を忘れてしまっていたのは仕方がないが、自分はもっと早く気づいてやるべきだったという山伏の後悔までわかる」とする点は、不適当である。**【詞書】**には、

**かの山伏のかぞへし年月も、我ながら見で隔たりぬるかし。身のかげも同じ積もりにこそ。近きかひなくも」と思ふにぞ、少しほほゑまるる心地する。**

とあって、少将は、お互いがその素性に気づかなかったのは、二人とも同じように年月が過ぎて容貌が大きく変わったからだと考えており、いつも一緒にいながらも気づかなかったことについて「少しほほゑまるる」とあるので、面白く思ってはいるものの、「後悔」はしていない。

③は、少将の母親である宮の御方について、「**【絵と画中詞】**では、山伏はその姿を見て元気な様子に安心しているだけだ」とするが、前記(ⅰ)の④で解説したように「**知られたてまつらで**」以下で、母親に今名乗り出るか否かを逡巡する少将の心情も書かれているので、不適当である。「**【詞書】**では、行方をくらました息子のことを思って涙を流し、今も悲

しみに沈んでいる様子を目の当たりにして」というのは、

**母上の、忍びがたげに漏り出でし御けはひ、鼻うちかみ給ひしに、今まで忘れ給はざりけるは、よろづにすぐれて悲しく、**

とあることと合致し、適当である。ただし、「山伏が心から申し訳なく思っている」という心情は、本文に書かれておらず、不適当である。

④は、少将が母親に名乗り出るかどうかについて、「**【絵と画中詞】**では、山伏は名乗り出るか否か逡巡する」とするのは、③でも検討したように、適当である。さらに、**【詞書】**には、

**Ⅰ　このたびならでは、また、いつの世にか対面たまはることはあるべきぞ。**

**Ⅱ　我と知られたてまつらんことは、なかなか御心も乱れぬべし。**

**Ⅲ　世になくなりぬる年月にだに、なほ思し忘れざめるに、我も人も心弱く聞こえかよはば、なかなか道の障りにもや**

とある。Ⅰは、「いつの世にか」の「か」は反語で、「今回対面できなければ、いつ対面できようか、いや、できないだろう」という内容である。「今回名乗り出なければ母には二度と会えない」は、このⅠの内容に合致する。Ⅱの「我と知られたてまつらんこと」は前記(i)の④でも述べた、自分が母に名乗り出ることで、「御心」は、母である宮の御方の心を指す。「名乗り出ることで母の気持ちも乱れ」は、このⅡの内容に合致する。Ⅲの「道の障り」は、「仏道修行の妨げ」の意で、少将は、母親に名乗り出て言葉を交わすことで、母親への恩愛の情が強まり、山伏としての仏道修行に支障をきたすことを懸念しているのである。よって、「名乗り出ることで……自分自身の仏道修行の妨げにもなるだろう」は、このⅢに合致している。ここで語られる少将の心情は「苦しい胸の内」と言ってよいだろうから、④の**【詞書】**についての説明は正しい内容である。また、それらの内容はいずれも**【絵と画中詞】**からは読み取れないので、**【絵と画中詞】**についての説明で「逡巡するだけだ」とする点も間違いではない。よって、この④が正解である。

## 第5問　漢文

**【出典】**

**【問題文Ⅰ】**

徐光啓《じょこうけい》『農政全書《のうせいぜんしょ》』全六〇巻。『農政全書』は、中国古来の農業を、田制・農事・水利・農器・蚕桑などの十二の部門に分けて体系的に記した書物であり、西洋の新しい農業技術にも言及している。

徐光啓（一五六二～一六三三）は、明《みん》代末期の学者、政治家。字《あざな》は子先、出身は上海である。キリスト教徒でもあり、イエズス会の宣教師マテオ・リッチ（一五五二～一六一〇）と親交が深く、西洋の学問技術を積極的に中国に取り入れようとした。

本文は、巻四十四「荒政・備荒考中」から採った。

**【問題文Ⅱ】**

鄭獬《ていかい》『鄖渓集《うんけいしゅう》』全三〇巻。『鄖渓集』は、鄭獬の作品集である。

鄭獬（一〇二二～一〇七二）は北宋の文人、政治家。字は毅夫《きふ》、江西寧都《こうせいねいと》（現在の江西省寧都県）の出身である。第六代皇帝神宗《しんそう》（在位一〇六七～一〇八五）の時に翰林学士《かんりんがくし》（詔勅の起草を司る官職）となるが、晩年は生活に窮した。

本文には、巻二十六に収められた「捕蝗《ほこう》」という詩を採った。

**【本文解説】**

**【問題文Ⅰ】**

筆者は、飢饉の原因となる三つの災害、洪水、ひでり、イナゴのうち、イナゴの害が最もひどいと述べている。その一方で、イナゴは洪水やひでりのような人の力で防ぐことができない天災と違い、人間の努力によって防ぐことができるものだとも主張している。

**【問題文Ⅱ】**

七言古詩で、イナゴによる穀物の被害と、人間のイナゴへの対処を描写している。「役人はイナゴを備蓄の食糧と交換するという方策によって、民衆

にイナゴを捕まえさせ駆除しようとするが、イナゴは次から次へと新しく発生するので、きっと穀物を食べ尽くし、人々を飢え死にさせてしまうだろう」という内容であり、作者はイナゴの駆除を極めて困難な事だと考え、諦めにも似た感情を抱いていることが読み取れる。

【問題文Ⅰ】はイナゴを対処可能な災害だと捉え、【問題文Ⅱ】はイナゴをほとんど人の手には負えないものだと考えている。二つの文章の主張の相違点を読み解いてもらいたい。

## 【書き下し文】

【問題文Ⅰ】

凶《きよう》飢《き》の因《いん》に三有《さんあ》り、日《い》はく水《みづ》、日《い》はく旱《ひでり》、日《い》はく蝗《くわう》なり。地《ち》に高《たか》きと卑《ひく》きと有《あ》り、雨沢《うたく》に偏《かたよ》りて被《かうむ》る有《あ》れば、水旱《すいかん》災《わざは》ひを為《な》すも、尚《な》ほ倖《さいは》ひに免《まぬか》るるの処《ところ》多《おほ》し。惟《た》だ旱《ひでり》極《きは》まりて蝗《くわう》あらば、数千里《すうせんり》の間草木《かんさうもく》皆《みな》尽《つ》き、或《ある》いは牛《ぎう》馬《ば》の毛《け》・幡幟《はんし》皆《みな》尽《つ》く。其《そ》の害《がい》尤《もつと》も惨《さん》にして、水旱《すいかん》に過《す》ぐるなり。然《しか》りと雖《いへど》も、水旱《すいかん》の二災《にさい》に重《おも》き有《あ》り軽《かろ》き有《あ》り。恒《つね》に稔《みの》るを欲《ほつ》し求《もと》むれば、唐堯《たうげう》の世《よ》と雖《いへど》も、猶《な》ほ得《う》べからず、此《こ》れ殆《ほとん》ど天《てん》の設《まう》くる所《ところ》に由《よ》る。惟《た》だ蝗《くわう》のみ然《しか》らず。事《こと》に先《さき》んじて備《そな》ふるを修《をさ》め、事《こと》に既《およ》びて救《すく》ふを修《をさ》め、人力苟《じんりきいやし》くも尽《つ》くさば、固《もと》より之《これ》を殄滅《てんめつ》して遺育《ゐいく》する無《な》からしむべし。此《こ》れ其《そ》の水旱《すいかん》と異《こと》なる者《もの》なり。

【問題文Ⅱ】

翁《おう》嫗《う》婦《ふ》子《し》相催《あひうなが》して行《ゆ》き　官蝗《くわんくわう》を赤日《せきじつ》の裏《うち》に捕《と》らへしむ
蝗《くわう》田中《でんちう》に満《み》ち田《でん》を見《み》ず　穂頭《ほとう》櫛櫛《しつしつ》として指《ゆび》を排《なら》ぶるがごとし
坑《あな》を鑿《うが》ち火《ひ》を篝《こう》し声《こゑ》を斉《ひと》しくして駆《か》るに　腹《はら》飽《あ》き翅《はね》短《みじか》く飛《と》べども起《た》たず
嚢《ふくろ》に提《ひつさ》げ籠《かご》に負《お》ひて官《くわん》に輸入《ゆにふ》し　官《くわん》の倉粟《さうぞく》に換《か》ふるも能《よ》く幾《いくばく》を得《え》んや
捕《と》らへて一斗《いつと》の蝗《くわう》を得《う》と雖然《いへど》も　又《ま》た百斗《ひやくと》の新《あたら》しき蝗子《くわうし》を生《しやう》ぜん
只《た》だ応《まさ》に食《くら》ひて田中《でんちう》の禾《くわ》を尽《つ》くして　農夫《のうふ》を餓殺《がさつ》して方《まさ》に始《はじ》めて死《し》すべし

## 【全文解釈】

【問題文Ⅰ】

凶作と飢饉《ききん》の原因には三つあり、（それぞれ）洪水、ひでり、イナゴである。土地には高い所と低い所があり、雨も偏って降ることがあるため、洪水やひでりの災害が起こっても、まだ幸運にも被害を避けられる所は多い。（しかし）ひどいひでりの後にイナゴが発生したならば、広大な地域で草木がすべて食べつくされ、場合によっては牛馬の毛や（布でできた）のぼり旗もすべて食べつくされてしまう。そうしたイナゴの害はとりわけひどく、洪水やひでりの被害を越えるのである。そうではあるけれども、洪水とひでりの二つの災害には重いものもあり軽いものもある。（そうした災害のある中で）常に収穫を願うとするならば、（古代の聖天子である）唐堯の治めた時代であっても、やはり実現できず、洪水やひでりはほぼ天の定めたことによるものだ（と言えよう）。しかしイナゴ（の害）だけはそうではない。災害が起こる前に備えに努め、災害が起これば解決に努め、人が精一杯努力すれば、必ずイナゴを全滅させて子孫を残させないようにすることができる。これがイナゴの害が洪水やひでりと違う点である。

【問題文Ⅱ】

老夫婦や母子が互いにせきたてながら進んでいき
役所（の役人）がイナゴを炎天下に捕らえさせている
イナゴは田畑に満ちて田畑が見えないほどで
穀物の穂は（食べつくされて茎だけが）くしの歯のように並んでいる
（人々が）穴を掘りかがり火をたいて声をそろえて追いたてると
（イナゴは）腹がふくれて羽も短く飛び立つこともできない
（イナゴを）袋に提げかごに背負って役所に持っていき
役所の備蓄の食糧と交換してもらうがどれほども手に入れられはしない
たとえ一斗のイナゴを捕まえたとしても
さらにまた百斗の新しいイナゴが生み出されるだろう
（イナゴは）きっと田畑の穀物を食べつくして

農民を飢え死にさせてそこでやっと死に絶えるのであろう

**【重要語・基本句形】**

(1) **重要語**

○為《なス》　する・行う
○尚《なホ》　やはり・まだ（＝猶）
○而　置き字（単純接続・順接・逆接の関係・つながりを示す）
○尽《つク》　つきて無くなる
○或《あるイハ》　場合によっては・もしくは・ある人
○尤《もっとモ》　とりわけ・特に
○于　置き字（場所・対象・受身・比較などを表す前置詞の働きをする）（＝於・乎）
○過《すグ》　越える・通り過ぎる・まさる
○雖《いへどモ》二―（ス）ト一　たとえ―であっても・―であるけれども
○然《しかリ》　そうである
○猶《なホ》　やはり・まだ（＝尚）
○可《ベシ》二―（ス）一　―できる・してよい
○得《う》　手に入れる・実現する
○殆《ほとんド》　おそらく・ほぼ・わずかに
○所《ところ》二―（スル）一　―（する）こと・―（する）もの
＊「△所《ところ》レ□（スル）」あるいは「△之《の》所《ところ》レ□（スル）」という形をとる時は、「△」は動詞「□（スル）」の意味上の主語である。
○尽《つクス》　出しつくす・すっかりなくす・きわめる
○固《もとヨリ》　もともと・もちろん・必ず
○与《と》二―一　―と・―に対して
○相《あひ》　相手を・相手に・互いに
○如《ごとシ》二―（スル）ガ一　―（するか）のようだ（＝若）
○負《おフ》　背負う・引き受ける・頼りにする
○能《よク》―（ス）　―できる
○幾《いくばく》　どれほど
○又《まタ》　さらに・そのうえ
○方《まさニ》　ちょうど・そこでやっと

(2) **基本句形**

○惟《たダ》―（ス）　ただ―（する）だけだ・ただ―（する）に過ぎない［限定形］（＝唯・但・徒・特・直・只）
＊強意の表現として用いられることもある。
○惟《たダ》A《ノミ》―（ス）　ただAだけが―（する）［限定形］（＝唯・但・徒・特・直・只）
○苟《いやしクモ》―（セ）バ　もし―（すれ）ば［仮定形］
○遣《しム》二（A《ヲシテ》）―（セ）一　（Aに）―させる［使役形］（＝使・令）
○只《たダ》―（ス）　ただ―（する）だけだ・ただ―（する）に過ぎない［限定形］（＝唯・惟・但・徒・特・直）
＊強意の表現として用いられることもある。
○応《まさニ》二―（ス）一《ベシ》　当然―すべきだ・きっと―するはずだ［再読文字］（＝当）

※（セ）は活用語の未然形、（ス）は活用語の終止形、（スル）は活用語の連体形を、それぞれ表す。

**【設問解説】**

**問1　解釈の問題**

(ア)「或」には、「あるヒト」（ある人）、「あるイハ」（場合によっては・もしくは）という用法がある（**【重要語・基本句形】**(1)　**重要語】**の当該項目を参照）。ここでは「数千里ノ間草木皆尽キ」（広大な地域で草木がすべて食べつくされ）と「牛馬毛《ノ》・幡幟《はんし》皆尽《ク》」（牛馬の毛や〔布でできた〕のぼり旗もすべて食べつくされてしまう）の間に「或」があるので、「あるイハ」と読んで「場合によっては」と解釈するのが適当である。したがって、正解は③。

(イ)「惟蝗不レ然」は、限定の副詞「惟《ただ》」が主語である「蝗」を限定し、「不《ず》レ然《しから》」（そうではない）が述語であるから、「惟《ただ》蝗《ノミ》不《ず》レ然《しから》」と読み、「ただイナゴだけはそうではない」という解釈になる（【重要語・基本句形 (2) 基本句形】の当該項目を参照）。したがって、正解は③。

(ウ)「人力苟尽」では、「苟《いやしクモ》」が「もし――（すれ）ば」という仮定の意味を表す（【重要語・基本句形 (2) 基本句形】の当該項目を参照）。ポイントは「尽」の意味だが、波線部直後に「固《ヨリ》可《シ》下殄《てん》滅《めつシテ》之《ヲ》無《カラシム》中遺《スル》上」（必ずこれ〔＝イナゴ〕を全滅させて子孫を残させないようにすることができる）とあることから、人の力が「尽《つク》」（なくなる）という意味ではなく、人の力を「尽《つクス》」（出しつくす）という意味だと解釈するのが適当である。すると、波線部は「人力苟《いやしクモ》尽《つクサバ》」と読んで「人の力を出しつくしたならば」という意味となる。これに最も近い解釈は④「人が精一杯努力すれば」である。したがって、正解は④。

**問2　解釈の問題**

傍線部前半の「其害尤惨」の「其」が指すものは、すべての選択肢が「そうしたイナゴ」で共通しており、「惨」も「ひどい」という訳で共通している。「尤」は「とりわけ・特に」という意味なので（**【重要語・基本句形 (1) 重要語】**の当該項目を参照）、傍線部前半の訳は「そうしたイナゴの害はとりわけひどい」となる。

傍線部後半の「過二于水旱一也」は、「過」が「越える・通り過ぎる・まさる」という意味をもつ語であり、前置詞の働きをする「于」（＝於）は「過」の対象を示していると判断できるので（**【重要語・基本句形 (1) 重要語】**の当該項目を参照）、訳は「洪水やひでりを越える」となる。

前半と後半の訳を合わせると、全体の直訳は「イナゴの害はとりわけひどく、洪水やひでりを越える」となり、「其の害尤《もつと》も惨《さん》にして、水旱に過ぐるなり」と書き下せる。これに最も近い解釈は②である。したがって、正解は②。

**問3　返り点と書き下し文の問題**

傍線部の最初の句「雖唐尭之世」については、どの選択肢も「雖二唐尭之世一」と返り点を付け、「唐尭の世と雖《いへど》も」と書き下しているので、検討する必要はない。

そこで、次の句の「猶不可得」を見ていくと、「猶」は副詞「なほ」（やはり・まだ）という用法と、再読文字「なほ――ごとし」（ちょうど――のようだ）の用法がある。「不可」は、後に述語を伴う場合は「べからず」（――できない・――してはいけない）と読み、「得」は述語と判断でき、「う」（手に入れる・実現する）と読む。以上を踏まえた返り点の付け方と読み方としては、「猶不レ可レ得」（猶ほ得べからず）もしくは「猶レ不レ可レ得」（猶ほ得べからざるがごとし）が考えられる。選択肢でこれに当てはまるのは②と⑤である。

さらに「此殆由天之所設」を見ていくと、「此」は「これ」という指示語、「殆」は副詞「ほとんど」（ほぼ・おそらく）で（**【重要語・基本句形 (1) 重要語】**の当該項目を参照）、これはすべての選択肢に共通している。「由」は前置詞として働いて「より」（――から）と起点を表す用法と、動詞「よる」（由来する）という用法がある。「天之所設」は、「所」が直後の動詞から返読して「――（する）ところ」（――〔する〕こと・〔する〕もの）と読む用法の語なので、ここでは動詞「設《まうク》」（建設する・定める）から返読して「所《ところ》レ設《まうクル》」と読むことになる。さらに、「天」が「設《まうク》」の意味上の主語であるから、「天之所設」は「天の設くる所」（天が定めたこと）という読み方になり（**【重要語・基本句形 (1) 重要語】**の当該項目を参照）、同時に動詞「由《よル》」（由来する）の目的語となっている。以上から、返り点の付け方は「此殆由二天之所一レ設」、書き下し文は「此れ殆ど天の設くる所に由る」となる。これに当てはまる選択肢は②のみである。したがって、正解は②。

**問4　押韻の問題**

**【問題文Ⅱ】**の詩の形式は、一句が七文字で十二句から成るので、七言古詩である。漢詩はどんな形式でも原則として偶数句末で押韻するので、第六句末の空欄 **X** に入る三文字の末尾の字は押韻している箇所である。他の押韻している文字の音を確認していくと、第二句末「裏（r-i）」、第四句末「指（sh-i）」、第八句末「幾（k-i）」、第十句末「子（sh-i）」、第十二句末「死（sh-i）」となり、「i」という音で韻を踏んでいることが分かる。それぞれの選択肢の末尾の文字を音読みすると、①「山（s-an）」、②「息（s-oku）」、③「起（k-i）」、④「帰（k-i）」、⑤「窮（ky-ū）」となるので、正解の「i」という音であるものは③「起（k-i）」と④「帰（k-i）」である。

次に③、④の意味を考える。③「飛べども起たず」は「飛び立てない」、④「飢ゑて帰るべし」は「腹を空かせて帰るだろう」という意味である。空欄の前に「腹飽キ翅《はね》短ク」（［イナゴは］腹がふくれて羽も短く）とあるため、④の「腹を空かせて帰るだろう」は文脈に合わない。したがって、正解は③。

**問5　語句の読み方の問題**

「能」は「よく」と読み、「――できる」という可能の意味を表す語、「得」は「う」と読み、「手に入れる・実現する」という意味の動詞、「幾」は「いくばく」と読み、「どれほど」という意味の疑問詞である（**【重要語・基本句形】**(1) **重要語】**の当該項目を参照）。「幾」は文末にある場合、「いくばくぞ」（どれほどか）と読むのが一般的だが、動詞の目的語となることもあるので、文意をよく考えて判断する。

以上を踏まえると、傍線部の読み方としては、「よくうることいくばくぞ」（疑問・反語）、「よくいくばくをうる」（疑問）、「よくいくばくをえんや」（反語）が考えられる。選択肢の中でこれに当てはまるのは①「よくいくばくをえんや」のみである。したがって、正解は①。

**問6　内容説明の問題**

傍線部冒頭の「雖然」は、「いへども」という読み方から、「雖《いへども》」と同じ意味を表す語だと考えればよい。そこで、傍線部を「雖然《いへども》（＝雖）」（たとえ――としても）と「又《タ》」（さらに）に注意して訳すと、「たとえ一斗のイナゴを捕まえたとしても　さらにまた百斗の新しいイナゴが生み出されるだろう」となる。つまり、大量のイナゴを捕まえたところで、それよりさらに多くのイナゴが新しく発生するので切りがないという意味であり、これに最も近い内容の選択肢は④「どれほどイナゴを捕らえたとしても、イナゴの害は防げないということ」である。したがって、正解は④。

**問7　内容説明の問題**

**【問題文Ⅰ】**と**【問題文Ⅱ】**の内容を簡潔にまとめると次のようになる。

**【問題文Ⅰ】**

洪水、ひでり、イナゴのうち、イナゴによる被害が最もひどいが、イナゴの害は洪水やひでりと違い、人間が努力を怠らなければ防ぐことができる。

**【問題文Ⅱ】**

役人が民衆にイナゴを捕まえさせても、イナゴは次から次に発生し、きっと穀物を食べ尽くして人々を餓死させてしまうだろう。

このように、**【問題文Ⅰ】**は「イナゴ」を防ぐことが可能な災害だと捉え、**【問題文Ⅱ】**は「イナゴ」を人の手に負えず、防ぐのが極めて困難な災害だと考えている。

以上を踏まえて選択肢を検討していくと、

①「『蝗』は、ひとたび発生すると防ぐのが極めて困難であるが、事前の

準備を怠らなければ、他の災害とは異なって被害を抑えることも可能である」は、**【問題文Ⅰ】**の内容に合致しており、「防ぐのが極めて困難である」という説明は、**【問題文Ⅱ】**から読み取れる方向である。

② 「『蝗』は、農作物を食い荒らして深刻な被害をもたらすが、『蝗』を穀物と交換する制度を整えれば、人々の暮らしを豊かにすることができる」は、「人々の暮らしを豊かにすることができる」が、**【問題文Ⅰ】**にも**【問題文Ⅱ】**にもない内容なので誤りである。

③ 「『蝗』は、天によって人々にもたらされた戒めなので、どれほど多くの被害があったとしても、天命として受け入れなければならない」は、「天によって人々にもたらされた戒め」、「天命として受け入れなければならない」が、**【問題文Ⅰ】**にも**【問題文Ⅱ】**にもない内容なので誤りである。

④ 「『蝗』は、人々の生活を脅かす災害であるが、その被害が拡大するのは、為政者が『蝗』を天の恩恵だと信じて駆除を許さないからである」は、「為政者が『蝗』を天の恩恵だと信じて駆除を許さない」が、**【問題文Ⅰ】**にも**【問題文Ⅱ】**にもない内容なので誤りである。

⑤ 「『蝗』は、ひでりが長く続いた後に発生しやすいので、『蝗』の害を未然に防ぐには、ひでりの害を抑えるための対策を徹底する必要がある」は、「『蝗』は、ひでりが長く続いた後に発生しやすい」が、**【問題文Ⅰ】**にも**【問題文Ⅱ】**にも明確には述べられていない内容であるうえ、「ひでりの害を抑えるための対策を徹底する必要がある」も、**【問題文Ⅰ】**にも**【問題文Ⅱ】**にも具体的には示されていない内容なので誤りである。

したがって、正解は①。

**MEMO**

**MEMO**

MEMO

**MEMO**

KAWAI PUBLISHING